·中国教育出版传媒集团出版资助项目·

汉语量词
详解与溯源词典

HANYU LIANGCI XIANGJIE YU SUYUAN CIDIAN

主　编　陈　绂

副主编　陈　颖　伏学凤

编　者　季　薇　邓　波　刘智伟

中国教育出版传媒集团　语文出版社

·北京·

图书在版编目（CIP）数据

汉语量词详解与溯源词典 / 陈绂主编. -- 北京 : 语文出版社, 2024.2

ISBN 978-7-5187-1903-7

Ⅰ. ①汉… Ⅱ. ①陈… Ⅲ. ①汉语－数量词－词典 Ⅳ. ①H146.2-61

中国国家版本馆CIP数据核字(2024)第036438号

责任编辑　李　朋
装帧设计　徐晓森
出　　版　语文出版社
地　　址　北京市东城区朝阳门内南小街51号　100010
电子信箱　ywcbsywp@163.com
排　　版　北京大有艺彩图文设计有限公司
印刷装订　河北新华第一印刷有限责任公司
发　　行　语文出版社　新华书店经销
规　　格　890mm×1240mm
开　　本　A5
印　　张　15.75
字　　数　616千字
版　　次　2024年2月第1版
印　　次　2024年2月第1次印刷
定　　价　56.00元

010-65253954(咨询)　010-65251033(购书)　010-65250075(印装质量)

目　录

前 言

量词是汉语中一个独立的词类，也是汉藏语系中一个颇具特色的词类，尽管它是几大词类中最后划类、定名的。印欧语系大部分语言的语法中，都没有单列量词这一词类。

汉语量词起源很早，甲金文献里就已经有量词了。如甲骨文中就有“鬯二升，贝十朋”的记载，其中“升”“朋”都是量词。不过，一般来说，那时还只有度量衡量词。随着时间的推移，量词不断发展和丰富，在汉语词类中逐渐占据了重要的地位。从古代汉语发展到现代汉语，量词一直是汉语的特色之一，这不仅因为它们数量众多、种类丰富，更因为它们有着鲜明的描写性和比喻性，有着突出的形象色彩和情感色彩。正是有了丰富多样的量词，汉语对于事物的数量、形状、特征、类别等的表达才更为准确而传神。

汉语量词在与其所计量的对象进行搭配时，语义选择上的多向性也是其重要特征之一。以汉语为母语的人群习惯于使用不同的量词来计量不同的事物，并且使用时还经常结合修辞手法，这也给汉语表达平添了生动活泼、绚烂多姿的色彩。不过，对于大多数人来说，真要他们说出纷繁多样的名量搭配、动量搭配的“所以然”，却又往往不能得其要领。这主要是因为汉语量词内部隐含着种种使用规则和特点，不懂得量词的意义内核，不搞清楚每个量词的来龙去脉，是很难正确分析出量词“这样”使用的缘由的。

多年来，语言学家对量词的概念、性质和使用规则等进行了丰富而细致的研究，从理论和应用角度解决了关于量词的许多疑难问题。但这些研究大多属于共时层面的纯本体研究，或是从某个或某些具体方面所作的单向性研究，研究成果与实际应用的联系不是很紧密。我们认为，只有将量词放在汉语发展的整体背景下逐一进行“解剖”，深入探寻其词汇意义与使用规则之间的深层关系，才有可能发掘其用法上的本质规律，得出较为可信的结论。也就是说，对汉语量词的研究，不仅需要对现实语言现象作共时描写，还要对历史语言现象作“溯本求源”式的历时分析。而如何将这些方面的研究成果与实际应用更好更有效地联系起来，则更是一个需要进一步深入探讨的问题。这里所说的应用，主要包括两方面：一是工具书的编纂，即如何使工具书对量词用法的解释说明更准确到位；二是量词的教学，即如何在量词教学特别是在对外汉语量词教学中让学生正确理解量词、使用量词。

如果我们编纂的工具书能将量词与其所计量事物之间的搭配缘由及其规律揭示出来，就可以帮助那些使用工具书的人，不仅明白量词的性质和使用规则，而且明白它们之所以具有这样的性质和使用规则的根本原因。目前，已经出版的多种量词用法词典“对各类量词及其用法进行了较为细致穷尽的描写，功德无量”。(胡明扬《现代汉语量词用法词典·序》)然而，我们设想，如果能编纂出这样一部工具书，它充分吸收量词研究成果，特别是有关量词与其所计量事物之间的搭配缘由及其规律的研究成果，并将量词研究的科学结论以词条的形式呈现出来，不仅能使量词研究的理论成果落到实际应用上，也必将使量词工具书发挥出更有效的“工具”作用。语文教师、汉语教师，尤其是从事对外汉语教学工作的教师和学习这一专业的研究生，也包括学习汉语的外国学生以及所有对汉语量词感兴趣的人群，都特别需要这样一部既有学术水平，又能有效解决关于汉语量词使用的各种具体问题的词典。

这正是我们力求达到的目标，我们也希望并努力使其成为本词典的第一个特点。

很多从事对外汉语教学工作的教师在日常教学过程中深切地感受到，量词始终是汉语学习者容易产生偏误的一类词，因此也一直是学生学习和教师教学的重点与难点，必须予以特别关注。而这部词典的特点之二，就是将对外汉语的量词教学作为关注的重点。

对外汉语教学是二语教学，就是教授母语为非汉语的人群学习汉语。乔姆斯基的普遍语法理论认为，不同的语言之间存在着某些共同的规律。二语教学的重点，就是要让学习者掌握目的语中那些在自己的母语中不存在或与自己的母语有差异的语言规则。这就是说，一个人在学习另一种语言时，需要重点学习并努力掌握的，是他所学习的目的语与自己的母语之间存在差异的地方。对于学习外语的人而言，这是需要花大气力，甚至需要改变部分思维习惯和方式才能真正做到的。属于汉藏语系的汉语与其他语系的语言，尤其是与印欧语系的语言相比，差异是相当大的。这些差异表现在语言的诸多方面，而量词就是其中尤为突出的差异。在世界上形形色色的语言中，只有汉语具有如此丰富、如此复杂的量词，其他语言一般很少使用量词。母语为非汉语的人群在学习汉语量词时，自然会感到非常困难。

量词之所以成为对外汉语教学中的难点，不仅在于其他语言没有这样一个独立的词类，更在于汉语量词所具有的种种复杂的特点。一方面，就汉语量词本身而言，它们丰富而灵活，既有用法各异的专用量词，又有复杂多变的借用量词，还有几乎无法准确统计的使用灵活的临时性量词。这就使得量词的使用规则很难被完全掌握，尤其是对于那些母语与汉语差距很大的学习者而言。另一方面，汉语量词不仅具有计量的功能，还具有表“形态特征”的功能。早在二十世纪四十年代，陈望道先生就在《论现代汉语中的单位和单位词》中指出了这一点，并因此把量词称为“形体单位的量词”。后来的研究进一步表明，汉语量词不仅具有“形态特征”，还具有形象色彩，以及情感色彩、时代色彩、方言色彩，等等。在汉语中，同一个事物不仅能够而且经常搭配使用不同的量词，而同一个量词也经常与不同的事物搭配使用。很多量词的作用，绝不仅仅是计量，更多的是在描写和比喻。汉语量词的比喻性和描写性，蕴含着汉民族的文化特色，它所显现出的或暗含着的深层次文化特征，是母语为非汉语的人在学习、使用汉语量词时的最大障碍。

母语为汉语的人，由于平时耳濡目染，不问“为什么”就能较为准确地使用量词，但母语为非汉语的学习者却往往会在纷繁复杂的汉语量词面前发出“为什么要用这个量词”“为什么能用这个量词”之类的疑问。作为教师，我们必须能够准确地回答这些“为什么”。因此，如何有效地教授量词，如何让学生学会并准确地使用量词，就成为对外汉语教学中一个十分突出的问题。这个问题引发我们思考：对外汉语教师应该如何针对学习者的需求，教授乃至研究汉语量词？而事实与经验告诉我们，“量词教学如果只以个例教学，无论教学还是习得都是困难的。因而，探讨研究量词教学的规律，则是量词教学亟待解决的问题”（何杰《现代汉语量词研究》）。

为此，我们展开了针对量词的全面研究，并将研究成果与实际应用紧密结合，编纂出了这部量词词典。在这部词典中，我们较为详尽地归纳总结了汉语量词的语义源流、主要用法，并对意义相近的量词进行了深层次辨析。希望这些总结与辨析能够为汉语量词的教学乃至学术研究提供一些帮助。

我们将本词典定位为一部从本体研究入手、将理论与应用紧密结合，服务于教学，特别是对外汉语教学的现代汉语量词词典，同时也是一部具有一定学术含量的对外汉语量词教学的参考书。为了达到这一目的，我们始终注意从对外汉语教师和这一专业的研究生，以及母语为非汉语的汉语学习者的需求出发，在理论研究的同时，立足于教学实践需要。我们搜集、整理、总结了对外汉语量词教学中的种种问题，并对母语为非汉语的学生使用量词的情况作了问卷调查，深入了解并研究他们习得汉语量词的特点、难点、常见的偏误及其产生的原因，为词典的编纂打下了坚实的基础。在编纂的过程中，我们力求从词典内容到检索方法直至文字表述，都能做到有的放矢，切合读者的实际需求。我们相信，通过这些努力，这部词典能够具有较强的针对性和实用性。

在本词典中，我们不仅力求全面展现出现代汉语量词在共时层面的词汇意义和使用规则，还力求准确反映出每个量词的历时变化，指明其语义源流及其与事物的搭配理据。我们希望由此勾画出现代汉语量词系统的整体面貌。因此，我们采用了共时与历时相结合，语法与语义、语用相结合的研究方法，在深入分析现代汉语代表性语料的基础上，描写出本词典所收量词的使用情况。为了确定每个量词的使用理据、搭配缘由，我们从其本义出发，逐个分析它们的语义源流，力图描绘出其语义演变轨迹，从而使我们对量词用法所作的分析和归纳更为科学准确。本词典还对近义量词作了详尽辨析，不仅分析它们的同与异，还结合语义源流，深入阐释这些同与异产生的原因，通过分析对比，帮助学习者更加准确地理解、更加正确地使用汉语量词。

本词典主要是针对如何有效纠正在对外汉语教学中发现的量词运用问题而设计的，又是在对汉语量词本体进行充分研究的基础上编写的。我们相信，针对在对外汉语教学中出现的各种语言使用问题的研究，为汉语本体研究提供助力，既会有效推动符合汉语特点的语法研究乃至词类研究，也会对建构契合汉语特点的语法体系和词类体系产生切实的作用，从而为对外汉语教学学科建设和教学体系的进一步完善添砖加瓦。同时，本词典特别注重对每个量词的使用规则的全面总结、对每个量词的词汇意义的溯本求源，以及对近义量词在意义和使用上的差异的深入分析，因此对于广大对外汉语教师而言，本词典将会给予他们更深层次的、更切实的帮助，为他们开展语言研究，特别是汉语量词研究提供可资借鉴的参考。

本词典之所以命名为“详解与溯源”词典，一是因为它对每个量词的搭配作了较为详细的分类，二是因为它对每个量词的用法作了较为详尽的说明，三是因为它对每个量词的演变过程作了较为翔实的描述，四是因为它对近义量词作了较为详备的辨析。我们希望，通过这些努力，本词典能达到全面描写汉语量词系统整体面貌、准确说明量词搭配“所以然”的目的，从而对学习者学习、教师教学与研究能有所帮助。

本词典的编写人员都是从事国际中文教育的一线教师，有着丰富的教学经验和各自的研究专长，但要把这些经验和专长落实到词典编纂上，肯定还存在种种局限，因此本词典难免还有不尽如人意之处，难免还会有这样那样的问题。这些问题，一方面有待于通过我们自身不断学习、研究去解决；另一方面，更有待于大方之家和同行及时指正。恳请大家不吝赐教，这将是对我们的最好帮助，也是对我们所付出辛劳的最大肯定。

在本词典编纂初期，北京师范大学汉语文化学院已故执行院长朱瑞平教授也参与了很多相关工作，诸如词典主体内容的设计、词条下栏目的安排、编纂体例的修改，等等。朱瑞平教授在词典编纂方面功力深厚、经验丰富，他虽然没有参加本词典词条的具体编写工作，但我们永远不会忘记他为本词典所作出的贡献。

编 者

2023 年 9 月

凡　例

1. 收词范围

1.1　本词典共收录常用量词600多个，包括现代汉语中常用的专用量词和一部分特点突出、使用频率较高的借用量词。

1.2　本词典中收录的借用量词主要来自《国际中文教育中文水平等级标准》《HSK考试大纲》《高等学校外国留学生汉语言专业教学大纲》。

1.3　本词典主要收录现代汉语量词，也收录少量现代汉语书面语中还在使用的古汉语量词，如“一介书生”中的“介”、“雷霆万钧”中的“钧”。

1.4　本词典主要收录普通话量词，也适当收录了少量有特色或较活跃的方言量词，如“客”“橛”等。

1.5　本词典收录的量词分为四类：名量词、动量词、复合量词和度量衡量词。“年”“天”等时间量词归入名量词，不单独分类。

2. 编排体例

2.1　本词典所收条目有单字和多字条目，都按汉语拼音字母次序排列，同音字按笔画排序，笔画少的在前，多的在后。

2.2　条目中有同形而分条的情况。形同而音义不同的，分立条目，如“撮 cuō”和“撮 zuǒ”，“卷 juǎn”和“卷 juàn”。形同音同而意义上需要分别处理的，也分立条目，在字的右上方标注阿拉伯数字，如“节^{1}”“节^{2}”，“码^{1}”“码^{2}”。

2.3　所有条目都用汉语拼音注音。

2.4 一般从整体释义、分项功能、用法提示、语义源流四个方面，对条目量词的功能进行描写；对易混的量词进行近义辨析。

3. 释义

3.1 释义力求简洁、准确。标明量词分类，对各种分项功能进行解释，每个功能下有“用法提示”，从搭配的数词、数词“一”可否省略、数词前可否加代词、前面可否加形容词修饰、后面可否加“子”、可否重叠、可否儿化等七个方面进行具体说明。是否具有某种用法一般参考汉语语料库，若是孤例则不作为具有该用法的依据。

3.2 对于存在多个义项的量词，按照先名量词用法后动量词用法的顺序编排，同类用法的分项功能按照常用程度高低编排，常用义靠前，派生义、非常用义靠后。常用程度差不多的义项，根据语言演变的顺序编排。

3.3 在条目中，标〈方〉的表示方言量词，标〈古〉的表示古汉语量词。一般条目中有古汉语量词用法，但是在现代汉语中已基本不用的，只在语义源流中进行说明。方言量词和古汉语量词一般不作用法提示。

3.4 释义一般使用“用于计量……”格式，释义后举若干用例，例句中本条目用“～”代替。本词典中的例句大都选自汉语语料库，以保证语言的自然性，但会进行一定程度的人工干预，删去长句中冗长的修饰，保留该量词的搭配和用法特点。

3.5 器物借用为量词，承载物的附着义一般不单列义项，如“蒙了一笼灰”中“笼”的意义不单列。

3.6 动量词重叠一般都在动词前，在用法提示中一般不作特别说明。

4. 语义源流

4.1 语义源流是对本条目量词发展演变的讨流溯源。除本义外，以量词义发展为线索，梳理与量词义发展、演变有关的义项，其他义项则不涉及。

4.2　每个语义演变的义项除说解外，一般都举两个例句，有时为体现历时的发展线索或不同用法，例句会超过两个。语义源流中引用的例句一般都标注出处。

4.3　本义一般据《说文解字》释义，个别根据其他字书释义，所有注释类的工具书均不标注时代与作者。

4.4　双音节复合词从构成该复合词的语素来分析其词义及其发展线索。

4.5　外来量词一般附注外文，说明来源，不作语义源流分析。

5. 近义辨析

5.1　对用法相近或易混淆的量词进行近义辨析。一般为两两辨析，但也会根据需要，进行一组词的辨析。

5.2　辨析放在按音序排列的第一个词目下，其他相关词目下标注见某字下。

词目表

H

J

词目笔画索引

说明：本索引按词目首字的笔画数由少到多排列，笔画数相同的，以起笔笔形横（一）、竖（丨）、撇（丿）、点（丶）、折（乛）为序。起笔笔形相同的，按第二笔笔形排列。首字相同的条目，按第二字笔画数排列，以此类推。

五画

九画

十画

A

埃 āi 度量衡量词 长度的非法定计量单位，符号为Å。1埃等于1米的一百亿分之一。这个单位名称是为纪念瑞典物理学家埃斯特朗（Anders Jonas Ångström）而定的。常用于计量光波的波长：1～相当于10^{-8}厘米|孔径75～|波长400～以下。**用法提示** ①数词可用基数词或表示数量的“几”“若干”等：1～|几～长|填料的孔径有80～、100～的。②数词前有时可加“这”“那”等代词：就这几～的误差|那120～直径是正常的分子吗？③数词“一”一般不省略。④前面一般不加形容词修饰，后面一般不加“子”。⑤一般不重叠和儿化。

安 ān 度量衡量词 电流单位“安培”的简称。详见“安培”。

安培 ānpéi 度量衡量词 电流单位，是国际单位制中七个基本单位之一，符号为A。简称“安”。这个单位名称是为纪念法国物理学家安培（André Ampère）而定的。导体的横截面每秒通过的电量为1库仑时，电流强度就是1安培：这个电器可通过4～电流|这个电表容量最高可达20～。**用法提示** ①数词可用基数词或表示数量的“几”“若干”等：2～|实验室的电流比这里要大若干～|16～的电流，对应的是直径多少的电线？②数词前有时可加“这”“那”等代词：就这几～的误差。③数词为“一”时可重叠，重叠形式一般为“一～一～”：一～一～地计算|电流在一～一～地增大。④数词“一”一般不省略。⑤前面一般不加形容词修饰，后面一般不加“子”。⑥一般不儿化。

垵 ǎn 名量词 用于计量点种的瓜、豆等作物：一～倭瓜|今年打算在院儿里点几～儿花生。**用法提示** ①数词一般没有限制，既可用基数词或表示数量的“两”“几”“好几”“若干”等，也可用序数词：三～绿豆|种了几十～南瓜|北面第六～儿豆苗已经蔫儿了。②数词“一”在某些代词或动词后常可省略：种～南瓜|这～儿黄豆没那～儿长得好。③数词前有时可加“这”“那”等代词：这一～儿土豆该浇水了|那几～儿菜长虫子了|你能看出哪几～儿是茄子苗吗？④数词为“一”时可重叠，重叠形式主要有“（一）～～”“一～一～”：～～蓖麻|一～～秧苗长得齐齐整整|她正给新种下的一～一～的豆苗浇水。⑤口语中常儿化。⑥前面一般不加形容词修饰，后面一般不加“子”。

语义源流 本义指点种瓜、豆等作物所挖的小坑。《玉篇·土部》：“垵，泥坑也。”元·王恽《农里叹》：“薄有田畴在远垌，近村减垵不能耕。”后词义引申，可用来表示挖坑的动作。借用为量词，用于计量点种的瓜、豆等作物。

盎司 àngsī 度量衡量词 英美制质量或重量单位，符号为oz。英文ounce

A

音译。1盎司等于1/16磅，约合28.35克。主要用于计量黄金白银等贵重金属和某些药物：1～黄金|6～蛇胆液|该币含5～纯银。**用法提示** ①数词可用基数词或表示数量的“几”“好几”等：10～白银|两块金币的重量差了好几～。②数词前有时可加“这”“那”等代词：两块金箔就差了这1～|如果一餐只多吃了那4～的鱼，是绝不会发胖的。③数词为“一”时可重叠，重叠形式为“一～一～”：要一～一～地称重|那些动物很快就吃掉了一～一～的食物。④数词“一”一般不省略。⑤前面一般不加形容词修饰，后面一般不加“子”。⑥一般不儿化。

B

巴掌 bāzhang ❶ 名量词 用于计量能用巴掌比量的物体的长度、宽度、面积等的约量：～大的脸｜两～宽的布｜在这块只有几～大的地方种了几棵月季。**用法提示** ①数词一般用基数词或表示数量的“两”“几”“好几”“若干”等：三～宽的小旗子｜好几～长｜小得只有几～大。②数词“一”在某些代词或动词后常可省略：这～宽的脸｜用～长的筷子怎么吃饭？③数词前可加“这”“那”等代词：这两～宽的布｜手里攥着那几～长的旱烟袋。④前面一般不加形容词修饰，后面一般不加“子”。⑤一般不重叠和儿化。❷ 动量词 用于计量用手掌拍或打的动作：打了两～｜抡了他几～｜一～扇下去就把他打晕了。**用法提示** ①数量结构可位于动词前，也可位于动词后：打几～｜拍两～｜一～抡过去，脸上立刻出现一个手印儿。②数词一般没有限制，既可用基数词或表示数量的“两”“几”“好几”“若干”等，也可用序数词：挨几～｜他抽了我好几～｜第一～打下去他就哭了。③数词前可加“这”“那”等代词：这两～打得好｜那一～打得太痛快了。④前面可加形容词“大”修饰：打了他两大～｜使劲抽了他一大～｜这一大～把他打清醒了。⑤数词为“一”时可重叠，重叠形式为“一～一～”：一～一～地用力打｜一～一～地抽下去｜他一～一～地拍起被子上的灰。⑥数词“一”一般不省略。⑦后面一般不加“子”。⑧一般不儿化。

语义源流 本义指手掌。借用为量词，可用于计量能用巴掌比量的物体的长度、宽度、面积等的约量。《三茅宝卷·捉拿驸马》：“肉到街上去卖，一千个钱只割～大一块。”也可用于计量用手掌拍或打的动作。清·杨德茂《大八义》第七回：“每人揍你们两～。”清·钱彩《说岳全传》第七十四回：“左右‘呀’的一声，将秦熹打了四十～。”

把 bǎ ❶ 名量词 用于计量有手柄或类似手柄的可以握持的器物：一～伞｜两～椅子｜他喜欢用这～刀切菜。**用法提示** ①数词一般没有限制，既可用基数词或表示数量的“两”“几”“好几”“若干”等，也可用序数词：两～扇子｜好几～斧头｜第一～刀质量最好。②数词“一”在某些代词或动词后常可省略：这～剪子不好用了｜他买了～榔头。③数词前可加“这”“那”“哪”等代词：这两～勺子｜那几～刀｜你喜欢哪一～小提琴？④数词为“一”时可重叠，重叠形式主要有“（一）～～”“一～一～”：～～都是好刀｜摆着一～～雨伞｜他掏出一～一～钥匙反复试。⑤前面一般不加形容词修饰，后面一般不加“子”。⑥一般不儿化。❷ 名量词 用于计量可用手握住的细条状的物品，包

B

括骨头。在计量骨头时，骨头经常具有借代意义，代指人的身体或品质，且数词限用“一”：三～筷子|两～香菜|瘦得就剩一～骨头了|他这～硬骨头从来不会屈服。**用法提示** ①数词一般没有限制，既可用基数词或表示数量的“两”“几”“好几”“若干”等，也可用序数词：一～铅笔|第一～鲜花|好几～韭菜。②数词“一”在某些代词或动词后常可省略：买了～小葱|只剩这～老骨头了|那～菠菜已经不太新鲜了。③数词前可加“这”“那”“哪”等代词：那一～树枝|我这一～老骨头快走不动了|你要哪一～玫瑰？④前面可加“大”“小”等形容词修饰：两小～青草|一大～铁丝|小姑娘采来三大～鲜花。⑤后面一般可加“子”：一～子水葱|两～子丝线|妈妈刚从市场上买来几～子韭菜。⑥数词为“一”时可重叠，重叠形式主要有“（一）～～”“一～一～”：～～杂草|一～～竹筷|他给食堂挑来一～一～的青菜。⑦一般可儿化：两小～儿挂面|几～儿丝线|他在早市买了三～儿蒜苗。❸ 名量词 用于计量可抓在手里的东西（多为粉末状或颗粒状）：一～面粉|两～沙子|客人给孩子抓了～糖果。**用法提示** ①数词一般没有限制，既可用基数词或表示数量的“两”“几”“好几”“若干”等，也可用序数词：两～豆子|好几～红枣|她抓起第一～泥土洒下去。②数词“一”在某些代词或动词后常可省略：这～米|拿来～红枣|他抓了～盐。③数词前可加“这”“那”“哪”等代词：那一～花生|这几～石头子儿|这两～盐放下去肯定得咸。④前面可加“大”“小”“满”等形容词修饰：三小～瓜子|满～的钞票|她在煮小米粥时配了两大～绿豆。⑤数词为“一”时可重叠，重叠形式主要有“一～～”“一～一～”：一～～玉米面|他们将一～一～花瓣撒向大海。⑥有时可儿化（用“大”“满”等形容词修饰时一般不儿化）：一～儿松子|他抓了一小～儿葡萄干。⑦后面一般不加“子”。❹ 名量词 用于计量某些与手的动作有关的事物：一～屎一～尿地拉扯孩子|他一～鼻涕一～眼泪地哭了起来。**用法提示** ①数词一般限用“一”：一～屎一～尿。②数词“一”一般不省略。③数词前一般不加代词。④前面一般不加形容词修饰，后面一般不加“子”。⑤一般不重叠和儿化。❺ 名量词 用于计量领导职务的位次，一般只与“手”“交椅”搭配：二～手|第三～交椅|他终于坐上第一～交椅。**用法提示** ①与“手”搭配时数词一般用基数词表示序数义，与“交椅”搭配时数词一般用序数词或“头”：一～手|他是这个单位的三～手|第二～交椅|他一直坐着头～交椅。②数词前有时可加“这”“那”等代词：这二～手的位置非他不可|那头～交椅归谁了？③数词“一”一般不省略。④前面一般不加形容词修饰，后面一般不加“子”。⑤一般不重叠和儿化。❻ 名量词 用于计量具有某种技能的人，只与“手”搭配：一～能手|这～巧手|她干什么都是～好手。**用法提示** ①数词限用“一”：一～好手|一～难得的巧手。

②数词“一”在某些代词或动词后一般可省略：来了～巧手｜这～好手就毁在酒上了｜他在修理汽车上真是～能手。③数词前不加代词。④前面不加形容词修饰，后面一般不加“子”。⑤一般不重叠和儿化。❼ 名量词 用于计量某些抽象的事物，并有进一步泛化的倾向：再使～劲儿｜出（一）～力气｜捏了～冷汗｜他算是过了一～瘾。**用法提示** ①数词多用“一”：一～力气｜使一～劲儿｜大家再努一～力就到了。②数词“一”在某些代词或动词后一般可省略：这～年纪｜加～劲儿｜我心里像是窝了～火。③数词前可加“这”“那”等代词：这一～游戏｜那一～力气。④前面可加形容词“大”修饰：一大～力气｜这么一大～年纪了，他还跑步。⑤后面一般可加“子”：有～子力气｜加～子劲儿。⑥一般不重叠和儿化。❽ 动量词 用于计量与手有关的动作行为：一～抢过来｜一～抱住｜他推了我一～。**用法提示** 数量结构可位于动词前，也可位于动词后。位于动词前时：①可表示动作迅速。数词多用“一”，也可用“两”“三”“几”等：一～接住｜一～没揪住｜他三～两～就将活儿干完了。②数词前有时可加“这”“那”等代词：那一～没拉住｜这几～抹得有点儿花。③数词为“一”时可重叠，重叠形式主要有“（一）～～”“一～一～”：一～～地擦着｜～～都抹得很干净｜他一～一～地薅着羊毛。④数词“一”一般不省略。⑤前面一般不加形容词修饰，后面一般不加“子”。⑥一般不儿化。位于动词后时：①数词限用“一”“两”“几”等：洗两～脸｜拉他一～｜他不小心推了老爷爷一～。②数词“一”在某些动词后有时可省略：擦～脸｜拧～毛巾｜听到这个消息，他不由得捏了～冷汗。③数词前一般不加代词。④前面一般不加形容词修饰，后面一般不加“子”。⑤一般不重叠和儿化。❾ 动量词 用于计量某些动作行为：输了两～｜赚了一～｜他也玩了几～。**用法提示** ①数量结构多位于动词后，也可位于动词前：这一～输了｜玩两～吧｜他一晚上赢了好几～。②数词一般没有限制，既可用基数词或表示数量的“两”“几”“好几”“若干”等，也可用序数词：他赢了第二～｜玩儿了好几～。③数词“一”在某些代词或动词后一般可省略：玩～大的｜这～输得挺惨的。④数词前可加“这”“那”“哪”等代词：这一～输了就不玩了｜他的成功就靠那几～投资｜那几～输光了他全部家产。⑤数词为“一”时可重叠，重叠形式主要有“（一）～～”“一～一～”：今天打牌不知怎么了，～～都输｜咱们一～一～地慢慢打，别着急。⑥前面一般不加形容词修饰，后面一般不加“子”。⑦一般不儿化。

语义源流 本义是握。《说文解字·手部》：“把，握也。”《史记·刺客列传》：“臣左手～其袖，右手揕其胸。”唐·杜甫《奉济驿重送严公四韵》：“几时杯重～，昨夜月同行。”引申为量词，用于计量可用手抓起来或握住的细长物品。《三国志·吴书·陆逊传》：“乃敕各持一～茅，以火攻拔之。”《晋书·陶侃传》：“常出游，见人持一～未熟稻。”

B

B

又引申计量有手柄或类似手柄的可以握持的器物。《水浒传》第一百零九回:“前面一～引军销金红旗。”《西游记》第十六回:“又一童,提一～白铜壶儿,斟了三杯香茶。”清·吴敬梓《儒林外史》第四十七回:“两～黄伞,八～旗,四队蹦街马。”由计量具体事物引申计量抽象事物或某些与手的动作有关的事物。清·李宝嘉《官场现形记》第三回:“这一点点事情,做哥哥的还可以帮你一～力。”清·陈端生《再生缘·访丽君圣旨颁行》:“闻得瑞柳要去了,都向着她一～鼻涕一～眼泪地哭泣。”由“握”的动词本义又引申为动量词,用于计量与手有关的动作行为。清·郭小亭《济公传》第一百回:“和尚围着老道直转,拧一～,捏一～,掏一～,捕一～,老道真急了。”清·佚名《续西游记》第八十回:“师父,可来扯我们一～。”现代汉语中还可用于计量其他一些动作行为。

近义辨析 把—柄 均可用于计量有手柄的器物,如可以说“一把锤子”,也可以说“一柄锤子”,但二者也存在着一定的差异。第一,计量范围不同。这与它们本义之间的差异有关。“柄”的本义指斧子上的把儿,即便于握持的手柄,是名词;引申为量词,一般只用于计量某些带手柄的器物。“把”的本义是握住,作为动词,强调的是动作本身;引申为量词,使用范围比较广泛,除用于计量某些带手柄的器物外,还可计量所有可以抓握的物品;进一步引申,还可以计量某些抽象事物,如“一把力气”“一把冷汗”。又由于“把”的本义是动词,引申为量词后还可以计量与手有关的动作行为,如“一把抱住”“一把没抓住”;也可以计量某些并不直接用手操作的动作行为,如“输了一把”“玩了两把”等。这些用法都是“柄”所不具备的。第二,风格色彩不同。“把”通用性强,“柄”带有一定的书面语色彩和方言色彩,“一把斧子”要比“一柄斧子”的使用率高很多。这也与它们的本义和引申义不同有关。“柄”作为名词,所指非常具体,作为量词的引申空间也相对比较狭小;“把”作为动词,指向比较灵活,作为量词的引申方向就比较宽泛,可计量的对象多,通用性也比较强。

把—捆 均可用于计量细条状的东西,如可以说“一把芹菜”“一把粉丝”,也可以说“一捆芹菜”“一捆粉丝”,但二者计量物品的量有所不同。“把”所计量的物品的量一般是一只手可以握住的;“捆”所计量的物品的量则比较大,多为成捆的东西。如“她背了一捆稻草”与“她抓了一把稻草”相比,前者的量要比后者的大多了。这是因为“捆”的本义是指用绳子捆束农作物,引申为量词主要用于计量需要捆束起来的东西,因此量会比较大。用“捆”计量较少量的物品时必须儿化,如“一捆儿菠菜”。

把—束 均可用于计量细条状的物品,如可以说“一把玫瑰”,也可以说“一束玫瑰”,但二者的语体风格不同。“束”的书面语色彩较浓,“把”的口语色彩更为突出。这是因为“束”在先秦时就已经作为量词使用了,发展到今天,其用法在一定程度上保留了某些古代汉语的特征,所以显得书面语色彩比较浓。

拜 bài **动量词** 用于计量跪拜的动作：拜了一～|一见面就拜了几～|他对着遗像恭敬地拜了几～。**用法提示** ①数量结构一般位于动词后，也可位于动词前：拜了一～|向师父拜了三～|这一～拜错了对象。②数词一般没有限制，既可用基数词或表示数量的“两”“几”“好几”“若干”等，也可用序数词：拜了两～|向师父拜了第一～|他跪倒在母亲面前，流着泪拜了几～。③数词前可加“这”“那”“哪”等代词：我哪一～拜错了？|虔诚地拜了那几～|可是拜了这一～之后，你我就将永别了。④数词“一”一般不省略。⑤前面一般不加形容词修饰，后面一般不加“子”。⑥一般不重叠和儿化。

📖 **语义源流** 本义是动词，表跪拜之义。《说文解字》作“𢷎”。《说文解字·手部》：“𢷎（拜），首至地也。”后引申泛指一般作揖的动作。《论语·子罕》：“～下，礼也。”宋·吴自牧《梦粱录》卷一：“正月朔日……士夫皆交相贺，细民男女亦皆鲜衣，往来～节。”也可表示敬受之义。《书·大禹谟》：“禹～昌言曰：‘俞！’孔传：‘以益言为当，故～受而然之。’”《新唐书·杜甫传》：“擢河西，不～，改右卫率府胄曹参军。”演变为量词，用于计量跪拜的动作。《朱子语类·礼四》：“堂上主客列两边，主人一拜，客又答一～；又拜一～，却不交拜。”元·康进之《李逵负荆》第二折：“俺宋公明在那里？请出来和俺拜两～。”

班 bān ❶ **名量词** 用于计量按一定标准分开的人群：一～学生|几～年轻人|这两～孩子都有股子拼劲儿。**用法提示** ①数词一般没有限制，既可用基数词或表示数量的“两”“几”“好几”“若干”等，也可用序数词：几～员工|这个月有好几～实习生要来|来进修的第一～学员已经到齐了。②数词“一”在某些代词后常可省略：这～领导|那～“驴友”。③数词前可加“这”“那”“哪”等代词：这几～学生|那一～工人|哪一～人是你的手下？④前面可加形容词“大”修饰：一大～亲戚|来了一大～人|一大～兄弟聚在一起吃火锅。⑤后面一般可加“子”：一～子人马|他带着一～子兄弟去了|他们拉来一～子人助威。⑥数词为“一”时可重叠，重叠形式主要有“（一）～～”“一～一～”：～～学生|一～～工人轮流作业|他们给一～一～的歌童颁奖。⑦一般不儿化。❷ **名量词** 用于计量定时开行的交通运输工具：一～飞机|两～火车|第一～汽车清晨六点出发。**用法提示** ①数词一般没有限制，既可用基数词或表示数量的“两”“几”“好几”“若干”，也可用序数词或表示序数的“头”“首”“末”等：三～轮船|好几～汽车|末～车|今早第一～飞机已经起飞了。②数词“一”在某些代词或动词后可省略：有～车晚点了|这～汽车人太多|你乘坐的是哪～飞机？③数词前可加“这”“那”“哪”等代词：同乘这一～车|我去赶午夜的那一～火车|他打算乘坐哪一～动车去上海？④数词为“一”时可重叠，重叠形式主要有“（一）～～”“一～一～”：这个航班的

飞机～～爆满｜机场上一～～的飞机陆续起飞｜一～一～载满救援物资的货车相继开往灾区。⑤前面一般不加形容词修饰，后面一般不加“子”。⑥一般不儿化。❸ 名量词 用于计量定时轮换的岗位（多与名词“岗”搭配）：第一～岗｜我站最后一～岗｜每天五～岗轮换。**用法提示** ①数词一般没有限制，既可用基数词或表示数量的“两”“几”“好几”“若干”等，也可用序数词：早中晚三～岗｜最后几～岗｜我站第二～岗。②数词“一”在某些代词或动词后常可省略：我刚站了～岗｜这～岗特别重要｜五点半那～岗负责吹起床号。③数词前可加“这”“那”“哪”等代词：他站那两～岗｜你负责哪一～岗？｜咱们一定要守好这几～岗。④数词为“一”时可重叠，重叠形式主要有“（一）～～”“一～一～”：～～岗都很辛苦｜轮了一～一～岗｜一～～岗哨的情况他都认真作了记录。⑤前面一般不加形容词修饰，后面一般不加“子”。⑥一般不儿化。❹ 名量词 军队的编制单位，在排之下：两～女兵｜一～新兵｜地震发生后，这个排共有三～战士参加了抗震救灾。**用法提示** ①数词一般没有限制，既可用基数词或表示数量的“两”“几”“好几”“若干”等，也可用序数词：每天安排两～士兵担任警卫｜第二～战士发起冲锋｜此次战役中，好几～敌军投降了我方。②数词“一”在某些代词或动词后常可省略：我们这～战士都很清楚此项任务｜有～士兵埋伏在前方路口｜司令部派了～精锐步兵去接应。③数词前可加“这”“那”“哪”等代词：这几～工程兵｜他带着那两～侦察兵到处探听敌情｜他们这一～战士都是从战火中锻炼出来的。④前面可加形容词“整”修饰：一整～士兵｜一整～铁道兵｜他一个人俘虏了一整～敌军。⑤数词为“一”时可重叠，重叠形式主要有“（一）～～”“一～一～”：～～炊事兵｜一～～战士依次登上南下的军列｜一～一～的民兵手握钢枪，气宇轩昂地走过主席台。⑥后面一般不加“子”。⑦一般不儿化。

语义源流 本义指分开瑞玉。《说文解字·玨部》：“班，分瑞玉。”《书·舜典》：“乃日觐四岳群牧，～瑞于群后。”引申泛指分开。《左传·襄公二十五年》：“男女以～，赂晋侯以宗器、乐器。”又引申表示分等列序、排列等义。《孟子·万章下》：“周室～爵禄也，如之何？”赵岐注：“班，列也。”宋·苏轼《书欧阳公黄牛庙诗后》：“入一庙中，拜谒堂下，予～元珍下，元珍固辞。”进一步引申指按行业分出来的人群，以及为了工作或学习而分成的单位。唐·杜佑《通典·职官十一》：“仍举故事，置武～朝参。其廊下食亦宜加给，稍令优重。”宋·赵彦卫《云麓漫钞》卷十：“金虏官制有文～、武～，若医卜倡优，谓之杂～。”明·刘球《至日早朝赋》：“莫不盛饰。冠以品分，～以次设。”演变为量词，用于计量可以分开的人群。清·吴敬梓《儒林外史》第三十二回：“忙出来吩咐雇了两～脚子。”清·佚名《说唐三传》第三回：“不表仁贵在牢中受苦，再说那一～公爷都到程千岁府商议。”清·李绿园《歧路灯》第三十回：“咱每日弄戏，有个薄脸儿，三～六房谁不为咱？”现代汉语中又可用于计量定时开行的交通运输工具或定时轮换的岗位。后也用于军队的编制单位。

近义辨析 班—帮 均可用于计量人群，如可以说“一班工人”，也可以说“一帮工人”，但二者的感情色彩不同。“班”多含褒义或中性义，一般不含贬义；“帮”可以表达多种感情色彩，其中包括贬义。如在“这班年轻人做得非常出色”“这帮年轻人做得非常出色”这两句话中，“班”与“帮”的感情色彩没有什么差异，但在计量歹徒时，只能说“这帮歹徒”，不能说“这班歹徒”。这是因为，“班”的本义指分开瑞玉，后引申指按行业分出来的人群或单位，它强调的是“分开”，不含贬义，演变为量词计量可以分开的人群时也是如此。而“帮”的本义是指鞋的边缘，由此引申为辅助或帮衬之义，又进一步引申指从事某种职业或结为团伙的人群，这就产生了一定的贬义色彩，因此其演变为量词用于计量人群时也就具有了贬义色彩。

般 bān 名量词 用于计量某些事物的种类或样式：万～憧憬｜两～光景｜他的师傅很有名，十八～武艺样样精通。**用法提示** ①数词可用基数词或表示数量的“两”“几”等，但一般不用“一”：百～花色｜万～风情｜三个对手三～表情。②数词前可加“这”“那”“哪”等代词：这两～宝贝｜假如那三～兵器击上来｜有哪几～变化？③前面一般不加形容词修饰，后面一般不加“子”。④一般不重叠和儿化。

语义源流 古多读pán，本义为动词，表盘旋之义。《说文解字·舟部》：“般，辟也。象舟之旋。”南朝宋·颜延之《赭白马赋》：“然而～于游畋，作镜前王。”晋·葛洪《抱朴子·广譬》：“～旋之仪，见憎于裸踞之乡。”后假借为“班”，表示齐等、同样的意思，读bān。敦煌变文《降魔变文》：“六师自道无～比，化出两个黄头鬼。头脑异种丑尸骸，惊恐四边令怖畏。”蒋礼鸿通释：“‘般’就是《孟子·公孙丑上》‘若是班乎’的‘班’。赵岐注：‘班，齐等之貌也。’”由此引申表示种、样等义。元·杨景贤《西游记》第十七折：“两～比喻，一样凄凉。”《西游记》第七十七回：“如来，若这～比论，你还是妖精的外甥哩。”演变为量词，同“种”“样”“类”等，用于计量事物的种类与样式，多用于抽象事物。唐·张鷟《游仙窟》：“昔日双眠，恒嫌夜短；今日独卧，实怨更长。一种天公，两～时节。”唐·崔致远《谢社日酒肉状》：“一半之韶光欲老，千～之旅思相攻。”

近义辨析 般—种 均可用于计量某些事物的种类、样式，如可以说“两般光景”，也可以说“两种光景”，但二者的使用范围、用法和语体色彩不同。“般”由种、样等义演变为量词，多用于抽象事物；“种”由事物的种类义演变为量词，可用于抽象事物，也可用于具体事物。如可以说“两种动物”“五种蔬菜”，不可以说“两般动物”“五般蔬菜”。由于“一般”在现代汉语中也可视为一个固定的双音节词，表示同样或普通的意思，所以“般”前面的数词较少用“一”，如可以说“一种柔情”，却不可以说“一般柔情”。“般”作为量词是古汉语用法的遗留，因此书面语色彩较浓，较文雅，如“万般无奈”比“万种无奈”要显得多些书卷气。

板 bǎn ❶ 动量词 用于计量用板子拷打或施行体罚的动作，这个用法有时也可称为“板子”：一～子打下去｜挨了好几～。**用法提示** ①数量结构可位于动词前，也可位于动词后：挨了一～｜打他十～｜这一～子打在了要害上。②数词一般没有限制，既可用基数词或表示数量的“两”“几”“好几”“若干”等，也可用序数词：挨了若干～｜每挨一～，他都叫喊一声｜第一～子就该打他。③数词前可加“这”“那”“哪”等代词：因为你错了，才会打你这几～｜那两百～打得他再也爬不起来了｜刚才打的那几～子恰到好处。④前面可加形容词“大”修饰：各打五十大～｜这几大～子打得真解气。⑤后面一般可加“子”：这一～子下去｜打了几～子｜他无缘无故挨了两～子。⑥数词为“一”时可重叠，重叠形式主要有“(一)～～”“一～一～”：～～打在要害上｜一～～地打下去｜他不紧不慢地一～一～地数着。⑦数词“一”一般不省略。⑧一般不儿化。❷ 动量词 用于计量打乒乓球的动作，打一下叫打一板：打了两～｜猛扣一～｜她连扣十几大～。**用法提示** ①数量结构可位于动词前，也可位于动词后：扣了两～｜连抽好几～｜最后一～大力快攻赢下了这场球赛。②数词一般没有限制，既可用基数词或表示数量的“两”“几”“好几”“若干”等，也可用序数词：狠抽十几～｜扣杀了好多～｜第一～扣下去就压住了对方的士气。③数词前可加“这”“那”“哪”等代词：这一～够劲儿｜他反手那两～封得非常死｜她刚抽过去的那几～真漂亮！④前面可加形容词“大”修饰：抽了一大～｜他那一大～扣过去，真带劲儿。⑤数词为“一”时可重叠，重叠形式主要有“(一)～～”“一～一～”：～～扣杀｜一～～反复练习｜她一～一～地把对方的弧圈球削过去。⑥数词“一”一般不省略。⑦后面一般不加“子”。⑧一般不儿化。

语义源流 本义指片状的木头，即木板。《玉篇·木部》：“板，片木也。”《诗·秦风·小戎》：“在其～屋，乱我心曲。”唐·杜甫《过故斛斯校书庄》：“断桥无复～，卧柳自生枝。”引申泛指板状的扁平之物，后专指拷打或施行体罚用的长条形的木板或竹板。明·抱瓮老人《今古奇观·徐老仆义愤成家》：“(萧颖士)也不用什么～子，也不要人行杖，亲自跳起身来，一把揪翻。”《皇朝通典·刑制一》：“定狱具之图。一曰～，以竹篦为之。”借用为量词，用于计量用这种刑具拷打的动作。元·关汉卿《金线池》第四折：“既然韩解元在此替你哀告，这四十～便饶了。”乒乓球拍是用木板制成的，所以现代汉语中也用“板”来计量打乒乓球的动作。

版 bǎn ❶ 名量词 用于计量报纸的版面：十多～｜第二～｜头～消息很重要。**用法提示** ①数词一般没有限制，既可用基数词或表示数量的“两”“几”“好几”“若干”，也可用序数词或表示序数的“头”“末”等：头～新闻｜这张报纸共八～｜第一～的天气预报改登

在第二～了。②数词“一”在某些代词后常可省略：今天我们用这～画刊，表达对“远南”运动会永久的纪念。③数词前可加“这”“那”“哪”等代词：这头～位置被他抢到了|那一～是诗歌|哪几～有广告？④前面可加“大”“满”等形容词修饰：一满～的消息|报纸用两大～刊登了这篇文章。⑤数词为“一”时可重叠，重叠形式主要有“(一)～～”“一～一～”：～～都有广告|他拿着这份晚报，一～～认真地看|他一～一～看着报纸的栏目，觉得还挺有意思的。⑥后面一般不加“子”。⑦一般不儿化。❷ 动量词 用于计量书籍的排印：出了最新一～|再出几～|这本书一共印过两～。**用法提示** ①数量结构可位于动词前，也可位于动词后：出了一～|他的论文集第一～印了3000册|这本书半年内就印了好几～。②数词一般没有限制，既可用基数词或表示数量的“两”“几”“好几”“若干”等，也可用序数词：印了三～|这本书已经印过好几～了|第一～印刷质量不太好。③数词为“一”时可重叠，重叠形式主要有“一～～”“一～一～”：一～～地不知出了多少版了|一～一～地印下去。④数词“一”一般不省略。⑤数词前一般不加代词。⑥前面一般不加形容词修饰，后面一般不加“子”。⑦一般不儿化。

语义源流 本义是名词，指筑墙用的木板。《说文解字·片部》：“版，判也。”段玉裁注改作“片也”，云：“旧作判也，浅人所改，今正。凡施于宫室器用者皆曰版。今字作板。”《诗·大雅·绵》：“其绳则直，缩～以载，作庙翼翼。”《墨子·备穴》：“连～，以穴高下、广陕（狭）为度。”后泛指书写时用的木片。《管子·宙合》：“退身不舍端，修业不息～。”尹知章注：“版，牍也。”《晋书·隗炤传》：“(炤)临终，书～授其妻。”进一步引申指书籍、图籍等。《论语·乡党》：“式负～者。”何晏集解：“负版者，持邦国之图籍者也。”《世说新语·方正》：“太极殿始成，王子敬时为谢公长史，谢送～使王题之。”演变为量词，用于计量报纸的版面，后又用于计量书籍的排印。

瓣 bàn 名量词 用于计量植物的果实、球茎、花、叶等自然分成的小片儿或小块儿，以及类似这些形状的东西：梅花有五～|一～(儿)橘子|碗被你摔成了好几～(儿)。**用法提示** ①数词一般没有限制，既可用基数词或表示数量的“两”“几”“好几”“若干”等，也可用序数词：心香一～|好几～蒜|第一～梨要给妈妈吃。②数词“一”在某些代词或动词后常可省略：这～花的颜色跟别的不一样|那～苹果被弟弟吃了|你也吃～蒜吧。③数词前可加“这”“那”“哪”等代词：这几～橘子特别甜|那两～蒜掉地上了|你赶快把那一～柚子吃了吧。④前面可加“大”“小”等形容词修饰：一小～广柑|他给了我两大～柚子。⑤数词为“一”时可重叠，重叠形式主要有“(一)～～”“一～一～”：～～梨花|精心地剪出一～～花瓣|一～一～的残花飘落下来。⑥一般要儿化：一～儿橘子|几～儿蒜|你能找到五～儿的丁香花吗？⑦后面一般不加“子”。

B

B

📖 **语义源流** 本义是名词，指瓜中的瓤儿。《说文解字·瓜部》：“瓣，瓜中实。”段玉裁注：“瓜中之实曰瓣，实中之可食者当曰人（仁），如桃杏之人（仁）。”晋·干宝《搜神记》卷一：“便从索～，杖地种之。”北魏·贾思勰《齐民要术·种瓠》：“破以为瓢。其中白肤以养猪，致肥；其～以作烛，致明。”由此引申表示植物的种子、果实或球茎分开的小块儿。北魏·贾思勰《齐民要术·种蒜》：“收条中子种者，一年为独～；种二年者则成大蒜。”唐·元稹《贬江陵途中寄乐天》：“紫芽嫩茗和枝采，朱橘香苞数～分。”又引申指植物分开的花片、叶片等。元·杨维桢《修月匠歌》：“羿家奔娥太轻脱，须臾踏破莲花～。”明·徐勃《咏荔枝膜》：“盈盈荷～风前落，片片桃花雨后娇。”演变为量词，用于计量植物的果实、球茎、花、叶等自然分成的小片儿，以及其他片状或粒状物。宋·佚名《格物粗谈·树木》：“种柳，先于土坑中置蒜一～，甘草一寸，永不生虫。”宋·陈鹄《耆旧续闻》“敬授灵香一～，有急，请爇以告。”清·陈维崧《念奴娇·读孚若长歌即席奉赠仍用孚若原韵》：“春衫老泪，鲛珠～～堪掬。”

帮 bāng 名量词 用于计量不定量的人群：一～小朋友｜一～流氓｜他认识了一大～网友。**用法提示** ①数词一般没有限制，既可用基数词或表示数量的“两”“几”“若干”等，也可用序数词：三～乞丐｜从城里请来两～人｜试图完成第一～家伙没有完成的任务。②数词“一”在某些代词或动词后常可省略：公安局铲除了这～土匪｜外面来了～人｜作为班主任，我很喜欢那～学生。③数词前可加“这”“那”“哪”等代词：那两～歹徒｜哪一～人是刚来的？｜这几～土匪在这一带为非作歹。④前面可加“大”“小”等形容词修饰：一大～小伙子｜一大～毕业生在主楼前照相。⑤数词为“一”时可重叠，重叠形式主要有“（一）～～”“一～一～”：一～～年轻人｜他常常纠集一～一～的狐朋狗友打架。⑥数词为“一”时，后面一般可加“子”：一～子新闻记者｜那是我的一～子哥们儿。⑦一般不儿化。

📖 **语义源流** 本义指鞋的边缘部分。《集韵·唐韵》：“帮，治履边也。”宋·蒋捷《柳梢青·游女》：“柳雨花风，翠松裙褶，红腻鞋～。”后泛指物体两旁或周围立起来的部分。清·刘鹗《老残游记》第一回：“船头及船～上有许多的人，仿佛水手的打扮。”清·张杰鑫《三侠剑》第三回：“小船贴在大船～，大英雄往船上跳。”由此引申指辅助或帮助、帮衬。元·尚仲贤《气英布》第一折：“你这一去若不得成功，等我来～你。”《水浒传》第七十四回：“我见你独自个来，放心不下，不曾对哥哥说知，偷走下山，特来～你。”由此引申，特指从事某种职业或结为团伙的人。清·陆士谔《十尾龟》第二十回：“要算堂子～、马夫～、范高头余党这三类人最为厉害。”吴虞公《青红帮演义》第十七回：“后来钱保、张岳约同潘安、翁麟瑞等，结为青～。”进一步引申表示一般的群、伙之义。《红楼梦》第四十九回：“两亲家一处搭～来了。”清·杨锡绂《乾隆十一年闰三月初一日奏状》："长沙船户称为袒护，辄将差役殴打，并与同～水手五六十人，拾石乱掷，将知县轿窗打碎。"演变为量词，用于计量不定量的人群。清·刘鹗《老残游记》第十二回："隔壁店里，午后走了一～客。"清·李宝嘉《官场现形记》第十五回："庄大老爷见两～人俱已无话，然后一并释放他们回去。"

近义辨析 帮—班 见"班"下。

帮—伙 均可用于计量不定量的人群，如可以说"一帮人"，也可以说"一伙人"，但二者在用法和所表达的感情色彩上有一些差异。在用法上，"伙"可以儿化；"帮"儿化后呈名词性，所以一般不儿化。在感情色彩上，"伙"更为中性，而"帮"有时带有贬义，如在计量贼、小偷、土匪等时，我们经常用"帮"，而较少用"伙"。这是因为"帮"从本义到引申义，逐渐产生了一定的贬义色彩（见"班—帮"的辨析），而"伙"的本义是指军营中共同起火做饭吃饭的几个人，后引申指同伴或由同伴组成的集体，是一个中性词，演变为量词后自然也不含有贬义。

棒 bàng ❶ 动量词 用于计量接力赛中接力棒的承接量，也可用于比喻义：跑第一～|游第二～|每个运动员都要跑好自己这一～|希望我们的研究事业能够一～一～地传下去。**用法提示** ①数量结构可位于动词前，也可位于动词后：跑第一～|这两～接得不错|姚明跑北京奥运火炬接力的最后一～。②数词多用"四"以内的基数词或序数词：我跑第三～|他游第一～|前两～由我们班的男生跑。③数词前可加"这""那""哪"等代词：你们两人跑哪两～？|他接这一～|这两～游得不好也没关系。④数词为"一"时可重叠，重叠形式主要有"一～～""一～一～"：接力棒一～～往下传|火炬一～一～地向前传递。⑤数词"一"很少省略。⑥前面一般不加形容词修饰，后面一般不加"子"。⑦一般不儿化。❷ 动量词 用于计量用棒击打的动作，包括击打棒球或者人、物、动物等：打了几～|劈头一～|歹徒朝他头部猛击了一～，把他打晕了。**用法提示** ①数量结构可位于动词前，也可位于动词后：连击三～|这一～打得真不错|一～就把穿衣镜打碎了。②数词一般没有限制，既可用基数词或表示数量的"两""几""好几""若干"等，也可用序数词：挨了他两～|他打出了好几～漂亮球|第一～就命中得分了。③数量结构位于动词前时，数词"一"在某些代词后常可省略：这～打偏了|哪～打到他的头上了？④数词前可加"这""那""哪"等代词：哪一～是你打的？|这两～打得真棒|那几～敲得不算太重。⑤后面可加"子"（计量击打棒球的动作时除外）：给他几～子|轻轻敲了他两～子|总不能一～子把他打死吧！⑥数词为"一"时有时可重叠，重叠形式主要有"（一）～～""一～一～"：～～都打在要害上|一～～地狠狠打下去|他一～一～地敲打着地面。⑦前面一般不加形容词修饰。⑧一般不儿化。

语义源流 本字作"棓"，指棍、杖。《正字通·木部》："棒，俗棓字。"《说文解字·木部》："棓，棁也。"《淮南子·诠言》："羿死于桃棓。"《三国志·魏书·武帝纪》："（太祖）除洛阳北部尉，迁顿丘令。"裴松之注引《曹瞒传》："造五色棒，县（悬）门左右各十余枚。"借用作量词，用于计量需要借助棍棒来完成的动作，包括击打球类或人、物、动物等。《朱子语类·论语十六》："大概圣人做事，如所谓'一～一条痕，一掴一掌血'。"《水浒传》第七十八回："只听得一～锣声响处，林子背后山坡脚边撞出一彪军来。"《西游记》第六十六回："伸过孤拐来，让老孙打两～解闷。"现代汉语中也用于计量接力赛中接力棒的承接量。

包 bāo **名量词** 用于计量成包或可以包裹起来的东西：一～药｜一大～书｜我给孩子买了几～饼干。**用法提示** ①数词一般没有限制，既可用基数词或表示数量的"两""几""好几""若干"等，也可用序数词：两～茶叶｜好几～香烟｜这是他今天吃的第三～方便面。②数词"一"在某些代词或动词后常可省略：买了～糖｜这～药已经过期了｜我不知道那～点心是谁送的。③数词前可加"这""那""哪"等代词：那两～饼干是给妈妈买的｜你吃的是哪一～药？｜这几～瓜子不能吃了。④前面可加"大""小"等形容词修饰：三小～花生米｜三大～棉花｜这两大～衣服都是要捐赠给灾区的。⑤数词为"一"时可重叠，重叠形式主要有"（一）～～""一～一～"：一～～鸡鸭鱼肉｜这几百包棉花～～都掺假｜从布囊里取出一～一～的东西。⑥一般可儿化：两小～儿巧克力｜两～儿火柴｜我买了一～儿芝麻。⑦后面一般不加"子"。

语义源流 从字形上看，本义指胎儿的胞衣，此义后写作"胞"。《说文解字·包部》："包，象人裹妊，巳在中，象子未成形也。""包"字古时多用作包裹义。《广雅·释诂四》："包，裹也。"《诗·召南·野有死麕》："野有死麕，白茅～之。"毛传："包，裹也。"宋·黄庭坚《和答子瞻》："故园溪友脍腹腴，远～春茗问何如。"引申指用纸、布或其他薄片包起来的东西。《书·禹贡》："厥篚织贝，厥～橘柚锡贡。"清·蒲松龄《聊斋志异·小官人》："顿见一小人返入舍，携一毡～，大如拳。"借用作量词，用于计量成包的东西。《后汉书·杨由传》："顷之，五官掾献橘数～。"《曾国藩家书·致诸弟》："朱啸山南归，托带纹银百两，高丽参一斤半，书一～，计九套。"

近义辨析 包—抱 作为名量词，"包"与"抱"形近音也近，但二者的意义和用法有明显区别。"包"由用纸、布或其他薄片包起来的东西义借用为量词，用于计量成包或可以包裹起来的东西。"包"的量可大可小，所以前面可加"大""小"等形容词修饰。"抱"本指用手臂围住，引申表示两臂合围的量；演变为量词，用于计量可两臂围持的东西。因为就人体而言，两臂合围的量是比较大的，也是可以控制的，因此前面可加"大"修饰，但不可加"小"。此外，"抱"还可修饰形容词，如"一抱粗"，"包"则没有这种用法。

抱 bào **名量词** 用于计量可两臂围持的东西，"一抱"即两臂合围的量：两～草｜一～印刷品｜这棵树已长到一～粗了。**用法提示** ①数词一般用基数词或表示数量的“两”“几”“好几”等：一～衣服｜两～柴火｜这是一棵几～粗的古树。②数词前可加“这”“那”“哪”等代词：那几～书｜这一～被子要放到衣柜顶上去｜哪两～东西是他送来的？③前面有时可加形容词“大”修饰：一大～书｜一大～茅草｜第二天他送来一大～青菜。④数词为“一”时可重叠，重叠形式主要有“一～～”“一～一～”：一～～树枝｜一～～五颜六色的毛线｜她送来一～一～干草。⑤数词“一”一般不省略。⑥后面一般不加“子”。⑦一般不儿化。

语义源流 本指用手臂围住。《说文解字·衣部》：“褒，怀也。”《集韵·号韵》：“褒，或作抱。”《诗·卫风·氓》：“氓之蚩蚩，～布贸丝。”《庄子·天地》：“凿隧而入井，～瓮而出灌。”《左传·文公七年》：“穆嬴日～太子以啼于朝。”引申表示两臂合围的量（“一抱”即两臂合围的量）。演变为量词，用于计量可两臂围持的东西。晋·葛洪《抱朴子·博喻》：“睹百～之枝，则足以知其本之不细。”清·宋永岳《志异续编·银杏树》：“某邑有银杏树，大数～。”

近义辨析 抱—包 见“包”下。

杯 bēi 名量词 用于计量装在杯中的液体等：一～咖啡｜两～啤酒｜妈妈给我们每人一小～冰激凌。**用法提示** ①数词一般没有限制，既可用基数词或表示数量的“两”“几”“好几”“若干”等，也可用序数词：两～豆奶｜好几～矿泉水｜所有的人都把第一～酒干了。②数词“一”在某些代词或动词后常可省略：给我来～可乐｜这～酒你一定得干了｜哪～水是给我留的？③数词前可加“这”“那”“哪”等代词：那一～茶水是给您沏的｜哪几～是糖水？｜你把这两～牛奶给奶奶送过去。④前面可加“大”“小”“满”等形容词修饰：一小～酒｜主人给他斟上了一满～喜酒｜他喝了两大～红糖姜水。⑤后面有时可加“子”：一～子热水｜迅速地倒了一～子茶｜他把一大～子啤酒全喝下去了。⑥数词为“一”时可重叠，重叠形式主要有“(一)～～”“一～一～”：市民为官兵们捧上了一～～热茶｜～～开水送到了旅客们手中｜他将一～一～的啤酒喝进肚子。⑦一般不儿化。

语义源流 本义指盛羹器或注酒器。《集韵·灰韵》：“桮，盖今饮器，或作杯。”《大戴礼记·曾子事父母》：“执觞觚～豆而不醉，和歌而不哀。”《吕氏春秋·直谏》：“鲍叔奉～而进曰：‘使公毋忘出奔在于莒也。’”后泛指盛饮料或其他液体的小型器皿，多指茶杯、酒杯等。《庄子·逍遥游》：“覆～水于坳堂之上，则芥为之舟；置～焉则胶，水浅而舟大也。”唐·王翰《凉州词》：“葡萄美酒夜光～，欲饮琵琶马上催。”借用作量词，用于计量装在杯中的液体。《孟子·告子上》：“今之为仁者，犹以一～水救一车薪之火也。”《史记·项羽本纪》：“吾翁即若翁，必欲烹而翁，则幸分我一～羹。”清·吴敬梓《儒林外史》第二十三回：“牛浦自己吃了几～茶，走回下处来。”

近义辨析 杯—盅 均可用于计量酒和茶

水等液体，但“杯”比“盅”的使用范围要宽泛一些。“盅”本指器皿空虚，后成为“锺”的假借字，也可指酒器，其在古代一般只用于盛装酒、茶，且容量比较小；“杯”的本义指盛羹的器皿或是注酒器，后可泛指盛不同饮料或液体的小型器皿，形状多样。二者借用为量词之后，都保留了各自的特点，“杯”可用于计量多种饮料或液体，如水、牛奶、可乐等，而“盅”一般只用于计量酒或茶水。此外，“杯”的后面可以加“子”，如“满满一杯子饮料”，“盅”的后面不能加“子”。

贝 bèi 度量衡量词 “贝尔”的简称。详见“贝尔”。

贝尔 bèi'ěr 度量衡量词 计量声强、电压或功率等相对大小的单位，符号为B。简称“贝”。这个单位名称是为纪念美国发明家贝尔（Alexander Graham Bell）而定的。1贝尔等于10分贝：电锯的声音为11～｜目前多数国家把9～作为听力保护标准｜从0.00002到20000帕斯卡的声强，可被换算成从0到18～。**用法提示** ①数词可用基数词或表示数量的“几”“若干”等：办公区域的噪音标准要比室外低好多～。②数词前有时可加“这”“那”等代词：这3～的差别，听起来很不一样｜那7～以上的声音已经是噪音了。③数词“一”一般不省略。④前面不加形容词修饰，后面一般不加“子”。⑤一般不重叠和儿化。

贝可 bèikě 度量衡量词 放射性活度的单位“贝可勒尔”的简称。详见“贝可勒尔”。

贝可勒尔 bèikělèěr 度量衡量词 放射性活度的单位，符号为Bq。简称“贝可”。这个单位名称是以法国科学家贝可勒尔（Antoine Henri Becquerel）的名字命名的。放射性核素每秒有一个原子发生衰变时，其放射性活度即为1贝可勒尔，活度越大表示放射性越强。这是个相当微小的单位，因此常用千贝可（kBq）甚至百万贝可（MBq）来表示。主要用于衡量水、食物、土壤或其他放射源等物质中放射性核素释放出放射线强度的大小：在饮用水中，放射性碘131的活度上限要控制在300～以下｜每公斤500～是蔬菜类铯137的活度上限。**用法提示** ①数词一般用基数词：1克的镭放射性活度有3.7×1010～。②数词“一”一般不省略。③数词前一般不加代词。④前面一般不加形容词修饰，后面一般不加“子”。⑤一般不重叠和儿化。

倍 bèi 名量词 用于计量照原数增加的等量。某数的几倍就是几乘某数：大两～｜三的两～。**用法提示** ①数量结构常位于表示“增加”“扩大”“提高”等意义的词的后面作补语：提高了几～｜上浮两～｜这张照片放大了五～。②数词一般用基数词或表示数量的“两”“几”“好几”“若干”等：扩大好几～｜增加十～｜今年的粮食产量是去年的两～。③数词前可加“这”“那”等代词：增加的这两～｜那十几～的差距是不应该产生的。④数词“一”一般不省略。⑤前面一般不加形容词修饰，后面一般不加“子”。⑥一般不重叠和儿化。

语义源流 本义指相反、背向，此义后写作“背”。《说文解字·人部》：“倍，反也。”《左传·昭公二十六年》：“～奸齐盟。”孔颖达疏：“倍，即背也。违背奸犯齐同之盟也。”《孟子·滕文公上》：“子之兄弟事之数十年，师死而遂～之。”因一正一反形成两面，故引申表示照原数等加，即加倍。清·段玉裁《说文解字注》：“（倍）引申之为加倍之倍。以反者覆也，覆之则有二面，故二之曰倍。”《书·吕刑》：“墨辟疑赦，其罚百锾……剕辟疑赦，其罚惟～。”《孟子·滕文公上》：“夫物之不齐，物之情也。或相～蓰，或相什百，或相千万。”演变为量词，表示增加了与原数相等的量。《易·说卦传》：“为近利，市三～。”唐·韩愈《为人求荐书》：“伯乐一顾，价增三～。”

辈 bèi ❶ 名量词 用于计量人的辈分：晚一～|大两～|论起来，新来的这位同姓的老师比我还小一～。**用法提示** ①数词一般没有限制，既可用基数词或表示数量的“两”“几”“好几”“若干”等，也可用序数词：小了一～|这是他们家族的第五～|细细地排起来，他还比我长三～呢。②一般可儿化：大一～儿|这是第几～儿人了？③数词“一”一般不省略。④数词前不加代词。⑤前面一般不加形容词修饰，后面一般不加“子”。⑥一般不重叠。❷ 名量词 用于计量辈分相等的一批人：两～人|同一～人|我们这一～人的生活水平有了很大提高。**用法提示** ①数词可用基数词或表示数量的“两”“几”“好几”“若干”等：老少三～|我们是同一～人|我们家族几～人都生活在这个小山村里。②数词“一”在某些代词后常可省略：你们这～人|从爷爷那～就来到了这里。③数词前可加“这”“那”“哪”等代词：我们这一～上了年纪的人|他们那几～人吃够了没有文化的苦|这风俗是从哪一～人传下来的？④数词为“一”时可重叠，重叠形式主要有“（一）～～”“一～一～”：～～人靠母亲河养育着|他的品格感召着一～～中国人|就这样，他们一～一～的人把这门手艺传了下来。⑤一般可儿化：父亲这一～儿人挺不容易的。⑥前面一般不加形容词修饰，后面有时可加“子”（详见“辈子”）。

语义源流 本义指一百辆车，也指分行列的军队。《说文解字·车部》：“辈，若军发车百两（辆）为辈。”汉·应劭《风俗通·过誉》：“因诣府门，移辞乞恩，随～露首，入坊中，容止严恪，须眉甚伟。”宋·戴侗《六书故·工事三》：“车以列分为～。”引申表示类别、等级以及同一类的人、事、物。《玉篇·车部》：“辈，类也。”《史记·孙子吴起列传》：“马有上、中、下～。”晋·何劭《游仙诗》：“借问蜉蝣～，宁知龟鹤年。”清·孔尚任《桃花扇·修札》：“在下柳敬亭，自幼无籍，流落江湖，虽则为谈词之～，却不是饮食之人。”后专用于指人的等类以及具有相同特征的人，即“群伙”“同类”等。清·段玉裁《说文解字注》：“（辈）引申之为什伍同辈之称。”唐·李白《南陵别儿童入京》：“仰天大笑出门去，我～岂是蓬蒿人。”明·张岱《夜航船·识断》：“（贾郁）为仙游令，及受代。一吏酗酒。郁怒曰：‘吾再典此邑，必惩此～！’”由此演变为量词，古代

B

汉语中可用于计量人。《史记·张耳陈余列传》："使者往十余～，辄死，若何以能得王？"唐·李公佐《南柯太守传》："有群女，或称华阳姑，或称青溪姑，或称上仙子，或称下仙子，若是者数～。"《新唐书·薛元赏传》："元赏到府三日，收恶少，杖死三十余～，陈诸市。"清·袁枚《随园诗话》卷八："吏敦促至再，扶鞭上马，比至，则促召之使已四～矣。"又引申表示家族世代相承的顺序，即"辈分"。《史记·魏其武安侯列传》："稠人广众，荐宠下～。"《三国志·魏书·陶谦传》："郡守张磐，同郡先～，与谦父友。"唐·杜甫《赠比部萧郎中十兄》："词华倾后～，风雅蔼孤骞。"演变为量词，用于计量辈分相等的人和人的辈分。《朱子语类·本朝六》："某小年见上一～，未说如何，个个有气魄，敢担当做事。"明·冯梦龙《警世通言·庄子休鼓盆成大道》："至于生子生孙，就是下一～事，十分周全不得了。"

近义辨析 辈—辈子 二者在意义和用法上都有比较大的差异。"辈"表示人的辈分，而"辈子"表示人一生一世的时间，如"我们这一辈"指人，而"我们这一辈子"则指一生的时间。这是因为"辈"的本义与车辆有关，可指分行列的军队，由此引申指同一类的人、事、物，后专指人的类别及辈分。"辈"与"子"组合成双音节词"辈子"之后，词义单一，一般只能指一生一世的时间。演变为量词后，二者所计量的内容也不尽相同："辈"在古汉语中多可用于计量人，在现代汉语中可用于计量辈分相等的一群人，也可用于计量人的辈分，如"我比他小一辈"；"辈子"可计量同辈分的人，但不能计量人的辈分，如不能说"我比他小一辈子"。

辈子 bèizi ❶ 名量词 用于计量家族或亲友中同辈分的人：两～人｜几～人都盼望着过上好日子｜我们好几～人都在这里居住。用法基本同"辈②"。❷ 名量词 用于计量人的一生一世，通常表示时间的长久：几～艰辛｜两～友情｜半～的好名声都让你给毁了。**用法提示** ①数词可用基数词或表示数量的"两""几""好几""半""大半"等：三～交情｜一～光阴很快就过去了｜这是他们欠的几～的账。②数词"一"在某些代词后常可省略：这～的辛苦｜这是哪～的好事儿？③数词前可加"这""那""哪"等代词：这多半～的光阴就这样荒废了｜那几～的旧账｜享的是哪一～的福？④前面一般不加形容词修饰。⑤一般不重叠和儿化。❸ 动量词 用于计量人一生中某段时间的活动，通常表示从事这种活动的时间很长：忙碌了一～｜工作了多半～｜她在中国生活了一～。**用法提示** ①数量结构一般位于动词后：辛苦了一～｜活了半～｜他谨小慎微了一～。②数词可用基数词或表示数量的"两""几""好几""半""大半"等：我们交往了一～｜劳动了大半～｜他们家苦了几～，刚过上好日子。③数词"一"一般不省略。④数词前一般不加代词。⑤前面一般不加形容词修饰。⑥一般不重叠和儿化。

语义源流 "辈"加词缀"子"构成双音节词"辈子"，表示人的一生。演变为量词，可用于计量家族或亲友中同辈分的人。明·抱瓮老人《今古奇观·三孝廉让产立高名》："那两个兄弟，又下一～，虽是九卿之贵，乡尊故旧，依旧称'哥'。"清·张杰鑫《三侠剑》第五回："我们家三～保镖，我先祖及我父亲，到我这儿又是保镖，整三辈。"也可用于计量人一生一世的时间。清·张杰鑫《三侠剑》第六回："县太爷，一～做官，辈辈居官。大人你还不明白吗？"清·吴趼人《二十年目睹之怪现状》第三十四回："小孩子今年才十九岁，岂不是误了他后半～？"还可用于计量人一生中某段时间的活动。

近义辨析 辈子—辈 见"辈"下。

本 běn ❶ 名量词 用于计量书籍簿册以及一些与簿册相关的抽象事物：一～书｜三～杂志｜他订好了五大～讲义。**用法提示** ①数词一般没有限制，既可用基数词或表示数量的"两""几""好几""若干"等，也可用序数词：好几～杂志｜真是一～难念的经｜这是他的第一～专著。②数词"一"在某些代词或动词后常可省略：买～杂志｜这～书最好看｜去图书馆借了～词典。③数词前可加"这""那""哪"等代词：这三～工具书｜那两～小说很好看｜你想参考哪几～字典？④前面可加"大""小""厚""薄"等形容词修饰：两大～笔记｜一小～宣传册｜三厚～电话簿。⑤后面有时可加"子"：他拿出两～子外国邮票｜他生活得很仔细，光流水账就记了三大～子。⑥数词为"一"时可重叠，重叠形式主要有"(一)～～""一～一～"：这些书～～都好看｜他正一～～地翻看着自己喜欢的画报｜书柜里是一～一～的日记。⑦一般可儿化：三～儿参考资料｜大家心里都有一～儿账｜我找不到那～儿杂志了。❷ 名量词 用于计量戏曲或具有一定长度的影片：那部电视剧长达30～｜这是《西厢记》的第二～。**用法提示** ①数词一般没有限制，既可用基数词或表示数量的"两""几""好几""若干"等，也可用序数词：第一～电影胶片｜那部电影共14～。②数词"一"在某些代词后常可省略：他的这～《牡丹亭》相当难唱｜你去陪老人看那～《火烧红莲寺》吧。③数词前可加"这""那""哪"等代词：这～《西游记》｜这部电视剧哪几～最难拍？④有时可儿化：这是电视剧《红楼梦》的前几～儿｜这部戏共有多少～儿？⑤前面一般不加形容词修饰，后面一般不加"子"。⑥一般不重叠。

语义源流 本义指树根。《说文解字·木部》："本，木下曰本。"《诗·大雅·荡》："枝叶未有害，～实先拨。"唐·白居易《东坡种花》之二："划土壅其～，引泉溉其枯。"后泛指植物的茎、干。《国语·晋语八》："枝叶益长，～根益茂。"《庄子·逍遥游》："吾有大树，人谓之樗，其大～拥肿而不中绳墨。"《徐霞客游记·滇游日记九》："树甚异，～高两丈，大十围。"引申指条状物体的根端。《墨子·经说下》："相衡则～短标长。"张纯一集解："近支点为本而短，远支点为标而长。"演变为量词，用于计量细而长的植物。《汉书·龚遂传》："令口种一树榆、百～薤、五十～葱、一畦韭。"唐·张贲《奉和袭美题褚家林亭》："百～败荷鱼不动，一枝寒菊蝶空迷。"此用法在现代汉语中已经消失。由于根部是植物的本源与开始，故引申指事物的起源与基础。《礼记·乐记》："乐者音之所由生也，其～在人心之感于物也。"孔颖达疏："本，犹初也。"南朝梁·刘孝标《辩命论》："萧远论其～而不畅其流，子玄语其流而未详其～。"由此引申指作为根据和依据的事物。《论语·学而》："君子务～，～立而道生。"《颜氏家训·诫兵》："此皆陷身灭族之～也。诫之哉！诫之哉！"清·纪昀《阅微草堂笔记·滦阳消夏录五》："追原祸～，不某公之讼而谁讼欤！"进而指底本、版本。汉·刘向《别录》："雠校……一人持～，一人读书，若怨家相对。"《南史·萧藻传》："自非公宴，未尝妄有所为，纵有小文，成辄弃～。"明·谢肇淛《五杂组·事部一》："宋时刻～以杭州为上，蜀～次之，福建最下。"古人传书各有所本，因此将所传之书叫作"本"，并引申指各种书籍簿册。《梁书·刘之遴传》："案古～《汉书》称：'永平十六年五月二十一日已酉，郎班固上'，而今～无上书年月日字。"南朝梁·皇侃《论语义疏·叙》："又此书遭焚烬，至汉时合壁所得及口以传授，遂有三～：一曰古论，二曰齐论，三曰鲁论。既有三～，而篇章亦异。"由此演变为量词，用于计量书籍簿册。《全梁文·菩萨善戒菩萨地持二经记》："祐见菩萨地经一～。"清·吴敬梓《儒林外史》第十八回："这书刻出来，封面上就刻先生的名号，还多寡有几两选金和几十～样书送与先生。"《清朝野史大观·马世琪缴白卷》："一～白卷交还你，状元归去马如飞。"

近义辨析 本—部—册 均可用于计量书籍，如"一本书""一部书""一册书"，但它们所计量的书籍不完全相同。"本"是计量书籍的较为通用的量词，使用范围比较宽泛，所计量的书籍在量上给人的感觉要小一些，如"一本小人书""这部丛书一共十五本"。"部"侧重显示书的整体，多用于成套的、大型的、结构比较复杂的书籍，如"一部《鲁迅文集》""一部《辞海》"。"册"所计量的常常是成套书的本数，如"这套书共有十册"；"本"所强调的只是数量，不一定是成套书中的一本。"本"作为量词，成因比较偶然，它本指树根，与书籍的结合使用源自"论语三本"，这个"本"表示"本源"，之后成为计量书籍的量词。"册"本指若干书简编连在一起的簿籍，由此演变为量词，比较形象，书面语色彩也比较明显。"部"由分开、分别义演变为量词，用于计量多种可分开的事物，包括书籍，这也形成了"部"与"本""册"的重要区别。此外，"本""册"一般只用于计量书籍，而"部"还能计量可以组合的事物，如汽车、法律等。"本""部"均可用于计量戏曲、电影等，"部"侧重影片的整体，"本"通常表示具有一定长度的戏曲中的一部分，如"一部电影""这出戏的第三本"。

笔 bǐ ❶ 名量词 用于计量汉字的笔画：一～一画｜"永"字共有五～｜每一～都要认真书写。**用法提示** ①数词一般没有限制，既可用基数词或表示数量的"两""几""好几""若干"等，也

可用序数词：这个字有两～|刚写完第一～|简化之后每个字平均省了五～多。②数词“一”在某些代词或动词后可省略：用毛笔写了～横|这～写得不错|写这～时要多蘸些墨汁。③数词前可加“这”“那”“哪”等代词：这一～|那两～真不好写|哪几～写得最像？④数词为“一”时可重叠，重叠方式主要有“(一)～～”“一～一～”：～～都很漂亮|一～～显得都很有力|你得一～一～地写。⑤前面一般不加形容词修饰，后面一般不加“子”。⑥一般不儿化。❷ 名量词 用于计量用笔写下的文字或画下的画儿等：一～好字|一～颜体字|他能画几～山水画。**用法提示** ①数词多用“一”“几”等：好一～草书|这几～兰花很有韵味|寒窗数载，练就一～漂亮的楷书。②数词“一”在某些代词或动词后可省略：他那～隶书|他能写～好字|你这～漂亮字是怎么练出来的？③数词前可加“这”“那”等代词：这一～好字|那几～山水画|那几～写意勾勒出一幅美丽的秋景。④数词为“一”时可重叠，重叠形式主要有“一～～”“一～一～”：那一～～蝇头小楷|这一～一～的涂鸦都是孩子们画的。⑤前面一般不加形容词修饰，后面一般不加“子”。⑥一般不儿化。❸ 名量词 用于计量款项、账目、债务等：三～资金|几～汇款|灾区人民收到了第一～捐款。**用法提示** ①数词一般没有限制，既可用基数词或表示数量的“两”“几”“好几”“若干”等，也可用序数词：三～账|第一～生意|若干～存款|今年最大的一～收入是两万元。②数词“一”在某些代词或动词后可省略：帮您省下～钱来|这～款子是买钢材用的|我事先不知道哪～交易会获利。③数词前可加“这”“那”“哪”等代词：这几～汇款|哪两～收益|那一～赃款。④前面可加“大”“小”等形容词修饰：一大～学费|几大～汇款|这只是一小～款项。⑤数词为“一”时可重叠，重叠形式主要有“(一)～～”“一～一～”：～～订单|一～～捐款|一～一～的花销都非常清楚。⑥后面一般不加“子”。⑦一般不儿化。❹ 动量词 用于计量勾画、书写的动作(有时并非实写)：写上一～|一～抹杀了他的功劳|在纸上草草地勾勒了两～。**用法提示** ①数量结构可位于动词前，也可位于动词后：涂抹了好几～|老师在我的作业本上改了几～|以前的事咱们一～勾销吧。②数词一般用基数词或表示数量的“两”“几”“好几”“若干”等：勾画两～|这么大的事情，没用几～就抹掉了|这件事值得大书好几～。③数词“一”在某些代词或动词后可省略：画完这～再吃饭|在心里记上～账|这个字哪～写错了？④数词前有时可加“这”“那”“哪”等代词：写上那一～|她不小心写错了这两～|这个字你觉得哪几～最难临摹？⑤数词为“一”时可重叠，重叠形式主要有“(一)～～”“一～一～”：一～～勾勒出来|一～一～写得很缓慢|这些旧账他一～一～都记得很清楚。⑥后面一般不加“子”。⑦一般不儿化。

语义源流 本义指写字绘画的工具。《说

B

文解字·聿部》："笔，秦谓之笔。从聿从竹。""聿，所以书也。"《庄子·田子方》："宋元君将画图，众史皆至，受揖而立；舐～和墨，在外者半。"汉·扬雄《法言·问道》："刀不利，～不铦，而独加诸砥，不亦可乎？"《晋书·裴楷传》："楷容色不变，举动自若，索纸～与亲故书。"引申指用笔写。《史记·孔子世家》："至于为《春秋》，～则～，削则削，子夏之徒不能赞一辞。"《史记·陈涉世家》："不惟举之于其口，而又～之于其书。"书画作品是用笔完成的，所以引申指书画或文辞作品。《新唐书·张旭传》："旭因问所藏，尽出其父书，旭视之，天下奇～也，自是尽其法。"宋·沈括《梦溪笔谈·书画》："相国寺旧画壁，乃高益之～。"明·陆深《春风堂随笔》："一日在仁智殿呈画，文进以得意之～上进，第一幅是《秋江独钓图》。"由表示书画作品引申为量词，用于计量书画艺术品等。《水浒传》第九十一回："他邀小弟到家，临别时，将此图相赠，他说是几～丑画。"由用笔写又引申指汉字的笔画。《晋书·王羲之传》："论者称其～势，以为飘若浮云，矫若惊龙。"明·陶宗仪《辍耕录·禊帖考》："姜白石先生《禊帖偏旁考》云……'欣'字'欠'右一笔，作章草发～之状，不是捺。"由此借用为量词，用于计量汉字的笔画。清·李汝珍《镜花缘》第六十一回："故缺一～为茶，多一～为茶，其实一字。"清·孙旭《平吴录》："衡州民谣曰：'横也是二年，竖也是二年。'以'昭'字横竖皆两～也。"后引申用于计量款项、账目、债务等。《红楼梦》第五十五回："一个赏过一百两，一个赏过六十两，这两～底下皆有原故。"清·吴趼人《二十年目睹之怪现状》第十八回："只见头一～就付银二百两，底下注着代应酬用；以后是几～不相干的零用账。"由用笔写的动作演变为动量词，用于计量勾画、书写的动作（有时并非实写）。清·李汝珍《镜花缘》第三回："他因木字犯了武氏祖讳，却把木字少写一～，名叫才贝关。"清·孔尚任《桃花扇·先声》："旧恨填胸一～抹，遇酒逢歌，随处留皆可。"

边 biān **名量词** 用于计量人或事物的一个侧面或一个部分：一～放着一台电视｜两～脸都肿了｜这个房间三～漏风。**用法提示** ①数词一般用"四"以内的基数词或表示数量的"几""半"等：只有一～是红色｜两～都有花坛｜几～的人都不高兴。②数词"一"在某些代词后可省略：这～有水｜那～最漂亮｜哪～的房子是你们家的？③数词前可加"这""那""哪"等代词：这一～比较安静｜你再整理一下那两～的摆设｜哪一～更适合摆放沙发？④可以儿化：两～儿的风景｜这房子从哪一～儿看都很漂亮｜他这半～儿有点不舒服。⑤前面一般不加形容词修饰，后面一般不加"子"。⑥一般不重叠。

语义源流 从字形上看，本指走近山崖的外侧。《说文解字·辵部》："边，行垂崖也。"实指物体的旁边、四侧或边缘部分。《礼记·深衣》："续衽钩～，要缝半下。"《乐府诗集·木兰辞》："旦辞爷娘去，暮宿黄河～。"《明史·食货志五》："时所铸钱有金背，有大漆，有镞～。”也可指事物的方面或部分。唐·李咸用《春日》：“危城三面水，古树一～春。”唐·刘禹锡《竹枝词》：“东～日出西～雨，道是无情却有情。”演变为量词，用于计量人或事物的一个侧面或一个部分。《全梁文·出古育王塔下佛舍利诏》：“其内，一～佛像一十二躯，一～十五躯。”《朱子语类·易一》：“先天图一～本都是阳，一～本都是阴。”清·石玉昆《小五义》第二十四回：“只顾说他这一～的辛苦，就落了那一～的正文。”

编 biān 名量词 古代多用于计量一部书，现代多用于表示全书的一部分，大于“章”：汇成几～|该书分为两～|这个材料需要人手一～。**用法提示** ①数词一般没有限制，既可用基数词或表示数量的“两”“几”“好几”“若干”等，也可用序数词：合为一～|诗集分为若干～|这部《历代文学作品选》第一～收集的是上古至中古的文学作品。②数词“一”在某些代词后可省略：这～我已经看过了|有关经济统计的那～最有意思|哪～是你写的？③数词前可加“这”“那”“哪”等代词：这一～写得不错|你再重复一下那两～的内容|对这一问题的总体论述在哪一～？④数词为“一”时可重叠，重叠形式主要有“(一)～～”“一～一～”：～～内容都很丰富|一～～的材料|他用了两年时间把一～一～的资料汇总起来。⑤前面一般不加形容词修饰，后面一般不加“子”。⑥一般不儿化。

语义源流 本义指穿连竹简的皮条或绳子。《说文解字·糸部》：“编，次简也。”《史记·孔子世家》：“(孔子)读《易》，韦～三绝。”引申指按照一定的顺序组织、编排。《南史·刘苞传》：“家有旧书，例皆残蠹，手自～辑，篋筐盈满。”唐·许敬宗《奉和春日望海》：“连云飞巨舰，～石架浮梁。”进而特指连接成的简册，即书籍。唐·韩愈《进学解》：“先生口不绝吟于六艺之文，手不停披于百家之～。”清·葆光子《〈物妖志〉序》：“浏览陈简，撮录成～，颜曰《物妖》。”演变为量词，用于计量一部书或全书的一部分。《汉书·张良传》：“有顷，父亦来，喜曰：‘当如是。’出一～书，曰：‘读是则为王者师。’”颜师古注：“编谓联次之也。联简牍以为书，故云一编。”唐·韩愈《唐故相权公墓碑》：“考定新旧令式，为三十～，举可长用。”

鞭 biān 动量词 用于计量用鞭子抽打的动作：挨了几～|给他两～子|马跑得慢时就打两～。**用法提示** ①数量结构可位于动词前，也可位于动词后：猛抽两～|第一～打下去|一言未出，他腿上又吃了三～。②数词一般没有限制，既可用基数词或表示数量的“两”“几”“好几”“若干”等，也可用序数词：挨了两～|往马背上抽了好几～|第二～打在了他的胸膛上。③数词前可加“这”“那”“哪”等代词：这几～打下去|那一～抽得他背都流血了|哪一～打得不心疼？④数词为“一”时可重叠，重叠形式主要有“(一)～～”“一～一～”：～～打在要害之处|一～～重重地抽下去|他气疯了，一～一～打个不停。⑤后面可加“子”：打一～子|狠狠抽了几～子|主

B

人给了水牛一～子。⑥数词“一”一般不省略。⑦前面一般不加形容词修饰。⑧一般不儿化。

📖 **语义源流** 本义指马鞭，也指鞭打。《说文解字·革部》：“鞭，驱也。”《玉篇·革部》：“鞭，马策也。”《韩非子·外储说右下》：“操～棰指麾而趣使人则制万夫。”《左传·宣公十五年》：“虽～之长，不及马腹。”《庄子·达生》：“善养生者，若牧羊然，视其后者而～之。”借用作量词，用于计量用鞭子抽打的动作。明·罗懋登《三宝太监西洋记》第四十一回：“相烦天将与我打他一～。”《水浒传》第十八回：“宋江出到庄前，上了马，打了两～，飞也似的往县里来了。”

遍 biàn **动量词** 用于计量从开始到结束的动作：抄一～|这件衣服我洗了好几～|老师一～一～地给学生讲解这个词的意思。**用法提示** ①数量结构多位于动词后，也可位于动词前：打扫一～|洗了两三～|他不厌其烦地一～一～地仔细看。②数词一般没有限制，既可用基数词或表示数量的“两”“几”“好几”“若干”等，也可用序数词：修改了好多～|再重复一～|第一～检查没发现任何异常。③数词“一”在某些代词后可省略：看这～要比看那～慢|这～洗得不干净|我练完这～以后感觉非常累。④数词前可加“这”“那”“哪”等代词：这几～读得比较好|哪一～唱得更好？|她练那两～时没太用心。⑤数词为“一”时可以重叠，重叠形式主要有“（一）～～”“一～一～”：他练习了很多遍，～～都错在那个音上|国歌一～～在人们耳边响起|他一～一～地练习着这个动作。⑥后面一般不加“子”。⑦一般不儿化。

📖 **语义源流** 本义为周遍、普遍。《说文解字·彳部》：“徧，匝也。”清·朱骏声《说文通训定声》：“徧，字亦作遍。”《广韵·线韵》：“徧，周也。”《书·舜典》：“望于山川，徧于群神。”《韩非子·内储说上》：“令下未～，而火已救矣。”由于动作从开始到结束进行一次具有一定的周遍性，“遍”演变为量词，用于计量从开始到结束的动作。晋·葛洪《抱朴子·祛惑》：“又教之，但读千～，自得其意。”南朝梁·陶弘景《真诰·协昌期》：“卧觉当摩目二七，叩齿二七～。”

🔍**近义辨析** 遍—过 均可用于计量某些动作行为，如用水洗刷衣服、鞋子等，可以说“洗过两遍”，也可以说“洗过两过”，但二者使用的普遍性不同。“遍”本表周遍义，强调从开始到结束的过程，词义比较抽象，演变为量词，很适合计量具有一定周遍性的动作，因此使用范围较广。“过”本义是经过、走过，强调的是动作行为本身，指向很具体，演变为量词，一般只用于口语中，且方言色彩较浓。

遍—趟 均可用于计量某些动作行为，如可以说“走了一遍”，也可以说“走了一趟”，但二者的意义特征不同。“遍”作为量词，强调动作行为的周遍性；“趟”由本义跳跃行进引申指从浅水中走过，也可泛指踩踏、行走，演变为量词，更强调动作行为的次数。如“走了一遍”强调的是所经之处没有遗漏，“走了一趟”强调的是一次往返。

二者在使用范围上也有所差异。"遍"可以计量的动作行为比较广泛，除了走动，还可用于说、思索、读等，"趟"则没有这些用法。"趟"可以作名量词，用于计量按一定次序或时间运行的车辆、船舶，如"一趟城铁""几趟客车"；在北方方言中还可用于计量成行或成条的东西，如"一趟小树苗""两趟柳树"。"遍"没有名量词用法。

辫 biàn 名量词 用于计量编成辫子状的东西：一～蒜｜三～干菜｜门口挂着好几～红辣椒。**用法提示** ①数词一般没有限制，既可用基数词或表示数量的"两""几""好几""若干"等，也可用序数词：几～干菜｜这是我编的第一～蒜｜他编了好几～刚割下的艾蒿。②数词"一"在某些代词或动词后常可省略：买～蒜｜这～松针是爷爷编的｜哪～干菜是你编的？③数词前可加"这""那""哪"等代词：那一～干艾蒿｜这两～蒜是在早市上买的｜那几～辣椒已经干了。④前面可加"大""小""长"等形容词修饰：妈妈送来几小～干辣椒｜她编了一长～塑料绳。⑤后面一般可加"子"：一～子大蒜｜几～子草帽辫儿。⑥数词为"一"时可重叠，重叠形式主要有"(一)～～""一～一～"：～～蒜都编得那么好｜门前挂着一～～的干菜｜车上装着一～一～的大蒜。⑦一般不儿化。

语义源流 本义指编结。《说文解字·糸部》："辫，交也。"《晋书·吐谷浑传》："妇人以金花为首饰，～发萦后，缀以珠贝。"汉·张衡《思玄赋》："～贞亮以为鞶兮，杂伎艺以为珩。"旧注："辫，交织也。"引申表示编成的发辫。《新唐书·车服制》："羊车小史，五～髻，紫碧腰襻，青耳屩。"宋·张九成《旦起理发》："清晨解绦～，千梳复重重。"演变为量词，用于计量编成辫子状的东西。

标 biāo 名量词 用于计量队伍：杀出一～人马｜一～军马杀出来｜他带着四～人马拔营北去。**用法提示** ①数词可用基数词或表示数量的"两""几"等，多用"一"：拥出一～人马｜又往那里加派了一～骑兵｜有了这两～人马，军容更盛。②数词"一"在某些代词或动词后一般可省略：这～悍匪｜那～人马直朝这边奔来｜柳林中杀出～队伍。③数词前可加"这""那"等代词：那两～人马已经杀过来了｜他们将这几～队伍分而制之。④前面一般不加形容词修饰，后面一般不加"子"。⑤一般不重叠和儿化。

语义源流 本义指树梢。《说文解字·木部》："标，木杪末也。"《庄子·天地》："上如～枝，民如野鹿。"《后汉书·马融传》："踔婹枝，杪～端。"李贤注："杪、标，并木末也。"引申表示事物的末节或表面。《管子·霸言》："大本小～。"尹知章注："标，末也。"明·李时珍《本草纲目·序例》："故百病必先治其本，后治其～。"也可以表示顶端。《楚辞·九章·悲回风》："上高岩之峭岸兮，处雌蜺之～颠。"宋·沈括《梦溪笔谈·神奇》："菜品中芜菁、菘、芥之类，遇旱其～多结成花。"引申表示标记、记号、旗帜等义。《说文解字系传·木部》："标之言表也。"晋·孙绰《游天台山赋》："赤城霞起而建～，瀑布飞流以界道。”李善注：“建标，立物以为之表识也。”由于标记、旗帜等与军队相关，清朝曾将“标”作为督抚等所辖营兵编制的名称，相当于后来的团。清·吴敬梓《儒林外史》第四十三回：“那本～三营，分防二协，都受他调遣。”演变为量词，古代用于计量军队或其他队伍。清·王世祯《忠毅孟公神道碑铭》：“秦省七镇及督抚各～官兵计九万八千有奇。”《清实录·德宗景皇帝实录》：“鄂省援川军队一～。”现代汉语中偶尔也使用。

彪 biāo 名量词 用于计量队伍，同“标”：派一～人马｜杀出一～队伍｜他带领一～人马去抓强盗。**用法提示** 同“标”。

语义源流 本义指老虎身上的花纹，引申泛指文饰等。作为量词，是“标”的通假字，用于计量军队、队伍。

柄 bǐng 名量词 用于计量某些有柄的器物：一～菜刀｜他随身带着两～斧头｜三～弯刀闪电般飞出。**用法提示** ①数词一般没有限制，既可用基数词或表示数量的“两”“几”“好几”“若干”等，也可用序数词：两～尖刀｜好几～刀剑｜我目睹了陈列在北极地区的第一～雪杖。②数词“一”在某些代词或动词后常可省略：买～宝剑｜这～剑是用天山白玉雕刻成的｜油价永远是～双刃剑。③数词前可加“这”“那”“哪”等代词：这几～斧子｜这就是你找的那两～伞｜你觉得哪一～匕首好？④前面有时可加“大”“小”等形容词修饰：一大～雨伞｜她递给我一小～水果刀。⑤数词为“一”时可重叠，重叠形式主要有“(一)～～”“一～一～”：一～一～犀利的小刀｜这些宝剑～～锋利无比｜海边支起了一～～阳伞。⑥后面一般不加“子”。⑦一般不儿化。

语义源流 本义指斧子上的把儿，即便于握持的突出部分。《说文解字·木部》：“柄，柯也。”《墨子·备蛾傅》：“斧～长六尺。”引申泛指一切器物上的把儿。《世说新语·夙惠》：“火在熨斗中而～热。”《南齐书·袁彖传》：“世祖在便殿，用金～刀子治瓜。”演变为量词，用于计量有柄的器物。唐·崔致远《桂苑笔耕集·端午节送物状》：“雪扇一～。”金·董解元《西厢记诸宫调》卷三：“使一～大刀，冠绝古今。”清·吴敬梓《儒林外史》第二十五回：“一～遮阳，一顶大轿。”

近义辨析 柄—把 见“把”下。

饼 bǐng 名量词 用于计量某些饼状物或包装成饼状的物品：一～普洱茶｜几～油渣｜他高高兴兴地买了～豆饼回去。**用法提示** ①数词一般没有限制，既可用基数词或表示数量的“两”“几”“好几”“若干”等，也可用序数词：一～油渣儿｜他送我几～普洱茶｜这是我喝的第一～云南白茶。②数词“一”在某些代词或动词后常可省略：买了～普洱茶｜这～陈年白茶真好｜她注视着那～圆圆的月亮。③数词前可加“这”“那”“哪”等代词：这两～普洱茶｜那几～蚊香｜你能从外观上看出哪一～茶叶是熟茶吗？④前面有时可加“大”“小”等形容词修饰：一小～沱茶｜他送了我一大～普洱茶。⑤数词为“一”时可重叠，重叠形式主要有“(一)～～”“一～一～”：桌面上摊着一～～暗黄的蜡泪｜一～一～沱茶摆放在桌子上。⑥后面一般不加

"子"。⑦一般不儿化。

语义源流 本义指烤熟或蒸熟的面食，后专指用面粉制成的扁圆形的食品。《说文解字·食部》："饼，面糍也。"汉·史游《急就篇》："～饵麦饭甘豆羹。"颜师古注："溲面而蒸熟之则为饼。"《墨子·耕柱》："见人之作～，则还然窃之。"北魏·贾思勰《齐民要术·饼法》："～肥美，可经久。"后泛指形状像饼的东西或包装成饼状的物品。元·佚名《盆儿鬼》第二折："你到今日，还是这等无礼。待我略用上些气力，将你来坐做一个柿～儿。"彭信威《中国货币史·清代的货币》："咸丰六年底，上海有几家银号曾发行银～。"演变为量词，用于计量某些饼状物或包装成饼状的物品。《后汉书·乐羊子妻传》："羊子尝行路，得遗金一～，还以与妻。"宋·欧阳修《归田录》卷二："始造小片龙茶以进，其品绝精，谓之小团，凡二十～，重一斤。"

拨 bō **名量词** 用于计量成批的人、物，也可以计量一些抽象事物：一～人马｜货物分成了两～｜一～～少先队员来这里参观学习。**用法提示** ①数词一般没有限制，既可用基数词或表示数量的"两""几""好几""若干"等，也可用序数词：好几～民工｜春运迎来了第一～回家探亲的学生｜刚刚掀起了一～"免费潮"。②数词"一"在某些代词或动词后常可省略：来了～人｜那～消费者｜这～排球队员快退役了。③数词前可加"这""那""哪"等代词：这一～新建起来的电厂｜他们那几～年轻人整天游手好闲｜球迷们一眼就能看出哪一～队员是主力。④前面可加"大""小"等形容词修饰：一大～回头客｜两大～游客｜每天来这里跳广场舞的是一小～中老年人。⑤后面有时可加"子"：好几～子人｜来了一～子亲朋好友｜村子里有一～子媳妇丫头们在外面做事。⑥数词为"一"时可重叠，重叠形式主要有"(一)～～""一～一～"：～～中外客商｜一～～记者问的都是同一个问题｜掀起了一～一～的留学浪潮。⑦一般可儿化：几～儿年轻人｜一～儿一～儿的要处理的事情｜魔术在国内有了一大～儿支持者。

语义源流 本义为治理、整顿。《说文解字·手部》："拨，治也。"《诗·商颂·长发》："玄王桓～。"毛传："拨，治。"《世说新语·识鉴》："天下方乱，群雄虎争，～而理之，非君乎？"引申表示分开、拨动之义。《礼记·曲礼上》："将即席，容毋怍；两手抠衣去齐尺；衣毋～，足毋蹶。"孙希旦集解："趋走则衣易拨开。"唐·李白《暖酒》："～却白云见青天，掇头里许便成仙。"人或物可以成批分开，由此演变为量词，用于计量成批的人或物等。《宋史·礼志二四》："共一千二百六十人，每六十人作一～。"清·张杰鑫《三侠剑》第二十四回："北面追下几里地去，就是旱田，两～人追了半天，踪迹不见。"

近义辨析 拨—批 均可用于计量人群，如可以说"来了两拨民工"，也可以说"来了两批民工"，但二者的使用范围和语体风格有所不同。"拨"主要用于计量人群，在计量物时，以抽象事物为主，如"一拨浪潮""几拨事情"等；"批"不仅可计量人群，还可计量数量较多的、具体的物品，如"一批货物”“几批进口商品”等，但不能计量抽象事物。这与二者的本义及引申轨迹有关。“拨”的本义为治理、整顿，后引申表示分开，这些意义都较为抽象，因此演变为量词后，计量的事物也多为可分开的、较为抽象的。而“批”在词义引申过程中可以表示批次，演变为量词，计量人、事、物时，多强调其同一时间出现或消失，使用范围比较宽泛。此外，“拨”的口语色彩较浓，使用起来比较活泼，故可以儿化，后面也可以加“子”；“批”使用的场合则比较严肃，不能儿化，后面也不能加“子”。

B

钵 bō **名量词** 用于计量用钵盛装的食品、饮料等：一～鸡汤 | 两～香油 | 地上摆着几～饭和菜。**用法提示** ①数词一般没有限制，既可用基数词或表示数量的“两”“几”“好几”“若干”等，也可用序数词：两～鱼汤 | 若干～砂锅米线 | 这是今天我喝到的第一～果酒。②数词“一”在某些代词或动词后常可省略：端了～热汤 | 留着那～剩菜 | 这～饭是人家布施给他的。③数词前可加“这”“那”“哪”等代词：这几～香茶 | 那两～干饭不够他一个人吃 | 哪一～菜里的肉多一些？④前面可加“大”“小”等形容词修饰：一小～红烧肉 | 两大～青菜 | 妈妈端上来一大～酸菜煮白肉。⑤后面一般可加“子”：好几～子饭 | 满满两～子肉炖白菜 | 我不小心碰翻了灶台上的一～子水。⑥数词为“一”时可重叠，重叠形式主要有“（一）～～”“一～一～”：～～清茶 | 他们送来了一～～的蘑菇汤 | 一～一～的精美菜肴端上了桌。⑦有时可儿化：两小～儿干饭 | 舀出一～儿豆腐脑。

语义源流 本义指一种形状像盆但较小的敞口器皿，多为陶制。《说文解字·皿部》（新附字）：“盋（钵），盋器，盂属。……或从金从本。”北魏·杨衒之《洛阳伽蓝记·法云寺》：“自余酒器，有水晶～、玛瑙杯、琉璃碗、赤玉卮数十枚。”《南齐书·虞愿传》：“帝素能食，尤好逐夷，以银～盛蜜渍之，一食数钵。”也可特指僧人的食器，是梵语钵多罗（pātra）的简称。晋·法显《佛国记》：“昔月氏王大兴兵众，来伐此国，欲取佛～。”前蜀·贯休《陈情献蜀皇帝》：“一瓶一～垂垂老，千水千山得得来。”借用作量词，用于计量用钵盛装的东西。南朝梁·僧祐《弘明集》卷十一：“君于前世施维卫佛一～之饭。”《西游记》第五十七回：“将些剩饭锅巴，满满的与了一～。”

箔 bó **名量词** 用于计量养在蚕箔中的蚕：一～蚕宝宝 | 养了几～蚕 | 妈妈悉心照料着这几～蚕。**用法提示** ①数词一般没有限制，既可用基数词或表示数量的“两”“几”“好几”“若干”等，也可用序数词：好几～蚕 | 第一～蚕宝宝已经长大了。②数词“一”在某些代词或动词后常可省略：今年又多养了～蚕 | 这～蚕好像比那～长得快。③数词前可加“这”“那”“哪”等代词：这几～蚕 | 那几～蚕的桑叶快没了 | 哪两～蚕是你养的？④前面可加“大”“小”等形容词修饰：一小～蚕宝宝 | 我们家今年养了几大～蚕。⑤数词为“一”时可重叠，重叠形式主要有

“(一)～～”“一～一～”：～～蚕茧|一～一～的蚕|屋子里放着一～～正在吐丝的蚕。⑥后面一般不加“子”。⑦一般不儿化。

语义源流 本义指用苇子或秫秸编成的帘子。《玉篇·竹部》：“箔，帘也。”唐·李商隐《春雨》：“红楼隔雨相望冷，珠～飘灯独自归。”《新五代史·刘晟传》：“楚人来救，(吴)珦凿大阱于城下，覆～于上，以土傅之，楚兵迫城，悉陷阱中。”后又指养蚕的竹席或竹筛子。宋·许月卿《白雪》：“白雪家家拆蚕～，清风行行入秧苗。”宋·陆游《简黎道士》：“满～吴蚕茧渐稠，四郊膏雨麦方秋。”借用作量词，用于计量养在蚕箔中的蚕。北魏·贾思勰《齐民要术·种桑柘》：“桑至春生，一亩食三～蚕。”唐·杜荀鹤《戏赠渔家》：“养一～蚕供钓线，种千茎竹作渔竿。”

步 bù ❶ 名量词 用于计量脚向前移动一次时两脚之间的距离：两～远|几～距离|他就在我前面三十～开外，我却总是赶不上。**用法提示** ①数词可用基数词或表示数量的“两”“几”“好几”“若干”等：几～远|就这几～的距离|这条沟只有三～宽。②数词前可加“这”“那”等代词：这几～路不远|那十几～距离追起来还挺费劲|那两～宽的沟跳过去就行了。③前面可加“大”“小”等形容词修饰：拉开了一大～距离|这井口太窄了，只有成人的一小～宽。④数词“一”很少省略。⑤后面很少加“子”。⑥一般不重叠和儿化。❷ 名量词 用于计量做事情(包括下象棋)的步骤、阶段，后面的名词有时可以省略：这是第二～|下了一～好棋|他想出了几～险招。**用法提示** ①数词一般没有限制，既可用基数词或表示数量的“两”“几”“好几”“若干”等，也可用序数词：下一～棋的走法|要认真做好规划中的每一～|计划的第一～有点儿保守。②数词“一”在某些代词或动词后可以省略：走了～好棋|这～棋下得有道理|请大家看看，哪～计划有问题？③数词前可加“这”“那”“哪”等代词：这几～规划得不错|那两～棋下得有点儿不靠谱|我哪一～(棋)走错了？④数词为“一”时可重叠，重叠形式主要有“一～～”“一～一～”：这一～～棋走得还不错|一～一～的计划都是他做的。⑤前面一般不加形容词修饰，后面一般不加“子”。⑥一般不儿化。❸ 动量词 用于计量走、跑的动作：走五～|退三～|她赶紧跑了几～赶上了队伍。**用法提示** ①数量结构可位于动词前，也可位于动词后：一～迈出去|在屋里踱了几～|学生们整齐地向前迈了三～。②数词一般没有限制，既可用基数词或表示数量的“两”“几”“好几”“若干”等，也可用序数词：赶了几～|别人已经跑出去好多～了|他迈出了第一～。③数词前可加“这”“那”“哪”等代词：这几～走得不慢|那两～走得还挺像模像样的|哪一～走慢了都不行。④前面可加“大”“小”等形容词修饰：后退了一大～|快速向前跑了几大～|今天迈出了一小～，今后就可能迈出一大～。⑤数词为“一”时可重叠，重叠形式主要有“(一)～～”“一～一～”：一～～走来|～～紧逼|

B

她正在一～一～地走向成熟。⑥数词"一"一般不省略。⑦后面一般不加"子"。⑧一般不儿化。

📖 **语义源流** 本义是用脚走路，古代两次举足为一步。《说文解字·步部》："步，行也。"《书·召诰》："王朝～自周，则至于丰。"郑玄注："步，行也。"《礼记·祭义》："故君子顷～而不敢忘孝也。"郑玄注："顷当为跬。一举足为跬，再举足为步。"后泛指脚步。汉·张衡《东京赋》："行不变玉，驾不乱～。"南朝陈·徐陵《玉台新咏·古诗为焦仲卿妻作》："纤纤作细～，精妙世无双。"古代曾以"步"为长度单位，但历代定制的实际长度不一。《香港中文大学文物馆藏简牍·河堤简》："莫阳乡御丘堤，凡八里百二十～。"演变为量词，可以指脚向前移动一次时两脚间的距离。《孟子·梁惠王上》："以五十～笑百～，则何如？"唐·韩愈《记宜城驿》："井东北数十～，有楚昭王庙。"引申用于计量走、跑的动作。《朱子语类·历代二》："后来事业则都是黄老了，凡事放退一～。"宋·释普济《五灯会元·宝峰克文禅师》："要行便行，要坐便坐，进一～则乾坤震动，退一～则草偃风行。"现代汉语中也用于计量做事情（包括下象棋）的阶段、步骤。

部 bù ❶ 名量词 用于计量各种书籍和音乐、舞蹈、绘画作品：几～小说｜这是两～舞蹈艺术精品｜《诗经》是中国第一～诗歌总集。**用法提示** ①数词一般没有限制，既可用基数词或表示数量的"两""几""好几""若干"，也可用序数词或表示序数的"首"等：一～音乐作品｜好几～画册｜这是我国首～成熟的汉语规范型词典。②数词"一"在某些代词或动词后常可省略：看了～恐怖小说｜那～传世力作｜这～优秀作品永远不会被遗忘。③数词前可加"这""那""哪"等代词：这两～音乐作品｜你看的是哪一～爱情小说？｜那几～教材都是针对汉语初学者编写的。④前面可加"大""整"等形容词修饰：三大～书稿｜一整～书。⑤数词为"一"时可重叠，重叠形式主要有"（一）～～""一～一～"：～～教材都受欢迎｜一～～交响曲｜中国的文化名城犹如一～一～的史书，蕴含着非常丰富的历史信息。⑥后面一般不加"子"。⑦一般不儿化。❷ 名量词 用于计量电影、电视剧（片）、戏剧等：一～话剧｜这是他主演的第一～电视剧｜今年有11～影片获得了大奖。**用法提示** ①数词一般没有限制，既可用基数词或表示数量的"两""几""好几""若干"，也可用序数词或表示序数的"首"等：两～电影｜第一～连续剧｜他的首～古装动作片的男主角已经确定。②数词"一"在某些代词或动词后常可省略：拍了～贺岁片｜这是～港台片｜他的那～动漫大片将在京首映。③数词前可加"这""那""哪"等代词：这几～动画片｜那三～获奖的连续剧我都没看过｜近期将上映哪两～大片？④前面可加"大""整"等形容词修饰：一整～故事片｜看完了整整一大～《射雕英雄传》｜那一整～戏拍了二百多天。⑤数词为"一"时可重叠，重叠形式主要

有"(一)～～""一～一～"：一～～连续剧|一～一～的帝王戏|他导演的电影～～都好看。⑥后面一般不加"子"。⑦一般不儿化。❸ 名量词 用于计量车辆、机器等：三～汽车|两～机器|今年一月手机的产量达到了1700万～。**用法提示** ①数词一般没有限制，既可用基数词或表示数量的"两""几""好几""若干"，也可用序数词或表示序数的"首"等：两～机器|装了好几～电话|全球首～配备按摩椅的豪华轿车在港亮相。②数词"一"在某些代词或动词后常可省略：买了～手机|这～汽车真漂亮|这是哪～电话在响？③数词前可加"这""那""哪"等代词：这几～数码相机|那两～汽车价格都不太贵|哪一～机器是进口的？④前面可加形容词"整"修饰：一整～电脑|他购买了两整～设备。⑤数词为"一"时可重叠，重叠形式主要有"(一)～～""一～一～"：一～～机器|一～一～的电脑|我用的手机～～都是国产的。⑥后面一般不加"子"。⑦一般不儿化。❹ 名量词 用于计量法律、法规等：第一～道路交通安全法|这三～法律自今日起施行|上千～法规的修订工作将在近期完成。**用法提示** ①数词一般没有限制，既可用基数词或表示数量的"两""几""好几""若干"，也可用序数词或表示序数的"首"等：两～地方性法规|首～婚姻法|第一～宪法。②数词"一"在某些代词或动词后常可省略：缺乏～成型的法规|那～法典很实用|奶粉检测应根据哪～质量标准？③数词前可加"这""那""哪"等代词：哪两～规定|那一～交通法规很严格|制定这一～法律的根本目的是促进我国民办教育的健康发展。④前面可加"大""整"等形容词修饰：一整～婚姻法|制定了一大～民事法规。⑤数词为"一"时可重叠，重叠形式主要有"(一)～～""一～一～"：一次次惨重的教训导致了一～～法律的颁布|一～一～行政法律的出台标志着我国行政法律体系已初步形成。⑥后面一般不加"子"。⑦一般不儿化。

语义源流 本义是古时划分出的行政区域名。《说文解字·邑部》："部，天水狄也。"徐锴系传："部，属也。部之言簿也，分簿之也。"《管子·乘马》："方六里命之曰暴，五暴命之曰～，五～命之曰聚。"《汉书·尹翁归传》："河东二十八县，分为两～。"也表示部落或由血缘相近的氏族结合成的集体。《后汉书·南匈奴传》："八～大人共议立比为呼韩邪单于。"《晋书·慕容廆载记》："魏初率其诸～入居辽西，从宣帝伐公孙氏有功，拜率义王。"引申表示组合成的事物，如部队、衙署等。《史记·李将军列传》："及出击胡，而广行无～伍行陈。"汉·扬雄《羽猎赋》："移围徙阵，浸淫蹴～。"李善注："部，军之部伍也。"也可指从集体中分出的一份。《山海经·西山经》："是神也，司天之九～及地之囿时。"《史记·历书》："至今上即位，招致方士唐都，分其天～。"裴骃集解引《汉书音义》曰："谓分部二十八宿为距度。"由此引申出分开、分别等抽象含义。《玉篇·邑部》："部，分判也。"《荀子·王霸》："如是，则夫名声之～发于天地之间

B

也。”《汉书·高帝纪上》：“～署诸将。”颜师古注：“分部而署置。”由此又可表示已经分开的事物（如文字、书籍等）的门类。《晋书·李充传》：“于时典籍混乱，充删除烦重，以类相从，分作四～，甚有条贯，秘阁以为永制。”《四库全书总目·凡例》：“是书以经史子集提纲列目，经～分十类，史～分十五类，子～分十四类，集～分五类。”演变为量词，可以用于计量或组合、或分开的书籍、乐器、剧组等。《魏书·释老志》：“自魏有天下，佛经流通，大集中国，共有四百十五～。”《魏书·高车传》：“赐乐器一～，乐工八十人。”清·吴敬梓《儒林外史》第四十二回：“门下鲍廷玺谨具喜烛双辉，梨园一～，叩贺。”现代汉语中也用于计量某些组合而成的事物，如法律法规及车辆、机器等。

近义辨析 部—本—册 见“本”下。

部—辆 均可用于计量车辆等，如可以说“一部汽车”，也可以说“一辆汽车”，但二者的使用范围有所差异。“部”的使用范围要广得多，除了车辆外，还可以计量机器、书籍、影片以及抽象事物（如法律法规）等，如“一部收音机”“一部全集”“一部影片”“一部法规”，其中的“部”均不可替换为“辆”。而“辆”一般只用于计量有轮子的各种车辆，也包括自行车等非机动车辆，如“一辆自行车”“一辆电动汽车”。这与它们各自的本义密切相关（“部”的分析参见“本—部—册”的辨析）。“辆”本写作“两”，表示“二”的意思。因为古代的车辆都有两只轮子，故成为计量车辆的量词。

部分 bùfen 名量词 用于计量整体中的局部：一～学生｜分初赛和决赛两～｜我们已经学完了课文的第三～。**用法提示** ①数词一般没有限制，既可用基数词或表示数量的“两”“几”“好几”“若干”等，也可用序数词：一～作业｜队员被分成了好几～｜文章的第一～我已经看完了。②数词“一”在某些代词后常可省略：这～学生｜那～材料｜你希望网站增强哪～功能？③数词前可加“这”“那”“哪”等代词：这两～储户｜哪几～资料｜那～内容很值得看。④前面可加“大”“小”等形容词修饰：一小～科学家｜该协议分为两大～｜其中有一大～留学生来自韩国。⑤数词为“一”时可重叠，重叠形式为“一～一～”：把文件一～一～地分开｜这么多人，只能一～一～地进去。⑥后面一般不加“子”。⑦一般不儿化。

语义源流 本义指整体中的局部或若干个体。该词为复合词，由“部”和“分”两个语素组成，二者都有“分开”“分别”的意思，组成双音节词“部分”，表示整体中的局部，即“一部分”。演变为量词，用于计量整体中的局部。

C

裁 cái **名量词** 用于计量纸张的大小，表示整张纸的若干分之一：八～纸（整张纸的八分之一）| 三十二～纸（整张纸的三十二分之一）| 对～纸（整张纸的二分之一）。**用法提示** ①由于整张纸的大小和裁开的规格是固定的，所以数词多用“八”“十六”“三十二”“六十四”等：六十四～白纸 | 这是八～宣纸。②数词不省略。③数词前一般不加代词。④前面不加形容词修饰，后面不加“子”。⑤不重叠和儿化。

语义源流 本义为裁剪。《说文解字·衣部》：“裁，制衣也。”南朝陈·徐陵《玉台新咏·古诗为焦仲卿妻作》：“十三能织素，十四学～衣。”《水浒传》第二十四回：“妇人将尺量了长短，～得完备，便缝起来。”因布帛的片段常常是剪裁的结果，由此引申用于计量布帛的片段。《新唐书·归崇敬传》：“学生谒师，贽用服脩一束，酒一壶，衫布一～，色如师所服。”纸张与布帛相似，由裁剪布帛又转指按照规格大小裁剪纸张。清·李渔《闲情偶寄·窗栏》：“遂命童子～纸数幅，以为画之头尾。”清·皮锡瑞《经学历史》：“中间推开一行，～纸为帖，凡帖三字，随时增损。”后演变为量词，用于计量纸张的大小。

近义辨析 裁—开 均可用于计量纸张的大小，如“八裁纸”就是“八开纸”，但二者适用语体不同。“裁”多用于书面语，“开”既可用于书面语也可用于口语。如我们多说“三十二开”，很少说“三十二裁”。二者使用范围也不同。“裁”多用于计量纸张的大小；“开”不仅用于计量纸张，还用于计量用不同大小的纸张装订成册的书籍、报刊等，如“三十二开本”“十六开精装书”。“裁”的本义是剪裁，剪裁的结果是整体的片段，而“开”是由开门这一具体含义引申为开裂、分开这一较为抽象的含义的，虽然二者都是由分开义演变为量词的，但“裁”所显示出的是动作本身，而“开”则更强调结果。因此，不仅用不同大小的纸张装订成册的书籍、报刊等不能用“裁”计量，就是分开的纸张本身，用“裁”计量的也比较少。

餐 cān **名量词** 用于计量饮食：一日三～ | ～～吃米饭 | 她闷闷地吃完一～饭。**用法提示** ①数词一般没有限制，既可用基数词或表示数量的“两”“几”“好几”“若干”，也可用序数词或表示序数的“头”等：每天两～正餐 | 我已经好几～吃不下饭了 | 今天是到达旅游地的头～饭。②数词“一”在某些代词或动词后常可省略：吃～便饭 | 那～他吃得太少 | 中午这～由我请客。③数词前可加“这”“那”“哪”等代词：这一～年夜饭 | 那几～午饭吃得不是很舒服 | 三餐中哪一～最容易让人发胖？④前面可加形容词“小”修饰：临睡前进食一小～ | 要保障学生

们每天三正餐、两小～、一次水果。⑤数词为“一”时可重叠，重叠形式主要有“(一)～～”“一～一～”：～～有肉吃|一～～的饭是一天天日子的浓缩|我自己不经常煮饭，一～一～地做，太麻烦。⑥后面不加“子”。⑦不儿化。

语义源流 本义指吃，即吞咽食物。《说文解字·食部》：“餐，吞也。”《诗·魏风·伐檀》：“彼君子兮，不素～兮。”《楚辞·离骚》：“朝饮木兰之坠露兮，夕～秋菊之落英。”洪兴祖补注：“餐，吞也。”引申表示饭食。《汉书·高后纪》：“列侯幸得赐～钱奉邑。”唐·李绅《悯农二首》其二：“谁知盘中～，粒粒皆辛苦。”演变为量词，用于计量饮食。唐·白居易《闲眠》：“昼日一～茶两碗，更无所要到明朝。”清·吴敬梓《儒林外史》第一回：“我老汉每日两～小菜饭是不少的。”

近义辨析 餐—顿 均可用于计量饮食，如可以说“一顿饭”，也可以说“一餐饭”，但二者的语体风格和使用范围不同。“餐”的书面语色彩较浓，如“一日三餐饭”；“顿”的口语色彩较浓，如“吃了一顿饱饭”。“顿”的使用范围比“餐”广，除用于计量饮食，还可用于计量打骂、斥责等，如“他骂了我一顿”“我训了她一顿”，“餐”没有这种用法。“顿”既可作名量词，也可作动量词，如“他一天吃了好几顿”“他准备饱饱地吃上一顿”，“餐”很少这样用。这些差异与它们的本义及引申线索密切相关。“餐”本义表示吃食物，后引申指食物本身，演变为量词后，所计量的对象较为单一。“顿”本指古代的一种礼节（特点是需要停顿），引申为停顿义，又逐渐引申为行途中停顿住宿时所需之物，包括食物。演变为量词后，又由计量吃饭扩大为计量某些动作行为。

仓 cāng **名量词** 用于计量用仓库储存的粮食等物资：一～稻谷|两～小麦|一～～谷子被大火烧成了灰烬。**用法提示** ①数词一般没有限制，既可用基数词或表示数量的“两”“几”“好几”“若干”等，也可用序数词：一～稻谷|已经储藏了几～小麦|这是今年打下的第一～玉米。②数词“一”在某些代词或动词后常可省略：这～麦子|开了～大米救济受灾的老百姓|他们不知从哪儿弄了～救灾物资。③数词前可加“这”“那”“哪”等代词：这三～军需品|哪两～是新米？|那几～粮食是老百姓用汗水浇灌出来的。④数词为“一”时可重叠，重叠形式主要有“(一)～～”“一～一～”：一～～军需物资|～～粮食爆满|看到这一～一～的粮食，他心满意足地笑了。⑤前面很少加形容词修饰，后面一般不加“子”。⑥一般不儿化。

语义源流 本义指收藏谷物的地方。《说文解字·仓部》：“仓，谷藏也，仓黄取而藏之，故谓之仓。”《诗·小雅·楚茨》：“我～既盈，我庾维亿。”《国语·越语下》：“除民之害，以避天殃，田野开辟，府～实，民众殷。”引申泛指储存物资的建筑物。《左传·襄公十年》：“乃焚书于～门之外，众而后定。”清·龚自珍《己亥杂诗》：“十仞书～郁且深，为夸目录散黄金。”借用作量词，用于计量用仓库储存的粮食等物资。《元史·武宗本纪》：“仍以本路税课及发硃汪、利津两～粟赈之。”明·安遇时《包公案·青靛记谷》：“那二人得了原银，遂将钦谷一～尽行撮去。”

舱 cāng 名量词 用于计量舱中所装载的人或物资：一～食品｜两～旅客｜一～～鲜活的鱼虾被分装进食品车。**用法提示** ①数词一般没有限制，既可用基数词或表示数量的“两”“几”“好几”“若干”等，也可用序数词：两～水产｜好几～石油｜第一～货物已经送达。②数词“一”在某些代词或动词后常可省略：捕了～带鱼｜这～虾蟹｜那～救生物品值不少钱。③数词前可加“这”“那”“哪”等代词：那几～粮食｜这半～大米要运到海岛上去｜我们负责搬运哪几～货？④前面可加“大”“小”“满”等形容词修饰：一大～水产｜一满～物资｜渔船上载着一小～海蟹。⑤数词为“一”时可重叠，重叠形式主要有“(一)～～”“一～一～”：一～～沙丁鱼｜他正专心地看着这一～一～鲜活的鱼虾。⑥后面一般不加“子”。⑦一般不儿化。

语义源流“舱”是“仓”的后起字，本义指船上或飞行器中载人、装货或装置机件的空间，即船舱。宋·杨万里《初二日苦热》：“船～周围各五尺，且道此种底宽窄。”清·阮元《揅经室集·三集》：“船十余～，～载米数十石至五百余石不相等。”借用作量词，用于计量船舱或飞行器舱中装载的人或物。《水浒传》第三十八回：“这李逵不省得，倒先把竹笆篾提起了，将那一～活鱼都走了。”明·罗懋登《三宝太监西洋记》第八十一回：“这一～银子不至紧，把二位元帅、四个公公、大小将官都吃好一吓。”

槽 cáo ❶ 名量词 用于计量牛、马等牲畜的饲料：一～干草｜一满～猪食｜这是一小～薯叶。**用法提示** ①数词一般没有限制，既可用基数词或表示数量的“两”“几”“好几”“若干”等，也可用序数词：几～青草｜这是今天吃的第二～饲料｜这几头牛把好几～草料都吃完了。②数词“一”在某些代词或动词后常可省略：给牛放了～草料｜这～青草真嫩｜我刚倒上的那～猪食已经被吃光了。③数词前可加“这”“那”“哪”等代词：这两～猪食｜那一～干草｜哪几～草料是刚倒下去的？④前面可加“大”“小”“满”等形容词修饰：三小～青草｜两满～猪食｜一天得吃几大～饲料。⑤后面有时可加“子”：一～子草料｜喂了一～子猪食｜这一～子草根本不够。⑥数词为“一”时可重叠，重叠形式主要有“(一)～～”“一～一～”：一～一～的干草｜准备了一～～的猪食｜～～草料都被吃得精光。⑦一般可儿化：几小～儿青草｜那几头小猪已经吃了几～儿饲料了。❷ 名量词 用于计量可以装在槽中的东西，多为饮料或其他液体：一～高粱酒｜一～年糕｜院里放着一～清水。**用法提示** ①数词一般没有限制，既可用基数词或表示数量的“两”“几”“好几”“若干”等，也可用序数词：一～泉水｜几～菜籽油｜这是今年酿造的第一～酒。②数词“一”在某些代词或动词后常可省略：那～山泉水｜今年又新酿了～高粱酒｜爸爸要新酿～米酒给哥哥娶媳妇

用。③数词前可加“这”“那”“哪”等代词：这几～米酒|那两～黄酒|哪两～水是新从井里打上来的？④前面可加“大”“小”“满”等形容词修饰：两大～米酒|一满～高粱酒|这是从山上背下来的一小～泉水。⑤后面一般可加“子”：一～子液体|两～子油|他酿了几～子水酒。⑥数词为“一”时可重叠，重叠形式主要有“(一)～～”“一～一～”：一～～的水|这～～米酒散发的香气很远就能闻到|院子里摆着一～一～的高粱酒。⑦一般可儿化：两～儿水|前年酿的那一小～儿酒早就喝完了。❸ **名量词** 用于计量同槽喂养的猪等牲畜：三～猪|他决定买一～小猪来喂|他经常去看儿子喂的一～牛。**用法提示** ①数词一般没有限制，既可用基数词或表示数量的“两”“几”“好几”“若干”等，也可用序数词：几～猪娃|养了一～猪|第三～猪的成功喂养增强了他们养猪的信心。②数词“一”在某些代词或动词后常可省略：喂了～猪|这～猪仔|那～猪已经养了好几个月了。③数词前可加“这”“那”“哪”等代词：这几～猪|那两～小猪已经长大了|你准备卖哪一～猪？④数词为“一”时可重叠，重叠形式主要有“(一)～～”“一～一～”：他好奇地望着这一～一～的小猪|他喂了好几槽猪，～～都是新品种。⑤一般可儿化：两～儿小猪|这是一～儿瘦肉型猪。⑥前面一般不加形容词修饰，后面一般不加“子”。

语义源流 本义指盛牲畜饲料的器具。《说文解字·木部》：“槽，畜兽之食器。”北魏·贾思勰《齐民要术·养牛马驴骡》：“饲父马令不斗法：多有父马者，别作一坊，多置～厩。”三国魏·杜挚《赠毌丘俭诗》：“骐骥马不试，婆娑～枥间。”唐·韩愈《平淮西碑》：“士饱而歌，马腾于～。”借用作量词，用于计量牛、马等牲畜的饲料。元·高文秀《襄阳会》第二折：“恰拌上一～料草，喂饲的十分来饱。”由本义又引申指四周高起中间凹下去的槽形器具，如酿酒、装茶的器具。晋·刘伶《酒德颂》：“先生于是方捧罂盛～，衔杯漱醪。”宋·范成大《立春》：“彩胜金幡梦里，茶～药杵声中。”借用为量词，用于计量可以装在槽中的一些物品。唐·元稹《黄明府诗并序》：“因馈酒一～，舣舟请予同载。”《大藏经·诸宗部》：“须将杓盛水入桶中，免污一～之水。”《清实录·仁宗睿皇帝实录》：“又将碾过一～之米。”现代汉语中也可用于计量同槽喂养的猪等牲畜。

册 cè **名量词** 用于计量书籍、簿子、画本等：三～画本|这套丛书共有二十～|这家图书馆拥有儿童书籍千余～。**用法提示** ①数词一般没有限制，既可用基数词或表示数量的“两”“几”“好几”“若干”等，也可用序数词：两～精美的画册|读过的第一～英语教材|向某大学捐赠了十万～图书。②数词“一”在某些代词或动词后常可省略：买～地图集|这～语文教材|那～散文集里的很多文章我都看过。③数词前可加“这”“那”“哪”等代词：那两～字帖|哪几～书是新买的？|那一～珍贵的《同学录》，几家大图书馆均未收藏。

④前面可加“大”“小”“厚”“薄”等形容词修饰：厚厚的四大～《辞源》|那是中国朋友送给他的几小～书信集|《故宫文物大典》一共四厚～。⑤数词为“一”时可重叠，重叠形式主要有“(一)～～”“一～一～”：一～～专业书籍|桌上放着好多书，～～都残旧不堪|写字台上放着一～一～的少儿读物。⑥后面一般不加“子”。⑦一般不儿化。

语义源流 本义指书简。古代文书用竹简，若干简编连在一起成为册，后泛指各种簿籍。《书·多士》：“惟尔知，惟殷先人有～有典，殷革夏命。”三国魏·李康《运命论》：“善恶书于史～，毁誉流于千载。”演变为量词，用于计量相连的竹简。《魏书·礼志》：“今之取证，唯有王制一简，公羊一～。”后用于计量书籍、簿子、画本等。《水浒传》第七十一回：“小道家间祖上留下一～文书，专能辨验天书，那上面自古都是蝌蚪文字。”元·贯云石《双调·清江引》：“烧香扫地门半掩，几～闲书卷。”清·陆以湉《冷庐杂识》：“又有《尺牍》一～，干谒公卿，多作乞怜之语，尤为庸鄙。”

近义辨析 册—本—部 见“本”下。

册—函 均可用于计量书籍，如可以说“一册线装书”，也可以说“一函线装书”。但“册”所计量的是成套书籍中单本的书，不一定要装在盒子里，“函”所计量的一定是装在盒子里的若干册书。“函”还可用于计量装在盒子中的信件，“册”没有这种用法，如可以说“一函重要的信件”，不能说“一册重要的信件”。这是因为“册”由编连在一起的书简直接演变为计量书籍的量词，使用范围较为狭窄；而“函”的本义是包含、容纳，由此引申指容纳物品的盒子、封套等，进一步演变为计量装在盒子中的物品的量词，不仅可用于书籍，也可用于书信等。

层 céng ❶ 名量词 用于计量重叠或累积的人或事物：围了几～人|叠起了三～罗汉|这个大厦共有五～楼。**用法提示** ①数词一般没有限制，既可用基数词或表示数量的“两”“几”“好几”“若干”，也可用序数词或表示序数的“头”“首”“末”等（用于计量人时一般不用“头”“首”“末”）：两～外衣|这个小孩的周围围着好几～人|第一～砖。②数词“一”在某些代词或动词后常可省略：在蛋糕上涂了～厚厚的奶油|哪～楼的住户|他刚刚推开那～厚厚的铁门。③数词前可加“这”“那”“哪”等代词：那两～板墙|这几～楼都租出去了|你住在哪一～？④数词为“一”时可重叠，重叠形式主要有“(一)～～”“一～一～”：～～梯田|站满了一～一～围观的人|山脚是一～～茂密的白桦林。⑤前面一般不加形容词修饰，后面不加“子”。⑥一般不儿化。❷ 名量词 用于计量可以分步、分项的事物：三～原因|两～含义|这篇文章可以分为若干～。**用法提示** ①数词一般没有限制，既可用基数词或表示数量的“两”“几”“好几”“若干”等，也可用序数词：两～意思|第一～考虑|我通过好几～关系才找到他。②数词“一”在某些代词或动词后常可省略：这～顾

虑|这里多了～喜庆的气氛|你不明白这篇文章的哪～意思呢？③数词前可加“这”“那”“哪”等代词：有了那一～神秘感|多了这几～心事|不论从哪一～关系上讲，你都得去看看他。④数词为“一”时可重叠，重叠形式主要有“(一)～～”“一～一～”：一～～复杂的人际关系|这一～一～的谜团有待后人去解开|这席话去掉了他心头的～～顾虑。⑤前面一般不加形容词修饰，后面一般不加“子”。⑥一般不儿化。❸ 名量词 用于计量可以覆盖在物体表面的东西，既可以是具体的东西，也可以是某些抽象的事物：一～薄膜|墙上涂了一～白粉|他心里蒙上了一～阴影。**用法提示** ①数词多用“一”“几”等：结了一～冰|包了几～纱布|玻璃板上有一～厚厚的土。②数词“一”在某些代词或动词后常可省略：表面上有～露水|这～漆已经干了|桌子上落了～厚厚的灰。③数词前可加“这”“那”等代词：那一～冰|这几～包装纸都得撕掉|那一～落叶我已经扫干净了。④前面有时可加“厚”“薄”等形容词修饰：一薄～冰|桌子上落了一厚～土。⑤数词为“一”时可重叠，重叠形式主要有“(一)～～”“一～一～”：腿上缠着一～～的纱布|～～烟雾笼罩着这个小山村|山峦像是披上了一～一～的霞光。⑥有时可儿化：一～儿绒毛|蒙上了一～儿淡淡的阴影|额头上有一～儿细细的汗。⑦后面一般不加“子”。

语义源流 本义指重屋。《说文解字·尸部》：“层，重屋也。”南朝梁·刘孝绰《栖隐寺碑》：“珠殿连云，金～辉景。”引申为重叠、重复。《楚辞·招魂》：“～台累榭，临高山些。”北魏·郦道元《水经注·河水》：“岩～岫衍，涧曲崖深，巨石崇竦，壁立千仞。”演变为量词，用于计量楼层。北魏·郦道元《水经注·浊漳水》：“又于屋上起五～楼，高十五丈，去地二十七丈。”唐·王之涣《登鹳雀楼》：“欲穷千里目，更上一～楼。”泛化后用于计量塔、山及其他重叠或累积的事物。南朝梁·慧皎《高僧传·兴福篇》：“简文皇帝于长干寺造三～塔。”《魏书·世祖纪》：“邺城毁五～佛图。”晋·杨方《合欢诗》：“俯涉绿水涧，仰过九～山。”还可用于计量人。清·文康《儿女英雄传》第四十回：“乱乱轰轰挤了一屋子人，里三～外三～。”清·张杰鑫《三侠剑》第七回：“铁老太太说到这里回头一看，庄上看热闹的人围着好几～。”由于分层与分级义相通，故又用于计量可以分步、分项的事物。清·陈衍《石遗室诗话》：“宋诗人工于七言绝句而能不袭用唐人旧调者，以放翁、诚斋、后村为最：大抵浅意深一～说，直意曲一～说，正意反一～说、侧一～说。”还用于计量可以覆盖在物体表面的东西。元·杨瑀《山居新话》：“撞开平屋三～土，踏破长淮一片冰。”明·宋应星《天工开物·造白糖》：“其中黑滓入缸内，溜内尽成白霜。最上一～厚五寸许，洁白异常，名曰洋糖。”

近义辨析 层—重 均可用于计量重叠或累积的人或事物，如可以说“一步一层天”“层层人墙”，也可以说“一步一重天”“重重人墙”，但二者所表示词义的侧重点和使用范围不同。“层”所计量的事物一般层次清楚，条理性强，如“十五层高楼”“五层玻璃”，因为“楼”和“玻璃”的层次都比较分明，所以不能换为“重”。“重”侧重显示所计量事物的累积性，如“两重属性”“三重意思”“多重含义”，这里如果既要表明累积性，又要显示层次性，一般应该用“层”。这一用法上的区别与二者的本义有关。“层”本义为重屋，抽象为重叠之义，演变为量词，计量的事物一般具有层次分明的特点。“重”本义指分量大，作为量词，是“緟”的假借字。“緟”也有重叠的意思，但这一义项是由其本义“增益”引申而来的。因此，“重”强调的是在原有基础上的“增加”，强调事物的累积性。相比于“重”，“层”的使用范围更广，还用于计量可以分步、分项的事物及可以覆盖在物体表面的东西等。

层—楼 均可用于计量楼层，如可以说“我家住三楼”，也可以说“我家住三层”。但“层”强调重叠，是计量楼层的正式单位；“楼”本用于计量楼宇本身，用于计量楼层，是泛化的结果，且容易跟计量楼宇本身混淆，因此并不是计量楼层的正式单位，属于口语用法。

茬 chá ❶ 名量词 用于计量同一次种植或同时生长的农作物：头～韭菜|一年种两～水稻|这是今年的第二～小白菜。**用法提示** ①数词一般没有限制，既可用基数词或表示数量的“两”“几”“好几”“若干”，也可用序数词或表示序数的“头”等：第一～小白菜|头～麦子快熟了|今年这几～蔬菜产量都不错。②数词“一”在某些代词后常可省略：那～庄稼收成最好|这～玉米长得真好。③数词前可加“这”“那”“哪”等代词：这几～玉米都是优良品种|那一～冬茶已经采摘过了|你收割了哪一～小麦？④后面有时可加“子”：两～子韭菜|一～子黄瓜|这是今年的最后一～子茶叶。⑤数词为“一”时可重叠，重叠形式主要有“(一)～～”“一～一～”：一～一～的温室蔬菜陆续上市|大棚内一～～鲜嫩的香蘑装满篓|今年种的大棚菜，～～都能挣不少钱。⑥一般可儿化：两～儿大豆|一～儿农作物|这～儿瓜卖了近千元。⑦前面一般不加形容词修饰。❷ 名量词 用于计量同时生活在某种环境中的人，同时、同次喂养的某些动物，或数量较大的、同一批的物品：换一～年轻人|一年出栏两～猪|这几～货物是从哪里发来的？**用法提示** ①数词可用基数词或表示数量的“两”“几”“好几”“若干”等：一～运动员|好几～下蛋的鸡|已经有若干～领导来这里工作过了，可都没干长。②数词“一”在某些代词或动词后常可省略：换了～领导|这～小猪|那～刚运来的水果真新鲜。③数词前可加“这”“那”“哪”等代词：这两～人|哪几～学生|这一～游人刚走，那一～就又到了。④后面有时可加“子”：一～子一～子的人|旧的一～子人老掉了，新的一～子人正在开始着他们的新生活|我们这一～子学生调皮是出了名的。⑤数词为“一”时可重叠，重叠形式主要有“一～～”“一～一～”：

一～～小鸭子|一～一～守岛的战士们|一～～从这里走出去的学员都成了国家的栋梁之材。⑥一般可儿化：这～儿鸡|一～儿新的消费者|那一～儿海军官兵守岛几十年，甘当无名英雄。⑦前面一般不加形容词修饰。❸ 动量词 用于计量对同一块地里农作物种植或收割的次数：已经割了三～|玉米刚种一～|这里的稻子一年能种两～儿。**用法提示** ①数量结构多位于动词后：稻种刚撒第二～|这小白菜还能再栽一～|今年韭菜已经割了三～了。②数词多用基数词或表示数量的"两""几""好几"等：黄瓜收了两～了|菠菜一年能种四～|月季不晓得开了几～了。③数词"一"在某些代词后可省略：拔了这～|刚种下那～|他们收了这～之后又种了一茬。④数词前可加"这""那"等代词：刚割完那一～|摘过这两～再施肥。⑤后面有时可加"子"：收了这最后一～子吧|韭菜割了一～子又冒出一～子。⑥数词为"一"时可重叠，重叠形式主要有"一～～""一～一～"：庄稼要一～一～地种|这些叶子一～～地长出来，又一～～地凋落。⑦常儿化：花生一年只能种一～儿|在南方，水稻一年能种三～儿。⑧前面一般不加形容词修饰。❹ 动量词 用于计量经历某些事情的次数：受二～罪|说二～话。**用法提示** ①数量结构多位于动词后：受二遍苦，吃二～罪|遭了几～难。②数词多用"二""几""好几"：不认真防范，就要受病毒的二～肆虐。③一般可儿化：经受二～儿苦难|遭了好几～儿罪。④数词一般不省略。⑤数词前一般不加代词。⑥前面一般不加形容词修饰，后面一般不加"子"。⑦一般不重叠。

语义源流 本义是草盛的样子。《说文解字·艸部》："茬，草貌。"作为量词是一个通假字，本字是"槎"。"槎"的本义是用刀或斧斜砍。《说文解字·木部》："槎，斜斫也。"《汉书·货殖传》："既顺时而取物，然犹山不～蘖，泽不伐夭。"颜师古注："茬，古槎字也；槎，斜斫木也。"《三国志·蜀书·魏延传》："仪等槎山通道，昼夜兼行。"引申表示庄稼收割后留在地里的茎和根。由于收割庄稼都会留下茬儿，演变为动量词，用于计量对农作物种植或收割的次数。泛化之后，可用于计量经历某些事情的次数。曹绣君《古今情海·银钏狱》："迄今为止，枣阳官换了一～又一～。"也可作为名量词，计量同时生活在某种环境中的人、同一次喂养的动物及同一批的物品等。

铲 chǎn 名量词 用于计量用铲撮取或铲除的东西：一～煤|几～沙|当黄土一～一～地撒在母亲的棺木上时，他默默地流下了眼泪。**用法提示** ①数词一般没有限制，既可用基数词或表示数量的"两""几""好几""若干"等，也可用序数词：两～黄沙|又往炉子里添了几～煤|他亲手铲下了第一～奠基土。②数词"一"在某些代词或动词后常可省略：再添～土|这～煤灰别倒在这里|刚才那～垃圾没送进清洁车里。③数词前可加"这""那"等代词：这几～黄沙|那两～黄土。④前面可加"大""小"等形容词修饰：一大～煤|几大～沙子|爸爸一边说着

一边向火炉里了添一小～羊粪。⑤后面一般可加“子”：一～子土｜几～子草木灰｜往炉子里加了一～子煤渣。⑥数词为“一”时可重叠，重叠形式主要有“（一）～～”“一～一～”：他们扬起～～金黄的稻谷｜大型浮吊正将一～～的泥沙朝指定地点堆放｜一～一～的煤被送进熊熊燃烧的炉膛里。⑦有时可儿化：一小～儿石子｜再来～儿煤｜孩子在海边铲了两～儿沙子。

语义源流 本义指一种金属工具，用于削平或攫取东西。《说文解字·金部》：“铲，鏶也。一曰平铁。”北魏·贾思勰《齐民要术·耕田》引《纂文》：“养苗之道，锄不如耨，耨不如～。～柄长二尺，刃广二寸，以划地除草。”元·王祯《农书》卷十三：“今～与古制不同，～长数尺，首广四寸许，两手持之，但用前进擀之，划去垄草，就覆其根，特号敏捷。”引申作动词，表示用铲撮取、削平之义。汉·王符《潜夫论·浮侈》：“后世以楸梓槐柏杶樗……削除～靡，不见际会。”晋·木华《海赋》：“于是乎禹也乃～临崖之阜陆，决陂潢而相湲。”李善注引《苍颉篇》：“铲，削平也。”借用作量词，用于计量用铲撮取或削平的东西。

场 cháng ❶ 名量词 用于计量风雨等自然现象及由此造成的灾害：刮了几～大风｜一～秋雨一～寒｜去年发生了一～干旱。**用法提示** ①数词一般没有限制，既可用基数词或表示数量的“两”“几”“好几”“若干”，也可用序数词或表示序数的“头”“首”等：第一～雨｜下了一～冰雹｜北京降下了今冬首～雪。②数词“一”在某些代词或动词后常可省略：那～暴雨｜下了～霜｜这～雪可以有效地缓解该地的旱情。③数词前可加“这”“那”“哪”等代词：这两～大旱｜那一～冰雹造成了很大灾害｜你说的是哪一～台风？④前面有时可加“大”“小”等形容词修饰：一大～雪｜那时这里的雨水特别多，往往是三天一大～，两天一小～。⑤数词为“一”时可重叠，重叠形式主要有“（一）～～”“一～一～”：一～一～的春雨｜一～～大雪把山路给封了。⑥后面一般不加“子”。⑦一般不儿化。❷ 名量词 用于计量疾病以及其他发生在人身上的灾祸等：两～瘟疫｜一～悲剧｜他得了～大病。**用法提示** ①数词一般没有限制，既可用基数词或表示数量的“两”“几”“好几”“若干”等，也可用序数词：第一～瘟疫｜两～病毒性感冒｜那两个村子已经发生了好几～鸡瘟。②数词“一”在某些代词或动词后常可省略：得了～病｜躲过了那～流行性疾病。③数词前可加“这”“那”“哪”等代词：这两～瘟疫｜那一～流行性肺炎给我们的生活造成了很大的影响。④前面有时可加“大”“小”等形容词修饰：一小～车祸｜一大～瘟疫席卷了全球。⑤数词为“一”时可重叠，重叠形式主要有“一～～”“一～一～”：一～一～的流行性疾病｜一～～的瘟疫把大家搞得人心惶惶。⑥后面一般不加“子”。⑦一般不儿化。❸ 名量词 用于计量人的某些活动：一～考验｜两～新技术革命｜几～战争｜今年已经打了

C

三～官司了。**用法提示** ①数词一般没有限制，既可用基数词或表示数量的“两”“几”“好几”“若干”等，也可用序数词：一～骗局|第二～反击战|最近的几～交易他都参加了|他输掉了第三～官司。②数词“一”在某些代词或动词后常可省略：那～恶战|这～误会|他处心积虑搞了～恶作剧。③数词前可加“这”“那”“哪”等代词：这一～春播|那两～考试|你要参加哪一～新闻发布会？④前面有时可加“大”“小”等形容词修饰：那一大～混战|我们之间发生了一小～肢体冲突|边界上平均两天就会有一小～军事冲突。⑤数词为“一”时可重叠，重叠形式主要有“（一）～～”“一～一～”：～～夜战|一～～的矛盾冲突|一～～的测试令学生分外紧张|一～一～的战争使老百姓无法生活。⑥后面一般不加“子”。⑦一般不儿化。❹ **动量词** 用于计量某些言语、行为：大哭一～|数落了我一～|你昨天怎么没来，害得我在这儿空等了一～。**用法提示** ①数量结构多位于动词后：大干一～|拼搏一～|我们为这事大闹了一～。②数词可用基数词或表示数量的“两”“几”“好几”“若干”等，多用“一”：大笑一～|虚惊了两～|我为孩子的事都哭过好几～了。③数词“一”在某些代词后可省略：吵过那～以后她们就不再讲话了|哭过这～之后他已经不知道什么是伤心了。④数词前有时可加“这”“那”“哪”等代词：病了这几～|徒劳这一～|闹过那两～之后他再没来过这里。⑤前面可加形容词“大”修饰：欢喜了一大～|他刚哭了一大～|白忙活一大～。⑥数词为“一”时可重叠，重叠形式主要有“一～～”“一～一～”：一～～地闹下去，真没意思|这个交易会一～一～地办了二十年。⑦后面一般不加“子”。⑧一般不儿化。

语义源流 本义指平整的场地，古代为祭神的场地，也多用于收获庄稼、翻晒粮食。《说文解字·土部》：“场，祭神道也。一曰田不耕；一曰治谷田也。”《诗·豳风·七月》：“九月筑～圃，十月纳禾稼。”《汉书·郊祀志》：“能知四时牺牲，坛～上下，氏姓所出者，以为宗。”颜师古注：“积土为坛，平地为场。”无论是祭祀，还是“治谷田”，都有一个由始到终的过程，由此演变为量词，用于计量风雨等自然现象及由此造成的灾害。元·郑光祖《倩女离魂》第三折：“则好教偷灯光凿透邻家壁，则好教一～雨淹了中庭麦。”《红楼梦》第五十回：“这才是十月，是头～雪，往后下雪的日子多着呢。”也可计量疾病以及其他发生在人身上的灾祸。《祖堂集·齐云和尚》：“放过则万事绝言；若不放过，一～祸事。”明·冯梦龙《警世通言·白娘子永镇雷峰塔》：“自从和你相识之后，带累我吃了两～官司。”明·冯梦龙《醒世恒言·勘皮靴单证二郎神》：“既厌晓妆，渐融春思，长吁短叹，看看惹下一～病来。”还可计量人的某些活动，如农事或军事活动等。明·罗懋登《三宝太监西洋记》第九十一回：“杀了一个总兵官，灭了一个金毛道长，却不是一～兵火？”《三国演义》第四十一回：“因此赵云得脱此难，此亦阿斗之福所至也。这一～杀。”宋·释普济《五灯会元·玄沙师备禅师》：“如瓶灌水，大作一～佛事。”也可用为动量词，计量某些言语、行为。唐·李白《短歌行》：“天公见玉女，大笑亿千～。”明·凌濛初《二刻拍案惊奇》卷十三：“柱上的果然是他父亲尸首，号天拍地，哭了一～。”宋·王禹偁《芍药诗三首》其一：“牡丹落尽正凄凉，红药开时醉一～。”清·文康《儿女英雄传》第二十九回：“遇着舍间有事，你我究竟不曾好好儿的喝两～。”

近义辨析 场（cháng）—场（chǎng）同形异义词。“场（chǎng）”从“场（cháng）”分化而出，二者本义相同，今作为量词，读音、意义和用法都不同。二者读音的不同是语言变迁的结果。从意义上讲，二者本同源，都指平整的场地，演变为量词后，“场（cháng）”侧重显示事件发生的时间，表现一件事起讫的过程；“场（chǎng）”侧重显示事件发生的空间。因此，“场（cháng）”所计量的对象都能体现事件的始末，且既可以计量人的某些活动，也可以计量风雨等自然现象以及由此造成的灾害，如“一场大雨”“她数落了我一场”；而“场（chǎng）”只能计量发生在某一场所中的活动及人们参与活动的次数，如“一场足球赛”“看了一场演出”，甚至可以计量戏剧中较小的段落。

场 chǎng ❶ 名量词 用于计量文娱、体育等活动：一～演出｜两～晚会｜这～足球赛我们赢了。**用法提示** ①数词一般没有限制，既可用基数词或表示数量的“两”“几”“好几”“若干”，也可用序数词或表示序数的“首”等：第一～舞会｜这个歌手在北京举办了好几～个人演唱会｜首～音乐会。②数词“一”在某些代词或动词后常可省略：下午有～电影｜看～篮球赛｜哪～舞会你没参加？③数词前可加“这”“那”“哪”等代词：这两～晚会｜那几～杂技表演｜你说的是哪一～演出？④前面可加“大”“小”等形容词修饰：演了一小～戏｜大家下午看了一大～杂技表演。⑤数词为“一”时可重叠，重叠形式主要有“（一）～～”“一～一～”：～～演出都很精彩｜一～～精彩的校际交流活动｜他们认真打好一～一～比赛，直到取得冠军。⑥后面一般不加“子”。⑦一般不儿化。❷ 名量词 用于计量戏剧中较短小的段落，即比“幕”小的一个片段：第二幕第三～｜这出戏共三幕九～｜第一～戏很感人。**用法提示** ①数词一般没有限制，既可用基数词或表示数量的“两”“几”“好几”“若干”等，也可用序数词：那幕戏分好几～｜第二幕第一～的演员演得不是很好｜郭沫若的历史剧《屈原》共五幕，每幕两～。②数词“一”在某些代词或动词后常可省略：开始排练这～戏｜第三幕有～戏演得特别精彩｜你说的是全剧最后一幕中的哪～戏？③数词前可加“这”“那”“哪”等代词：第一幕哪一～｜第二幕开头这一～戏｜话剧演到第三幕那两～时，灯光好像出了点小问题。④数词为“一”时可重叠，重叠形式主要有“（一）～～”“一～一～”：～～戏都很精彩｜一～～戏都那么感人｜这出话剧每一幕都有

C

好几场，咱们一～一～耐心地看下去吧。⑤前面一般不加形容词修饰，后面一般不加“子”。⑥一般不儿化。

❸ **动量词** 用于计量参与文娱、体育等活动的次数：连看了两～|昨天打了两～|就踢了一～|这出戏共演三～。**用法提示** ①数量结构多位于动词后：演出了十几～|表演了三～|比赛已经进行了两～。②数词一般没有限制，既可用基数词或表示数量的“两”“几”“好几”“若干”等，也可用序数词：放映了第一～|演了好几～|这个赛季我们总共就赢了两～。③数词“一”在某些代词或动词后常可省略：这么多比赛，你想看哪～？|这～我上，下～你上。④数词前可加“这”“那”“哪”等代词：演那几～|踢这两～|你参加了哪一～？⑤数词为“一”时可重叠，重叠形式主要有“(一)～～”“一～一～”：～～演得都很好|一～～演了挺长的时间|他们一～一～地踢进了决赛。⑥前面一般不加形容词修饰，后面一般不加“子”。⑦一般不儿化。

语义源流 “场(chǎng)”与“场(cháng)”同源，本义指平整的场地，古代为祭神的场地，也多用于收获庄稼、翻晒粮食(见“场cháng”字下“语义源流”)。由平坦的场院引申，泛指多数人聚在一起进行某种活动的场所。汉·王褒《圣主得贤臣颂》：“遵游自然之势，恬淡无为之～。”又由此引申指事情发生的地点、环境等，包括表演技艺的空地。宋·孟元老《东京梦华录》卷九：“唱中腔毕，女童进致语，勾杂戏入～。”清·西周生《醒世姻缘传》第五回：“虽见抵搭，也还强似戏～上的假官。”借用作量词，用于计量文娱、体育等活动，以及参与活动的次数。清·严有禧《漱华随笔》：“今此暮景，正宜方开怀抱，看破世间如一～戏剧，何有真实？”也可用于计量戏剧中较短小的段落，即比“幕”小的一个片段。

近义辨析 场(cháng)—场(chǎng)

见“场cháng”下。

巢 cháo

名量词 用于计量巢中小动物或动物的卵：一～白蚁|两～蜜蜂|那棵树上有一～燕子。**用法提示** ①数词一般没有限制，既可用基数词或表示数量的“两”“几”“好几”“若干”等，也可用序数词：两～蚂蚁|几～鸟蛋|这是住在我家房檐下的第一～喜鹊。②数词“一”在某些代词或动词后常可省略：房檐下住了～小燕子|这～喜鹊特别可爱|那～蚂蚁正在搬家。③数词前可加“这”“那”“哪”等代词：那几～马蜂|这两～小鸟都已经长大了|哪一～喜鹊从树上掉下来了？④前面可加“大”“小”等形容词修饰：一小～蚂蚁|女儿相信这两只鸟一定会生出一大～鸟蛋。⑤数词为“一”时可重叠，重叠形式主要有“(一)～～”“一～一～”：～～鸟窝里都有鸟蛋|一～一～雏燕|一～～鹊卵被风从高高的橡树枝上掀翻下来。⑥一般可儿化：两～儿小燕子|几～儿麻雀蛋|鸟妈妈精心照料着自己的这一～儿雏鸟。⑦后面一般不加“子”。

语义源流 本义指鸟窝。《说文解字·巢部》：“巢，鸟在木上曰巢。”《易·旅卦》：“鸟焚其～。”《诗·召南·鹊巢》：

"维鹊有～，维鸠居之。"后引申泛指其他动物，包括蜂、蚂蚁等的窝。《汉书·五行志中》："成帝建始四年九月，长安城南有鼠衔黄蒿、柏叶，上民冢柏及榆树上为～。"唐·温庭筠《和太常杜少卿东都修竹里有嘉莲》："两处龟～清露里，一时鱼跃翠茎东。"借用作量词，用于计量巢中的小动物或动物的卵。

近义辨析 巢—窝 均可用于计量聚居在巢中的小动物，如可以说"一巢小鸟""一巢蚂蚁"，也可以说"一窝小鸟""一窝蚂蚁"，但二者使用范围有所差异。"巢"一般用来计量鸟、蚂蚁、蜜蜂等能飞或体型较小的动物；"窝"除了可以计量这些动物，还可以计量某些较大的家畜或野兽，如猪、兔子、狮子等。这是因为"巢"本指鸟在树上的窝，其特点是小而高，作为量词，一般只能计量能飞或体型较小的动物；而"窝"可以指一切鸟兽的巢穴，借用为量词后，使用范围就很广，甚至可以计量成团、成簇的物品。

朝 cháo 名量词 用于计量某位封建君主统治的整个时期或同一世系帝王世代相传的统治时期：一～君主｜三～元老｜常言道：一～天子一～臣｜六～古都。**用法提示** ①数词多用"十"以内的基数词：三～贤相｜历经宋金元明清五～｜他曾担任过两～宰相。②数词"一"在某些代词后常可省略：这～臣子｜那～大夫们｜哪～酷吏最多？③数词前可加"这""那""哪"等代词：那两～丞相｜这一～文官多为阿谀奉承之人。④前面一般不加形容词修饰，后面一般不加"子"。⑤一般不重叠和儿化。

语义源流 本义为早晨，读zhāo。《说文解字·倝部》："朝，旦也。"《论语·里仁》："～闻道，夕死可矣。"唐·李白《早发白帝城》："～辞白帝彩云间，千里江陵一日还。"因臣子觐见君主的时间多为每日清晨，故引申指臣子拜见君主的行为，读cháo。《左传·宣公二年》："盛服将～。"《战国策·赵策三》："率天下诸侯而～周。"又可以表示臣子觐见君主的地方，即朝廷。《论语·公冶长》："赤也，束带立于～，可使与宾客言也。"《孟子·梁惠王上》："使天下仕者皆欲立于王之～。"再引申表示朝代。唐·杜牧《江南春》："南～四百八十寺，多少楼台烟雨中。"唐·韩愈《柳子厚墓志铭》："曾伯祖奭为唐宰相，……死高宗～。"清·梁绍壬《两般秋雨盦随笔·史阁部书》："本～传世十六，正统相承，自治冠带之族，继绝存亡，仁恩遐被。"演变为量词，用于计量某一位君主统治的整个时期或同一世系帝王世代相传的统治时期。唐·杜甫《蜀相》："三顾频烦天下计，两～开济老臣心。"《祖堂集·无染》："嵩严山圣住寺故两～国师嗣麻谷，法号无染，庆州人也。"

车 chē 名量词 用于计量用车运载的人或物：几～西瓜｜一～～旅客｜那两～货昨天就已经发出去了。**用法提示** ①数词一般没有限制，既可用基数词或表示数量的"两""几""好几""若干"等，也可用序数词：好几～煤｜若干～垃圾｜第一～水泥已经送到工地了。②数词"一"在某些代词或动词后常可省略：运了～建

C

材|这～苹果|今天从河北拉了～红枣。③数词前可加“这”“那”“哪”等代词：这三～钢材|那两～白菜一天就卖完了|哪几～货是咱们的？④前面可加“大”“小”等形容词修饰：一小～菜|两小～木材|他们从山东贩运回来整整一大～苹果。⑤后面一般可加“子”（“车子”多指小型的车或自行车等）：推了一～子各式美酒|把那一～子人都关在门外|老师带了一～子水果和学生们去野餐。⑥数词为“一”时可重叠，重叠形式主要有“(一）～～”“一～一～”：景区的游览车～～爆满|一～～土豆和大葱即将外运|一～一～急用物资运到了灾区。⑦一般不儿化。

语义源流 本义指陆地上有轮子的交通工具。《说文解字·车部》：“车，舆轮之总名。夏后时奚仲所造。”《诗·秦风·车邻》：“有～邻邻，有马白颠。”《墨子·明鬼》：“夺人～马衣裘以自利者，有鬼神见之。”借用运载工具作量词，用于计量用车运载的人或物。《仪礼·聘礼》：“门外米禾皆二十～。”宋·辛弃疾《水调歌头·和赵景明知县韵》：“五～书，千石饮，百遍才。”

车皮 chēpí 名量词 用于计量用铁路货车运输的货物，一车皮即货车的一节车厢：一～钢材|两～矿泉水|昨天发去的几～土豆已经卖光了。**用法提示** ①数词一般没有限制，既可用基数词或表示数量的“两”“几”“好几”“若干”等，也可用序数词：一～肥料|几～棉服|第一～稻谷已经到站了。②数词前可加“这”“那”“哪”等代词：这两～蔬菜|那一～煤|哪几～货物是运往灾区的？③数词为“一”时可重叠，重叠形式为“一～一～”：一～一～的南瓜|一～一～的矿石从南昌方向运来。④数词“一”一般不省略。⑤前面一般不加形容词修饰，后面一般不加“子”。⑥一般不儿化。

语义源流 本义指铁路货车的车厢。这是一个双音节复合词，由两个语素组成。“车”指“车辆”；“皮”的本义指兽皮，后引申指人的皮肤或动植物体表面的一层组织。“车皮”指车辆（主要是货车）的车厢，内部可以装载货物。借用作量词，用于计量其装载运输的货物。

成 chéng 名量词 用于计量所占的份额以及数量的增减。十分之一叫一成：八～新|支持者不足两～|保险企业的员工数量增加了三～。**用法提示** ①数词一般限用“十”以内的基数词或表示数量的“两”“几”“好几”等：涨了四～|有几～可能性|农民的收入因此减少了几～|这个孩子总是学个七八～就不安心学了。②数词前可加“这”“那”等代词：那两～|这一～提高得可不容易。③有时可儿化：收入降了三～儿|我省近四～儿中小学生营养过剩|今年棉花将增产两～儿。④数词“一”不省略。⑤前面一般不加形容词修饰，后面一般不加“子”。⑥一般不重叠。

语义源流 本义指完成、成功。《说文解字·戊部》：“成，就也。”《诗·周南·樛木》：“乐只君子，福履～之。”明·冯梦龙《东周列国志》第七十二回：“员乃投镜于地，痛哭曰：‘一事无～，双鬓已斑，天乎，天乎！’”“完成”是指数量达到一个完整的单位，故“成”可引申表示齐备之义。《诗·齐风·猗嗟》：“仪既～兮，终日射侯。”郑玄笺：“成犹备也。”《礼记·丧大记》：“五十不～丧。”陈澔集说：“不成丧，谓不备居丧之礼节也。”古代称乐曲终了为“一成”。《书·益稷》：“箫韶九～，凤皇来仪。”孔颖达疏：“成犹终也。”唐·崔令钦《〈教坊记〉序》：“吕光之破龟兹，得其乐，名称多，亦佛曲百余～。”传统理念视“十”为完备，故古代也称地方十里为“一成”。《汉书·刑法志》：“地方一里为井；井十为通；通十为～。～方十里。”《汉书·王莽传》：“附城大者食邑九～，众户九百，土方三十里。”满十为“成”，由此演变为量词，将整体分成十份，其中一份也称为“一成”。清·刘鹗《老残游记》第三回：“冤枉一定是有的，自无庸议；但不知有几～不冤枉的？”现代汉语中用于计量所占的份额以及数量的增减。

程 chéng **名量词** 用于计量一段路程的约略量，其计量对象“路程”常常可以省略：送一～|走了一～又一～|朋友们沉痛地送他走完了人生的最后一～。 **用法提示** ①数词一般为基数词，多用“一”：一～路|山一～水一～|我一言不发，陪他走了一～又一～。②数词前可加“这”“那”等代词：这一～路|那两～路走了大半天。③数词为“一”时可重叠，重叠形式为“一～一～”：一～一～路|爸爸帮我提着行李，一～一～送我到学校。④数词“一”一般不省略。⑤前面一般不加形容词修饰，后面一般不加“子”。⑥一般不儿化。

语义源流 从字形来看，“程”的本义应与农作物有关，但没有文献证明。一般认为，其本义为度量衡的总称。《荀子·致仕》：“～者，物之准也；礼者，节之准也。～以立数，礼以定伦。”杨倞注：“程者，度量之总名。”《史记·太史公自序》：“～者，权衡丈尺斛斗之平法也。”引申为章程、法式。《礼记·月令》：“是月也，命工师效功，陈祭器，按度～，毋或作为淫巧以荡上心。”《墨子·号令》：“为守备～，而署之曰某～，置署术街衢阶若门。”宋·王安石《彼狂》：“万物不给乃相兵，伏羲画法作后～。”由此引申表示衡量、计量之义。《汉书·东方朔传》：“武帝既招英俊，～其器能，用之如不及。”颜师古注：“程，谓量计之也。”清·魏源《〈皇朝经世文编〉叙》：“然无星之秤不可以～物，故轻重生权衡，非权衡生轻重。”又由此引申出限度、标准等义。汉·刘向《说苑·谈丛》：“明君之制，赏从重，罚从轻，食人以壮为量，事人以老为～。”《新唐书·虞世南传》：“今以数月之～，课数十年之事，其于人力不亦劳矣？”又引申指以驿站、邮亭或其他停顿止宿地点为起讫的行程段落。《东观汉记·东平宪王苍传》：“苍到国后，病水气喘逆，上遣太医丞相视之，小黄门侍疾，置驿马传起居，以千里为～。”宋·欧阳修《与尹师鲁书》：“及来此，问荆人，云去郢止两～。”清·魏源《圣武记》“改道便捷，较旧驿近七八～。”后引申泛指一段短暂的时间或一段短暂的距离。明·凌濛初《二刻拍案惊奇》卷

C

六："若是此时说话的在旁边一把把那将军扯了开来，让他每讲一～话，叙一～阔，岂不是凑趣的事。"《西游记》第三十三回："我还得走路，将马让与你骑一～，到你上官，还我马去罢。"清·顾炎武《日知录·漕程》："凡陆行之～，马日七十里，步及驴五十里，车三十里。"演变为量词，用于计量一段路的约量。宋·陈著《摸鱼儿·随湖南安抚赵德修自长沙回至潜港》："江帆卸，撑入清溪绿树。家山两三～路。"《水浒传》第四十三回："李逵赶了一直，笑道：'那畜生倒引了我一～路。'"

池 chí 名量词 用于计量池塘里的东西，通常为水或生长生活在池塘里的植物、动物等：两～鱼|一小～荷花|跨过几座山峰，看过了几～碧水。**用法提示** ①数词一般没有限制，既可用基数词或表示数量的"两""几""好几""若干"等，也可用序数词：两～清泉|几～金鱼|第一～泉水的温度有点高。②数词"一"在某些代词或动词后常可省略：养了～鲤鱼|这～污水|真想跳到那～醉人的温泉中洗个澡。③数词前可加"这""那""哪"等代词：那三～荷花|这两～鳗鱼|哪几～里的鳖下个月可以上市？④前面可加"大""小"等形容词修饰：两大～鱼虾|一小～清水|她种了一小～莲藕。⑤后面一般可加"子"：两～子水|一～子鱼|这一～子珍贵的鱼苗要三万块钱的成本。⑥数词为"一"时可重叠，重叠形式主要有"(一)～～""一～一～"：一～一～死水|游动的金鱼唤醒了一～～睡莲|这儿共有三池温泉，～～都冒着热气。⑦一般不儿化。

语义源流 本义指水塘、积水的坑。《玉篇·水部》："池，渟水。"《书·泰誓上》："惟宫室、台榭、陂～、侈服以残害于尔万姓。"孔传："停水曰池。"《诗·大雅·召旻》："～之竭矣，不云自频。"借用作量词，用于计量池塘里的东西。《旧唐书·白居易传》："十亩之宅，五亩之园，有水一～，有竹千竿。"宋·章楶《千顷山》："一～春水应江潮，中起沙鸥数尺高。"

匙 chí 名量词 用于计量用匙舀起的东西：一～牛奶|半小～盐|她在白水里放了几～糖。**用法提示** ①数词一般没有限制，既可用基数词或表示数量的"两""几""好几""若干"等，也可用序数词：几～油|他舀的第一～燕窝粥|在咖啡里加了好几～鲜奶和蜂蜜。②数词"一"在某些代词或动词后常可省略：舀了～汤|来～蜂蜜|你快把这～药喝了。③数词前可加"这""那"等代词：这几～调料|他已经喝完那两～麦片粥了。④前面可加"大""小"等形容词修饰：一大～苹果泥|几小～橄榄油|汤里只撒了一小～胡椒粉。⑤后面可加"子"：盛出几～子蜂蜜|吃了一～子干饭|她用勺子舀了一～子汤喝了下去。⑥数词为"一"时可重叠，重叠形式主要有"(一)～～""一～一～"：～～咖啡粉|一～～辣椒酱|一～一～香喷喷的汤饭送到了孩子的口中。⑦一般可儿化：一～儿淀粉|咖啡里放了～儿白糖。

语义源流 本义指舀东西用的小勺子。《说文解字·匕部》："匙，匕也。"《魏书·杨播传》："食则津亲授～箸，味皆先尝，椿命食，然后食。"《太平御览》

卷七百六十引《晋书·瑞异记》:"一杯食,有两～;石勒死,人不知。"借用为量词,用于计量用匙舀起的东西。唐·释道世《法苑珠林》卷四十二:"初下一～饭时,愿断一切恶尽,下第二～时,愿修一切善满,下第三～时,愿所修善回施众生。"

近义辨析 匙—勺 均可用于计量液体或粉末状的物体,如可以说"一匙白糖""两匙酱油",也可以说"一勺白糖""两勺酱油",但二者的语体色彩不尽相同。"匙"具有书面语色彩,"勺"的口语色彩更浓。此外,"勺"的量可大可小,这是因为"勺"可以是调羹类的小勺,也可以是较大的马勺;而"匙"一般指大小相差不多的羹匙。这可能也是造成二者语体色彩不同的原因之一。

尺 chǐ **度量衡量词** 市制长度单位,10寸等于1尺,10尺等于1丈。1尺合1/3米:五～花布|几～厚的雪|做这幅窗帘需要八～绸缎。**用法提示** ①数词可用基数词或表示数量的"两""几""好几"等:三～红头绳|湖中心有十几～深|那里堆着一堆好几～厚的黄土。②数词"一"在某些代词或动词后常可省略:买了～白布|这～红布是要挂在门上的|那～绸布是用来绣花的。③数词前可加"这""那""哪"等代词:那三～讲台|这半～厚的积雪|哪一～黑布是做鞋面用的?④数词为"一"时可重叠,重叠形式主要有"一～～""一～一～":桌上堆着一～～绸缎|售货员认真量着一～一～白布。⑤前面一般不加形容词修饰,后面一般不加"子"。⑥一般不儿化。

语义源流 本义即是计量长度的单位,各代制度不尽一致。《说文解字·尺部》:"尺,十寸也。人手却十分动脉为寸口。十寸为尺。尺,所以指尺规矩事也。周制寸、尺、咫、寻、常、仞诸度量,皆以人之体为法。"汉·蔡邕《独断》卷上:"三代建正之别名,夏以十三月为正,十寸为～。……殷以十二月为正,九寸为～。……周以十一月为正,八寸为～。"《宋书·律制序》:"十寸为～。"作为量词,用于计量两物间的距离以及物品的长度、高度,也可用于计量水的深度和土、雪等的厚度。《北史·齐本纪中》:"三台构木高二十七丈,两栋相距二百余～。"《三国志·魏书·东夷传》:"其弓长四～,力如弩。矢用楛,长～八寸。"唐·李白《望庐山瀑布》:"飞流直下三千～,疑是银河落九天。"明·兰陵笑笑生《金瓶梅》第九十二回:"冰冻三～非一日之寒。"古代也用来计量人的身高或动物的长度。《论语·泰伯》:"可以托六～之孤,可以寄百里之命,临大节而不可夺也。"《战国策·齐策一》:"邹忌修八～有余,而形貌昳丽。"汉·王充《论衡·变虚》:"鱼长一～,动于水中,振旁侧之水,不过数尺。"

重 chóng **名量词** 用于计量可以重叠或分步、分项的事物,可以是具体的,也可以是抽象的:双～身份|万～山|一～又一～困难|这一活动有三～意义。**用法提示** ①数词可用基数词或表示数量的"两""几""好几""若干"等:两～木门|再翻过两～山就到了|公司应当给员工养老多几～保障。②数词"一"

在某些代词后常可省略：那～阻碍|凭他是哪～身份也不能如此呵斥别人|你能理解我刚才说的这～意思吗？③数词前可加“这”“那”“哪”等代词：那一～境界没人能达到|这两～深意我都明白|关于这个问题他说了哪几～意思？④数词为“一”时可重叠，重叠形式主要有“(一)～～”“一～一～”：～～花边|一～一～压力|她克服了一～～的困难才拿到这个演出机会。⑤前面一般不加形容词修饰，后面一般不加“子”。⑥一般不儿化。

语义源流 本义是沉、分量大，读zhòng。《说文解字·重部》：“重，厚也。”《孟子·梁惠王上》：“权，然后知轻～。”作为量词，是“緟”的通假字。“緟”表示重复的意思。《说文解字·丝部》：“緟，增益也。”段玉裁注：“增益之曰緟，经传统假‘重’为之，非字之本……今则‘重’行而‘緟’废矣。增益之则加重，故其字从‘重’。许书‘重文’若干皆当作‘緟文’。”后用“重”表示重叠义，读chóng。《玉篇·壬部》：“重，叠也。”《易·系辞传下》：“八卦成列，象在其中矣；因而～之，爻在其中矣。”宋·陆游《游西山村》：“山～水复疑无路，柳暗花明又一村。”由重复义演变为量词，用于计量可以重叠或分步、分项的事物，大体相当于“层”。《书·顾命》：“越玉五～。”《庄子·天下》：“古之丧礼，贵贱有仪，上下有等，天子棺椁七～，诸侯五～，大夫三～，士再～。”唐·齐己《东林寄别修睦上人》：“囊中自欠诗千首，身外谁知事几～。”

近义辨析 重—层 见“层”下。

抽 chōu **名量词** 用于计量盒装纸巾的容量。盒装纸巾有多少张就表示多少抽：一盒50～|这盒纸巾共200～。**用法提示** ①数词多用基数词或表示数量的“几”“好几”“若干”等：每盒纸巾100～|这盒面巾纸没剩几～了。②数词“一”一般不省略。③数词前一般不加代词。④前面一般不加形容词修饰，后面一般不加“子”。⑤一般不重叠和儿化。

语义源流 本义指引出、拔出。《说文解字·手部》：“㨨，引也。抽，㨨或从由。”《庄子·天地》：“凿木为机，后重前轻，挈水若～。”《诗·郑风·清人》：“左旋右～，中军作好。”毛传：“右抽，抽矢以射。”唐·陆德明《经典释文》引李颐曰：“～，引也。”成玄英疏：“提挈其水，灌若抽引。”因纸巾是从纸盒中抽取的，演变为量词，用于计量盒装纸巾的容量。

近义辨析 抽—张 均可用于计量盒装纸巾的数量，如可以说“二十张纸”，也可以说“二十抽纸”，但“张”的使用范围要比“抽”大得多。“抽”只能用于计量装在盒里的、供抽取用的纸巾，盒装纸巾有多少张就表示多少抽；“张”还可以计量多种事物，如人的脸、可以卷起或展开的某些东西、某些有平面的物体、可以张开或合拢的东西，以及农具、乐器等，如“一张脸”“两张画”“一张桌子”“一张嘴”“一张犁”“两张古筝”等。这是由于“抽”的本义表示引出、拔出的动作，作为量词是针对抽取使用盒装纸这一动作的，因此使用范围单一，只用于计量盒装纸巾的容量；“张”作为量词是由拉开弓弦义演变而来的，其所计量的物品的特点是可以张开、伸展，或呈平面状，这样的物品很多，因此使用范围就更广。

出 chū 名量词 用于计量戏曲中的一个独立剧目或一个段落：一～话剧｜两～戏｜这个剧团为广大观众奉献了一～～好戏。**用法提示** ①数词一般没有限制，既可用基数词或表示数量的"两""几""好几""若干"等，也可用序数词：一～戏｜两～最蹩脚不过的闹剧｜第三～戏是根据京剧改编的。②数词"一"在某些代词或动词后常可省略：演了～喜剧｜那～古典名剧已经上演了｜这是～大家都熟悉的戏。③数词前可加"这""那""哪"等代词：这几～歌剧｜那三～音乐剧｜今年上演的哪一～舞剧最引起人们的关注？④前面可加"大""小"等形容词修饰：一大～惨剧在上演｜演了一大～戏｜一辈子只演过一小～戏。⑤数词为"一"时可重叠，重叠形式主要有"(一)～～""一～一～"：～～好戏｜一～～传统剧目都很受欢迎｜这一～一～戏演的都是啥呀？⑥后面一般不加"子"。⑦一般不儿化。

📖 **语义源流** 本义指由内到外，与"入"相对。《集韵·至韵》："出，自内而外也。"作为量词，原写作"齣"。"齣"表示传奇、杂剧中的一个段落，又是误写造成的，本字应该是"齝"。明·梅膺祚《字汇补·齿部》："传奇中之一回为一齣，俗读作尺。或云，本是齝字，讹作齣。盖齝，食之已久，复出嚼之。今传奇进而复出，故有取于齝云。""齝"的本义是牛反刍。《说文解字·齿部》："齝，吐而嚼也。"《尔雅·释兽》："牛曰齝。"郭璞注："食之已久，复出嚼之。"由于在演出剧目时演员们总是"入而复出"，就像牛之反刍，故"齝"又用来表示传奇、杂剧中的一个段落，误写为"齣"。清·蒲松龄《聊斋志异·顾生》："移时曲终，又呈齣目。"演变为量词，又写作"出"，用于计量戏曲中的一个独立段落，也可以计量一个独立剧目。清·酉阳《女盗侠传》："盖北道风俗，妓寮多逐尖站，客至，唱小曲数齣，客给以津钱数百。"清·西周生《醒世姻缘传》第八十六回："只等唱完了鱼篮整戏，又找了一齣十面埋伏，千里独行，五关斩将，然后烧纸送神。"《红楼梦》第十八回："龄官极好，再作两～戏，不拘那两～就是了。"

锄 chú ❶ 名量词 用于计量用锄刨挖的泥土、沙石等：一～沙｜堆了十几～土｜每棵苗只要一～肥就够了。**用法提示** ①数词多用基数词或表示数量的"两""几""好几""若干"等：三～沙子｜两～猪粪｜他把这一～泥巴全弄到我身上了。②数词"一"在某些代词或动词后常可省略：添～土｜那～泥巴｜这～粪肥够多的了。③数词前可加"这""那""哪"等代词：这几～沙石｜挖的那一～土｜哪几～鸡粪是要撒在花池里的？④前面可加"大""小"等形容词修饰：一大～化肥｜一大～泥土｜每棵苗添上一小～牛粪就可以了。⑤数词为"一"时可重叠，重叠形式主要有"(一)～～""一～一～"：～～砂石｜一～～沙土｜哥哥用一～一～泥土把路面铺平了。⑥后面不加"子"。⑦一般不儿化。❷ 动量词 用于计量用锄松土、除草等动作：锄

C

两～|挖了几～|栽树得一～一～地把土刨松。**用法提示** ①数量结构可位于动词前，也可位于动词后：挖了两～|锄了几～|哪有一～就能挖成井的。②数词一般没有限制，既可用基数词或表示数量的“两”“几”“好几”“若干”等，也可用序数词：挖了好几～|掘两～|卫星农场挖下了开荒第一～。③数词“一”在某些代词后常可省略：这～挖得不够深|那～没挖到地方。④数词前可加“这”“那”“哪”等代词：这两～挖得够用力的|就锄了那几～怎么能把草锄干净|说不定哪一～挖下去就能挖出块宝贝。⑤数词为“一”时可重叠，重叠形式主要有“(一)～～”“一～一～”：～～都挖得很深|一～一～地挖下去|一座座的荒山被他一～～地翻成了茶园。⑥前面一般不加形容词修饰，后面一般不加“子”。⑦一般不儿化。

语义源流 本义指一种农具，即锄头。《说文解字·金部》：“鉏（锄），立薅所用也。”《尚书大传》卷五：“耰～已藏，祈乐已入，岁事已毕，余子皆入学。”晋·陶渊明《归园田居》其三：“晨兴理荒秽，带月荷～归。”用作动词，表示用锄头除草、松土。《楚辞·卜居》：“宁诛～草茅以力耕乎？将游大人以成名乎？”唐·李绅《悯农二首》其二：“～禾日当午，汗滴禾下土。”借用作量词，用于计量用锄挖的动作。明·冯梦龙《喻世明言·梁武帝累修成佛》：“小沙弥把庭中的草去尽了，到墙角边，这一～去的力大，入土数寸。”清·钱彩《说岳全传》第三十二回：“这庄家是个村鲁之人，晓得什么来历，赶上前一～头打死。”也可用于计量用锄刨挖的泥土、沙石等。

橱 chú **名量词** 用于计量放置在橱里的衣服、物件等：一～衣服|几～杂物|家里摆着满满五～书。**用法提示** ①数词多用基数词或表示数量的“两”“几”“好几”“若干”等：两～服装|几～玩具|他收藏了若干～仿真汽车。②数词“一”在某些代词或动词后常可省略：那～旧书|送来～衣料|这～衣服是秋天穿的。③数词前可加“这”“那”“哪”等代词：那几～珍贵摆设|这一～美酒真诱人|哪两～书是你祖父留下的？④前面可加“大”“小”等形容词修饰：两大～古书|一小～演出服|父亲留给我满满一大～线装书。⑤后面一般可加“子”：满满一～子破书|两～子图书资料|她看到满满一～子透明的玻璃瓶。⑥数词为“一”时可重叠，重叠形式主要有“(一)～～”“一～一～”：件件裘装溢美，～～皮服流芳|一～～经典名著|一～一～的药物和标本把整间屋子挤得满满的。⑦有时可儿化：一～儿旧衣裳|他用好几年的时间搜集了两～儿旧书。

语义源流 本指放置衣物的家具。唐·陆龟蒙《奉和袭美二游诗》：“开怀展～簏，唯在性所便。”清·汪钝翁《尧峰文钞》：“命工斫木为～，贮书若千万卷。”借用作量词，用于计量放置在橱里的衣服、物件等。清·曾朴《孽海花》第十一回：“太平军时，曾失去旧书两～哩！”

处 chù ❶ **名量词** 用于计量处所：几～宅基地|江边是一～～新颖的

建筑。**用法提示** ①数词一般没有限制，既可用基数词或表示数量的“两”“几”“好几”“若干”等，也可用序数词：两～官邸|几～园林|这是我买的第一～房子。②数词“一”在某些代词或动词后常可省略：找了～没人的地方|这～豪宅|那～风景真美。③数词前可加“这”“那”“哪”等代词：那几～地方|这两～房子都是他的|北京的哪一～景色都会让你心旷神怡。④数词为“一”时可重叠，重叠形式主要有“一～～”“一～一～”：一～～园林|一～一～的建筑工地。⑤前面一般不加形容词修饰，后面一般不加“子”。⑥一般不儿化。❷ 名量词 用于计量事物中突出的或异常的部分，可以是具体的（如“伤口”），也可以是抽象的（如“错误”）：一～枪伤|两～标点|这篇文章有十几～错误。**用法提示** ①数词一般没有限制，既可用基数词或表示数量的“两”“几”“好几”“若干”等，也可用序数词：好几～漏洞|他身上有几～骨折|第一～枪伤是在左胳膊肘部。②数词“一”在某些代词后常可省略：腿部的那～伤|这～毛病很明显|这～伤疤是在哪儿弄的？③数词前可加“这”“那”“哪”等代词：哪一～有问题？|论文中这三～“硬伤”都需要认真修改|那两～路段的交通因泥石流造成塌方而堵塞。④前面可加形容词“小”修饰：一小～肌肤|地上还剩下一小～阴影。⑤数词为“一”时可重叠，重叠形式主要有“一～～”“一～一～”：一～～的讹误|他双腿上的一～一～刮痕是与路面摩擦造成的。⑥后面一般不加“子”。⑦一般不儿化。

语义源流 本义指停止、休息，读chǔ。《说文解字·几部》：“処（处），止也，得几而止。”《易·小畜卦》：“既雨既～。”《孙子·军争》：“是故卷甲而趋，日夜不～。”引申表示处所、地方，读chù。《史记·五帝本纪》：“迁徙往来无常～，以师兵为营卫。”唐·韩愈《次硖石》：“试凭高～望，隐约见潼关。”由此引申为量词，用于计量处所。《汉书·召信臣传》：“起水门提阏凡数十～。”南朝梁·吴均《行路难》：“至尊离宫百余～，千门万户不知曙。”宋·张君房《云笈七签·青城丈人真君赐钱验铁像验附》：“其山本是仙居观，有两～洞门及卢照邻碑。”由处所、地方义引申泛指位置、方面等。《孙子·虚实》：“角之而知有余不足之～。”《水浒传》第二十三回：“众人只是嫌他，都去柴进面前告诉他许多不是～。”由此演变为量词，用于计量事物中突出的或异常的部分。《朱子语类·大学五或问下》：“若一～不通，便非物格也。”《三国演义》第六十八回：“周泰具言战斗被伤之状，一～伤令吃一斛酒。”

近义辨析 处—所 均可用于计量处所、地方，如可以说“一处住处”，也可以说“一所住处”，但二者的使用范围不同。“处”的使用范围比较广，既可以计量某些成群的或者是孤立的人工建筑物，又可以计量自然景物、风光等；“所”一般只用于计量某些人工建筑物或机构，如住宅、学校，且计量的建筑物往往是单个的，很少是成群的。这是因为“处”的本义指停止、休息，由此引申指休息的地方，演变为量词，自然可以计量各种处所，包括自然风光等；“所”本义为伐木之声，假借表示处所，指的是比较具体的处所或建筑物，演变为量词，尤其在现代汉语中，一般就只用于计量人工建筑物或机构了。此外，因为所计量的对象可以虚化，“处”还可用于计量一个整体事物中突出的或异常的部分，“所”没有这种用法，如“这篇文章有两处错误”，这里的“处”绝不能换用“所”。

船 chuán 名量词 用于计量用船载的人或物品：一～游客|三大～物品|他们从陆地往岛上运来了一～～蔬菜。**用法提示** ①数词一般没有限制，既可用基数词或表示数量的“两”“几”“好几”“若干”，也可用序数词或表序数的“头”等：两～煤|几～粮食|头～货物日前在港口装船出口。②数词“一”在某些代词或动词后常可省略：码头刚到了～黄豆|这～游客|他们已经把那～原油运到目的地了。③数词前可加“这”“那”“哪”等代词：这几～物资|那三～瓜菜|哪两～大米出口海外？④前面可加“大”“小”等形容词修饰：两大～海货|一小～鱼虾|他们打回满满的一大～海带。⑤数词为“一”时可重叠，重叠形式主要有“（一）～～”“一～一～”：一～～游客|～～海鲜|一～一～货物。⑥后面不加“子”。⑦一般不儿化。

语义源流 本义指水上的运输工具。《说文解字·舟部》：“船，舟也。”《韩非子·功名》：“若水之流，若～之浮。”《史记·项羽本纪》：“陆行乘车，水行乘～。”借用运载工具作量词，用于计量用船载的人或物品。《世说新语·方正》：“王修龄尝在东山，甚贫乏，陶胡奴为乌程令，送一～米遗之，却不肯取。”明·杨基《潇湘八景·右烟寺晓钟》：“冻僵业渔者，归载一～冰。”

串 chuàn ❶ 名量词 用于计量连贯而成的东西：两大～钥匙|一～（儿）辣椒|他们在门口放了几～鞭炮。**用法提示** ①数词一般没有限制，既可用基数词或表示数量的“两”“几”“好几”“若干”等，也可用序数词：两～糖葫芦|好几～珍珠|这是丈夫给我买的第一～项链。②数词“一”在某些代词或动词后常可省略：买了～葡萄|这～羊肉串挺好吃|你刚才挑中的是哪～念珠？③数词前可加“这”“那”“哪”等代词：这几～手链|那三～麻辣烫是我要的|园里的葡萄随你选，你喜欢哪一～就摘哪一～。④前面可加“大”“小”“长”等形容词修饰：两长～干蘑菇|一大～小灯笼|几小～干菜。⑤数词为“一”时可重叠，重叠形式主要有“（一）～～”“一～一～”：一～～糖葫芦|秋日的阳光下，～～葡萄挂满枝头|一～一～的红辣椒挂在房檐下。⑥一般可儿化：一～儿海棠果|几～儿烤肉|他买了一～儿烤鱿鱼。⑦后面一般不加“子”。❷ 名量词 用于计量连贯在一起的人或事物：一～形容词|两长～（儿）数字|我后面排了一大～（儿）人。**用法提示** ①数词一般没有限制，既可用基数词或表示数量的“两”“几”“好几”“若干”等，也可用序数词，多用“一”：几～音符|排了一长～人|这些登山运动员想在珠峰上留下新千年人类的

第一～脚印。②数词"一"在某些代词后常可省略：这～手印｜那～让我动心的字符｜他再次按下了那～密码。③数词前可加"这""那""哪"等代词：这两～数字｜那几～人名｜拿起电话不知道该拨哪一～号码。④前面可加"大""小""长"等形容词修饰：一小～数字｜堵了一长～汽车｜那个小孩儿可以很快地说出一大～名家名著。⑤后面有时可加"子"：一～子眼泪｜他用了一～子形容词来形容那个女子的神态。⑥数词为"一"时可重叠，重叠形式主要有"（一）～～""一～一～"：～～泪珠｜一～～坚实的足迹｜一～一～的汗珠从额头上淌下来。⑦一般可儿化：一～儿问号｜几～儿脚印｜他的头衔有一长～儿。❸ 名量词 用于计量连续性的声音、动作等：一～动作｜几～脚步声｜房间里传出一～孩子的哭声。**用法提示** ①数词一般没有限制，既可用基数词或表示数量的"两""几""好几""若干"等，也可用序数词，多用"一"：一～歌声｜几～银铃般的笑声｜他的第一～激动人心的话语就引起了阵阵掌声。②数词"一"在某些代词后常可省略：那～连贯的动作｜他被这～吓人的声音吵醒了。③数词前可加"这""那"等代词：那一～长长的叩门声｜这一～耐人寻味的笑声｜观众都为体操运动员那几～优美的动作喝彩。④前面可加形容词"长"修饰：响起了一长～流水声｜一长～动听的乐曲声从对面的窗户里飘了出来。⑤数词为"一"时可重叠，重叠形式主要有"一～～""一～一～"：一～一～撕心裂肺的哭声｜一～～赞扬声让人备受鼓舞｜他们在冰面上做出了一～～高难度的翻腾动作。⑥一般可儿化：一～儿声音｜一～儿连贯的话语声｜他的脑子里仍然回响着一～儿令人心醉的笑声。⑦后面一般不加"子"。❹ 名量词 用于计量连续性的抽象事物：一大～问题｜一～疑点｜这位科学家给听众带来了一～～启示和思索。**用法提示** ①数词可用基数词或表示数量的"两""几""好几""若干"等，多用"一"：一～疑问｜一～矛盾｜这些画面引起了他的几～联想。②数词"一"在某些代词后常可省略：那～温暖的回忆｜他被这～提问搞得头昏脑涨｜那～令人心碎的往事。③数词前可加"这""那"等代词：那一～长长的叩问｜这一～难题｜我回味着那一～美丽的记忆。④前面可加"大""长"等形容词修饰：摆出了几大～政绩｜一长～感人的事迹｜他给我们商场提出了一长～建议。⑤后面有时可加"子"：一～子话题｜一～子事件｜一句话引起了大家一～子问题。⑥数词为"一"时可重叠，重叠形式主要有"（一）～～""一～一～"：一～～疑惑｜一～一～的好消息让人备受鼓舞｜他们打造出了创业的～～奇迹。⑦一般可儿化：好几～儿难题｜一～儿故事。

语义源流 本义是连贯、贯穿。《正字通·丨部》："串，物相连贯也。"南朝梁·简文帝《妾薄命》："玉貌歇红脸，长颦～翠眉。"清·李渔《闲情偶寄·音律》："音调虽协，亦须文理贯通，始可～离使合。"引申表示相连的物品。《宋史·张觷传》:“(觷)令城中杀羊牛豕作肉～，仍多具饭。”《西游记》第七十回:“有一双黄金宝～，原是金圣宫手上带的。”演变为量词，用于计量连贯的人或物。唐·李肇《翰林志》:“其日尚食供素馔，赐茶十～。”清·吴敬梓《儒林外史》第二十一回:“桌上摆着一座香炉，一个灯盏，一～念珠。”《清史稿·舞乐志》:“舞者每足各系铜铃一～。”也可以用来计量声音、动作以及一些抽象事物。唐·白居易《晚春欲携酒寻沈四著作先以六韵寄之》:“最忆阳关唱，真珠一～歌。”清·陈维崧《踏莎行·夏夜感旧》:“街鼓三更，泪痕一～。”古代还用于计量用绳子串联起来的铜钱。明·凌濛初《二刻拍案惊奇》卷三十五:“二女就在汗巾里解下一～钱来，递与四儿。”清·郭小亭《济公全传》第一百八十一回:“和尚拿着两～钱，说:‘我再去找吧。’”

近义辨析 串—嘟噜 均可用于计量集聚在一起成串的事物，如可以说“一嘟噜钥匙”，也可以说“一串钥匙”，但二者所计量事物的集聚方式有所不同。“嘟噜”所计量的事物一般是成团、簇或坨状的，如“一嘟噜葡萄”;“串”所计量的事物，常是由一个个单体事物依次连接在一起的，多成链状，如“一串项链”“一串佛珠”中的“串”就不能替换为“嘟噜”。此外，“串”还可以计量抽象事物，表示一个接一个、很多的意思，如“一串问题”“他碰了一串钉子”等，“嘟噜”则没有这种用法。从构词方式上看，“嘟噜”为联绵词，多用于口语中。作为量词，这两个词的成因有很大的差别:“串”是由连贯、贯穿等动词义逐渐引申演变为量词的，所能计量的事物、人，均有可以依次连贯起来的特点;“嘟噜”是一个联绵词，形容连成一团一簇并呈现下垂状的事物，形象感十分鲜明，与“贯穿”有根本的不同。二者所能计量的物品也由此产生了差异。一般来说，具有依次连贯起来的特点的事物，就可以用“串”计量，包括抽象事物。

串—挂 均可用于计量成串的物品，如可以说“一串葡萄”“一串佛珠”，也可以说“一挂葡萄”“一挂佛珠”。但是，“串”所计量的物品强调一个接一个，连贯成串;“挂”所计量的物品则不仅要连成串，还要能悬挂起来，如“一串葡萄”可以放在任何地方，而“一挂葡萄”则一定是挂起来的。这是因为“挂”作为量词是假借字，其本字是“绁”,“绁”具有悬挂义，引申为量词就用于计量能够悬挂起来的物品。此外，二者用于计量车辆时，“一挂车”就是指一辆车，而“一串车”则指连成一串的好几辆车。这是因为“挂”有连及、联结的意思，而古代的车是需要与马连在一起的，故“挂”演变为量词可用于单辆车;“串”的特点是贯连成串，所以计量的是好几辆车。“串”还可计量抽象事物，而因为能够悬挂的物品都比较具体，所以“挂”一般只能计量具体事物，如“一串问题”“他碰了一串钉子”中的“串”都不能替换为“挂”。

床 chuáng ❶ 名量词 用于计量被褥等床上用品：三～褥子|一～铺盖卷|他们给灾区人民送去了一～～崭新的被褥。**用法提示** ①数词一般没

有限制，既可用基数词或表示数量的“两”“几”“好几”“若干”等，也可用序数词：几～棉被|一～毛毯|我们已经没钱再买第二～丝绵被子了。②数词“一”在某些代词或动词后常可省略：做了～新褥子|那～羽绒被|这～棉被是妈妈亲手为我做的。③数词前可加“这”“那”“哪”等代词：这几～毛毯|那三～新被子|哪一～褥子是孩子去年冬天铺的？④前面可加形容词“大”修饰：一大～被褥|一大～棉被把他盖得严严实实的。⑤数词为“一”时可重叠，重叠形式主要有“(一)～～”“一～一～”：～～洁白的床单|一～一～厚厚的棉被|宿舍里摆放着一～～崭新的被褥。⑥后面一般不加“子”。⑦一般不儿化。❷ 名量词 用于计量放在床上的被褥之外的其他物品：一～书|摆了一～衣服|他吐了一～脏东西。**用法提示** ①数词限用“一”，表示充满的意思，带有一定的夸张意味：撒了一～水|一～玩具|这一～东西是谁放的？②数词“一”在某些代词后常可省略：这～书|那～行李都是谁的？③数词前可加“这”“那”等代词：那一～臭袜子|扔了一～旧报纸|找出来的这一～衣服都是准备送人的。④前面可加“大”“满”等形容词修饰：一大～的闲书|放了一满～行李。⑤后面一般不加“子”。⑥一般不重叠和儿化。

语义源流 本义指供人坐卧的器具。《说文解字·木部》：“床，安身之坐者。”南朝陈·徐陵《玉台新咏·古诗为焦仲卿妻作》：“媒人下～去，诺诺复尔尔。”唐·李白《静夜思》：“～前明月光，疑是地上霜。”后专指供人睡觉的卧具。汉·牟融《理惑论》：“年十七，王为纳妃，邻国女也。太子坐则迁座，寝则异～。”唐·杜甫《新婚别》：“结发为妻子，席不暖君～。”借用为量词，用于计量被褥等床上用品。敦煌变文《齖魺新妇文》：“更别造一～毡被，乞求趁却，愿更莫逢相值。”清·夏敬渠《野叟曝言》第一百零七回：“一面先卷两～被褥，向太后房里来。”也可用于计量放在床上的被褥之外的其他物品。

C

捶 chuí 动量词 用于计量用拳头或棍棒击打的动作：打几～|给他一～|他用力在我的腰部捶了两～。**用法提示** ①数量结构可位于动词前，也可位于动词后：捣了两～|挨了几～|两个小伙子你一～我一～地互相捶打起来。②数词一般没有限制，既可用基数词或表示数量的“两”“几”“好几”“若干”等，也可用序数词：捶他两～|他给了我好几～|第一～没打着那个人。③数词“一”在某些代词后有时可省略：你这～打得我都直不起腰来了|刚才那～没打中要害|狠狠地打了那～之后他就跑了。④数词前可加“这”“那”等代词：那两～打在他脸上|这一～捶偏了|我这几～准能把他捶扁。⑤数词为“一”时可重叠，重叠形式主要有“(一)～～”“一～一～”：一～～地捣着|他们一～一～地用木棒捶着糍粑|她～～打得十分解恨。⑥前面一般不加形容词修饰，后面一般不加“子”。⑦一般不儿化。

语义源流 本义指用棍棒或拳头击打。《说文解字·手部》：“捶，以杖击也。”

《荀子·正论》："～笞膑脚。"杨倞注："捶、笞，皆杖击也。"《史记·秦本纪》："即欲杀之，拍～其首。"后泛指舂、捣等动作。《礼记·内则》："每物与牛若一，～反侧之，去其饵。"又："欲干肉，则～而食之。"郑玄注："捶，捣之也。"借用作量词，用于计量用拳头或棒槌击打的动作。明·佚名《英烈传》第四十七回："早有朱亮祖追上，一～打落水中。"明·居顶《续传灯录·明州育王佛智端裕禅师》："正好一～俱撼碎。且道不落进修一句作么生道。"

近义辨析 捶—锤 二者读音相同，字形也相近，但意义不同。"锤"字从金，本是一种重量单位，引申表示一种金属的捶打工具，作为量词，用于计量用锤击打的动作；"捶"字从手（扌），本指用棍棒或拳击打，作为量词，用于计量用拳头或棍棒击打的动作。如"锤三下"和"捶三下"，由于所用的工具不同，击打的对象和结果会有很大差异。

锤 chuí **动量词** 用于计量用锤击打的动作：砸了两～|一～一～地敲|他头上挨了重重的几大～。**用法提示** ①数量结构可位于动词前，也可位于动词后：打三～|一～一钎修山路|一～锤下去，只在这块石头上留下一个斑点。②数词一般没有限制，既可用基数词或表示数量的"两""几""好几""若干"等，也可用序数词：多击几～|猛然两～将其击倒|拍卖时第一～下去就拍了个吉利数。③数词"一"在某些代词后常可省略：那～砸得真准|他一不小心这～敲在手上了。④数词前有时可加"这""那""哪"等代词：这一～砸出了客户的信任|那一～直接敲向强盗的头部|哪几～打中了要害？⑤前面有时可加"大""小"等形容词修饰：他向大石头连挥几大～|那位老人正在一小～一小～地敲打着一个吊球。⑥后面一般可加"子"：砸两～子|敲几～子|好钢就得多锤几～子。⑦数词为"一"时可重叠，重叠形式主要有"（一）～～""一～一～"：～～砸得火花四溅|一～一～地砸着|匠人们把巨大的石块一～～凿成石碾子。⑧有时可儿化：一～儿敲在坚硬的岩石上|这些东西是他一小～儿一小～儿锤出来的。

语义源流 本义指一种重量单位，所表重量说法不一。《说文解字·金部》："锤，八铢也。"《淮南子·说山》："万乘之主，冠锱～之冠，履百金之车。"唐·释慧琳《一切经音义》卷一百引《风俗通义》："铢六则～。"引申表示称量的工具，即秤砣。《周礼·冬官·玉人》："驵琮五寸，宗后以为权。"郑玄注引汉郑司农曰："以为秤锤，以起量。"唐·寒山《诗三百三首》之一三五："秤～落东海，到底始知休。"五代·佚名《菩萨蛮·枕前发尽千般愿》："水面上秤～浮，直待黄河彻底枯。"后因形似，将一种柄上有一金属圆球、用于击打的兵器也称为"锤"。汉·史游《急就篇》："铁～樋杖棁柲杸。"颜师古注："铁锤，以铁为锤，若今之称锤。亦可以击人，故从兵器之例。张良所用击秦副车，即此物也。"清·吴敬梓《儒林外史》第十二回："鞭锏钺～，刀枪剑戟，都还略有些讲究。"由此引申表示捶打的工具。《晋书·苻生载记》："常弯弓露刃以见朝臣，～钳锯凿备置左右。”《太平广记·报应·西明寺》：“有贫民利其铜，袖～錾往窃凿之。”借用工具作量词，用于计量用锤敲打的动作。明·罗懋登《三宝太监西洋记》第三十四回：“苏剌龙躲闪不及，早被这一～打得就三魂飞上天门外。”清·佚名《呼家将》第二十五回：“好了，好了！这两～打得好厉害！”

近义辨析 锤—捶 见“捶”下。

次 cì ❶ 名量词 用于计量按顺序出现或可以重复出现的事物：三～活动|第四～大会|每～比赛|一～～机会都让他给错过了。**用法提示** ①数词一般没有限制，既可用基数词或表示数量的“两”“几”“好几”“若干”，也可用序数词或表示序数的“头”“首”“末”等：三～家长会|第二～全体会议|昨天，我们参观了全国首～人体摄影展。②数词“一”在某些代词或动词后常可省略：参加了～晨会|这～比赛我们肯定能赢|哪～地震在我国历史上波及范围最广？③数词前可加“这”“那”“哪”等代词：这两～战役|那几～会议她都迟到了|哪一～国际会议中商讨了经济危机问题？④数词为“一”时可重叠，重叠形式主要有“(一)～～”“一～一～”：一～一～的机遇|～～表现出色|他勇敢地面对这一～～的挑战。⑤前面一般不加形容词修饰，后面一般不加“子”。⑥一般不儿化。❷ 动量词 用于计量按顺序出现或可以重复出现的动作：第一～相见|找过他三～|这一～，我们终于抓住了这个小偷。**用法提示** ①数量结构可位于动词前，也可位于动词后：多～上当|我在这个酒店里吃过多～。②数词一般没有限制，既可用基数词或表示数量的“两”“几”“好几”“若干”等，也可用序数词：来过若干～|第二～尝试|单位多～要给他报功都被他拒绝了。③数词“一”在某些代词后常可省略：我那～来没见到你|他这～考得不错|怎么可能哪～都是你对呢？④数词前一般可加“这”“那”“哪”等代词：这一～|那几～出访都具有重大的意义。⑤数词为“一”时可重叠，重叠形式主要有“(一)～～”“一～一～”：一～一～地修改|他一～～摔倒，又一～～地爬起来|这个骗子～～都能成功，真可恶！⑥前面一般不加形容词修饰，后面一般不加“子”。⑦一般不儿化。

语义源流 本义是军队的临时驻扎(“次”的本义有多种解释，这里采用陆宗达先生的说法)。《说文解字·欠部》：“次，不前不精也。”《易·师卦》：“左～，无咎。”孔颖达疏：“师在高险之左以次止，则无凶咎也。”《左传·襄公十八年》：“楚师伐郑，～于鱼陵。”后特指行军至某处留驻三宿以上。《左传·庄公三年》：“凡师一宿为舍，再宿为信，过信为～。”孔颖达疏：“舍者，军行一日止而舍息也……《穀梁传》曰：‘次，止也。’则次亦止舍之名。过信以上，虽多日，亦为次，不复别立名也。”由此引申指按顺序排列，处在前项之后称“次”。《论语·季氏》：“生而知之者，上也；学而知之者，～也；困而学之，又其～也。”《孟子·尽心下》：“民为贵，社稷～之，君为轻。”后泛指顺序、次序。《荀子·君道》：“故职分而民不探，～定而序不乱，兼听齐明而百姓不留。”《列子·仲尼》：“伯丰子之从者越～而进。”演变为量词，用于计量可以重复出现的动作或事物。唐·张籍《祭退之》：“三～论诤退，其志亦刚强。”《宋史·聂崇义传》：“自唐贞观之后凡三～大修五礼。”

近义辨析 次—回 均可作动量词，用于计量某些动作的次数，如可以说“这个电影我已经看过三次了”，也可以说“这个电影我已经看过三回了”，但二者的词义着重点有所不同。“次”由顺序、次序义演变为量词，计量重复出现的动作时，保留了强调次序的特点，如“第二次握手”“第三次讨论”；“回”由返回义演变为量词，计量动作时，强调所计量的动作有一个过程或有一个相对的终止点，如“潇洒走一回”“他们毕竟爱过一回”。二者也均可作为名量词计量某些事物，但计量的对象有所不同。“回”可用于计量事情，相当于“件”，如可以说“这是怎么一回事”“我不知道这回事”，“次”则没有这种用法。二者的语体色彩也有所差异，“次”的书面语色彩相对浓一些，“回”使用得比较普遍，口语色彩比较浓。此外，“回”还可以计量章回小说或评书所分的章节，如“《红楼梦》共有一百二十回”“我刚听到第二十回”，“次”没有这种用法。

次—趟 均可用于计量走动的次数，如可以说“回过一次家”，也可以说“回过一趟家”，但二者的使用范围有所不同。“次”除了计量走动的次数，还可以计量其他按顺序出现或可以重复出现的事物或动作，如“一次会议”“两次比赛”“第一次见面”，其中的“次”都不能替换为“趟”。此外，“趟”可以用来计量运行的车辆、成套或成组的武术动作等，如“两趟专列”“打一趟太极拳”，“次”则没有这些用法。

次—下 均可用于计量某些动作行为，如可以说“他敲了两次”，也可以说“他敲了两下”，但二者的意义和用法有一定的差异。“次”在计量动作时往往强调该动作可以重复出现，“下”则强调动作快、时间短。如“她撇了两下嘴”，强调撇嘴的动作很短促；“她撇了两次嘴”则强调该动作的重复。这是因为“下”由从上到下的动作义演变为量词，而这一动作本身具有快且时间短的特点，所以“下”作为量词也保留了这一特点。此外，“下”还可表示动作尚未完成，如“我们研究一下”；而“次”计量的是完成了的动作，如果用“次”表示动作尚未完成，一般要在动词前加上“得”“要”“应该”等能愿动词，如“我们得研究一次”或“我们应该研究一次”。

从 cóng ❶ 名量词 用于计量聚集或丛生在一起的草木：一～杂草｜几～灌木｜湖边是盛开的～～丁香｜一～诱人的新绿。**用法提示** ①数词一般没有限制，既可用基数词或表示数量的“两”“几”“好几”“若干”等，也可用序数词：一两～荆棘｜校园里有好几～栀子花｜这块地里长出了第一～青草。②数词“一”在某些代词或动词后常可省略：这～茂密的小树｜长了～野花｜不知道奶奶正在哪～茅草旁注视着我。③数词前可加“这”“那”“哪”等代词：这两～紫丁香｜那几～凤尾竹｜你昨天晚上看到的是哪一～灌木？④前面可加

“大”“小”等形容词修饰：一大～白玫瑰|我看到了一小～紫色的花|这些花数朵齐放，形成了一大～花簇。⑤数词为“一”时可重叠，重叠形式主要有“(一)～～”“一～一～”：一～～艳丽的杜鹃花|～～荆棘|沟边到处是一～一～的野菊和金银花。⑥后面一般不加“子”。⑦一般不儿化。❷ 名量词 用于计量像丛生的草一样的毛发：一～长毛|这是一个长着一～毛茸茸胡须的年轻人|他的眉毛很浓，不是两道，而是两～。**用法提示** ①数词一般限用“一”“两”：拔一～绒毛|一～白胡子连连摇晃|两～浓密的黑色鬓毛。②数词“一”在某些代词后有时可省略：后面衬着那～乌黑的头发|让位给那～浓密的黑发。③数词前有时可加代词“那”：那一～光润的褐色毛发。④前面可加“大”“小”等形容词修饰：割断一大～头发|浓浓的一小～毛发|家鸡头上有一大～冠毛。⑤后面一般不加“子”。⑥一般不重叠和儿化。❸ 名量词 用于计量聚集在一起的事物，如建筑、火焰、颜色以及一些抽象概念：一～洁白的珊瑚|一～橄榄绿|一～烧得正旺的柴火。**用法提示** ①数词一般限用“一”“两”“几”：一～怒火|寻到两～红珊瑚|几～低矮的绿色藩篱随便一围，就是一个小公园。②数词“一”在某些代词后有时可省略：这～爱的火花|双目注视着那～牛毛细针的来处。③数词前有时可加“这”“那”等代词：那一～梦幻之火|这一～毒针来势凶猛。④数词为“一”时可重叠，重叠形式主要有“一～～”“一～一～”：一～～小坟包似的营房顶|一～～烧得旺旺的火|一～一～拥挤在一处发黑的绿色。⑤前面不加形容词修饰，后面一般不加“子”。⑥一般不儿化。

语义源流 本义指聚集。《说文解字·丵部》：“丛，聚也。”《书·无逸》：“乱罚无罪，杀无辜，怨有同，是～于厥身。”《吕氏春秋·达郁》：“国郁处久，则百恶并起，而万灾～至矣。”后引申指密集或丛生的草木。《孟子·离娄上》：“为渊驱鱼者，獭也；为～驱爵者，鹯也。”《淮南子·俶真训》：“夫鸟飞千仞之上，兽走～薄之中。”演变为量词，用于计量聚集或丛生在一起的草木。南朝梁·陶弘景《真诰·运象篇》：“桥之北小道直入，其间有六～杉树。”唐·白居易《买花》：“一～深色花，十户中人赋。”又由于“丛”所具有的聚集的特点，作为量词，在现代汉语中其计量范围进一步扩大，可用于具有聚集特点的物品，如毛发、火焰等，但用法较为简单。

近义辨析 丛—簇 均可用于计量聚集或丛生在一起的草木，如可以说“一簇簇金色的小花”，也可以说“一丛丛金色的小花”，但二者的使用范围不同。“簇”由本义丛生的植物引申表示丛聚、聚集，由于人群可以发出“聚集”这一动作行为，故演变为量词后，可以计量聚集的人群，如“一簇黑压压的人群”，而“丛”是由聚集、丛生的草木义演变为量词的，一般不能计量人群。

簇 cù ❶ 名量词 用于计量聚集或丛生在一起的草木：一～野草|一～灌木|路边盛开着一团团、一～～的迎春花。**用法提示** ①数词一般没有限

制，既可用基数词或表示数量的“两”“几”“好几”“若干”等，也可用序数词：两～灌木｜几～一串红｜他家的杜鹃今年开出了第一～花。②数词“一”在某些代词或动词后常可省略：树上开了～紫色的花｜那～野菊花为这个院子平添了几分绿意｜你能辨认出哪～绿叶是真的吗？③数词前可加“这”“那”“哪”等代词：这几～金黄的枫叶｜共同呵护着那两～野菊花｜不知是哪一～花送来的这阵阵香气。④前面可加“大”“小”等形容词修饰：一大～叶子｜几小～苔藓｜一位年轻的女士手捧一小～鲜花。⑤数词为“一”时可重叠，重叠形式主要有“（一）～～”“一～一～”：～～紫丁香花｜一～～樱花竞相盛开｜一～一～映山红点缀着大山。⑥后面一般不加“子”。⑦一般不儿化。❷ 名量词 用于计量聚集在一起的东西：两～羽毛｜一～礼花｜人们手中的小红旗像好多～跳动的火焰。**用法提示** ①数词一般没有限制，既可用基数词或表示数量的“两”“几”“好几”“若干”等，也可用序数词：两～头发｜远远一～砖瓦房｜第一～烟花升上了夜空。②数词“一”在某些代词或动词后常可省略：这～烟花｜掉了～毛｜哪～羽毛是鸽子身上掉下来的？③数词前可加“这”“那”“哪”等代词：那一～灯火｜哪一～灯花更好看？｜这几～五光十色的灯花真漂亮。④前面可加“大”“小”等形容词修饰：一大～光亮｜一小～火焰｜他微俯着身子，向喷水池中央那一小～山石望着。⑤数词为“一”时可重叠，重叠形式主要有“（一）～～”“一～一～”：～～浪花｜一～～烟花映红了夜空｜这番话像是点燃了她心中一～一～火苗，令她激动不已。⑥后面一般不加“子”。⑦一般不儿化。❸ 名量词 用于计量聚集在一起的人：一～人马｜一小～骑马的人｜一～一～人群涌了过来。**用法提示** ①数词多用“一”“几”：一～人｜几～人群｜看见一～人在那里拆房子。②数词“一”在某些代词或动词后常可省略：路边聚了～人｜这～行人｜那～保安正从对面走过来。③数词前可加“这”“那”等代词：这几～人围着一个少年｜他们拥着那一～人马飞奔而来。④前面可加“大”“小”等形容词修饰：一大～农民｜远远地出现了一小～人影。⑤数词为“一”时可重叠，重叠形式主要有“（一）～～”“一～一～”：一～～外卖小哥｜道边是～～行人｜一～一～的人群不知道在谈论着什么，向这边走来。⑥后面一般不加“子”。⑦一般不儿化。

语义源流 本义指丛生的小竹。《玉篇·竹部》：“簇，小竹也。”《广韵·屋韵》：“簇，小竹。”引申为丛集、聚集义。唐·韦庄《听赵秀才弹琴》：“蜂～野花吟细韵，蝉移高柳迸残声。”宋·梅尧臣《和王景彝正月十四日夜有感》：“驰道横头起山岳，露台周匝～车轮。”演变为量词，用于计量聚集或丛生在一起的草木。唐·杜甫《江畔独步寻花》：“桃花一～开无主，可爱深红爱浅红。”唐·白居易《题卢秘书夏日新栽竹二十韵》：“几声清淅沥，一～绿檀栾。”也可以计量聚集在一起的物品或人。唐·刘禹锡《和汴州令狐相公到镇改月偶书所怀》：“旌旗遥一～，舄履近相搀。"宋·文天祥《夜归》:"市桥灯火未阑珊,一~人家树影间。"《三国演义》第五回:"遥望吕布一~军马。"

近义辨析 簇—丛见"丛"下。

寸 cùn 度量衡量词 市制长度单位,10分等于1寸,10寸等于1尺。1寸合1/30米:衣服长了一~|这个穴位在肚脐下三~。**用法提示** ①数词一般用"十"以内的基数词或表示数量的"两""半""几""好几""若干"等:两~宽|几~长的纸条|他穿着一双鞋底有半~厚的棉鞋。②数词前可加"这""那"等代词:那五~高的高跟鞋|这几~长的白胡子更使他增添了一种神秘的气质。③数词为"一"时可重叠,重叠形式主要有"(一)~~""一~一~":一~~土地|她把一~一~布料缝起来|~~河山~~金。④数词"一"一般不省略。⑤前面一般不加形容词修饰,后面一般不加"子"。⑥一般不儿化。

语义源流 本义指人手腕上的一个位置。《说文解字·寸部》:"寸,十分也。人手却一寸动脉,谓之寸口。从又从一。"《难经·十八难》:"脉有三部九候。三部者,~、关、尺也。"借用为计量长度的单位,沿用至今。《周礼·地官·大司徒》:"日至之景,尺有五~,谓之地中。"《左传·昭公二十六年》:"匕入者三~。"

撮 cuō ❶ 名量词 用于计量用手撮取的东西。表示极小的量:一小~盐|两~烟灰|他往汤里放了几~胡椒粉。**用法提示** ①数词多用"一""两""几""好几"等:一~灰烬|几~辣椒面|他从茶叶罐里捏了两~茶叶放进茶杯里。②数词"一"在某些代词或动词后常可省略:捏了~盐|那~肉末|那~家乡的黄土他一直带在身边。③数词前可加"这""那"等代词:这一~花椒|刚才撒的那一~味精没多少。④前面可加形容词"小"修饰:一小~味精|一小~鼻烟|妈妈在饼上撒了一小~芝麻。⑤数词为"一"时可重叠,重叠形式主要有"(一)~~""一~一~":~~狗毛|一~一~的泥土|母亲把一~~药粉敷在我的伤口上。⑥一般可儿化:一~儿土|一~儿花椒|我只加上了一小~儿面粉。⑦后面一般不加"子"。❷ 名量词 用于计量人(含有贬义)。表示人数极少,含蔑视的意思:一小~敌人|几~坏人|这一~不法分子故意扰乱社会治安。**用法提示** ①数词限用"一""几":一~暴徒|几~反革命分子|那些袭击者只是一小~外国恐怖分子。②数词"一"在某些代词或动词后常可省略:这~敌对分子|来了~歹徒|那~叛乱分子的气焰相当猖狂。③数词前可加"这""那"等代词:这两~惯盗|这次诈骗活动还是那一~人干的|这一小~坏人的阴谋不会得逞。④前面可加形容词"小"修饰:一小~网络诈骗犯|一小~坏蛋|这只是一小~害群之马的行为,不具有代表性。⑤数词为"一"时可重叠,重叠形式主要有"(一)~~""一~一~":~~害人精|一~~道貌岸然的伪君子|一~一~骗子都被抓了起来。⑥一般可儿化:一小~儿贩卖人口的罪犯|那一小~儿人不知在密谋什么坏事。⑦后面一般不加"子"。❸ 度量衡量词 市制容量单位,10撮为1勺,10勺为1合(gě)。

C

1撮合1毫升：那只不过是一块钱一～的骗人玩意儿|炒阿胶十五克，陈皮六克，糯米一～，可治妇女病。**用法提示** ①数词一般限用"一"：一～盐|豆豉一～|入粳米一～，水二小盏，煎服。②数词"一"一般不省略。③数词前一般不加代词。④前面不加形容词修饰，后面不加"子"。⑤不重叠和儿化。

语义源流 本义指用三个指头抓取。《说文解字·手部》："撮，四圭也。一曰两指撮也。"桂馥义证："两指当为三指。两指为拈，三指为撮。"《庄子·秋水》："鸱鸺夜～蚤，察毫末，昼出瞋目而不见丘山，言殊性也。"《水浒传》第九十五回："那人就地～把土。"清·沈复《浮生六记·闲情记趣》："芸用小纱囊～茶叶少许，置花心。"古代也表示一种容量单位，量的多少说法不一。《汉书·律历志上》："量多少者不失圭～。"颜师古注引应劭曰："四圭曰撮，三指撮之也。"《孙子算经》上："量之所起，起于粟。六粟为一圭，十圭为一～。"演变为量词，用于计量用手撮取的东西，表示极小的量。《史记·扁鹊仓公列传》："臣意饮以芫华一～，即出蛲可数升，病已，三十日如故。"唐·姚揆《秋日江东晚行》："一～秋烟堤上白，半轮残日岭头红。"由于撮取的东西非常少，故引申用于计量人，表示人数极少，含蔑视的意思。《资治通鉴·陈宣帝太建七年》："一～许贼，马上刺取，掷著汾水中耳。"现也为市制容量单位，10撮为1勺，1撮合1毫升。

近义辨析 撮（cuō）—撮（zuǒ）二者字形相同，为同形量词。就本义而言，二者同源，但作为量词，其读音、意义和用法都不相同。"撮（cuō）"主要用于计量用手撮取的东西，如"一撮（cuō）盐""一小撮（cuō）土"；"撮（zuǒ）"主要用于计量成丛的毛发类的东西，如"一撮（zuǒ）毛""一撮（zuǒ）头发"等。这主要是因为它们词义的引申轨迹和成为量词的原因不尽相同。"撮（cuō）"由表示抓取的动词引申表示一种容量单位，进而演变为量词，计量能够用手撮取的量；"撮（zuǒ）"虽然源自"撮（cuō）"，但它成为量词是借用的，在现代汉语中发生了音变，成为一个专用于计量成丛的毛发、野草等的量词。

D

打 dá **名量词** 用于计量某些物品。12件为1打，12打为1罗：一～铅笔|两～玻璃杯|他要我买两～玫瑰。**用法提示** ①数词可用基数词或表示数量的“两”“几”“好几”“若干”等：两～啤酒|几～请柬|他刚在超市买了一～儿袜子。②数词“一”在某些代词或动词后常可省略：买～铅笔|那～矿泉水早喝完了|这～毛巾都是给办公室买的。③数词前可加“这”“那”“哪”等代词：那两～啤酒|你准备把这几～饮料放哪儿？|哪～彩色铅笔是给弟弟买的？④数词为“一”时可重叠，重叠形式主要有“一～～”“一～一～”：桌上放着一～～新的画笔|他总是一～一～地买袜子。⑤前面一般不加形容词修饰，后面一般不加“子”。⑥一般不儿化。

语义源流 音译外来量词，是英文dozen的音译，用于计量某些物品。

沓 dá **名量词** 用于计量叠在一起的纸张或其他较薄的东西：两～纸|一小～钞票|桌子上堆放着一大～儿资料。**用法提示** ①数词一般没有限制，既可用基数词或表示数量的“两”“几”“好几”“若干”等，也可用序数词：两～稿纸|明信片压在第二～信纸下面了|他的皮包里放了好几～钱。②数词“一”在某些代词或动词后常可省略：借～稿纸|那～发票放哪里了？|你把这～信封拿走吧。③数词前可加“这”“那”“哪”等代词：这几～小广告|那两～名片已经送完了|你拿走的是哪一～报纸？④前面可加“大”“小”“厚”等形容词修饰：几厚～现金|一小～诗稿|那个学生手里抱着一大～求职简历。⑤后面一般可加“子”：一～子信|两～子宣传材料|她床头放着好几～子照片。⑥数词为“一”时可重叠，重叠形式主要有“(一)～～”“一～一～”：一～～旧报纸|柜子里的一～一～旧档案|他桌子上放着好几沓文件，～～都有一尺来厚。⑦一般可儿化：好几～儿入场券|一～儿求职信息登记表|我从抽屉里取出一小～儿洗衣单。

语义源流 本义指话多，读tà。《说文解字·曰部》：“沓，语多沓沓也。”《诗·小雅·十月之交》：“下民之孽，匪降自天，噂～背憎，职竞由人。”毛传：“噂犹噂噂，沓犹沓沓。”郑玄笺：“噂噂沓沓，相对谈语。”引申指重合、重叠。《楚辞·天问》：“天何所～？”王逸注：“沓，合也。言天与地合会何所？”南朝梁·何逊《拟轻薄篇》：“象床～绣被，玉盘传绮食。”进一步引申表示多、纷多。宋·王安石《中使宣医谢表》：“～被慈怜，不胜负荷。”清·谭嗣同《仁学》：“前者未忘而后者～至，终其身接应不暇而卒于无一能应。”演变为量词，用于计量叠放起来的纸张或其他较薄的东西，读dá。宋·洪迈《夷坚丙志·杨抽马》：“四川制置司求三十年案牍不得，以告杨，杨曰：‘在某室某匮第几～中。’如言而获。”

明·陶宗仪《辍耕录·中书鬼案》:"又小葫芦一个，上拴头绳一条，内盛琥珀二颗，外包五色绒，朱书符命一～。"

近义辨析 沓—摞 均可用于计量叠放起来的物品，如可以说"一沓纸""一沓信封"，也可以说"一摞纸""一摞信封"。"沓"由重合、重叠义演变为量词，强调重叠，用于计量重叠起来的纸张或其他较薄的东西;"摞"由整理、系扎义演变为量词，在一定程度上保留了动词的特点，用于计量可以摞起来的东西，不限薄厚。如"一摞瓦""一摞塑料筐"中的"摞"不能替换为"沓"。

代 dài ❶ 名量词 用于计量历史朝代：隋朝的第一～皇帝|汉唐两～王朝的经济政策|晋国有几～诸侯还是励精图治的。**用法提示** ①数词一般限用"十"以内的基数词或表示数量的"两""几""好几""若干"等：六朝胜地、十～名都|康、雍、乾三～皇帝|五～王朝更替。②数词"一"在某些代词后可省略：这～君主|那～政权。③数词前可加"这""那""哪"等代词：不知是从哪一～王朝兴起的|这一点是这五～王朝不变的地方|那两～政权基本得到了全体民众的拥护。④数词为"一"时有时可重叠，重叠形式主要有"(一)～～""一～一～"：～～王朝不乏贤臣|一～～君主|由于文献缺失，他不能顺着尧、舜、夏、商、周一～一～具体地讲出哲学发展史。⑤前面一般不加形容词修饰，后面一般不加"子"。⑥一般不儿化。❷ 名量词 用于计量世系的辈分：父子两～人|祖孙三～男丁|孔子的七十六～孙。**用法提示** ①数词一般没有限制，既可用基数词或表示数量的"两""几""好几""若干"等，也可用序数词：老少三～女眷|张天师的六十二～孙|他们一家七口四～人同住一个院子|第一～人。②数词"一"在某些代词后有时可省略：父亲这～人|她不知女儿那～人将会过什么样的日子。③数词前可加"这""那""哪"等代词：我们这两～人|传给了儿子那一～人|哪一～祖先？④数词为"一"时有时可重叠，重叠形式主要有"(一)～～""一～一～"：他家～～单传|就是这么一～一～过来的。⑤前面一般不加形容词修饰，后面一般不加"子"。⑥一般不儿化。❸ 名量词 用于计量某些人、事物或产品等的发展阶段：战斗机已历经五～的发展|第一～舰载机飞行员|第三～集成电路|当年的第一～、第二～产品都已经停产了。**用法提示** ①数词一般没有限制，既可用基数词或表示数量的"两""几""好几""若干"等，也可用序数词：这三～产品|第五～导演|他家果园里种的，是改良后第二～树种。②数词"一"在某些代词后有时可省略：这～大学生|那～锂电池。③数词前可加"这""那""哪"等代词：这一～电商|那两～集成电路|这是哪一～平板电脑？④数词为"一"时有时可重叠，重叠形式主要有"一～～""一～一～"：早期的一～～银河计算机|一～一～的建设者|农业专家经过上千次杂交试验，培育出一～～西瓜新品种。⑤前面一般不加形容词修饰，后面一般不加"子"。⑥一般不儿化。

语义源流 本义指代替、替换。《说文解字·人部》:"代，更也。"段玉裁注：

"凡以此易彼谓之代。"《史记·项羽本纪》:"彼可取而～也。"《史记·张释之冯唐列传》:"虎圈啬夫从旁～尉对上所问禽兽簿甚悉。"引申指交替。《楚辞·离骚》:"日月忽其不淹兮，春与秋其～序。"三国魏·嵇康《琴赋》:"拊弦安歌，新声～起。"由代替、替换义引申表示时代的变迁，朝代。中国古代社会一个王朝更换为另一个王朝，即为改朝换代。南朝梁·陆倕《石阙铭》:"历～规谟，前王典故，莫不芟夷翦截，允执厥中。"清·黄景仁《王述庵先生招集蒲褐山房观刘贯道兰亭禊饮图作歌》:"裙屐都饶晋～风，风流本属王家事。"进一步演化为量词，用于计量历史朝代。《礼记·礼运》:"大道之行也，与三～之英，丘未之逮也"。《全梁文·十诵义记序》:"声高于宋齐之世，可谓七众之宗师，两～之元匠者矣。"上古时父子相继为一代，演变为量词，用于计量世系的辈分、代际等。唐·王维《李陵咏》:"汉家李将军，三～将门子。"唐·韩愈《唐故国子司业窦公墓志铭》:"国子司窦公讳牟，字某。六～祖敬远，尝封西河公。"现代汉语中，还用于计量某些人、事物或产品的发展阶段。

🔍**近义辨析** 代—世 均可用于计量人的辈分，如可以说"四代同堂"，也可以说"四世同堂"。"代"的本义是代替、替换，"世"本义指三十年，虽然二者都引申出父子相继之义，进而演变为量词，用于计量人的辈分，但是"代"更强调替代，而"世"则强调在世的时间。因此，"代"的使用范围大于"世"，用"世"的地方一般可替换为"代"，用"代"的地方却不能都替换为"世"。如在"关心下一代儿童"中，量词只能用"代"，不能用"世"。此外，"代"由代替、替换义引申指朝代的更替，演变为量词，可计量历史朝代，在现代汉语中还可以计量产品的发展阶段，"世"则没有这些用法。

带 dài ❶ 名量词 用于计量如带状的水流等：一～溪水｜一～清流从花木深处流入石隙之下｜山间有一～飞瀑倾泻而下。**用法提示** ①数词一般限用"一"：一～水流｜一～瀑布。②数词"一"在某些代词后常可省略：哪～碧水｜这～瀑布的水流并不太急｜只见那～清泉从林间缓缓流过。③数词前可加"这""那""哪"等代词：这一～小溪｜跨过那一～青溪｜哪一～泉水是从白云山上流下来的？④前面一般不加形容词修饰，后面一般不加"子"。⑤一般不重叠和儿化。❷ 名量词 用于计量（连成）长条状的景物：一～树林｜那一～村落｜远处一～青翠的竹林映入眼帘。**用法提示** ①数词一般限用"一"：一～灌木丛｜海岸不远处的山上有一～小渔村。②数词"一"在某些代词后常可省略：这～一百米的长廊｜那～青山背后留下了他的很多记忆。③数词前可加"这""那"等代词：这一～绿草｜那一～山峦起伏不平｜前面那一～密林里有很多小动物。④前面有时可加"小""整"等形容词修饰：一整～绿草｜站在后廊仰望夹在两栋高楼间的一小～蓝天。⑤后面一般不加"子"。⑥一般不重叠和儿化。❸ 名量词 用于计量条状的地域或处所：这一～地

D

区｜学校周围一～地方｜那一～山的土壤含碱量很高。**用法提示** ①数词一般限用“一”：江浙一～地区｜解放广场那一～城区｜他年轻的时候住的一～地方有个码头。②数词“一”在某些代词后常可省略：哪～山区｜这～城区的房子很贵｜附近这～海域的水温较高。③数词前可加“这”“那”“哪”等代词（其后的名词有时可省略）：这一～土地｜哪一～沙滩比较好｜她不喜欢那一～的环境。④前面一般不加形容词修饰，后面一般不加“子”。⑤一般不重叠和儿化。

语义源流 本义指约束衣服的狭长而扁平状的物品，束在腰间。《说文解字·巾部》：“带，绅也。象系佩之形。”《诗·卫风·有狐》：“心之忧矣，之子无～。”《古诗十九首·行行重行行》：“相见日已远，衣～日已缓。”引申泛指用布帛、皮革等做成的窄长条状物，可用于装饰或捆扎衣物等。汉·辛延年《羽林郎》：“长裾连理～，广袖合欢襦。”清·袁枚《续子不语·僵尸贪财》：“作鬼啸一声，阴风四起，门上所缚～登时寸断。”后引申泛指狭长形条状物。宋·林逋《相思令》：“罗～同心结未成，江边潮已平。”宋·陆游《雨中登安福寺塔》：“更思驻潼关，黄河看如～。”又引申指狭长的地区、地域。唐·李白《菩萨蛮》：“平林漠漠烟如织，寒山一～伤心碧。”唐·杜佑《通典·兵十》：“诸地～半险，须作月营。”后演变为量词，用于计量长条状物体或区域、处所等。明·冯梦龙《古今小说·蒋兴哥重会珍珠衫》：“原来蒋家住宅前后通连的两～楼房，第一～临着大街，第二～方做卧室。”

近义辨析 带—条 均可用于计量长条状的水流等，如可以说“一条小溪”，也可以说“一带小溪”，但二者的使用范围有所不同。“带”由狭长的地区、区域义演变为量词，还可计量连成长条状的景物或区域等，如“一带远山”“靠近河口那一带”，其中的“带”不能用“条”替换。“条”的本义是树木细长的枝条，演变为量词后，除计量长条状的水流外，还可用于计量其他长条状的物体，如“一条大路”“三条裤子”等。此外，“条”还可以计量形体呈长条状的动植物、人及与之有关的事物，如“一条鱼”“几条藤蔓”“两条腿”；因为古代文书的书写形式呈长条状，“条”也引申可计量某些抽象事物，如“一条命令”。

带—片 均可用于计量连成一体的地域、处所等，如可以说“这一带沿海地区”，也可以说“这一片沿海地区”。但“带”多用于书面语中，而“片”口语色彩较浓。这与它们的本义有关。“带”的本义是衣带，引申泛指狭长形条状物，演变为量词，用于计量地域时也强调长条状特点，具有较明显的修辞性，如“一带长堤”“村居与石山之间，是一带窄窄的梯田”。“片”的本义是破析树木而成的木片，引申指薄而平的物品，演变为量词，用于计量地域、处所时并无形状限制，但隐含了“全部”“完全”的意思，如“一片自然保护区”“被轰炸过的城市已是一片废墟”。也因此，“片”也可用于计量较抽象的事物，如“一片丹心”。

袋 dài ❶ 名量词 用于计量可以装在

口袋中的物品：一～盐|三小～绿豆|喝了两～儿药后，他的情况好一些了。**用法提示** ①数词一般没有限制，既可用基数词或表示数量的“两”“几”“好几”“若干”，也可用序数词或表示序数的“头”等：两～牛奶|多半～黄河滩枣|这是今年的头～新米，送给你们尝尝。②数词“一”在某些代词或动词后常可省略：刚买了～化肥|再来～花生米|哪～水泥是已经拆包的？③数词前可加“这”“那”“哪”等代词：这两～面|那三～洗衣粉都是加酶的|哪几～废品是要卖的？④前面一般可加“大”“小”“整”等形容词修饰：三大～调料|掏出一小～银圆放在桌上|他从外边拎回一整～热乎乎的板栗。⑤后面一般可加“子”：半～子玉米|又收拾出一～子衣服|那些他从集市上买回来的原石要装好几大～子。⑥数词为“一”时可重叠，重叠形式主要有“(一)～～”“一～一～”：～～沙子都很沉|一～～粮食|店门口摆满着一～一～包装精美的鲜嫩净菜。⑦一般可儿化：递给孩子一～儿干果|好几～儿种子|这两～儿礼物都是给你的。❷ 名量词 用于计量水烟或旱烟：装了一～烟|点上两～烟|这烟不错，咱们再抽一～吧！**用法提示** ①数词一般没有限制，既可用基数词或表示数量的“两”“几”“好几”，也可用序数词或表示序数的“头”等：一～烟的工夫|就吸了两～烟|你今天都抽第几～烟了？②数词“一”在某些代词或动词后常可省略：装上～旱烟|点了～水烟|给大伯递上～烟。③数词前可加“这”“那”“哪”等代词：这两～水烟|他也没闻出来哪一～是关东烟|那一～烟抽得他直咳嗽。④前面有时可加“大”“小”“整”等形容词修饰：这一大～烟|抽了一整～烟。⑤数词为“一”时可重叠，重叠形式主要有“(一)～～”“一～一～”：～～烟丝|吸了一～～水烟|祖父每天沉默地抽着一～一～旱烟。⑥后面一般不加“子”。⑦一般不儿化。

📖 **语义源流** 本义指用布、皮等薄软材料制成的装物用的器物。《玉篇·衣部》：“袋，囊属。”《隋书·食货志》：“有司尝进干姜，以布～贮之……复以毡～。”《南史·羊鸦仁传》：“羊骨杂他骨，作五～盛之”。后借用为量词，用于计量可袋装之物。明·李实《北使录》：“元世祖未做皇帝时与敌国战，后遣使往，敌国遗针二～、羊毛一～。”清·陈康祺《郎潜纪闻》：“六安州霍山县进芽茶七百斤，计四百～。”又专指装烟叶、烟丝等物品的口袋。《清实录·世宗宪皇帝实录》：“即如烟～一物。”清·贪梦道人《彭公案》第四十六回：“身披青绸子小夹袄，手托水烟～。”后借用为计量水烟、旱烟等的量词。《红楼梦》第一百零一回：“只见袭人端过茶来，只得搭讪着自己递了一～烟。”清·文康《儿女英雄传》第四回：“在房檐底下站着呼噜呼噜吸了好几～，把那烟从嘴里吸进去，却从鼻子里喷出来。”

单 dān ❶ 名量词 用于计量某些商业性事物：发了一～货|几～生意都赔了|这是一～不错的买卖。**用法提示** ①数词一般没有限制，既可用基数词或表示数量的“两”“几”“好几”，也

D

可用序数词或表示序数的“头”等：两～买卖|发了好几～散货|跟那个公司头～合作就不成功。②数词“一”在某些代词后常可省略：这～信用证业务|是哪～合同出了问题？|不要再提那～生意了。③数词前可加“这”“那”“哪”等代词：这一～交易|那是几～到付的货|哪一～是你做成的大买卖？④后面有时可加“子”：一～子赔钱的买卖|那一～子烂账|这一～子出口的生意都是他一个人谈成的。⑤数词为“一”时可重叠，重叠形式主要有“(一)～～”“一～一～”：最近他做的～～交易都能赚到钱|这一～～买卖能顺利成交，都是你的功劳|他们就靠着走街串巷、磨破嘴皮的功夫，取得了一～一～业务。⑥前面一般不加形容词修饰。⑦一般不儿化。❷ **名量词**〈方〉用于计量某些单一性事件，相当于普通话中的“起”或“号”，多用于粤方言：一～事故|两～车祸|本来进行得好好的，没想到他中间搞出这么一～事情来。

语义源流 本义指单独、一个。《玉篇·吅部》：“单，一也；只也。”《荀子·正名》：“～足以喻则～，～不足以喻则兼。”明·谢谠《四喜记·红楼遣思》：“梦里成双醒又～，真个情难忍。”引申指单层的（衣物等）。《管子·山国轨》：“春缣衣，夏～衣。”《韩诗外传》卷六：“齐君重鞇而坐，吾君～鞇而坐。”又引申指记载某一事项的纸条或票据等。宋·胡太初《昼帘绪论·听讼》：“令每遇决一事……不若令自逐一披览案卷，切不要案吏具～。”元·杨瑀《山居新话》：“李公一日遣人来杭果木铺，买砂糖十斤，取其铺～。”后演变为量词，用于计量单一性的事件，多用于商业，相当于“桩、件”。清·吴趼人《二十年目睹之怪现状》第七十五回：“自从行出这个法子之后，户部里却多了一～大买卖。”平江不肖生《张文祥刺马案》第十七回：“郑时当即开了一～应办的礼物，张文祥亲去办了。”

箪 dān **名量词**〈古〉用于计量可容纳于竹制容器中的饭食或其他物品：一～饭食|一～食，一瓢饮|会见百室盈，陋巷饱一～。

语义源流 本义指用来盛饭食的盛器，以竹或苇编成，圆形有盖。《说文解字·竹部》：“箪，笥也。”《礼记·曲礼上》：“凡以弓剑苞苴～笥问人者，操以受命，如使之容。”后泛指用竹或苇编的小筐。《仪礼·士丧礼》：“栉于～，浴衣于箧。”郑玄注：“箪，苇笥。”借用为量词，用于计量可盛于竹器中的饭食或物品。宋·陆游《久无暇近书卷慨然有作》：“饥餐一～饭，闷酌一卮酒。”明·董斯张《广博物志》卷十八：“其价犹值百千两金，有六～金粟。”

石 dàn ❶ **度量衡量词** 市制重量单位，1石合120斤。多用于计量粮食等。也称“市石”：一～稻子|两～小米|这些玉米有三～重吧？**用法提示** ①数词一般没有限制，既可用基数词或表示数量的“两”“几”“好几”“好多”“若干”，也可用序数词或表示序数的“头”等：两～大豆|头～玉米晒过了|大雨把好几～稻谷都淋湿了。②数词“一”在某些代词或动词后常可省略：买了～饲料|这～陈粮已经好几年了|他身上剩下的那点

钱，买不起这～米。③数词前可加“这”“那”“哪”等代词：这一～棉花｜那两～粮食｜哪几～麦子是刚晒过的？④前面一般不加形容词修饰，后面一般不加“子”。⑤一般不重叠和儿化。❷ 度量衡量词 市制容量单位，1石为10斗，合100升。用于计量粮食等物品（古书中的读音为shí，如“俸一千石”“万石君”）：一～小米｜几～粟米｜今年的小麦一亩地比去年多收了十好几～。**用法提示** ①数词一般没有限制，既可用基数词或表示数量的“两”“几”“好几”“好多”“若干”，也可用序数词或表示序数的“头”等：三百～谷子｜几～苞米｜这头～稻米是给你的。②数词“一”在某些代词或动词后常可省略：刚收了～豆子｜他扛了～大米就走｜哪～面磨得细一点儿？③数词前可加“这”“那”“哪”等代词：哪两～燕麦｜这几～高粱比那几～收得晚｜卖出这一～，等于白扔八斗，谁肯干这种傻事。④前面一般不加形容词修饰，后面一般不加“子”。⑤一般不重叠和儿化。

语义源流 本义为山石。《说文解字·石部》：“石，山石也。”《诗·小雅·渐渐之石》：“渐渐之～，维其高矣。”《左传·成公二年》：“齐高固入晋师，桀～以投人。”因石头实而沉，演变为计量粮食等的重量单位。《墨子·鲁问》：“须臾刘三寸之木，而任五十～之重。”《汉书·律历志上》：“二十四铢为两，十六两为斤，三十斤为钧，四钧为～。”也借用为容量单位，一石为十斗。《庄子·逍遥游》：“今子有五～之瓠，何不虑以为大樽。”《后汉书·宣秉传》：“其孤弱者，分与田地，自无担～之储。”

近义辨析 石—担 均为市制的计量单位，可用于计量粮食，如可以说“一石米”，也可以说“一担米”，但二者的意义和用法有所差异。“石”由本义山石演变为重量单位，又借用为容量单位，一石可折合为一百二十斤或一百升；“担”本义指用肩挑，引申为担子，由此借用为重量单位，一担为一百斤。“担”作为量词保留了本义的特点，还可用于计量成挑的物品，如“一担水”“两担煤”等；而“石”作为量词，保留了本义“实而沉”的特点，因此只能计量粮食等。

担 dàn ❶ 名量词 用于计量成担或成挑的物品：两～水｜三～货｜他能挑一整～煤走十几里山路。**用法提示** ①数词一般没有限制，既可用基数词或表示数量的“两”“几”“好几”“若干”，也可用序数词或表示序数的“头”等：几～肥料｜木帆货船锚泊在港湾内，卸下了十几～茶叶｜他挑的头～水洒了一半。②数词“一”在某些代词或动词后常可省略：这～柑橘｜送～柴到她家｜那～莲藕是下午刚采下来的。③数词前可加“这”“那”“哪”等代词：这两～新棉花｜那几～都是荞麦秸｜哪两～青草是要送到养牛场的？④前面可加“大”“小”“整”等形容词修饰：一大～甘蔗｜两小～菱角｜半天他就卖了两整～青菜。⑤后面可加“子”：一～子薏米｜刚卖了两～子稻谷｜林嫂挑着一～子煎饼向老城走去。⑥数词为“一”时可

D

重叠，重叠形式主要有“(一)～～”“一～一～”：一～～上等的笋干｜他们挑的沙石，～～都有上百斤｜一～一～新鲜水果被运到集市上。⑦一般不儿化。❷ 度量衡量词 市制重量单位，1担合100斤。用于计量粮食等：两～大米｜几～黑麦｜上百～的新米投放进了食用粮市场。**用法提示** ①数词一般没有限制，既可用基数词或表示数量的“两”“几”“好几”“若干”等，也可用序数词：三～小米｜四五～麦子｜好几～玉米｜他称出了第一～稻谷。②数词“一”在某些代词或动词后常可省略：又收了～棉花｜那～谷子是昨天收的｜又给他称了～大米放到车上。③数词前可加“这”“那”“哪”等代词：那两～白面｜分不清哪一～是新米｜今夏这几～油菜籽的价格已经从730元涨到了800元。④前面一般不加形容词修饰，后面一般不加“子”。⑤一般不重叠和儿化。

语义源流 “担”同“擔”，也写作“儋”，本义为用肩挑，读dān。《集韵·谈韵》：“儋，《说文解字》‘何也’。”《管子·小匡》：“负任～荷，服牛轺马，以周四方。”《战国策·秦策一》：“负书～橐，形容枯槁。”由肩挑引申作名词，表示挑东西用的扁担，读dàn。宋·欧阳修《归田录·卖油翁》：“有卖油翁释～而立。”《清朝野史大观·记马僧》：“则夜间已将所肩铁～屈而圆之，束二马首于内。”后借用为重量单位，一担为一百斤。汉·班彪《王命论》：“思有短褐之袭，～石之蓄。”《后汉书·宣秉传》：“其孤弱者，分与田地，自无～石之储。”也借用为计量成担挑的物品的量词。《南史·陈伯之传》：“君稻幸多，取一～何苦。”宋·吴垧《五总志》：“纵得一～水，能值几何？”

近义辨析 担—石 见“石”下。

啖 dàn 动量词 〈方〉主要用于广东、潮汕等地。本义为吃。后演变为动量词，用于计量吃食物的动作。也可用作名量词，用于计量口中的食物：尝一～｜食两～｜就那一瓶酒，也不够他们饮几～的。

档 dàng ❶ 名量词 用于计量事件，相当于“件”“桩”：一～(子)事｜这本来就是两～(儿)事｜经他这么一问，同学们才记起还有这么一～事儿。**用法提示** ①数词一般没有限制，既可用基数词或表示数量的“两”“几”“好几”“若干”，也可用序数词或表示序数的“头”等：两～小事｜好几～(子)杂事｜今年的头～大事办得就很顺利。②数词“一”在某些代词或动词后常可省略：突然又想起～陈年旧事｜遇上这～子事儿，只好自认倒霉｜他那～事你听说了吗？③数词前可加“这”“那”“哪”等代词：这一～棘手的事｜把那几～事交给他吧｜也不知最近哪一～事又让他操心了。④后面常常可加“子”：不管这～子闲事｜把那～子事儿忘得一干二净｜咱们别再提这～子事了好不好？⑤数词为“一”时可重叠，重叠形式主要有“(一)～～”“一～一～”：一～～鸡毛蒜皮的小事｜最近发生的事～～都很麻烦｜一～一～的杂事让人没法安心工作。⑥一般可儿化：就

D

那～儿小生意｜好几～儿烦心事｜根本没有这么～儿事。⑦前面一般不加形容词修饰。❷ 名量词 用于计量商品、产品等的等级：第一～的皮革制品｜三～品都是不合格的｜这次的奖金分几～？**用法提示** ①数词一般没有限制，既可用基数词或表示数量的“两”“几”“若干”，也可用序数词或表示序数的“头”等：几～货品｜这个分数在他们学校只能排在第二～｜这些金条按成色分成若干～｜他的风度算得上头～，没有不喜欢他的。②数词“一”在某些代词后常可省略：需要这～产品｜哪～化妆品最受欢迎？｜那～货已经脱销了。③数词前可加“这”“那”“哪”等代词：那一～品质的产品｜这几～冰箱最好卖｜你要选哪一～价位的地板？④数词为“一”时可重叠，重叠形式主要有“（一）～～”“一～一～”：一～～的硬货｜这家的产品，～～质量都不错｜这些商品要按规格分成一～一～的。⑤前面一般不加形容词修饰，后面一般不加“子”。⑥一般不儿化。❸ 名量词 用于计量曲艺、杂技等表演中成组表演的节目：变一～戏法｜耍了一～狮子｜他在花会上跑两～（儿）旱船。**用法提示** ①数词一般没有限制，既可用基数词或表示数量的“两”“几”“好几”“若干”，也可用序数词或表示序数的“头”等：两～节目｜好几～花会表演｜下午的头～节目是山东评书。②数词“一”在某些代词或动词后常可省略：来～龙灯｜相声演员演了～双簧｜刚才那～快板儿真精彩！③数词前可加“这”“那”“哪”等代词：那一～秧歌｜这两～口技表演都很受欢迎｜这条新闻要在哪一～节目播出？④数词为“一”时可重叠，重叠形式主要有“（一）～～”“一～一～”：一～～音乐节目｜～～都是绝活儿｜舞狮子、踩高跷，灯会上一～一～都是好戏。⑤一般可儿化：说一～儿相声｜他就爱听这～儿琴书。⑥前面一般不加形容词修饰，后面一般不加“子”。

语义源流 本义为横木的框格或器物上用以分格或支撑的横木条。《正字通·木部》：“档，俗谓横木框档。”《十诵律·大藏经》：“啖是草，啖床脚床梐床～床绳。”明·兰陵笑笑生《金瓶梅》第九十六回：“亭内凉床被渗漏，已无框～。”引申指存放案卷、文件等的橱柜。《水浒传》第四十三回：“我且留下一锭五十两的银子放太～上。”《红楼梦》第十一回：“收在账房里，礼单都上了～子了。”由于不同内容和等级的货物、商品可存放在不同的橱柜里，演变为量词，用于计量物品等的等级。清·刚毅《晋政辑要》卷二：“每一千两分得三百两外，堂上书办皂隶十四司八旗司两～。”清·王韬《淞滨琐话·珠江花舫记》：“粤中艳迹，以珠江为最，风月繁华，尤聚于谷埠。有上中下三～之分。”后演变为计量曲艺、杂技等表演中成组表演的节目的量词。清·不题撰人《刘墉传奇》第七十八回：“第二～，惯说评书是佟亮公；三～就是《施公案》。”又演变为计量事件的量词。清·张杰鑫《三侠剑》第五回：“老头是小媳妇的叔叔，全都没有一～子事。”常杰淼《雍正剑侠图》第四十九回：“还有，昨天晚上有这么一～子事。”

🔍**近义辨析** 档—件—桩 均可用于计量事情，如可以说“这只是一档小事”，也可以说“这只是一件小事”“这只是一桩小事”。“档”由橱柜义演变为量词，由于不同内容和等级的货物、商品可存放在不同的橱柜里，所以“档”计量事情时往往突出其类别和等级，如“碰上了一档倒霉事”。“件”的本义是分解、分割，作为量词，计量的往往是从整体中抽取出来的事件，如“生活中的两件小事”。“桩”的本义指打进地里的木橛，借用为量词，多用于计量较为抽象的事情，带有书面语色彩，如“一桩桩英雄事迹感人肺腑”。由于“档”强调的是类别和等级，所以它还可计量曲艺、杂技等表演中成组的节目，或商品、产品的等级等，如“一档杂技”“高、中、低三档产品”，“件”和“桩”则没有这样的用法。“件”作为量词，不强调所计量事物的形象特点，可用于很多具体的物品，如“一件衣服”“两件玩具”。在用法上，“档”计量事情时后面常加“子”或儿化，带有口语色彩，如“这一档子事”“根本就没那档儿事”；“件”和“桩”一般没有这种用法。

刀 dāo ❶ 名量词 用于计量纸张，通常一百张为一刀：一～白纸｜准备了两～铜版纸｜这几～宣纸都是他作画要用的。**用法提示** ①数词一般没有限制，既可用基数词或表示数量的“两”“几”“好几”“若干”，也可用序数词或表示序数的“头”等：三～草纸｜生产一～纸通常有10到20元的补贴｜头～白卡纸的质量不太好。②数词“一”在某些代词或动词后常可省略：这～纸成本67.5元｜替她也烧了～纸｜上次那～灰卡纸快用完了。③数词前可加“这”“那”“哪”等代词：那一～稿纸｜哪一～牛皮纸是明天要发货的？｜这几～宣纸都是精选出来的。④数词为“一”时可重叠，重叠形式主要有“一～～”“一～一～”：一～一～毛边纸｜一～～白纸都被他们浪费了。⑤前面一般不加形容词修饰，后面一般不加“子”。⑥一般不儿化。❷ 动量词 用于计量与刀有关的动作：割了几～｜背上挨了一～｜他一～就把西瓜切成了两半。**用法提示** ①数量结构可位于动词前，也可位于动词后：一～砍下去｜他回手一～就把画劈成了两半｜她先把鱼洗干净，又在鱼身两面各划了几～。②数词一般没有限制，既可用基数词或表示数量的“两”“几”“好几”“若干”，也可用序数词或表示序数的“头”等：被刺了好几～｜他剁了三～才把排骨切开｜第一～没用上力。③数词前可加“这”“那”“哪”等代词：那两～差点要了他的命｜法医说那几～刀都是从背后捅的｜哪一～砍到了骨头？④后面一般可加“子”：捅了一～子｜他被人扎了几～子｜一～子扎下去，血就流出来了。⑤数词为“一”时可重叠，重叠形式主要有“(一)～～”“一～一～”：～～命中要害｜一～～地削干净｜这种鱼片要一～一～地慢慢切。⑥一般可儿化：挨了一～儿｜轻轻划了几～儿。⑦前面一般不加形容词修饰。

📖**语义源流** 本义为一种武器。《说文解字·刀部》：“刀，兵也。”《左传·襄公二十九年》："吴子余祭观舟，阍以～弑之。"唐·西鄙人《哥舒歌》："北斗七星高，哥舒夜带～。"引申泛指用于切割砍削的有刃的工具。《庄子·养生主》："良庖岁更～，割也。"《乐府诗集·木兰辞》："小弟闻姊来，磨～霍霍向猪羊。"又引申指剖析、宰杀的动作。元·揭傒斯《大元敕赐修堰碑》："取桐实之油，～麻为丝。"明·袁宗道《迪功郎南安少尹方先生行状》："即持刀劫先生曰：'不千金，立～汝。'"后演变为动量词，用于计量与刀有关的动作。元·佚名《张千替杀妻》第三折："他那里吃一杖，则如剁一～。"清·贪梦道人《彭公案》第七十七回："桑仲又叫弟、妹二人出来，把欧阳德砍了两～，却砍不动他。"由于可将物品切割成各种规定的尺寸，"刀"进一步引申用于计量按规定尺寸裁切的纸，通常一百张为一刀。明·沈榜《宛署杂记》卷十四："匠工银三两呈文纸十～，价四两，俱两县行银办。"清·夏敬渠《野叟曝言》第二十回："将粗纸一～，替素娥垫好。"

道 dào ❶ 名量词 用于计量江河或水流状的事物：两～飞瀑|越过了数米宽的一～水渠|山脚下有一～溪水缓缓地流过。**用法提示** ①数词一般没有限制，既可用基数词或表示数量的"两""几""好几""若干"，也可用序数词或表示序数的"头""末"等：一～江|好几～泉水|翻过头～沟就到他家了。②数词"一"在某些代词或动词后常可省略：这～山梁|那～小河去年就干了|再画上～小溪这幅画就完成了。③数词前可加"这""那""哪"等代词：山顶冲下来的哪一～水流更急？|这几～瀑布是山顶的雪融化后形成的|多个特制喷头射出的水龙，汇成那一～壮观的水幕。④数词为"一"时可重叠，重叠形式主要有"(一)～～""一～一～"：一～～波纹|六条龙舟就似离弦之箭，在江面上分出～～水线|一～一～雨水顺着玻璃流下来。⑤前面一般不加形容词修饰，后面一般不加"子"。⑥一般不儿化。❷ 名量词 用于计量墙、门或类似的物体：一～高墙|三～电网|过了第三～封锁线就是后方了。**用法提示** ①数词一般没有限制，既可用基数词或表示数量的"两""几""好几""若干"，也可用序数词或表示序数的"头""末"等：两～幕墙|好几～砖墙|进了头～门左拐就是经理办公室。②数词"一"在某些代词或动词后常可省略：还要再翻过～墙头|原来的那～铁丝网已经拆了|他想在院里再砌～墙。③数词前可加"这""那""哪"等代词：那几～防火门|过了这两～防线|应该合哪一～闸才能送电？④数词为"一"时可重叠，重叠形式主要有"(一)～～""一～一～"：顺手关好一～～又高又大的橡木门|要越过～～关卡才能到达|这里的天然桥看上去就像一～一～巨大的天然拱门。⑤一般可儿化：一～儿矮墙|她一下子跨过了那～儿门槛|那～儿小门上了锁。⑥前面一般不加形容词修饰，后面一般不加"子"。❸ 名量词 用于计量长条状的事物：一～山梁|几～晚霞|一～长长的闪电划过夜

D

空。**用法提示** ①数词一般没有限制，既可用基数词或表示数量的“两”“几”“好几”“若干”，也可用序数词或表示序数的“头”“末”等：两～剑眉|好多～划痕|停车时不要越过头～白线。②数词“一”在某些代词或动词后常可省略：翻过那～堤坝|这～蓝光是用仪器合成的|他的衣服裂了～缝儿。③数词前可加“这”“那”“哪”等代词：这几～山梁|那两～口子|哪一～伤疤是车祸留下的？④前面可加“大”“小”等形容词修饰：一小～印子|雨后天空出现了一大～彩虹|他的脸上有一小～划伤。⑤后面可加“子”：两～子划痕|好几～子圆珠笔印儿|几千军民紧急抢险，抢筑了一～子堤坝。⑥数词为“一”时可重叠，重叠形式主要有“(一)～～”“一～一～”：～～晚霞从山谷升起|他背上那一～～醒目的疤痕|母亲干活时双手被勒出了一～一～血印。⑦一般可儿化：三～儿黄线|他胳膊上有一～儿口子|墙上画着一～儿～儿黑线。❹ **名量词** 用于计量命令、题目等：三～命令|发出两～指示|做完这几～题就可以下课了。**用法提示** ①数词一般没有限制，既可用基数词或表示数量的“两”“几”“好几”“若干”，也可用序数词或表示序数的“头”“末”等：一～批示|若干～命令|第一～题是无解的。②数词“一”在某些代词或动词后常可省略：那～公文|这～指示要在全厂传达|你来下～令吧。③数词前可加“这”“那”“哪”等代词：这两～手谕|他的随从想办法完成了他同时下的那七～命令|哪几～题是学生感觉比较难的？④数词为“一”时可重叠，重叠形式主要有“(一)～～”“一～一～”：一～～算式|那些几何题，～～他都不会做|应该按一～一～的数据指令进行操作。⑤前面一般不加形容词修饰，后面一般不加“子”。⑥一般不儿化。❺ **名量词** 用于计量菜肴等：一～凉菜|那～油焖大虾没上|第几～菜是烤鸭？**用法提示** ①数词一般没有限制，既可用基数词或表示数量的“两”“几”“好几”“若干”，也可用序数词或表示序数的“头”“末”等：两～硬菜|好几～好菜|今天的头～主菜是牛排。②数词“一”在某些代词或动词后常可省略：沏～好茶|我们点的那～鱼|再上～汤吧！③数词前可加“这”“那”“哪”等代词：这两～四川菜|哪一～都好吃|为了那六～大菜，他已经在厨房里忙活两个小时了。④数词为“一”时可重叠，重叠形式主要有“(一)～～”“一～一～”：一～～拿手菜|这家餐馆的淮扬菜，～～都是精品|她又惊又喜地盯着桌上那一～一～的佳肴。⑤前面不加形容词修饰，后面一般不加“子”。⑥一般不儿化。❻ **动量词** 用于计量重复出现的动作，相当于“遍”“次”：洗过一～|返一～工|刚浇了～水|先在雕有文字和图画的木板上刷一～墨，再把纸铺上捶打。**用法提示** ①数量结构可位于动词前，也可位于动词后：这一～捆结实些|过了几～水|这套房子已经转过好几～手了。②数词一般没有限制，既可用基数词或表示数

量的“两”“几”“好几”“若干”，也可用序数词或表示序数的“头”“末”等：包装箱又用胶带贴了两～|倒了好几～手|这张桌子的油漆刚刷第一～。③数词“一”在某些代词或动词后常可省略：不知是哪～颜色没染好|混凝土板上的玻纤布带要加一层，还要再多做～防水。④数词前可加“这”“那”“哪”等代词：这一～得在设备外侧刷防腐隔离剂|最后那两～要涂水泥浆才能保证上下层黏结|这种布料洗哪一～时可以放热水？⑤数词为“一”时可重叠，重叠形式主要有“(一)～～”“一～一～”：一～～地抹玻璃胶|他之前刷的涂料～～都没干透。⑥前面一般不加形容词修饰，后面一般不加“子”。⑦一般不儿化。

语义源流 本义为道路。《说文解字·辵部》：“道，所行道也。”《史记·陈涉世家》：“会天大雨，～不通。”清·邵岷《将之成都》：“行行穿鸟～，寸寸断猿肠。”引申指水道、河道。《史记·河渠书》：“延～驰兮离常流，蛟龙骋兮方远游。”宋·苏辙《乞罢修河司札子》：“臣伏见大河北流，经今十年，已成河～。”后演变为量词，用于计量江河、水流或山脉等。清·贪梦道人《彭公案》第一百二十回：“邱明月出了三杰村，走了有四五里，见前面是一～山岭。”《清实录·康熙朝实录》：“又前疏河之两旁，各挑引水河一～。”由于门和桥等均有道路可以通过，故“道”也可用于计量门、桥等。《晋书·石勒载纪上》：“速凿北垒，为突门二十余～。”唐·杜宝《大业杂记》：“渠上有通仙桥五～，时人谓之五桥。”又由长条状的道路演变为量词，用于计量长条状的事物，多用于光线、闪电等。隋·王劭《舍利感应记》：“十四日夜，有光三～，从堂而出。”唐·元稹《使东川·望喜驿》：“子规惊觉灯又灭，一～月光横枕前。”由于古代的书面文字是从上到下、从右至左写就的，呈长条形，故“道”逐渐演变，用于计量文书、题目、命令等。《新唐书·选举志上》：“凡秀才，试方略策五～。”元·陈以仁《存孝打虎》第一折：“赐与你五百面金字牌，五百～空头宣敕。”又可作动量词，用于计量重复出现的动作，相当于“次”“遍”。清·文康《儿女英雄传》第五回：“又拿了一根大绳出来，往公子的胸前一搭，向后抄手，绕了三四～。”清·刘鹗《老残游记续集》第八回：“把辫子在木桩上缠了几十～，拴得铁结实。”后也可用于计量重复或依次出现的事物。《红楼梦》第五十三回：“每一～菜传至仪门，贾荇、贾芷等便接了，按次传至阶下贾敬手中。”清·李汝珍《镜花缘》第七十八回：“丫鬟送了酒，上了几～菜。”

近义辨析 道—扇 均可用于计量门，如可以说“推开一道门”，也可以说“推开一扇门”，但二者的语义重点有所不同。“道”的本义是道路，作为量词用于计量门时，突出其可通行的特点；“扇”的本义指门扇，作为量词用于计量门时，强调其可开合的特点。二者的使用范围也不同。“道”不管是指道路，还是引申指水道、河道等，都是长条形的，演变为量词后还可用于计量其他长条状的事物，如“一道铁丝网”“两道强光”“三道裂缝”；又由于古代文书的书写也是呈长条形的，故“道”作为量词还可以计量题目、命令等，如“一道题”“三道命令”。“扇”除了计量门，还可以计量窗或其他可开合的扁平状物体，如“几扇窗”“两扇石磨”“一扇屏风”。

道—条 均可用于计量江河、水流等，如可以说“一道瀑布”，也可以说“一条瀑布”。但作为计量长条状事物的量词，“道”由水道、河道义演变而来，“条”由狭长的东西义演变而来，因此“道”计量的事物一般比“条”计量的粗大。二者的使用范围也不同。“条”除了计量江河、水流外，还可计量多种事物，如“一条船”“两条汉子”“一条项链”“几条意见”，其中的“条”都不能替换为“道”。“道”还可以计量门、墙、题目、菜肴等，如“一道矮墙”“两道铁门”“几道题”“六道大菜”，其中的“道”也不能替换为“条”。

道—线 均可用于计量光线等，如可以说“一道阳光”，也可以说“一线阳光”。“线”本指用棉、毛、丝、麻、金属等材料制成的细缕，由此演变为量词，用于计量细小的、线状的物体，因此计量的对象相对更纤细一些。此外，“道”还可用于计量河流、高墙、题目等，“线”则没有这些用法。

D

等 děng ❶ 名量词 用于计量人或事物的等级：二～列兵｜他去年荣立了二～功｜教育问题被视为是关系国家未来的头～大事。**用法提示** ①数词可用“十”以内的基数词、序数词，也可用表示数量的“几”“好几”“若干”或表示序数的“头”“末”等：高人一～｜特使会乘坐第一～兵船，并带卫队｜末～奖的奖品是一套文具。②数词“一”在某些代词或动词后常可省略：竟买到了这～残次品｜不管中了哪～奖她都高兴｜没想到他亲手创立的公司竟被糟蹋到那～地步。③数词前可加“这”“那”“哪”等代词：这一～奖的作文是唯一一篇用文言写的｜据说这个牌子的奶酪分好几等呢，哪一～最受欢迎？④前面一般不加形容词修饰，后面一般不加“子”。⑤一般不重叠和儿化。❷ 名量词 用于计量人或事物的种类，相当于“种”“类”：此～人｜那～稀奇古怪的念头｜这～事谁遇上都会生气。**用法提示** ①数词限用“一”：没人理会那一～小事｜能办成这一～气派的阅报栏，不愧为大手笔｜大家对私人侦探这一～人丝毫不感兴趣。②数词“一”在某些代词或动词后一般可省略：怎么会遇上这～怪事？｜没想到他还有这～本领｜那～自私鬼是不会有朋友的。③数词前可加“这”“那”“此”“何”等代词：这～坏人｜此～情况不会再发生了｜这是何～的气魄｜他怎么能做出那～辱没门风、累及家人的事呢？④口语中后面可加“子”：这～子烦心事｜他知道见了哪～子的客人就要用哪～子的话应酬｜那～子老辣之人是很难相处的。⑤前面一般不加形容词修饰。⑥一般不重叠和儿化。

语义源流 本义为整齐的竹简。《说文解字·竹部》：“等，齐简也。”由竹简的“整齐划一”，引申指事物的性质、状态相同或一致。《淮南子·主术》：

"有法者而不用，与无法~。"宋·周密《齐东野语·王魁传》："发初考所~以对覆考，如同即已，不同则详其程文为定。"又引申为动词，表示使齐同、相同。《周礼·春官·大宗伯》："以玉作六瑞，以~邦国。"汉·贾谊《新书·服疑》："奇服文章，以~上下而差贵贱。"后引申指按性质、程度、级别等分出的高低等级。《荀子·富国》："礼者，贵贱有~，长幼有差，贫富轻重皆有称者也。"《管子·五辅》："长幼有~，贫富有度。"由此演变为量词，用于计量人或事物的等级。《左传·昭公七年》："天有十日，人有十~。"《史记·平准书》："金有三~，黄金为上，白金为中，赤金为下。"也引申用于计量人或事物的种类。《汉书·孝成赵皇后传》："(曹)宫曰：善臧我儿胞，丞知是何~儿也。"元·乔吉《金钱记》第一折："我也不知情是何物，有这~事。"

近义辨析 等—级 均可用于计量人的等级，如可以说"一等科员"，也可以说"一级科员"，但二者的使用范围和感情色彩有所不同。"等"本指整齐的竹简，后引申指事物的性质、状态相同或一致，又引申指根据性质、特点划分出的高低等级，演变为量词，用于计量人或事物的等级，分级标准具有一定的主观性，如"二等公民""三等功""二等奖"。"级"本指丝的优劣等次，逐步引申出台阶义，演变为量词，用于计量台阶的级数，后扩大为计量同一事物的不同等级，分级的标准较为客观，如"二级运动员""七级大风"。

等—品 均可用于计量人或事物的等级，如可以说"一等官员""这是一等官燕"，也可以说"一品官员""这是一品官燕"。"品"是由众多义逐步演变为量词的，事物众多则可分出品类等级，因此"品"作为量词可用于计量人或事物的等级。旧时"品"多用于计量人的官阶，如"一品大员""从封疆大吏到七品芝麻官"，此种用法中"品"一般不可替换为"等"。"等"是由整齐义逐步演变为量词的，作为量词突出的是同等事物的一致性，可计量的对象范围比"品"大，如"一等功臣""二等产品"，其中的"等"不可替换为"品"。"品"主要用于书面语，"等"可通用于口语和书面语。

磴 dèng 名量词 用于计量台阶、梯子的层级：两~石级｜几~梯子｜爬山的时候最好一~一~地上。**用法提示** ①数词一般没有限制，既可用基数词或表示数量的"两""几""好几""若干"，也可用序数词或表示序数的"头""末"等：上三~楼梯｜老人才爬几~高台就气喘吁吁了｜这个梯子第一~和第二~之间的距离太大了。②数词"一"在某些代词或动词后常可省略：这~台阶坏了｜山洞里的石级每~都很窄、很陡｜他费了好大劲儿才迈上那~石阶。③数词前可加"这""那""哪"等代词：哪两~楼梯要修理？｜母亲根本爬不动那几~小石坎｜待客厅那八十三~台阶都是汉白玉的。④数词为"一"时可重叠，重叠形式主要有"(一)~~""一~一~"：一~~的旧梯子｜这段上山的台阶，~~都很滑｜他开始扶着床走几步，再一~一~地练爬楼梯。⑤一般

可儿化：上了一～儿|这层的楼梯有几～儿？|这段石阶也没多少～儿，一会儿就能上去。⑥前面一般不加形容词修饰，后面一般不加“子”。

语义源流 本义为山路的石级。《玉篇·石部》：“磴，岩磴。”北魏·郦道元《水经注·汾水》：“山有羊肠坂，在晋阳西北，石～萦委，若羊肠焉。”宋·陈亮《北山普济院记》：“盖尝溯流缘～，欲以尽发山水之奇。”后演变为量词，用于计量台阶或梯子等的层级。唐·段成式《酉阳杂俎续集·支诺皋中》：“将注其下，相次九～，每～下一白石浴斛承之。”清·佚名《狄公案》第四十一回：“只见在大殿口站定，左脚向门槛上两～。”

D

滴 dī 名量词 用于计量滴落的液体：一～水|两～油|她在教室的地上发现了几～血。**用法提示** ①数词一般没有限制，既可用基数词或表示数量的“两”“几”“好几”“若干”，也可用序数词或表示序数的“头”等：春天的第一～雨|几～眼泪|头～碘液应先滴在比色板上。②数词“一”在某些代词或动词后常可省略：花瓣上有～露水|往试管里又加了～混合试剂|温度会决定这～水可能凝成何种形状的雪花。③数词前可加“这”“那”“哪”等代词：这两～是高纯度酒精|那几～精油是从五百朵玫瑰里提取出来的|现在还不知是哪一～细胞悬液发挥了作用。④前面可加“大”“小”等形容词修饰：两大～樟脑油|几小～老陈醋|仅一小～浓硫酸就可能伤到皮肤。⑤数词为“一”时可重叠，重叠形式主要有“（一）～～”“一～一～”：雨水一～～落下|～～汗水洒在大地上|吊瓶里的药液一～一～输进了她的静脉。⑥后面一般不加“子”。⑦一般不儿化。

语义源流 本义为液体一点一点下落。《说文解字·水部》：“滴，水注也。”唐·李绅《悯农二首》其二：“锄禾日当午，汗～禾下土。”唐·杜甫《发同谷县》：“临歧别数子，握手泪再～。”引申为名词，指一点一点落下的液体。南朝宋·谢惠连《雪赋》：“尔其流～垂冰，缘溜承隅。”唐·贾岛《感秋》：“朝云藏奇峰，暮雨洒疏～。”后演变为量词，用于计量滴落的液体。唐·韦应物《咏露珠》：“秋荷一～露，清夜坠玄天。”宋·苏轼《赠龙光长老》：“竹中一～曹溪水，涨起西江十八滩。”

近义辨析 滴—点 均可用于计量滴落的液体，如可以说“几滴雨水”，也可以说“几点雨水”。“滴”的本义为液体一点点下落，演变为量词，只用于计量液体；“点”的本义为小黑点，演变为量词，除了可计量成滴的液体外，还可计量其他物体，表少量，如“开一点感冒药”“吃一点面包”等。用于计量液体时，“一点”既能表示数量，也可以表示少量，且常常儿化，如“喝一点儿汤”。

点[1] diǎn ❶ 名量词 用于计量少量的物体：多喝（一）～水|出发之前，要记得再加（一）～油|从早上到现在他还没吃过半～儿东西。**用法提示** ①数词一般限用“一”“几”或“半”（多用于否定句中）：几～眼泪|没下过半～雨|冰箱里已经没有一～蔬菜了。②数词“一”在某些

代词或动词后常可省略：买～米吧｜找～干净的地方｜那～糖是给孩子们的。③数词前可加“这”“那”“哪”等代词：就干了这一～活儿｜这一～面条哪够两个人吃的｜家里哪一～东西不是他辛辛苦苦挣来的？④后面有时可加“子”：这～子水｜盒子里就剩下这么一～子茶叶了｜她和母亲只能吃到点残汤剩水和一～子素蔬。⑤数词为“一”时可重叠，重叠形式主要有“一～～”“一～一～”：菜里要再加一～～盐｜那些资料是一～一～地积累起来的。⑥一般可儿化：冲一～儿咖啡｜你帮她找一～儿药｜每月这～儿薪水真是不够花。⑦前面一般不加形容词修饰。❷ 名量词 用于计量少许成点状的光亮等：两～灯光｜几～渔火｜阴天时这里看不到一～星光。**用法提示** ①数词可用基数词或表示数量的“两”“几”“好几”等：看到两～亮光｜好几～灯火｜那几～灯光也太暗了。②数词“一”在某些代词或动词后常可省略：找～光亮｜借着这～火光｜他们只能远远地看到灯塔上的那～微光。③数词前可加“这”“那”“哪”等代词：这一～光亮｜那一～幽光｜哪一～星光可以为她照亮前路？④后面有时可加“子”：只有一～子火星｜那个猴子的眼中闪出一～子光｜就这么一～子亮，什么也看不清。⑤数词为“一”时可重叠，重叠形式主要有“(一)～～”“一～一～”：～～月光｜只见远处的海面上还有一～～的渔火｜她的大眼睛在火把的映照下闪着一～一～的光。⑥有时可儿化：那边有一～儿火光｜借着前边那～儿光亮，他才看清楚来人。⑦前面一般不加形容词修饰。❸ 名量词 用于计量少量或不定量的思想、感情、要求等抽象事物：提一～意见｜有～儿伤心｜她的眼里已经没有了一～留恋。**用法提示** ①数词多用“一”，表示少量或不定量，有时也可用“半”(多用于否定句中)：一～心意｜没有半～兴趣｜他对自己今天在比赛中的表现有一～不满意｜听了这样的批评，谁心里能没有一～想法？②数词“一”在某些代词或动词后常可省略：提～意见｜她那～思想认识也太肤浅了｜今天我要说～心里话。③数词前可加“这”“那”“哪”等代词：那一～恩怨｜孩子那一～小心思｜你还有哪一～儿不满意的？④后面有时可加“子”：说来说去就是这～子破事｜他就那一～子浅薄的天文知识，还总炫耀｜自从那件事以后，他们之间仅有的一～子情义便一断两尽。⑤数词为“一”时可重叠，重叠形式主要有“一～～”“一～一～”：对他的所作所为，大家都有一～～失望｜你们俩就这么一～～小矛盾，不要放在心上｜老人把所有的学问都一～一～地传授给了学生。⑥多儿化：一～儿小意思｜留一～儿念想｜他们之间没半～儿感情｜她输了比赛之后，有一～儿小情绪也是可以理解的。⑦前面一般不加形容词修饰。❹ 名量词 用于计量有具体数目、可分项的事项、意见、理由等：做了几～说明｜老师提出三～建议｜对于出现这样的天气状况，专家认为主要有两～原因。**用法提示** ①数词一般没有限制，既可用基数词或表示数量的“两”“几”“好几”“若干”等，也

D

可用序数词：三～提示|提了好几～批评意见|刚才他说的第二～理由是不成立的。②数词前可加"这""那""哪"等代词：就那几～想法|有哪一～保证是你已经做到的|各方都应该严格遵守以下这三～准则。③数词"一"在某些代词后可省略：这～提示很重要|请明确一下哪～规则是必需的|在实验条件中，那～湿度条件限制是必需的。④数词为"一"时可重叠，重叠形式主要有"(一)～～""一～一～"：她的批评～～都很尖锐|我要把这次的教训一～一～都记清楚。⑤前面一般不加形容词修饰，后面一般不加"子"。⑥一般不儿化。

D

语义源流 本义为小黑点。《说文解字·黑部》："点，小黑也。"《晋书·袁宏传》："如彼白圭，质无尘～。"唐·岑参《卫节度赤骠马歌》："草头一～疾如飞，却使苍鹰翻向后。"引申指液体的小滴或小而圆的物体。唐·杜牧《夜雨》："～滴侵寒梦，萧骚著淡愁。"唐·段成式《酉阳杂俎·黥》："今妇人面饰用花子，起自昭容上官氏所制，以掩～迹。"后演变为量词，用于计量可点数的事物。宋·苏轼《洞仙歌(冰肌玉骨)》："绣帘开，一～明月窥人。"明·冯梦龙《醒世恒言·施润泽滩阙遇友》："心下又转着苦挣之难，失去之易，不觉眼中落下两～泪来。"明·罗懋登《三宝太监西洋记》第六十一回："番王自家还不准信，脱下衣服来，果然腰里有一～黑痣。"也可用于计量少量或不定量的事物，如光亮等。唐·韩愈《高君仙砚铭》："棱而宛中，有～墨迹。"明·李贽《答邓石阳书》："塞了一分真空，便是染了一～尘垢。"明·佚名《台湾诗钞》："欲知放港船多少，远看桅灯几～光。"进一步引申计量不定量的思想、感情、意见、理由等抽象事物。宋·苏轼《洞仙歌·咏柳》："又莫是东风逐君来，便吹散眉间一～春皱。"宋·李曾伯《沁园春·丙午登多景楼和吴履斋韵》："鸥鹭眠沙，渔樵唱晚，不管人间半～愁。"由计量可点数的事物引申用于有具体数目、可分项的事项、思想、意见等。清·世宗皇帝《御选语录》："半～安排浑不用，何须更觅主人公。"清·钟毓龙《上古秘史》第九十六回："伯益将它的形状照样画了。但是有两～困难。"

近义辨析 点—滴 见"滴"下。

点—些 均可用于计量不定量的人或事物，如可以说"就剩下这点人了""再去买点东西"，也可以说"就剩下这些人了""再去买些东西"，但二者在语义和用法上有所不同。"点"由本义小黑点引申指小而圆的物体，后演变为量词，用于计量可点数的事物。因可点数的事物数量一般比较少，所以"点"所计量的通常是较为少量的事物，如"胳膊上就擦破了那点皮"。"些"是假借为量词的，虽也可计量不定量的事物，但其量一般比"点"多，如"他胳膊上受的那些伤，要做好几次手术才能恢复"中的"些"如果替换为"点"，就不用"做好几次手术"了。

点—星 均可用于计量极微量的事物，如可以说"只有一点光亮""汤里没有一点油"，也可以说"只有一星光亮""汤里没有一星油"，但二者的形象色彩和使用范围有所不同。"星"的本义是天上的星星，演变为量词，多用于计量那些小而有光亮的或可闪烁的事物，如“一星微光”“江上有几星渔火”“一星油花”；“点”的本义是小黑点，演变为量词，可计量的对象范围比“星”大，如“加一点白糖”“借一点钱”“发一点牢骚”中的“点”均不可替换为“星”。

点[2] diǎn **名量词** 用于计量时间：两～钟｜五～半｜那里的商店晚上六～就关门了。**用法提示** ①数词一般限用基数词或表示数量的“几”等：清晨四～钟｜九～一刻｜你们平日几～下班？②数词“一”不省略。③数词前一般不加代词。④前面一般不加形容词修饰，后面一般不加“子”。⑤一般不重叠和儿化。

语义源流 本义为小黑点。《说文解字·黑部》：“点，小黑也。”后假借用来计量夜间的时间更点，一夜分为五更，一更可分为五点。唐·杜甫《至日遣兴，奉寄北省旧阁老两院故人》：“去岁兹辰捧御床，五更三～入鹓行。”《元史·禁令》：“诸夜禁，一更三～，钟声绝，禁人行。五更三～，钟声动，听人行。”进一步引申为现代计时单位，为一昼夜的二十四分之一。清·吴趼人《二十年目睹之怪现状》第三十四回：“取出表一看，已经十二～半了。”清·李宝嘉《文明小史》第四十三回：“谁知等到十～半还无消息，赶紧派人到院上打听。”

近义辨析 点—时 均可用于计量一天二十四小时中的时间点，如可以说“早上八点开始”“会议下午五点结束”，也可以说“早上八时开始”“会议下午五时结束”。但“点”多用于口语中，“时”则带有书面语色彩。“点”作为量词是由本义假借为古代夜间的计时单位的，进一步引申指现代的专用计时单位，使用也很普遍，故带有口语色彩。“时”由泛指时间或某一时间点、时间段演变为量词，除可计量时点外，还可计量一段时间，如“一时半会儿”“恭候多时”，“点”则无此用法。

吊 diào **名量词** 旧时用于计量钱币：一～铜钱｜赏了他两～钱｜她那个银镯子就能换一～多钱。**用法提示** ①数词可用基数词或表示数量的“两”“几”“好几”“若干”“半”等：借了一～钱｜月初他还有好几～钱｜兜里没有半～钱。②数词“一”在某些代词或动词后常可省略：将那～钱扔了过去｜拿～钱给他当盘缠｜这～钱是给你的。③数词前可加“这”“那”“哪”等代词：你也不差那两～钱｜干了一年，就挣下这几～钱｜哪一～钱不是辛苦赚来的？④后面可加“子”：两天也没借到半～子钱｜就这么一～子小钱怎么办事？⑤数词为“一”时可重叠，重叠形式主要有“(一)～～”“一～一～”：那～～钱都是好不容易攒下的｜他把这一～～的钱都藏起来了｜她把这些年兢兢业业积下来的那点钱，又一～一～地往外拿。⑥前面一般不加形容词修饰。⑦一般不儿化。

语义源流《说文解字·人部》将“吊”解释为祭奠死者或对不幸者给予慰问：“弔（吊），问终也。”古籍中常见此类用法。《仪礼·士丧礼》：“君使人～，彻帷，主人迎于寝门外。”汉·贾谊《吊屈原文》：“造托湘流兮，敬～先生。”从字形上分析，其本义应是用生

D

丝系箭射高飞的鸟，并由此引申表示悬挂。元·关汉卿《窦娥冤》第四折："受尽三推六问，～拷绷扒。"清·黄六鸿《福惠全书·刑名·监禁》："将犯人足～起，头向下卧。"演变为量词，以一千文的铜钱穿成一串计为一吊，旧时用来计量钱币。明·何良俊《四友斋丛说·史八》："是日十三位道长，每一个马上人要钱一～，一～者千钱也。"明·兰陵笑笑生《金瓶梅》第三十二回："薛内相心中大喜，唤左右拿两～钱出来，赏赐乐工。"《红楼梦》第三十六回："就是晴雯、麝月他们七个大丫头，每月人各月钱一～。"

D

叠 dié ❶ 名量词 用于计量可以重叠或层层相加的物体：两～砂页岩｜四～屏风｜纱帽岩出现在更大的三～巨石上。**用法提示** ①数词可用基数词或表示数量的"两""几""好几""若干"等：二～泉｜远远望见几～飞瀑｜终于看到了五老峰中的三～奇峰。②数词前可加"这""那""哪"等代词：这两～页岩｜哪一～泉水最清澈？③数词为"一"时可重叠，重叠形式主要有"(一)～～""一～一～"：巨浪一～～、一层层地铺天盖地而来｜古老的石林洞里，布满一丘丘、一～～形状各异的石田｜高崖后面是一～一～更高的山峰。④前面一般不加形容词修饰，后面一般不加"子"。⑤一般不儿化。❷ 名量词 用于计量重叠堆放的东西：两～钞票｜几～旧报纸｜她刚刚寄出去了一～请柬。**用法提示** ①数词一般没有限制，既可用基数词或表示数量的"两""几""好几""若干"，也可用序数词或表示序数的"头"等：头～信封是新的｜他的案头摞着几～厚厚的卷宗｜他在两～砖头上面架了一块木板，做成了一个"书架"。②数词"一"在某些代词或动词后常可省略：去取～餐巾纸｜那～杂志过期了｜她又找出了那～水印梅花的信笺。③数词前可加"这""那""哪"等代词：这两～名册｜那一～钱你先拿去用｜哪几～床单是客房用的？④前面可加"大""小""整"等形容词修饰：好几大～参考书｜他从口袋里摸出两小～纸币｜一整～照片。⑤后面一般可加"子"：一～子黑白照片｜她手中捏着一～子钱｜那～子没有公开发表的书稿被他丢进火里烧成了灰烬。⑥数词为"一"时可重叠，重叠形式主要有"(一)～～""一～一～"：收款台上放着一～～新钞票｜她把一～～票根、凭证整理好｜一～一～印刷精美的宣传小册子放在社区中心供居民们随时取阅。⑦一般可儿化：一～儿零钞｜你去拿一～儿名片给他｜这几～儿复印文件都是一会儿开会要用的。

📖 **语义源流** 本义为一层加上一层，重重累积。《说文解字·多部》："重夕为多，重日为叠。"唐·杜牧《长安杂题长句》其三："雨晴九陌铺江练，岚嫩千峰～海涛。"唐·李珣《浣溪沙》："翠～画屏山隐隐，冷铺纹簟水潾潾。"后演变为量词，用于计量重叠物体的层数。晋·左思《吴都赋》："虽累叶百～，而富强相继。"唐·许浑《岁暮自广江至新兴往复中题峡山寺》其二："水曲岩千～，云重树百层。"又用于计量重叠堆放的东西。清·归锄子《红楼梦补》第十四回："两旁镀金幔钩，一～五六床被子，配搭颜色相宜。”清·佚名《林公案》第二十四回：“就同三个水手，扛起一～五石缸，移置柜上。”古汉语中也用于计量乐曲重奏或文辞反复的遍数。唐·白居易《听歌六绝句·何满子》：“一曲四调歌八～，从头便是断肠声。”宋·欧阳修《醉翁吟序》：“爱其山水，归而以琴写之，作《醉翁吟》三～。”

近义辨析 叠—堆 均可用于计量置放在一起的物品，如可以说“一叠纸”，也可以说“一堆纸”，但二者的使用范围有所不同。“叠”的本义为一层加上一层，重重累积，作为量词，主要计量能够以层加或折叠的方式置放在一起的事物，如稿纸、衣服；“堆”的本义为小土堆，泛指堆积之物，作为量词，使用范围比“叠”广，可用于计量以各种形式聚集在一起的事物。如“一堆西瓜”“一堆人”，由于西瓜、人不能够层加或折叠，所以其中的“堆”不能替换为“叠”。

碟 dié **名量词** 用于计量盛放在碟中的物品：一～花生米｜两大～水果｜他吃下了一整～红烧肉。**用法提示** ①数词一般没有限制，既可用基数词或表示数量的“两”“几”“好几”“若干”，也可用序数词或表示序数的“头”等：好多～菜｜头～是调料｜桌子上摆了几～菜。②数词“一”在某些代词或动词后常可省略：再上～花生米｜这～肉是刚炒好的｜他端了～咸菜放在桌子上。③数词前可加“这”“那”“哪”等代词：这几～月饼｜那两～菜都是给你留的｜哪一～瓜子是咸味的？④前面可加“大”“小”“整”等形容词修饰：她只吃了一小～青菜｜一整～土豆丝都洒在了地上｜母亲把一大～剩菜又放回了冰箱。⑤后面一般可加“子”：一～子干炒牛河｜邻居送来了两～子豆制品｜一进门就看到点心一～子、一～子整整齐齐摆在桌上。⑥数词为“一”时可重叠，重叠形式主要有“(一)～～”“一～一～”：一～～的小笼包｜今天晚上的菜，～～都很可口｜桌上摆满了食物，一～一～地排成了梅花状。⑦一般可儿化：好几～儿干果｜弄一～儿下酒菜｜你把这～儿三鲜饺子吃了吧。

语义源流 古代的字书认为，“碟”是后起字。从字形上分析，其本义应该是指一种盛食物或放调料的平底、小而浅的盘子。唐·拾得《诗》其二：“嗟见世间人，个个爱吃肉。碗～不曾干，长时道不足。”唐·段成式《酉阳杂俎·广动植类之四》：“如金～隐起，摩之殊软。”后借用作量词，用于计量盛放在碟中的物品。宋·曾慥《高斋漫录》：“一日，穆父（钱勰）折简召坡（苏轼）食皛饭。及至，乃设饭一盂，萝卜一～，白汤一盏而已，盖以三白为皛也。”清·文康《儿女英雄传》第二十一回：“褚大娘子无法，只得叫人给他端了一～蒸馒头，一～豆儿合芝麻酱。”

丁 dīng **名量词**〈方〉多用于广东潮汕地区。用于计量个体的人：一～人｜一～友｜冬夜里，那里没有一～人。

顶 dǐng **名量词** 用于计量某些有顶的或戴在头顶的物体：一～帽子｜那～九龙冠放在展台上｜新娘坐在一～大花

D

轿上。**用法提示** ①数词一般没有限制，既可用基数词或表示数量的“两”“几”“好几”“若干”，也可用序数词或表示序数的“头”等：一～小斗笠｜好几～新帐子｜母亲给他买的第一～毡帽是灰色的。②数词“一”在某些代词或动词后常可省略：多亏了有这～遮阳伞｜小女孩头上戴着～小红帽｜这～小轿是太太的。③数词前可加“这”“那”“哪”等代词：这两～尖顶斗笠｜帮我找找那几～皮帽子｜哪一～凤冠是清朝的？④数词为“一”时可重叠，重叠形式主要有“(一)～～”“一～一～”：一～～漂亮的花冠｜这家店的帽子～～样式都很好｜草坪上、花丛中，一～一～五彩的帐篷错落有致。⑤前面一般不加形容词修饰，后面一般不加“子”。⑥一般不儿化。

语义源流 本义为头顶。《说文解字·页部》：“顶，颠也。”《孟子·尽心上》：“墨子兼爱，摩～放踵得天下，为之。”唐·杜甫《饮中八仙歌》：“脱帽露～王公前，挥毫落纸如云烟。”引申指物体的最上端或高处。《淮南子·修务》：“今不称九天之～，则言黄泉之底。”唐·杜甫《望岳》：“会当凌绝～，一览众山小。”又引申指顶棚或顶盖。唐·王维《瓜园诗》：“林端出绮道，殿～摇华幡。”元·昙噩《六学僧传》：“建塔以葬。癸酉塔～时起白光。”演变为量词，用于计量某些有顶的或戴在头顶的物体。明·洪楩《清平山堂话本·西湖三塔记》：“宣赞见门前一～四人轿，抬着一个婆婆。”清·文康《儿女英雄传》第二十九回：“北面靠窗尽东头安着一张架子床，悬着～藕色帐子。”

锭 dìng ❶ 名量词 用于计量用作货币的、重量不等的块状金银等：一～纹银｜拿出两～金元宝。**用法提示** ①数词一般没有限制，既可用基数词或表示数量的“两”“几”“好几”“若干”，也可用序数词或表示序数的“头”等：两～白银｜几～大元宝｜头～金子亮闪闪的，是纯金。②数词“一”在某些代词或动词后常可省略：这～黄澄澄的金子｜放下～纹银就走｜那～金子是赏你的。③数词前可加“这”“那”“哪”等代词：这两～白花花的银子｜那几～金子是用来疏通关系的｜哪一～金子的成色更好？④前面可加“大”“小”等形容词修饰：一大～元宝｜三大～足金｜他摸出一小～碎银。⑤后面一般可加“子”：一～子小元宝｜有人给县太爷送了五～子黄金和十～子白银。⑥数词为“一”时可重叠，重叠形式主要有“(一)～～”“一～一～”：～～银子都有十两重｜他家的钱柜里放着一～～金银｜一～一～银子堆成了白花花的一片。⑦一般不儿化。❷ 名量词 用于计量成锭的块状物：一～好墨｜送来几～赭石｜这服药里加了一～茯苓块，有宁心安神的作用。**用法提示** ①数词一般没有限制，既可用基数词或表示数量的“两”“几”“好几”“若干”，也可用序数词或表示序数的“头”等：两～中国墨｜好几～颜料｜头～墨研得不好。②数词“一”在某些代词或动词后常可省略：买了～徽墨｜那～半两的旧墨｜这～朱砂是要入药的。③数词

前可加“这”“那”“哪”等代词：这几～印度墨|那两～牛黄是他要的|你今天作画要用哪一～油烟墨？④前面可加“大”“小”等形容词修饰：一大～染料|两小～雄黄|用三小～药磨粉做药引。⑤数词为“一”时可重叠，重叠形式主要有“(一)～～”“一～一～”：一～～的松烟墨|这批刚进的墨，～～深浅都不同|药铺里摆着一～一～蟾酥。⑥后面一般不加“子”。⑦一般不儿化。❸ 名量词 用于计量纱锭：几～纱线|一～～精细的棉纱|涡流纺纱机有条不紊地纺出一～一～的纱线。**用法提示** ①数词一般没有限制，既可用基数词或表示数量的“两”“几”“好几”“若干”等，也可用序数词：几十～棉线|这是新纺机出的第一～纱|她已经记不清这是自己织的第几～纱了。②数词前可加“这”“那”“哪”等代词：那十～都是高织纱|这几万～的纱都是人工织出来的|哪一～纱质量最好？③数词为“一”时可重叠，重叠形式主要有“一～～”“一～一～”：一～～纱锭|一～一～纱锭堆成了一座小山|他家的柜子里放着一～一～细棉纱。④数词“一”一般不省略。⑤前面一般不加形容词修饰，后面一般不加“子”。⑥一般不儿化。

语义源流 本义为古代盛熟食而有足的蒸器，用如后来的蒸笼。《说文解字·金部》：“锭，镫也。”《广韵·径韵》：“豆有足曰锭，无足曰镫。”宋·张世南《游宦纪闻》：“古器之名则有……豆、甗、～、斝、觚、鬲、镀。”后泛指锡类金属。《广韵·径韵》：“锭，锡属。”宋·周应合《景定建康志》：“后斸山者，常于其地获铜～、剑器之属。”后专指用作货币的金块、银块，每块重五两、十两、五十两不等。元·陶宗仪《辍耕录·银锭字号》：“丞相伯颜号令搜检将士行李，所得撒花银子，销铸作～，每重五十两。”清·叶名沣《桥西杂记·锭》：“《金史·食货志》‘旧例银每铤五十两’，是称银曰铤之始。至元时，乃改用～字。”由此演变为量词，用于计量用作货币的金、银等。《水浒传》第三十八回：“我有一～大银，解了十两小银使用了。”清·昭梿《啸亭杂录·廓尔喀之降》：“遂自遣番人与廓尔喀讲和，愿岁纳元宝一千～，以赎其地。”另由用作货币的金块、银块义引申指形状如锭的物体。宋·张君房《元笈七签·添离用兑法凡四法》：“右合洋成～，待冷，又入火烧之，令极热。”《徐霞客游记·楚游日记十二》：“是晚，予病寒未痊，乃减晚餐，市酒磨～药饮之。”由此进一步演变为量词，用于计量成锭状的墨、药以及纱锭等。宋·陈师道《后山谈丛》卷二：“秦少游有李廷珪墨半～。”元·夏文彦《图绘宝鉴》卷四：“磨尽一～两～墨，扫出千年万年树。”

栋 dòng 名量词 用于计量房屋：一～老厂房|几～绿色的营房|每家农户都建了一～100平方米的温室。**用法提示** ①数词一般没有限制，既可用基数词或表示数量的“两”“几”“好几”“若干”，也可用序数词或表示序数的“头”“末”等：两～别墅|好几～平房|他家住在左边头～楼里。②数词“一”在某些代词或动词后常可省

略：盖了～新楼|那是～危楼|这～酒店式公寓是要出租的。③数词前可加"这""那""哪"等代词：这两～宿舍楼|那几～塔楼的质量有问题|你觉得这里哪一～建筑最漂亮？④前面可加"大""整"等形容词修饰：一大～豪宅|一整～高楼在地震中倒塌了|高音喇叭把一整～楼的人都吵醒了。⑤数词为"一"时可重叠，重叠形式主要有"(一)～～""一～一～"：这个小区里，～～小洋楼价格都过千万|新校区里一～～宿舍楼都采用了太阳能集中供热系统|市中心建起了一～一～高楼。⑥后面一般不加"子"。⑦一般不儿化。

语义源流 本义为古代房屋的正梁。《说文解字·木部》："栋，极也。"王筠句读："栋为正中一木之名，今谓之脊檩者是。"《易·系辞传下》："上古穴居而野处，后世圣人易之以宫室，上～下宇，以待风雨。"唐·韩愈《陪杜侍御游湘西两寺》："大厦～方隆，巨川楫行剡。"后引申指整个房屋。宋·刘克庄《朝中措·艮翁生日》："此翁岁晚，有书充～，有酒盈樽。"明·俞弁《逸老堂诗话》卷下："余尝过访其居，修竹潇然，焚香独坐，左图右史，充～汗牛。"由此演变为量词，用于计量独立的房屋等。清·李修行《梦中缘》第三回："他清波门外有一～闲宅，甚是幽僻。"清·佚名《新竹县制度考》："正堂一～、回廊三～、门一～，庭内阔大大，凡二百七十坪。"

近义辨析 栋—所 均可用于计量房屋、楼宇等，如可以说"一栋房子"，也可以说"一所房子"。"栋"本义为房屋的正梁，后引申指整个房屋，演变为量词，着重计量独立的房屋。"所"的本义是砍伐树木的声音，由其假借义地方、位置演变为量词后，仍保留着处所的含义，因此除了计量房屋外，还可用于计量某些机构，如"一所学校""几所医院"，"栋"则没有这种用法。

栋—幢 均可用于计量房屋、楼宇、别墅等，如可以说"一栋高楼""两栋别墅"，也可以说"一幢高楼""两幢别墅"。"栋"的量词用法是从整个房屋义而来，指的是独立的房屋。"幢"的本义是军队中的旌旗，引申指军营，又进一步引申泛指建筑物或其他矗立之物，演变为量词，强调一定的整体性。一幢建筑中可以有多栋房屋，如"一整幢楼里有A栋、B栋和C栋，每栋各有自己的出入口及楼梯"。"幢"也带有一定的书面语色彩和方言色彩。

栋—座 均可用于计量房屋，如可以说"几栋大楼"，也可以说"几座大楼"，但二者的使用范围不同。"栋"由整个房屋义演变为量词，通常限于计量房屋、大楼、别墅等；"座"本义是坐下，是由其名词义座位演变为量词的，除了房屋，还可计量桥梁、寺庙、医院、学校、工厂、村庄、岛屿，如"一座大桥""一座古寺""两座医院""三座希望小学""几座山村""几座小岛"，以及塑像、大炮等有底座的物体，如"一座佛像""两座火炮"，"栋"没有这些用法。

兜 dōu 名量词 用于计量装在口袋或类似口袋的物品中的东西：一～红薯|两～儿新鲜的牛肉|他提着一袋奶粉和一～雪梨走来。**用法提示** ①数词一般

没有限制，既可用基数词或表示数量的“两”“几”“好几”“若干”，也可用序数词或表示序数的“头”等：几～荠菜|第二～土豆|头～紫皮蒜的质量不太好。②数词“一”在某些代词或动词后常可省略：买～鸡蛋|送了～瓜子|那～衣服不是我的。③数词前可加“这”“那”“哪”等代词：那几～山柿子|这两～文件是明天开会要用的|哪一～的东西少一点儿？④前面可加“大”“小”“整”等形容词修饰：吃了一大～零食|拎着一小～榆钱儿|他的一整～硬币都不见了。⑤后面可加“子”：一～子冰棍儿|那一大～子汤药都是刚开的|这一～子书都是给学生带的。⑥数词为“一”时可重叠，重叠形式主要有“(一)～～”“一～一～”：一～～干蘑菇|早市上的桃子～～都新鲜|他把那些喜糖分成一～一～的。⑦一般可儿化：两～儿玉米面|几～儿玩具|你那一～儿土特产给谁准备的？

语义源流 本义为头盔。《说文解字·兜部》：“兜，兜鍪，首铠也。从兜，从皃省。皃象人头也。”《东观汉记·祭遵传》：“遣校尉发骑士四百人，被玄甲、～鍪，兵车军陈送葬。”引申指形似兜鍪的帽子，如风帽之类。《红楼梦》第四十九回：“见探春正从秋爽斋出来，围着大红猩猩毡的斗篷，戴着观音～。”清·周煌《琉球国志略》：“俾绂衣～帽之俗，咸彬彬然有儒雅之风。”又引申指形似风帽的口袋类的东西。《水浒传》第三十八回：“就地下掳了银子，又抢了别人赌的十来两银子，都搂在布衫～里。”明·凌濛初《二刻拍案惊奇》卷三十四：“我黑夜里坐在布～内上去了，不怕他们推了我出来。”由此借用为量词，用于计量装在口袋中的东西。清·郭小亭《济公全传》第十六回：“说完了话，济公兜起一～狗肉，出离了灵隐寺竟是去了。”清·讷音居士《三续金瓶梅》第八回：“叫玉香掐了一～玉簪棒儿交与芙蓉儿说：‘不要多了，每人两匣就够了。’”

蔸 dōu **名量词**〈方〉多用于长江以南地区。本义指某些植物的根或靠近根的茎。由此演变为量词，用于计量有根的植物，相当于普通话中的“棵”或“丛”：几～甘薯|收了一～好茶|他把浮起来的禾苗一～一～地重新插好。

斗 dǒu ❶ **名量词**〈古〉用于计量酒：或有数～酒，闲饮自欢然|先持半猪五～酒自入诣布前。❷ **度量衡量词** 市制容量单位，1斗为10升：一～粮食|几～麦子|人不应该为了五～米折腰。

用法提示 ①数词一般没有限制，既可用基数词或表示数量的“两”“几”“好几”“若干”等，也可用序数词：装了一～三升谷子|多除一遍草，多收米两～|这是今年收的第一～粟米。②数词“一”在某些代词或动词后常可省略：去借了～米|给他装～玉米|家中剩下的只有那～大麦和一辆破车。③数词前可加“这”“那”“哪”等代词：那两～五色土|这几～高粱要拿出去晒晒了|哪一～粳米是送她的？④前面可加“大”“小”“整”等形容词修饰：一小～粮食|她给孩子们装了一大～糯米|一整～燕麦都撒在了地上。⑤数词为“一”时可重叠，重叠形式主要有“(一)～～”“一～一～”：把一～～混凝土倒进去|把一～一～饲

料从转运槽里提上来｜这～～粮食都是辛苦劳动换来的。⑥后面一般不加“子”。⑦一般不儿化。

语义源流 本义为古代酒器。《诗经·大雅·行苇》：“酌以大～，以祈黄耇。”《史记·项羽本纪》：“玉～一双，欲与亚父。”又引申指量器，容量为十升。《说文解字·斗部》：“斗，十升也。”《庄子·胠箧》：“为之～斛以量之，则并与～斛而窃之。”后借用为量词，多用于计量粮食等。十升为一斗，十斗为一石。《汉书·律历志上》：“十升为～，十～为斛。”南朝梁·任昉《奏弹刘整》：“整就兄妻范求米六～哺食。”古汉语中，由盛酒的器具义借用作量词，用于计量酒。三国魏·曹植《名都篇》：“我归宴平乐，美酒～十千。”《世说新语·品藻》：“或不能者，罚酒三～。”

嘟噜 dūlu 名量词 用于计量连成一串或一簇的东西：一～葡萄｜两～榆钱儿｜她摘下一～含苞欲放的槐花。**用法提示** ①数词一般没有限制，既可用基数词或表示数量的“两”“几”“好几”“若干”，也可用序数词或表示序数的“头”等：头～水果｜提了两～东西｜他拿了好几～玉米棒子。②数词前可加“这”“那”“哪”等代词：这一～钥匙｜那两～山丁子｜哪一～龙眼是刚摘下来的？③前面可加“大”“小”等形容词修饰：好几大～油棕果｜一整～花串｜给了她一小～玫瑰香葡萄。④数词为“一”时可重叠，重叠形式为“一～一～”：一～一～果子｜一～一～菜干｜一～一～红樱桃都很新鲜。⑤数词“一”不省略。⑥后面一般不加“子”。⑦一般不儿化。

近义辨析 嘟噜—串 见“串”下。

堵 dǔ 名量词 用于计量墙及类似墙壁的物体，包括山石：一～高高的山崖｜一～不可摧毁的铜墙铁壁｜前面有～墙挡住了他的去路。**用法提示** ①数词一般没有限制，既可用基数词或表示数量的“两”“几”“好几”“若干”等，也可用序数词：一～影壁｜两～十多米高的冰墙｜大家跑过去一看，发现第一～墙已经破了一个大洞。②数词“一”在某些代词或动词后常可省略：砌～墙｜那～墙要倒了｜军民手挽手，肩并肩，筑成了这～“人墙”。③数词前可加“这”“那”“哪”等代词：那两～二尺高的间壁墙｜这几～崖壁真高啊｜哪一～砖墙需要加固？④前面可加“大”“小”“整”等形容词修饰：一小～残缺的破墙｜一大～不可逾越的高墙｜炮弹把一整～墙都炸塌了。⑤数词为“一”时可重叠，重叠形式主要有“(一)～～”“一～一～”：一～～栅栏｜那～～旧城墙记录着老城的历史｜这里一～一～土墙都已经被洪水冲毁了。⑥后面一般不加“子”。⑦一般不儿化。

语义源流 本义为古代墙壁面积单位。古代以版筑法筑土墙，一版之长，五版之高，为一堵。《说文解字·土部》：“堵，垣也。五版为一堵。”《公羊传·定公十二年》：“五板而～，五～而雉，百雉而城。”后引申泛指墙壁。《庄子·盗跖》：“为欲富就利，故满若～耳而不知避。”成玄英疏：“堵，墙也。”清·魏源《岱谷徂徕》：“行行靡所向，山势围成～。”演变为量词，用于计量整段的墙壁等。唐·张祜《游天台山》：

"回首望四明，矗若城一～。"元·白朴《墙头马上》第一折："这一～粉墙儿低，这一带花阴儿密。"

近义辨析 堵—垛 均可用于计量墙壁，但二者的使用范围不同。"垛"通常只用来计量墙壁，且所指的墙较小，而"堵"还可用于计量阻挡去路的山石等，如"一堵山崖""一堵峭壁"。

堵—面 均可用于计量墙壁，但二者的使用范围不同。"堵"由古代墙壁面积单位演变为量词，一般只用于计量墙壁或类似墙壁的事物；"面"是由平面义演变为量词的，除了墙壁，还可用于计量镜子、旗子等其他表面扁平或能展开的物体。

肚子 dùzi ❶ 名量词 用于计量人或动物吃、喝进肚子里的食品饮料等：一～凉水｜吃了一～韭菜｜你这时候出去，肯定得喝一～凉风。**用法提示** ①数词多用"一"：喝了一～汽水｜一～凉气｜他刚吃了一～水果。②数词前可加"这""那"等代词：这一～甜食｜他灌下了那一～扎啤｜他那一～水饺还没消化呢。③前面可加形容词"大"修饰：喝了一大～的饮料｜吃了一大～面条。④数词"一"一般不省略。⑤一般不重叠和儿化。

❷ 名量词 用于计量人内心的思想、品性、观念等：生了一～冤枉气｜带着一～无从发泄的烦闷｜因为一分输了比赛，他一～的不服气。**用法提示** ①数词多用"一"：一～气｜有一～的不满｜这个人一～坏水儿。②数词"一"在某些代词后可省略：这～墨水为他日后的成功打下了基础｜哪来这～的怨气？③数词前可加"这""那"等代词：看他那一～不耐烦｜我这一～的冤屈向谁去说呢？｜他把那一～的无名火都发在孩子身上。④前面有时可加形容词"大"修饰：白白浪费了那一大～的学问｜他有一大～的"鬼主意"｜昨天晚上憋了一大～气。⑤一般不重叠和儿化。

语义源流 "肚"本义为人或某些动物器官名称，即腹部。《玉篇·肉部》："肚，腹肚。"汉·刘向《列女传·齐钟离春》："凹头深目，长～大节。"宋·苏轼《凤翔八观·石鼓歌》："细观初以指画～，欲读嗟如钳在口。"后在口语中腹部俗称"肚子"。《西游记》第七十三回："只见那七个敞开怀，腆着雪白～。"清·郭小亭《济公全传》第六十三回："工夫不大，就觉着～'咕噜噜'一响，气引血走，血引气行。"借用为量词，用于计量人或动物吃、喝进肚子里的食品饮料等，也用于计量人内心的思想、品性等。

度[1] dù ❶ 度量衡量词 用于计量弧或角的大小。把圆周分为360等份所成的弧叫1度弧。1度弧所对的圆心角叫1度角。1度等于60分：30～的锐角｜125～的圆弧｜两块木板之间形成了一个45～的角。**用法提示** ①数词一般限用基数词或表示数量的"几""多少"等：钝角是大于90～的角｜右手竖直向下，与左手保持180～角｜这个扇形有多少～？②数词前可加"这""那"等代词：这90～角好像不太准｜差了那两～就能与地面平行了｜在施工中，这几～的误差可能就会出大问题。③数词"一"一般不省略。④前面一般不加形容词修饰，后面一般不加"子"。⑤一般不重叠和儿化。

D

❷ **度量衡量词** 用于计量经度或纬度：北纬35～38分｜东经29～6分｜后来，人们在北纬71～、西经119～附近发现了海。**用法提示** ①数词一般限用基数词或表示数量的“几”“多少”等：东经56～｜到达北纬38～50分｜现在的位置是西经多少～？②数词“一”一般不省略。③数词前一般不加代词。④前面一般不加形容词修饰，后面一般不加“子”。⑤一般不重叠和儿化。❸ **度量衡量词** 用于计量温度：高烧39～｜气温又升高了2～｜东北的气温已经降到零下二十多～了。**用法提示** ①数词一般限用基数词或表示数量的“几”“多少”等：夏天气温有时可达50多～｜尤其是冬至以后，每天都零下30几～｜他的体温是多少～？②数词前可加“这”“那”等代词：这几十～至一百～的燃点｜这40～高温太难熬了｜那2～的温差可以忽略不计了。③数词“一”一般不省略。④前面不加形容词修饰，后面一般不加“子”。⑤一般不重叠和儿化。❹ **度量衡量词** 用于计量电量，1度即1千瓦时：年内发电55亿～｜每小时1～电｜采用新技术后，日均用电量下降了近30～。**用法提示** ①数词一般限用基数词或表示数量的“几”“多少”“好几”等：日耗电0.2～｜一小时就用了好几～电｜这个月你买了多少～电？②数词前可加“这”“那”等代词：这1～电是一昼夜消耗的｜这几百～电不知是怎么被盗用的｜那3.6亿～电是全年可节约的总量。③数词“一”一般不省略。④前面一般不加形容词修饰，后面一般不加“子”。⑤一般不重叠和儿化。

语义源流 本义为计量长短的标准或器具。《玉篇·又部》：“度，尺曰度。”《书·舜典》：“同律、～、量、衡。”《汉书·律历志上》：“～者，分、寸、尺、丈、引也。”后引申泛指按一定计量标准划分的单位，如弧度、角度、经纬度等。《书·尧典》孔疏：“周天三百六十五～，日行一～，月行十三～。”《汉书·五行志下》：“三年十月丁酉晦，日有食之，在斗二十二～。”在现代汉语中可用于计量电量，为“千瓦时”的俗称。

度[2] dù **动量词** 用于计量所经过或完成的动作行为等：两～驻外｜三～弃考｜听了她的话，母亲数～哽咽。**用法提示** ①数量结构多位于动词前，也可位于动词后：一～非常失望｜这家企业在九十年代初一～濒临破产｜这是作家寻觅千百～得出的解。②数词一般没有限制，既可用基数词或表示数量的“两”“几”“好几”“若干”，也可用序数词或表示序数的“首”等：几～夕阳红｜总公司曾与科学院四～“牵手”，攻克技术难关｜这是他们首～赴边远地区考察。③数词“一”在某些代词后常可省略：那～分离好挂牵｜这～交手，他竟然不明不白地栽在一个名不见经传的少年手上。④数词前可加“这”“那”“哪”等代词：这一～回乡探亲不知何时回来｜那三～公演的名剧｜这两～出访都比较顺利。⑤前面不加形容词修饰，后面一般不加“子”。⑥一般不重叠和儿化。

语义源流 古代汉语中，“度”同“渡”，表示“越过”。后由本义泛指跨过时间或空间。《史记·田儋列传》："用蒯通计，～平原，袭破齐历下军，因入临淄。"《乐府诗集·木兰辞》："万里赴戎机，关山～若飞。"由此演变为动量词，用于计量所经过或完成的动作行为。唐·王勃《滕王阁诗》："闲云潭影日悠悠，物换星移几～秋。"宋·辛弃疾《青玉案·元夕》："众里寻他千百～，蓦然回首，那人却在灯火阑珊处。"

端 duān ❶ 名量词〈古〉用于计量事件、情况，相当于"件""种"：万～异苦|谁能百里地，萦绕千～愁。❷ 度量衡量词〈古〉用于计量布帛的长度。两丈为一端。另有一丈六尺、五丈、六丈、八丈之说：请致两～缣|我有一～，与郎作裤。

语义源流 本字为"耑"，指植物初生的顶芽或物体的顶端。《说文解字·耑部》："耑，物初生之题也。上象生形，下象其根也。"《周礼·冬官·磬氏》："已上，则摩其旁；已下，则摩其耑。"陆德明释文："耑，本或作'端'。"孙诒让正义："耑、端，古今字。"后引申指事物的开头、发端。《孟子·公孙丑上》："恻隐之心，仁之～也。"《汉书·艺文志》："感物造耑，材知深美。"颜师古注："耑，古端字也。"由于物品长度多是从开端处开始计量的，后借用为量词，用于计量布帛的长度。绢曰匹，布曰端。不同朝代，所表长度不一。晋·荀勗《为晋文王与孙皓书》："今饷杂色绫十～。"《金史·纥石烈志宁传》："凡有功将士，猛安、谋克并如陕西迁赏，蒲辇进官三阶、重彩三～。"因事件总有开端和结尾，又引申用于计量事件。三国魏·曹丕《折杨柳行》："追念往古事，愦愦千万～。"北齐·颜之推《颜氏家训·文章》："自古宏才博学，用事误者有矣……略举一两～以为诫。"

段 duàn ❶ 名量词 用于计量可以断开或切分开的条状物体的一截：一～200米长的通信电缆|几～绳子|这两～排水管都有渗漏的地方。**用法提示** ①数词一般没有限制，既可用基数词或表示数量的"两""几""好几""若干"，也可用序数词或表示序数的"头""首""末"等：一～钢轨|若干～竹子|这是截下来的头～楠木。②数词"一"在某些代词或动词后常可省略：这～钢丝|换～新电线|他捡了～树枝当拐杖。③数词前可加"这""那""哪"等代词：这一～线路|那几～蜡烛|哪一～下水道堵了？④前面可加"大""小""长""整"等形容词修饰：两大～铁棍儿|一长～竹竿|一整～木头|他一个人吃了几小～甘蔗。⑤数词为"一"时可重叠，重叠形式主要有"(一)～～""一～一～"：一～～拼接好的船板|这批木料切开后，～～都有质量问题|他们用100米的尼龙绳和50米的钢丝测绳，一～一～地丈量了全村土路。⑥一般可儿化：好几～儿树枝|三～儿塑料管|他一用力，秤杆就被折成了两～儿。⑦后面一般不加"子"。❷ 名量词 用于计量文章、辞曲或曲艺作品等的一部分：一～相声|两～钢琴曲|他又唱了一～《霸王别姬》。**用法提示** ①数词一般没有限制，既可用基数词或表示数量的"两""几""好几""若干"，也可用序数词或表示序数的"头""首""末"等：两～文章|好几～唱腔都很美|末～曲调太高了，

D

她唱不上去。②数词“一”在某些代词或动词后常可省略：来～双簧|再弹～练习曲|那～诗太感人了！③数词前可加“这”“那”“哪”等代词：我曾经听过这一～故事|那几～歌词都是他自己创作的|你觉得哪一～表演最精彩？④前面可加“大”“小”“长”“整”等形容词修饰：两大～对白|一长～前奏|他只拉了一小～曲子就停下了。⑤后面可加“子”：唱一～子信天游|说一～子快板儿|他可以把任何一～子文字文本、图画文本、声音文本或影像文本等嵌入主程序。⑥数词为“一”时可重叠，重叠形式主要有“(一)～～”“一～一～”：一～～笑话|这篇文章～～都很感人|一～一～的文字浸透了作者的深情。⑦一般可儿化：好几～儿相声|演一～儿评弹|他没事就爱唱两～儿京剧。❸ 名量词 用于计量可以分割开的空间或时间：一～长路|这～日子|那～时间是公司发展的全盛时期。**用法提示** ①数词可用“九”以内的基数词、序数词，也可用表示数量的“几”“好几”或表示序数的“头”“末”等：一～时间|两～距离|头～路是上坡。②数词“一”在某些代词或动词后常可省略：走了～水路|这个工程要花～时间才能完成|这～林荫大道是城中最长的。③数词前可加“这”“那”“哪”等代词：那一～光阴|这一～差距是很容易赶上的|哪一～铁路是你们部队援建的？④前面可加“大”“小”等形容词修饰：一大～路程|一小～空闲。⑤数词为“一”时可重叠，重叠形式主要有“(一)～～”“一～一～”：～～好时光|一～～的岁月|最让他难忘的是在非洲的那一～一～的旅程。⑥一般可儿化：这～儿航程|那一～儿距离|好几～儿赛程都是冒雨进行的。⑦后面一般不加“子”。❹ 名量词 用于计量经历、事件以及思想、情绪等抽象事物的一部分：一～心事|几～回忆|他们都觉得这次重逢是一～奇缘。**用法提示** ①数词可用“九”以内的基数词、序数词，也可用表示数量的“几”“好几”等：一～特殊的情感经历|第二～感情|那一～记忆他终生难忘。②数词“一”在某些代词后常可省略：讲～奋斗史|你介绍一下这～经历吧|关于那～丑闻，各界人士众说纷纭。③数词前可加“这”“那”“哪”等代词：那一～往事|这几～重要的情况被忽略了|哪一～情节比较重要？④前面可加“大”“小”“整”等形容词修饰：一大～心路历程|那一整～青春|这一小～的不快他是不会放在心上的。⑤数词为“一”时可重叠，重叠形式主要有“(一)～～”“一～一～”：一～～往事|心中涌起一～一～的苦涩|他年轻时的传奇经历，～～都精彩。⑥后面一般不加“子”。⑦一般不儿化。❺ 名量词 用于计量围棋、跆拳道等选手的等级：六～棋手|他是跆拳道二～选手|著名九～棋手有连胜11场的纪录。**用法提示** ①数词一般限用“九”以内的基数词或表示数量的“几”等：围棋八～|几～棋手|他是跆拳道黑带四～高手。②数词前可加“这”“那”“哪”等代词：这一～的棋手|那一～的对手|你知道她是哪一～的选手吗？③数词“一”一般不

D

省略。④前面一般不加形容词修饰，后面一般不加“子”。⑤一般不重叠和儿化。

语义源流 本义为椎物、锤击。《说文解字·殳部》：“段，椎物也。”段玉裁注：“后人以锻为段字。”清·王筠《说文句读》：“段不用火，锻则用火，而其椎之也同，故经典二字通用。”汉·东方朔《海内十洲记》：“上有风生兽……以铁椎～其头数十下乃死。”《马王堆帛书五十二病方》卷四：“即以铁椎～之二七。以日出为之，令颓者东乡(向)。”后“段”假借为“断”，表示截断、折断或划分、区分等。清·朱骏声《说文通训定声》：“假借为断，今所用大段、分段字。”《孙膑兵法·擒庞涓》：“于是～齐城、高唐为两，直将蚁附平陵。”因事物是可以分段的，故借用为量词，用于计量可以切开的、分段的事物。晋·张华《博物志》卷二：“百足一名马蚿，中断成两～。”《宋书·袁淑传》：“又就主衣取锦，裁三尺为一～。”后又引申用于计量可以分开（成段落）的文章、辞曲或曲艺作品等的一部分。《论语·子张》皇疏：“此篇凡有二十四章，大分为五～。”清·刘鹗《老残游记》第二回：“不过数语，这～书也就完了。”也引申用于计量可以分割开的空间等。后秦·姚兴《通三世论咨鸠摩罗什》：“此亦是大法中一～处所。”《南平县志》：“一～山头，租米十斗。”由于时间也可划分为不同阶段，故也可用于计量时间过程的一部分。《宋书·明恭王皇后传》：“后在家为傳弱妇人，不知今～遂能刚正如此。”《宋书·始安王休仁传》：“及事平，太宗与休仁书曰：‘此～殊得苏侯兄神力。’”由于事情发展需有过程，可从过程上将事情分成几段，故也引申用于计量事件、情况等的一部分。晋·王羲之《十七帖》：“得果此缘，一～奇事也。”《红楼梦》第五回：“如尔则天分中生成一～痴情。”由于不同水平和层次也可以区分开来，后又引申用于计量围棋、跆拳道等选手的等级。

近义辨析 段—节 均可用于计量分成或可分成若干独立部分的事物或文章等，如可以说“一段铁轨”“一段文章”，也可以说“一节铁轨”“一节文章”。“段”的本义是锤击，假借为“断”表示截断、折断或划分、区分，演变为量词，计量的都是可以切开的、分段的事物，如“一段陡坡”“几段咸带鱼”；“节”的本义是竹节，演变为量词，计量的是从整体中分出来的、相对完整或可自然分节的一部分，如“两节车厢”“三节电池”。时间、事件等具有过程性，也可以分成几个部分，因此“段”可计量一些抽象的概念、时间或空间，如“一段青春”“这段时间”。因为这是人为划分而非自然分节的，所以不能用“节”。而“节”可用来计量课程等，如“上午四节课，下午两节课”，这是因为课与课之间有课间，是自然性的分节。

堆 duī ❶ 名量词 用于计量堆放在一起的东西：两～黄土｜几～麦子｜从仓库中清理出了一大～废旧物品。

用法提示 ①数词一般没有限制，既可用基数词或表示数量的“两”“几”“好几”“若干”，也可用序数词或表示序数的“头”等：两～碎石｜好几～煤

球|要动就先动这几～，头～土和砖都不要动。②数词“一”在某些代词或动词后常可省略：那～工程垃圾|沙发上有～脏衣服|这～土是用来种花的。③数词前可加“这”“那”“哪”等代词：哪一～草最干？|这一～东西是谁的？|请人把那一～货装上船。④前面可加“大”“小”“整”等形容词修饰：一大～萝卜|两小～文件|铲车很厉害，一铲子就铲走了一整～石料。⑤后面有时可加“子”：两～子烟灰|几～子玉米|一个人带回这么大一～子衣物，要累死了！⑥数词为“一”时可重叠，重叠形式主要有“(一)～～”“一～一～”：那～～文稿记下了他艰辛的写作历程|一～～工程土被倒在了河堤上|一～一～废旧电池得到了回收再利用。⑦一般可儿化：好几～儿土豆|他把那些糖果分成了两～儿|那～儿粮食都已经晒干，只待装车。❷ **名量词** 用于计量聚在一起的人：两～学生|一大～闲聊的人|红毯上站着一～演员。**用法提示** ①数词一般没有限制，既可用基数词或表示数量的“两”“几”“好几”等，也可用序数词：两～人|好几～学生|第二～人是从外地来的。②数词“一”在某些代词或动词后常可省略：那～游客|前边有～小孩儿|这～歌迷都是来听演唱会的。③数词前可加“这”“那”“哪”等代词：那一～旁观者|这一～乌合之众|他要从那一～中学生里挑演员。④前面可加“大”“小”等形容词修饰：一大～顾客|剧院门口已经有一大～观众在等|那一小～游客都不想下船。⑤后面有时可加“子”：一～子小孩儿|听说需要帮忙，马上来了一～子人|她挤过一～子人，踮着脚朝前看。⑥数词为“一”时可重叠，重叠形式主要有“一～～”“一～一～”：一～～的游行者|操场上，一～一～的学生在嬉闹玩耍|因为航班延误，一～一～的乘客滞留在机场。⑦一般可儿化：聚成一～儿的人|男孩和女孩自觉地站成了两～儿|剧场门口有好几～儿观众。❸ **名量词** 用于计量抽象的事物：一～难题|那一大～工作|他总有一～自以为正确的理由。**用法提示** ①数词限用“一”：一～事儿|一大～麻烦|大家对这个方案有一～意见。②数词“一”在某些代词或动词后常可省略：那～歪理|提了～无理要求|这～麻烦都是因你而起的。③数词前可加“这”“那”等代词：那一～矛盾|这一～问题都要处理好|今天下班前那一～活儿一定要干完。④前面可加形容词“大”修饰：一大～工作|一大～烦恼|他心里有一大～的话要说。⑤后面一般可加“子”：一～子理由|另外还有一～子间接损失|怎么会有那么一～子的破事啊？⑥数词为“一”时可重叠，重叠形式主要有“一～～”“一～一～”：一～～难题|一～～的麻烦事|近来群众对环境问题的反映一～一～的。⑦一般不儿化。

语义源流 本义为小土堆。《广韵·灰韵》：“堆，聚土。”《汉书·司马相如传上》：“触穹石，激～埼。”颜师古注：“堆，高阜也。”唐·刘禹锡《竹枝词》：“城西门前滟滪～，年年波浪不能摧。”由本义扩大引申，泛指堆积之物。

唐·韩愈《咏雪赠张籍》:"坳中初盖底，垤处遂成～。"《水浒传》第十回:"七八间草房做着仓廒，四下里都是马草～。"演变为量词，用于计量成堆的人或事物等。唐·杜甫《喜闻盗贼总退口号》:"旧随汉使千～宝，少答胡王万匹罗。"《水浒传》第九十二回:"偌大一块空地，上面有数十～柴草。"

近义辨析 堆—叠 见"叠"下。

堆—群 均可用于计量人，如可以说"操场上有一堆人"，也可以说"操场上有一群人"。"堆"是由堆积之物义演变为量词的，因此其所计量的人往往是积聚在一起的，且单位面积中的个体数量较多，比较杂乱，含有一定的贬义色彩，如"好几堆人争着说话，嗡嗡地嚷成一片"。"群"本义指羊群，强调的是"以类而聚"，因此在计量人时并无贬义。"群"所计量的对象的范围也大于"堆"，除聚在一起的人、动物等，还可计量岛屿、山峦等，如"一群山头""几群珊瑚礁"，这也与其突出"以类而聚"的特点有关，"堆"则没有此类用法。

队 duì ❶ 名量词 用于计量排成队列的人：一～士兵|大家排成两～|那一～工人都是建筑公司的。**用法提示** ①数词一般没有限制，既可用基数词或表示数量的"两""几""好几""若干"等，也可用序数词：人马分成两～|好几～小学生|第一～观众可以先进场，其余观众请稍等。②数词"一"在某些代词或动词后常可省略：那～学生不参加比赛|派～战士来增援|这～同学跟我来。③数词前可加"这""那""哪"等代词：这一～球员后进场|那两～选手的实力很强|哪一～是天津的代表？④前面可加"大""小""长"等形容词修饰：商场门口站了一大～顾客|排了一长～来咨询的人。⑤数词为"一"时可重叠，重叠形式主要有"(一)～～""一～一～"：参加入场式的队伍，～～排列整齐|操场上站着一～～的小学生|戴着钢盔的士兵一～一～地整齐入场。⑥后面一般不加"子"。⑦一般不儿化。❷ 名量词 用于计量排成行列的车辆、动物等：一～骆驼|一～急救车组迅速集结|这一～大轿车是赶来参加开幕式的。**用法提示** ①数词一般没有限制，既可用基数词或表示数量的"两""几""好几""若干"，也可用序数词或表示序数的"头"等：好几～坦克|头～军乐队正在演奏着进行曲|我看见开过来一～婚车。②数词"一"在某些代词或动词后常可省略：派出这～军车|刚飞过～大雁|那～车上的物资是要运往灾区的。③数词前可加"这""那""哪"等代词：这两～是大型军用运输机|那一～车谁领头？|哪一～飞机是表演用的？④前面可加"大""小""整"等形容词修饰：一小～牲口|一大～马车|抬头看到一整～大雁，正慢慢地从头顶上飞过。⑤数词为"一"时可重叠，重叠形式主要有"(一)～～""一～一～"：～～花车驶进广场|碧海层层浪，战艇一～～|蓝蓝的天上，一～一～瓦块云排得很齐，仿佛在走正步。⑥后面一般不加"子"。⑦一般不儿化。

D

语义源流 本义是坠落。《说文解字·阜部》：“队，从高队也。”《左传·庄公八年》：“公惧，～于车，伤足，丧屦。”杨伯峻注：“队，同坠。”清·刘献廷《广阳杂记》卷四：“梦中甚觉心痒，取刀剖之，中有六鼠，～地散走。”此义后写作“坠”。“队”假借为名词，用于表示按照某种性质聚合的集体编制或群体、队列等。《玉篇·阜部》：“队，部也，百人也。”《左传·襄公十年》：“左执之，右拔戟，以成一～。”杜预注：“百人为队。”宋·沈括《梦溪笔谈·故事一》：“车驾行幸，前驱谓之～。”后引申指行列。汉·司马相如《子虚赋》：“车案行，骑就～。”唐·韩愈《盆池五首》其三：“忽然分散无踪影，惟有鱼儿作～行。”由此演变为量词，用于计量成群成列的人或物。宋·史弥宁《丁丑岁中秋日劭农于城南得五绝句》：“此行不负寻诗眼，～～云山拥画屏。”清·钱彩《说岳全传》第三十回：“那许宾驾的第一～‘炮火船’，看见就一齐放起火炮。”

对 duì ❶ 名量词 用于计量成对的人或动物：一～双胞胎｜两～大熊猫｜小店的主人是一～七十多岁的老夫妇。**用法提示** ①数词一般没有限制，既可用基数词或表示数量的“两”“几”“好几”“若干”，也可用序数词或表示序数的“头”等：两～夫妻｜好几～情侣｜这是她介绍成功的头～相亲对象。②数词“一”在某些代词或动词后常可省略：那～龙凤胎｜弟弟养了～鸽子｜这～燕子把家安在了他家屋檐下。③数词前可加“这”“那”“哪”等代词：他们这一～老搭档｜那几～企鹅样子真可爱｜你说他们哪一～是亲兄弟？④数词为“一”时可重叠，重叠形式主要有“(一)～～”“一～一～”：一～一～的年轻舞者｜这些鸟儿～～都是双宿双飞的｜一～～新人携手走进礼堂。⑤一般可儿化：把一～儿一～儿的蟋蟀放进罐儿里｜这～儿欢喜冤家｜野鸭子都是一～儿一～儿地卖。⑥前面一般不加形容词修饰，后面一般不加“子”。❷ 名量词 用于计量左右对称的肢体、器官等：一～浓眉｜那～招风耳｜她的脸上有一～浅浅的酒窝。**用法提示** ①数词一般限用基数词“一”或表示序数的“头”等：一～耳朵｜一～大眼睛｜这是医院接受的头～由外籍人士捐赠的角膜。②数词“一”在某些代词或动词后常可省略：买～猪蹄下酒｜这～翅膀｜他那～眸子炯炯有神。③数词前可加“这”“那”“哪”等代词：这一～犄角｜哪一～鸡翅是你要的？④数词为“一”时可重叠，重叠形式主要有“(一)～～”“一～一～”：一～～牛角｜那一～一～期盼的眼睛让她不忍离去。⑤一般可儿化：一～儿三角眼｜一～儿兔子耳朵｜孩子长得又白又胖，那～儿大大的眼珠更是水灵灵、圆溜溜的。⑥前面一般不加形容词修饰，后面一般不加“子”。❸ 名量词 用于计量左右、正反等相配合的事物：一～太师椅｜两～枕头｜那～金镯子是她家祖传的。**用法提示** ①数词一般没有限制，既可用基数词或表示数量的“两”“几”“好几”“若干”，也可用序数词或表示序数的“头”等：换了一～新枕巾｜好几～旧沙发｜刚才你试的头～耳环比较漂亮。②数词“一”在某些代词或动词后常可省略：门口这～石狮子年代久远｜屋里又多了～椅子｜桌上的那～红寿烛映衬着母亲的笑脸。③数词前可加“这”“那”“哪”等代词：那几～情侣表｜这一～玉如意是真品｜你们要选一选哪一～纸剪的喜鹊可以贴在窗户上。④数词为“一”时可重叠，重叠形式主要有“(一)～～”“一～一～”：一～～大红灯笼｜那些小玩偶～～都很招人喜欢｜一～一～的结婚戒指在橱柜里陈列着。⑤一般可儿化：买了两～儿耳钉｜钥匙环上配着一～儿金色的小铃铛｜他拿出来的玉佩，正好与对方手中的配成了一～儿。⑥前面一般不加形容词修饰，后面一般不加“子”。

语义源流 本义为应答。《说文解字·丵部》：“對（对），应无方也。……汉文帝以为责对而为言，多非诚对，故去其口以从士也。”《国语·鲁语》：“季康子欲以田赋，使冉有访诸仲尼。仲尼不～。”《史记·张释之冯唐列传》：“尉左右视，尽不能～。”引申指匹配、相当。《诗·大雅·皇矣》：“帝作邦作～，自大伯王季。”毛传：“对，配也。”《吕氏春秋·审时》：“木大而茎叶格～。”由此进一步引申为名词，表示相匹配的人或事。《后汉书·梁鸿传》：“择～不嫁，至年三十。”元·武汉臣《玉壶春》第四折：“情愿做从良正妻。结婚姻要成～。”后演变为量词，用于计量相互匹配的、可以成双成对的人或事物等。唐·皮日休《重玄寺双矮桧》：“应如天竺难陀寺，一～狻猊相枕眠。”五代·牛希济《生查子》：“一～短金钗，轻重都相惬。”

近义辨析 对—双 均可用于计量成双成对的人或事物，如可以说“一对儿女”，也可以说“一双儿女”；在计量某些左右对称的肢体或器官时，二者也可以互换，如“一双/对眼睛”“一双/对耳朵”。但二者的概念和用法有所不同。“对”的本义是应答，具有“相对”的特点，引申指相匹配的人或事，由此演变为量词，用于计量可以匹配的人或事物。所谓“可以匹配”，是指两个对象在来源、性别或方位等方面，或是后天的或是人为的，存在着特性相反而其他性质相似、可以匹配的关系。“一对”中的每个个体，本身是可以单独存在或发挥功用的，如“一对男女”“一对花瓶”“一对耳环”，这里的“对”都不能替换为“双”。“双”的本义是两只鸟，后引申为两物成对之称，演变为量词，用于计量双数的物体。用“双”计量的多是具有对称关系、彼此关联的事物，或来源同一、性质相同的物体，一般两两一起才可发挥效用，如手套、袜子、鞋、筷子等。

吨 dūn ❶ **度量衡量词** 质量或重量单位，符号为t。1吨等于1000千克：一～水｜两～矿石｜一～～煤被运往全国各地｜这批油有多少～？**用法提示** ①数词一般没有限制，既可用基数词或表示数量的“两”“几”“好几”“若干”等，也可用序数词：净重两～半｜第一～货物起运了｜过去他们的粮食总产量达到上万～。②数词“一”在某些代词或动词后常可省略：又批了～建材｜他们进口的这～稀有矿石价格不菲。③数词前可加“这”“那”“哪”等

代词：这一～重的石块|那上百～钢材|哪几～原油是刚运来的？④数词为“一”时可重叠，重叠形式主要有“一～～”“一～一～”：一～～的建筑材料|一～～的胶料被倒入了容器中|他们把一～一～收上来的优质水稻加工成精品大米。⑤前面不加形容词修饰，后面不加“子”。⑥一般不儿化。❷ 度量衡量词 用于计量船只的容积。1吨等于2.83立方米：万～轮|排水量两万～|这是我国自行生产的第一艘十万～级远洋货轮。**用法提示** ①数词可用基数词或表示数量的“几”“若干”等：这艘邮轮的运输量达到好几百万～|去年的远洋船只运输总量达到9324亿～。②数词前可加“这”“那”等代词：这几十万～的运力。③数词“一”一般不省略。④前面不加形容词修饰，后面不加“子”。⑤一般不重叠和儿化。

吨公里 dūngōnglǐ 复合量词 用于计量货物运输的单位。1吨的货物运输1公里为1吨公里：数万～|公司全年的煤炭运输量是600万～|当年的货邮运输量完成了62.59亿～。**用法提示** ①数词可用基数词或表示数量的“几”“若干”等：散杂货每～按0.5元计费|交通行业实现营运车辆每百～能耗下降20%。②数词前可加“这”“那”“哪”等代词：这3万～的运输量|那1700多万～的运量都是靠陆路运输的。③数词“一”一般不省略。④前面不加形容词修饰，后面不加“子”。⑤不重叠和儿化。

吨海里 dūnhǎilǐ 复合量词 用于计量海运货物运输的单位。1吨的货物运输1海里为1吨海里：88.5万～|货运周转量99.9亿～|8月份的海运周转量达到62.6万～。**用法提示** ①数词可用基数词或表示数量的“几”“若干”等：货运周转量好几千万～|完成集装箱周转量数十～。②数词前可加“这”“那”等代词：这上亿～的转运量|那300多亿～是他们预期会完成的煤炭运输量。③数词“一”一般不省略。④前面不加形容词修饰，后面不加“子”。⑤不重叠和儿化。

墩 dūn ❶ 名量词 用于计量墩状物：一～大方石|两～高台|那座大宅门外放着一～上马石。**用法提示** ①数词一般没有限制，既可用基数词或表示数量的“两”“几”“好几”“若干”，也可用序数词或表示序数的“头”等：一～骆驼桩|好几～巨石|那边头～玉石的成色最好。②数词“一”在某些代词或动词后常可省略：垒了这～方廊柱|这里放上～方石吧|那～石像看上去年代久远。③数词前可加“这”“那”“哪”等代词：那一～瞭望台|这两～门墩石，哪一～硬度更高？|浇注这一～承台，是施工中的一大难点。④数词为“一”时可重叠，重叠形式主要有“一～～”“一～一～”：一～～青石柱|一～～的大方石|一～一～的旗杆石立在村口。⑤前面一般不加形容词修饰，后面一般不加“子”。⑥一般不儿化。❷ 名量词 用于计量丛生或合在一起的植物等：一～青苗|几～土豆|两只鸟儿静静地蹲在一～竹子里。**用法提示** ①数词一般没有限制，既可用基数词或表示数量的“两”“几”“好几”“若干”，也可用序数词或表示序数

的“头”等：几～藤条|好几～杂草|那是她今天挖出的头～土豆。②数词“一”在某些代词或动词后常可省略：砍了～灌木|那～盛开的花朵|这～甘蔗你们拿去给孩子们吃吧。③数词前可加“这”“那”“哪”等代词：这几～野菜|那一～果实累累的经济林|哪一～红薯是刚挖出来的？④数词为“一”时可重叠，重叠形式主要有“(一)～～”“一～一～”：一～一～的干草|那～～的鲜粽叶都透着青绿|这时风迎面猛扑过来，一～～红柳发出哨声。⑤有时可儿化：一～儿姜|一～儿兰草|桌上有一～花生。⑥前面一般不加形容词修饰，后面一般不加“子”。

📖 **语义源流** 本义为土堆。《集韵·魂韵》：“墩，平地有堆者。”唐·崔国辅《漂母岸》：“茫茫水中渚，上有一孤～。”唐·李白《登金陵冶城西北谢安墩》：“冶城访古迹，犹有谢安～。”引申指木制或石制的墩子、墩状物。唐·高适《同李员外贺哥舒大夫破九曲之作》：“唯有关河眇，苍茫空树～。”宋·周去非《岭外代答·斗鸡》：“人之养鸡也，结草为～，使立其上。”由此演变为量词，用于计量墩状物。唐·李白《游溧阳北湖亭望瓦屋山怀古赠同旅·赠孟浩然》：“高坟五六～，崒兀栖猛虎。”清·陈忠倚《皇朝经世文三编》：“最巨者可容火药二百余磅，弹两～，炮膛内有来复纹。”后又引申计量丛生或合在一起的植物等。清·华广生《白雪遗音·访庵》：“周围细结竹屏风，四面齐开月月红，野菊一～分几色，还有墙边罗汉松。”

囤 dùn **名量词** 用于计量储存起来的粮食：一～豆子|几～麦子|这么一大～谷子得有多少斤啊？**用法提示** ①数词一般没有限制，既可用基数词或表示数量的“两”“几”“好几”“若干”，也可用序数词或表示序数的“头”等：一～糯米|好几～余粮|那边头～是小米，第二～是晚稻。②数词“一”在某些代词或动词后常可省略：卖了～大米|囤～粮食|这～小米是谁家的？③数词前可加“这”“那”“哪”等代词：这两～黑豆|那几～谷子都发霉了|哪一～高粱还没卖出去？④前面可加“大”“小”“整”等形容词修饰：一整～黄豆|这次收的玉米可能得装好几大～|就这么一小～粗粮怎么过冬啊？⑤数词为“一”时可重叠，重叠形式主要有“(一)～～”“一～一～”：一～～青稞|这些粮食，～～都是大家一年劳作的成果|场院里堆着一～一～的黑麦。⑥后面一般不加“子”。⑦一般不儿化。

📖 **语义源流** 本义指用竹篾、荆条等编成或用席箔等围成的储存粮食的器具。《玉篇·口部》：“囤，小廪也。”《魏书·高祖纪上》：“三月壬午，诏诸仓～谷麦充积者，出赐平民。”唐·贯休《山居诗》：“且为小～盛红粟，别有珍禽胜白鸥。”后借用为量词，用于计量储存起来的粮食等。清·蒲松龄《聊斋俚曲集》：“凭着这两片唇，挣下了米一～。”清·夏敬渠《野叟曝言》第四十五回：“地下三五坛酒，一～小米，半～高粮。”

顿 dùn ❶ **动量词** 用于计量饮食，相当于“次”：一天吃三～|包一～饺子|他们俩每星期都要一块喝两～酒。

D

用法提示 ①数量结构可位于动词前，也可位于动词后：一～吃三碗饭|吃了这一～再走。②数词一般没有限制，既可用基数词或表示数量的“两”“几”“好几”“若干”等，也可用序数词：两～都是方便面|入住宾馆的第二～吃得不好|我们在这家饭馆吃过好几～了。③数词“一”在某些代词或动词后常可省略：这～是经理请客|一起吃～便饭吧|几个老同学每次聚会都要一起去搓～好的。④数词前可加“这”“那”“哪”等代词：这一～烤鸭吃得真不错|昨天那一～烤肉吃下去，估计你七天内都不想再吃了|一台手术从早晨做到下午，哪一～是午饭，哪一～是晚饭都说不清了。⑤前面可加“大”“小”“整”等形容词修饰：吃了一大～面条|都没时间吃完一整～饭|赶了两个小时的路就是为了来喝那一小～酒。⑥数词为“一”时可重叠，重叠形式主要有“(一)～～”“一～一～”：最近～～都吃馒头|产业的发展也像人吃饭，只能一～一～吃，企求一顿吃成一个胖子，就非吃出病来不可。⑦一般可儿化：这白酒一～儿半～儿还行，喝多了可伤身体|今天咱们可要好好地吃(一)～儿馆子|全家一起吃～儿年夜饭。⑧后面一般不加“子”。❷ 动量词 用于计量打骂、劝说、训斥等：把他一～臭骂|挨了一～打|她跟孩子发了一大～脾气。用法提示 ①数量结构可位于动词前，也可位于动词后：一～毒打|大骂了一～|他被经理狠狠地训了一～。②数词一般没有限制，既可用基数词或表示数量的“两”“几”“好几”“若干”等，也可用序数词：他从小一～打也没挨过|骂几～也就过去了|这是她这么多年来挨的第一～骂。③数词“一”在某些代词或动词后常可省略：发了～无名火|又挨了～狠批|那～打是他自找的。④数词前可加“这”“那”“哪”等代词：哪一～打也不是白挨的|她那一～劝还是有用的|这一～训肯定是逃不过去了。⑤前面可加形容词“大”修饰：着了一大～急|被训了一大～|她今天发了一大～牢骚。⑥后面一般不加“子”。⑦一般不重叠和儿化。

语义源流 本义为古代的一种礼节，即以首叩地并适当停留一段时间。《说文解字·页部》：“顿，下首也。”张舜徽约注：“顿之言抵也，谓以头触地也。”《仪礼注疏》：“二曰～首，头叩地，平敌相于法。”北周·庾信《哀江南赋》：“申包胥之～地，碎之以首。”引申表示停顿、停止。汉·傅毅《舞赋》：“击不致策，蹈不～趾。”清·董说《西游补》第十一回：“行者看罢，便要进去。忽～住了脚。”又引申指出行途中停留、住宿或驻屯。晋·陆机《于承明作与士龙》：“南归憩永安，北迈～承明。”《新唐书·韦待价传》：“师人多死，饷道乏，乃旋师～高昌。”由此引申为名词，表示宿食所需之物。唐·元稹《连昌宫词》：“驱令供～不敢藏，万姓无声泪潜堕。”《新唐书·惠宣太子业传》：“乘舆器用庖～皆主之，大细毕给。”由于每日需多次餐食，故进一步演变为动量词，用于计量吃饭的次数（吃一次即为一顿）。《世说新语·任诞》：“闻卿祠，欲乞一～食耳。”敦煌变文《降魔变文》："虽然不饱我一～，且得噎饥。"后由吃饭的次数扩大引申，用于计量打骂、训斥等动作行为。唐·白居易《论姚文秀打杀妻状》："宜依白居易状，委所在决重杖一～处死。"元·郑光祖《智勇定齐》楔子："被无盐女操响蒲琴。将孩儿殴了一～。"

🔍近义辨析 顿—餐 见"餐"下。

朵 duǒ ❶ 名量词 用于计量花朵：一～康乃馨｜九十九～玫瑰｜花瓶中的几～百合花散发出阵阵香气。**用法提示** ①数词一般没有限制，既可用基数词或表示数量的"两""几""好几""若干"，也可用序数词或表示序数的"头"等：摘了一～栀子花｜好几～蝴蝶兰｜头～小红花要奖励给你。②数词"一"在某些代词或动词后常可省略：采～马蹄莲｜那～杜鹃花｜这～茶花真鲜艳。③数词前可加"这""那""哪"等代词：这一～紫色的曼陀罗｜那几～野花是从郊外摘的｜你最喜欢的是哪一～勿忘我？④前面可加"大""小"等形容词修饰：一小～茉莉｜水中有一大～睡莲｜她的衣服上绣着两大～芙蓉。⑤数词为"一"时可重叠，重叠形式主要有"(一)～～""一～一～"：～～鲜花竞相绽放｜一～～粉色的桃花｜她轻轻地抚着那一～一～仍然带着水珠的鲜花。⑥一般可儿化：两～儿月季｜给她头上也戴一～儿喜字花｜扫墓时每人胸前带着一～儿小白花儿。⑦后面一般不加"子"。❷ 名量词 用于计量形似花朵的东西，如云彩、雪花、蘑菇等：几～白云｜一～～雪花｜清晨天边飘着～～云霞。**用法提示** ①数词一般没有限制，既可用基数词或表示数量的"两""几""好几""若干"，也可用序数词或表示序数的"头"等：好几～彩云｜一～～雪花｜戈壁滩上升起了中国头～"蘑菇云"。②数词"一"在某些代词或动词后常可省略：那～棉花糖｜又出现了～黑云｜这～云彩的形状真奇怪。③数词前可加"这""那""哪"等代词：这几～蘑菇｜画上那几～祥云｜哪一～晚霞的颜色最漂亮？④前面可加"大""小"等形容词修饰：一小～雪花落在她手上｜溅起一大～水花｜天上就有一小～乌云，下不了雨。⑤数词为"一"时可重叠，重叠形式主要有"(一)～～""一～一～"：浪花～～涌向岸边｜窗外一～～的烟花在绽放｜一～一～的雪花纷纷扬扬地飘落下来。⑥一般可儿化：一小～儿白云｜一～儿雪花有六瓣｜天边飘过几～儿红云。⑦后面一般不加"子"。

📖 **语义源流** 本义为树木的枝叶花实下垂貌。《说文解字·木部》："朵，树木垂朵朵也。从木，象形。"段玉裁注："凡枝叶华实之垂者皆曰朵朵，今人但谓一华为一朵。"北周·庾信《春赋》："钗～多而讶重，髻鬟高而畏风。"后引申为名词，指花朵。唐·杜甫《题新津北桥楼得郊字》："白花檐外～，青柳槛前梢。"宋·杨泽民《一落索》："满庭花卉尽芳菲，只有～、江梅瘦。"由此演变为量词，用于计量花朵。唐·杜甫《江畔独步寻花》："黄四娘家花满蹊，千～万～压枝低。"唐·曹松《寒食日题杜鹃花》："一～又一～，并开寒食时。"后进一步引申扩展，用于计量形状似花的云彩、雪花等物。《水浒传》第六十七回："一个似北方一～乌云，一个如南方一团烈火，飞出阵前。"明·佚名《后西游记》第二十三回："听我说与你：东南有山名花果，天地灵苗石一～。"

垛 duǒ 名量词 用于计量墙壁等：一～砖墙｜两～石头围墙｜那～老城墙早已破旧不堪了。**用法提示** ①数词一般没有限制，既可用基数词或表示数量的"两""几""好几""若干"等，也可用序数词：两～厚墙｜好几～矮墙｜那边第一～土墙被人推倒了。②数词"一"在某些代词或动词后常可省略：砌～墙｜在原来的水井附近，又修了～大理石墙｜没人能说得清哪～城墙是清朝修建的。③数词前可加"这""那""哪"等代词：这两～砖墙｜那几～破墙早就该推倒了｜一气之下推倒了她家后院的那一～砖墙。④前面可加"大""小""整"等形容词修饰：只剩下一小～灰泥墙｜一大～岩壁出现在我们面前｜汽车修配厂后面有一整～新砌的水泥墙。⑤后面有时可加"子"：一～子水泥墙｜那几～子砖墙是刚垒好的｜就这么两～子破篱笆墙还修它做什么？⑥数词为"一"时可重叠，重叠形式主要有"（一）～～""一～一～"：～～断墙让人触目惊心｜一～～的土坯墙都被暴雨冲塌了｜一～一～各色的花墙形成了一道亮丽的风景线。⑦一般不儿化。

语义源流 本义指墙壁或某些建筑物的突出部位。《说文解字·土部》："垛，堂塾也。"段玉裁注："谓之垛者何也？朵者，木下垂。门堂伸出于门之前后，略取其意。后代有朵殿。今俗谓门两边伸出小墙曰垛头，其遗语也。"明·汤显祖《牡丹亭·拾画》："倚逗着断垣低～，因何蝴蝶门儿落合？"清·魏秀仁《花月痕》第四十七回："从马上飕的一声响，狗头从～上落下地来。"后演变为量词，用于计量墙壁等。清·佚名《施公案》第一百六十九回："见前面屋上有一～分开的五岳朝天墙，越过墙去。"清·佚名《常言道》第五回："众人一齐动手，把墙用力推去，顷刻一～墙垣推坍。"

近义辨析 垛—堵 见"堵"下。

驮 duò 名量词 用于计量牲口所运的东西：一～种子｜几～山货｜农民们一大早就把一～～新鲜的蔬菜运到了集市上。**用法提示** ①数词一般没有限制，既可用基数词或表示数量的"两""几""好几""若干"等，也可用序数词：两～盐｜好几～白菜｜第一～化肥是有机磷肥。②数词"一"在某些代词或动词后常可省略：这～茶不错｜快把这～农药卸下来｜送～麦子到场上去。③数词前可加"这""那""哪"等代词：这两～大枣｜那几～陈粮留着喂牲口｜哪一～饲料是你要的？④前面可加"大""小""整"等形容词修饰：一小～山核桃｜拉着一大～煤，马走不快｜一整～的干草都被大雨淋湿了。⑤数词为"一"时可重叠，重叠形式主要有"（一）～～""一～一～"：一～～人参｜他买了一～一～的棉花，用土布作袋装在马背上。⑥后面一般不加"子"。⑦一般不儿化。

语义源流 本义指牲口负物，为动词，读 tuó。《说文解字·马部》（新附字）："驮，负物也。"《玉篇·马部》：

"驮，马负貌。"《北齐书·彭城景思王浟传》："又有一人从幽州来，驴～鹿脯。"唐·李白《对酒》："蒲萄酒，金叵罗，吴姬十五细马～。"后引申用作名词，指驮着货物的牲口或牲口所驮的货物，读duò。唐·贯休《长安道》："千车万～，半宿关月。"宋·陆游《偶与客话峡中旧游》："须臾灯暗人欲眠，泊船卸～犹相继。"由此演变为量词，用于计量牲口等的负载物。明·凌濛初《二刻拍案惊奇》卷二十七："群盗齐把金银装在囊中，驮在马背上，有二十～。"《续资治通鉴·宋孝宗淳熙四年》："今宕昌四尺四寸下驷一匹，其价率用十～茶。"

垛 duò **名量词** 用于计量整齐堆放的物品：一～麦秸｜几～木柴｜一～～干草整齐地码放在墙边。**用法提示** ①数词一般没有限制，既可用基数词或表示数量的"两""几""好几""若干"等，也可用序数词：两～白菜｜好几～粮食｜火势很猛，没几分钟第一～麦秸已经化成了灰烬。②数词"一"在某些代词或动词后常可省略：那～包谷｜池塘边上堆了～芦苇｜大榕树下堆着那～半圆形的沙包。③数词前可加"这""那""哪"等代词：这两～秫秸｜那几～大白菜是刚送来的｜晒坯场上哪一～是新制的砖坯？④前面可加"大""小""整"等形容词修饰：一大～玉米｜他们已经翻检了一整～行李包裹，寻找着可疑的伪装物｜那一小～蜂窝煤是谁放在围墙边的？⑤数词为"一"时可重叠，重叠形式主要有"(一)～～""一～一～"：一～～高粱秸｜那些圆木～～都码放得很整齐｜田埂上和灌渠上到处堆着一～一～包谷秆子。⑥后面一般不加"子"。⑦一般不儿化。

语义源流 本义指墙壁或某些建筑物的突出部位，读duǒ。由于墙壁多是由土石堆积而成的，引申作动词，表示堆积，读duò。宋·岳珂《桯史·大散论赏书》："嫁祸于有司以自解，亦未闻以无堆～赏给为词者也。"明·贾仲名《对玉梳》第二折："买下的锦攒下的罗，珠和翠整箱儿盛～。"由堆积的动作进一步引申用作名词，指成堆的东西。清·蒲松龄《聊斋志异·荞中怪》："麦既已登仓，禾秆杂沓于地，翁令人收积成～。"清·杨德茂《大八义》第四十回："今夜请您上柴草～上去，往四外看一看。"后进一步演变为量词，用于计量整齐堆放的东西。明·汤显祖《南柯记·闺警》："一～两～城台座，一个两个铺团窝。"清·吴敬梓《儒林外史》第五十二回："那八块方砖齐齐整整，叠作一～在阶沿上。"

E

耳光 ěrguāng **动量词** 用于计量用手击打人面颊的动作：打了一～｜挨了两～｜父亲听完，抬手就打了他一～。**用法提示** ①数量结构可位于动词前，也可位于动词后：对着他一～抽了过去｜用力扇了儿子一～｜那个人反手一～掴在了她脸上。②数词一般没有限制，既可用基数词或表示数量的“两”“几”“好几”“若干”等，也可用序数词：抽了一～｜他挨了爷爷好几～｜第一～就打得他眼冒金星。③数词“一”在某些代词后常可省略：这～是你应得的｜你那～算是白挨了。④数词前可加“这”“那”“哪”等代词：这几～打得真狠｜那一～正好掴在下巴上｜你说哪一～是不该打的？⑤前面可加形容词“大”修饰：抬手给了那人一大～｜那一大～差点把他打晕过去｜他脸上突然就挨了火辣辣的一大～。⑥后面可加“子”：想到这儿，他真想抽自己两～子｜你还想再挨几～子吗？｜小仙心头火起，猛得甩了他一大～子。⑦一般不重叠和儿化。

语义源流 本义为用手掌击打人面颊。明·洪楩《清平山堂话本·花灯轿莲女成佛记》：“看着和尚脸上，只一拍，打个大～。”清·俞万春《荡寇志》第九十七回：“戴春抢上楼去，便照秀兰脸上老大一个～。”后借用为量词，用于计量用手击打人面颊的动作。许慕羲《元代宫廷艳史》第五十四回：“不留意被姚夫人狠狠击了一～。”

F

发 fā 名量词 用于计量枪弹、炮弹等：三～子弹｜那几～炮弹｜枪膛里的子弹只剩下一～了。**用法提示** ①数词一般没有限制，既可用基数词或表示数量的“两”“几”“好几”“若干”，也可用序数词或表示序数的“头”等：五～炮弹｜几～散弹｜头～是哑弹。②数词“一”在某些代词或动词后常可省略：射出～空包弹｜每人给～橡皮子弹｜那～炮弹打偏了。③数词前可加“这”“那”“哪”等代词：这两～燃烧弹威力极大｜那一～接着一～的迫击炮打得砖瓦乱飞、尘土四起｜哪几～炮弹命中目标了？④数词为“一”时可重叠，重叠形式主要有“（一）～～”“一～一～”：一～～高爆弹｜～～子弹射中靶心｜一～一～的迫击炮弹落在敌人的阵地上。⑤前面一般不加形容词修饰，后面一般不加“子”。⑥一般不儿化。

语义源流 本义为射出箭。《说文解字·弓部》：“发，射发也。”《礼记·射义》：“射求正诸己，己正然后～，～而不中，则不怨胜己者，反求诸己而已矣。”汉·司马相如《子虚赋》：“弓不虚～，中必决眦。”后演变为定数量词，用于计量（射出的）箭的数量，以十二矢为一发。《汉书·匈奴传下》：“赐以冠带衣裳……弓一张，矢四～。”颜师古注：“服虔曰：‘发，十二矢也。’发犹今言箭一放两放也。今则以一矢为一放也。”后泛用为一般量词，仍用于计量（射出的）箭的数量，相当于“支”。《左传·哀公十六年》：“必使先射，射三～，皆远许为。”唐·韩愈《国子助教河东薛君墓志铭》：“射三～，连三中。”另由本义扩大指枪炮的发射。《清实录·同治朝实录》：“何建鳌于西南一面进剿，炮无虚～。”清·郑观应《盛世危言·火器》：“各适其宜，而后弹无虚～。”由此逐渐演变为量词，用于计量发出的枪弹、炮弹等，相当于“颗”。

法 fǎ 度量衡量词 电容单位“法拉”的简称。详见“法拉”。

法拉 fǎlā 度量衡量词 电容单位，符号为F。简称“法”。这个单位名称是为了纪念英国物理学家法拉第（Michael Faraday）而定的。如果一个电容器带1库仑电量时，两极板间电势差是1伏特，这个电容器的电容就是1法拉，即1法拉等于1库仑/伏特。在实际应用中，通常采用百万分之一法拉（微法拉）或更小的单位：这款超级电容器的容量单位从0.1到3000～｜该厂生产的超级电容器标称容量为5～。**用法提示** ①数词一般用基数词：超级电容器最大容量可达数千～｜这个电容器最大容量是3～｜陶瓷电容器的容量不超过万分之一～。②数词“一”一般不省略。③数词前一般不加代词。④前面一般不加形容词修饰，后面一般不加“子”。⑤一般不重叠和儿化。

F

番 fān ❶ 名量词 用于计量情况、景象等：另一～景象｜一～新气象｜他们着实领略了一～异域的风情。**用法提示** ①数词一般限用“一”“几”：别有一～情趣｜几～秋色｜那一～动人的美景一直留存在她记忆中。②数词“一”在某些代词后常可省略：那～风味｜哪～图景最特别？｜他被眼前这～可怕的情形惊呆了。③数词前可加“这”“那”“此”等代词：这几～风韵｜无人能达到此～境界｜戈壁滩上的那一～景象真是令人难忘。④数词为“一”时可重叠，重叠形式主要有“一～～”：一～～新天地｜一～～湖光山色尽收眼底｜改革开放后的农村到处都是一～～新气象。⑤前面一般不加形容词修饰，后面一般不加“子”。⑥一般不儿化。❷ 名量词 用于计量心思、言语、工作、过程等抽象事物：一～考验｜那～慷慨陈词｜为了练咏春拳他下了一～苦功。**用法提示** ①数词一般没有限制，既可用基数词或表示数量的“两”“几”“多”“好几”，也可用序数词或表示序数的“头”等：一～功绩｜费了几～心力｜这是他说的头～公道话。②数词“一”在某些代词或动词后常可省略：想干～大事业｜对不起她那～苦心｜这～肺腑之言我会铭记在心。③数词前可加“这”“那”“哪”等代词：这一～孝心｜他那一～真情告白打动了姑娘的心｜没有哪一～理想抱负是可以轻易实现的。④数词为“一”时可重叠，重叠形式主要有“一～～”“一～一～”：经过一～～激烈的角逐｜一～～为人称道的业绩｜听着那一～一～实实在在的话语，他很感动。⑤前面一般不加形容词修饰，后面一般不加“子”。⑥一般不儿化。❸ 动量词 用于计量用力较大、过程较长或多次出现的动作行为：一～斗争｜多～争论｜双方经过几～博弈后终于握手言和。**用法提示** ①数量结构可位于动词前，也可位于动词后：对她一～开导｜一～整顿后，那里的生产秩序恢复了正常｜仔细审视一～｜每逢重大节日，他们都要表演一～。②数量结构位于动词前时，数词一般没有限制，既可用基数词或表示数量的“两”“几”“多”，也可用序数词或表示序数的“头”等：一～较量｜做了好几～劝说｜头～对话是双方谈判代表进行的。数量结构位于动词后时，数词一般限用“一”“几”：比试几～｜开导一～｜他被领导训斥了一～。③数词“一”在某些代词后常可省略：心里那～挣扎｜这～努力没白费｜哪～辩论给你留下的印象最深？④数词前可加“这”“那”“哪”等代词：受了那一～刺激之后｜哪一～梳洗打扮都得花上个把小时｜这一～跋涉令人筋疲力尽。⑤数词为“一”时可重叠，重叠形式主要有“(一)～～”“一～一～”：一～～提醒｜一～～锤炼让他更快地成长｜一～一～地空炸几乎摧毁了整个城市。⑥前面一般不加形容词修饰，后面一般不加“子”。⑦一般不儿化。❹ 动量词 用于计量成倍的增长变化：加了两～｜上涨了两～｜新技术使原有的工效翻了几～。**用法提示** ①数量结构一般位于动词后：翻了几～｜大厦完全建设落成时，市值至少会再翻两～。②数词可用基数词或表示数量

的“两”“几”“好几”等：增长三～|涨了几～|今年的销售量比去年翻了好几～。③数词“一”在某些动词后常可省略：他们的产量都翻～了|这家厂的产能比去年翻了～。④数词前一般不加代词。⑤前面一般不加形容词修饰，后面一般不加“子”。⑥一般不重叠和儿化。

语义源流 从字形上看，本义指兽蹄，读fán。《说文解字·釆部》：“番，兽足谓之番。从釆，田象其掌。”但古代常将其假借为动词，表示轮流、更替，读fān。唐·殷敬顺《释文》：“番，音翻，更代也。”《列子·汤问》：“乃命禺强使巨鳌十五举首而戴之，迭为三～。”宋·苏舜钦《论五事疏》：“臣欲乞今后内城诸门，应分～宿值。”后演变为动量词，用于计量某些多次或反复出现的动作行为。《世说新语·文学》：“弼自为客主数～，皆一座所不及。”《三国演义》第二十五回：“连夜几～冲下山来，皆被乱箭射回。”进一步演变，用于计量成倍的增长变化等。另有一些情况或景象等可能轮番地反复出现，因此也可用为名量词，用于计量情况、景象等。宋·辛弃疾《水调歌头·送杨民瞻》：“黄鸡白酒，君去村社一～秋。”清·梦笔生《金屋梦》第五十六回：“只是南北大乱，几～兵火，人民逃亡大半，没个定家。”后又进一步演变，用于计量心思、言语、过程等抽象事物。

近义辨析 番—通 tòng 均可作动量词，用于计量言语行为时，二者有时可互换，如可以说“解释了一番”“胡说八道一番”，也可以说“解释了一通”“胡说八道一通”，但在“痛哭一番”“讥笑一番”等用例中，“番”通常不能替换为“通”。“番”作为量词是由其假借义轮流、更替演变而来的，用于计量轮番反复、过程较长的动作；而“通”是由通达无阻隔义逐步演变为量词的，计量的动作行为往往具有一次完成的特点。因此，“番”和“通”各有搭配对象，不可随意互换。例如，在“几番拼搏奋斗”“经过一番深思熟虑”“认真研究一番”等用例中，“番”均不能替换为“通”；而在“对儿子发了一通火”“挨了一通骂”“瞎说一通”等用例中，“通”也不能替换为“番”。

畈 fàn

名量词 用于计量大片的田地：耕出一～好田|那一～是低产田|如果把一～田连成一片统一种植，产量肯定能提高。**用法提示** ①数词一般没有限制，既可用基数词或表示数量的“两”“几”“好几”“若干”，也可用序数词或表示序数的“头”等：一～薄田|好几～水田|头～菜地是她家的。②数词“一”在某些代词后常可省略：这～地里种了什么？|那～玉米地该收了。③数词前可加“这”“那”“哪”等代词：这几～庄稼地|那一～荒地几年都没人管|哪几～旱田还没插完秧？④数词为“一”时可重叠，重叠形式主要有“(一)～～”“一～一～”：一～～平展展的稻田|经爷爷摆弄过的地，～～都成了良田|远山数枝桃花绰约，近处一～一～的油菜地里花正黄。⑤前面一般不加形容词修饰，后面一般不加“子”。⑥一般不儿化。

语义源流 本义为平畴，成片的田。《广韵·愿韵》：“畈，田畈。”宋·曹良史《句》其五：“驾犊渡溪水，夕阳满

F

田～。”清·范寅《越谚》：“～哩，田野间。”演变为量词，用于计量大片的田地。元·黄庚《书馆即事》：“烟拖野色入书窗，一～平田隔草塘。”明·王祎《送绶东归》其五：“一曲清江一～田，闲居耕钓足长年。”

方 fāng ❶ 名量词 用于计量方形的东西：一～帅印|收了几～澄泥砚|他手书了“福、寿”字各一～。**用法提示** ①数词一般没有限制，既可用基数词或表示数量的“两”“几”“好几”“若干”等，也可用序数词：一～匾额|两～砚台|山壁下层的第一～是摩崖石刻。②数词“一”在某些代词或动词后常可省略：挑～玉石|刻～朱文印|那～鸡血石有上百年历史了。③数词前可加“这”“那”“哪”等代词：选了这两～玉蝉砚|你把那几～石印给我看看|哪一～手帕是你要的？④前面可加“大”“小”等形容词修饰：两大～端砚|两家隔着一大～浅草坪|他家有一小～玉砚。⑤数词为“一”时可重叠，重叠形式主要有“(一)～～”“一～一～”：一～～水晶图章|这些徽砚，～～都是上品|大卡车上载着一～一～刚刚开采下来的大理石、花岗巨石。⑥后面一般不加“子”。⑦一般不儿化。❷ 名量词 用于计量具有对立或并列关系的人或事物：与会的几～代表|两～的人互不相让|他不会偏袒参加投标的任何一～公司。**用法提示** ①数词一般没有限制，既可用基数词或表示数量的“两”“几”“好几”“若干”等，也可用序数词：获胜的一～|参加会谈的几～代表|三～会议中第一～的负责人因故缺席。②数词“一”在某些代词后常可省略：那～的要求|我们这～没意见|目前哪～也不能确定最终的结果是什么。③数词前可加“这”“那”“哪”等代词：那一～的态度强硬|这几～的建议|您觉得哪一～的合作愿望更强？④前面一般不加形容词修饰，后面一般不加“子”。⑤一般不重叠和儿化。❸ 度量衡量词 平方或立方的简称。用于计量物体的面积或体积：一～黄花梨|用了几十～水泥|他买了三～木材打家具。**用法提示** ①数词一般没有限制，既可用基数词或表示数量的“两”“几”“好几”“若干”等，也可用序数词：一～石料|好几～沙石|今天送来的第一～松木受过潮，质量不好。②数词“一”在某些代词或动词后常可省略：拉了～工程土|那～石材是装修用的。③数词前可加“这”“那”“哪”等代词：这几～木料|那五十～混凝土需要在十点前搅拌完。④前面可加“大”“整”等形容词修饰：一大～木材|一整～的檀木就打了这么几件家具？⑤数词为“一”时可重叠，重叠形式主要有“一～～”“一～一～”：一～～的建材运到了工地上|修路时用了一～一～的基石|官兵们共搬运沙石、土130万立方米，一～一～连起来有1300公里长。⑥后面一般不加“子”。⑦一般不儿化。

语义源流 本义为相并的两船。《说文解字·方部》：“方，并船也。象两舟省总头形。”《诗·周南·汉广》：“江之永矣，不可～思。”马瑞辰通释：“凡船及用船以渡，通谓之方。”明·何景明《瀫之水》：“瀫之水，可以～，可

F

以舟。”另一说认为本义为起土锸，引申指挖地出土形成的立方体。《三国志·魏书·明帝纪》：“今陛下既尊群臣……而使穿～举土，面目垢黑。”《清实录·乾隆朝实录》：“所估砂礓土～，与历次成案不符。”无论是“并船”还是“起土锸挖出土方”，都取其“方形”，由此引申泛指四个角都是直角的四边形，与“圆”相对。《周礼·冬官·舆人》：“圆者中规，～者中矩。”《世说新语·夙惠》：“晏乃画地令～，自处其中。”后借用为量词，用于计量土、石、木材等的体积或面积。“一方”的实际体积因计量物不同而不同：砂土一般以方一丈、厚一尺为一方，石头则以长、宽、高各一尺为一方。计量面积时除田亩外，其他面积“一方”指一丈见方。公制指长宽高各一米为“一方”。《文献通考·田赋四》：“以东西南北各千步，当四十一顷六十六亩一百六十步为一～。”《清史稿·食货志一》：“清代札萨克图一亩则二百八十八弓，十亩为晌，四十五晌为～。”后泛用于计量方形的物品。北魏·崔鸿《十六国春秋·前赵·刘聪》：“左右取得，开有一～白玉。”《西游记》第三十一回：“那沙僧一闻孙悟空的三个字……就如拾着一～金玉一般。”另由方形义引申指方面、处所。《文子·自然》：“故绪业多端，趋行多～。”唐·王维《画学秘诀》：“山分八面，石有三～。”后演变用于计量具有对立或并列关系的人或事物。宋·杨仲良《皇宋通鉴长编纪事本末》卷五：“今我与尔无所间，何为困此一～人也？”

方面 fāngmiàn **名量词** 用于计量具有对立或并列关系的人或事物：两～的问题｜受好多～因素的影响｜这次活动取得了三～的成果。**用法提示** ①数词一般没有限制，既可用基数词或表示数量的“两”“几”“好几”“若干”等，也可用序数词：两～的情况｜涉及好几～的工作｜第一～的原因是主要的。②数词“一”在某些代词后常可省略：这～的研究｜不太了解那～的信息｜目前看，哪～都没有绝对胜算。③数词前可加“这”“那”“哪”等代词：这两～的优势｜以我在建筑业的经验看，设计图那一～不会有问题｜这个产品的功效是针对哪一～的？④前面一般不加形容词修饰，后面一般不加“子”。⑤一般不重叠和儿化。

语义源流 “方”“面”均有“方位、方向”之义，二者结合为复合词后为名词，可用于表示方向、方位。《东观汉记·逄萌传》：“萌被征上道，迷不知东西，云：‘～不知，安能济政！’”汉·刘歆《西京杂记》卷四：“东西各三门，随～题署亦如之。”又引申表示四方、四面。南朝梁·陆倕《石阙铭》：“区宇乂安，～静息。”刘良注：“方面，四方之面也。”唐·玄奘《大唐西域记·羯朱嗢祇罗国》：“（高台）基址广峙，刻雕奇制，周台～镂众圣像。”也可指一个地方的军政要职或其长官。《后汉书·冯异传》：“受任～，以立微功。”李贤注：“谓西方一面专以委之。”唐·王勃《梓州通泉县惠普寺碑》：“丹轩紫绂，家传～之勋。”后进一步引申指具有相对或并列关系的人或事物中的一方。清·俞根初《重订通俗伤寒论·病中调护法》：“寒暖～，病患之衣

F

被，须温凉合度，且须择轻软舒适者。”胡适《〈缀白裘〉序》：“都是排演和演唱的内行修改过的本子，最大的改削在于科白～。”由此也可用于计量具有对立或并列关系的人或事物。清·钟毓龙《上古秘史》第七十九回：“这层我亦知道，不过家庭中的关系很复杂，所对付的不止一～。”清·张杰鑫《三侠剑》第五回：“公子，我从此经过，你们两～人我都不认识。”

房 fáng ❶ 名量词 用于计量房屋中的物品等：一～瓷器和字画｜那一～旧书｜打开门，里面是一～新家具。**用法提示** ①数词一般没有限制，既可用基数词或表示数量的“两”“几”“好几”“若干”等，也可用序数词：一～好花木｜好几～木器｜第一～里的古玩是他家祖传的。②数词“一”在某些代词或动词后常可省略：置～好家电｜这～的摆设都是他设计的｜那～古董谁也不让动。③数词前可加“这”“那”“哪”等代词：这一～的东西要我怎么收拾｜一只大花瓶摔在了地上，飞了那一～的碎瓷｜老宅子里哪几～的摆设还是当年的样子？④前面可加“大”“整”等形容词修饰：摆了一大～玫瑰花｜继承了一大～家具｜一整～的家什都烧光了。⑤后面一般可加“子”：一～子化学药品｜一～子图书｜一～子织布机在那儿闲搁着。⑥数词为“一”时可重叠，重叠形式主要有“一～～”“一～一～”：那些小物件你得一～～地找｜一～一～的好东西都被洗劫一空。⑦一般不儿化。❷ 名量词 用于计量家族的分支：有三～姑表亲｜那一～的舅舅｜家中只有长孙这一～后来走了仕途。**用法提示** ①数词一般没有限制，既可用基数词或表示数量的“两”“几”“好几”“若干”等，也可用序数词：有一～近亲｜他家的两～表妹｜跟头一～的姑表亲之间不常走动。②数词“一”在某些代词或动词后常可省略：认～干亲｜不知哪～和老人的关系更近｜那～的表叔他以前见过。③数词前可加“这”“那”“哪”等代词：这两～都是独子｜那几～的亲戚已经很疏远了｜他们家祖上哪一～的子女比较多？④前面可加形容词“大”修饰：带了一大～的亲眷｜再加上这一大～的女眷就更热闹了｜他家有一大～的外地表亲。⑤数词为“一”时可重叠，重叠形式主要有“（一）～～”“一～一～”：她那些远亲，～～都是大户人家｜他家的财产后来被一～～分了出去｜每年我们都得给一～一～的叔伯拜年。⑥后面一般不加“子”。⑦一般不儿化。❸ 名量词 用于计量妻室、儿媳妇等：两～儿媳妇｜娶了一～小妾｜这个封建军阀有五～姨太太。**用法提示** ①数词一般没有限制，既可用基数词或表示数量的“两”“几”“好几”“若干”，也可用序数词或表示序数的“头”等：一～正室｜两～妻妾｜头～夫人的身体不好。②数词“一”在某些代词或动词后常可省略：娶～媳妇｜这～侧室没有子嗣｜他不大理会那～太太。③数词前可加“这”“那”“哪”等代词：是那一～的姨太太｜这几～儿媳妇经常吵架｜他家里哪一～的妻妾最受宠？④数词为“一”时可重叠，重叠形式主要有“（一）～～”“一～一～”：一～～的姬妾｜老财主家

F

的那些妻妾，～～都很厉害|旧时有些富人家惯常会把一～一～妾室娶进门。⑤前面一般不加形容词修饰，后面一般不加“子”。⑥一般不儿化。

语义源流 本义为正室两旁的屋，即今称的厢房。《说文解字·户部》：“房，室在旁也。”《书·顾命》：“胤之舞衣、大贝……在西～。”《左传·定公六年》：“孟孙立于～外。”引申泛指房间、住房。《宋书·乐志三》：“妾当守空～，闭门下重关。”唐·温庭筠《宿白盖峰寺寄僧》：“山～霜气晴，一宿遂平生。”由此借用作量词，用于计量房屋中的物品。清·许传霈《斋诗存》：“满壁图书供老眼，一～花石护云根。”清·丁秉仁《瑶华传》第四回：“舐开窗往里一看，架着满满的一～书。”因旧时同一家族常共居于一处住房，引申指家族分支。《魏书·肃宗记》：“追给敛财，复一～五年。”《新唐书·宰相世系表》：“李氏分陇西、赵郡二支，陇西有四～，赵郡有六～。”由此借用为量词，用于计量家族的分支。《新唐书·宗室世系表上》：“与姑臧、绛郡、武阳公三～，号‘四公子’房。”《红楼梦》第二十四回：“虽然面善，却想不起是那一～的，叫什么名字。”另由本义引申指妻室。《晋书·石崇传》：“后～百数，皆曳纨绣，珥金翠。”元·高明《琵琶记》第三十六出：“毕竟是文章误我，我误妻～。”后进一步演变为量词，用于计量妻室、儿媳妇。明·冯梦龙《古今小说·木绵庵郑虎臣报冤》：“只我家相公要讨一～侧室。”清·吴趼人《二十年目睹之怪现状》第八十四回：“原来陆观察除正室夫人之外，也有两～姨太太。”

近义辨析 房—门 均可用于计量家族中的分支，如可以说“一房远亲”，也可以说“一门远亲”；也均可用于计量家族中的亲戚，如可以说“一房远亲”，也可以说“一门远亲”。“房”本指正室两旁的屋，即今称的厢房，后引申指妻室，也可指近支宗亲。“门”本义为房门，引申指家庭、家族。过去同一家族常住同一居所，因此“房”和“门”都可以计量亲戚。然而，“房”指“内”，有同一家族内的分支的意义，因此还可以计量妻室、媳妇等，如“两房姨太太”“娶了一房好媳妇”，“门”没有这种用法。“门”涉“外”，因此还可计量与家族有关的事情，如“定了一门亲事”“结了一门亲家”，这里是家族与家族的关系，不是家族内的关系，因此只能用“门”，不能用“房”。此外，“门”还可用于计量不同事物的类别、派别等，“房”没有这种用法。

分 fēn ❶ 名量词 公制时间单位。60秒为1分，60分为1小时：一小时十五～|两～三十秒|时间一～～地过去了。**用法提示** ①数词一般没有限制，既可用基数词或表示数量的“两”“几”“好几”等，也可用序数词：八点五～|差五～十二点|刚见面的头几～（钟）谁都不说话。②数词前可加“这”“那”“哪”等代词：不差那两～|忽然觉得等待的这一～（钟）的时间特别长。③数词为“一”时可重叠，重叠形式主要有“（一）～～”“一～一～”：时间一～～地过去|～～秒秒都很重要|时间不知不觉中由夏一天一天地、一～一～地移向秋。④口

F

语中可儿化：也就晚了三五～儿|十点十～儿|现在是差五～儿六点。⑤数词“一”一般不省略。⑥前面一般不加形容词修饰，后面一般不加“子”。❷ 名量词 人民币的辅助货币单位。10 分为 1 角，100 分为 1 元：一角五～|几～钱|他手中有三个五～的硬币。**用法提示** ①数词可用基数词或表示数量的“两”“几”“好几”等：捡了五～钱|三角二～|这个比那个也贵不了几～钱。②数词前可加“这”“那”“哪”等代词：这五～的硬币是 2002 年的|那几～（钱）就不用找了|哪一～钱都是辛苦赚来的。③数词为“一”时可重叠，重叠形式主要有“一～～”“一～一～”：一～～地数清楚|口袋里都是一～一～的零钱|为了给他们交学费，当年母亲把能存的钱一～一～地都存起来。④数词“一”一般不省略。⑤前面一般不加形容词修饰，后面一般不加“子”。⑥一般不儿化。❸ 名量词 用于计量成绩或得分：五～制|语文考了 85～|这场比赛他们队只赢了对手 1～。**用法提示** ①数词一般没有限制，既可用基数词或表示数量的“两”“几”“好几”等，也可用序数词：赢下第一～|达到 90～以上|他期末考试比期中高了好几～。②数词“一”在某些代词后常可省略：这～丢得不应该|第二题的那～是怎么扣的？③数词前可加“这”“那”“哪”等代词：这 5～是选择题|哪几～是因为主观错误丢的？④数词为“一”时可重叠，重叠形式主要有“（一）～～”“一～一～”：一～～地追上对手|这次孩子提高的成绩，～～都是老师的功劳|每一局中，他都一球一球地争，一～一～地夺，终于取得了最后的胜利。⑤口语中可儿化：因为粗心大意白丢了两～儿|差一～儿就得一百～儿了|在先输两局的情况下，他硬是咬紧了牙关，一～儿一～儿地扳了回来。⑥前面一般不加形容词修饰，后面一般不加“子”。❹ 名量词 用于计量分数、成数或某些抽象事物：百～之六十|猜中几～|这个班有三～之二的学生学过第二外语。**用法提示** ①数词一般用基数词或表示数量的“两”“几”“好几”等：三～之一的收入|因为大旱，今年只有六～的收成|这次投标，你有几～把握？②数词“一”在某些代词或动词后常可省略：这～天资|哪～收获都是努力的结果|那～担忧只有母亲心里明白。③数词前可加“这”“那”“哪”等代词：那几～欢乐|这几～痛苦算不上什么|我们都能体会出她这一～心思。④前面一般不加形容词修饰，后面一般不加“子”。⑤一般不重叠和儿化。❺ 名量词 用于计量利率，年利一分按本金的十分之一计算，月利一分按本金的百分之一计算：月利 1.2～|半年息是不到一～|这种存款的年利最高时到过一～五厘。**用法提示** ①数词一般用基数词或表示数量的“两”“几”“好几”等：月息一～|活期年息是 0.5～|这个三年期大额存款，利息比活期的要高出几～。②数词“一”在某些代词后常可省略：这～的月利|多存五年，光是那～年息算下来也是不少钱。③数词前可加“这”“那”“哪”等代词：这半～的月息已

F

经不低了｜非法集资的人说的那一～二厘的高息都是骗人的。④一般可儿化：只有不到一～儿的年息｜那二～儿的月息已经是高利贷了｜从他那儿借钱，要收一～儿的利息。⑤一般不重叠。⑥前面一般不加形容词修饰，后面一般不加“子”。❻ 度量衡量词 用于计量角度、弧度或经度、纬度的单位。60分为1度：5度18～｜这个钝角是120度24～｜该城市处于北纬50度51～位置上。**用法提示** ①数词一般限用基数词：36度18～的锐角｜这里的经度是东经116度43～。②数词“一”一般不省略。③数词前一般不加代词。④前面一般不加形容词修饰，后面一般不加“子”。⑤一般不重叠和儿化。❼ 度量衡量词 市制长度单位。10分为1寸，100分为1市尺：十厘是一～｜1寸零2～｜这块布有4尺6寸8～。**用法提示** ①数词一般用基数词或表示数量的“两”“几”“好几”等：五寸五～｜长了三～｜这条裤子的左腿比右腿短了好几～。②数词“一”在某些代词后常可省略：差的就是这～｜长了那～就不合适了｜右门襟儿短了那～，还得再改改。③数词前可加“这”“那”等代词：长短就剪了这几～｜就宽了那几～，这个柜子怎么也放不进去。④数词为“一”时可重叠，重叠形式主要有“(一)～～”“一～一～”：～～都要量清楚｜那些是船板，尺寸差一～～也不行｜她用绒布细细地、一～一～地把那个老座钟擦干净了。⑤一般可儿化：再小一～儿就不能穿了｜洗完就缩了三～儿｜这双鞋小了两～儿，穿着不合适。⑥前面一般不加形容词修饰，后面一般不加“子”。❽ 度量衡量词 市制地积单位，用于计量土地的面积，10分为1亩：一亩三～地｜他的责任田有五亩八～。**用法提示** ①数词一般用基数词或表示数量的“两”“几”“好几”等：一亩二～的水田｜就剩下几～荒地｜这块六～大的地种的都是玉米。②数词“一”在某些代词或动词后常可省略：能再开出～新地就好了｜辟了～地种玉米｜家里的哪～地不是他精耕细作的？③数词前可加“这”“那”“哪”等代词：为了那三～地，两家吵起来了｜只有这五～的薄地｜全家四口人仅靠那几～地艰难过活。④数词为“一”时可重叠，重叠形式主要有“(一)～～”“一～一～”：～～地都犁过一遍｜地要一～一～地种｜这块地是祖产，少了一～～也不行。⑤一般可儿化：一亩三～儿地｜洪水过后，他的鱼塘又小了几～儿｜这几～儿果树林，再过两年就能结果了。⑥前面一般不加形容词修饰，后面一般不加“子”。❾ 度量衡量词 市制重量单位。10厘为1分，10分为1钱：2斤3两4钱5～｜这颗珍珠有6钱6～。**用法提示** ①数词一般用基数词或表示数量的“两”“几”“好几”等：五～重｜这个金条差了三～｜这块山参比那块重了好几～。②数词“一”在某些代词或动词后常可省略：这～茯苓｜这剂药里缺了～药引子。③数词前可加“这”“那”“哪”等代词：那五～重的金绿猫眼很少见｜别看就重了这几～，这颗黑珍珠价钱可高多了。④数词为“一”时可重叠，重叠形式主要有

F

"(一)～～""一～一～":～～都计较|这么多味药材都得一～一～地配好。⑤一般可儿化：这块祖母绿的分量比那块还要重几～儿|这些决明子要入药，多一～儿、少一～儿都不行。⑥前面一般不加形容词修饰，后面一般不加"子"。

语义源流 本义为分开、分割。《说文解字·八部》:"分，别也。从八从刀，刀以分别物也。"《易·系辞传上》:"方以类聚，物以群～，吉凶生矣。"《左传·文公十六年》:"楚子乘驲，会师于临品，～为二队。"后引申作名词，指从整体分出来的(部分)。《公羊传·庄公四年》:"师丧～焉。"《百喻经·二子分财喻》:"二子随教，于其死后分作二～。"由此演变为量词，用于计量分开的物体的长度。《孙子算经》卷上:"蚕吐丝为忽，十忽为一丝，十丝为一毫，十毫为一厘，十厘为一～，十～为一寸。"《三国志·吴书·孙皓传》:"吴郡言掘地得银，长一尺，广三～。"也可用于计量重量。《淮南子·天文》:"十二粟而当一～，十二～而当一铢……因倍之，故二十四铢为一两。"《宋书·律志序》:"十二粟而当一～。"后又用于计量货币。《魏书·高崇传》:"昔汉文帝以五～钱小，改铸为四铢。"清·李宝嘉《官场现形记》第五十回:"弄得不好，也只有二三～、三四～钱。"由此进一步演变，可用于计量利率。《金史·百官志三》:"月利一～，不及一月者以日计之。"明·兰陵笑笑生《金瓶梅》第十九回:"借到鲁华名下白银三十两，月利三～。"也可用于计量土地面积等。明·沈榜《宛署杂记》卷十八:"福田寺下正旺地七十一亩三～。"后又引申用于计量角度、弧度等。《后汉书·律历志》:"(金星)日行一度二十二～。"《新唐书·历六下》:"盈限百九十六度八十～。"也可用于计量时间。明·黄道周《黄石斋先生大涤函书》:"也皆羸不至八十三时，乏不至八十二时五～。"《明史·天文志》:"卯初初刻四～旦，南河三偏东六度。"另由本义引申，可用于计量成数或某些抽象事物。清·兰皋居士《绮楼重梦》第四十一回:"淑贞总认是宽解他的假话，及至得了实信，心里却暗暗服他果有前知的，十～愤恨，已消去了七八～。"清·余治《得一录》:"越淹越穷，一定之理。况且多吃一～苦，多享一～福。"后又用于计量得分、成绩等。《大明会典·营操》:"都司掌印官、五～以上、参问住俸。八～以上、一体降级。"

近义辨析 分—份 均可用于计量整体中的一部分，如可以说"每人都要出一分力"，也可以说"每人都要出一份力"。"分"本义为分开、分割，计量的是一个整体分成十份之后的份数，"一分力"就是十分之一的力量。"份"作为量词，计量的是从某一整体中实际分出的部分，如"两个人一人一份家产""这块地要平均分成五份"。此外，在用于计量力量、心思、荣誉等抽象事物时，二者虽然可以互换，但"分"表达的意义更为主观、抽象，而"份"表达的意义较为具体、客观。"分"用于计量时间、货币、分数、角度等的用法是"份"所不具备的。

分贝 fēnbèi 度量衡量词 用于计量

F

声音强度、电压或功率相对大小的单位，符号为dB。分贝的数值等于声强、电压或功率比值的常用对数乘以10。当选定一个基准声强、电压或功率时，分贝数也表示声强、电压或功率的绝对大小。10分贝等于1贝尔：40～的声强|外放声强达100～|超过70～的声音就是噪音。**用法提示** ①数词可用基数词或表示数量的“几”“好多”“若干”等：普通谈话声为60～|火箭发射时的噪音高达180～|她的声音比其他人高了若干～。②数词前可加“这”“那”等代词：这150～相当于喷气式飞机起飞的声音。③数词“一”一般不省略。④前面不加形容词修饰，后面不加“子”。⑤不重叠和儿化。

分克 fēnkè 度量衡量词 质量或重量单位，符号为dg。10000分克等于1千克：1克相当于10～|冷却后，再加入2～小苏打。**用法提示** ①数词一般没有限制，既可用基数词或表示数量的“两”“几”“好几”“若干”等，也可用序数词：第二～|多加几～白糖。②数词前可加“这”“那”等代词：这15.675～的糖分是每百克果肉中的糖含量|就少了那几～的催化剂，实验受到了很大影响。③数词“一”一般不省略。④前面不加形容词修饰，后面不加“子”。⑤一般不重叠和儿化。

分米 fēnmǐ 度量衡量词 长度单位，符号为dm。10分米等于1米：15～|1～等于10厘米。**用法提示** ①数词一般没有限制，既可用基数词或表示数量的“两”“几”“好几”“若干”等，也可用序数词：第一～|长度比标准量短了好几～|20～，相当于一块黑板的长度。②数词前可加“这”“那”等代词：就高了这一～|那几～的误差可以忽略不计吗？③数词为“一”时可重叠，重叠形式为“一～一～”：一～一～地实地测量|手握探测器，一～一～地细心搜索。④数词“一”一般不省略。⑤前面不加形容词修饰，后面不加“子”。⑥不儿化。

份 fèn ❶ 名量词 用于计量整体中的一部分：切成几～|两人各得一～|他的家产分成了三～，每个孩子都有一～。**用法提示** ①数词一般没有限制，既可用基数词或表示数量的“两”“几”“好几”“若干”，也可用序数词或表示序数的“头”等：分了六～|三～里的一～|切完蛋糕，头～要给妈妈。②数词“一”在某些代词或动词后常可省略：去年那～分红不多|她得到的这～家产最少|买的比萨饼太大，你拿～走吧！③数词前可加“这”“那”“哪”等代词：那几～是给同学们的|这两～南瓜是从那个大的上切下来的|哪一～是你要的？④前面可加“大”“小”等形容词修饰：拿走几大～|你挑的是大冬瓜切下来的一小～，不是一大～。⑤后面有时可加“子”：分了一～子给弟弟吃|那笔钱她有资格得两～子吗？|他家的长子嫡孙可以多分一～子的家产。⑥数词为“一”时可重叠，重叠形式主要有“(一)～～”“一～一～”：把肉一～～地切好秤好|把一个圆分成六份，～～大小都相等|她用秤量出三斤糯米，再分开，一～一～地放进碗里。⑦一般可儿化：又给他多分了一～儿|那块排骨可以切成两～儿吗？我想买其

F

中的一～儿。❷ 名量词 用于计量搭配成组的餐食、物品等：一～定食|两～礼物|这一～套餐里有三菜一汤。**用法提示** ①数词一般没有限制，既可用基数词或表示数量的“两”“几”“好几”“若干”，也可用序数词或表示序数的“头”等：两～炸鸡|送了好几～午饭|头～牛排沙拉是谁点的？②数词“一”在某些代词或动词后常可省略：叫～外卖吧|这～洗漱用品是我出差要带的|你拿～牛奶三明治当早点吧！③数词前可加“这”“那”“哪”等代词：那两～都是素食|这几～文具是给孩子们的儿童节礼物|哪一～办公用品更实用？④前面可加“大”“小”“整”等形容词修饰：一整～盒饭都是辣的|他吃掉了一大～日料，我只叫了一小～水果拼盘。⑤数词为“一”时可重叠，重叠形式主要有“(一)～～”“一～一～”：这些营养餐，～～都不够分量|福利院的孩子收到了一～一～的礼物|公司员工们往捐赠箱中投进一～～“爱心”捐款。⑥一般可儿化：多送了两～儿赠品|再来一～儿汉堡加薯条吧|他吃了一大～儿炸酱面。⑦后面一般不加“子”。❸ 名量词 用于计量报刊、文件等：一～早报|两～杂志|这几～快件要加急办理。**用法提示** ①数词一般没有限制，既可用基数词或表示数量的“两”“几”“好几”“若干”，也可用序数词或表示序数的“头”“首”等：五～电报|上传了若干～复印件|首～校报是什么时候出版的？②数词“一”在某些代词或动词后常可省略：写～正式申请|这～公函请你带回去|我再去发～传真。③数词前可加“这”“那”“哪”等代词：看看那两～发言稿|这三～材料要在全体会上讨论|两个公司因未明确增加的工程量是属于哪一～合同的而产生了纠纷。④前面有时可加“大”“小”“整”等形容词修饰：一大～报告|两小时就只看了一小～材料|一整～计划书中都没有提到具体的交货日期。⑤数词为“一”时可重叠，重叠形式主要有“(一)～～”“一～一～”：一～～的求职书|他们的刊物，～～都受欢迎|要把这些文件一～一～地编好号码，再分门别类登记造册。⑥一般可儿化：交了～儿检查|明天的招聘会，你要多准备几～儿简历|替我捎一～儿晚报回来吧！⑦后面一般不加“子”。❹ 名量词 用于计量某些抽象事物：送一～祝福|战士们的一～忠诚|这个项目能顺利完工，也有他的一～功劳。**用法提示** ①数词一般没有限制，既可用基数词或表示数量的“两”“几”“好几”“若干”，也可用序数词或表示序数的“头”“首”等：一～牵挂|出了好几～力|头～工作是什么时候开始干的？②数词“一”在某些代词或动词后常可省略：作～贡献|这～兼职是朋友介绍的|你是经理，要比员工多负～责任啊！③数词前可加“这”“那”“哪”等代词：没有那一～精力|这几～辛劳没有白费|不是哪一～付出都会有回报的。④一般可儿化：孩子们自有他们的一～儿乐趣|这是做儿女的一～儿孝心|到了这个年纪，我真是有这～儿心，没这～儿力了。⑤数词为“一”时可重叠，重叠形式主要有“(一)～～”“一～一～”：

一碗碗水饺，一～～心意|～～关爱之情，如涓涓细流，滋润着遇难者家属的心田|每一个小物件都流露出他对家的一～一～浓情与深爱。⑥前面一般不加形容词修饰，后面一般不加“子”。

语义源流 本义为文质兼备，同“彬”。《说文解字·人部》：“份，文质备也。”后借用作名词，表示整体中分出的一部分，与“分”同。明·兰陵笑笑生《金瓶梅》第七回：“他是你男子汉一母同胞所生，莫不家当没他的～儿？”清·秦子忱《续红楼梦》第十二回：“你就带了他们，都抬到衙门里去罢；等我回去，按着～儿分就是了。”由此演变为量词，用于计量整体中的一部分。清·李宝嘉《文明小史》第五十一回：“盆里盛了一条大鱼，船主用刀叉将他分开了，一～～的送与在台诸客。”也可用于计量搭配成组的事物。清·文康《儿女英雄传》第十回：“便叫安公子去里屋找～笔砚来用。”又第三十九回：“幸得太太在家交代得清楚，跟的那班小厮们早一～～的打点了送上了。”又引申用于计量报刊、文件等。清·吴趼人《二十年目睹之怪现状》第八十九回：“这样罢，做晚的回去，送一～三联支票过来罢。”后又引申用于计量某些抽象事物。清·侯方域《四忆堂诗集校笺》：“清朝建国近十年来的‘新气象’，也有宋征舆督学东越的一～功劳。”清·张杰鑫《三侠剑》第五回：“众位兄长这一来到吾家，官人分明知道，也得与小弟暗中卖一～人情，文武官员都跟为弟的有来往，他们决不好意思的。”

近义辨析 份—分 见“分”下。

封 fēng **名量词** 用于计量书信、银两等：一～感谢信|一～银子|送来两～密件|刚刚又发了几～电子邮件。**用法提示** ①数词一般没有限制，既可用基数词或表示数量的“两”“几”“好几”“若干”，也可用序数词或表示序数的“头”“首”等：两～家书|几～航空信|头～邮件就没寄到。②数词“一”在某些代词或动词后常可省略：那～是平信|这～电报是加急的|再写～邮件问问她情况吧！③数词前可加“这”“那”“哪”等代词：面前那一～家书|这几～法语邮件|哪一～是王老师写的推荐信？④数词为“一”时可重叠，重叠形式主要有“(一)～～”“一～一～”：一～～挂号信|当年他写给女友的情书，～～都饱含深情|她收到影迷的信都会一～一～地认真读完后回信。⑤前面一般不加形容词修饰，后面一般不加“子”。⑥一般不儿化。

语义源流 本义指堆土植树为界。《周礼·地官·大司徒》：“制其畿方千里而封树之。”贾公彦疏：“土在沟上谓之为封。”《三国志·魏书·明帝纪》：“昔汉武帝好神仙，信方士，掘地为海，～土为山，赖是时天下为一，莫敢与争者耳。”唐·陆龟蒙《江湖散人传》：“土之散，～之可崇，穴之可深。”引申指古代帝王把爵位、称号、土地等赐给臣子。《说文解字·土部》：“封，爵诸侯之土也。从之从土从寸，守其制度也。”由于帝王所赐的封地边界是对外封闭的，后引申作动词，表示封闭、密封、裹扎。《南齐书·张岱传》：“岱初作遗命，分张家财，～置箱中。”宋·贺铸《拥鼻吟·吴音子》：“拥鼻微吟，断肠新句，粉碧罗笺，～泪寄与。"又引申作名词，泛指书信等物品。唐·李商隐《酬令狐郎中见寄》："～来江渺渺，信去雨冥冥。"宋·司马光《答彭寂朝议书》："虽市廛畎亩之民，皆得直上～言事。"由此演变为量词，用于计量封缄的书信、银两等。《汉书·陈遵传》："书数百～，亲疏各有意。"清·夏敬渠《野叟曝言》第二十九回："就在床匮里先拿出一～银子、二十吊钱，交给三奶奶。"

峰 fēng ❶ 名量词 用于计量山石等：几～怪石｜一～绝壁｜越过那几～山巅，就到传说中的城堡了。**用法提示** ①数词一般没有限制，既可用基数词或表示数量的"两""几""好几""若干"等，也可用序数词：两～青山｜绿荫丛中有好几～湖石｜这是他们上路后遇到的第一～陡峭的山壁。②数词"一"在某些代词后常可省略：徒手攀上那～断崖｜这～兀立的怪石好像随时都要倒下来｜绕过那～峭壁就到村外了。③数词前可加"这""那""哪"等代词：水边的那几～假山｜这一～陡壁几乎是直上直下的｜你说的是哪一～山崖？④数词为"一"时可重叠，重叠形式主要有"(一)～～""一～一～"：一～～的怪石｜远处是～～悬崖峭壁｜破旧的堂前除去一～一～皱出层峦的瘦石，已别无他物。⑤前面一般不加形容词修饰，后面一般不加"子"。⑥一般不儿化。❷ 名量词 用于计量骆驼：一～羊驼｜拉着两～老骆驼｜河边的树上拴着几～母骆驼。**用法提示** ①数词一般没有限制，既可用基数词或表示数量的"两""几""好几""若干"，也可用序数词或表示序数的"头"等：一～赛驼｜好几～骆驼｜头～骆驼是领路的。②数词"一"在某些代词或动词后常可省略：那～金驼｜这～装上货的骆驼你先拉走｜他牵了～骆驼上路了。③数词前可加"这""那""哪"等代词：那三～银驼很壮实｜这两～是野骆驼｜哪一～骆驼比较听话？④数词为"一"时可重叠，重叠形式主要有"(一)～～""一～一～"：能走出大沙漠的，～～都是好骆驼｜一～～的骆驼在大漠中缓缓前行｜远处一～一～的骆驼正在一片低洼处饮水。⑤前面一般不加形容词修饰，后面一般不加"子"。⑥一般不儿化。

📖 **语义源流** 本义为山顶、山尖。《说文解字·山部》："峰，山耑也。"唐·李白《蜀道难》："连～去天不盈尺，枯松倒挂倚绝壁。"明·吴文泰《送人之巴蜀》："云开巫峡千～出，路转巴江一字流。"引申指高而陡的山。晋·左思《蜀都赋》："楩柟幽蔼于谷底，松柏蓊郁于山～。"宋·苏轼《题西林壁》："横看成岭侧成～，远近高低各不同。"由此演变为量词，用于计量山石等。宋·周密《癸辛杂识·石行》："福王府假山石一～，高二丈。"元·陶宗仪《辍耕录·宫阙制度》："又有玉假山一～，玉响铁一悬。"由本义也引申指呈山峰形的事物，如驼峰、眉峰、洪峰等。唐·杜甫《丽人行》："紫驼之～出翠釜，水精之盘行素鳞。"元·杨维桢《萧杖歌》："相呼道人木上座，杖陂水拔须眉～。"又由此演变为量词，用于计量骆驼等。

夫 fū 名量词〈古〉用于计量田地。一

F

百亩为一夫：一～麦地 | 几～良田。

📖 **语义源流** 本义为成年男子。《说文解字·夫部》："夫，丈夫也……周制以八寸为尺，十尺为丈。人长八尺，故曰丈夫。"《诗经·秦风·黄岛》："维此奄息，百～之特。"《韩非子·五蠹》："古者丈～不耕，草木之实足食也。"因井田制规定一夫受田百亩，后"夫"演变为量词，用来计量成块的田地。《周礼·地官·小司徒》："九～为井，四井为邑。"郑玄注："《司马法》曰：'六尺为步，步百为亩，亩百为夫。'"《朱子语类·历代一》："井田一～百亩，则为遂，遂上有径，此是纵，为陌。"

伏[1] fú **名量词**〈古〉用于计量孵卵等的时间（约二十四小时）。后进一步泛化用于计量时间：一～时 | 一～火 | 若入药，须煮一～时。

📖 **语义源流** 本义指犬趴下身体。《说文解字·人部》："伏，司也。"段玉裁注："司，今之伺字。"《周礼·秋官·犬人》："～瘗亦如之。"郑众注："课伏犬以王车轹之。"后泛指趴，身体向前倾靠在物体上。《礼记·曲礼上》："坐毋箕，寝毋～。"清·方苞《左忠毅公逸事》："庑下一生～案卧，文方成草。"又引申指禽鸟等（趴下）孵卵，读 fù。《庄子·庚桑楚》："越鸡不能～鹄卵。"《汉书·五行志中之上》："丞相府史家雌鸡～子，渐化为雄。"由此演变为量词，用于计量家禽生蛋的时间。"一伏时"即为一昼夜，二十四小时。清·蒲松龄《聊斋志异·王成》："玉鹑健啄，则起如翔鹤以击之，进退颉颃，相持约一～时。"进一步泛化后用于计量时间。唐·白居易《西湖石函记》："每一～时，可溉五十顷。"明·汪砢玉《古今鹾略》卷一："自子至亥，谓之一～火，可煎六盘。"

伏[2] fú **度量衡量词** 电压单位"伏特"的简称。详见"伏特"。

伏安 fú'ān **度量衡量词** 电功率单位，符号为 VA。英文 volt-ampere 的音译。其数值为电路的电压与电流的乘积。1 伏安等于 1 瓦：输出功率 4～| 这个电器的功率是 600～| 沈阳变压器厂成功试制了我国第一台 40500 千～的巨型电力变压器。 **用法提示** ①数词可用基数词或表示数量的"几""若干"等：该公司蓄电池年总产量为 664 万千～| 这个输变电站规模容量达 540 兆～| 工业用户的变压器容量大多在十万～以上。②数词前可加"这""那"等代词：这 2 万～容量的变电站 | 那 170 万千～的蓄电池。③数词"一"一般不省略。④前面不加形容词修饰，后面不加"子"。⑤一般不重叠和儿化。

伏特 fútè **度量衡量词** 电压单位，符号为 V。简称"伏"。这个单位名称是为纪念意大利物理学家伏特（Conte Alessandro Volta）而定的。1 安培电流通过电阻为 1 欧姆的导线时，导线两端的电压为 1 伏特：3～的电池 | 这种日本产的电视机只能接 110～的电源，不能接 220～的。 **用法提示** ①数词可用基数词或表示数量的"几""若干"等：阳极电压由几～到几十～| 电源线表面能够产生好几～的感应电压。②数词前可加"这""那"等代词：你这 110～的电器在这儿都不适用 | 那几万～的高压相当危险 | 这几～电压根本感受不到。③数词"一"一般不省

略。④前面不加形容词修饰，后面不加“子”。⑤一般不重叠和儿化。

幅 fú ❶ 名量词 用于计量布帛、绸缎、呢绒及用其制成的幔、帐等：两～锦缎｜一～红绮，三尺五寸｜每旗需用阔绢一～，长四尺。**用法提示** ①数词一般没有限制，既可用基数词或表示数量的“两”“几”“好几”“若干”，也可用序数词或表示序数的“头”等：两～黑布｜好几～红绸｜你拿来的头～帐子的尺寸不对。②数词“一”在某些代词或动词后常可省略：扯～被面｜神案面上仅挂了～帷幔｜中间垂着的那～纱帘，把屋子隔成了两部分。③数词前可加“这”“那”“哪”等代词：这两～锦被花色不一样｜那几～呢子正好做大衣｜她看遍了店里的布料，还是无法决定用哪一～。④前面可加“大”“整”等形容词修饰：几大～平绒｜买了两大～彩绸｜屋外挂着一整～布幕。⑤数词为“一”时可重叠，重叠形式主要有“(一)～～”“一～一～”：一～～的衣料｜那些壁毯～～都是手工精品｜一～一～的白布被染成了各种颜色。⑥后面一般不加“子”。⑦一般不儿化。❷ 名量词 用于计量旗帜等：几～区旗｜送来一～锦旗｜他们自己设计了～队旗，准备带着去参赛。**用法提示** ①数词一般没有限制，既可用基数词或表示数量的“两”“几”“好几”“若干”，也可用序数词或表示序数的“头”“首”等：两～校旗｜几～彩旗｜墙上的第一～广告旗是他们公司的。②数词“一”在某些代词或动词后常可省略：拿着～小红旗｜挂上～会旗｜最左边那～礼宾用旗。③数词前可加“这”“那”“哪”等代词：这几～旌旗｜那两～是道具用旗｜哪一～旗代表的是你们学校？④前面可加“大”“小”“整”等形容词修饰：一大～国旗｜两小～指挥旗｜烈士的鲜血染红了一整～军旗。⑤数词为“一”时可重叠，重叠形式主要有“(一)～～”“一～一～”：赛场边的一～～团旗｜他们做的彩旗，～～颜色都很鲜艳｜国庆的北京街头，一～一～的五星红旗迎风飘扬。⑥后面一般不加“子”。⑦一般不儿化。❸ 名量词 用于计量书画、照片等：一～全家福｜几～山水画｜这次展出的是他近期拍摄的多～作品。**用法提示** ①数词一般没有限制，既可用基数词或表示数量的“两”“几”“好几”“若干”，也可用序数词或表示序数的“头”“首”等：画了两～肖像｜好多～素描｜这是他的首～楷书作品。②数词“一”在某些代词或动词后常可省略：换了～新画｜那～字是谁写的？｜画～人物写生吧！③数词前可加“这”“那”“哪”等代词：美术馆的那几～真迹｜这两～作品是印象派画作｜哪一～照片是在比利时拍的？④前面可加“大”“小”“整”等形容词修饰：两大～国画｜三小～风景照｜一整～人像摄影。⑤数词为“一”时可重叠，重叠形式主要有“(一)～～”“一～一～”：一～～光彩夺目的图画｜他的设计图～～都很规范｜美术馆里陈列了一～一～传世佳作供人们欣赏。⑥后面一般不加“子”。⑦一般不儿化。❹ 名量词 用于计量景象、情景等抽象事物：一～繁荣景象｜那～醉人

F

的美景｜这～景象像极了小说中描写的那种远离喧嚣的世外桃源。**用法提示** ①数词多用“一”：一～惨象｜一～动人的风景｜他忘不了当时的那一～奇景。②数词“一”在某些代词或动词后常可省略：这～秋景｜那～美景｜眼前出现～海市蜃楼的幻境。③数词前可加“这”“那”“哪”等代词：那一～梦境般的场景｜这一～冬景是她从未见过的｜哪一～景象又勾起了母亲的伤心事？④数词为“一”时可重叠，重叠形式主要有“（一）～～”“一～一～”：一～～塞外的图景｜丰收的图景，～～都醉人｜摄像机的镜头记录下了一～一～感人的场景。⑤前面一般不加形容词修饰，后面一般不加“子”。⑥一般不儿化。

语义源流 本义为布帛的宽度。《说文解字·巾部》：“幅，布帛广也。”《韩非子·外储说右上》：“使其妻织组而～狭于度，吴子使更之。”《汉书·食货志下》：“布帛广二尺二寸为～，长四丈为匹。”引申泛指布帛或纸张。《晋书·倭人传》：“其男子衣以横～，但结束相连。”宋·韩维《答王詹叔见寄》：“新诗溢巾～。”由此演变为量词，用于计量布帛、幔帐、旗帜、纸张、书画、照片等。唐·韩愈《桃源图》：“流水盘回山百转，生绡数～垂中堂。”《太平广记·异僧·杯渡》：“其家忽求黄纸两～，作书不成字，合同其背。”现代汉语中，进一步抽象用于计量景象、情景等抽象事物。

近义辨析 幅—副 二者在意义和用法上均有区别，但因二者字形和字音相近，所以易出现混用、错用的情况。“幅”本义为布帛的宽度，演变为量词，主要用于计量布帛等织物及由其制成的、可以展开的幔帐、旗帜，也可用于计量书画作品或景象等，如“两幅绸子”“画了几幅山水画”“一幅欢乐祥和的景象”。“副”本义为剖开、分开，演变为量词后，多用于计量可以分开或配合的、成对或成套的物品，如“一副眼镜”“两副筷子”“好几副对联”；也可用于计量人的表情，如“一副很吃惊的样子”。在这些用法中，“幅”和“副”均不可互换。另外，“副”还可用于计量中药，“幅”无此用法。

斧

斧 fǔ 动量词 用于计量用斧子砍的动作：砍两～｜他只用了十几～就把那棵树砍倒了。**用法提示** ①数量结构可位于动词前，也可位于动词后：一～劈下去｜削了一～。②数词一般没有限制，既可用基数词或表示数量的“两”“几”“好几”“若干”等，也可用序数词：劈了好几～｜所幸第一～并没有砍到他｜你这东一～西一～地乱砍，怎么能把那根竹子砍倒？③数词前可加“这”“那”“哪”等代词：这两～是谁砍的？｜那几～都没劈中｜他也不知道刚才是被小偷的哪一～砍伤了胳膊。④后面一般可加“子”：砍了一～子｜几～子劈下去｜他接连躲过了那两～子。⑤数词为“一”时可重叠，重叠形式主要有“（一）～～”“一～一～”：～～砍中要害｜一～一～地把一棵大树砍倒了｜他一～～用力地剁着。⑥数词“一”一般不省略。⑦前面一般不加形容词修饰。⑧一般不儿化。

语义源流 本义为砍物的工具，有柄。

F

《说文解字·斤部》:“斧，斫也。”段玉裁注:“斧之为用广矣，斤则不见于他用也。”《诗·齐风·南山》:“析薪如之何？匪～不克。”宋·陆游《老学庵笔记》:“蜀人爨薪皆短而粗……不可遽烧，必以～破之。”引申表示用斧砍的动作。汉·曹操《苦寒行》:“担囊行取薪，～冰持作糜。”唐·韩愈《平淮西碑》:“孰为不顺，往～其吭。”由此借用为动量词，用于计量斧砍的动作。明·罗懋登《三宝太监西洋记》第五十三回:“帖木儿也看见王克新刀法厉害，无心恋战，虚晃了一～子，竟败阵而走，王明连忙赶下阵去。”清·文康《儿女英雄传》第二十五回:“所以弄到这边邓老头儿才拿起那把冰斧来，一～子就碰在钉子上，卷了刃了。”

F

付 fù ❶ 名量词 用于计量成对或成套的东西，同“副”：一～绑腿|三个人抬一～担架|他得了一～新球拍。**用法提示** 见“副①”。❷ 名量词 用于计量中药，同“副”“服”：一～祛病良药|多吃两～药|大夫说这～中药要两煎两服。**用法提示** 见“副②”。

语义源流 本义为给予、交付。《说文解字·人部》:“付，与也。”宋·朱服《渔家傲·东阳郡斋作》:“恋树湿花飞不起，愁无际，和春～与东流水。”清·吴骞《扶风传信录》:“诘旦，以仲仙别后诗词～生，情极悲婉。”作量词的“付”通“副”，可用于计量成对或成套的东西、中药等。清·张杰鑫《三侠剑》第五回:“昨天拟寻找材料配一～药，胜英又和他党羽赶到杭州。”

近义辨析 付—服—副 均可用于计量中药。作为量词，“付”是“副”的通假字。“副”本义为剖开、分开，由于将事物分开后其相互间仍有相配、相称关系，故演变为量词后可计量成对成套的东西。中药是由多种药物组成的，因此“副”也可用来计量中药。“服”本义为用事、从事、使用，后用于计量煎服中药的次数，又用于计量所服用中药的剂量。用于计量中药时，正规文书中多用“副”。“副”除了用于计量中药外，还可用来计量面部表情等，如“一副不耐烦的表情”，“服”则无此种用法。

服 fù 名量词 用于计量中药（现多写作“副”）：好几～药|一～药得多少钱？|老中医用了三五～药他的病就好了。**用法提示** 见“副②。”

语义源流 本义为任用、使用，读fú。《说文解字·舟部》:“服，用也。”《楚辞·离骚》:“謇吾法夫前修兮，非世俗之所～。”《后汉书·梁竦传》:“竦悉分与亲族，自无所～。”后引申专指饮用或食用药物。《礼记·曲礼下》:“医不三世，不～其药。”《史记·扁鹊仓公列传》:“即令更～丸药，出入六日，病已。”由此演变为量词，用于计量中药，读fù。北周·庾信《燕歌行》:“定取金丹作几～，能令华表得千年。”宋·苏轼《〈圣散子〉后序》:“所用皆中下品药，略计每千钱即得千～。”

近义辨析 服—付—副 见“付”下。

服—剂—料—味 均可用于计量中药。“服”“剂”所计量的是由多种（味）中药材料配合成的药，如可以说“抓了几服中药”，也可以说“抓了几剂中药”，二者常可互换。这是因为“剂”是由用多味药材组合成的药剂义演变为量词的，用于计量药物时，强调用不同草药组合而成的特点，在这一点上，“剂”与“服”的意思相当。“料”是由称量、计量义引申指计量的对象的，演变为量词，成为一种计算单位，一定数量的物品称为一料。其计量药物时，多用于中药配制成的丸药，或是处方上所规定的剂量的全份。如“六味地黄丸一料加甘枸杞子四两”，此种用法中的“料”不可换用其他三个量词。“味”是由味道、气味义演变为量词的，本用于计量菜肴，后也用于计量中药，药物的一种叫一味。如“这服药里有两味能解毒”“到药店抓几味药来煎服”，此种用法中的“味”也不可换用其他三个量词。

副 fù ❶ 名量词 用于计量成对或成套的物品：一～麻将牌｜加两～碗筷｜爷爷家有一～62式军用望远镜。**用法提示** ①数词一般没有限制，既可用基数词或表示数量的“两”“几”“好几”“若干”，也可用序数词或表示序数的“头”等：一～好牌｜两三～手套｜每年春节的头～对联都是老村长贴的。②数词“一”在某些代词或动词后常可省略：打～银镯子｜这～牲口缰绳笼头值一万多｜饭桌上哪～碗筷是你的？③数词前可加“这”“那”“哪”等代词：这三～合页坏了｜一眼就看到了他手上戴着的那一～手铐｜哪一～牌是你带来的？④数词为“一”时可重叠，重叠形式主要有“(一)～～”“一～一～”：一～一～的对联｜这里的太阳镜，～～都很时髦｜一～～崭新的棉手套发到了战士们手中。⑤前面一般不加形容词修饰，后面一般不加“子”。⑥一般不儿化。❷ 名量词 用于计量中药：配一～中药｜连吃了十～汤药｜任何一～药都不能治百病。**用法提示** ①数词一般没有限制，既可用基数词或表示数量的“两”“几”“好几”“若干”，也可用序数词或表示序数的“头”等：一～猛药｜好几～中药｜头～药吃下去可能会有点反胃。②数词“一”在某些代词或动词后常可省略：这～草药疗效不错｜那～药还没开始吃｜帮我抓～汤药吧！③数词前可加“这”“那”“哪”等代词：那两～中药｜这几～药是治慢性哮喘的｜哪一～药的方子不见了？④数词为“一”时可重叠，重叠形式主要有“(一)～～”“一～一～”：为了治病吞下了一～～的药｜上次抓的药，～～都不便宜｜她把那些药一～一～地煎好。⑤前面一般不加形容词修饰，后面一般不加“子”。⑥一般不儿化。❸ 名量词 用于计量人的面部表情、态度、衣着打扮等：一～冷面孔｜那～铁石心肠｜他总爱摆出一～“万事通”的架势。**用法提示** ①数词一般限用“一”：一～奇怪的表情｜一～可怜巴巴的样子｜别人都很高兴，就他一～苦瓜脸。②数词“一”在某些代词或动词后常可省略：他这～嘴脸让人厌｜换了～新打扮｜她为什么是那～惊慌失措的样子？③数词前可加“这”“那”“哪”等代词：外婆那一～慈祥的面孔｜这一～神情实在让人琢磨不透｜来北京留学后，他们都是那一～“乐不思蜀”的样子。④数词为“一”时可重叠，重叠形式主

要有"（一）～～""一～一～"：村民们那一～～动情的面容|孩子们的笑脸，～～都很真实|她眼前浮现出一～一～熟悉的面孔。⑤前面一般不加形容词修饰，后面一般不加"子"。⑥一般不儿化。

语义源流 本义为剖开、分开，读 pì。《说文解字·刀部》："副，判也。"段玉裁注："副之，则一物成二，因仍谓之副。因之凡分而合者皆谓之副。"《诗·大雅·生民》："不坼不～，无菑无害。"《礼记·曲礼》："为天下削瓜者～之。"引申指相称、符合，读 fù。《淮南子·主术》："古圣王至精形于内，而好憎忘于外，出言以～情。"《后汉书·黄琼传》："盛名之下，其实难～。"由此演变为量词，用于计量成对之物。三国魏·曹植《冬至献袜颂表》："拜表奉贺，并献白纹履七量，袜若干～。"清·惜华楼主《皇清秘史》第三十三回："皇帝在席上，亲书一～'天恩春浩荡，文治日光华'的对联。"也用于计量配套之物。汉·曹操《与太尉杨彪书》："赤戎金装鞍、辔十～。"《唐会要·祭器仪》："南郊太庙祭器，令所司造两～供用。"还可用于计量由多物合成、不可再分之物，如中药等。清·李宝嘉《官场现形记》第三十九回："我这～药，珍珠八宝，样样都全，但是这～药本就得四十块大洋。"后虚化也可计量人的面部表情、衣着打扮等。清·李宝嘉《官场现形记》第五十五回："从头至尾看了一遍，登时脸上露出一～受宠若惊的样子，忽而红，忽而白，于红白不定之中又显出一～笑容。"清·魏秀仁《花月痕》第一回："亦只是此一～面具，再无第二～可换。"

近义辨析 副—幅 见"幅"下。

副—付—服 见"付"下。

副—双 均可用于计量成对的东西，如可以说"一副手套""两副筷子"，也可以说"一双手套""两双筷子"。"副"本义为剖开、分开，由于将物分开后其相互间仍有相配、相称的关系，故演变为量词后可用于计量成对、成套的东西。因此，"一副"中所包含的物品，既可以是两个，也可以是多个，且它们可能并不是完全对等或相同的，如"一副扑克牌""一副碗筷"。"双"由两两成对的事物义演变为量词，"一双"中所包含的物品只能是两个，并强调二者的对等性，如"一双袜子""一双儿女"。

F

G

干 gān 名量词〈古〉用于计量相关涉的一伙人或一帮人（多含贬义）：一～罪人｜那～闲杂人等｜御林军拿下一～人犯。

语义源流 本义为盾牌。《书·牧誓》："称尔戈，比尔～，立尔矛，予其誓。"孔传："干，楯也。"《礼记·乐记》："揔～而山立，武王之事也。"郑玄注："揔干，持盾也。"《公羊传·宣公八年》："《万》者何？～舞也。"何休注："干，谓楯也。"由本义引申为触犯、干扰。《国语·晋语五》："河曲之役，赵孟使人以其乘车～行。"韦昭注："干，犯也。"唐·韩愈《永贞行》："国家功高德且厚，天位未许庸夫～。"也引申指关涉。宋·蔡居厚《诗史》："许浑诗格清丽，然不～教化。"明·彭时《彭文宪公笔记》："官军即寻石和尚，于尔无～。"后假借为计数单位，与"个"通，用于计量一般事物。《字汇·干部》："数始于一而成于十，干字从一从十，故言若干。谓或如一，或如十，数未定之辞也……数竹木亦曰干，犹言个也。"敦煌变文《新书》："其兄眠卧，即起求二～竹刺兄两目，夺珠而去。"由此进一步演变，用于计量相关涉的一伙人或一帮人（常含贬义）。明·安遇时《包公案》第五十五回："即发遣公牌到江州，拘江一～犯人到衙前。"《红楼梦》第五十九回："凡见了这一～人，心中又畏又让。"

竿 gān ❶ 名量词 用于计量竹子：一～毛竹｜砍了两～斑竹｜院中种着几～竹子。**用法提示** ①数词一般没有限制，既可用基数词或表示数量的"两""几""好几""若干"，也可用序数词或表示序数的"头"等：三五～翠竹｜东西就埋在那边的头～青皮竹下面。②数词"一"在某些代词或动词后常可省略：这是～龟文竹｜砍～竹子做手杖｜你觉得哪～幼竹长势最好？③数词前可加"这""那""哪"等代词：这几～墨竹画得真不错｜那几～圣音竹是很名贵的品种｜哪几～是青篱竹？④数词为"一"时可重叠，重叠形式主要有"(一)～～""一～一～"：～～青竹俊秀挺拔｜只见那园中立着一～～的修竹，旁边还有点点梅花正在绽放｜暴风雨过后，一～一～的竹子都被拦腰折断。⑤后面一般可加"子"：一～子毛竹｜两～子墨竹｜就那么几～子紫方竹也卖不了多少钱。⑥口语中常可儿化：两～儿嫩竹｜那几～儿细竹子被吹得直摇晃｜这～儿新竹子是被谁砍断的？⑦前面一般不加形容词修饰。❷ 名量词 以一竿竹子的高度来计量高度、长度及深度等的约量：一～长｜两～高。**用法提示** ①数词可用基数词或表示数量的"两""几""好几""若干"等：日上三～｜好几～长｜这条小河有三～宽。②数词前可加"这""那"等代词：这一～长的木料｜那几～深的河水没人能游过去。③后面常可加“子”：两～子的深度｜这棵树有好几～子高｜这条三～子长的线要如何处理？④数词“一”一般不省略。⑤前面一般不加形容词修饰。⑥一般不重叠和儿化。

❸ 动量词 用于计量使用竹竿抽或打的动作：抽了几～｜一～子插到底｜有枣没枣打三～。**用法提示** ①数量结构可位于动词前，也可位于动词后：一～捅在我身上｜话还没说完，他就一～抽过来｜孩子对着那条野狗挥了几～想赶走它。②数词一般没有限制，既可用基数词或表示数量的“两”“几”“好几”“若干”，也可用序数词或表示序数的“头”等：打两～｜甩了好几～｜他头～就把对手打趴下了。③数词前可加“这”“那”“哪”等代词：哪一～也没扑中｜这两～是替你妈妈打的｜那几～他挨得很冤枉。④后面常可加“子”：八～子打不着｜他只撑了几～子，船就到了对岸｜他们素昧平生，根本就是三～子捞不着边！⑤数词“一”一般不省略。⑥前面一般不加形容词修饰。⑦一般不重叠和儿化。

语义源流 本义为竹子的主干，竹竿。《说文解字·竹部》：“竿，竹梃也。”《墨子·旗帜》：“亭尉各为帜，～长二丈五。”汉·贾谊《过秦论》：“斩木为兵，揭～为旗。”后演变为量词，用于计量竹子，竹子一棵即为一竿。唐·杜甫《将赴成都草堂途中有作，先寄严郑公五首》其四：“新松恨不高千尺，恶竹应须斩万～。”唐·白居易《渭上偶钓》：“偶持一～竹，悬钓至其傍。”后进一步引申，用于以一竿竹子的高度来计量长度、高度、深度等的约量。北周·庾信《小园赋》：“一寸二寸之鱼，三～两～之竹。”宋·葛郯《洞仙歌·丹青明灭》：“看纱窗、红日上三～，把蝶影捎空，在花深处。”也借用为动量词，用于计量使用竹竿抽或打的动作，后面一般加“子”。清·张杰鑫《三侠剑》第五回：“金头虎贾明，没有枣的树，他还要打他三～子。”清·文康《儿女英雄传》第四十回：“真是人家说的，‘有枣儿也得一～子，没枣儿也得一～子’。”

近义辨析 竿—杆—根 “竿”“杆”在用于计量某些细长的东西，如竹子时，相当于“根”。但“竿”本义为竹子的主干，即竹竿，作为量词计量细长的东西，主要用于竹子；而“杆”由有一定用途的木制的细长物体义演变为量词，除了计量竹子外，还可用于细杆状或带细杆的器物，如秤、笔、水烟袋等。此外，“竿”由本义竹竿演变为量词，还可用于计量高度、长度、深度等的约量，以及用竹竿抽或打的动作，这些用法是“杆”所不具备的。“根”是由本义树根演变为量词的，可计量的事物范围比“竿”和“杆”更大，除竹子外，还可计量带根的植物、毛发及其他长条状的东西，如“一根黄瓜”“几根白发”“两根电线”，“竿”和“杆”没有这样的用法。

杆 gǎn

名量词 用于计量有杆的器物：两～秤｜三～笔｜他嘴里衔着一～细长的旱烟袋。**用法提示** ①数词一般没有限制，既可用基数词或表示数量的“两”“几”“好几”“若干”，也可用序数词或表示序数的“头”等：扛

着两～猎枪|好几～红旗|这是她店里用坏的头～秤。②数词“一”在某些代词或动词后常可省略：这～圆珠笔是蓝的|手里拿着～火铳|那～老烟袋锅可是他爹的宝贝。③数词前可加“这”“那”“哪”等代词：那两～土枪根本不能用|这几～标枪都是训练用的|哪一～梭镖最好使？④数词为“一”时可重叠，重叠形式主要有“(一)～～”“一～一～”：校园里一～～彩旗迎风招展|这家小厂生产的秤，～～都不合格|一～一～的电视天线耸立于屋顶上，在骄阳下闪烁着银光。⑤后面一般可加“子”：两～子嫩竹|一～子红缨枪|你就这么一～子小破枪，怎么能干成大事？⑥一般可儿化：两～儿玉米秸秆|拎着一～儿扎枪|人人心里都有一～儿秤。⑦前面一般不加形容词修饰。

语义源流 本义为树名，指檀木，也指柘木，读gān。《广雅·释木》：“杆，柘也。”《玉篇·木部》：“杆，檀木也。”《集韵·去翰》：“杆，木名，柘也。一曰檀也。”借用表示长木棍。后引申泛指有一定用途的木制的细长物体。汉·王充《论衡·变动》：“旌旗垂旒，旒缀于～，～东则旒随而西。”《明史·五行志一》：“福州大风雷，击坏教场旗～、城楼、大树。”又进一步引申指器物上像棍子的细长部分，读gǎn。元·马致远《荐福碑》第三折：“遮莫是箭～雨、过云雨，可更淋漓辰霭。”由此借用为量词，用于计量有杆的器物。清·吴趼人《二十年目睹之怪现状》第二回：“(那个广东人)拉出一个网篮来，七横八竖的放着十七八～鸦片烟枪。”清·文康《儿女英雄传》第二十八回：“鸳鸯帐暖，妆台边倚着那～称心如意的新秤。”

近义辨析 杆—竿—根 见“竿”下。

缸 gāng **名量词** 用于计量缸中所盛装的东西：半～水|腌一～酸菜|他一直问我哪一～金鱼更好看。**用法提示** ①数词一般没有限制，既可用基数词或表示数量的“两”“几”“好几”“若干”，也可用序数词或表示序数的“头”等：接一～水|好几～酱菜|头～的老陈醋味道好一些。②数词“一”在某些代词或动词后常可省略：那～是白酒|这～泡菜是谁家的？|他偷偷存了～粮食。③数词前可加“这”“那”“哪”等代词：这两～染料|那几～“女儿红”是准备拿去卖的|哪一～酱油变质了？④前面可加“大”“小”“满”等形容词修饰：一大～雨水|两小～陈酿|一满～的大米没几天就吃完了。⑤后面一般可加“子”：两～子杂粮|一～子烧酒，他咕嘟几声就见了底|你留着那～子黄酱干什么用啊？⑥数词为“一”时可重叠，重叠形式主要有“(一)～～”“一～一～”：一～～热带鱼|～～咸菜质量都很好|这次抽查中发现了一～一～的劣质白酒。⑦一般不儿化。

语义源流 古代瓦制长颈容器，腹大口小，容十升。《说文解字·缶部》：“缸，瓨也。”段玉裁注：“《瓦部》曰：‘瓨，似罂，长颈。’……缸与瓨音义皆同也。”唐·李商隐《因书》：“海石分棋子，郫筒当酒～。”宋·陆游《闲游》：“肺肠自与人间别，堪笑醅～与饭囊。”后借用为量词，用于计量缸中所

G

盛之物。宋·王安石《金陵怀古四首》其一："废陵坏冢空冠剑，谁复沾缨酹一～。"明·吴炳《绿牡丹》第五十回："缸内盛了满满的一～凉茶。"

戈 gē 度量衡量词 电离辐射能量吸收剂量的标准单位"戈瑞"的简称。详见"戈瑞"。

戈瑞 gēruì 度量衡量词 电离辐射能量吸收剂量的标准单位，符号为Gy。简称"戈"。1戈瑞表示1千克物质吸收了1焦耳的辐射能量。主要用于医学中的放射治疗和核医学中。在描述X射线、伽马射线、贝塔射线的辐射剂量时，戈瑞和希沃特是等价的。但戈瑞在实际应用中多用于描述辐射吸收剂量的大小，希沃特则多用于描述当量剂量：医生给出的放疗方案是总剂量30～|他们对一组细胞系进行了剂量为20～的伽马光照射。**用法提示** ①数词一般用基数词：研究发现，人体吸收超过0.5～能让人得辐射病，而5～就足以杀人了|常规放疗每日给的分割剂量一般是2～|科研人员在试验中对抗辐射能力强的细胞系进行了10～的照射。②数词"一"一般不省略。③数词前一般不加代词。④前面一般不加形容词修饰，后面一般不加"子"。⑤一般不重叠和儿化。

疙瘩 gēda 名量词〈方〉用于计量块状或小球状的东西：一～土|两～棉花团|他妈妈正在费力地劈着一～树根。

语义源流 "疙瘩"是联绵词，也可写作"圪垯"等。本指皮肤上突起的或肌肉上结成的小硬块。明·兰陵笑笑生《金瓶梅》第五回："你要得知，把手来摸我头上的～。"清·翟灏《通俗编·身体》："今以皮肤小肿为～。"引申指小球状或块状物。明·徐光启《农政全书·救荒本草》："枝条上气脉积聚为～，状类小桃儿。"明·陶安《陶学士集·冬晓》："榾柮，树根～，南方冬季代柴薪。"后借用为量词，用于计量块状或小球状的东西。

近义辨析 疙瘩—块 均可用于计量块状的东西，如可以说"一疙瘩土"，也可以说"一块土"，但二者在使用上也存在差异。"疙瘩"是方言口语中的量词，其所计量的对象比"块"计量的小，形状多为不规则的团状，如"一疙瘩羊肉""剩了一疙瘩面"。"块"的使用范围比"疙瘩"大，除计量块状物外，还可以计量片状物，如"一块布"。这是因为"疙瘩"这个联绵词的本义就指皮肤上突起的小肉块，形象感极强，借用为量词，只用于计量小的块状物体；而"块"的本义是土块，既具有成团的特点，又具有平面可延展的特点，所以可以计量片状物。此外，"块"可用于口语，也可用于书面语，但"疙瘩"一般只用于口语。

格 gé ❶ 名量词 用于计量长形或方形的框子或空栏：抽屉有三～|工具书在最下面一～|他的货架上，一～一～摆着叠得整整齐齐的衣服。**用法提示** ①数词一般没有限制，既可用基数词或表示数量的"两""几""好几""若干"等，也可用序数词：文章开头要先空两～|那个旧钱柜分成了三～|第一～不能空着，要写上名字。②数词"一"在某些代词后常可省略：但如今，这～却空着|那～的东西你收拾一下|一下子想不起那份文件放在文

件柜的哪～里了。③数词前可加“这”“那”“哪”等代词：这几～要用英文填写｜更衣柜最上边那一～是他的｜哪两～的字是需要改的？④前面有时可加“大”“小”等形容词修饰：空一小～再写｜整理出一大～地方｜一小～窗子透着一点光。⑤后面一般可加“子”：那一～子都是香水｜那个柜子最上一～子是笔墨、扇子、荷包等东西。⑥数词为“一”时可重叠，重叠形式主要有“一～～”“一～一～”：一～～的刻度｜一～一～的抽屉都是空的｜她抬头看着电梯的灯号正在一～一～地下降。⑦一般可儿化：手机只剩下两～儿电了｜那几～儿里的符号用得不对｜我刚动了一个棋子，他就把“车”向前移了一～儿。❷ 动量词 用于计量人或物等级的变化：降了两～｜提上去一～｜听说你升了一～，理应庆祝一下。**用法提示** ①数量结构可位于动词前，也可位于动词后：这一～他已经很难升上去了｜已经连升了三～｜上个月他的职务再降一～。②数词可用基数词或表示数量的“两”“几”“好几”等：前任被降了一～｜又升了一～｜他被连提了两～，成局长了。③数词前可加“这”“那”等代词：升了这一～，她的工作就更有保障了｜他们之间就差那一～。④前面有时可加“大”“小”等形容词修饰：降了一小～｜住进了新房，幸福感提升一大～。⑤数词为“一”时可重叠，重叠形式主要有“一～～”“一～一～”：一～～往上升｜又一～一～地降成了科员｜只能一～一～地慢慢降。⑥一般可儿化：差的不是一～儿两～儿｜她把要求降了好几～儿。⑦数词“一”一般不省略。⑧后面一般不加“子”。

语义源流 本指树木的长枝条。《说文解字·木部》：“格，木长貌。”汉·司马相如《上林赋》：“夭蟜枝～，偃蹇杪颠。”北周·庾信《小园赋》：“草树混淆，枝～相交。”后引申指张网的木桩、木栅栏、放物的架子等。唐·李白《大猎赋》：“罝罘绵原，峭～掩路。”明·高启《从军行》：“扬旌三道出，列～五营连。”由栅栏的栅格，又引申指家具上或纸上划分出来的横栏或方框。唐·杨炯《卧读书架赋》：“伊国工而尝巧，度山林以为～。”宋·沈括《梦溪笔谈·故事一》：“宫嫔自窗～引烛入照之。”由此借用为量词，用于计量长形或方形的空框。明·凌濛初《初刻拍案惊奇》卷三十一：“梯子又不高，扒得两～，怎么就跌得这样凶？”清·黄叔璥《台海使槎录·物产》：“凤邑盐埕一千三百二十一～。”又由按一定标准划分开的木栏义引申表示标准、规格、法式等。《礼记·缁衣》：“言有物而行有～也，是以生则不可夺志，死则不可夺名。”郑玄注：“格，旧法也。”孙希旦集解：“有格则无逾矩之行。”《后汉书·傅燮传》：“朝廷重其方～。”李贤注：“格，犹标准也。”《南齐书·豫章文献王嶷传》：“作冢勿令深，一一依～，莫过度也。”由此进一步演变为量词，用于计量人或物的等级及其变化。《四库全书总目提要》卷一百十三：“《名画表》凡作者四十七人，计九十五图，亦分五～。”《清史讲义选录·辽西之战事》：“明皇帝不得与

G

天并列，而明诸臣亦不得与本朝尊号并列，各当递降一～。”

合 gě 度量衡量词 市制容量单位。一合为一升的十分之一：10～相当于1升|两～黄小米|连长宣布每人每日配给一～米。**用法提示** ①数词一般没有限制，既可用基数词或表示数量的“两”“几”“好几”“若干”等，也可用序数词：一～小麦粉|第一～绿豆|等水开锅了再放一～小米。②数词“一”在某些代词后常可省略：那～新米都熬粥了|她把那～陈年谷子拿去喂鸡了。③数词前可加“这”“那”“哪”等代词：这几～玉米面是昨天剩下的|那一～大米是邻居匀给我们的|哪一～三合面是你们要的？④数词为“一”时可重叠，重叠形式主要有“一～～”“一～一～”：一～～粮食|一～一～的稻子|一～～的大米被装进了麻袋里。⑤前面一般不加形容词修饰，后面一般不加“子”。⑥一般不儿化。

语义源流 本义是闭、合拢，读hé。《说文解字·亼部》：“合，合口也。”《山海经·大荒西经》：“西北海之外，大荒之隅，有山而不～，名曰不周负子。”《战国策·燕策二》：“蚌方出曝，而鹬啄其肉，蚌～而拑其喙。”引申指对应、配合、互协。汉·董仲舒《春秋繁露·基义》：“凡物必有～。～必有上，必有下，必有左，必有右……此皆其～也。”《宋史·乐志三》：“阳律必奏，阴吕必歌，阴阳之～也。”由此进一步演变为名词，表示可以合在一起的盛物容器，即盒子。唐·王建《宫词一百首》其六十七：“黄金～里盛红雪，重结香罗四出花。”清·姚衡《寒秀草堂笔记》卷三：“玛瑙面丸一两三钱，一圆～。”由此借用为度量衡量词，读gě，用于计量容量，一合为一升的十分之一。《孙子算经》卷上：“十抄为一勺，十勺为一～，十～为一升。”元·书会才人《陈州粜米》第一折：“俺看承的一～米，关着八九个人的命。”

个 gè ❶ 名量词 用于计量个体的人（用在具体名词前，除重叠形式外，一般读轻声）：一～婴儿|两～笨蛋|三～同事|他们几～一线的工人都在加班加点地生产。**用法提示** ①数词一般没有限制，既可用基数词或表示数量的“两”“几”“好几”“若干”，也可用序数词或表示序数的“头”“首”等：三～壮劳力|来了好几～医生|她的头～男朋友是北方人。②数词“一”在某些代词或动词后常可省略：交～朋友|那～年轻人好像在哪里见过|我要是有～哥哥就好了。③数词前可加“这”“那”“哪”等代词：这两～新来的同事|他那几～舅舅都在外地|你和哪几～亲戚还有来往？④数词为“一”时可重叠，重叠形式主要有“(一)～～”“一～一～”：一～～的病人都很担心|晨练的人，～～身体都很不错|这些年，一～一～的亲人离他而去。⑤有时可儿化：你是头一～儿|还差一两～儿孩子没来|大家排好队一～儿一～儿来。⑥前面一般不加形容词修饰，后面一般不加“子”。❷ 名量词 用于计量个体性的具体事物：三～座位|再过两～路口。**用法提示** ①数词一般没有限制，既可用基数词或表示数量的“两”“几”“好

几”“若干”，也可用序数词或表示序数的“头”“首”等：两～大坑|好几～书包|第一～杯子里是红酒。②数词“一”在某些代词或动词后常可省略：这～地方|那～苹果不太好|换～鼠标试试。③数词前可加“这”“那”“哪”等代词：这两～洞要补上|那几～县都实现了脱贫|你外婆经常去哪一～超市买东西？④前面有时可加“大”“小”“整”等形容词修饰：一大～馒头|三小～橘子|他的表情看起来就像是刚吞下了一整～鸡蛋。⑤数词为“一”时可重叠，重叠形式主要有“(一)～～”“一～一～”：一～～小公司|这些灯泡～～都不亮|请把这些句子一～一～地翻译成英语。⑥后面一般不加“子”。⑦一般不儿化。⑧一些有特定形状的具体事物，如绳子、带鱼、头发、草，较薄可以平展的事物，如白纸、画、地图，形状立体或不固定的、有流动性的事物，如砖、泥、米、油，均不能用“个”来计量；一些表示整体中的一部分的事物，如甘蔗、电线、柴火，一般也不用“个”来计量；一些由名词或动词演变而来的量词，也不能用“个”来代替，如“一朵花、一本书、一篇文章、一捆麦子、一把沙子、一堵墙、一封信”。❸ 名量词 用于计量个体性的抽象事物：两～特点|有几～问题|汉语中元音与辅音的区别，可以从以下几～方面来考察。**用法提示** ①数词一般没有限制，既可用基数词或表示数量的“两”“几”“好几”“若干”，也可用序数词或表示序数的“头”“首”等：一～借口|若干～因素|竞买起价是100万元，首～回合就达到了138万元。②数词“一”在某些代词或动词后常可省略：这～结果|没看出他有那～意思|裁判在中场附近犯～错误也没关系，大家都能接受。③数词前可加“这”“那”“哪”等代词：这两～基本点|主要指那两～层次|到现在也不知道是哪一～环节出的问题引发了事故。④前面有时可加“大”“整”等形容词修饰：他的话兜了一大～圈子|一整～夏天|这一整～系列。⑤数词为“一”时可重叠，重叠形式主要有“一～～”“一～一～”：它们各自都有自身的结构，包含不同的层次、要素，组成一～～系统|这样才能成功地把一～一～项目发展下去。⑥后面一般不加“子”。⑦一般不儿化。❹ 动量词 用于动词与约数之间，表示大概的量：歇～半天|打～一两下|看他的样子，大家也能猜出～八九不离十。**用法提示** ①数量结构位于动词后：休息～一两天|吃～两三回就腻了|你要是有～三长两短，孩子可怎么办？②数词常常会省略：说～三言两语|每次游～三五百米|你的事过～三五天再说。③数词前可加“这么”“那么”等代词：考察了那么～三五天|约过这么～两三次|寻思了那么～一两天，他就决定了。④前面一般不加形容词修饰，后面一般不加“子”。⑤一般不重叠和儿化。❺ 动量词 用于动词与其补语之间，表示较大的数量或较高的程度：尝了～遍|多年未见，他们说今晚要喝～一醉方休。**用法提示** ①数量结构位于动词后：说～明

G

白|玩～痛快。②数词常常会省略：说～够|问～清楚|今晚要玩～尽兴。③数词前可加“这”“那”等代词：打扫得那～干净|他汉语说得这～好啊|你没见他们昨天打得那～厉害啊！④前面一般不加形容词修饰，后面一般不加“子”。⑤一般不重叠和儿化。❻ 动量词 用于计量某些短时、快速、突发的动作：一～前滚翻从地上跃起来|他一～“鲤鱼打挺”，跳起来冲到楼下。**用法提示** ①数量结构可位于动词前，也可位于动词后：一～前滚翻|挨了一～扫堂腿。②数词一般没有限制，既可用基数词或表示数量的“两”“几”“好几”“若干”等，也可用序数词：一～不留神把杯子摔碎了|翻了好几～侧空翻|他连着两～侧踢，第一～就把对方踢倒了。③数词“一”在某些代词或动词后常可省略：这～跤摔得很重|那～前滚翻很不到位|那孩子刚一出门就栽了～跟头。④数词前可加“这”“那”“哪”等代词：这两～后手翻|他那一～跟头摔得太狠了|迎宾员的哪～躬鞠都得很标准。⑤前面一般不加形容词修饰，后面一般不加“子”。⑥一般不重叠和儿化。❼ 动量词 用于动词与其宾语之间或一些离合词中间，表示动量或随便的语气：吵～架|说～话|拌～嘴|在生人面前，他有时总喜欢端着～架子。**用法提示** ①数量结构一般位于动词后：打～盹儿|爱发～牢骚|她突然打了～冷战。②数词常常会省略：理～发|道～歉|事情终于有了～眉目。③数词前不加代词。④前面一般不加形容词修饰，后面一般不加“子”。⑤一般不重叠和儿化。

语义源流 本义为较小的竹竿，同“箇”。《说文解字·竹部》：“箇，竹枚也。”《集韵·箇韵》：“箇，或作个，通作個。”后借用为量词，用于计量竹子。《史记·货殖列传》：“竹竿万～。”张守节正义：“《释名》云：‘竹曰个，木曰枚。’”唐·韩愈《合江亭》：“树兰盈九畹，栽竹逾万～。”后逐渐扩大引申，用于计量长条形的东西。《荀子·议兵》：“负矢五十～。”《礼记·少仪》：“大牢则以牛左肩臑臂折九～，少牢则以羊左肩七～。”进一步泛化，用于计量各种物品。《国语·齐语》：“鹿皮四～。”南朝宋·鲍照《拟行路难》：“但愿樽中九酝满，莫惜床头百～钱。”《金史·食货志五》：“温柑七千～，橘子八千～。”也可用于计量个体的人。北周·庾信《梁东宫行雨山铭》：“谁论洛水，一～河神。”《乐府诗集·捉搦歌》：“天生男女共一处，愿得两～成翁妪。”也可计量某些抽象事物及没有专用量词的名物。《左传·襄公九年》：“除两～残月，唯置四～整月。”《礼记·表记》：“取一～善名而为谥耳。”明·罗懋登《三宝太监西洋记》第八十二回：“着眼一瞧，只见是‘雁飞不到处，人被利名牵’十～大字。”也可以作为动量词，用于计量有些迅猛或突然的动作行为。《水浒传》第五十四回：“高廉军马神兵，被宋江、林冲杀～尽绝。”清·李渔《奈何天·虑婚》：“看见我这副嘴脸，也就要吓～半死。”

近义辨析 个—号 均可用于计量人，如可以说“三十个人”，也可以说“三十号人”。“个”是由计量竹子逐渐泛化的，在现代汉语中使用十分普遍，可用于各种物品，也可用于某些抽象事物及没有专用量词的名物，在书面语和口语中均很常见，且不表示特殊的感情色彩。“号”由指人的别名引申表示人或物的名位以及等级、次序或种类，演变为量词，除了计量人，也可计量人或物的名位、等级、次序或种类等，且有时还带有一定的感情色彩。如“第一号人物”，是计量次序；而“我不认识那号人”，是将人归类，就带有一些贬义了。

个—颗 均可用于计量个体的物体，如可以说“一颗纽扣”，也可以说“一个纽扣”。“个”对所计量的物体的形状没有限制，不带有形象色彩；而“颗”本义指小头，具有一定的形象感，演变为量词后保留了这一特点，故多用于计量较小的、颗粒状的物体，如“一颗珍珠”“一颗糖”都强调计量对象的颗粒状特点。此外，“颗”也可用于计量子弹、炮弹和某些人体器官，如“一颗导弹”“一颗红心”。

个—口 均可用于计量人，二者有时可以互换，如可以说“我家有三口人”，也可以说“我家有三个人”。但“口”的本义是指人发声、饮食的器官，借用为量词，所计量的人多与饮食需求有关，常用于家庭、国家的人口。“个”计量的对象无此限制，可以用来计量任何范围内的、处于任何情境中的人，如可以说“办公室里有五个人”“他一个人出差”，此类用例中“个”不能换为“口”。

个—枚 均可用于计量一些形体较小的事物，二者有时可以互换，如可以说“一个硬币”“几个别针”，也可以说“一枚硬币”“几枚别针”。“枚”本指小木条，由计数的工具演变为量词，因此在古代汉语中十分常用。现代汉语中“枚”所计量的对象范围有所减小，并带有一定的书面语色彩。而“个”在词义发展中逐渐泛化，成为通用个体量词，通用于口语和书面语中，可计量的对象范围也越来越大，除形体较小的事物外，还可计量很多其他具体或抽象的事物，如“一个星球”“两个车间”“三个理由”等，这就形成了“枚”与“个”在量词使用上的巨大差异。通常“枚”作量词的用例中，“枚”均可换用“个”。

个—名—位—员 均可用于计量个体的人。“个”作为通用的个体量词，可直接用于计量各种表不同褒贬含义的人，如“一个人”“一个功臣”“一个罪犯”；“名”的本义是名字，演变为量词后，多用于计量具有某种身份或职业的人，如“从一名人民代表变成了一名囚犯”；“位”本义指位置、方位，表人或物的所处之处，后泛指各种位次或座位，演变为量词，多用于计量具有一定身份、地位或需表达尊敬的人，如“一位艺术家”“一位教授”，含有一定的褒义色彩；“员”是由物的数量引申指人员的数量的，在古代一般指官员定额，演变为量词，多用于计量有威武之气的武官或大将等，如“一员大将”“两员猛将”，在现代汉语中使用范围有所扩大，但仍带有一定的书面语色彩。

根 gēn ❶ 名量词 用于计量有根的植物或细毛状的物体：一～小草｜几～头发。**用法提示** ①数词一般没有限

制，既可用基数词或表示数量的“两”“几”“好几”“若干”，也可用序数词或表示序数的“头”等：几～豆芽|好几～蒜苗|这是他挖到的第一～人参。②数词“一”在某些代词或动词后常可省略：这～藤蔓|眼里进了～睫毛|她切了～香菜放在汤里。③数词前可加“这”“那”“哪”等代词：这几～菠菜|那两～胡子|他叫砍哪一～甘蔗，孩子们就砍哪一～。④前面可加“大”“小”“整”等形容词修饰：两大～凤尾竹|一小～短髭|包这顿饺子用了一整～大葱。⑤数词为“一”时可重叠，重叠形式主要有“(一)～～”“一～一～”：一～～柳枝|那片芦苇～～都有一人多高|院子里，一～一～的翠竹长势良好。⑥一般可儿化：两～儿茼蒿|衣服上有一～儿长头发|虽然出了车祸，可他连一～儿汗毛都没伤着。⑦后面一般不加“子”。❷ 名量词 用于计量长条状的物体：几～粗木棍|两～房梁|孩子捡起一～竹竿，开始在地上写写画画。**用法提示** ①数词一般没有限制，既可用基数词或表示数量的“两”“几”“好几”“若干”，也可用序数词或表示序数的“头”等：两～窗帘杆|好几～棍子|头～树枝上结的果实比较多。②数词“一”在某些代词或动词后常可省略：换了～灯管|这～圆木可以当房檩|他很想找～柱子靠一靠。③数词前可加“这”“那”“哪”等代词：这两～铁轨|那几～钢管是刚换下来的|哪一～竹竿可以晒衣服？④前面可加“大”“小”“整”等形容词修饰：两大～水泥管|一小～蜡烛|她的一整～手指都被烫伤了。⑤数词为“一”时可重叠，重叠形式主要有“(一)～～”“一～一～”：一～～电线杆|山里的竹子做的拐杖，～～都很结实|这些木桩要一～一～地打进沟里。⑥一般可儿化：砍了一～儿竹篙|这几～儿旗杆|那～儿水烟袋他用了好多年了。⑦后面一般不加“子”。❸ 名量词 用于计量细长的东西（常可弯曲）：一～钢丝|几～白色粗麻线|这个传输系统能够让数万人在两～极细的光纤上同时通话。**用法提示** ①数词一般没有限制，既可用基数词或表示数量的“两”“几”“好几”“若干”，也可用序数词或表示序数的“头”等：几～皮筋|好几～毛线|二胡上的头～弦不知什么时候断了。②数词“一”在某些代词或动词后常可省略：拿了～鞭子|这～麻绳不结实|这台机器上烧坏了～电线。③数词前可加“这”“那”“哪”等代词：那几～吸管|这两～飘带不一样|她也不知道哪一～输液管是3.2毫米直径的。④前面可加“大”“小”“整”等形容词修饰：一大～丝带|一小～绳子|小狗把一整～香肠都吃下去了。⑤数词为“一”时可重叠，重叠形式主要有“(一)～～”“一～一～”：你买来的拉链，～～都不够长|河上、山谷间架起一～一～的钢索|他把琴弦一～一～地放进盒子里。⑥一般可儿化：几～儿面条|你再来～儿油条怎么样？⑦后面一般不加“子”。

语义源流 本义为植物长在地下的部分。《说文解字·木部》：“根，木株也。”《国语·晋语八》：“枝叶益长，本～益茂。”三国魏·曹植《七步诗》：“本是同～生，相煎何太急？”后借用为量词，用于计量草木。《魏书·王崇传》：“于其室前生草木一～，茎叶甚茂。”北魏·郦道元《水经注·沁水》：“庙侧有攒柏数百～。”由于树或草均有根，人的须、发、髯也是有根的，又引申用于计量细长的毛发等。唐·李虚中《李虚中命书》中卷：“一～荄之细，不知谁与之扶持；一昆虫之微，不知谁与之生死。”清·曹去晶《姑妄言》第四回：“要化他一千五百，只当毡子上去了一～毛。”另由于树根为长条状，后又引申用于计量长条状或细长的物体。明·罗懋登《三宝太监西洋记》第十七回：“还要百十～棕缆，每～要吊桶样的粗笨，穿起锚的鼻头来，才归一统。”清·贪梦道人《康熙侠义传》第一百回：“传说顾焕章探峨嵋山被妖道拿住，用三～铁钉钉在木板之上。”

近义辨析 根—竿—杆 见“竿”下。

根—茎 均可用于计量细长的、有根的东西，如可以说“一根小草”“几根芦苇”，也可以说“一茎小草”“几茎芦苇”。“茎”本指植物的主干，演变为量词，用于计量植物以及毛发等，主要用于书面语；“根”本指树根，演变为量词，用于计量“有根”的植物和毛发等，可通用于口语和书面语。“根”可计量的对象范围也比“茎”大，除植物、毛发外，还可计量长条状或细长的物体，如“一根木棍”“几根粉笔”“两根电线”。

根—条 均可用于计量细长的物体，如可以说“一根线”，也可以说“一条线”，但二者在使用上也有差异。“根”的本义是树根，演变为量词，强调有根、可直立或细小的特点。因此，“根”可用于计量植物或像植物一样有根的物体，如“一根禾苗”“几根头发”；也可用于计量像植物一样直立的事物，如“一根电线杆”“两根柱子”；还用于计量较为细小的长条形物体，如“一根筷子”“几根银针”。以上诸例中，“根”均不能换成“条”。“条”的本义是枝条，演变为量词，只强调计量对象长条形的特点，对于粗细及其他细节没有限制，因此使用范围较为宽泛，可计量山河、街道、裤子以及某些动物等。由于古代书写的各种文书也具有长条形的特点，所以泛化之后，“条”还可以计量一些抽象事物，如“一条建议”“多条意见”等。这些是“根”所不具备的用法。

更 gēng 名量词〈古〉用于计量夜间的时间。旧时一夜分为五更，每更约两小时：二～天｜三～时分｜这会儿大概几～啦？

语义源流 本义为改变、更换。《说文解字·攴部》：“更，改也。”《国语·周语中》：“叔父若能光裕大德，～姓改物，以创制天下。”北魏·郦道元《水经注·河水》：“秦惠文王十一年，～从今名矣。”引申指交替、轮流。汉·王充《论衡·命义》：“譬犹水火相～也，水盛胜火，火盛胜水。”宋·陆游《赠燕》：“四序如循环，万物～盛衰。”又引申指经过、经历。《楚辞·悲回风》：“惟佳人之永都兮，～统世以自况。”朱熹集注：“更，历也。”清·魏源《〈圣武记〉叙》：“距生于乾隆征楚苗之前一岁，中～嘉庆征教匪、征海寇之岁。”

G

由此进一步演变为量词，用于计量所经历的（夜间）时间。北齐·颜之推《颜氏家训·书证》："或问一夜何故五～？"《红楼梦》第九十三回："水月庵离城二十来里，就赶进城也得二～天。"

弓 gōng 度量衡量词〈古〉用于计量土地。其制历代不一。五尺为一弓（或以六尺、八尺为一弓），三百六十弓为一里，二百四十方弓为一亩：两～田｜几～麦地｜仅有数间屋，远望百～田。

语义源流 本义为射箭或发弹丸的工具。《说文解字·弓部》："弓，以近穷远。象形。古者挥作弓。"《荀子·议兵》："～矢不调，则羿不能以中微。"唐·韩愈《元和圣德诗》："汝张汝～，汝鼓汝鼓。"后引申专指丈量土地的工具，用木制成，形状似弓，称为"步弓"。清·黄六鸿《福惠全书·清丈·定步弓》："丈田地以步～为准。其～悉用宪颁旧式，每村乡地照式各备数张。"《清史稿·冯桂芬传》："乃考会典定用旧行六尺步～量旧田，新颁者量新涨沙田。"由此借用为量词，用于计量土地。《仪礼·乡射礼》："侯道五十～。"宋·洪迈《稼轩记》："乃荒左偏以立圃，稻田泱泱，居然衍十～。"

公尺 gōngchǐ 度量衡量词 法定长度单位"米"的旧称。详见"米"。

公担 gōngdàn 度量衡量词 非法定质量或重量单位，符号为q。1公担等于2市担，合100千克：5～麦子｜重30～｜他家今年上交的粮食有好几～。**用法提示** ①数词可用基数词或表示数量的"两""几""好几""若干"等：一～谷物｜只有九至十二～｜小麦已经收了好几百～。②数词前可加"这""那""哪"等代词：这100多～都是土豆｜那600多～的饲料｜哪几～是今年新摘的棉花？③数词为"一"时可重叠，重叠形式为"一～一～"：一～一～的玉米｜一～一～地分装好｜他们把一～一～的新稻米送到了村中的老人家。④数词"一"一般不省略。⑤前面不加形容词修饰，后面不加"子"。⑥不儿化。

公吨 gōngdūn 度量衡量词 非法定质量或重量单位，对应法定计量单位"吨"：15～木料｜一～重的集装箱｜每天有几千～的煤运往省外。**用法提示** ①数词一般没有限制，既可用基数词或表示数量的"两""几""好几""若干"等，也可用序数词：第一～面粉｜向国外输出海南岛铁砂五万～｜内燃机列车的重量比乌兰巴托的火车多了若干～。②数词"一"在某些代词后常可省略：这～氨水要怎么处理？｜那～香米产自泰国。③数词前可加"这""那""哪"等代词：这19～的黄金都是国外金矿出产的｜那几百万～的原煤｜哪10～钢材是今天上午运来的？④数词为"一"时可重叠，重叠形式为"一～一～"：运来了一～一～的石料｜一～一～水都从漏管中流走了｜一～一～的木材被发往全国各地。⑤前面一般不加形容词修饰，后面一般不加"子"。⑥一般不儿化。

公分 gōngfēn ❶ 度量衡量词 法定长度单位"厘米"的旧称。详见"厘米"。❷ 度量衡量词 法定重量或质量单位"克"的旧称。详见"克"。

公里 gōnglǐ 度量衡量词 长度单位，现在规范为"千米"，符号为km。1公

里等于1千米，合2市里：5～|走了几～|马拉松比赛的距离为42.195～|机动车在市区的行驶速度不得超过每小时40～。**用法提示** ①数词一般没有限制，既可用基数词或表示数量的“两”“几”“好几”“若干”等，也可用序数词：第20～|跑了好几～|他一天走了将近50～，累坏了。②数词“一”在某些代词后常可省略：这～的山路特别陡|他已经不记得哪～赛程最艰难了。③数词前有时可加“这”“那”等代词：这几十～山路走得太辛苦了|那30～的路程明天再说吧。④数词为“一”时可重叠，重叠形式为“一～一～”：一～一～地向前延伸|一～一～地把井下巷道全都检修了一遍。⑤前面不加形容词修饰，后面不加“子”。⑥一般不儿化。

公亩 gōngmǔ 度量衡量词 非法定面积单位，符号为a。1公亩等于100平方米，合0.15市亩：5～土地|这座公园面积有25～|房子后面还有一个不到两～大的院子。**用法提示** ①数词可用基数词或表示数量的“两”“几”“好几”“若干”等：100～|据说她家有盐田若干～|这几天连翻了几十～的地，真是累坏了。②数词“一”在某些代词后常可省略：这～梯田|那～稻地不知是谁家的。③数词前有时可加“这”“那”等代词：她把这200～的地无偿地捐给了村里|那30～的地已经卖给开发商了。④数词为“一”时可重叠，重叠形式为“一～一～”：种上了一～一～的经济作物|一～一～的水面上开满了荷花|当年的盐碱滩地现在已经变成了一～一～的良田。⑤前面一般不加形容词修饰，后面一般不加“子”。⑥一般不儿化。

公顷 gōngqǐng 度量衡量词 土地面积单位。1公顷等于1万平方米，等于100公亩，合15市亩：5～小麦|这个小区占地6.7～|那片山林大约有800～。**用法提示** ①数词可用基数词或表示数量的“两”“几”“好几”“若干”等：这块地有几～？|这座公园占地好几～。②数词“一”在某些代词后常可省略：那～林地的森林覆盖率达到72%。③数词前有时可加“这”“那”等代词：这几～的地全种了水稻|那两～的地决定建一座学校。④数词为“一”时可重叠，重叠形式为“一～一～”：一～一～地算下来|一～一～的良田映入眼帘。⑤前面一般不加形容词修饰，后面一般不加“子”。⑥一般不儿化。

公升 gōngshēng 度量衡量词 法定容积单位“升”的旧称。详见“升①”。

钩 gōu 名量词 用于计量形似钩的月亮（多用于文学作品中，具有较强的修辞色彩）：一～弯弯的月牙|靛蓝色的天空上挂着一～淡淡的残月。**用法提示** ①数词多用“一”“半”“几”：一～冷月|半～残月还挂在西边|为了摸索教与学的方法，她不知熬弯了几～银月。②数词“一”在某些代词或动词后常可省略：那～残月|天上挂了～新月|我们就暂且借这～明月来寄托心思吧。③数词前可加“这”“那”等代词：那一～弯弯的小月牙|这一～下弦月|不觉间夜已深了，那一～朔月已不知藏到何处。④前面一般不加形容词修饰，后面一般不加“子”。⑤一般不重叠和

儿化。

语义源流“钩”为“鉤”的俗字，本义指形状弯曲，用于探取或连接、悬挂器物的工具。《说文解字·句部》：“鉤，曲也。”南唐·李煜《相见欢》：“无言独上西楼，月如～。”具体可指钓钩、衣带钩、挂钩等。《庄子·胠箧》：“～饵、罔罟、罾笱之知多，则鱼乱于水矣。”又：“彼窃～者诛，窃国者诸侯。”《隋书·苏威传》：“威见宫中以银为幔～，因盛陈节俭之美以谕上。”后泛指钩形的东西。《庄子·马蹄》：“我善治木，曲者中～，直者应绳。”南朝宋·鲍照《代结客少年场行》：“骢马金络头，锦带佩吴～。”借用作量词，用于计量形似钩的东西。《孟子·告子下》：“金重于羽者，岂谓一～金与一舆羽之谓哉？”清·蒲松龄《聊斋志异·小谢》：“以金如意一～为贽。”多专用于计量形似钩的月亮。五代·王周《无题·梨花如雪已相迷》：“帘卷玉楼人寂寂，一～新月未沉西。”明·凌濛初《二刻拍案惊奇》卷十三：“灿烂一～新月，木末来邀。”

近义辨析 钩—弯 均可用于计量形似钩的月亮，如可以说“一弯新月”，也可以说“一钩新月”，但二者的使用范围不同。“钩”是一个借用量词，带有比喻性，在现代汉语中只用于计量月亮。“弯”也是借用量词，使用范围较广，还用来计量呈弯曲状事物，如“一弯河水”“那一弯浅浅的海峡”。此外，二者的风格色彩也不同。它们作为量词，虽都具有修辞效果，但“弯”只强调所计量事物的形状，具有一定的通用性；“钩”带有比喻性，计量对象相对比较固定，具有较强的文学色彩。

轱辘 gūlu ❶ 名量词 用于计量圆柱形的物品：一～香肠｜几～木头｜他啃了两～玉米。**用法提示** ①数词一般没有限制，既可用基数词或表示数量的“两”“几”“好几”“若干”，也可用序数词或表示序数的“头”等：头～肉肠｜电线断成了好几～｜地面上有一～短绳。②数词“一”在某些代词或动词后常可省略：那～甘蔗｜这～绳子是做什么用的？｜他不知从哪儿弄了～麻绳，把那些旧报纸捆好了。③数词前可加“这”“那”“哪”等代词：这三～藕｜把那一～黄瓜吃了吧｜这几～毛线绳还有用，先别扔。④前面可加“大”“小”等形容词修饰：一大～红肠｜几小～钢丝｜杉树底下有几小～线绳。⑤数词为“一”时可重叠，重叠形式为“一～一～”：地上扔着一～一～的绳子｜妈妈把一根肉肠切成一～一～的，分给孩子们。⑥一般可儿化：一～儿香肠｜两～儿麻绳。⑦后面一般不加“子”。❷ 动量词 用于计量具有滚动特点的动作（也写作“骨碌”）：一～坐起来｜他一～趴在地上｜他先是睁开了眼睛，然后就一～坐了起来。**用法提示** ①数量结构一般位于动词前：他把桌子一拉，一～躺下｜他一～坐了起来｜小黑狗一～爬了起来。②数词一般限用“一”：一～滚到一条半人深的交通沟里｜他说着，一～爬起来，消失在风雪中。③数词“一”一般不省略。④数词前一般不加代词。⑤前面一般不加形容词修饰，后面一般不加“子”。⑥一般不重叠和儿化。

📖 **语义源流** 本义是车轮。由于车轮是圆形的，借用为量词，用于计量圆柱形的物体。又由于车轮是可滚动的，由本义引申表示滚动之义，由此演变为动量词，用于计量具有滚动特点的动作。作为动词或动量词使用时，也可写作“骨碌”。

骨碌 gūlu 动量词 用于计量具有滚动特点的动作。详见“轱辘②”。

股 gǔ ❶ 名量词 用于计量条柱状的物体，以及可以从某一结合点分叉的，具有流动、涌动或伸延等特征的物体：一～清泉|把三～线搓成一～绳|他们两个就像是两～道上跑的车，根本就不是一路人。**用法提示** ①数词一般没有限制，既可用基数词或表示数量的“两”“几”“好几”“若干”，也可用序数词或表示序数的“头”等：两～线|钢丝缆绳断了好几～|头～泉水在这里改道了。②数词“一”在某些代词或动词后常可省略：那～是有线电视线|弄～麻绳把那些旧报纸捆上吧。③数词前可加“这”“那”“哪”等代词：这三～泉水|接入主板的那一～电线得重新插一下|杂技演员腰上绑的那几～绳是起保护作用的。④前面可加“大”“小”等形容词修饰：一小～泉水|那绳子是用几小～线编成的|她原本垂在耳后的两小～辫子变成了垂在身后的一大～。⑤后面有时可加“子”：一大～子水|从六楼住户家里流出来的那～子水一直流到了一楼|这样的粗绳通常得由三～子线才能捻成。⑥数词为“一”时可重叠，重叠形式主要有“(一)～～”“一～一～”：～～清泉|那个绳套是由一～～拧紧的绳子合成的|清冽的泉水一～一～地顺着山坡流淌下来。⑦一般可儿化：几～儿细线|一～儿清凉的泉水|这里的泉水，只是静静地流淌着一小～儿。❷ 名量词 用于计量气体、气味以及潮流等：一～烟|一～暖流|从西伯利亚吹来的那～强劲的寒风影响了本市的气候。**用法提示** ①数词一般没有限制，既可用基数词或表示数量的“两”“几”“好几”“若干”等，也可用序数词：一～热气|几～潮流|刚入冬，第一～寒流就扑入城市了。②数词“一”在某些代词或动词后常可省略：来了～冷空气|我最讨厌那～味儿|哪～味道把你给引到这里来了？③数词前可加“这”“那”“哪”等代词：那一～味道|这一～冷空气的势力非常强大|又要掀起哪一～新的潮流了？④前面可加“大”“小”等形容词修饰：一大～奶腥味|一小～烟雾|那艘航空母舰上冒起了两小～白烟。⑤后面有时可加“子”：一～子异味儿|屋子里有～子霉味|他怕的就是那～子说不清道不明的味道。⑥数词为“一”时可重叠，重叠形式主要有“(一)～～”“一～一～”：一～～恶臭|～～暖风悄悄地送来了春天|我还闻到了他身上一～一～香水的味道。⑦一般可儿化：一～儿汽油味|一～儿略带泥土香味的气息|几～儿凉爽的北风从开着的窗子吹进来。❸ 名量词 用于计量力气、神态、精神等抽象事物：一～哀怨之情|那几～拼劲儿|他们凭着一～不服输的劲头赢下了这场比赛。**用法提示** ①数词可用基数词（多用“一”）或表示数量的

"两""几""若干"等，也可用序数词：第一～有生力量|一～拼命精神|她带着一～淡淡的忧伤望着窗外。②数词"一"在某些代词或动词后常可省略：心里憋了～怨气|这～干劲儿真感人|正是凭着～韧劲和超众的管理才能，他救活了这家濒临倒闭的企业。③数词前可加"这""那""哪"等代词：那一～精气神|必须刹住这几～歪风邪气|真不知道是哪一～冲动让我按下了快门。④数词为"一"时可重叠，重叠形式主要有"(一)～～""一～一～"：一～～悲伤|～～喜悦涌上了心头|一～一～的愤怒渐渐充斥了他的胸膛。⑤后面有时可加"子"：一～子野性|他干起活儿来还真有那么一～子拼劲儿|中国女排的胜利靠的就是那～子不服输的劲头儿。⑥一般可儿化：一～儿韧性|靠着那～儿硬骨头精神|她有一～儿冲劲儿。⑦前面很少加形容词修饰。❹ 名量词 用于计量成批的人(常含贬义)：三～敌人|那～流窜犯|几小～无组织的匪徒|小分队碰上了一～子土匪。**用法提示** ①数词一般没有限制，既可用基数词或表示数量的"两""几""好几""若干"等，也可用序数词：几～武装分子|我们有足够的兵力去抵挡第一～敌人的冲击。②数词"一"在某些代词或动词后常可省略：那～残敌|这～人贩子|有～匪徒盘踞在村子附近。③数词前可加"这""那""哪"等代词：这一～敌人|他们总算抓到了那两～罪犯，救出了人质|我们正在讨论先伏击哪一～敌人把握大。④前面可加"大""小"等形容词修饰：一小～海盗|两大～人流|城内的一大～匪徒不可能从人们的眼皮底下溜走的。⑤后面有时可加"子"：一～子敌人|不知从哪儿又冒出一～子悍匪。⑥数词为"一"时可重叠，重叠形式主要有"(一)～～""一～一～"：一～～敌军|一～一～的水寇不时骚扰村子|～～顽匪被追赶得四处逃窜。⑦一般可儿化：一～儿土匪|我们应该将敌人的兵力分散为一小～儿一小～儿的。❺ 名量词 用于计量股份：300万～普通股份|每一～都上涨了一个百分点|这种股票他一天就购进了500～。**用法提示** ①数词一般没有限制，既可用基数词或表示数量的"两""几""好几""若干"，也可用序数词或表示序数的"首"等：200～基金|一天能成交几千～|大股东准备把若干～股票变现|这是今天他购入的首～基金。②数词前可加"这""那""哪"等代词：这几百～股份|哪1000～是送他的|那3000～国有股市值是多少？③数词"一"一般不省略。④前面一般不加形容词修饰，后面一般不加"子"。⑤一般不重叠和儿化。

语义源流 本义指大腿。《说文解字·肉部》："股，髀也。"《战国策·秦策一》："读书欲睡，引锥刺其～。"《国语·吴语》："畴趋而进，王枕其～以寝于地。"引申表示事物的分支或一部分。《汉书·沟洫志》："其西因山足高地，诸渠皆往往～引取之。"颜师古注引如淳曰："股，支别也。"清·魏秀仁《花月痕》第四十八回："零星残～，窜入河南，合为南捻。"借用作量词，用于计量条柱状的物体，以及可以从某一结合点分叉的，具有流动、涌动或伸延等特征的物体。《仪礼·丧服》：“今则以素为之，又加环绖者，一～麻为骨，又以一～麻为绳。”唐·白居易《长恨歌》：“钗留一～合一扇，钗擘黄金合分钿。”宋·陈从古《浯溪》：“浯溪一～寒流碧，耸起双峰如削壁。”后泛用于计量气体、气味，以及力气、神态、潮流等抽象事物。《水浒传》第九十五回：“只见两～黑气，在阵前左旋右转。”清·吴趼人《二十年目睹之怪现状》第一百零六回：“还要写伏辩，那～怨气如何消得了。”进一步泛化，可用于计量成批的人。明·西周生《醒世姻缘传》第五十二回：“这狄希陈亏不尽母亲出了一～救兵，不致陷在柳州城里。”清·张杰鑫《三侠剑》第五回：“二位姑娘正向南跑的时候，绕过来一～贼人，正是太仓三鼠。”现也用于计量股份。

近义辨析 股—伙 均可用于计量集中起来的一些人，如“一股贼人”也可以说“一伙贼人”，但二者还是有明显的区别，如“一股人流”不能说“一伙人流”，“一伙人”也不能说“一股人”。这与它们演变为量词的途径有关。“股”的本义是大腿，引申表示事物的分支或一部分，借用作量词后计量的事物多呈长条形，且多具有流动、涌动或伸延等语义特征。因此用“股”计量人的时候，常常强调短时间内出现较多的人，而且这个群体往往呈涌动的长条形，群体成员间也许并无关联。“伙”本指军营中共同起火做饭吃饭的几个人，后泛指同伴或由同伴组成的集体，演变为量词后用于计量为了某种目的而聚集在一起的人，成员间存在一定联系。如“一股人流在大街上涌动，不久便慢慢散去”和“有一伙人常在这里出没，净干一些打家劫舍的勾当”，前者具有长条形、涌动等语义特征，后者具有存在共同目的的语义特征。此外，“股”的一些其他用法，如计量气体、气味以及神态、精神等抽象事物，也与其具有从某一点分叉的意义特征有关；“伙”则没有这些用法。

股—条 均可用于计量条状物，如可以说“一条线”“两条岔路”，也可以说“一股线”“两股岔路”，但二者也存在一定差异。一方面，二者所计量的对象在形状上有区别，这与它们的本义及其演变轨迹有关。“股”的本义是大腿，引申表示事物的分支或一部分，借用作量词，强调所计量的对象从某一结合点分叉，或由几部分集结汇合而成条柱物的特征，如“拧成一股绳”“三股线搓成一股绳”。“条”的本义是树木细长的枝条，引申表示狭长的东西，演变为量词，强调所计量的对象形状细长的特征，如“一条河流”“一条狗”。另一方面，二者所计量的对象在“流动性”语义特征上有差异。“股”作为量词，所计量的对象往往具有流动、涌动或伸延等语义特征，如“一股清泉”“一股鲜血”；而“条”所计量的对象一般不强调这些特征。

股—阵 均可用于计量气体、气味、力气、潮流等，如可以说“一股冷风”“两股浓烟”，也可以说“一阵冷风”“两阵浓烟”，但二者在使用效果上有差异。“股”的本义是大腿，借用作量词后所计量的事物多呈长条形，且含有流动、涌动或伸延等语义特征，在计量气体、气味等时强调经过性；而"阵"的本义是军队阵列，借用作量词后，用于计量持续一段时间的事物、现象，有一定动感，强调时间性和延展性。比如，同样是计量风，"一阵风吹散了满天的乌云"与"门缝里钻进来一股凉风"相比，"一阵风"影响的空间范围要大一些，且有一定的持续性，所以可以"吹散满天乌云"；而"一股凉风"则包含有凉风在长条状范围内涌动的特性，强调经过性。由于具有流动性这一语义特征，"股"还常常用来计量力气、神态、精神等抽象事物，如"不知哪儿来的一股力量，让他一下子站了起来""一股哀怨之情"，"阵"则无此用法。

骨节儿 gǔjiér 名量词〈方〉用于计量小段的或被分割成小段的物品、路程、时间及文学作品的段落等：一～甘蔗|自己走了一～山路|电视剧被掐了一～|奶奶把红线剪成一～一～的。

G

卦 guà ❶ 名量词 用于计量占卜结果本身，即所算的"卦"：几～好卦|这一～是凶卦，真不吉利。**用法提示** ①数词一般没有限制，既可用基数词或表示数量的"两""几""好几""若干"等，也可用序数词：这几～|他算了不少卦，其中只有两～是吉卦|这是第三～凶卦了。②数词"一"在某些代词或动词后常可省略：这～吉卦真合了他的心|得了～上上吉卦。③数词前可加"这""那"等代词：这一～挺理想|那几～凶卦不能算数，别放在心上。④前面有时可加"大""小"等形容词修饰：两小～吉卦|这是一大～凶卦。⑤后面一般不加"子"。⑥一般不重叠和儿化。❷ 动量词 用于计量占卜的次数：占了两～|他为生病的母亲卜了一～|每次出行前，他总是要到庙里算上一～。**用法提示** ①可以搭配使用的动词很少，只有"占、卜、算、打、问"等，数量结构一般位于动词后，有时也可位于动词前：占几～|打上两～|出门前，要不要问一～？②数词一般没有限制，既可用基数词或表示数量的"两""几""好几""若干"等，也可用序数词：算了三～|一天占好几～|第一～算得比较吉利。③前面有时可加"大""小"等形容词修饰：还需算一大～|我只是偶尔在网上卜几小～。④数词"一"一般不省略。⑤数词前一般不加代词。⑥后面一般不加"子"。⑦一般不重叠和儿化。

语义源流 本义指古代供占卜用的、象征自然现象和人事变化的一套符号。《说文解字·卜部》："卦，筮也。"《易·系辞传上》："立象以尽意，设～以尽情伪。"《仪礼·士冠礼》："卒筮，书～，执以示主人。"引申指占卜行为及占卜的结果。《鹖冠子·学问》："圣人以此六者，～世得失逆顺之经。"陆佃注："卦，犹卜也。"《史记·李斯列传》："二世惊，自以为惑，乃召太卜，令～之。"由此演变为计量占卜结果的名量词。《汉书·律历志上》："凡一千八十，阴阳各一～之微算策也。"又演变为计量占卜的动量词。元·郑光祖《倩女离魂》第三折："姐姐，你可曾卜一～么？"

挂 guà ❶ 名量词 用于计量可以悬挂

的成套或成串的东西：一～琥珀项链｜两～鞭炮。**用法提示** ①数词一般没有限制，既可用基数词或表示数量的“两”“几”“好几”“若干”，也可用序数词或表示序数的“头”等：好几～葡萄｜三～小红灯笼｜新年的头～鞭炮。②数词“一”在某些代词或动词后常可省略：那～项链｜这～门帘｜放～鞭炮吧。③数词前可加“这”“那”“哪”等代词：这两～小灯泡｜那几～红珊瑚项链。④前面可加“大”“小”“长”等形容词修饰：一小～大蒜｜几长～鞭炮｜爸爸买了几大～香蕉。⑤数词为“一”时可重叠，重叠形式主要有“(一)～～”“一～一～”：一～～腊肠｜一～一～的渔网｜眼前是一～一～垂落在窗下的火红辣椒。⑥后面一般不加“子”。⑦一般不儿化。❷ 名量词 用于计量车辆，多为马车、牛车等：一～大车｜门口停着四～马车｜那是一～三匹马拉的车。**用法提示** ①数词一般没有限制，既可用基数词或表示数量的“两”“几”“好几”“若干”，也可用序数词或表示序数的“头”等：几～马车｜领头的第一～大车｜他俩就好比一～马车的两只车轱辘。②数词“一”在某些代词或动词后常可省略：那～马车｜买了～胶皮轱辘车｜身后走过来～驴车。③数词前可加“这”“那”“哪”等代词：这两～车｜那几～马车｜哪一～大车是你家的？④数词为“一”时可重叠，重叠形式主要有“(一)～～”“一～一～”：一～～车停在村口｜～～大车装满了货｜一～一～的马车驶出了村子。⑤前面一般不加形容词修饰，后面一般不加“子”。⑥一般不儿化。

语义源流 本义指区别、区分。《说文解字·手部》：“挂，画也。”段玉裁注：“古本多作画者，此等皆有分别画出之意。”《易·系辞传上》：“分而为二以象两，～一以象三。”陆德明云：“挂，别也。”作为量词是通假字，其本字为“絓”，表示绊住、阻碍的意思。《说文解字·糸部》：“絓，茧滓絓头也。”段玉裁注：“谓缫时茧丝成结有所挂碍，女工蚕功毕后别理之为用也。引申为挂碍之称。”清·朱骏声《说文通训定声》：“(挂)假借为絓。”《左传·成公二年》：“将及华泉，骖絓于木而止。”引申表悬挂。《楚辞·招魂》：“砥室翠翘，～曲琼些。”王逸注：“挂，悬也。挂，一作絓。”清·曹寅《赴淮舟行杂诗》：“递马连堤站，枯鱼絓树枝。”由悬挂之义引申作量词，计量可以悬挂起来的、成套或成串的物品。《红楼梦》第十七回：“帘子二百～，昨日俱得了。”另由绊住、阻碍之义引申为连及、联结之义。汉·严忌《哀时命》：“衣摄叶以储与兮，左袪～于扶桑。”《汉书·严安传》：“秦祸北构于胡，南～于越。”由连及、联结之义引申作量词，计量由马等牲口牵引行走的车辆。清·刘鹗《老残游记》第四回：“(吴氏)选了一～双套飞车，赶进城去。”清·吴趼人《糊涂世界》第三回：“那个时候还没有铁路火车，只得托中和栈替雇了两～骡车，往京城里去。”

近义辨析 挂—串 见“串”下。

挂—辆 均可用于计量车辆，但计量的范围有很大不同。“辆”字本作“两”，指并列或成对的两个，演变为量词，可计量除火车外的几乎所有的车辆。“挂”由连及、联结义引申作量词，一般计量由牲口牵引行走的车辆，如“一挂四轮马车”“几挂牛车”“赶着一挂驴车”。此外，“挂”又由悬挂义引申作量词，计量可以悬挂起来的成套或成串的物品，“辆”没有这种用法。

关 guān **动量词** 用于计量通过关口或突破关键障碍的动作：连闯三～|又混过一～|中国羽毛球女双闯过一～又一～，进入了决赛。**用法提示** ①数量结构可位于动词前，也可位于动词后：闯了三～|过了第一～|这一～不好过。②数词一般没有限制，既可用基数词或表示数量的“两”“几”“好几”“若干”，也可用序数词或表示序数的“首”等：连闯好几～|第七～过得很顺利|中国自主品牌产品要过两～，第一是可靠性，第二是精细性|中国乒乓球选手全部顺利闯过首～。③数词“一”在某些代词后常可省略：别想过我这～|想闪电结婚怕过不了妈妈那～|闯过这～，冠军就是你的了。④数词前可加“这”“那”“哪”等代词：难逃那两～|大家玩这个游戏最多打到哪一～？|每个人都要经历生老病死这几～。⑤前面可加“大”“小”等形容词修饰：顺利通过一小～|过好中考这一大～。⑥数词为“一”时可重叠，重叠形式主要有“（一）～～”“一～一～”：冠军都是这样一～～闯过来的|办证得闯三关，～～难熬|做什么事情都得一～一～地过啊。⑦后面一般不加“子”。⑧一般不儿化。

📖 **语义源流** 本义指闩门的横木。《说文解字·门部》：“关，以木横持门户也。”《左传·襄公二十三年》：“臧纥斩鹿门之～以出。”《史记·魏公子列传》：“嬴乃夷门抱～者也，而公子亲枉车骑，自迎嬴于众人广坐之中。”由于门闩可以起到保护室内的关键作用，故引申表示关口、隘门。汉·贾谊《过秦论》：“尝以十倍之地，百万之众，叩～而攻秦。”《乐府诗集·木兰辞》：“万里赴戎机，～山度若飞。”由具体义引申为抽象义，表示事物的枢纽、要害或起决定作用的因素。《后汉书·张衡传》：“中有都柱，傍行八道，施～发机。”唐·韩愈《题炭谷湫祠堂》：“不知谁为助？若执造化～。”魏怀中注：“关，关键也。”借用作量词，用于计量通过关口或突破关键障碍的动作。清·黄湰《锋剑春秋》第三回：“未过三日，就破了三～。”

管 guǎn **名量词** 用于计量细长圆筒状的物品：一～钢笔|几小～软膏|那个人手里握着一～双筒猎枪。**用法提示** ①数词一般没有限制，既可用基数词或表示数量的“两”“几”“好几”“若干”等，也可用序数词：买了几～日光灯|这是他的第一～猎枪|墙上挂着若干～长笛。②数词“一”在某些代词或动词后常可省略：那～口红|买了～牙膏|不知他从哪儿弄了～高级毛笔。③数词前可加“这”“那”“哪”等代词：这几～圆珠笔|那几～枪的资料|这两～睫毛膏都已经过期了。④前面可加“大”“小”等形容词修饰：一大～药|几小～鞋油|今天去体检，被抽了两大～血。⑤后面有时可加“子”：几～子麻药|打进去两～子液体葡萄糖|父亲摸出钢笔，吸上了饱饱的一～子墨水。⑥数词

G

为“一”时可重叠，重叠形式主要有“(一)～～”“一～一～”：一～～颜料|～～眼药膏都有效|那个绑匪全身绑着一～一～的塑胶炸药。⑦一般可儿化：两～儿无色鞋油|几～儿儿童牙膏|这种药膏我已经用了三～儿了。

语义源流 本义指竹节、竹管。《庄子·秋水》：“是直用～窥天，用锥指地也，不亦小乎？”后专指一种竹子制成的乐器。《说文解字·竹部》：“管，如篪，六孔。”《诗·周颂·有瞽》：“箫～备举。”朱熹集传：“管，如篴，并两而吹之者也。”唐·韩愈《祭郴州李使君文》：“宴州楼之豁达，众～啾而并奏。”引申为管乐器的通称。《淮南子·原道》：“建钟鼓，列～弦。”唐·白居易《琵琶行》：“主人下马客在船，举酒欲饮无～弦。”后引申泛指筒形、中空而细长的物品。《荀子·赋》：“簪以为父，～以为母。”唐·杜甫《腊日》：“口脂面药随恩泽，翠～银罂下九霄。”借用作量词，用于计量细长圆筒状的物品。《太平广记·报应·魏辉俊》：“当办纸百番，笔两～，墨一锭，以随吾尸。”

近义辨析 管—支 均可用于计量细长圆筒状的物品，如笔、烟袋杆、枪支等。但“管”计量的物品必须是中空的；“支”计量的物品可以是中空的，如“一支笔”“一支输液管”，也可以是实心的，如“一支蜡烛”“一支香烟”。这与二者的本义有关：“管”本指竹节、竹管，因此所计量之物具有中空的特征；“支”本指枝条，因此所计量之物可以不具有中空的特征。

贯 guàn 名量词 〈古〉用于计量铜钱。古代用绳子穿铜钱，每一千个一串，叫一贯：十五～铜钱|万～家产|虽然他现在已经腰缠万～，但生活仍很简朴。

语义源流 本义指穿钱的绳子。《说文解字·毌部》：“贯，钱贝之贯。”《汉书·食货志上》：“京师之钱累巨万，～朽而不可校。”明·侯峒曾《〈昨非庵日纂〉序》：“事不准诸理，犹撒钱无～。”古代用绳穿的铜钱，每千钱为一贯。由此借用作量词，用于计量铜钱。《史记·货殖列传》：“子贷金钱千～。”《水浒传》第四十三回：“那榜上明明写着赏一万～钱捉宋江。”明·冯梦龙《警世通言·俞仲举题诗遇上皇》：“但我父亲万～家财，岂不能周济一女？”清·钱泳《履园丛话·和相》：“百千万～犹嫌少，堆积黄金北斗边。”

罐 guàn 名量词 用于计量装在罐子里的东西（多为液体或食品）：一～儿果酱|三小～肉罐头|妈妈从超市里买来一瓶瓶一～～颜色鲜艳的果汁。**用法提示** ①数词一般没有限制，既可用基数词或表示数量的“两”“几”“好几”“若干”，也可用序数词或表示序数的“头”等：两～沙丁鱼|婴儿奶粉若干～|这是我今年喝的头～冰啤酒。②数词“一”在某些代词或动词后常可省略：这～啤酒|喝～牛奶|你帮我看看哪～咖啡豆过期了。③数词前可加“这”“那”“哪”等代词：这几～酸奶|那一～奶油重1000克|他做饭时经常分不清哪一～是盐，哪一～是白糖。④前面可加“大”“小”“满”等形容词修饰：几小～咖啡|两满～鸡汤|我昨天买了一大～消毒液。⑤后面

一般可加“子”：几～子茶叶|两～子辣椒酱|他盛了两～子酸梅汤送过来。⑥数词为“一”时可重叠，重叠形式主要有“(一)～～”“一～一～”：一～～蜂蜜|一～一～的黄酒整整齐齐地摆在地上|你昨天买的这几罐饮料，～～都过期了。⑦一般可儿化：十几～儿鱼子酱|一满～儿液化气|妈妈给她带了一小～儿咸菜。

语义源流 本义指用陶或金属制成的盛物或烹煮用的圆形器物。《说文解字·缶部》：“罐，器也。”《世说新语·尤悔》：“(曹彰)既中毒，太后索水救之，帝(曹丕)预敕左右毁瓶～。”宋·张君房《云笈七签·化庚粉法》：“上好庚一十两，汞五十两，贮于一～内，常用火暖，将庚烧令赤，投于汞内，柳篦搅，化尽为度。”引申指装食品或其他物品的圆筒形器具。宋·苏轼《赠包安静先生茶三首》其二：“昨日点日注极佳，点此，复云～中余者，可示及舟中涤神耳。”《明史·仪卫》：“殿门设十二人：金交椅一，金脚踏一，金水～一，金水盆一，青罗团扇六，红圆盖二，皆校尉擎执。”由此借用为量词，用于计量装在罐子里的东西(多为液体或食品)。敦煌变文《伍子胥变文》：“(我有)鱼肉五斤，饼有十播，饭有一～，请来就船而食。”清·李绿园《歧路灯》第五回：“昨日的祭酒，未必用清。我就叫门斗再带一～儿酒去。”

近义辨析 罐—瓶 都由圆柱形的、用来盛装液体的器具义借用为量词，用于计量装在里面的物品，如可以说“一罐啤酒”“一罐饮料”，也可以说“一瓶啤酒”“一瓶饮料”，但二者也有明显的不同。第一，质地有所不同，瓶一般是玻璃或塑料制品，而罐则大多是金属、陶瓷制品；第二，瓶里面装的一般是液体食品，用罐盛装的除了液体食品，还可以是能够装进罐子里的、体积较小的其他固体物品，如“几小罐花生米”“一罐曲别针”“好几罐硬币”等。

光年 guāngnián 度量衡量词 天文学上计量距离的单位。1光年指光1年内在真空中走过的路程，约等于94605亿千米：牵牛星和织女星相距16.4～|银河系的跨度大约200万～。**用法提示** ①数词一般没有限制，既可用基数词或表示数量的“两”“几”“好几”“若干”等，也可用序数词：第一～|两个行星之间的距离有若干～|射手座星云距离地球2.6万～。②数词前有时可加“这”“那”等代词：这70亿～外有一个超级黑洞|没有人知道那150亿～以外是什么星系。③数词为“一”时可重叠，重叠形式为“一～一～”：一～一～的距离|小说中的超级飞船一～一～地跨越时空，飞向外太空。④数词“一”一般不省略。⑤前面不加形容词修饰，后面一般不加“子”。⑥一般不儿化。

桄 guàng 名量词 用于计量线、绳子等可以绕在桄子上的物品：两～棉纱|孩子的脖子上挂了～五彩棉线|妈妈把洗好的一～一～的旧毛线缠成团儿。**用法提示** ①数词一般没有限制，既可用基数词或表示数量的“两”“几”“好几”“若干”，也可用序数词或表示序数的“头”等：三～彩色丝线|这是我编的头～草绳|母亲省吃俭用为我买

G

了好几～山羊绒毛线。②数词“一”在某些代词或动词后常可省略：那～旧线|哪～线是用来钩围巾的？|母亲不知从哪儿给我找了～红色丝线。③数词前可加“这”“那”“哪”等代词：那三～棉纱|我前年买的那几～毛线还放在箱子底儿呢|她织毛衣可快了，这两～线她一天就织完了。④前面可加“大”“小”等形容词修饰：绕了一大～毛线|妈妈拿来了一小～黑线，开始给我缝扣子。⑤数词为“一”时可重叠，重叠形式主要有“(一)～～”“一～一～”：～～丝线|那一～～在机器上转动的棉纱|她将一～一～的彩色丝线缠绕在硬纸板上。⑥一般可儿化：几十～儿线|这～儿麻绳最均匀|她把洗好的几～儿旧毛线晾在绳子上。⑦后面一般不加“子”。

语义源流 本义是指门、几、车、船等物上的横木。清·朱骏声《说文通训定声》：“桄字本训当为横木，与横略同。”《广雅·释水》：“舩谓之桄。”王念孙疏证：“此谓船前横木也。”《旧唐书·薛仁贵传》：“遂登门～叫呼，以惊宫内。”宋·许洞《虎钤经·攻城具》：“梯长一丈二尺，有四～，～相去三尺。”引申为绕线用的器具，俗称“桄子”。《广韵·宕韵》：“织机桄。”明·宋应星《天工开物·分名》：“直至织花绫绸，则去此两扇，而用～综八扇。”借用作量词，用于计量线、绳子等可以绕在桄子上的物品。

圭 guī ❶ 度量衡量词 〈古〉容量单位，一圭相当于十万分之一升：六粟为一～，十～为抄，十抄为撮，十撮为勺，十勺为合。❷ 度量衡量词 〈古〉重量单位，一圭为一两的二百四十分之一：十粟重一～，十～重一铢，二十四铢重一两。

语义源流“圭”又写作“珪”。本义指一种古代的玉器，长条形，上端作三角形，下端正方，是中国古代贵族朝聘、祭祀、丧葬时所用的礼器。依其大小，以别尊卑。《说文解字·土部》：“圭，瑞玉也。上圜下方。”《庄子·马蹄》：“白玉不毁，孰为～璋。”《周礼·春官·大宗伯》：“以青～礼东方。”唐·段成式《酉阳杂俎·礼异》：“古者安平用璧，兴事用～，成功用璋，边戎用珩。”借用作量词，是中国古代较小的容量单位。《孙子算经》卷上：“量之所起，起于粟。六粟为一～，十～为一撮。”明·李时珍《本草纲目·序例》：“量之所起为～，四～为撮，十撮为勺，十勺为合，十合为升，十升为斗，五斗曰斛，二斛曰石。”也是较小的重量单位。《后汉书·律历志上》：“量有轻重。”李贤注引《说苑》：“十粟重一～，十～重一铢，二十四铢重一两，十六两重一斤。”

滚 gǔn ❶ 动量词 用于计量人或物体滚动的动作：在地上滚了两～|鸟巢从高高的树端掉下来翻了几～|那个女子飞起一脚，将试图抢劫的男子踢得连滚几～。**用法提示** ①动词多用“翻”“滚”“打”等，数量结构一般位于动词后：滚一～|翻了几～|他在地上打了两～，说不出话来。②数词一般没有限制，既可用基数词或表示数量的“两”“几”“好几”“若干”等，也可用序数词：翻了十～儿|将肉馅在面粉上滚了好多～|大巴车翻第一～时

G

我就被抛了出来。③前面有时可加“大”“小”等形容词修饰：打了一小～儿|他高兴地在雪地上打了好几大～。④一般可儿化：滚了一小～儿|在地上翻一～儿|木做的鱼漂儿蜻蜓般在水面上翻了几～儿，从容地站在水中央。⑤数词“一”一般不省略。⑥数词前一般不加代词。⑦后面一般不加“子”。⑧一般不重叠。❷ 动量词 用于计量食物在沸水、沸油等液体中翻滚的动作：开一～|在油里滚几～|煲这种汤开第一～后下姜片即可。**用法提示** ①数量结构一般位于动词后：烧了三～|饺子再煮一～|待水开后，滚两～就可以盛出来了。②数词一般没有限制，既可用基数词或表示数量的“两”“几”“好几”“若干”等，也可用序数词：热油中煎了几～|俗话说“狗肉滚三～，神仙站不稳”|妈妈煮鸭子，大火煮开第二～才关火。③一般可儿化：烧上两～儿就熟了|再开上一～儿|把叶子洗净，然后在开水中烫一～儿。④数词“一”一般不省略。⑤数词前一般不加代词。⑥前面很少加形容词修饰，后面一般不加“子”。⑦一般不重叠。

语义源流 本义指大水奔流的样子。《集韵·混韵》：“滚，大水流貌。”唐·杜甫《登高》：“无边落木萧萧下，不尽长江～～来。”《水浒传》第五十五回：“水底下早钻起四五十水军，尽把船尾屑子拔了，水都～入船里来。”物体滚动犹如大水奔腾，故引申为滚动。宋·韩琦《暮春康乐园》：“榆荚纷纷掷乱钱，柳花相扑～新棉。”清·文康《儿女英雄传》第六回：“那旋子唏唧哗唧一阵乱响，便～下台阶去了。”演变为量词，用于计量人或物体滚动的动作。明·许仲琳《封神演义》第八十三回：“灵牙仙就地一～，现出原形，乃是一只白象。”清·李修行《梦中缘》第十四回：“遂取麻绳把二人鞘起，摔倒在地，用脚蹬着，就地滚了几～，煞得麻绳尽行没入皮肤，疼痛甚是难当。”液体温度达到沸点以上会翻腾，像滚动的样子，故引申表示水、油等液体的沸腾。宋·庞元英《谈薮》：“俗以汤之未～者为盲汤，初～曰蟹眼，渐大曰鱼眼。”《朱子语类·学四》：“譬之煎药，须是以大火煮～，然后以慢火养之。”由此演变为量词，用于计量食物在沸水、沸油等液体中翻滚的动作。《西游记》第七十七回：“大圣在云端里嗟叹道：‘我那八戒、沙僧，还捱得两～；我那师父，只消一～就烂……’”清·鲍相璈《验方新编·瘟疫》：“加好醋一酒钟，再煮一二～，食一碗……”

棍 gùn 动量词 用于计量用棍子敲打的动作：打了两～|第一～就把那人打晕了|两旁的石柱被他一～～地敲得粉碎。**用法提示** ①数量结构可位于动词前，也可位于动词后：白挨一～|敲他两～|你不该连续几～打伤那个小偷。②数词一般没有限制，既可用基数词或表示数量的“两”“几”“好几”“若干”等，也可用序数词：来两～|接连打了十几～|打第三～时，他已经不省人事了。③数词前可加“这”“那”“哪”等代词：瞎打那两～|这两～打得太重|不知道是哪一～扫倒他的。④前面可加“闷”“乱”等形容词修饰：

G

敲一闷～|被好几乱～打晕了|李某昨天凌晨刚出门就连挨几闷～。⑤后面一般可加“子”：头上挨了几～子|那一～子打在了他的背上|他两～子就把那只狗打跑了。⑥数词为“一”时可重叠，重叠形式主要有“(一)～～”“一～一～”：～～打在最痛处|一～～地抡下来|一～一～打在罪犯身上。⑦有时可儿化：给他两～儿|他打了我好几～儿|练功的时候挨老师几～儿也是常有的事。⑧数词“一”一般不省略。

语义源流 本义为棍棒。《广韵·混韵》：“棍，木名。”元·纪君祥《赵氏孤儿》第三折：“是那一个实丕丕将着粗～敲，打的来痛杀杀精皮掉。”明·许仲琳《封神演义》第四十三回：“雷震子大呼曰：‘吾来了！’举～就打。”借用作量词，用于计量用棍子敲打的动作。《水浒传》第三十回：“众军汉把武松一步一～，打到厅前。”清·郭伯苍《竹间十日话》卷四：“棍责呈首林芬等四十～。”

锅 guō ❶ 名量词 用于计量装在锅里的东西：一～米饭|今年的第一～肉汤|小厨师像忙年饭似的蒸着一～～的馒头。**用法提示** ①数词一般没有限制，既可用基数词或表示数量的“两”“几”“好几”“若干”，也可用序数词或表示序数的“头”等：一～白粥|煮了两～香气扑鼻的羊羯子|今天一定要让老母亲尝尝头～饺子的滋味。②数词“一”在某些代词或动词后常可省略：熬了～汤|炖～肉要三个小时|刚才那～馒头不是蒸得挺好吗？③数词前可加“这”“那”“哪”等代词：这两～开水|那几～包子|哪一～饭是昨天剩下的？④前面可加“大”“小”等形容词修饰：熬一大～绿豆汤|两小～红烧肉|老师给我们煮了几小～姜汤。⑤后面有时可加“子”：一～子萝卜汤|一～子汤料|几～子白煮羊肉。⑥数词为“一”时可重叠，重叠形式主要有“(一)～～”“一～一～”：一～～的饺子|工地上为工人们准备了一～一～的绿豆汤|妈妈蒸了好几锅小包子，～～都被吃得很干净。⑦有时可儿化：一小～儿甲鱼汤|三大～儿红烧肉|邻居送来了一～儿热腾腾的面条汤。❷ 名量词 用于计量旱烟：几～旱烟|装上一～烟|他一～烟能抽上三十分钟。**用法提示** ①数词一般没有限制，既可用基数词或表示数量的“两”“几”“好几”“若干”，也可用序数词或表示序数的“头”等：一～好烟|抽上几～烟|头～烟抽完，他又来了精神。②数词“一”在某些代词或动词后常可省略：抽～烟|这～烟不错|刚才那～烟的烟丝是你买的吗？③数词前可加“这”“那”“哪”等代词：这两～烟|那几～烟抽得不舒服|哪一～烟闻着香？④前面有时可加“大”“小”等形容词修饰：两小～烟|点了一大～烟。⑤后面有时可加“子”：几～子烟叶|他闷头抽了一～子烟。⑥数词为“一”时可重叠，重叠形式主要有“一～～”“一～一～”：一～～烟|他抽了一～一～的烟，一屋子的烟味。⑦有时可儿化：好几～儿旱烟。

语义源流 本义表示烹饪用具。《广韵·戈韵》：“锅，温器。”元·陶宗仪《说郛》引晋徐广《孝子传》:“母好食～底焦饭。”《三国演义》第六回:“正欲埋～造饭，只听得四围喊声，徐荣伏兵尽出。”借用作量词，用于计量装在锅里的东西。明·兰陵笑笑生《金瓶梅》第七十一回:“长老爨一～豆粥吃了，过得一宿。”明·凌濛初《二刻拍案惊奇》卷二十九:“蒋生又惊又喜，谨藏了三束草，走归店中来，叫店家烧了一～水，悄地放下一束草，煎成药汤。”又因为形状相似，故又指旱烟杆上的烟斗。清·文康《儿女英雄传》第十五回:“那烟袋嘴儿上打着一个青线算盘疙瘩，烟袋～儿上还挑着一个二寸来大的红葫芦烟荷包，里面却不装着烟。”又用于计量旱烟。清·文康《儿女英雄传》第三十七回:“那锅儿里的烟灰墩的干净也是这一墩，墩不干净也是这一墩。假如墩不干净，回来再装，那半～儿烟灰可就絮在生烟底下了。”

G

过 guò **动量词** 用于计量某些动作行为，相当于“遍”: 多抄几～|多筛几～|墙还要再刷一～。**用法提示** ①数量结构一般位于动词后，有时也可位于动词前: 改了三～|那两～检查得不仔细|妈妈把我准备好的行李仔细检查了一～才放心。②数词一般没有限制，既可用基数词或表示数量的“两”“几”“好几”“若干”，也可用序数词或表示序数的“头”等: 煎了三～|折腾了好几～也没拍成|头～没洗干净|茶冲第三～的时候就已经没有什么味道了。③数词前有时可加“这”“那”“哪”等代词: 那一～炸的火候正好|炸完这一～才能休息。④一般可儿化: 在油里炸一～儿|必须多筛两～儿|这本小说我看过三～儿了。⑤数词“一”一般不省略。⑥前面一般不加形容词修饰，后面一般不加“子”。⑦一般不重叠。

语义源流 本义指经过、走过。《说文解字·辵部》:“过，度也。”《孟子·滕文公上》:“禹八年于外，三～其门而不入。”《吕氏春秋·察今》:“有～于江上者，见人方引婴儿而欲投之江中。”后虚化为经历、经过义。《易·系辞传下》:“～此以往，未之可知也。穷神知化，德之盛也。”清·归锄子《红楼梦补》第二十三回:“姑娘京里带出来的东西，回家来住了几时，都又翻腾过的了，如今还得～一遍手，姊姊来帮帮我。”经过、走过一个地方如同将事情经历一遍，演变为量词，用于计量某些动作行为，相当于“遍”。《黄帝内经·玉版论要篇》:“八风四时之胜，终而复始，逆行一～，不复可数。”王冰注:“过，谓遍也。”宋·洪迈《夷坚志·梦药方》:“视壁间有韵语药方一纸，读之数～。”

近义辨析 过—遍 见“遍”下。

H

海里 hǎilǐ 度量衡量词 计量海洋上距离的长度单位。1海里等于1852米。“里”是汉语中的一个长度单位，专门计量里程，“海”指海洋，二者结合为“海里”一词，专门用来计量海洋上的距离。以前也写作“浬”：航行几万～|相距几千～。**用法提示** ①数词一般没有限制，既可用基数词或表示数量的“两”“几”“好几”“若干”等，也可用序数词：行驶至第600～|行驶了好几千～|郑和下西洋，总共航行了约16万～。②数词前有时可加“这”“那”等代词：这27053～的航程很辛苦|那72～就是这两地之间最近的距离。③数词为“一”时可重叠，重叠形式为“一～一～”：一～一～地搜寻|两舰之间的距离在一～一～地缩短|小船在风浪中一～一～地慢慢漂向岸边。④数词“一”一般不省略。⑤前面一般不加形容词修饰，后面一般不加“子”。⑥一般不儿化。

函 hán 名量词 用于计量装在函中的书籍、信札等：宋词两～|今存大师著述之第四～和第五～|这几～书都是木刻本，很珍贵。**用法提示** ①数词一般没有限制，既可用基数词或表示数量的“两”“几”“好几”“若干”等，也可用序数词：一～公文|好几～线装书|找了半天，刚找出来第一～。②数词“一”在某些代词后常可省略：这～书信|那～线装书是新买的|老师拿出了刚收到的那～书。③数词前可加“这”“那”“哪”等代词：这几～书|那一～《皇清经解》|哪一～书最珍贵？④前面可加“大”“小”等形容词修饰：一小～珍贵的宋版书|《全唐诗》有好几大～|他保存着一大～书信。⑤数词为“一”时可重叠，重叠形式主要有“(一)～～”“一～一～”：一～～的古书|～～书信装载着他们的爱情|桌子上摆着一～一～的线装书。⑥后面一般不加“子”。⑦一般不儿化。

语义源流 本义为包含、容纳。《集韵·覃韵》：“函，容也。”《诗·周颂·载芟》：“播厥百谷，实～斯活。”孔颖达疏：“函者，容藏之义。”晋·陆机《文赋》：“～绵邈于尺素，吐滂沛乎寸心。”引申表示容纳物品的匣子、封套等。《集韵·咸韵》：“函，匮也。或作椷。”唐·许浑《题灵山寺行坚师院》：“经～露湿文多暗，香印风吹字半销。”唐·张彦远《法书要录·武平一〈徐氏法书记〉》：“楷书每～可二十多卷。”借用为量词，用于计量装在函中的物品。《南史·师觉传》：“于路忽见一人持书一～，题曰至孝师君苫前。”《新唐书·李靖传》：“家故藏高祖、太宗赐靖诏书数～。”《晋书·陶侃传》：“吾威名已著，何事遣兵，但一～纸自足耳。”

近义辨析 函—匣 均可用于计量装在盒子里的书信等，如可以说“一函书

H

信”，也可以说“一匣书信”，但二者也有一定的差别。“函”由容纳物品的匣子、封套义借用为量词，一般只用于计量书籍（主要是线装书）、信札，使用范围有限；而“匣”由盛物的带盖器具义借用为量词，可用于计量所有盛装在匣子里的东西（主要是形体较小的物品），如糕点、茶叶、首饰等，使用范围较广。

函—册 见“册”下。

行 háng 名量词 用于计量成行的人或物（包括有生命的和无生命的）：一～～军人｜两～大雁｜公路两边有几～整齐的白杨树｜他在纸上写下了头几～诗句。**用法提示** ①数词一般没有限制，既可用基数词或表示数量的“两”“几”“好几”“若干”，也可用序数词或表示序数的“头”“首”等：两～蚂蚁｜菜单上的首～俄文字写得真漂亮｜去年这里栽了好多～小树苗。②数词“一”在某些代词或动词后常可省略：飞来～大雁｜那～垂杨柳｜这～小学生走得真整齐。③数词前可加“这”“那”“哪”等代词：那两～代码｜这三～人请到这边来｜哪几～字需要换成红色？④前面可加“大”“小”等形容词修饰：三大～柳树｜几小～潦草的字｜人们排成好几大～迅速地移动着。⑤数词为“一”时可重叠，重叠形式主要有“（一）～～”“一～一～”：～～果树｜一～～的队伍｜一～一～骆驼在沙漠中缓慢前移。⑥后面一般不加“子”。⑦一般不儿化。

语义源流 本义指道路。从甲骨文字形上看，当为十字路口。《尔雅·释宫》：“行，道也。”《诗·豳风·七月》：“女执懿筐，遵彼微～。”孔颖达疏：“行，训为道也。”《吕氏春秋·下贤》：“桃李之垂于～者，莫之援也；锥刀之遗于道者，莫之举也。”引申为行走义，读xíng。《说文解字·行部》：“行，人之步趋也。”《诗·唐风·杕杜》：“独～踽踽。岂无他人？不如我同父。”清·毛先舒《八月十六夜记游》：“夜已渐深，～三四里，寂无一人。”又引申指军队的行列，读háng。《诗·大雅·常武》：“左右陈～，戒我师旅。”陆德明释文：“行，列也。”《楚辞·国殇》：“凌余阵兮躐余～，左骖殪兮右刃伤。”后泛指一般人或物排成的行列。《吕氏春秋·辩土》：“横～必得，纵～必术。正其～，通其风。”高诱注：“行，行列也。”前蜀·薛昭蕴《浣溪沙》：“红蓼渡头秋正雨，印沙鸥迹自成～。”由此演变为量词，用于计量成行的人或物。唐·杜甫《绝句》：“两个黄鹂鸣翠柳，一～白鹭上青天。”清·朱彝尊《登滕王阁》：“霓旌千骑入，玉佩几～趋。”

近义辨析 行—列 均可用于计量人和物，如可以说“一行行士兵”“两行字符”，也可以说“一列列士兵”“两列字符”。但“行”所能计量的排成行的人或物范围比较宽泛，如我们可以说“一行大雁”“两行眼泪”，但很少说“一列大雁”“两列眼泪”。这是因为“行”由行列义演变为量词，强调的是计量对象成行的形态、状态；而“列”由行列、位次义演变为量词，暗含人为排列、位次顺序义。火车由多节车厢依次整齐排列，故“列”可用于计量火车或成列的客车等，如“一列火车”“一列列游览车”，“行”没有这种用法。

行—溜 均可用于计量某些成行或条状的东西，如可以说“一行果树”“一行脚印”，也可以说“一溜（儿）果树”“一溜（儿）脚印”。“行”由行列义演变为量词，用于计量成行的人或物，强调其整齐成行的特征；而“溜”由房檐流水的地方义演变为量词，用于计量水流，后又泛用于计量呈条状的物体，并不强求其排列的整齐性。因此“一行行士兵”中的“行”不能换成“溜”，“一溜（儿）屋檐水”中的“溜”也不能换成“行”。此外，“溜”多用于口语，经常儿化，而“行”一般不儿化。

行—排 均可用于计量人和物，如“一排学生”“两排房子”“几排椅子”中的“排”都可以换成“行”。“排”本义指推开排挤，是一种横向的动作，引申指按一定规则排列摆放，演变为量词后，主要用于计量横向排列的人或物，强调计量对象在横向上的整齐一致性。“排”也能够计量具有一定动感的事物，如“一排巨浪”“一排排跃动着的音符”，这里的“排”都不能换成“行”。“行”由行列义演变为量词，一般只强调计量对象的整齐性，不限制是横向排列还是竖向排列。此外，军队横列的一排排士兵多有固定数量，故“排”又借用指军队编制单位，如“增加两排兵力”“拿来整整一排战士的军服”，这是“行”所没有的用法。

毫 háo 名量词 用于计量抽象事物及某种情感，表极微小的量：不受一～影响｜没有一～的差错｜我居然没有一～异样的感觉。**用法提示** ①数词一般限用“一”：一～关系也没有｜这件事没有给我带来一～影响。②数词“一”不省略。③数词前一般不加代词。④前面一般不加形容词修饰，后面一般不加“子”。⑤一般不重叠和儿化。

语义源流 本义指长而细的毛。《集韵·豪部》：“毫，长锐毛也。”《山海经·西山经》：“（三危之山）其上有兽焉，其状如牛，白身四角，其～如披蓑。”后泛指极纤细的毛。《孟子·梁惠王上》：“明足以察秋～之末，而不见舆薪。”《荀子·赋篇》：“精微乎～毛，而充盈乎大宇。”引申指很小的、极细微的样子。《老子》第六十四章：“合抱之木，生于～末；九层之台，起于累土。”《宋书·历下》：“元和所用，即与古历相符也。逮至景初，终无～忒。”借用为量词，古代用来计量长度、重量和面积。《孙子算经》卷上：“十丝为一～，十～为一厘，十厘为一分，十分为一寸。”汉·贾谊《新书·六术》：“数度之始，始于微细，有形之物，莫细于毫，是故立一～以为度始。”《文献通考·衡权》：“（宋秤制）一百～为一分，以千～定为一钱。”现代汉语中多用于计量抽象事物及某种情感，表极微小的量。

近义辨析 毫—丝 均可用于计量微小的量，如可以说“一毫影响”，也可以说“一丝影响”。但“毫”一般用于计量长度、重量和面积，后来多用于计量抽象事物及某种情感，如私心、感动等，很少用来计量具体事物；而“丝”既可用于计量表情和感受等抽象事物，也可计量像丝一般细长、细小的具体事物，如“一丝乌发”“几丝细雨”。此外，由于本义不同，二者在计量抽象事物时所表的量也稍有差别。“毫”本义为长而细的毛，“丝”本义为蚕丝，相较于“毫”，“丝”更为细小。《谢察微·算经》：“十丝曰毫，十毫曰厘。”

毫克 háokè 度量衡量词 法定质量或重量单位，符号为mg。1毫克等于1/1000克：每次喝3～|这种坚果的含硒量高达100～每千克。**用法提示** ①数词可用基数词或表示数量的“两”“几”“好几”“若干”等：1～|几～的药粉|其中不饱和脂肪酸只有几十～。②数词前有时可加“这”“那”等代词：添加这几～抗菌素对饲料的质量会产生影响|那几十～的干扰素起了很大作用。③数词为“一”时可重叠，重叠形式为“一～一～”：一～一～地计算|为了保证实验成功，那些催化剂要一～一～地慢慢注入。④数词“一”一般不省略。⑤前面一般不加形容词修饰，后面一般不加“子”。⑥一般不儿化。

H

毫米 háomǐ 度量衡量词 法定长度单位，符号为mm。1毫米等于1/1000米：平均年降水为527～|长了几～|薄钢板上钻孔的孔径是12～。**用法提示** ①数词可用基数词或表示数量的“两”“几”“好几”“若干”等：1～|好几～|大概有5～厚。②数词前有时可加“这”“那”等代词：高度降低了约3～|该工件厚度约2～。③数词为“一”时可重叠，重叠形式为“一～一～”：一～一～地检查|那些导线被一～一～地拉长|这些庞然大物只能一～一～地向前移动。④数词“一”一般不省略。⑤前面一般不加形容词修饰，后面一般不加“子”。⑥一般不儿化。

毫升 háoshēng 度量衡量词 法定容积单位，符号为ml。1毫升等于1/1000升：最少5～|三合一的浴液，容量通常为12～。**用法提示** ①数词可用基数词或表示数量的“两”“几”“好几”“若干”等：献了200～血|若干～乙醇|这个碗能装75～水。②数词前有时可加“这”“那”等代词：这50～香水是赠送的|那500～的水装到两个瓶子里吧。③数词为“一”时可重叠，重叠形式为“一～一～”：一～一～的试剂|注射了一～一～的生理盐水|从地下根中抽出一～一～的淡黄色液体。④数词“一”一般不省略。⑤前面一般不加形容词修饰，后面一般不加“子”。⑥一般不儿化。

毫微米 háowēimǐ 度量衡量词 法定长度单位纳米（nm）的旧称。详见“纳米”。

号 hào ❶ 名量词 用于计量人，相当于“个”：四百～打工人员|二百来～工人|这个月李大夫每天都要面对一百多～病人。**用法提示** ①数词一般用基数词或表示数量的“两”“几”“好几”“若干”等：三百来～伤员|若干～白吃饭的人|每个办公室没有几～人，找人常常扑空。②数词前可加“这”“那”“哪”等代词：这几十～人|那百十来～工人|哪十几～员工是新来的？③一般可儿化：一百来～儿人|三十几～儿病人|只有八台电脑的小屋子门口挤了二十多～儿人。④数词“一”一般不省略。⑤前面一般不加形容词修饰，后面一般不加“子”。⑥一般不重叠。

❷ 名量词 用于计量人或物的次第：第一～好人｜五～放映室｜他是今天的第一百～病人。**用法提示** ①数词可用基数词，也可用序数词：第三～通知｜第一～聪明人｜车队的一～车先走，二～车跟上。②数词前可加“这”“那”等代词：这第一～简报｜那第十～楼完工了。③一般可儿化：第一百～儿学员｜第十五～儿客人请取餐。④数词“一”一般不省略。⑤前面一般不加形容词修饰，后面一般不加“子”。⑥一般不重叠。❸ 名量词 用于计量人或事物的种类：这一～人｜不喜欢那一～人｜他这～天才。①数词多用“一”：不喜欢那一～人｜这一～病人最不好管理｜我们公司盛不下你这一～大人物。②数词“一”在某些代词后常可省略：他属于哪～人？｜看见这～人就生气｜我从没见过那～人。③数词前可加“这”“那”“哪”等代词：那几～只说不干的人｜我怎么会有你这一～朋友｜他在这部电影中扮演的是哪一～人？④一般可儿化：这～儿学员｜我可没你这～儿学生｜哪～儿客人最讨厌？⑤前面一般不加形容词修饰，后面一般不加“子”。⑥一般不重叠。

语义源流 本义为大声呼叫，读háo。《说文解字·号部》：“号，痛声也。”《诗·魏风·硕鼠》：“乐郊乐郊，谁之永～？”毛传：“号，呼也。”后转而用来指人的名和字之外另起的别名，读hào。《史记·廉颇蔺相如列传》：“赐奢～为马服君。”晋·陶渊明《五柳先生传》：“宅边有五柳树，因以为～焉。”引申表示人或物的名位，也可以表示等级、次序和种类。《国语·楚语下》：“能知山川之～。”韦昭注：“号，名位也。”宋·叶梦得《石林燕语》卷八：“殿试唱名，编排官以试卷列御座之西，对～以次拆封……以姓名呼之。”明·冯梦龙《喻世明言·蒋兴哥重会珍珠衫》：“又把几串珠子提将起来，道：‘这般头～的货，他们还做梦哩！’”清·贪梦道人《康熙侠义传》第十五回：“你这～东西，愣敢给我一匹瘦马！”由此演变为量词，计量人或事物的数量、种类或次第。明·罗懋登《三宝太监西洋记》第十五回：“每一～船上面，有三层天盘。”清·吴趼人《二十年目睹之怪现状》第三回：“叫他算还三天的钱，又问了我住第几～房，那家人去了。”清·李宝嘉《官场现形记》第十一回：“院上这些老爷们，没一个盖过他的，真正是天字第一～的红人。”

近义辨析 号—个 见“个”下。

合 hé ❶ 名量词〈古〉用于计量成对成套的东西：前边就是一～门｜海州土俗工画，节度令造海图屏风二十～。❷ 动量词〈古〉用于计量交战的回合（常见于旧小说中）：约战四五十～，胜负未分｜一日战十三～，斩三十余人。

语义源流 本义为闭合、合拢。《说文解字·亼部》：“合，合口也。”《山海经·大荒西经》：“西北海之外，大荒之隅，有山而不～，名曰不周负子。”明·冯梦龙《醒世恒言·薛录事鱼服证仙》：“（薛少府）方才把口就饵上一～，还不曾吞下肚子，早被赵干一掣，掣将去了。”引申为匹配之义。《诗·大雅·大明》：“文王初载，天作之～。”

《荀子·富国》:“男女之～，夫妇之分，婚姻娉内送逆无礼，如是，则人有失～之忧，而有争色之祸矣。”王先谦集解:“合，配也。失合，谓丧其配偶也。”演变为量词，古代用来计量成对或成套的东西。《魏书·蠕蠕传》:“朱画盘器十～，粟二十万石，至镇给之。”又由闭合、合拢等义引申为会集、聚合之义。《国语·楚语下》:“于是乎～其州乡朋友婚姻，比尔兄弟亲戚。”韦昭注:“合，会也。”宋·苏辙《龙川别志》:“五更，市方～而雨作，入五局观避之。”进一步引申指两军交锋、交战之义。《孙子·行军》:“兵怒而相迎，久而不～，又不相去，必谨察之。”《汉书·晁错传》:“用兵临战，～刃之急者三。”师古注:“合刃，谓交兵。”由此演变为量词，用来计量交战的回合。《史记·项羽本纪》:“楚挑战三～。”《明史·杜槐传》:“一日战十三～，斩三十余人。”

盒 hé 名量词 用于计量用盒子盛装的物品：一～点心|十几～香烟|这两～粉笔够用一个星期了。**用法提示** ①数词一般没有限制，既可用基数词或表示数量的“两”“几”“好几”“若干”，也可用序数词或表示序数的“首”等：好几～蛋糕|这是今年收到的第一～月饼|全国首～火柴产自广州。②数词“一”在某些代词或动词后常可省略：那～药|这～茶叶已经放了半年了|他买了～巧克力送给女朋友。③数词前可加“这”“那”“哪”等代词：这几～香烟|哪两～磁带|父母需要的不是那几～补品，而是你们的陪伴。④前面可加“大”“小”等形容词修饰：两大～面膜|一小～糖果|我在西藏买了一大～藏香。⑤后面有时可加“子”：几～子减肥药|发现一～子的电话卡|收集了好几～子旧电池。⑥数词为“一”时可重叠，重叠形式主要有“(一)～～”“一～一～”：一～～子弹|一～一～的带有精美包装的礼品|今天发的盒饭～～都有宫保鸡丁。⑦一般可儿化：两～儿饭|十几～儿开心果|这种药我已经吃了好多～儿了，也没见有什么效果。

语义源流 本义指一种由底和盖相合而成的器皿。《字汇·皿部》:“盒，盘覆也。”唐·白居易《眼病二首》其二:“案上谩铺龙树论，～中虚燃决明丸。”《红楼梦》第四十一回:“(丫头)又端了两个小捧～，揭开看时，每个～内两样。”由此借用为量词，计量用盒子盛装的物品。明·凌濛初《初刻拍案惊奇》卷六:“隔了几日，赵尼姑办了两～茶食来贾家探望巫娘子。”明·兰陵笑笑生《金瓶梅》第六十七回:“揭开，一～果馅顶皮酥、一～酥油泡螺儿。”

赫 hè 度量衡量词 频率单位“赫兹”的简称。详见“赫兹”。

赫兹 hèzī 度量衡量词 频率单位，符号为Hz。1秒钟震动1次为1赫兹。这个单位名称是为纪念德国物理学家赫兹（Heinrich Rudolf Hertz）而定的。简称“赫”。可用于计量声波：儿童的声高是200到350～。也可用于计量电磁波：频谱图的频率值从150到378～。**用法提示** ①数词可用基数词或表示数量的“两”“几”“好几”“若干”等：长笛的基频是256～|另一个

H

陪音的频率要低若干～|一般人是难以听到16～以下的次声波和20000～以上的超声波的。②数词前有时可加“这”“那”等代词：那2000～以上的音乐频谱宽度是很有问题的。③数词“一”一般不省略。④前面一般不加形容词修饰，后面一般不加“子”。⑤一般不重叠和儿化。

亨 hēng 度量衡量词 电感单位“亨利”的简称。详见“亨利”。

亨利 hēnglì 度量衡量词 电感单位，符号为H。简称“亨”。这个单位名称是为纪念美国物理学家亨利（Joseph Henry）而定的。当电路中的电量在1秒钟内的变化为1安培、产生的自感或互感的电动势为1伏特时，此时电路中的电感可定义为1亨利：每秒钟通过的电感是2～|电感线圈的电感量为6～|这种振荡器的电感是12～。**用法提示** ①数词一般用基数词：3～的偏转电感量|这个回路的电感比那个要小三四～|调宽线圈的电感量增加了2～。②数词“一”一般不省略。③数词前一般不加代词。④前面不加形容词修饰，后面不加“子”。⑤一般不重叠和儿化。

横 héng 名量词 用于计量从左到右的线条：字下画了两～|臂章上印有三～|这三～表示大队长的意思。**用法提示** ①数词一般用基数词或表示数量的“两”“几”“好几”“若干”等：下面画两～的是句子的谓语|背包绳的捆法是标准的“三～压两竖”。②数词前可加“这”“那”“哪”等代词：图上这个三～、两竖、两个三角的当间儿都是沉积盆地|水路图上的那“三～”，包括了东平水道、西平水道和向西延伸的青潭水道。③数词“一”一般不省略。④前面一般不加形容词修饰，后面一般不加“子”。⑤一般不重叠和儿化。

语义源流 本义指门的栏木。《说文解字·木部》：“横，阑木也。”段玉裁注：“阑，门遮也。凡以木阑之皆谓之横也。”《乐府诗集·子夜歌四十二首》其十五：“擿门不安～，无复相关意。”明·陈子龙《废苑行》：“苑门零藉不安～，芳草何年满阶布。”引申指横的方向，与从上到下的方向相对。《楚辞·沉江》：“不开寤而难道兮，不别～之与纵。”北周·庾信《小园赋》：“犹得倚侧八九丈，纵～数十步。”假借指平着运笔从左向右平写的汉字笔画。明·高濂《遵生八笺·兰亭边旁考异》：“‘永’字无画，发笔处微折转。‘和’字口下～笔稍出。”清·孙旭《平吴录》：“衡州民谣曰：‘～也是二年，竖也是二年。以‘昭’字～竖皆两笔也。”借用为量词，现代汉语中用于计量从左向右的线条。

泓 hóng 名量词 用于计量清水，相当于“片”“道”：一～清泉|秋水一～|眼镜湖就是香山公园内两～平静的湖水。**用法提示** ①数词一般没有限制，既可用基数词或表示数量的“两”“几”“好几”“若干”等，也可用序数词：两～潭水|几～幽深的湖水|见到的第一～碧水是栗行水库。②数词“一”在某些代词后常可省略：守住这～清水|那～绿水|这～迷人的湖水有三分之二在四川境内。③数词前可加“这”“那”“哪”等代词：这一～秋水|那两～深不可测的潭水|哪一～清

泉能洗涤人的心灵？④前面可加“大”“小”等形容词修饰：一大～水|一小～水塘|树林尽头豁然开朗，一大～幽幽碧水呈现在眼前。⑤数词为“一”时可重叠，重叠形式主要有“(一)～～”“一～一～”：～～清水点缀其间|一～～清澈见底的湖泊|一～一～清澈的河水汩汩地流入菜地。⑥后面一般不加“子”。⑦一般不儿化。

语义源流 本义表示水很深。《说文解字·水部》：“泓，下深貌。”晋·郭璞《江赋》：“极～量而海运，状滔天以淼茫。”唐·宋之问《登逍遥楼》：“逍遥楼上望乡关，绿水～澄云雾间。”引申表示深水、潭水本身。唐·元稹《说剑》：“留斩～下蛟，莫试街中狗。”唐·杜甫《刘九法曹郑瑕邱石门宴集》：“晚来横吹好，～下亦龙吟。”又演变为量词，用于计量清水。唐·李贺《梦天》：“遥望齐州九点烟，一～海水杯中泻。”宋·张方平《瑶池宴曲》：“晓过扶桑水一～，下视中洲尘九点。”

H

忽米 hūmǐ **度量衡量词** 长度单位，符号为cmm。1忽米等于1/100毫米：1～|几～的误差|我们怎么才能看到这几～长的东西？**用法提示** ①数词可用基数词或表示数量的“两”“几”“好几”“若干”等：几～的物体肉眼很难看清|1～相当于10微米。②数词前有时可加“这”“那”等代词：显微镜下才能看出这两～的差别|那几十～是很大的切割误差。③数词“一”一般不省略。④前面一般不加形容词修饰，后面一般不加“子”。⑤一般不重叠和儿化。

弧度 húdù **度量衡量词** 平面角的单位，符号为rad。当圆心角所对的弧长和半径相等时，该角就是1弧度。**用法提示** ①数词可用基数词或表示数量的“两”“几”“若干”等：10～|测量仪器所张的角应不大于20～|线圈匀速转动的角速度为每秒314～。②数词前有时可加“这”“那”等代词：那3.2973～为损失量的最大值。③数词“一”一般不省略。④前面一般不加形容词修饰，后面一般不加“子”。⑤一般不重叠和儿化。

壶 hú **名量词** 用于计量盛装在壶中的水、酒等液体：一～水|几～茶油|有这两～上好的老酒，咱们今天一醉方休。**用法提示** ①数词一般没有限制，既可用基数词或表示数量的“两”“几”“好几”“若干”等，也可用序数词：两～香茗|几～花雕酒|他煮了好几～咖啡，第一～不太理想。②数词“一”在某些代词或动词后常可省略：这～开水|他给自己泡了～浓浓的铁观音|妻子把那～泡好的茶放在了丈夫的桌子上。③数词前可加“这”“那”“哪”等代词：那几～美酒|这两～油能用一阵子了|桌子上有两壶茶，你喜欢哪一～？④前面可加“大”“小”等形容词修饰：一大～茶|几小～白酒|每次有朋友来，他都会烧上一大～热水。⑤数词为“一”时可重叠，重叠形式主要有“(一)～～”“一～一～”：～～花茶|一～～陈年普洱|桌子上摆着一～一～的好酒。⑥有时可儿化：喝一～儿酒|给我来～儿酒|我给您老人家泡了一小～儿上好的龙井。⑦后面一般不加“子”。

语义源流 本义是容器名，古代为礼器、容器，用以盛酒浆或粮食。后多为液体盛器，如茶壶、酒壶等。《说文解字·壶部》："壶，昆吾圜器也。"《公羊传·昭公二十五年》："国子执～浆。"何休注："壶，礼器。"《左传·昭公十三年》："司铎射怀锦，奉～饮冰，以蒲伏焉。"孔颖达疏："此以壶盛饮。"后借用为量词，用于计量装在壶里的液体。明·凌濛初《初刻拍案惊奇》卷八："问酒保讨个大碗，连吃了几～，然后讨饭。"清·西周生《醒世姻缘传》第四十六回："如今托赖龙天看顾，卖着几～酒。"

斛 hú **度量衡量词**〈古〉容量单位，一斛为十斗，南宋末年改一斛为五斗：莫道千金酬一笑，便明珠、万～须邀｜用桃皮、竹叶锉之，水一二～，随多少，煮一沸，令有香气，人人作浴｜一夫之田，岁责六十～，甄其正课并征戍杂役。

语义源流 本义为古代的一种量器。《庄子·胠箧》："为之斗～以量之，则并与斗～而窃之。"南朝梁·刘勰《文心雕龙·铭箴》："蓍龟神物，而居博弈之中；衡～嘉量，而在臼杵之末。"后借用为量词，是古代的容量单位。《说文解字·斗部》："斛，十斗也。"《仪礼·聘礼》："十斗曰斛。"《汉书·赵充国传》："以一马自佗负三十日食，为米二～四斗，麦八～，又有衣装兵器，难以追逐。"《三国志·魏书·武帝纪》："是岁谷一～五十余万钱，人相食，乃罢吏兵新募者。"

湖 hú **名量词** 用于计量湖水及湖中生长的大片植物：一～秋水｜一～莲藕｜秋天，那一～～、一片片的芦苇亭亭玉立。**用法提示** ①数词一般限用"一"：一～碧波｜这一～湛蓝的水｜这一～的荷花如今只剩下根根枯茎。②数词"一"在某些代词后有时可省略：这～碧水｜哪～粉荷最漂亮？｜那～秋水让人的身心彻底放松了。③数词前可加"这""那""哪"等代词：这一～碧波｜哪一～的荷花开了？｜凡去过泸沽湖的人，都会被那一～清亮的湖水倾倒。④前面一般可加"大""满"等形容词修饰：满～莲藕｜一大～粉红的荷花。⑤数词为"一"时可重叠，重叠形式主要有"(一)～～""一～一～"：一～～秀水，一声声鸟语｜～～闪烁着波光｜随处可以见到一～一～的夏荷。⑥后面一般不加"子"。⑦一般不儿化。

语义源流 本义指被陆地围着的大片积水。《说文解字·水部》："湖，大陂也。"《书·禹贡》："震泽底定。"孔传："震泽，吴南大湖名。"孔颖达疏："大泽蓄水，南方名之曰湖。"汉·枚乘《七发》："左江右～，其乐无有。"后借用为量词，计量湖水及湖中生长的大片植物等。唐·刘长卿《赠秦系》："明日东归变名姓，五～烟水觅何人。"清·赵庆熹《水龙吟·过孤山怀林处士》："孤山山上人吹笛。一～云水，两堤烟草，四山花石。"

户 hù **名量词** 用于计量人家或住户：两～居民｜这是几～残疾人家庭｜小小的巷道共有四十四～人家。**用法提示** ①数词一般没有限制，既可用基数词或表示数量的"两""几""好几""若干"，也可用序数词或表示序数的"首"等：三～业主｜村里的几～人

家|这是我们村里的首～村民。②数词“一”在某些代词或动词后常可省略：这～姓杨的人家|哪～农民家的存粮都能管一年|天黑找不着路，他们就找了～人家住了下来。③数词前可加“这”“那”“哪”等代词：这几～居民|那两～住家|我们这栋楼哪几～人家养猫？④前面有时可加“大”“小”等形容词修饰：一大～人家|这是一小～住户。⑤数词为“一”时可重叠，重叠形式主要有“(一)～～”“一～一～”：这儿～～农民都盖了新房|一～～的农家乐一字排开|一～一～的贫困家庭改善了生活。⑥一般可儿化：一～儿居民|我们这一层有四～儿人家|她被一～儿无儿无女的农民收养了。⑦后面一般不加“子”。

语义源流 本义指单扇门。《说文解字·户部》：“户，护也。半门曰户。”《诗·小雅·斯干》：“筑室百堵，西南其～。”《论语·雍也》：“谁能出不由～？”刘宝楠正义：“一扇曰户，两扇曰门。”亦泛指门户。《诗·唐风·绸缪》：“绸缪束楚，三星在～。”朱熹集传：“户，室户也。”《史记·田敬仲完世家》：“须臾，王鼓琴，驺忌子推～入曰：‘善哉鼓琴！’”后引申指住在户内的人家，即住户。《汉书·西域传》：“渠梨，城都尉一人，～百三十，口千四百八十，胜兵百五十人。”《后汉纪·孝安皇帝纪上》：“三州屯兵二十万，民弃农桑，～无聊生。”由此演变为量词，用于计量人家或住户。《水浒传》第九十回：“只见一个汉子飞砖掷瓦，去打一～人家。”明·冯梦龙《警世通言·拗相公饮恨半山堂》：“自从拗相公当权，创立新法，伤财害民，户口逃散，虽留下几～穷民，只好奔走官差，那有空役等雇？”

近义辨析 户—家 均可用于计量人家或住户，如“几户人家”“几家人家”，两个词还经常连用，如“每家每户”“千家万户”等，但二者在意义和用法上存在着一定的差异。“户”本义指单扇门，后亦泛指门户，引申指住在户内的人家，即住户，由此演变为量词，用法比较单一，只用于计量人家、住户。“家”的本义指人的居处，由此引申表示人家，演变为量词，用于计量人家或住户；后又进一步用于计量商铺等，如“一家杂货铺”，也可用于计量企业机构等，如“一家银行”“一家医院”“第一家证券交易所”。此外，“家”还可用于计量学术流派，如“任何一家理论都有一定道理”“融儒、释、道三家思想于一体”。

画 huà 名量词 用于计量汉字的笔画。汉字的一笔叫一画：“人”字有两～|这个字多写了一～|有的汉字有三十六～。**用法提示** ①数词一般没有限制，既可用基数词或表示数量的“两”“几”“好几”“若干”等，也可用序数词：文章的“章”字有十一～|这个字的第五～是横|他不知道这个汉字有几～，少写了一～。②数词前可加“这”“那”“哪”等代词：这两～不好写|这几～写得都很好|哪一～最难写？③一般可儿化：“凸”字一共五～儿，其中第二～儿是“横”|她的名字很好写，总共就没几～儿。④数词“一”一般不省略。⑤前面一般不加形容词修饰，后面一般不加“子”。⑥一般不

H

重叠。

📖 **语义源流** 本义是划分。《说文解字·画部》:“画，界也，象田四界。聿，所以画也。”《书·毕命》:“申～郊圻，慎固封守，以康四海。”孔传:“郊圻虽旧所规画，当重分明之。”《孙子·虚实》:“我不欲战，～地而守之。”由此引申指绘出图形、绘画。《仪礼·乡射礼》:“大夫布侯，～以虎豹。士布侯，～以鹿豕。”《战国策·齐策二》:“请～地为蛇，先成者饮酒。”后引申指画出的图形本身。宋·苏轼《东坡题跋·书摩诘〈蓝关烟雨图〉》:“味摩诘之诗，诗中有～；观摩诘之～，～中有诗。”清·吴敬梓《儒林外史》第一回:“（王冕）每日问卜卖～，倒也挤个不开。”后又将书写文字称为“画”。汉·王充《论衡·须颂》:“夫颂言，非徒～文也。如千世之后，读经书不见汉美，后世怪之。”清·朱履贞《书学捷要》:“学书有捷径。古人居则～地，广数步；卧则～席，穿表里。”由此引申将书法的横笔叫一画，后泛称汉字的一笔为一画。晋·王羲之《题卫夫人〈笔阵图〉后》:“每作一横～，如列阵之排云。”唐·欧阳询《三十六法·增减》:“字有难结体者，或因笔～少而增添……或因笔～多而减省。”由此演变为量词，用于计量汉字的笔画。《西游记》第十回:“崔判官吃了一惊，急取浓墨大笔，将‘一’字上添了两～，却将簿子呈上。”清·惜华楼主《皇清秘史》第九十六回:“（皇帝）问李善兰:‘共是多少笔画？’李善兰奏道:‘六十五～。’”

环 huán ❶ 名量词 用于计量圆圈或圆圈形的事物：一～光圈｜树木的年轮又多了几～｜石子投入水中，水面上泛起了一～～水晕。**用法提示** ①数词一般用基数词或表示数量的“两”“几”“好几”“若干”等：两～光晕｜几～波纹｜北京的道路发展到了六～，现在我们住在三～以内。②数词“一”在某些代词或动词后有时可省略：这～银圈｜戴了～银项圈｜哪～路上最堵车？③数词前可加“这”“那”“哪”等代词：这一～水波｜那两～光圈。④数词为“一”时可重叠，重叠形式主要有“（一）～～”“一～一～”：～～烟圈缭绕｜迤逦的盘山公路一～～如羊肠小道｜金色的水波漾了开去，形成一～一～的涟漪。⑤前面一般不加形容词修饰，后面一般不加“子”。⑥一般不儿化。❷ 名量词 用于计量射击、射箭、飞镖等项目中射中环靶的环数，射中靶心一般为十环，离靶心越远，所得的环数越少：枪枪命中十～｜你刚才打了几～？｜连长要求三发子弹必须打出二十五～以上。**用法提示** ①数词一般用基数词或表示数量的“两”“几”“好几”“若干”等：一箭射中十～｜他们的成绩落后好几～｜不少人在公园里参加过射击游戏，通常命中若干～可以获得一定的奖品。②数词前可加“这”“那”“哪”等代词：这十～不是那么好打的｜那几～成绩的提高，是苦练出来的｜就你那水平，哪几～是你打的？③数词“一”一般不省略。④前面一般不加形容词修饰，后面一般不加“子”。⑤一般不重叠和儿化。

📖 **语义源流** 本义指圆圈形的玉器，是璧的一种。《说文解字·玉部》:“环，

H

璧也。肉好若一谓之环。”《左传·昭公十六年》：“宣子有～，其一在郑商。”《荀子·大略》：“绝人以玦，反绝以～。”后泛指圆圈形的物品。三国魏·曹植《美女篇》：“攘袖见素手，皓腕约金～。”《南史·阿罗单国传》：“元嘉七年，遣使献金刚指～。”后演变为量词，用于计量圆圈或圆圈形的事物。唐·张祜《题杭州灵隐寺》：“峰峦开一掌，朱槛几～延。”唐·释道宣《续高僧传·唐京师弘福寺释慧云传》：“云以贼徒蜂起，无方守护，并用付才。又以念诵铜珠一～，遗才为信。”宋·姜特立《渔舍》：“松古龙千尺，溪清玉一～。”现代汉语中也可用于计量射击、射箭、飞镖等项目中射中环靶的环数。

近义辨析 环—圈 均可用于计量圆圈形的事物，如可以说“一环环波纹”，也可以说“一圈圈波纹”。“环”本义指圆圈形的玉器，引申表示圆圈形物品，演变为量词后，一般只用于计量圆圈或圆圈形的东西，如“一环光晕”“一环涟漪”。在现代汉语中，用于计量射击、射箭、飞镖等项目中射中环靶的环数时，常用“环”而不用“圈”。“圈”本义指养牲畜、禽兽的栏圈，引申指圆环、圆圈，演变为名量词后使用范围较广，除围成环形的物体外，还可计量围成环形的人，如“围了一圈人”。“圈”还有动量词的用法，可计量绕圈的动作、行为，如“绕了几圈”“人们围成一圈”，也可计量打麻将的轮数，如“打了四圈”。此外，“圈”的前面可加形容词“大”“小”等修饰，“环”一般不加形容词修饰；当计量一般的环状事物时，“圈”一般用于口语，“环”一般用于书面语。

H

挥 huī 动量词 用于计量挥动手臂的动作：挥了两～|他向远去的游轮挥了几～手|那个卖馒头的大叔对我挥了一～手说：“算了，这个馒头不要你钱了。” **用法提示** ①动词限用“挥”，数量结构一般位于动词后：挥了几～手|把衣袖挥了一～|他拿着乒乓球拍在空中挥了几～，要我跟他一起去打球。②数词多用“一”“两”“三”“几”“好几”：握着拳头挥了两～|他用右手向那个女孩挥了几～|那个人把蒲扇挥了一～，露出不满意的神情。③数词“一”在动词后常可省略：挥了～手|那个女士拿着一条白色丝绸手绢挥了～，说：“我们出发吧。”④数词前不加代词。⑤前面不加形容词修饰，后面不加“子”。⑥不重叠和儿化。

语义源流 本义是舞动、摇动。《说文解字·手部》：“挥，奋也。”《广雅·释诂一》：“挥，动也。”《淮南子·说山》：“执弹而招鸟，～棁而呼狗。”晋·郭璞《山海经图赞·夔牛》：“西南巨牛……虽有逸力，难以～轮。”《红楼梦》第二十六回：“这脸上，又和谁～拳来，挂了幌子了！”后借用为动量词，用于计量或空手、或手握小件物品（手帕、扇子之类）舞动的动作。明·方汝浩《东度记》第九回：“（他）吹了一口气，挥了几～手，说着变出一座花园来。”

回 huí 名量词 ❶用于计量事件，相当于“件”：一～事|这是两～事|别把对孩子的教育不当～事。**用法提示** ①数词一般用基数词或表示数量的“两”“几”等：好几～事|这是怎么一～事？②数词“一”在某些代

词或动词后有时可省略：那～事｜有这～事｜这算怎么～事？③数词前可加“这”“那”“哪”等代词：那两～事｜大家说开了，这一～事就算过去了。④前面一般不加形容词修饰，后面一般不加“子”。⑤一般不重叠和儿化。❷ 名量词 用于计量章回小说中的一章或说书中的一个段落：《红楼梦》前八十～｜第十五～｜说书人刚讲完了小说的前几～。**用法提示** ①数词一般没有限制，既可用基数词或表示数量的“两”“几”“好几”“若干”等，也可用序数词：该书第一～｜我已经看了好几～了｜据说曹雪芹只写了《红楼梦》前八十～。②数词“一”在某些代词或动词后常可省略：听完这～｜那～的内容听得我很入迷｜他在书摊旁听了～《说岳全传》才回家。③数词前可加“这”“那”“哪”等代词：这一～的开头部分｜那两～的内容有点儿接不上｜《施公案》哪几～说得最好？④数词为“一”时可重叠，重叠形式主要有“(一)～～”“一～一～”：一～～的内容扣人心弦｜这本书～～都吸引人｜他每天用评书的形式给听众讲着一～一～扣人心弦的故事。⑤前面一般不加形容词修饰，后面一般不加“子”。⑥一般不儿化。❸ 动量词 用于计量某些动作行为，相当于“次”：迟到过两～｜一～也没商量过｜和他只见过几～，实在谈不上了解。**用法提示** ①数量结构可位于动词前，也可位于动词后：那几～讨论参加的人很多｜去了好几～。②数词一般没有限制，既可用基数词或表示数量的“两”“几”“好几”“若干”，也可用序数词或表示序数的“头”等：一～没开过｜头～参加这类会议｜为了这件事，我们讨论了好几～。③数量结构位于动词后时，数词“一”在某些代词或动词后有时可省略：去了～上海｜筹备这～聚餐｜在西藏跑～长途可真不容易。④数词前可加“这”“那”“哪”等代词：谁跑那两～｜运完了这几～就完成任务了｜那一～开会他迟到了。⑤数词为“一”时可重叠，重叠形式主要有“(一)～～”“一～一～”：～～坐卧铺回家｜一～～地来回跑｜他正一～一～地往仓库里搬粮食。⑥前面一般不加形容词修饰，后面一般不加“子”。⑦一般不儿化。

语义源流 本义是动词，表示旋转、回旋。《说文解字·囗部》：“回，转也。”《诗·大雅·云汉》：“倬彼云汉，昭～于天。”郑玄笺：“精光转运于天。”清·刘大櫆《重修凤山台记》：“夫气～于天，蕴于地，汇于下，止于高。”引申表示迂回、曲折。晋·陆机《答张士然》：“～渠绕曲陌，通波扶直阡。”唐·杜牧《阿房宫赋》：“廊腰缦～，檐牙高啄。”又引申表示调转方向。《楚辞·离骚》：“～朕车以复路兮，及行迷之未远。”宋·欧阳修《醉翁亭记》：“峰～路转，有亭翼然。”进一步引申指返回到原来的地方。唐·李白《将进酒》：“君不见黄河之水天上来，奔流到海不复～。”唐·杜甫《郑驸马池台喜遇郑广文同饮》：“燃脐郿坞败，握节汉臣～。”清·刘鹗《老残游记》第十四回：“这时候，云彩已经～了山，月亮很亮的。”演变为动量词，用于计量某些动作行为，相当于“次”。唐·慕幽《柳》："今古凭君一赠行，几～折尽复重生。"宋·王安石《送张公仪宰安丰》："雁飞南北三两～，回首湖山空梦乱。"宋·柳永《八声甘州·对潇潇暮雨洒江天》："误几～、天际识归舟。"也可用为名量词，计量有始有终的完整事件，相当于"件"。清·凌廷堪《燕乐考原》："配律不配声，以仲吕为宫与以仲吕为上是两～事。"清·吴趼人《二十年目睹之怪现状》第三十二回："他的父亲……本来是福建的一个巡检，署过两～事，弄了几文。"章回小说分为若干章，章与章首尾衔接。说书人每讲一次就是"一章"，也称"一回"。因此"回"也可以计量章回小说中的一章或说书中的一个段落。明·沈德符《万历野获编·词曲》："然原本实少五十三～至五十七～，遍觅不得。"清·文康《儿女英雄传》第二十九回："自第一～……起，至第二十八～……皆为无谓陈言。"

近义辨析 回—次 见"次"下。

回—件 均可用于计量事情，如可以说"一件事"，也可以说"一回事"，但二者本义不同，用为量词后的语义重点也不同。"回"本义为回旋，用为量词计量事情时，强调的是事情本质上的一致性，有始有终的完整性，一般是笼统的，如"发生了这么一回事""这是两回事"。另外，如果很多事情存在内部的一致性，也可以统称为"一回事"，比如"这三件事虽然看起来无关，但其实是一回事"。"件"本义是分解、分割，引申指从一个大的事物中分割出的可以计量的部分，用为量词可计量某些个体的器物、行李、衣物、案件以及一些抽象事物，比如"一件衣服""两件玉器""几件大案"。"件"用于计量事件时，强调的往往是从整体中抽取出来的具体事件，如"完成了一件工作""这只是生活中的一件小事"，其中的"件"都不可替换为"回"。此外，"回"还可作动量词，"件"只能作名量词。

回—趟 均可用于计量人的走动，如可以说"走一趟"，也可以说"走一回"；也均可用于计量武术动作，如可以说"打了一回猴拳"，也可以说"打了一趟猴拳"。但二者的语义重点不同。"趟"本义是跳跃行进的样子，演变为量词，强调动作的往返、位置的移动。"回"的本义是旋转、回旋，用为量词后，使用范围更广泛，不限于往返，如"上个月我吃了两回烤鸭"，其中的"回"不能替换为"趟"。在计量武术动作时，"趟"强调其成套或成组的特点，而"回"则强调其次数。此外，作为名量词，"回"可用于计量事件、章回小说中的一章或说书中的一个段落，"趟"无此用法；"趟"可用于计量按一定次序或时间运行的车船及成行成条的东西，"回"无此用法。

回—下 均可用于表示动作行为的次数，如可以说"你去一回"，也可以说"你去一下"，但二者的意义和用法有些不同。"回"只表示动作的次数，不涉及时间的长短；"下"由表示自上而下的动作演变为量词，用于计量动作行为时，保留了"动作快、时间短"的特点，强调动作的时间很短。比如"这部电影太感人了，她看一回哭一回"，强调的是次数；"电脑死机了，你能帮我看一下吗？”强调的是时间短，具有一定尝试义。

回—遭 均可用于计量事情发生及动作行为的次数，如可以说“头一回发生这样的事”，也可以说“头一遭发生这样的事”。但由于本义不同，所以二者在所强调的意义和使用方法上存在着一定的差异。“遭”本义为遇到，引申指巡行、围绕，演变为量词，多用于遭遇、行走等方面，如“逛了两遭”“来世上走一遭”；进一步引申，用于计量绕圈的动作，如“她把丝巾往脖子上绕了两遭”；又进一步引申，用于计量动作的次数，但仍保留了“环绕”的特点，如“头一遭碰到这种稀奇事儿”“吃了好几遭闭门羹”。“回”强调次数，使用范围比较广，如“吃过几回”中的“回”就不能替换为“遭”。在计量行为动作时，“回”强调往返动作的次数，如可以说“去过好多回上海”，而不能说“去过好多遭上海”。

回合 huíhé 动量词 用于计量双方较量的次数：连赢几～|以两～连胜的优胜比分淘汰了对手。**用法提示** ①数量结构可位于动词前，也可位于动词后：打了几～|这一～比下来，他输了。②数词一般没有限制，既可用基数词或表示数量的“两”“几”“好几”“若干”等，也可用序数词：打了几～|才打第一～就败给了对方|经过三～交锋，中国队赢得了比赛。③数词前可加“这”“那”等代词：这两～打得很精彩|最后的那几～他打得很吃力。④数词为“一”时有时可重叠，重叠形式为“一～一～”：一～一～地打下去|一～一～地拼斗，把观众看得眼花缭乱。⑤数词“一”一般不省略。⑥前面一般不加形容词修饰，后面一般不加“子”。⑦一般不儿化。

语义源流“回合”是个复合词，由“回”“合”两个语素组成。“回”有旋转、回旋义，“合”可由聚合、会合义引申指两军交锋，组合成“回合”后，表示缭绕、环绕之义。唐·李群玉《宿巫山庙》：“庙闭春山晓月光，波声～树苍苍。”金·元好问《善应寺》：“平岗～尽桑麻，百汊清泉两岸花。”演变为量词，古代称敌对双方的武将交锋一次为一回合。明·许仲琳《封神演义》第三十二回：“二骑相交，大战十五～。”《西游记》第六十回：“这大圣与那牛王斗经百十～，不分胜负。”现泛指双方较量一次为一回合。

伙 huǒ 名量词 用于计量有一定数量的人：一～人|这里昨天来了两～投资商|各村的人一群群、一～～地云集在保和寺。**用法提示** ①数词一般没有限制，既可用基数词或表示数量的“两”“几”“好几”“若干”等，也可用序数词：好几～贼|敌军分成了若干～|第二～商贩把价钱抬得太高了。②数词“一”在某些代词或动词后常可省略：来了～人|那～人是骗子|警察抓住了这～在居民小区多次作案的流氓。③数词前可加“这”“那”“哪”等代词：这两～歹徒|那几～实力强大的敌人|你是哪一～的？怎么总说我们的不对。④前面可加“大”“小”等形容词修饰：一大～人|他们的体育课不教别的，只分两大～踢足球|这一小～人常常在上班的时候聊天，太不像话了。⑤后面有时可加“子”：几～子学生|今天

又有两~子人来看房|那两~子人不知为什么打起来了。⑥数词为“一”时可重叠，重叠形式主要有“一~~”“一~一~”：一~~的大学生|一~一~的农民工|清晨，在城外的一条小路上，一~一~的商队来来往往。⑦一般可儿化：一~儿盗贼|这两~儿人|这~儿牛贩子是两头骗啊，我们全上当了。

语义源流 本义指军营中共同起火做饭吃饭的几个人，在古籍中也写作“火”。唐·杜佑《通典·兵一》：“五人为列，二列为火，五火为队。”《新唐书·兵志》：“十人为火，五火为团，皆有首长。”明·戚继光《练兵实纪·练胆气》：“首者行赏，若互相容隐，同~同队之兵俱以军法连坐。”后泛指同伴或由同伴组成的集体。《水浒传》第十八回：“我等有的是金银，送献些与他，便入了~。”清·吴趼人《二十年目睹之怪现状》第二十八回：“继之先已有信来知照过，于是同众~友相见。”演变为量词，用于计量有一定数量的人。明·罗懋登《三宝太监西洋记》第六十五回：“道犹未了，只见一~番兵披头散发，跪在阶下。”明·凌濛初《二刻拍案惊奇》卷十八：“道人同了一~道者走来，多是些庞眉皓发之辈，共有三四个。”

近义辨析 伙—帮 见“帮”下。

伙—股 见“股”下。

伙—批 均可用于计量有一定数量的人，如可以说“看见一伙工人”，也可以说“看见一批工人”，但二者的语义侧重点略有不同。“批”本表击打的动作，引申指批次，演变为量词用于人群时，保留了“同一时间”这一语义特征。因此，“看见一批工人”，一般是强调这些工人同时入职或同时开始工作。“伙”是由同伴或由同伴组成的集体这一引申义演变为量词的，用于人群时，强调的是成员间的关联，并不强调时间的同一性。因此，“看见一伙工人”，一般是强调这些工人彼此熟识或者利益相关。此外，“伙”有时略带贬义色彩，“批”一般不带感情色彩。

伙—群 均可用于计量有一定数量的人，如可以说“一伙人”，也可以说“一群人”。但二者的用法有一些差异，如可以说“一群先进生产者”，但不能说“一伙先进生产者”。这与二者的本义及其演变轨迹有关。“群”是由表示动物的集合义演变为量词的，用于成群的动物和人时更多地呈中性色彩，如“一群学生”“一群牛”；“伙”本义是同伴，演变为量词用于人群时，强调的是成员间有一定关联，有时带有一定的贬义色彩。

和 huò ❶ 动量词 用于计量洗涤时换水的次数（多用于洗衣服）：洗了两~|多投几~|洗第一~时水特别脏。**用法提示** ①数量结构多位于动词后，有时也可位于动词前：再洗两~|一~投洗完，衣服还是很脏|衣服才刚洗了一~，怎么又停水了？②数词一般没有限制，既可用基数词或表示数量的“两”“几”“好几”“若干”，也可用序数词或表示序数的“头”等：洗了五六~|投了好几~|这件衣服不太脏，投第二~时水就很清了。③数词“一”在某些代词后有时可省略：洗完这~就可以晾了|那~洗得太不认真了。④数词前可加“这”“那”等代词：那

一～没洗干净｜投这两～用了快半个小时。⑤数词为“一”时有时可重叠，重叠形式主要有“一～～”“一～一～”：这一～～洗的，真烦｜你一～一～地洗了多少和了？⑥前面一般不加形容词修饰，后面一般不加“子”。⑦一般不儿化。❷ **动量词** 用于计量煎熬中药的次数：煎两～｜这药煎过三～以后，药力减了不少｜这药刚煎了一～，怎么就倒了？**用法提示** ①数量结构可位于动词前，也可位于动词后：已经煎了两～｜这药一～还没煎呢｜这一～煎的时间有点儿短。②数词多用“三”以内的基数词、序数词，也可用表示数量的“两”“几”“若干”或表示序数的“头”等：煎完头～了｜第二～已经煎好倒在碗里了｜这剂药需要煎两～。③数词前有时可加“这”“那”等代词：这一～还得再熬一会儿｜那两～煎得有点儿过了。④数词“一”一般不省略。⑤前面一般不加形容词修饰，后面一般不加“子”。⑥一般不重叠和儿化。

语义源流 本义为声音相应，读 hè。《说文解字·口部》：“咊（和），相应也。”《管子·白心》：“人不倡不～。”《后汉书·黄琼传》：“阳春之曲，～者必寡。”后引申表示声音的和谐、协调，读 hé。《广雅·释诂三》：“和，谐也。”《老子》第二章：“音声相～。”《礼记·乐记》：“其声～以柔。”后泛指事物的和谐、协调。《易·乾卦》：“保合大～乃利贞。”《礼记·中庸》：“～也者，天下之达道也。”又引申指调和、调治。《周礼·天官·食医》：“食医掌～王之六食、六饮、六膳、百羞、百酱、八珍之齐。”郑玄注：“和，调也。”北周·庾信《仙山》：“金灶新～药，银台旧聚神。”由此引申为掺杂、混合义，读 huò。北魏·贾思勰《齐民要术·养羊》：“作毡法：春毛、秋毛，中半～用。”唐·杜甫《岁晏行》：“往日用钱捉私铸，今许铅铁～青铜。”演变为量词，用于计量洗涤时换水或煎熬中药的次数。《红楼梦》第五十二回：“晴雯服了药，至晚间又服二～。”

J

级 jí ❶ 名量词 用于计量人或事物的等次：八～钳工｜那个初中生钢琴已经过了九～｜他顺利地通过了一～一～的考试。**用法提示** ①数词一般没有限制，既可用基数词或表示数量的“两”“几”“好几”“若干”等，也可用序数词：十～台风｜建设第一～高精度控制网｜少儿英语第二～。②数词“一”在某些代词或动词后常可省略：那～干部｜再提～工资就能享受更好的待遇了。③数词前可加“这”“那”“哪”等代词：这一～的花茶｜你英语考试过了哪一～？｜他涨这三～工资只用了两年。④数词为“一”时可重叠，重叠形式主要有“（一）～～”“一～一～”：～～考试｜一～一～地提高工资待遇｜一～～音乐考级引起了众多家长的兴趣。⑤前面一般不加形容词修饰，后面一般不加“子”。⑥一般不儿化。❷ 名量词 用于计量台阶、楼梯等：三～楼梯｜第一～台阶有点儿高｜这个台子有十几～台阶。**用法提示** ①数词一般没有限制，既可用基数词或表示数量的“两”“几”“好几”“若干”等，也可用序数词：几～楼梯｜救人一命，胜造七～浮屠｜会吃苦，学会享受磨难，这是成功的第一～台阶。②数词“一”在某些代词或动词后可省略：这～台阶｜成绩上了～台阶｜哪～石阶上雕刻着一个怪物图案？③数词前可加“这”“那”“哪”等代词：这几～石阶｜那两～楼梯｜哪几～台阶上长满了绿苔？④数词为“一”时可重叠，重叠形式主要有“（一）～～”“一～一～”：～～台阶布满青苔｜沿着一～～楼梯往上走｜他们在陡峭的巨岩上开凿出一～一～的石阶。⑤前面一般不加形容词修饰，后面一般不加“子”。⑥一般不儿化。

📖 **语义源流** 本义指丝的优劣等次。《说文解字·糸部》：“级，丝次第也。”段玉裁注：“本谓丝之次第，故其字从糸。”后泛指人、事物的等次。《广雅·释言》：“级，等也。”也特指贵贱、官爵的品级等。《礼记·月令》：“贵贱之等～。”《吕氏春秋·怀宠》：“皆益其禄，加其～。”《南史·昌义之传》：“其隆名显～，亦各风云之感会也。”由此演变为量词，用于计量人或事物的等级、品级。《左传·僖公九年》：“以伯舅耋老，加劳，赐一～，无下拜。”杜预注：“级，等也。”《商君书·境内》：“大将、御、参皆赐爵三～。”《史记·秦始皇本纪》：“百姓内粟千石，拜爵一～。”由等次义又引申表示台阶。《玉篇·糸部》：“级，阶级也。”《吕氏春秋·重言》：“乃领宾者延之而上，分～而立。”清·姚鼐《登泰山记》：“道皆砌石为磴，其～七千有余。”由此演变为量词，用于计量台阶、楼梯等。《旧唐书·礼仪志二》：“基每面三阶，周回十二阶，每阶为二十五～。”

近义辨析 级—等 见“等”下。

级—流 均可用于计量人或事物的等级、品级，如可以说“一级飞行员”“一级学科”，也可以说“一流飞行员”“一流学科”，但二者的使用范围有所差异。“级”由人、事物的等次义演变为计量等级、品级的量词，多用于按照一定的标准或规范，经过考核、评定后确定的级别，具有一定的权威性，如“国家一级演员”“一级公路”。“流”由流派、品类义演变为计量品类、等级的量词，多用于公众主观认定的等级，有时会带有一定的主观随意性，如在“一流演员”“这是一条一流公路”等用例中，“一流”并不是经过严格审核、评测后确定的等级，而是一般被社会公众认定的级别。此外，“级”还可以计量台阶，“流”没有这种用法。

集 jí ❶ 名量词 用于计量某些长篇巨著中可以划分或相对独立的部分：第三～｜出了好几～了。**用法提示** ①数词一般没有限制，既可用基数词或表示数量的“两”“几”“好几”“若干”，也可用序数词或表示序数的“首”等：好几～｜这部长篇小说共有三～｜我刚刚看完第二～。②数词“一”在某些代词或动词后常可省略：看～小说｜那～的情节很精彩｜哪～最能反映作者的思想？③数词前可加“这”“那”“哪”等代词：这两～作品｜哪一～的情节最惊险？④数词为“一”时可重叠，重叠形式主要有“(一)～～”“一～一～”：～～都是精品｜桌子上摆着一～～高考复习资料｜一～一～的侦探小说，我全都买了。⑤前面一般不加形容词修饰，后面一般不加“子”。⑥一般不儿化。❷ 名量词 用于计量某些较长影视片中可以划分出的部分：上、中、下三～｜这部电视剧共有四十四～｜一百多～的连续剧得看到什么时候呀？**用法提示** ①数词一般没有限制，既可用基数词或表示数量的“两”“几”“好几”“若干”，也可用序数词或表示序数的“首”等：五～电视连续剧｜共有上、下两～｜昨天晚上看了这部电视剧的首～。②数词“一”在某些代词或动词后常可省略：看了～电视剧｜这～电视剧的剧情真没意思｜哪～的情节最精彩？③数词前可加“这”“那”“哪”等代词：这两～纪录片我没看过｜那五～宣传片都很不错。④数词为“一”时可重叠，重叠形式主要有“(一)～～”“一～一～”：一～～风景片｜这部纪录片，～～都很精彩｜一～一～电视剧拍下来，演员们彼此很熟悉了。⑤前面一般不加形容词修饰，后面一般不加“子”。⑥一般不儿化。

语义源流 本义是群鸟栖止在树上。《说文解字·隹部》：“集，群鸟在木上也。”《诗·周南·葛覃》：“黄鸟于飞，～于灌木，其鸣喈喈。”《诗·唐风·鸨羽》：“肃肃鸨羽，～于苞栩。”引申泛指集合、聚集。《诗·小雅·頍弁》：“如彼雨雪，先～维霰。”晋·王羲之《兰亭集序》：“群贤毕至，少长咸～。”后引申为汇辑多篇（幅）作品而成的书册的通称。三国魏·曹丕《与吴质书》：“顷撰其遗文，都为一～。”宋·苏辙《神水馆寄子瞻兄四绝》其三：“谁将家～过幽都，逢见胡人问大苏。”演变为量词，用于计量某些长篇巨著的段落或部分。宋·龙衮《江南野史·孟贯》:"贯潜渡江,以所业诗一~驾前献之。"《四库全书总目提要》卷一百三十四:"《蘉古介书》题东海黄禺、金定邵阊生编,不知为何许人。分前后二~。"后也用于计量影视片中相对独立的部分。

近义辨析 集—辑 均可用于计量书籍,如可以说"全书共有十集",也可以说"全书共有十辑",但二者的意义和用法有所不同。"集"是由汇辑多篇(幅)作品而成的书册的通称演变为量词的,主要用于计量大型作品中分出的独立部分,与发表时间的关系不大,因此除了书籍,还可用于计量电视剧,而不能用于计量杂志或汇编而成的材料。"辑"由纂集、编辑义演变为量词,语义特征强调所计量对象的编纂性,而编纂是有顺序要求的,所以主要用来计量按照内容和发表的先后顺序分成的部分,可用于杂志或汇编而成的材料等,如"两辑《通讯》""编了几辑《内部参考消息》"。

辑 jí **名量词** 用于计量书籍、资料等按内容或发表的时间分成的部分:几~资料|这是新到的第二~|我们只找到这一~汇编。**用法提示** ①数词一般没有限制,既可用基数词或表示数量的"两""几""好几""若干"等,也可用序数词:五~唱本|好几~材料|这部丛书第五~的内容最丰富。②数词"一"在某些代词或动词后常可省略:买了~简报|这~参考资料内容很丰富|哪~《通讯》找不到了?③数词前可加"这""那""哪"等代词:这几~图书|这是丛书的哪一~?|那两~资料放哪儿了?④数词为"一"时可重叠,重叠形式主要有"(一)~~""一~一~":~~简报|一~~整理好的材料|桌子上摆放着一~一~杂志。⑤前面一般不加形容词修饰,后面一般不加"子"。⑥一般不儿化。

语义源流 本义是车舆。《说文解字·车部》:"辑,车和辑也。"段玉裁注:"辑,车舆也。各本作车和辑也,大误,今正。"引申为收敛、集聚。《书·舜典》:"望于山川,遍于群神,~五瑞。"孔传:"辑,敛也。"《韩非子·说林下》:"雨十日,甲~而兵聚。"陈奇猷集释:"辑、集同。"进一步引申为纂集、编辑。《国语·晋语八》:"及为成师,居太傅,端刑法,~训典,国无奸民。"《汉书·艺文志》:"夫子既卒,门人相与~而论纂,故谓之《论语》。"清·俞樾《群经平议·国语》:"~训典,谓集合先代之训辞及其典礼也。"又引申指整套书籍的一部分。《古本竹书纪年辑证》:"其所引或为当时辑录之本,此不入~。"由此演变为量词,用于计量书籍、资料等按内容或发表的时间分成的部分。《清史稿·艺文志四》:"国朝杭郡诗三~一百卷。"

近义辨析 辑—集 见"集"下。

记 jì **动量词** 用于计量打耳光或踢球射门的次数:打了一~耳光|这一~射门很精彩|他被人打了一~闷棍。**用法提示** ①数量结构一般位于动词后,有时也可位于动词前:白挨几~耳光|好几~劲射|他右手一挥,使出一~黑虎掏心。②数词一般没有限制,既可用

J

基数词或表示数量的“两”“几”“好几”“若干”等，也可用序数词：扇两～耳光|来一～猛射|他的第一～射门让守门员措手不及。③数词“一”在某些代词或动词后可省略：打了～耳光|来了～远射|那～耳光打得他晕头转向。④数词前可加“这”“那”等代词：这一～耳光扇得太重|白射了那两～，球没进。⑤数词为“一”时可重叠，重叠形式主要有“（一）～～”“一～一～”：一～～地扇下来|几次射门，～～射偏|一～一～耳光打在他的脸上。⑥前面一般不加形容词修饰，后面一般不加“子”。⑦一般不儿化。

语义源流 本义是记录。《说文解字·言部》：“记，疏也。”段玉裁注：“疋也。疋，各本作疏，今正。《疋部》曰：‘一曰疋，记也。’此疋、记二字转注也。疋今字作疏，谓分疏而识之也。”《汉书·原涉传》：“削牍为疏，具～衣被棺木，下至饭含之物，分付诸客。”晋·杜预《〈春秋经传集解〉序》：“故史之所～，必表年以首事，年有四时，故错举以为所～之名也。”后引申指记录下来的文牍、文件等。《汉书·张敞传》：“以臣有章劾当免，受～考事。”颜师古注：“记，书也。若今之州县为符教也。”宋·苏舜钦《答范资政书》：“道远且阻，不得上～，以候起居。”由此引申指印章、标志等。汉·司马相如《封禅文》：“若然辞之，是泰山靡～，而梁父罔几也。”明·张居正《召辞纪事》：“又特降手谕，赐路费银两、表里及银～一颗。”明·冯梦龙《警世通言·范鳅儿双镜重圆》：“足下与先孺人相约时，有何为～？”后又特指皮肤上的深色印记。明·冯梦龙《警世通言·皂角林大王假形》：“脱下衣裳，果然有一搭红～。”由于抽打人的身体会留下印记，故借为动量词，用于计量抽打等动作。清·张南庄《何典》第五回：“牵钻鬼诚恐老子要怪他，便把那叫化子夹背一～。”《三茅宝卷·寺庙得经》：“被告本不要来，是挨原告背来的，所以原告要挨多打一～。”现代汉语中多用“记”来计量打耳光或踢球射门的次数。

纪 jì **名量词**〈古〉纪年单位，十二年为一纪。若干年数循环一次也可称为一纪：一～之中，便登三级|久荷渥泽，积祀一～，不能仰答陛下恩养之福|四时嗟阅水，一～换流年。

语义源流 本义指丝缕的头绪。《说文解字·糸部》：“纪，丝别也。”王筠句读：“纪者，端绪之谓也。”《墨子·尚同上》：“譬若丝缕之有～，网罟之有纲。”《淮南子·泰族》：“茧之性为丝，然非得工女煮以热汤而抽其统～，则不能成丝。”汉·刘向《说苑·权谋》：“袁氏之妇，络而失其～。”由此泛指头绪、开端。《韩非子·主道》：“明君守始以知万物之源，治～以知善败之端。”明·何景明《内篇》二十四：“是故物必有始而事必有～。”又引申表示终止。《国语·周语上》：“若国亡不过十年，数之～也。夫天之所弃，不过其～。”韦昭注：“数起于一，终于十，十则更，故曰纪也。”借用为量词，用为纪年的单位，若干年循环一次可称为一纪。《史记·天官书》：“夫天运，三十岁一小变，百年中变，五百载大变；三大变一～，三～而大备。”又特指十二年为一纪。《国语·晋语四》：“蓄力一～，可以远矣。”韦昭注：“十二年岁星一周为一纪。”清·顾炎武《冬至寓汾州之阳城里祭毕而饮有作》：“流离逾二～，怆怳历三都。”

季 jì ❶ 名量词 用于计量一年之中农作物成熟或养蚕的次数：三～稻｜蚕娘两万人，一年八～蚕。**用法提示** ①由于一年之中农作物成熟的次数很少，养蚕的次数虽然多一些，但最多也就十二次，所以数词只能用少数几个基数词或表示数量的“两”“几”“好几”“若干”等：两～稻｜今年养了几～蚕｜这里开始试种三～稻了。②数词前有时可加“这”“那”等代词：这两～稻收成还不错｜那一～蚕吐的丝怎么样？③数词“一”一般不省略。④前面一般不加形容词修饰，后面一般不加“子”。⑤一般不重叠和儿化。❷ 名量词 用于计量时间，一年分为四季，三个月为一季：一～光景｜一年有四～｜四～光阴。**用法提示** ①数词可用“四”以内的基数词、序数词，也可用表示数量的“两”“几”“好几”“若干”等：夏秋两～收获｜第二～的耕作｜前几～的统计结果出来了。②数词“一”在某些代词后可省略：这～的考勤｜这～雨水有点多｜哪～最累？③数词前可加“这”“那”“哪”等代词：这两～都有些旱｜哪一～的雨水最充分？④前面不加形容词修饰，后面一般不加“子”。⑤一般不重叠和儿化。

语义源流 从字形上分析，“季”的本义应与农作物有关，有学者认为是指幼小的禾苗，是“稚”的古文字形。引申表示少、小，因此用来指兄弟姐妹中最小的。《说文解字·子部》：“季，少称也。”《诗·魏风·陟岵》：“母曰：嗟！予～行役，夙夜无寐。”毛传：“季，少子也。”清·姚鼐《〈张冠琼遗文〉序》：“余妇翁为黄州通判，有二子，冠琼，其～也。”进一步引申表示一个时期的末了。《左传·隐公元年》：“惠公之～年，败宋师于黄。”汉·蔡琰《悲愤诗》：“汉～失权柄，董卓乱天常。”明·冯梦龙《醒世恒言·两县令竞义婚孤女》：“这桩故事，出在梁、唐、晋、汉、周五代之～。”一年分为春、夏、秋、冬四时，每时三个月，最后一个月称为“季月”（季春、季夏、季秋、季冬）。《书·胤征》：“俶扰天纪，遐弃厥司，乃～秋月朔，辰弗集于房。”《逸周书·周月》：“岁有春夏秋冬，各有孟仲～，以名十有二月。”又把一年中循环出现的不同气候称为一季。唐·白居易《陵园妾》：“四～徒支妆粉钱，三朝不识君王面。”引申用于计量时间。元·陆登善《南吕·一枝花·悔悟春风柳》：“四～光阴，终日寻芳饮，奇化选拣簪。”又用于计量农作物成熟或养蚕的次数。明·罗懋登《三宝太监西洋记》第四十五回：“俗语有云：一～种谷，三～收金。”清·罗迪楚《停琴余牍》第七章：“据湖民面禀，能使霜降江落之时，与县闸同时启放，则十月小春，便皆得种麦一～。”清·吴趼人《新石头记》第三十八回：“敝境地质改良了，无论稻麦，都是一～一熟，一年四熟。”

剂 jì 名量词 用于计量多味中药配成的药：开了～安神药｜吃了两～中药｜这几～中药还真见效。**用法提示** ①数词一

般没有限制，既可用基数词或表示数量的“两”“几”“好几”“若干”，也可用序数词或表示序数的“头”等：若干～药|头～中药最见效|你先试着吃两～药看看。②数词“一”在某些代词或动词后常可省略：这～中药|他吃了～王大夫开的药。③数词前可加“这”“那”“哪”等代词：这一～药先吃两天看看|那两～药有效果|你相信哪一～中药？④数词为“一”时可重叠，重叠形式主要有“(一)～～”“一～一～”：～～好药|从他的手上出去的一～～中草药都很便宜|他把一～一～药按药方配好。⑤前面一般不加形容词修饰，后面一般不加“子”。⑥一般不儿化。

语义源流 本义是剪断、裁剪整齐。《说文解字·刀部》：“剂，齐也。”汉·扬雄《太玄·永》：“永不轨，其命～也。”范望注：“剂，剪也；剪，绝也。”引申指调和、调节。《后汉书·刘梁传》：“和如羹焉，酸苦以～其味。”清·汪琬《有客言黄鱼事纪之》：“豪门膳宰善烹治，～以酰酱芼笋蔬。”又引申指用多味药材配成的药。宋·苏轼《赵州赐大辽贺兴龙节人使茶药口宣》：“特示至恩，往颁名～。”《红楼梦》第五十二回：“王太医又来诊视，另加减汤～。”演变为量词，多用于计量用不同草药配成的药，相当于“服（fù）”。《世说新语·术解》：“始服一～汤便愈。”清·刘鹗《老残游记》第三回：“目下只须吃两～辛凉发散药就好了。”

近义辨析 剂—服—料—味 见“服”下。

加仑 jiālún **度量衡量词** 英美制容量单位。英制1加仑等于4.546升，美制1加仑等于3.785升：5～汽油|1～柴油|再加2～油箱才能满。**用法提示** ①数词可用基数词或表示数量的“两”“几”“好几”“若干”等：头几～的油品不太好|已添加了若干～润滑油|每月消耗好几十万～的柴油。②数词前有时可加“这”“那”等代词：这几～的燃油花了他好多钱|那3～一桶的纯净水售价3美元。③数词为“一”时可重叠，重叠形式为“一～一～”：一～一～的重油被装入油罐中|由于地线管道破损，一～一～的水白白地漏掉了。④数词“一”一般不省略。⑤前面一般不加形容词修饰，后面一般不加“子”。⑥一般不儿化。

夹 jiā **名量词** 用于计量可以夹持的东西，如纸张、文件、子弹等：几～纸|两～稿纸|他飞快地打出了一～子弹。**用法提示** ①数词一般没有限制，既可用基数词或表示数量的“两”“几”“好几”“若干”等，也可用序数词：两～讲义|第一～文稿|我在桌子上看到了一～发票。②数词“一”在某些代词或动词后常可省略：那～文件|用了～稿纸。③数词前可加“这”“那”“哪”等代词：那两～子弹|哪一～画稿找不到了？④前面有时可加“大”“小”等形容词修饰：一大～子弹|拿来了两小～活页纸。⑤数词为“一”时可重叠，重叠形式主要有“(一)～～”“一～一～”：～～讲稿|搬着一～～炮弹|他数着一～一～的子弹。⑥后面一般不加“子”。⑦一般不儿化。

语义源流 本义是从左右相持。《说文解字·大部》：“夹，持也。”《礼记·檀

J

弓下》："如我死，则必大为我棺，使吾二婢子～我。"《墨子·杂守》："守大门者二人，～门而立。"后引申为夹东西的器具。《周礼·夏官·射鸟氏》："射则取矢。矢在侯高，则以并～取之。"郑玄注引郑司农曰："并夹，针箭具。"借用为量词，用于计量可以夹持的东西。《旧唐书·罽宾国传》："开元七年，遣使来朝，进天文经一～。"

家 jiā ❶ 名量词 用于计量人家或住户：两～居民|这是几～残疾人家庭|竹林旁的巷道里排列着一～～住家。**用法提示** ①数词一般没有限制，既可用基数词或表示数量的"两""几""好几""若干"等，也可用序数词：两～人家|好几～住户|第一～住户姓刘。②数词"一"在某些代词或动词后常可省略：那～居民|绕过了～住户|这～人姓什么？③数词前可加"这""那""哪"等代词：那两～富豪|这几～"五好"家庭|哪一～刚搬来？④前面有时可加"大""小"等形容词修饰：几大～住户|这是一小～人家|这一大～人过得真开心。⑤后面可加"子"：瞧这两～子|那几～子住户|胡同深处那几～子住户很少和大家交往。⑥数词为"一"时可重叠，重叠形式主要有"(一)～～""一～一～"：～～住户|沿街住着一～～人家|山坡上散住着一～一～居民。⑦有时可儿化：两～儿住户|这个胡同里住着多少～儿军属？❷ 名量词 用于计量企业、公司：两～企业|这是几～互联网公司|一条街上开了好几～房屋中介。**用法提示** ①数词一般没有限制，既可用基数词或表示数量的"两""几""好几""若干"，也可用序数词或表示序数的"首"等：两～饭店|好几～超市|这条街上的首～便利店。②数词"一"在某些代词或动词后常可省略：这～餐厅|走过了～报亭|新开了～百货商店。③数词前可加"这""那""哪"等代词：那两～食堂|这几～出版社|哪几～公司的广告可信？④前面有时可加"大""小"等形容词修饰：开了一小～分店|这里超市的分布已经到了三步一小～、五步一大～的程度。⑤数词为"一"时可重叠，重叠形式主要有"(一)～～""一～一～"：～～酒厂|一～～邮局|一～一～的店铺都在装修。⑥有时可儿化：三～儿洗浴中心|这条街上新开了多少～儿美容店？⑦后面一般不加"子"。❸ 名量词 用于计量学术流派：两～学术观点|好几～不同的流派|我国上古时期有儒、道、法、墨等十数～学派。**用法提示** ①数词一般没有限制，既可用基数词或表示数量的"两""几""好几""若干"等，也可用序数词：一～之言|好几～不同的看法|存在着几～不同的观点，我比较赞同第一～的。②数词"一"在某些代词后常可省略：这是哪～的学说？|那～的说法有些偏激|我赞同这～的观点。③数词前可加"这""那""哪"等代词：那几～学说|这两～学术派别|你同意哪几～的说法？④数词为"一"时可重叠，重叠形式主要有"(一)～～""一～一～"：～～观点都不相同|一～～的看法|一～一～的分歧由来已久。⑤前面一般不加形容词修饰，后面一般不加"子"。⑥一般不儿化。

J

📖**语义源流** 本为名词，指人居住的地方。《说文解字·宀部》："家，居也。"《尔雅·释宫》："牖户之间谓之扆，其内谓之家。"《易·丰卦》："丰其屋，蔀其～，窥其户，阒其无人。"《诗·大雅·緜》："古公亶父，陶复陶穴，未有～室。"毛传："室内曰家。"引申指家庭、家族。《孟子·梁惠王上》："百亩之田，勿夺其时，数口之～可以无饥矣。"唐·韩愈《原道》："欲治其国者，先齐其～。"由此演变为量词，用于计量家庭。《汉书·张汤传》："上追思贺恩，欲封其冢为恩德侯，置守冢二百～。"《水浒传》第四十九回："且说登州山下有一～猎户，兄弟两个。"进一步用于计量商铺、企业等。清·刘鹗《老残游记》第三回："（老残）总不放心，即到院前大街上找了一～汇票庄，叫个日升昌字号。"清·吴趼人《发财秘诀》第三回："（他）又到香港中环地方开了一～'丙记'杂货店。"先秦时代，卿大夫及其家族或封地称为"家"，专指一个阶层，即"贵族之家"。《论语·季氏》："丘也闻有国有～者。"《孟子·梁惠王上》："王曰何以利吾国？大夫曰何以利吾～？"又指掌握某种专门知识或从事某种专门活动的人，后引申用来计量学术流派。《汉书·艺文志》："诸子十～，其可观者，九～而已。"

🔍**近义辨析** 家—户 见"户"下。

驾 jià 名量词 用于计量用牲畜拉的车子：一～马车｜两～牛车｜他套上了一～大车。**用法提示** ①数词一般没有限制，既可用基数词或表示数量的"两""几""好几""若干"等，也可用序数词：两～驴车｜几～牛车｜这是村里的第一～马车。②数词"一"在某些代词或动词后常可省略：那～大车｜他赶着～驴车。③数词前可加"这""那""哪"等代词：那两～牛车｜这几～车是谁的？｜哪一～马车跑得快？④数词为"一"时可重叠，重叠形式主要有"(一)～～""一～一～"：～～马车｜一～～大车依次停下｜一～一～的雪橇飞快地跑着。⑤前面一般不加形容词修饰，后面一般不加"子"。⑥一般不儿化。

📖**语义源流** 本义是把车套在马等牲口身上。《说文解字·马部》："驾，马在轭中。"《诗·小雅·采薇》："戎马既～，四牡业业。"后泛指驾驶。唐·白居易《卖炭翁》："夜来城外一尺雪，晓～炭车辗冰辙。"清·刘鹗《老残游记》第一回："为今之计，依章兄法子，～只渔艇，追将上去。"又引申指车乘。《左传·定公十三年》："比君之～也，寡人请摄。"宋·王安石《与望之至八功德水》："起视明星高，整～出东阡。"宋·陈与义《道中寒食》："斗粟淹吾～，浮云笑此生。"借用为量词，用于计量车子等。唐·释慧立《大慈恩寺三藏法师传》第八卷："霜露朝侵，风枝夕举。云车一～，悠哉万古。"明·李濂《汴京遗迹志·艺文十》："三月鱼龙争变化，四时鸥鸟任浮沉。谁能一～仙槎去，万里灵源亦可寻。"

🔍**近义辨析** 驾—辆 均可用于计量车，但"辆"一般用于机动车、人力车，如"几辆大客车""买了两辆摩托车""她骑着一辆自行车"；而"驾"多用于用

J

牲畜拉的车，如“一驾马车”“村口停着几驾牛车”“雪地上跑着好几驾雪橇”。这种差别从这两个字的字形上就可以显示出来，“驾”字从马，本义是把车套在马的身上；“辆”字从车，虽是后起字，但也反映出了与车辆的密切关系。

架 jià ❶ 名量词 用于计量有支架支撑或放在架子上的物品：两～葡萄｜一～梯子｜屋里摆了好几～书。**用法提示** ①数词一般没有限制，既可用基数词或表示数量的“两”“几”“好几”“若干”等，也可用序数词：三～豆角｜若干～屏风｜终于，他有了属于自己的第一～图书。②数词“一”在某些代词或动词后常可省略：那～紫藤萝｜这～书架真高｜他不知从哪儿弄了～梯子。③数词前可加“这”“那”“哪”等代词：这三～藤萝｜那几～黄瓜｜哪一～桥是新建的？④前面可加“大”“小”等形容词修饰：一大～豆角｜一小～楼梯｜他新种了一大～葡萄。⑤数词为“一”时可重叠，重叠形式主要有“(一)～～”“一～一～”：一～～新书｜～～豆角都已经结了果实｜房间用一～一～的屏风隔开了。⑥后面一般不加“子”。⑦一般不儿化。❷ 名量词 用于计量某些机械、乐器等：三～收音机｜几～飞机｜馆里陈列着好几～钢琴。**用法提示** ①数词一般没有限制，既可用基数词或表示数量的“两”“几”“好几”“若干”等，也可用序数词：几～收音机｜好几～联合收割机｜第一～发动机。②数词“一”在某些代词或动词后常可省略：买了～电子琴｜摆了～织布机｜那～钢琴音色不美。③数词前可加“这”“那”“哪”等代词：这一～飞机是刚出厂的｜那一～座钟｜哪一～手风琴是你的？④前面有时可加“大”“小”等形容词修饰：一大～重型机器｜爸爸给我买了一小～石英钟。⑤数词为“一”时可重叠，重叠形式主要有“(一)～～”“一～一～”：～～大钟｜一～～飞机｜一～一～的起重机排列在码头上。⑥后面一般不加“子”。⑦一般不儿化。❸ 动量词 用于计量争吵或斗殴：吵几～｜干了两～｜两伙流氓在操场上打了一～。**用法提示** ①数量结构可位于动词前，也可位于动词后：打了几～｜吵了一～｜几～吵过之后，他们终于分手了。②数词一般没有限制，既可用基数词或表示数量的“两”“几”“好几”“若干”等，也可用序数词：打了两～｜干了好几～｜这是他和小明吵的第一～。③数词前可加“这”“那”“哪”等代词：昨天吵的那一～｜这几～把他打怕了｜你和他打，哪一～你打胜过？④前面有时可加“大”“小”等形容词修饰：打了一大～｜昨天我和他吵了一小～，但很快就和好了。⑤数词“一”一般不省略。⑥后面一般不加“子”。⑦一般不重叠和儿化。

语义源流 本义是搭建、构筑。《广韵·祃韵》：“架，架屋。”《韩诗外传》卷八：“有鸟于此，～巢于葭苇之颠。”明·孙蕡《次归州》：“市廛～屋依岩峦，妇女提罂汲江水。”引申为支撑、扶持等义。《史记·孝武本纪》：“帝乃立神明台、井干楼高五十丈，辇道相属。”司马贞索隐：“言筑累万木，转相交架，如井干。”《西游记》第三十回：“举起一根满堂红，～住宝刀。”又引申指用来支撑、放置东西的或有支架的物品。北魏·贾思勰《齐民要术·种桃柰》：“葡萄蔓延，性缘，不能自举，作～以承之。”唐·李涉《秋日过员太祝林园》：“秋光何处堪消日，玄晏先生满～书。”由此借用为量词，用于计量有支架的或支架状的东西。元·武汉臣《玉壶春》第二折：“说什么一～蔷薇满院香。”清·刘鹗《老残游记》第二回：“仿佛宋人赵千里的一幅大画，做了一～数十里长的屏风。”也可用于计量放在架子上的物品。唐·王建《早秋过龙武李将军书斋》：“重装墨画数茎竹，长著香薰一～书。”宋·李昉《将就十章更献三首词……稍赐披寻》：“清风明月三间屋，赤轴黄签一～书。”还可用于计量某些机械、乐器。《大明会典·仪仗》：“龙笛十二管，头管十二管，方响四～。”清·蒋良骐《东华录》卷十八：“皇太后六秩圣寿，上恭进佛三尊……自鸣钟一～。”又由于搭建东西时需要相互勾连、支撑，故又引申指用强力拖拉、争斗。清·吴趼人《二十年目睹之怪现状》第二十五回：“上海县回去，就打了那伙计一百小板，又把他～到客栈门口，示了几天众，这才罢了。”清·魏秀仁《花月痕》第三十九回：“厨子天福是个急舌，说话不大分明，说是‘爷们和吕家的人打～’。”又由此借用为动量词，用于计量打架或争吵。清·省三子《跻春台·香莲配》：“倘若是红了脸各掖家底，挨近前打一～抓脸撕皮。”清·讷音居士《三续金瓶梅》第三十二回：“故此气的暴跳如雷，打了一～。”

近义辨析 架—台 均可用于计量机器和某些乐器，如可以说“一架机器”“一架钢琴”，也可以说“一台机器”“一台钢琴”，但二者的使用范围有所差异。“架”还可用于计量许多交通工具和武器，如“一架飞机”“一架火炮”“一架坦克”，“台”没有这种用法。“台”还可用于计量舞台上一次完整的演出，如“一台歌舞剧”“一台演唱会”，“架”没有这种用法。这是因为二者的本义及演变轨迹不尽相同。“架”本义为搭建，引申表示用来支撑、放置东西的或有支架的物品，借用为量词，用于计量有支架或支架状的东西。上述的机器、乐器、交通工具等都有支架，故可用“架”计量。“台”是由高而平的建筑物所构成的一种场所义引申为量词的，主要用于计量有底座的某些设备，如“一台电视”“两台计算机”，也可用于计量在某个场所进行的演出活动。

架次 jiàcì 复合量词 用于计量一定时间内飞机出动或出现的架数与次数的总和：三～（指一架飞机飞三次或三架飞机各飞一次）|延误了几十～|这个机场每天进出港的飞机超过两千～。**用法提示** ①数词一般没有限制，既可用基数词或表示数量的“两”“几”“好几”“若干”等，也可用序数词：今天执飞的第一～|一会儿就起飞了好几～|今天进出港的飞机增加了上千～。②数词前可加“这”“那”等代词：这几～|昨天飞的那几百～都非常正常。③数词为“一”时可重叠，重叠形式为“一～一～”：一～一～地观察|一～一～地认真统计|为校正误差，

J

他一～一～地请地面人员测高校对。④数词“一”一般不省略。⑤前面一般不加形容词修饰，后面一般不加“子”。⑥一般不儿化。

语义源流 这是一个复合量词，是一个专业性术语，由名量词“架”和动量词“次”组合而成：“架”表示飞机的数量，“次”表示飞机起飞的次数。组合成“架次”，用于计量一定时间内飞机出动或出现的架数与次数的总和。

间 jiān **名量词** 用于计量房屋，是最小的计量房屋的单位：一～客厅｜几～卧室｜他打扫了好几～客房。**用法提示** ①数词一般没有限制，既可用基数词或表示数量的“两”“几”“好几”“若干”等，也可用序数词：两～寝室｜若干～仓库｜她住在朝北的第一～房里。②数词“一”在某些代词或动词后常可省略：那～画室｜这～屋子最暖和｜我租了～琴房练琴。③数词前可加“这”“那”“哪”等代词：那两～教室｜这几～产房｜你喜欢哪一～书房？④前面可加“大”“小”等形容词修饰：这一大～客厅｜一小～卧室｜弟弟就住在这一小～屋子里。⑤数词为“一”时可重叠，重叠形式主要有“（一）～～”“一～一～”：～～实验室｜排列着一～～瓦房｜他顺着一～一～房屋找到了那对夫妻的住所。⑥后面一般不加“子”。⑦一般不儿化。

语义源流 本义指空隙。《说文解字》：“间（閒），隙也。”《庄子·养生主》：“彼节者有～，而刀刃者无厚。”《史记·管晏列传》：“晏子为齐相，出，其御之妻从门～而窥其夫。”后泛指一定的空间、时间及其间隔、空隙。《诗·魏风·十亩之间》：“十亩之～兮，桑者闲闲兮。”《论语·里仁》：“君子无终食之～违仁。”南朝梁·江淹《别赋》：“惟世～兮重别，谢主人兮依然。”又引申指房子内隔出的部分。《宋书·蔡兴宗传》：“殿内将帅，正听外～消息，若一人唱首，则俯仰可定。”《红楼梦》第四十二回：“宝玉和黛玉使个眼色儿，黛玉会意，便走至里～。”借用作量词，用于计量间隔出的房屋。汉·王延寿《鲁灵光殿赋》：“三～四表，八维九隅。”李善注：“室每三间，则有四表。”唐·杜甫《茅屋为秋风所破歌》：“安得广厦千万～，大庇天下寒士俱欢颜。”古代也用来计量书院、店铺等。明·兰陵笑笑生《金瓶梅》第七十一回：“正北三～书院，台榭湖山，盆景花木，房内绛烛高烧。”清·黄世仲《廿载繁华梦》第二回：“他的老子排行第三，家道小康，在佛山开一～店子。”

近义辨析 间—所—座　均可用于计量房屋，如“一间房子”“一所房子”“一座房子”。但“间”所计量的是房屋中最小的独立空间，如“一间书房”；“所”和“座”所计量的往往是若干这种空间的集合，如“这两座酒店，各有几十间房间”“这所建筑共有上百间房屋”。“间”本指空隙，由此引申指房屋内隔出的部分，借用作量词，就用来计量这种间隔出的空间。“所”的量词用法是由它假借的处所义演变而来的，作为量词，既可以计量处所或建筑物等具体事物，也可以计量工厂、医院、学校等一些企事业单位，“间”则很少有这种用法。“座”的量词用法由座位、坐

J

具义引申而来，其特点是有“底座”，因此除了计量房屋，还可以计量其他有“底座”的建筑物、器物及山林等，如“几座教堂”“一座铜钟”“一座大山”，“间”和“所”没有这些用法。

煎 jiān 动量词 用于计量熬煮中药的次数：煎第二～药|多喝几～就好了。**用法提示** ①数量结构一般位于动词后，也可位于动词前：煎几～|这是第三～煎出的药。②数词一般没有限制，既可用基数词或表示数量的“两”“几”“好几”“若干”，也可用序数词或表示序数的“头”等：头～药|这副药煎了好几～|第一～药力最强。③数词“一”在某些代词或动词后常可省略：服下这～药|煎了～药|那～药已经凉了，别喝了。④数词前可加“这”“那”等代词：煎这两～药|熬那几～药真费了不少时间。⑤前面一般不加形容词修饰，后面一般不加“子”。⑥一般不重叠和儿化。

语义源流 本义是熬煮。《说文解字·火部》：“煎，熬也。”汉·桓宽《盐铁论·错币第四》：“畜利变币，欲以反本，是犹以～止燔，以火止沸也。”马非百注：“煎，熬。”唐·韦应物《清明日忆诸弟》：“杏粥犹堪食，榆羹已稍～。”借指需要煎熬的汤药本身。晋·葛洪《抱朴子·至理》：“今医家通明肾气之丸，内补五络之散，骨填枸杞之～，黄蓍建中之汤，将服之者，皆致肥丁。”清·徐大椿《慎疾刍言·治法》：“病家不辞远涉，不惜重聘，亦只求得一～方，已大满其愿。”后借用为量词，用于计量熬煮中药的次数。清·陈梦雷《博物汇编·肿胀门》：“一～即下血斗余，再～即血尽而愈。”清·俞根初《重订通俗伤寒论·赤膈伤寒》：“服两～后，连下黑垢两次。”

件 jiàn ❶ 名量词 用于计量某些个体器物：两～家具|好多～餐具|他送来了若干～礼品。**用法提示** ①数词一般没有限制，既可用基数词或表示数量的“两”“几”“好几”“若干”等，也可用序数词：两～首饰|仓库里有好几～家具|这是我收到的第二～礼物。②数词“一”在某些代词或动词后常可省略：挑了～生日礼物|那～乐器很别致|哪～艺术品最能打动你？③数词前可加“这”“那”“哪”等代词：那几～餐具|这两～礼品|哪一～文物最珍贵？④前面一般可加“大”“小”等形容词修饰：一大～礼物|一小～东西|她送来了一小～珍贵的艺术品。⑤数词为“一”时可重叠，重叠形式主要有“(一)～～”“一～一～”：～～首饰熠熠生辉|桌子上摆着一～～茶具|她仔细检查着刚送来的一～一～的家具。⑥一般可儿化：两小～儿货物|这是～儿宝物|他拿了几～儿值钱的东西走了。⑦后面一般不加“子”。❷ 名量词 用于计量衣物，多用于上衣：一～上衣|几～卫衣|妈妈给女儿买了两～连衣裙。**用法提示** ①数词一般没有限制，既可用基数词或表示数量的“两”“几”“好几”“若干”等，也可用序数词：几～毛衣|共有薄厚两～棉衣|这是他这两天买的第三～衬衣。②数词“一”在某些代词或动词后常可省略：穿了～西服|选好了～上衣|这～外衣可真便宜！③数词前可加“这”“那”“哪”等代词：哪

几～T恤|这一～套头衫我很喜欢|那几～军装都是新的，没人穿过。④数词为“一”时可重叠，重叠形式主要有“(一)～～”“一～一～”：货架上陈列着一～～漂亮的羊毛衫，～～她都想买|她看着一～一～儿童服装，都不知道买哪件好了。⑤一般可儿化：两～儿内衣|洗了几～儿衣服|他拿了两～儿毛衣走了。⑥前面一般不加形容词修饰，后面一般不加“子”。❸ 名量词 用于计量案件、公文以及一些抽象事物：两～案子|好几～倒霉事|这真是一～离奇的公案。**用法提示** ①数词一般没有限制，既可用基数词或表示数量的“两”“几”“好几”“若干”等，也可用序数词：两～事|完成了好几～任务|这是今年发生的第一～大案。②数词“一”在某些代词或动词后常可省略：那～私事|破了～案子|这～事情不好办！③数词前可加“这”“那”“哪”等代词：哪三～公文|那是一～小事儿|这几～刑事案件的线索都断了。④前面可加“大”“小”等形容词修饰：一小～盗窃案|这是一大～人命案|这是休假结束后的一大～工作。⑤数词为“一”时可重叠，重叠形式主要有“(一)～～”“一～一～”：一～～麻烦事|刚放完假，一～一～事情就都摆在了眼前|～～公文都要仔细查阅。⑥后面一般不加“子”。⑦一般不儿化。

语义源流 本义是分解、分割。《说文解字·人部》：“件，分也。从人，从牛。牛，大物，故可分。”《北史·卢同传》：“若名级相应者，即于黄素楷书大字，具～阶级数，令本曹尚书以朱印印之。”唐·洪满《大唐故赠司徒荆州大都督兖安二州都督郑绛潞三州刺史上柱国郑惠王石记》：“谨～先皇子孙，勒诸贞石。”引申指从一个整体事物中分割出的可以计量的部分，可以是物件，也可以是案卷、奏状、文书等。唐·陈子昂《安宗子科》：“然臣所奏前～状者，固是陛下所悉见知。”《元典章·兵部三》：“站内槽前鞍辔、苫毡、绳索，一切～物须要完整。”借用为量词，用于计量某些个体器物、衣物，案件、公文，以及一些抽象事物等。南朝梁·僧祐《略成实论记》：“上者得三十余～，中者得二十许种，下者数物而已。”敦煌变文《佛说阿弥陀经讲经文(一)》：“一～袈裟挂在身，威议(仪)去就与常人。”明·凌濛初《二刻拍案惊奇》卷十九：“好教公公得知，这东西多哩。我只拿得他一～来看样。”

近义辨析 件—档—桩 见“档”下。

件—回 见“回”下。

件—领 均可用于计量衣服，但“领”多用于书面语，且一般用于计量长袍之类的衣服，如“一领长袍”“一领大衣”等。“领”由衣领义借用为量词，用于计量有领子的、长袍类的衣服，这是古汉语用法，在现代汉语中已经基本被“件”替代，因此其书面语色彩较浓。“件”本义为分解、分割，可以从一个整体事物中分割出的东西很多，且可以是具体的，也可以是抽象的，因此“件”借用为量词后可计量的对象范围比较宽泛。此外，“领”还可以计量席子等，如“一领草席”，“件”无此用法。

件—码 均可用于计量某些抽象事物，

如可以说“一件事”，也可以说“一码事”，但二者所计量的事物本身及其特点不尽相同。“件”强调个体的数量，使用范围比较广；“码”则往往指事物之间存在着类别上的关系。如“这是一件事”，只是说明事件的数量；而“这是一码事”，则是说所发生的事情的性质是一样的，应归为一类，但具体的数量不一定是“一件”。这是因为“码”是其假借为计数的筹码后演变成量词的，而筹码是有不同种类的，所以在计量抽象事物时仍强调事物之间类别上的关系。

件—起 均可用于计量具体的事情，如可以说“一件大案”，也可以说“一起大案”。二者的不同在于“件”只单纯地强调数量，“起”由出现、发生义演变为量词，更强调事情的发生，如我们常说“发生了一起车祸”，而很少说“发生了一件车祸”。此外，“起”多用于计量案件、灾祸等不太好的事情，如我们可以说“这是一件大快人心的好事”，而不能说“这是一起大快人心的好事”。“起”还可以计量一群人或一批人，“件”没有这种用法。

件—身—套 均可用于计量衣服，如可以说“一件西服”，也可以说“一身西服”“一套西服”，但三者的意义和使用范围不尽相同。“件”是个体量词，多用来计量上衣；“身”“套”计量的是上身和下身配套的衣服。“身”本指人的身体，有上身，也有下身，所以用“身”计量的衣服，必须含有上、下两件。“套”指罩在物体外面的东西和物体本身结合成的一个整体，演变为量词后，可用来计量成套的衣物、搭配成组的事物。这就形成了“身”“套”与“件”之间的差异。由于“套”强调成套，而“身”只要求上、下身的齐全，所以“身”与“套”在计量衣服时也存在区别：“身”对样式和颜色的搭配要求不是很严格，只要是两件就可以称“一身”；“套”则对搭配的要求比较严格，上衣和裤子的质地、颜色、样式等要相对一致。

件—样 均可用于计量具体事物，如可以说“几件工具”“送给我一件礼物”，也可以说“几样工具”“送给我一样礼物”，但二者的着重点有所不同。“件”强调事物的个体性和可数性，计量的事物一定是可数的；“样”是由其假借义式样、形状演变为量词的，强调所计量对象的品种和样式，“一样”中可能不止一件。如“五件礼品”中礼品的数量一定是“五”，而“五样礼品”是说礼品的种类是“五”，而数量也许会超过“五”。

件—宗 均可用于计量具体的事情，如可以说“一件离奇的事”，也可以说“一宗离奇的事”。但“宗”多用于心事、婚事等，如“一宗婚事”“这一宗隐私”；还可用于较大的贸易、款项等，如“一宗买卖”“几大宗债务”。“件”作为量词强调事物的可数性，而“宗”是由同一本源分出的不同派别、种类义演变为量词的，更强调事物的不同性质和种类。因此，计量上述的婚事、隐私、买卖、债务等时，一般用“宗”，而不用“件”。

键 jiàn ❶ 名量词 用于计量键盘上的按键：25～之内|黑白键共21～|这架手风琴有96～。**用法提示** ①数词

J

一般没有限制，既可用基数词或表示数量的“两”“几”“好几”“若干”等，也可用序数词：他发明了25～4码高效汉字输入法|上排第二～|这个键盘有好多～。②数词“一”不省略。③数词前一般不加代词。④前面一般不加形容词修饰，后面一般不加“子”。⑤一般不重叠和儿化。❷ 动量词 用于计量敲击键盘的动作：击一～|按了数～|他熟练地在黑白键盘上弹了千余～。**用法提示** ①“键”作为动量词使用得较少，数量结构一般位于动词后：敲了三～|摁了好多～|你再打几～试试。②数词一般没有限制，既可用基数词或表示数量的“两”“几”“好几”“若干”等，也可用序数词：摁两～|敲了好几～|他用力按下了第一～。③数词一般不省略。④数词前一般不加代词。⑤前面一般不加形容词修饰，后面一般不加“子”。⑥一般不重叠和儿化。

语义源流 本义指古代鼎上贯通两耳的横杠。《说文解字·金部》：“键，铉也。”“铉，所以举鼎也。”引申指车辖，即插在车轮轴孔中使轮子不脱落的装置。《尸子·文轩六驮》：“题无四寸之～，则车不行。”唐·郑熏《赠巩畴》：“纸上掣牢～，舌端摇利兵。”又引申指门闩。《老子》第二十七章：“善闭，无关～而不可开。”《淮南子·主术》：“是故十围之木，持千钧之屋；五寸之～，制开阖之门。”进一步引申指锁簧。《周礼·地官·司门》：“掌授管～，以启闭国门。”郑玄注引郑司农曰：“管谓钥也，键谓牡。”《资治通鉴·唐高祖武德元年》：“诸门皆不下～。”胡三省注：“陈楚谓户钥牡为键。”再引申指乐器上用以按奏的装置，后泛指键盘乐器、打字机或其他机器上的按键。借用为量词，用于计量计算机、键盘乐器等键盘上的按键或敲击按键的动作。

箭 jiàn ❶ 名量词 用于计量距离的约略量，表示箭射出的距离：一～之地|几～之遥|从他家到我家也就是几～之远。**用法提示** ①数词一般用基数词或表示数量的“两”“几”“好几”“若干”等：几～远|两～之遥|从这里到村口也就是一～的距离。②数词“一”不省略。③数词前一般不加代词。④前面不加形容词修饰，后面一般不加“子”。⑤一般不重叠和儿化。❷ 动量词 用于计量射出的箭：一连射三～|连续射了好几～。**用法提示** ①数量结构可位于动词前，也可位于动词后：一～没射中|射出两～。②数词一般没有限制，既可用基数词或表示数量的“两”“几”“好几”“若干”等，也可用序数词：射中三～|第一～射飞了|向那人射出致命的一～。③数词前可加“这”“那”“哪”等代词：这两～射得很准|那几～射偏了|哪一～射中了？④数词为“一”时可重叠，重叠形式主要有“（一）～～”“一～一～”：～～射中靶心|一～～都射偏了|他一～一～地瞄准射击。⑤数词“一”一般不省略。⑥前面一般不加形容词修饰，后面一般不加“子”。⑦一般不儿化。

语义源流 本义是一种竹子，细小结实，能够做箭杆。《说文解字·竹部》：“箭，矢竹也。”王筠句读：“箭，矢竹也。大身小叶曰竹，小身大叶曰箭。”《韩非子·显学》：“夫必恃自直之～，百世无矢；恃自圆之木，千世无轮矣。”宋·梅尧臣《送张待制知越州》：“越～抽萌供美茹，秦山堆翠照高牙。”后引申指搭在弓上发射的一种武器，古代一般用竹制，尖端有金属的头，即“矢”。《方言》卷九：“箭，自关而东谓之矢，江淮之间谓之鍭，关西曰箭。”唐·杜甫《兵车行》：“车辚辚，马萧萧，行人弓～各在腰。”借用为量词，用于计量射出的箭。《大明会典·大阅》：“有能马中三～、步中六～者，赏银一两、红布三匹、折银一两。”清·佚名《施公案》第一百一十二回：“他既愿死，说不得先射他几～。”也可以计量距离的约略量，表示箭射出的距离。明·唐顺之《行总督军门胡手本》：“职遂前至诱兵所，见诱兵亦怯甚，巢尚三～远，不能怒贼。”清·吴敬梓《儒林外史》第十二回：“跑了一～多路，一头撞到一顶轿子上。”

讲 jiǎng **名量词** 用于计量讲说、讲座：三～课｜这门课一共有十五～。**用法提示** ①数词一般没有限制，既可用基数词或表示数量的“两”“几”“好几”“若干”等，也可用序数词：两～课｜这个题目他讲了若干～｜第一～课安排在下周一。②数词“一”在某些代词或动词后常可省略：讲了～中国文化史｜这～比以前的有意思｜给新生安排了～入学教育。③数词前可加“这”“那”“哪”等代词：那一～讲义｜这几～课｜你觉得哪一～内容最精彩？④数词为“一”时可重叠，重叠形式主要有“(一)～～”“一～一～”：～～座无虚席｜一～～都很精彩｜他把这门课分成了一～一～的讲座。⑤前面一般不加形容词修饰，后面一般不加“子”。⑥一般不儿化。

语义源流 本义为讲说、谈论。《广韵·释诂二》：“讲，论也。”《正字通·言部》：“讲，相与论说也。”《庄子·德充符》：“丘则陋矣，夫子胡不入乎？请～以所闻。”《汉书·叙传上》：“既通大义，又～异同于许商。”演变为量词，用于计量讲说、讲座。《八闽通志·学校》：“复与同志十余人集于堂中，旬日一～。”《元代奏议集录·建言五事》：“又选近臣二员领其事，伺圣上清燕，为之引进导达，或半月一～，或一月一～。”

焦 jiāo **度量衡量词** 功、能量和热的单位“焦耳”的简称。详见“焦耳”。

焦耳 jiāo'ěr **度量衡量词** 功、能量和热的单位，符号为J。简称“焦”。这个单位名称是为纪念英国物理学家焦耳（James Prescott Joule）而定的。1焦耳能量相等于1牛顿的力使物体在力作用方向上移动1米距离所做的功，即1焦=1牛·米；也等于1瓦的功率在1秒内所做的功，即1焦=1瓦·秒：500～能量|1克标准煤的热量约为29270～。**用法提示** ①数词可用基数词或表示数量的“几”“好几”“若干”等：几～的热量｜重100公斤的人从1米高的台阶上跳下来，会获得980～的能量｜我国的超导磁体技术已达到最大储能10兆～。②数词前有时可加“这”“那”等代词：这几千～能量｜那1000多～热量都变成了动能。③数词“一”一般不可省略。④前面一般

不加形容词修饰，后面一般不加“子”。⑤一般不重叠和儿化。

跤 jiāo **动量词** 用于计量摔倒的动作：摔了一～｜跌了一～｜我不小心被石头绊了两～。**用法提示** ①数量结构可位于动词前，也可位于动词后：摔了一～｜一～摔下山崖。②数词一般没有限制，既可用基数词或表示数量的“两”“几”“好几”“若干”等，也可用序数词：滑了一～｜要是父母在身边，孩子也不会摔第二～｜他接连滑了好几～，最后一～头正好磕在栏杆上。③数词“一”在某些代词或动词后常可省略：这～摔折了他的腿｜那～摔到了头｜他滑雪的时候不小心摔了～。④数词前可加“这”“那”“哪”等代词：这几～摔得他半天站不起来｜那一～是假摔｜他那一～绊在了绳子上。⑤前面可加“大”“小”等形容词修饰：被电线绊了一小～｜跌了一大～｜他在雪地里滑了一大～。⑥数词为“一”时可重叠，重叠形式主要有“一～～”“一～一～”：他一～一～摔到了山下｜他的冰上技术就是一～～摔出来的。⑦后面一般不加“子”。⑧一般不儿化。

语义源流 “跤”的本字为“交”，像两腿相交。《说文解字·交部》：“交，交胫也。”泛指脚胫相交。《礼记·王制》：“南方曰蛮，雕题交趾，有不火食者矣。”引申为摔跤。《水浒传》第七十四回：“听得任原搦天下人相扑，特来和他争交。”清·自融《南宋元明禅林僧宝传》卷十九：“自后常出冷泉亭，与少年扑～。”演变为量词，用于计量摔倒的动作。《水浒传》第十二回：“杨志大怒，把牛二推了一～。”《西游记》第四十九回：“八戒正行，忽然打个跪踵，得故子把行者往前一掼，扑的跌了一～。”明·冯梦龙《喻世明言·沈小官一鸟害七命》：“一～倒在柳树边，有两个时辰不醒人事。”

角 jiǎo ❶ **名量词** 用于计量从整体划分出的角形东西：一～大饼｜两～西瓜｜他给孩子切了一～蛋糕。**用法提示** ①数词多用“十”以内的基数词、序数词，也可用表示数量的“两”“几”“好几”“若干”等：一～比萨｜两～月饼｜他吃下一～面包，还想吃第二～。②数词“一”在某些代词或动词后常可省略：来～大麦饼｜吃～瓜｜这～蛋糕是特意留给你的。③数词前可加“这”“那”“哪”等代词：这两～披萨打包｜那几～西瓜是给你的｜那一～火烧是谁咬了一口？④前面可加“大”“小”等形容词修饰：一大～火烧｜一小～饼｜妹妹只吃了一小～甜瓜就去玩了。⑤一般可儿化：几～儿蛋糕｜一～儿西瓜｜孩子手里拿了一～儿哈密瓜。⑥后面一般不加“子”。⑦一般不重叠。❷ **名量词** 我国货币辅助单位。十角等于一元。俗称“毛”：买了三～钱的盐｜当时一～钱可以买三块糖果｜那时候的汽车票还只要一～钱。**用法提示** ①数词一般用基数词或表示数量的“两”“几”“好几”等：几～钱｜白菜三～五分一斤｜人民币一～等于十分。②数词前可加“这”“那”“哪”等代词：哪几～钱｜这三～是找你的零钱｜你把掉在地上的那一～钱捡起来。③数词为“一”时可重叠，重叠形式主要有“一～～”“一～一～”：一～～都是血汗钱｜这是她卖冰棍攒下来的一～一～的硬币。④数词“一”一般不省略。⑤前面一般不加形容词修饰，后面一般不加“子”。⑥一般不儿化。

语义源流 本义是牛、羊、鹿等兽类头顶或吻前突生的坚硬骨状物。形状像角的东西也称为“角”。《说文解字·角部》：“角，兽角也。”《易·大壮卦》：“羝羊触藩，羸其～。”汉·王充《论衡·物势》：“鹿之～，足以触犬。猕猴之手，足以搏鼠。然而鹿制于犬，猕猴服于鼠，～爪不利也。”故在古代借用为量词，用于计量牛。明·宋濂《凤阳单氏先茔碑铭》：“上闵其劳，从之，赠田三千亩，牛七十～。”又由于角本身的形状，引申指物体两个边沿相接的地方。唐·杜甫《奉陪郑驸马韦曲二首》其一：“石～钩衣破，藤梢刺眼新。”宋·陆游《晚雨》：“回头忽陈迹，檐～挂斜阳。”演变为量词，用于计量从整体划分出的角形东西。明·汤显祖《牡丹亭·骇变》：“将棺材放在近所，截了一～为记，要人取赎。”明·凌濛初《二刻拍案惊奇》卷三十：“大郎看时，内有罗衫一～，文书一纸，合缝押字半边。”因角对动物来说是身体的一小部分，所以古代还用于计量相对比较少量的物品或全部中的一部分，如文书、田地等。清·石玉昆《三侠五义》第一百零五回：“忽见外班拿进一～文书，是襄阳王那里来的官务。”清·钱泳《履园丛话·水邱太夫人坟》：“在锦南乡上钱王堡，计一十四亩一～，四面有高石塘，坟客李承礼。”又银子切出来的一块也称为一角。清·蔡振丰《苑里志·风俗考》：“前时，所有土木兴修以及农工播获，日只给工价银或一～、或二～不等。”旧时银圆的十分之一或五分之一，也叫角子。清·吴趼人《二十年目睹之怪现状》第三十一回：“我初考得这个法子时，便小试其技，拿纸来做了一个小包，预包了一～小洋钱在里面。”现为我国货币辅助单位。

绞 jiǎo **名量词** 用于计量可以扭结相交的纱、毛线等：一～细绳｜一～丝线｜我买了几～毛线。**用法提示** ①数词一般没有限制，既可用基数词或表示数量的“两”“几”“好几”“若干”等，也可用序数词：一～毛线｜第一～绣花线｜床头放着几～刚买的毛线。②数词“一”在某些代词或动词后常可省略：这～线可以织手套｜绕了～毛线｜沙发上有～绒线。③数词前可加“这”“那”“哪”等代词：把这几～线缠出来｜那三～电线｜你打算用哪一～线来配色？④前面可加“大”“小”“整”等形容词修饰：一大～金线｜一整～毛线｜这一小～红线够绣一朵花吗？⑤数词为“一”时可重叠，重叠形式主要有“(一)～～”“一～一～”：～～五彩丝线｜一～～线在她的手中变成一件件毛衣｜他把一～一～的线都绕成了线团。⑥后面一般不加“子”。⑦一般不儿化。

语义源流 本义是两股以上的细绳扭结相交。《说文解字·交部》：“绞，缢也。”段玉裁注：“两绳相交而紧谓之绞。”《礼记·杂记上》：“小敛，环绖。”孔颖达疏：“知以一股所谓缠绖者，若是两股相交，则谓之绞。”《礼记·丧大记》：“小敛大敛，祭服不倒，皆左衽结～不纽。”宋·沈括《梦溪笔谈·药

J

议》:“此堪作障席、筐管、织壁、覆屋、～绳杂用，以其柔韧且直故也。”演变为量词，用于计量可以扭结相交的纱、毛线等。

脚 jiǎo ❶ 名量词 用于计量长在脚上或附着在脚上的东西：一～泥｜起了两～水泡｜真倒霉，我竟然踩了一～狗屎。**用法提示** ①数词限用“一”“两”：一～水｜一～血｜拖着两～泥巴。②数词前可加“这”“那”等代词：这一～水泡｜那一～的泥水｜你这是从哪儿踩了那一～泥？③数词“一”一般不省略。④前面一般不加形容词修饰，后面一般不加“子”。⑤一般不重叠和儿化。❷ 动量词 用于计量与脚有关的动作：踩了他一～｜踹两～｜爸爸每天都会去踢几～球锻炼身体。**用法提示** ①数量结构一般位于动词后，也可位于动词前：踢了一～｜踏一～｜一～踩在刹车上。②数词一般没有限制，既可用基数词或表示数量的“两”“几”“好几”“若干”等，也可用序数词：跺了两～地｜踹了几～门｜他第一～就把球踢进了大门。③数词“一”在某些代词或动词后常可省略：踩了～门槛｜踹了～墙｜他这～球踢得太好了。④数词前可加“这”“那”等代词：这一～踩空了｜那一～正好踢到了桌角｜那几～踢得真漂亮。⑤前面可加“大”“小”等形容词修饰：踢了一小～｜给了他一大～｜门将一大～将球踢到中场。⑥数词为“一”时可重叠，重叠形式主要有“(一)～～”“一～一～”：他们在球未落地前凌空抽射，～～千钧｜他们队不争气，一～～射门，就是不进｜他们一～一～艰难地在沙漠中行进。⑦后面一般不加“子”。⑧一般不儿化。

语义源流 本义是胫、小腿。《说文解字·肉部》:“脚，胫也。”《墨子·明鬼下》:“羊起而触之，折其～。”《荀子·正论》:“捶笞膑～。”古代引申用于计量羊、狗等的腿及肉，乃至动物全身。《增广贤文》:“贪他一斗米，失却半年粮。争他一～豚，反失一肘羊。”《水浒传》第四回：“剩下一～狗腿，把来揣在怀里。”后用来指踝骨以下用于行走的部位。北魏·贾思勰《齐民要术·种瓜》:“凡瓜所以早烂者，皆由～蹑，及摘时不慎翻动其蔓故也。”唐·李白《梦游天姥吟留别》:“～著谢公屐，身登青云梯。”借用为量词，用于计量脚踢的动作。《水浒传》第九十三回：“李逵一～踢开，见里面有个白发老儿，和一个老婆子在那里啼哭。”清·吴敬梓《儒林外史》第九回：“杨执中恼了，把老妪打了几个嘴巴，踢了几～。”清·吴趼人《二十年目睹之怪现状》第五十三回：“舅太爷又狠狠地踢了两～。”也用于计量长在脚上或附着在脚上的东西。明·抱瓮老人《今古奇观·吴保安弃家赎友》:“教他洗沐过了，将新衣与他更换，又教随军医生医他两～疮口，好饮好食将息。”清·张杰鑫《三侠剑》第二回：“如果不留神一迈脚，就得踩人一～狗屎。”

觉 jiào 动量词 用于计量睡觉：睡了一～｜一～醒来｜我眯一小～。**用法提示** ①数量结构一般位于动词后，也可位于动词前：中午睡了一～｜睡了一大～｜一～睡到天亮。②数词一般没有限制，既可用基数词或表示数量的

J

“两”“几”“好几”“若干”等，也可用序数词：第一～睡了10个小时|睡了三～|孩子一天要睡好几～。③数词前可加“这”“那”“哪”等代词：这几～睡得很香|那一～睡过了|哪一～都不如晚上这一～睡得舒坦。④前面可加“大”“小”等形容词修饰：歇了一小～|美美地睡了一大～|我习惯午饭后睡一小～。⑤数词“一”一般不省略。⑥后面一般不加“子”。⑦一般不重叠和儿化。

语义源流 本义是睡醒、醒悟，读jué。《说文解字·见部》：“觉，寤也。”《诗·王风·兔爰》：“我生之后，逢此百忧，尚寐无～。”《晏子春秋·景公梦五丈夫称无辜晏子知其冤》：“公～，召晏子而告其所梦。”唐·白居易《长恨歌》：“云鬓半偏新睡～，花冠不整下堂来。”引申指从入睡到醒的过程，即睡眠，读jiào。唐·释慧琳《一切经音义》卷七十八引顾野王云：“觉言眠寐也。”清·李宝嘉《官场现形记》第十九回：“又困了一觉中～，以补早晨之不足。”演变为量词，用于计量睡觉。唐·白居易《何处堪避暑》：“游罢睡一～，觉来茶一瓯。”宋·黄公绍《施经斋会戒约榜》：“一～黄粱之梦，百年大槐之宫。”明·凌濛初《初刻拍案惊奇》卷十七：“一夜人静后，达生在娘房睡了一～。”

校 jiào ❶ 动量词 用于计量文稿的校勘、考订：校了两～|第一～|这本稿子已经校完三～，很快就能出版了。**用法提示** ①数量结构一般位于动词后，也可位于动词前：校完三～|开始校第一～|这一～校完了吗？②数词一般没有限制，既可用基数词或表示数量的“两”“几”“好几”“若干”等，也可用序数词：负责二～|进行第一～|一般的书稿校三～就可以付印了。③数词前可加“这”“那”“哪”等代词：这一～校完就可以交印刷厂了|那两～都是他负责的|哪一～都要认真对待。④数词为“一”时可重叠，重叠形式主要有“一～～”“一～一～”：一～～地仔细检查|这本书稿他一～～地修改|这本词典一～一～地检查了三次，终于可以印刷出版了。⑤数词“一”一般不省略。⑥前面一般不加形容词修饰，后面一般不加“子”。⑦一般不儿化。❷ 动量词 用于计量对计量器等设备的检测：第一～是最重要的|几～以后，设备终于恢复正常|这台公平秤校了三～，没有问题。**用法提示** ①数量结构一般位于动词后，也可位于动词前：开始第一～|公平秤每天需校三～|这一～校完了吗？②数词一般没有限制，既可用基数词或表示数量的“两”“几”“好几”“若干”等，也可用序数词：按规定一用一～|每台仪器都要经过三～|这已经是第三～，还没有找出设备的问题。③数词前可加“这”“那”“哪”等代词：哪一～都没有问题|那几～|这一～是最后一校吗？④数词为“一”时可重叠，重叠形式主要有“一～～”“一～一～”：他一～～都一丝不苟|为了保证质量，师傅们一～一～检测着终端设备。⑤数词“一”一般不省略。⑥前面一般不加形容词修饰，后面一般不加“子”。⑦一般不儿化。

语义源流 本义是古代枷械类刑具的统

称。《说文解字·木部》："校，木囚也。"《易·噬嗑卦》："屦～灭趾，无咎。"王弼注："校者以木绞校也，即械也。校者取其通名也。"孔颖达疏："校谓所施之械也。"《新唐书·李绅传》："湘素直，为人诬蔑，大～重牢，五木被体。"引申为栅栏。《墨子·备穴》："为铁～，卫穴四。"孙诒让间诂："铁校，盖铸铁为阑校，以御敌。"《资治通鉴·齐明帝建武三年》："乘舆有金银饰～者，皆剔除之。"胡三省注："校，栏格也。饰其校，饰其栏格也。"引申为违抗、对抗。《史记·春申君列传》："韩魏之强，足以～于秦。"司马贞索隐："谓足以与秦为敌也。"《晋书·江逌传》："今兵非不精，而众少于羌，且其堑栅甚固，难与～力，吾当以计破之。"引申为计较、考虑。唐·韩愈《和侯协律咏笋》："短长终不～，先后竟谁论。"清·戴名世《张验封传》："为人宽厚和平，平生未尝有疾言怒色，有犯者皆不与～。"引申为校勘、考订。北齐·颜之推《颜氏家训·书证》："必如《左传》'止戈为武'……之类，后人自不得辄改也，安敢以《说文》～其是非哉？"宋·叶适《魏华甫鹤山书院》："忆君低回～天禄，高论自遣陈言锄。"演变为量词，用于计量对文稿的校勘、考订。《华阳国志校补图注·蜀志》："顾广圻顾观光二～稿已先见及。"现代汉语中也可用于计量对计量器等设备的检测。

窖 jiào **名量词** 用于计量收藏在地窖里的东西：一～白菜｜几～红酒｜今年冬天一定要多存两～菜。**用法提示** ①数词一般没有限制，既可用基数词或表示数量的"两""几""好几""若干"等，也可用序数词：一～红薯｜他存了好几～红酒｜第一～存的是白菜。②数词"一"在某些代词或动词后常可省略：这～菜｜那～水果是准备卖的｜他藏了～好酒。③数词前可加"这""那""哪"等代词：这几～红酒｜这一～土豆有一千斤｜哪一～黄酒存的时间是最长的？④前面可加"大""小""满"等形容词修饰：一大～煤｜每年冬天都要存上一满～菜｜这一小～菜也就够吃一个月的。⑤数词为"一"时可重叠，重叠形式主要有"(一)～～""一～一～"：一～～酒｜～～都是满满的｜他把一～一～的菜取出来。⑥后面一般不加"子"。⑦一般不儿化。

语义源流 本义是收藏东西的地洞或坑。《说文解字·穴部》："窖，地藏也。"《礼记·月令》："穿窦～，修囷仓。"郑玄注："入地隋曰窦，方曰窖。"《汉书·苏武传》："单于愈益欲降之，乃幽武置大～中，绝不饮食。"借用为量词，用于计量收藏在地窖里的东西。明·凌濛初《二刻拍案惊奇》卷十九："揭开石板来看，果是一～金银，不计其数。"清·夏敬渠《野叟曝言》第六十四回："素臣见的，明明是一～元宝，鸾吹等却见是一～清水。"

节[1] jié ❶ **名量词** 用于计量带节的植物的部分：一～藕｜几～甘蔗｜砍下了三四～毛竹做竹筒。**用法提示** ①数词一般没有限制，既可用基数词或表示数量的"两""几""好几""若干"等，也可用序数词：两～竹筒｜第一～藕太老了｜这根甘蔗有好几～坏了。②数词"一"在某些代词或动词后常可省

略：这～竹筒|买了～藕|她削了～甘蔗，一边走，一边啃。③数词前可加“这”“那”“哪”等代词：这几～竹子|就买那两～藕|哪一～甘蔗最甜？④前面可加“大”“小”“长”等形容词修饰：一大～嫩藕|一小～甘蔗|我找了一长～竹竿插入瓮中。⑤数词为“一”时可重叠，重叠形式主要有“(一)～～”“一～一～”：～～嫩藕|他把一～～甘蔗整齐地摆在筐里|他手里拿着撅成一～一～的草秆。⑥一般可儿化：一～儿甘蔗|几～儿青竹|地上散落着几～儿草秆。⑦后面一般不加“子”。❷ 名量词 用于计量骨头、绳子等可以成段的东西：一～骨头|桌子上摊着几～链子。**用法提示** ①数词一般没有限制，既可用基数词或表示数量的“两”“几”“好几”“若干”等，也可用序数词：一～绳子|几～铁轨|他折断了第一～手指骨。②数词“一”在某些代词或动词后常可省略：卸下～表带|捞起～钢管|已经浇完最后这～桥面，大桥即将完工。③数词前可加“这”“那”“哪”等代词：这四～链子|那一～柜台已经出租了|哪几～电池是新买的？④前面可加“大”“小”等形容词修饰：一小～铅笔头|一大～绳子|项链断了一小～。⑤数词为“一”时可重叠，重叠形式主要有“(一)～～”“一～一～”：～～铁轨向前延伸|一～～脊椎|他沿着一～一～的台阶攀上去。⑥有时可儿化：一～儿电池|一～儿断链|表带长了一～儿。⑦后面一般不加“子”。❸ 名量词 用于计量分节的车辆：三～车厢|两～邮车|车站停着好几～油罐车。**用法提示** ①数词一般没有限制，既可用基数词或表示数量的“两”“几”“好几”“若干”等，也可用序数词：一～餐车|坐在第一～花车上|这列火车拉了好几～的煤。②数词“一”在某些代词或动词后常可省略：这～车装的都是南方的水果|你去那～车厢找找空座|这趟车要加挂～邮车。③数词前可加“这”“那”“哪”等代词：这几～车厢都满了|那一～车皮装的是煤|这些物资装哪几～车厢？④前面可加形容词“整”修饰：一整～车厢|这一整～车皮装的都是煤。⑤数词为“一”时可重叠，重叠形式主要有“(一)～～”“一～一～”：～～车厢都满员|往一～～槽车里灌油|警察一～一～车厢搜查着犯罪嫌疑人。⑥后面一般不加“子”。⑦一般不儿化。❹ 名量词 用于计量音乐、文章、诗歌的段落：两～歌谱|一～诗歌|这篇文章分成三～。**用法提示** ①数词一般没有限制，既可用基数词或表示数量的“两”“几”“好几”“若干”等，也可用序数词：第二～剧本|文章用了好几～来说明同一个问题|他写不了两～就要停下来休息。②数词“一”在某些代词或动词后常可省略：读～诗歌|今天的作业是背诵刚学习的那～课文。③数词前可加“这”“那”“哪”等代词：那几～课文我都学过了|这一～是整部剧的高潮|你还有哪一～内容不明白？④前面可加“大”“小”等形容词修饰：一大～旁白|在书中用一小～讲了一个故事|他用了这个民歌旋律的一小～。⑤数词为“一”时可

重叠，重叠形式主要有“(一)～～”“一～一～”：～～独白｜一～一～乐章逐渐展开｜细雨下成了一～～五线谱。⑥后面一般不加“子”。⑦一般不儿化。❺ 名量词 用于计量课堂教学或比赛的时数：四十五分钟一～课｜比赛第一～｜上午有四～课。**用法提示** ①数词一般没有限制，既可用基数词或表示数量的“两”“几”“好几”“若干”等，也可用序数词：几～课｜前三～比赛输了10分｜这是上午的第一～课。②数词“一”在某些代词或动词后常可省略：听了～课｜上场打了～比赛｜哪～课他都认真准备。③数词前可加“这”“那”“哪”等代词：这一～课是这学期最后一课｜那两～比赛他打得十分出色｜这一～到了比赛的赛点。④前面可加形容词“整”修饰：一整～课都是做练习｜他带伤坚持打完了一整～比赛。⑤数词为“一”时可重叠，重叠形式主要有“(一)～～”“一～一～”：一～～课｜他的课～～都出彩｜他们赢得了一～一～的比赛。⑥后面一般不加“子”。⑦一般不儿化。

语义源流 本义是竹节。《说文解字·竹部》：“节，竹约也。”《史记·龟策列传》：“竹，外有～理，中直空虚。”《太平广记·草木·竹芝》：“鸡头实处似竹～，脱之又得脱也。”泛指草木条干间坚实结节的部分。《易·说卦传》：“艮为山……其于木也，为坚多～。”《后汉书·虞诩传》：“不遇盘根错～，何以别利器乎？”演变为量词，用于计量竹节或带节的植物的一部分。北魏·贾思勰《齐民要术·甘蔗》：“雩都县土壤肥沃，偏宜甘蔗，味及采色，余县所无，一～数寸长。”唐·高适《咏马鞭》：“龙竹养根凡几年，工人截之为长鞭，一～一目皆天然。”又泛指动物骨骼相连接的部分，进一步泛指整体中的一部分。《庄子·养生主》：“彼～者有间，而刀刃者无厚。”演变为量词，用于计量骨头等成段的东西。汉·董仲舒《春秋繁露·人副天数》：“人有三百六十～，偶天之数也。”《太平广记·医·田承肇》：“自膊间趁，渐渐下至于腕，又并趁入食指，尽食指一～，趁之不出。”引申用于计量分节的车辆。蔡东藩、许廑父《民国演义》第一百四十四回：“火车立刻停止了，有几～车便倒了下来。”又由表示整体中的一部分演变为量词，用于计量音乐、文章、诗歌的段落。《朱子语类·论语三》：“问《集注》‘不诚无物’一～。”蔡东藩《明史演义》第五十回：“但听她娇喉婉转，雅韵悠扬，一字一～，一～一音，好似那幺凤度簧，流莺绾曲。”现代汉语中也可用于计量课堂教学或比赛的时数。

近义辨析 节—段 见“段”下。

节—截 均可用于计量从整体中切分出的部分物体，如可以说“一节竹竿”，也可以说“一截竹竿”。“截”本义为截断，故计量物体时，强调其“从整体中分出的一部分”之义，如“一截木头”“两截钢丝”；还可用于事物所完成的一部分，如“走了半截路”“说了半截话”。“节”的本义指竹节，后泛指草木条干间坚实结节的部分，是相对完整的一部分，故计量物体时，强调其“虽从整体中分出但仍相对完整”义，且可以计量相对独立、成段的物体，包括分节的车辆、课堂教学的时数，以及音乐、文章的段落等，如“十几节火车车厢”“两三节电池”“第一节课”“一节诗歌”，其中的“节”不能替换为“截”。

节[2] jié 度量衡量词 国际通用的航海速度单位，符号为kn。1小时航行1海里（1852米）的速度叫1节。后延伸至航空方面，相当于飞机每小时所航行的海里数：时速25～|飞机的滑行速度一般是10～。**用法提示** ①数词可用基数词或表示数量的“两”“几”“好几”“若干”等：航母的速度在30到33～之间|在冰里拖船的最高时速只有10～。②数词为“一”时可重叠，重叠形式主要有“一～～”“一～一～”：船速一～～提升|一～一～地计数|他很平静地一～一～地把速度降了下来。③数词前一般不加代词。④前面一般不加形容词修饰，后面一般不加“子”。⑤一般不儿化。

截 jié ❶ 名量词 用于计量截断的长条形物品：一～钢管|一小～铅笔|手里拿着一～黄瓜。**用法提示** ①数词一般没有限制，既可用基数词或表示数量的“两”“几”“好几”“若干”等，也可用序数词：一～电线|第一～线最长|粉笔在手里断成了好几～。②数词“一”在某些代词或动词后常可省略：这～电线|取了～水管装在龙头下|吃完饭，他撕了～手纸，擦擦嘴就出去了。③数词前可加“这”“那”“哪”等代词：那一～吸管瘪了|这几～木头可以打家具|哪一～管道在漏水？④前面可加“大”“小”等形容词修饰：一大～铅笔|辫子上扎了一小～红绳。⑤后面可加“子”：一～子水管|管子还差一～子|裤子下面接了一～子。⑥数词为“一”时可重叠，重叠形式主要有“(一)～～”“一～一～”：～～木材堆放整齐|一～～烟灰掉在地毯上|地上堆放着一～一～被锯开的枯树枝。⑦一般可儿化：一～儿铅笔|拉断了一～儿袖子。❷ 名量词 用于计量事物所完成的量：不要总说半～话|才走了半～路就累得不行了|会议刚开了半～就停电了。**用法提示** ①数词多用“一”“半”：心凉了半～|事情做了半～|他的话前一～是表扬，后一～是批评。②前面可加“大”“小”“上”“下”“前”“后”等形容词修饰：冷了大半～|他只说了事情的前半～|这个口号，问者说上半～，答者说下半～。③后面有时可加“子”：半～子话|一口吸了半～子烟|他们受的是半～子教育。④一般可儿化：走到半～儿|开了半～儿会|吃了半～儿饭就被打断了。⑤数词一般不省略。⑥数词前一般不加代词。⑦一般不重叠。

语义源流 本义是断、切断。《说文解字·戈部》：“截，断也。”清·朱骏声《说文通训定声》：“截，字亦作截。”《史记·苏秦列传》：“韩卒之剑戟……皆陆断牛马，水～鹄雁。”唐·白居易《题李次云窗竹》：“不用裁为鸣凤管，不须～作钓鱼竿。”演变为量词，用于计量截断的长条形物品。清·唐芸洲《七剑十三侠》第一百四十四回：“徐鸿儒的剑被一尘子的剑削去一～，落将下来。”清·吴趼人《二十年目睹之怪现状》第四十五回："这个人却叫玉工来，把瓶口磨去了一～。"也用于计量事物所完成的量。《朱子语类·大学二》："物格、知至，是一～事；意诚、心正、身修，是一～事；家齐、国治、天下平，又是一～事。"清·石玉昆《小五义》第一百三十二回："包公瞪了他一眼，哼了一声，把他那半～话也吓回去了。"

近义辨析 截—节 见"节"下。

介 jiè **名量词**〈古〉用于计量人，数词限用"一"，称他人多含有轻视的意思，自称则为谦词：一～武夫|一～文士|他虽为一～书生，但臂力过人。

语义源流 从古文字形来看，"介"像人身上穿着铠甲。《广雅·释器》："介，铠也。"《玉篇·八部》："介，甲也。"《诗·郑风·清人》："清人在彭，驷～旁旁。"《礼记·少仪》："武车不式，～者不拜。"《史记·老子韩非列传》："急则用～胄之士。"作为量词，"介"是"个"的通假字，用于计量人，称他人多含有轻视的意思，自称则为谦词。《集韵·箇韵》："箇，或作个、介。"《书·秦誓》："如有一～臣。"陆德明释文："介，字又作个，音工佐反。"《左传·襄公八年》："君有楚命，亦不使一～行李告于寡君。"杜预注："一介，独使也。行李，行人也。"

届 jiè ❶ **名量词** 用于计量定期召开的运动会、会议、展览或定期担任的职务等：第二十九～奥运会|两～党代表|前几～书展都非常成功。**用法提示** ①数词一般没有限制，既可用基数词或表示数量的"两""几""好几""若干"，也可用序数词或表示序数的"首"等：十一～三中全会|首～代表大会|她获得三～运动会冠军。②数词"一"在某些代词或动词后常可省略：这～展会|换了～代表|上～运动会是三年前开的。③数词前可加"这""那""哪"等代词：这几～领导班子|那几～春季运动会。④数词为"一"时可重叠，重叠形式主要有"(一)～～""一～一～"：～～领导班子|一～～比赛都办得很成功|经过一～一～领导班子的努力，城市环境有了很大的改善。⑤前面一般不加形容词修饰，后面一般不加"子"。⑥一般不儿化。❷ **名量词** 用于计量同一年毕业的学生、学员等：2005～毕业生|前两～学员|我是高老师指导的第一～研究生。**用法提示** ①数词一般没有限制，既可用基数词或表示数量的"两""几""好几""若干"，也可用序数词或表示序数的"首"等：两～学生|送走了好几～毕业生|他是这个培训班的首～学员。②数词"一"在某些代词或动词后常可省略：这～学生|那～学员很优秀|有～毕业生全部进了中学工作。③数词前可加"这""那""哪"等代词：哪一～毕业生|那几～学生很努力|这一～研究生都找到工作了。④数词为"一"时可重叠，重叠形式主要有"(一)～～""一～一～"：送走了一～～学生|他指导的研究生，～～都在岗位上作出了贡献|他能说出教过的一～一～学生的名字。⑤前面一般不加形容词修饰，后面一般不加"子"。⑥一般不儿化。

语义源流 本义是行动不便。《说文解字·尸部》："届，行不便也。一曰极也。”引申为极限、界限。《诗·大雅·瞻卬》：“蟊贼蟊疾，靡有夷～。”郑玄笺：“届，极也。”晋·陆云《祖考颂》：“王于出征，二公斯难。长驱致～，九有有判。”又引申为至、到达。《玉篇·尸部》：“届，至也。”《书·大禹谟》：“惟德动天，无远弗～。”孔传：“届，至也。”《诗·小雅·采菽》：“载骖载驷，君子所～。”北魏·郦道元《水经注·浊漳水》：“昔袁本初还自易京，上巳～此，率其宾从，禊饮于斯津矣。”由空间到时间，又可表示到了预定的时间。《红楼梦》第五十五回：“时～孟春，黛玉又犯了嗽疾。”进一步引申为量词，用于计量到预定时间召开的会议、活动，相当于“次”“期”，也可计量定期担任的职务。清·蒋士铨《一片石·访墓》：“五十～月课岁考科场，昔日花红，也算做传家之宝。”蔡东藩、许廑父《民国演义》第十六回：“民国第一～国庆日，举行祝典，号称极盛。”也用于计量同一年毕业的学生、学员等。清·王之春《椒生随笔·黎中丞联》：“较前数～学使之不知兵者，相去霄壤，所谓随陆绛灌，兼而有之。”《清史稿·兵志七》：“与北洋大臣会奏，派第三～学生出洋。”

近义辨析 届—任 均可用于计量担任某项职务，如可以说“第一届代表”，也可以说“第一任代表”。但“届”的量词用法是在其界限、到达义的基础上引申而来的，有到预定的时间的意思，因此计量职务时带有时间限制，如“这一届代表的任期四年”；“任”是由担任某种职务之义演变为量词的，其中没有时间的因素，因此用于计量职务时，侧重次数，没有时间的限制，如“这一届市长中途卸任，换了一任”“一届两任市长”。“届”还可以计量定期召开的会议和同一年毕业的学生，“任”则没有这种用法。

斤 jīn **度量衡量词** 市制重量单位。1斤等于10两，合500克：三～蔬菜｜几十～面粉｜我现在的体重不到八十～。

用法提示 ①数词一般没有限制，既可用基数词或表示数量的“两”“几”“好几”“若干”等，也可用序数词：萝卜五～｜今年春天的第一～茶叶｜一夜之间轻了两三～。②数词“一”在某些代词或动词后常可省略：买～青菜｜剥了～核桃｜这～点心是给你买的。③数词前可加“这”“那”“哪”等代词：那几～糕点｜他一个人就喝了这半～酒｜这棵茶树一年也就产这两三～茶叶。④数词为“一”时可重叠，重叠形式主要有“(一)～～”“一～一～”：～～粮食都要仔细过秤｜一～～肉都被大家买完了｜一～一～的油从机器中抽出来。⑤前面一般不加形容词修饰，后面一般不加“子”。⑥一般不儿化。

语义源流 本义是砍物工具，与斧相似。《说文解字·斤部》：“斤，斫木也。”《孟子·告子上》：“牛山之木尝美矣，以其郊于大国也，斧～伐之，可以为美乎？”《荀子·劝学》：“林木茂，而斧～至焉；树成荫，而众鸟息焉。”假借为量词，为重量单位，旧制十六两为一斤，现十两为一斤。《集韵·欣韵》：“斤，权轻重之数。”《管子·山权数》：“使蚕不疾病者置之黄金一～。”《史记·吴王濞列传》：“能斩捕大将者，

J

赐金五千～，封万户。”汉·刘向《说苑·辨物》：“二十四铢重一两，十六两为一～。”

进 jìn **名量词** 用于计量房屋，平房一宅之内有前后几排，每一层院落就叫一进：两～宅院|这个院子有五～|他家的祖宅是一个三～的院子。**用法提示** ①数词一般没有限制，既可用基数词或表示数量的“两”“几”“好几”“若干”等，也可用序数词：两～宅子|这个院子有三～|他的爷爷住在第一～。②数词“一”在某些代词或动词后常可省略：这～院子该修了|那～院子着火了|我想再多建～院子。③数词前可加“这”“那”“哪”等代词：那一～院子|我和父母住在这一～|你想住哪一～？④数词为“一”时可重叠，重叠形式主要有“一～～”“一～一～”：他家的一～～祖传大宅都已经被他卖完了|我们在这一～一～的康家大宅参观了半天。⑤前面一般不加形容词修饰，后面一般不加“子”。⑥一般不儿化。

语义源流 本义为向上或向前移动。《说文解字·辵部》：“进，登也。”《易·蹇卦》：“蹇，难也；足不能～，行之难也。”《礼记·表记》：“君子三揖而～。”《韩非子·外储说右下》：“～则引之，退则策之。”引申为从外到里，进入。《列子·周穆王》：“尹文先生揖而～之于室，屏左右而与之言。”晋·王嘉《拾遗记·秦始皇》：“（有人身长十尺）云欲见秦王婴，阍者许～焉。”唐·杜甫《后出塞五首》其二：“朝～东门营，暮上河阳桥。”老式建筑宅院由外往里往往有前后几个院落，“进”由此演变为量词，用于计量宅院的前后层次。《西游记》第一回：“一层层深阁琼楼，一～～珠宫贝阙。”清·康有为《大同书·入世界观众苦》：“山西且有陶复陶穴之俗，虽富家为屋数十～，亦穴地中。”

茎 jīng ❶ **名量词** 用于计量植物：一～主干|几～嫩草|路边草地中长着一～紫堇。**用法提示** ①数词一般没有限制，既可用基数词或表示数量的“两”“几”“好几”“若干”等，也可用序数词：第一～花枯了|一～纤细的芦苇|公路边几～已长出嫩叶的小草。②数词“一”在某些代词或动词后常可省略：这～黄花|取了～细枝|手里握了～绿草。③数词前可加“这”“那”“哪”等代词：这一～是什么草？|那几～可是止血的草药|你想要摘哪一～花？④数词为“一”时可重叠，重叠形式主要有“（一）～～”“一～一～”：～～小草碧绿|一～一～茶叶在杯底舒展开来|这一～～水草上已能见到一团团密密麻麻的黄褐色籽粒。⑤前面一般不加形容词修饰，后面一般不加“子”。⑥一般不儿化。❷ **名量词** 用于计量细长的毛发等，多用于书面语：一～白发|数～银须|鬓边生出几～白发。**用法提示** ①数词常用“一”“两”“几”“数”“若干”等：新添了数～银丝|稀松的几～胡子|儿子的黑发中夹杂着一～白发。②数词“一”在某些代词或动词后常可省略：拔了这～白发|新添了～银丝|手里还捏着～胡子。③数词前可加“这”“那”“哪”等代词：这几～银须|那两～白发|哪几～白发没有染到？④数词为“一”时

J

可重叠，重叠形式主要有“(一)～～”“一～一～”：一～～白发夹杂在黑发中|在镜前将一～一～白发仔细拔掉|他捻着～～胡须，若有所思。⑤前面一般不加形容词修饰，后面一般不加“子”。⑥一般不儿化。

语义源流 本义指植物的主干部分。《说文解字·艸部》：“茎，枝柱也。”《楚辞·少司命》：“秋兰兮青青，绿叶兮紫～。”晋·左思《吴都赋》：“琼枝抗～而敷蕊，珊瑚幽茂而玲珑。”演变为量词，用于计量植物。《南齐书·祥瑞志》：“隆昌元年正月，襄阳县获紫芝一～。”宋·释普济《五灯会元·文殊菩萨》：“善财遂于地上拈一～草，度与文殊。”泛用于计量细长的毛发等。唐·卢延让《苦吟》：“吟安一个字，捻断数～须。”唐·薛逢《长安夜雨》：“当年志气俱消尽，白发新添四五～。”清·吴敬梓《儒林外史》第二十七回：“他当日来的时候，只得头上几～黄毛，身上还是光光的！”

近义辨析 茎—根 见“根”下。

揪 jiū **名量词**〈方〉用于计量连成串的东西，相当于“嘟噜”“串”“挂”，多用于广州等地：一～葡萄|几～槐花|他手里拿了一～钥匙。

语义源流 本义是收聚。《说文解字·手部》：“揪，束也。”《新唐书·孙佺传》：“佺～聚军中帀万余匹，悉袍带并与之。”引申为抓、扭。元·孙仲章《勘头巾》第三折：“他娘子～住小人，要了一纸保辜文书。”清·吴敬梓《儒林外史》第五十四回：“两个人说戗了，～着领子，一顿乱打。”演变为量词，用于计量抓、扭下来的连成串的东西。

掬 jū **名量词** 用于计量可以双手捧起的物体，表两手捧起的量：一～清泉|几～黄沙|为故事中的人物洒下一～同情泪。**用法提示** ①数词一般没有限制，既可用基数词或表示数量的“两”“几”“好几”“若干”等，也可用序数词：一～清水|制出清晨第一～玫瑰水|大家停下来畅饮了几～清清的河水。②数词“一”在某些代词或动词后常可省略：捧了～清泉|洒了～伤心泪|他手里捧的这～糖已经化了。③数词前可加“这”“那”“哪”等代词：这几～黄沙|那一～奖章|手里的这一～珠宝价值连城。④数词为“一”时可重叠，重叠形式主要有“(一)～～”“一～一～”：～～晨露|老人从大山的石头缝里搜集出一～～黄土|他跑到溪边，捧起一～一～的水喝了个痛快。⑤前面一般不加形容词修饰，后面一般不加“子”。⑥一般不儿化。

语义源流 本作“匊”，表示两手相合捧物。《说文解字·勹部》：“匊，在手曰匊。”《诗·小雅·采绿》：“终朝采绿，不盈一匊。”毛传：“两手曰匊。”唐·于良史《春山夜月》：“～水月在手，弄花香满衣。”演变为量词，相当于“捧”，用于计量可以双手捧起的物体。《小尔雅·广量》：“一手之盛谓之溢，两手谓之掬。”《梁书·何点传》：“点少时尝患渴痢……梦一道人，形貌非常，授丸一～，梦中服之，自此而差。”唐·谷神子《博异志·阴隐客》：“又至白泉眼，令与漱之。味如乳，甘美甚。连饮数～，似醉而饱。”

近义辨析 掬—捧 均可用于计量双手捧

的东西，如可以说“一掬清泉”“一掬溪水”，也可以说“一捧清泉”“一捧溪水”，但“掬”多用于书面语，“捧”多用于口语。这大概是因为“掬”的量词用法早在先秦就出现了，如《诗经·小雅·采绿》中的“不盈一匊（掬）”，这个“匊（掬）”就是典型的书面语的量词用法；而“捧”是个后起量词。

局 jú ❶ 名量词 用于计量棋类等比赛：一～残棋｜几～精彩的比赛｜今天的四～棋有三局是流行的开局。**用法提示** ①数词一般没有限制，既可用基数词或表示数量的“两”“几”“好几”“若干”等，也可用序数词：那两～围棋｜第一～比赛险胜｜最后一～比赛很精彩。②数词“一”在某些代词后常可省略：这～棋｜那～排球比赛｜这～棋结局很意外。③数词前可加“这”“那”“哪”等代词：这几～比赛｜那两～台球赛我都看了。④数词为“一”时可重叠，重叠形式为“(一)～～”：～～比赛都精彩｜他仔细分析了一～～比赛。⑤前面一般不加形容词修饰，后面一般不加“子”。⑥一般不儿化。❷ 动量词 用于计量下棋或打某些比赛：下了两～棋｜和他下了一晚上的棋，我只赢了一～。**用法提示** ①数量结构可位于动词前，也可位于动词后：下了～棋｜赢了三～｜这场排球比赛五～打满了。②数词一般没有限制，既可用基数词或表示数量的“两”“几”“好几”“若干”等，也可用序数词：下两～围棋｜艰难赢下第一～比赛｜他状态不好，连输几～。③数词“一”在某些代词或动词后常可省略：下～象棋｜打～比赛｜这～棋下得不好。④数词前可加“这”“那”“哪”等代词：哪一～输了？｜这两～他打出了气势｜那一～比赛输得可惜。⑤数词为“一”时可重叠，重叠形式主要有“(一)～～”“一～一～”：这几局棋我～～输一个子｜比赛得一～～地打｜他一～一～地复盘，总结下棋时的得失。⑥前面一般不加形容词修饰，后面一般不加“子”。⑦一般不儿化。

语义源流 本义是弯曲。《玉篇·口部》：“局，曲也。”《诗·小雅·正月》：“谓天盖高？不敢不～。”《晋书·嵇含传》：“嗟乎先生，高迹何～！”引申为收敛、限制。《说文解字·口部》：“局，促也。”《楚辞·悯上》：“蜷跼兮寒～数，独处兮志不申。”由此引申为限定、划分成部分、局部。《尔雅·释言》：“局，分也。”《礼记·曲礼上》：“左右有～，各司其～。”由限定、划分引申出棋盘义。《说文解字·口部》：“局，博所以行棋。”段玉裁注：“博当作簙。簙，局戏也。六箸十二棋，簙有局。以行十二棋，局之字象其形。此别一义。”汉·王充《论衡·答佞》：“贤之君，察之审明，若视俎上脯，指掌中之理，数～上之棋，摘辕中之马。”《史记·吴王濞列传》：“(吴太子)博，争道，不恭，皇太子引博～提吴太子，杀之。”唐·齐己《舟中江上望玉梁山怀李尊师》：“谁心共无事，～上度流年。”由此演变为量词，用于计量下棋。唐·白居易《因梦有悟》：“款曲几杯酒，从容一～棋。”唐·司空图《题休休亭》：“休休休，莫莫莫，一～棋，一炉药，天意时情可料度。”也可用于计量棋类等比赛。

句 jù 名量词 用于计量语言或言语：一～话｜两～歌词｜老师只是简单批评了几～。**用法提示** ①数词一般没有限制，既可用基数词或表示数量的“两”“几”“好几”“若干”等，也可用序数词：一～歌词｜两～废话｜第一～话就不中听。②数词“一”在某些代词或动词后常可省略：说了～实话｜念了～戏词｜这～话是他的口头语。③数词前可加“这”“那”“哪”等代词：哪两～诗｜这几～话有道理｜你能翻译一下他读的那一～英语吗？④前面可加“长”“短”“大”“小”等形容词修饰：留下两短～话｜这么一长～话，连个标点都没有｜在这里加一小～话，文章就更通顺了。⑤数词为“一”时可重叠，重叠形式主要有“(一)～～”“一～一～”：他～～话发自肺腑｜一～～歌词都非常感人｜学生在老师的帮助下理解着一～一～的诗句。⑥后面不加“子”。⑦一般不儿化。

语义源流 本义为弯曲。《说文解字·句部》：“句，曲也。”《诗·大雅·行苇》：“敦弓既～，既挟四鍭。”《庄子·田子方》：“儒者冠圜冠者知天时，履～屦者知地形。”用作动词，指牵扯、勾连。《左传·哀公十七年》：“越子为左右～卒，使夜或左或右，鼓噪而进。”杜预注：“句卒，钩伍相著，别为左右屯。”《史记·天官书》：“两旁各有三星，鼎足～之。”引申表示限止、划分，具体可指语言间的停顿。《说文解字》“句”字下段玉裁注：“凡章句之句亦取稽留可钩乙之意。”《玉篇·句部》：“句，止也，言语章句也。”《集韵·遇韵》：“句，词绝也。”引申为表达相对完整意思的语言单位，即句子。南朝梁·刘勰《文心雕龙·章句》：“夫人之立言，因字而生～，积～而成章，积章而成篇。”明·沈梦麟《和邵山人》：“每吟栗里停云～，不作南山种豆歌。”由此演变为量词，用于计量语言或言语。南朝宋·王微《告弟僧谦灵书》：“一字之书，必共咏赞；一～之文，无不研赏。”《水浒传》第四回：“(金老)说了几～言语，那官人笑将起来。”清·文康《儿女英雄传》缘起首回：“幸而项王无谋，被他这几～话牢笼住了。”

具 jù ❶ 名量词 用于计量棺材：一～青铜棺材｜几～石棺椁｜院里停着一大一小两～棺材，很是凄凉。**用法提示** ①数词一般没有限制，既可用基数词或表示数量的“两”“几”“好几”“若干”等，也可用序数词：好几～棺椁｜一～刚出土的棺木｜第一～发掘出来的棺材就是墓主人的。②数词“一”在某些代词或动词后常可省略：里面那～内棺｜发现了～悬棺。③数词前可加“这”“那”“哪”等代词：这一～棺材很高档｜那是一～水晶棺材｜哪几～棺椁是刚出土的？④前面可加“大”“小”等形容词修饰：一大～棺材｜一小～红木棺材。⑤数词为“一”时可重叠，重叠形式主要有“(一)～～”“一～一～”：～～黑漆漆的棺木｜战争带给民众的是一～～棺材｜悬崖峭壁上遗留着一～一～的悬棺。⑥后面一般不加“子”。⑦一般不儿化。❷ 名量词 用于计量尸体或骸骨、雕像之类的物体：一～尸体｜散落着几～动物骨架｜那几～木乃伊在考古学上的价值不可估量。**用法提示** ①数词一般没有限制，既可用基数词或表示数量的“两”“几”“好几”“若干”等，也可用序数词：一～雕像｜好几～标本｜这是海滩上发现的第一～尸体。②数词“一”在某些代词或动词后常可省略：这～干尸｜像～提线木偶｜墓的角落里有～尸体。③数词前可加“这”“那”“哪”等代词：这几～标本｜那两～骨架是刚拼凑出来的｜哪一～古尸是需要马上运往博物馆的？④数词为“一”时可重叠，重叠形式主要有“(一)～～”“一～一～”：一～～骷髅｜～～蜡像都栩栩如生｜庄稼地上还可以看见一～一～的白骨。⑤前面一般不加形容词修饰，后面一般不加“子”。⑥一般不儿化。❸ 名量词 用于计量某些配合完整、成套可用的物品：一～十字架｜几～仪器｜肩上挂着一～望远镜。**用法提示** ①数词一般没有限制，既可用基数词或表示数量的“两”“几”“好几”“若干”等，也可用序数词：两～风扇｜第五～石磨是后来买的｜箱子里是几～旧显微镜。②数词“一”在某些代词或动词后常可省略：买～望远镜｜发现～窃听器｜身上扛着～木枷。③数词前可加“这”“那”“哪”等代词：哪几～仪器｜那一～望远镜是观察星星的｜这两～挂钟直到现在还能报时。④数词为“一”时可重叠，重叠形式主要有“(一)～～”“一～一～”：～～仪器都需手工调校｜他手工制作了这一～～样式不同的钟表｜一～一～仪器在他们的巧手下快速组装起来。⑤前面一般不加形容词修饰，后面一般不加“子”。⑥一般不儿化。

语义源流 本义是供置。《说文解字·廾部》：“具，共置也。”《书·盘庚中》：“兹予有乱政同位，～乃贝玉。”《国语·晋语二》：“子为我～特羊之飨，吾以从之饮酒。”引申为准备、备办。《仪礼·特牲馈食礼》：“主人及宾兄弟群执事，即位于门外，如初，宗人告有司～。”《东观汉记·符融传》：“符融妻亡，贫无殡殓，乡人欲为～棺服，融不肯受。”引申为器物、用具。《字汇·八部》：“具，器也。”《韩非子·定法》：“谓之衣食孰急于人，则是不可一无也，皆养生之～也。”《史记·酷吏列传》：“法令者治之～，而非制治清浊之源也。”作为器物，可特指棺材。《礼记·檀弓上》：“子柳之母死，子硕请～。”郑玄注：“具，葬之器用也。”演变为量词，用于计量棺材。《陈书·杜之伟传》：“高祖甚悼惜之，诏赠通直散骑常侍，赙钱五万，布五十匹，棺一～，克日举哀。”《水浒传》第二十一回：“我旧时曾许他一～棺材，不曾与得他。”并借用为计量尸体或骸骨、雕像之类物体的量词。晋·葛洪《抱朴子·仙药》：“千岁灵龟……乃剔取其甲，火炙捣服方寸匕，日三，尽一～，寿千岁。”清·贪梦道人《彭公案》第一百三十二回：“有两～死尸，脚在伏牛山，头在青龙山。”又由准备、备办之义引申表示完备、齐全、详尽。《诗·小雅·节南山》：“民～尔瞻。”《史记·项羽本纪》：“良乃入，～告沛公。”引申指成套的器具。《战国策·齐策四》:"左右以君贱之也，食以草～。"《三国志·吴书·赵达传》:"滕他日赍酒～，候颜色，拜跪而请。"由此演变为量词，用于配合完整、成套可用的物品。《史记·货殖列传》:"旃席千～，佗果菜千钟。"《汉书·王莽传》:"左建朱钺，右建金戚。甲胄一～，秬鬯二卣。"《魏书·蠕蠕传》:"五色锦被二领，黄䌷被、褥三十～。"

卷 juǎn **名量词** 用于计量成卷的物品：一～图纸|两～电线|他一下子买了好几十～垃圾袋。**用法提示** ①数词一般没有限制，既可用基数词或表示数量的"两""几""好几""若干"等，也可用序数词：两～挂历|用完了第一～书写纸|他手里握着一～杂志。②数词"一"在某些代词或动词后常可省略：拿了～卫生纸|这～宣纸是谁的|他手里紧紧捏着～钱。③数词前可加"这""那""哪"等代词：这两～纸|那几～绳子|哪一～被褥是新做的？④前面可加"大""小"等形容词修饰：一大～手纸|手里攥着一小～报纸|草绳还不到两丈，已经盘成一大～。⑤后面有时可加"子"：一～子电线|往手里塞了一～子钱|他怀里揣着一～子人民币。⑥数词为"一"时可重叠，重叠形式主要有"(一)～～""一～一～"：～～绳子都落了一层灰|一～～头发环绕着她美丽的额头|他的口袋里装着一～一～的小纸卷。⑦一般可儿化：一～儿杂志|把书卷成一～儿|费了几～儿胶卷。

语义源流 本义是膝关节的后部。《说文解字·卩部》:"卷，膝曲也。"引申为弯曲。《诗·邶风·柏舟》:"我心匪席，不可～也。"《淮南子·兵略》:"柔而不可～也，刚而不可折也。"唐·韩愈《秋怀诗十一首》其四:"清晓～书坐，南山见高棱。"引申为卷曲的东西。《淮南子·兵略》:"鼓不振尘，旗不解～。"演变为量词，用于计量成卷的物品。《红楼梦》第一百零五回:"羽缎羽纱各二十二～。"

近义辨析 卷(juǎn)—卷(juàn) 二者字形相同，发音相近，都可以作名量词，但它们的意义和用法有所差异。"卷(juǎn)"可用于计量成卷的东西，如"一卷(juǎn)纸""一卷(juǎn)席子"；"卷(juàn)"则用于计量书籍和字画，如"一卷(juàn)书""文学丛书第三卷(juàn)"。"卷(juǎn)"和"卷(juàn)"同源，其本义都是指膝关节的后部，引申为弯曲，之后引申的线索发生了变化：由弯曲义引申表示把东西弯曲成圆筒状，又引申为指称卷曲起来的东西，读作juǎn，演变为量词，就用于计量成卷的东西；由弯曲义直接引申指书籍或字画的卷轴，又泛指可以卷起来的书画，读作juàn，演变为量词，就用于计量书画作品及整部书中的一部分。

卷 juàn ❶ **名量词** 用于计量书画作品等：一～画轴|两～档案|这个图书馆共藏有线装书好几百万～。**用法提示** ①数词一般没有限制，既可用基数词或表示数量的"两""几""好几""若干"等，也可用序数词：读万～书，行万里路|读的第一～书|他的所有作品被编成一～散文集和一～诗集。②数词"一"在某些代词或动词后常可省略：这～古书|手里捧着～《中国古

诗》|我最近购得~《稼轩词》。③数词前可加“这”“那”“哪”等代词：那几~线装书|这两~书值得一读再读|你读的那一~书是谁写的？④前面可加“大”“小”“厚”“薄”等形容词修饰：挑了一小~书|夹了一大~书走进来|他捧着一厚~书在认真阅读。⑤数词为“一”时可重叠，重叠形式主要有“(一)~~”“一~一~”：~~史书|书架上排列着一~~的书|他想读完图书馆里一~一~的藏书。⑥后面一般不加“子”。⑦一般不儿化。❷ 名量词 用于计量整部书中内容相对完整的一部分：上下两~|这部中国通史一共三~|这书我刚看完第一~。**用法提示** ①数词一般没有限制，既可用基数词或表示数量的“两”“几”“好几”“若干”等，也可用序数词：全书共五~|作品的最后一~|第一~讲了作者的写作目的。②数词前可加“这”“那”“哪”等代词：这两~是全书的高潮|书的那几~是我写的|这本传记的哪一~写得最好？③前面可加形容词“整”修饰：读完了一整~书。④数词为“一”时可重叠，重叠形式主要有“(一)~~”“一~一~”：~~内容都十分精彩|这部小说一~~高潮迭起|我在网上找到这本书一~一~的内容梗概。⑤数词“一”一般不省略。⑥后面一般不加“子”。⑦一般不儿化。

语义源流 本义是膝关节的后部，读juǎn。《说文解字·卩部》：“卷，膝曲也。”引申为弯曲，把东西卷成圆筒状。又引申表示可以卷起和展开的书画，读juàn。晋·陶渊明《与子俨等书》：“开~有得，便欣然忘食。”清·黄轩祖《游梁琐记·顾家蘅》：“(顾生)每见客左手把~，右手携壶，恰如也。”借用为量词，用于计量书籍或字画。《乐府诗集·木兰辞》：“军书十二~，~~有爷名。”唐·杜甫《奉赠韦左丞丈二十二韵》：“读书破万~，下笔如有神。”也可用于计量整部书所分成的若干部分。《汉书·淮南衡山济北王传》：“作为《内书》二十一篇，《外书》甚众，又有《中篇》八~，言神仙黄白之术。”《梁书·刘之遴传》：“又今本纪及表、志、列传，不相合为次，而古本相合为次，总成三十八~。”

近义辨析 卷（juǎn）—卷（juàn）见“卷（juǎn）”下。

卷—帙 均可用于计量书，如可以说“一卷书”，也可以说“一帙书”。但“卷”可以计量各种书籍，“帙”由线装书的封套义演变为量词，强调“有封套”的特点，因此一般只用于计量成套的线装书。“卷”还可以计量整部书中相对完整的一部分以及书画作品，“帙”无此用法。

卷—轴 均可用于计量用卷轴卷起的字画，如可以说“一卷山水画”，也可以说“一轴山水画”。由于现代的书不再用卷轴卷起来，“轴”不再用来计量书。此外，“轴”由将字画等物卷起来的圆杆义演变为量词，除了字画，还可以计量其他能卷在轴上的东西，如“一轴电线”，“卷”无此用法。

圈 juàn 名量词 用于计量圈养的牲畜或积蓄的粪肥等：一~猪|养几~羊|他起了一~猪粪。**用法提示** ①数词一般没有限制，既可用基数词或表示数量的“两”“几”“好几”“若干”等，也

可用序数词：两～鸡鸭｜积了好几～粪肥｜他养的第一～猪出栏了。②数词“一”在某些代词或动词后常可省略：卖了～猪｜这里家家都会养～鸡｜这～猪可以出栏了。③数词前可加“这”“那”“哪”等代词：这一～都是母鸡｜这几～猪都长起来了｜我想起了小时候养的那一～小白羊。④前面可加“大”“小”“满”等形容词修饰：养了一小～鸡｜这一大～猪都病了｜几年时间，两只鸡变成了一满～鸡。⑤数词为“一”时可重叠，重叠形式主要有“(一)～～”“一～一～”：这～～牛羊就是牧民们的希望｜山上一片片果树，山腰一～～猪｜为了避免牲畜得病，大家给一～一～的猪都消了毒。⑥后面一般不加“子”。⑦一般不儿化。

语义源流 本义是用栅栏围成的饲养禽兽、牲畜的地方。《说文解字·囗部》：“圈，养畜之闲也”。《汉书·张释之传》：“(释之)从行，上登虎～。”颜师古注：“圈，养兽之所也。”唐·寒山《诗》：“不自见己过，如猪在～卧。”借用为量词，用于计量圈养的牲畜或积蓄的粪肥等。明·张应俞《杜骗新书·诈称偷鹅脱青布》：“其店之对门人，养一～鹅，鸣声嘈杂。”清·八咏楼、庚岭劳人《蜃楼外史》第十六回：“忽见老妈妈家养着一～小猪。”

橛 jué 名量词 〈方〉用于计量成段的东西，多用于吴、粤地区：一～甘蔗｜两～木棍｜孩子手里拿着一～黄瓜。

语义源流 本义是短木桩。《广雅·释官》：“橛，杙也。”王念孙疏证：“凡木形之直而短者谓之橛。”《列子·黄帝》：“吾处也，若～株驹。”演变为量词，用于计量成段的东西。《祖堂集·福先招庆和尚》：“保福云：‘这一～我自插取。’”宋·黄庭坚《跋白兆语后》：“伏惟烂木一～，佛与众生不别。”

军 jūn 名量词 军队的编制单位，在师之上：一～统帅｜两～敌人｜他被编入三十八～。**用法提示** ①数词一般没有限制，既可用基数词或表示数量的“两”“几”“好几”“若干”等，也可用序数词：两～盟军｜几～士兵｜执行此次任务的是第五～。②数词“一”在某些动词后常可省略：派～兵力去支援｜调～士兵去救灾｜军区新增了～导弹部队。③数词前可加“这”“那”“哪”等代词：这两～敌军｜那几～都是精兵强将｜这次战斗由他来指挥这一～士兵。④前面可加形容词“整”修饰：一整～的士兵｜一整～编制｜敌人一整～的兵力被我军消灭了。⑤数词为“一”时可重叠，重叠形式主要有“(一)～～”“一～一～”：～～士兵枕戈待旦｜军区司令正在评估一～一～的战斗力｜他吃掉了敌人一～～的兵力。⑥后面一般不加“子”。⑦一般不儿化。

语义源流 本义是用车子围成营垒。《说文解字·车部》：“军，圜围也。四千人为军。”古代打仗主要靠车战，驻扎时，用战车围起来形成营垒，以防敌人袭击，因此借指军队。《孙子·谋攻》：“凡用兵之法……全～为上，破～次之。”唐·韩愈《曹成王碑》：“良不得已，错愕迎拜，尽降其～。”演变为量词，为军队的编制单位。《国语·齐语》：“万人为一～。”韦昭注：“万人为军，齐制也。”现代为军队编制的一级，由数个师组成。

钧 jūn 度量衡量词〈古〉重量单位。三十斤为一钧：千～一发｜吾力足以举百～｜三尺剑，六～弓。

语义源流 古代重量单位，三十斤为钧。《说文解字·金部》："钧，三十斤也。"《书·五子之歌》："关石和～，王府则有。"《战国策·韩策一》："夫战孟贲、乌获之士，以攻不服之弱国，无以异于堕千～之重，集于鸟卵之上，必无幸矣。"唐·罗隐《登夏州城楼》："好脱儒冠从校尉，一枝长戟六～弓。"

J

K

卡 kǎ 度量衡量词 热量单位“卡路里”的简称。详见“卡路里。”

卡路里 kǎlùlǐ 热量的非法定计量单位，符号为cal。简称“卡”。1卡约为4.187焦耳：180～|一小时消耗150～|3块巧克力威化饼的热量已经超过200～。**用法提示** ①数词可用基数词或表示数量的“几”“若干”等：1000～|适当的锻炼可以消耗好多～。②数词前有时可加“这”“那”等代词：这几千～算是白燃烧了|那1000～怎么才能消耗掉？③数词“一”不省略。④前面一般不加形容词修饰，后面一般不加“子”。⑤一般不重叠和儿化。

开[1] kāi ❶ 名量词 用于计量纸张大小，表示整张纸的若干分之一：十六～的纸|三十二～的书|八～的试卷。**用法提示** ①数词一般限用“二”的指数，如“二、四、八、十六、三十二”等：用二～纸来做一张宣传海报|这笔记本是十六～的。②数词前可加“这”“那”“哪”等代词：这十六～的纸用来打印试卷|那三十二～的纸最常用。③数词一般不省略。④前面一般不加形容词修饰，后面一般不加“子”。⑤一般不重叠和儿化。❷ 动量词 用于计量水沸腾的次数：水开了三～|煮饺子要几～？**用法提示** ①数量结构一般位于动词后：煮了两～|开过三～|馄饨要煮三～吗？②数词多用“十”以内的基数词、序数词，也可用表示数量的“两”“几”“好几”“若干”等：水是头一～|饺子要煮三～|水开过几～了？③数词前可加代词“这”：饺子煮完这一～可以出锅了吧？④数词“一”一般不省略。⑤前面不加形容词修饰，后面一般不加“子”。⑥一般不重叠和儿化。

语义源流 本义是开门。《说文解字·门部》：“开，张也。”《老子》第二十七章：“无关楗而不可～。”《三国志·吴书·孙权传》：“况今奸宄竞逐，豺狼满道，乃欲哀亲戚、顾礼制，是犹～门而揖盗，未可以为仁也。”引申为开裂、分开。汉·王充《论衡·感虚》：“精诚所至，金石为～。”三国魏·阮籍《大人先生歌》：“天地解兮六合～。”演变为量词，在印刷上指整张纸的若干分之一。“开”从本义又引申为展开、舒展。汉·张衡《西京赋》：“前～唐中，弥望广潒；顾临太液，沧池漭沆。”《汉书·王温舒传》：“为人少文，居它惛惛不辩，至于中尉则心～。”由此可引申指花朵开放或水沸腾时水花翻滚。南朝梁·沈约《早发定山》：“野棠～未落，山樱发欲然。”《梁书·沈约传》：“晚树～花，初英落蕊。”《红楼梦》第三十五回：“姑娘吃药去罢，～水又冷了。”演变为量词，古代指喝茶时冲开水一次。清·吴敬梓《儒林外史》第三十三回：“见是吉祥寺，因在茶桌上坐着，吃了一～茶。”清·韩邦庆《海上花列传》第二回：“遂去华中会楼上泡了一碗茶，一直吃到七八～。”后指水沸腾一次。

🔍近义辨析 开—裁 见“裁”下。

开² kāi ❶ 度量衡量词 热力学温度单位“开尔文”的简称。详见“开尔文”。❷ 度量衡量词 用于计量黄金中含纯金量的单位，是英文 karat 的音译。按国家标准规定，假定 24 开金为含金 100% 的纯金，1 开等于 100/24×100%，即 4.167%：24～足金戒指 | 18～玫瑰金项链 | 这条手链是多少～的？**用法提示** ①数词一般限用基数词 9、14、18、22、24 等，也可用表示数量的“几”：除 24～金外，市场上常见的还有 18～金 | 这条项链是几～金的？②数词前可加“这”“那”等代词：这 18～金 | 那 24～金可是纯金。③数词“一”一般不省略。④前面一般不加形容词修饰，后面一般不加“子”。⑤一般不重叠和儿化。

开尔文 kāi'ěrwén 度量衡量词 热力学温度单位，是国际单位制中七个基本单位之一，符号为 K。简称“开”。这个单位名称是为纪念英国物理学家汤姆森（被封为开尔文男爵，William Thomson, Lord Kelvin）而定的。开尔文以绝对零度作为计算起点，即 0 开尔文等于 −273.15℃：0～就是绝对零度 | 水的冰点摄氏温度计为 0℃，开氏温度计为 273.15～ | 太阳光球的有效温度是 5778～。**用法提示** ①数词可用基数词或表示数量的“几”“好几”“若干”等：温度在 25 到 45～之间 | 升高了好几～ | 对于氦和二氧化碳来说，其周围温度不会高 70～。②数词前可加“这”“那”等代词：下降了那几～ | 这 150～是最高温度 | 那 100～是模拟真空舱的绝对温度。③数词“一”一般不省略。④前面一般不加形容词修饰，后面不加“子”。⑤一般不重叠和儿化。

坎 kǎn 度量衡量词 发光强度单位“坎德拉”的简称。详见“坎德拉”。

坎德拉 kǎndélā 度量衡量词 发光强度单位，是国际单位制中七个基本单位之一，符号为 cd。简称“坎”。一个光源发出频率为 540×10^{12} 赫兹的单色辐射，在此方向上的辐射强度为 1/683 瓦特每球面度时的发光强度为 1 坎德拉：102 英寸等离子显示器面板的亮度为每平方米 1000～ | 飞机着陆灯的光强可达 765000～。**用法提示** ①数词一般用基数词：1～强度的光源 | 黑白电视机比彩色电视机的屏幕亮度高 40～左右 | 新灯管的亮度高达数千～ | 这款手电的光强是 22400～。②数词“一”一般不省略。③数词前一般不加代词。④前面一般不加形容词修饰，后面一般不加“子”。⑤一般不重叠和儿化。

科 kē 名量词 用于计量学术或业务等的类别：文史哲三～ | 现在的大学大致可以分为文、理、工三～ | 有几～他一直学得不好。**用法提示** ①数词一般没有限制，既可用基数词或表示数量的“两”“几”“好几”“若干”等，也可用序数词：第一～ | 这学期一共选了五～ | 这次期末考试他挂掉了两～。②数词“一”在某些代词或动词后常可省略：学了～感兴趣的 | 他选了～最难通过的课 | 数学这～是你的强项。③数词前可加“这”“那”“哪”等

K

代词：那三～业务是从这个部门分出来的|这次考试你哪几～不理想？|那一～的笔记整理完了吗？④数词为“一”时可重叠，重叠形式主要有“(一)～～”“一～一～”：～～都擅长|每晚做的梦都是一～～的考试|我帮着他分析一～一～考试失败的原因。⑤前面一般不加形容词修饰，后面一般不加“子”。⑥一般不儿化。

语义源流 本义是品类、等级。《说文解字·禾部》：“科，程也。从禾从斗。斗者，量也。”经过衡量就可以分出等级、品类。《广雅·释言》：“科，品也。”《论语·八佾》：“射不主皮，为力不同～，古之道也。”汉·陆贾《新语·至德》：“然后贤愚异议，廉鄙异～，长幼异节，上下有差。”《宋书·恩幸传》：“魏晋以来，以贵役贱，士庶之～，较然有辨。”引申表示学术或业务等的分类。《孟子·尽心下》：“夫子之设～也，往者不追，来者不拒。”《汉书·循吏传》：“以明经甲～为郎，出补谷阳长。”由此演变为量词，用于计量学术或业务的门类。三国魏·曹丕《典论·论文》：“盖奏议宜雅，书论宜理，铭诔尚实，诗赋欲丽，此四～不同，故能之者偏也。”清·郑观应《盛世危言·技艺》：“上年恭读上谕，国子监司业潘衍桐奏请特开艺学一～，方汝绍奏请特开实学一～。”

棵 kē ❶ 名量词 用于计量植物，如花草树木和蔬菜等：一～树|三四～大葱|他一次储备了几十～大白菜。**用法提示** ①数词一般没有限制，既可用基数词或表示数量的“两”“几”“好几”“若干”等，也可用序数词：第一～梅树|地上钻出几～小草|他下楼买了一～圆白菜。②数词“一”在某些代词或动词后常可省略：这～树苗|栽～苹果树|他出去半天就买～白菜回来。③数词前可加“这”“那”“哪”等代词：这一～树是他爷爷亲手种的|那几～花的叶子都黄了|哪一～是香椿？④前面可加“大”“小”“整”等形容词修饰：一整～大树|树苗长成了一小～树|院子里两大～海棠花开得正好。⑤数词为“一”时可重叠，重叠形式主要有“(一)～～”“一～一～”：～～棉株挂满桃|一～～大树被砍|人们把一～一～竹笋从泥土中挖出来。⑥后面一般不加“子”。⑦一般不儿化。❷ 名量词 用于计量细的香烟：一～烟|多抽了几～烟|从烟盒里抽出了两～烟。**用法提示** ①数词一般用基数词或表示数量的“几”，也可用序数词：抽了几～烟|这是他今天抽的第一～烟。②数词“一”在某些代词或动词后常可省略：这～烟|抽～烟就走。③数词前可加“这”“那”等代词：这一～烟是他给我的|那几～烟是什么牌子的？④前面一般不加形容词修饰，后面一般不加“子”。⑤一般不重叠和儿化。

语义源流 本义是未劈的木柴，是“梡”的异体字。《说文解字·木部》：“梡，棞木薪也。”《集韵·缓韵》：“梡，断木也。或作棵。”后也指整株植物。《太平广记·草木·染牡丹花》：“掘～四面，深及其根，宽容人坐。”清·张秉成《本草便读·海金沙》：“其草高一二尺。七月内收其全～。”演变为量词，用于计量植物。《太平广记·草木·正倒晕牡丹》："长安兴唐寺有牡丹一～。"《西游记》第七十九回："(猪八戒)掣钉耙，把一～九叉杨树耙倒。"现代汉语中也可用于计量细的香烟。

近义辨析 棵—窠 均可用于计量植物，如可以说"门口种了一棵芭蕉树"，也可以说"门口种了一窠芭蕉树"。但"棵"使用范围较广，几乎可用于所有植物；"窠"指一穴之中同时生长的植物，多用于草本植物，如"一窠芭蕉""数窠菊花"。"窠"还可用于计量一胎出生或一次孵出的动物，如"一窠小鸟""一窠猪"，"棵"没有这种用法。

棵—颗 二者音同形近，但在语义和用法上有很大的差异。从字形上看，"棵"从木，本指劈柴，后引申指整株植物，演变为量词，用于计量植物，如"一棵树""几棵白菜"；"颗"从页，本指圆而小的东西，演变为量词，用于计量颗粒状的东西，如"一颗珍珠""几颗花生米"等，不能用于计量植物。

棵—株 均可用于计量植物，如可以说"一棵梅花""一棵石榴"，也可以说"一株梅花""一株石榴"。但"株"本指树木靠近根部的部分，所以一般用于计量正在生长的植物；"棵"是由整株植物义演变为量词的，使用范围比"株"要广，可用于计量各种植物，包括砍下来的植物，如"桌子上有一棵白菜""盆里泡着几棵芹菜"中的"棵"不能换用"株"。此外，作为量词，"株"在方言中用得较多。

窠 kē ❶ 名量词 用于计量一胎出生或一次孵出的动物：一～乳燕｜一～小狗｜他在树上发现了三～喜鹊。**用法提示** ①数词一般没有限制，既可用基数词或表示数量的"两""几""好几""若干"等，也可用序数词：两～蜜蜂｜第一～燕子｜炕角的篓子里有一～新孵出来的小鸡。②数词"一"在某些代词或动词后常可省略：孵了～小鸡｜这～小鸟学飞了｜小心，那里有～土蜂。③数词前可加"这""那""哪"等代词：这两～小鸡长得很好｜那一～蜜蜂受了惊，全都闹腾起来了。④数词为"一"时可重叠，重叠形式主要有"(一)～～""一～一～"：～～小鸟都长大了｜一～～的小鸡｜他从一～一～的小猪中找到了几只纯黑色的。⑤前面一般不加形容词修饰，后面一般不加"子"。⑥一般不儿化。

❷ 名量词 用于计量一穴之中同时生长的植物：两～芭蕉｜几～野菜｜院子周围种了十几～芋头。**用法提示** ①数词一般没有限制，既可用基数词或表示数量的"两""几""好几""若干"等，也可用序数词：第一～芭蕉长得最好｜三～花簇｜地里长了好几～叫不出名的野花。②数词"一"在某些代词或动词后常可省略：长了～杂草｜窗下种了～芭蕉｜那～开着紫色花朵的叫什么？③数词前可加"这""那""哪"等代词：这两～牡丹是他的宝贝｜院子里的那两～菊花已经盛开了｜那几～香蕉树是我种的。④前面可加"大""小"等形容词修饰：路边一大～珍珠梅｜我发现了一大～香蕉｜他在悬崖边上采到了一小～止血的草药。⑤数词为"一"时可重叠，重叠形式主要有"(一)～～""一～一～"：～～牡丹都开花了｜窗

边盛开着一簇簇、一～～深红、浅黄的花｜一～一～杂草被他清除干净了。⑥后面一般不加“子”。⑦一般不儿化。

语义源流 本义是禽兽的巢穴。《说文解字·穴部》：“窠，空也。穴中曰窠，树上曰巢。”后泛指动物的栖息之所。晋·葛洪《抱朴子·仙药》：“又千岁燕，其～户北向，其色多白而尾掘。”《三国志·魏书·管辂传》：“家室倒悬，门户众多，藏精育毒，得秋乃化，此蜂～也。”唐·白居易《问鹤》：“乌鸢争食雀争～，独立池边风雪多。”演变为量词，多用于计量一胎出生或一次孵出的动物。唐·白居易《秦吉了》：“鸢捎乳燕一～覆，乌啄母鸡双眼枯。”明·罗贯中、冯梦龙《平妖传》第七回：“前村王婆家养了一～小猪。”亦用于计量一穴之中同时生长的植物。北魏·贾思勰《齐民要术·安石榴》：“栽石榴法……八九枝共为一～，烧下头二寸。”唐·陈标《蜀葵》：“眼前无奈蜀葵何，浅紫深红数百～。”敦煌变文《庐山远公话》：“预若采花胡蝶，般（盘）旋只在虚空，忽见一～牡丹，将身便采芳蕊。”

近义辨析 窠—棵 见“棵”下。

颗 kē ❶ 名量词 用于计量颗粒状或看似颗粒状的物体：一～珍珠｜两～图钉｜三两～星星。**用法提示** ①数词一般没有限制，既可用基数词或表示数量的“两”“几”“好几”“若干”等，也可用序数词：一～葡萄｜吃了几～安眠药｜天边闪耀着几～星星，左手边第一～最亮。②数词“一”在某些代词或动词后常可省略：吃～口香糖｜这～红枣坏了｜我愿做～小小的螺丝钉。③数词前可加“这”“那”“哪”等代词：脸上的这一～痣据说是泪痣｜这几～印章都是他刻的｜那两～宝石被做成了一个吊坠。④前面可加“大”“小”等形容词修饰：几小～糖豆｜一大～泪珠从腮边滚落｜这么一小～钻石就花了他一个月工资。⑤数词为“一”时可重叠，重叠形式主要有“（一）～～”“一～一～”：～～汗珠从额头滑落｜一～～流星划过夜空｜他把一～一～纽扣都扣上了。⑥后面一般不加“子”。⑦一般不儿化。❷ 名量词 用于计量枪弹、炮弹等：两～子弹｜几～导弹｜这片土地里曾经埋了成千上万～地雷。**用法提示** ①数词一般没有限制，既可用基数词或表示数量的“两”“几”“好几”“若干”等，也可用序数词：好几～手榴弹｜三～炸弹｜这是我国第一～远程导弹。②数词“一”在某些代词或动词后常可省略：这～子弹｜有～炮弹击中了停机坪｜火箭载着～洲际导弹。③数词前可加“这”“那”“哪”等代词：这一～子弹折磨了他二十年｜这几～导弹是最先进的｜那几～子弹是手枪子弹。④数词为“一”时可重叠，重叠形式主要有“（一）～～”“一～一～”：子弹～～穿过靶心｜一～～自主研发的导弹｜一～一～地雷在草地上爆炸开来。⑤前面一般不加形容词修饰，后面一般不加“子”。⑥一般不儿化。❸ 名量词 用于计量某些身体器官，如心、牙等：几～牙齿｜一～心。**用法提示** ①数词一般没有限制，既可用基数词或表示数量的“两”“几”“好几”“若干”等，也

K

可用序数词：一～爱美之心|上面第三～牙|这是两～准备相守一生的心。②数词“一”在某些代词或动词后常可省略：这～赤诚之心|孩子掉了～门牙|他有～年轻的心。③数词前可加“这”“那”“哪”等代词：那一～不泯的童心|这一～心是为你而跳的|那两～坏牙都应该拔掉。④数词为“一”时可重叠，重叠形式主要有“(一)～～”“一～一～”：人们奉献出～～爱心|他的话温暖了一～～冰凉的心|他梦见自己一～一～的牙都掉了。⑤前面一般不加形容词修饰，后面一般不加“子”。⑥一般不儿化。

语义源流 本义指小头，但多用来指小而圆的、颗粒状的物体。《说文解字·页部》：“颗，小头也。”段玉裁注：“引申为凡小物一枚之称。珠子曰颗、米粒曰颗是也。”后泛指颗粒状的物体。唐·白居易《荔枝》：“燕脂掌中～，甘露舌头浆。”宋·张先《菩萨蛮》：“牡丹含露真珠～，美人折向帘前过。”宋·沈括《梦溪笔谈·钞盐法》：“陕西～盐，旧法官自搬运，置务拘卖。”演变为量词，用于计量颗粒状的物品。唐·李绅《悯农二首》其一：“春种一粒粟，秋收万～子。”宋·苏轼《惠州一绝》：“日啖荔枝三百～，不辞长作岭南人。”后也可用于计量某些身体器官。明·凌濛初《二刻拍案惊奇》卷二十八：“锁了赵大，带了两～人头，来到府中，出张牌去唤马家亲人来认。”《水浒传》第三十四回：“把刀去刘高心窝只一剜，那～心献在宋江面前。”也用于计量枪弹、炮弹等。清·苏同《无耻奴》第七回：“忽听得轰天的一声炮响，早有一～炮弹，平空的直飞下来。”

近义辨析 颗—个 见“个”下。

颗—棵 见“棵”下。

颗—粒 均可用于计量小而圆的物体，如可以说“一颗种子”“一颗珍珠”，也可以说“一粒种子”“一粒珍珠”。但由于“颗”本义为小头，而“粒”本义为米粒，个头更小，因此一般来说，“粒”所计量的物体较“颗”更小些。“颗”还可计量较大的圆形物体，如“一颗炮弹”“一颗脑袋”“一颗星星”等，“粒”没有这种用法。“颗”还可以计量人体器官，这一方面是因为它的本义就与人体有关，另一方面是因为它所能计量的物品在形状、大小上具有一定的灵活性。

克 kè 度量衡量词 法定质量或重量单位，符号为g。旧称“公分”。1克等于1千克的千分之一，等于1000毫克：重约300～|据说一个成人平均每天每1000～体重需要6～糖。**用法提示** ①数词一般没有限制，既可用基数词或表示数量的“两”“几”“好几”“若干”等，也可用序数词：加入了第二～催化剂|需要若干～的酵母|人体每天必需的脂肪量为60至70～。②数词前可加“这”“那”“哪”等代词：这零点几～的铊足以致病|那1000～的红薯能产生5317千焦的热量|哪15～柴胡是要入药的？③数词“一”一般不省略。④前面一般不加形容词修饰，后面一般不加“子”。⑤一般不重叠和儿化。

克拉 kèlā 度量衡量词 宝石的质量或重量单位，符号为k。1克拉等于0.2克。1克拉又可分为100分，以

计算较为细小的宝石：这枚黑钻石重量约为6～|“南非之星”的原石重83.508～|最近发现的一处大型钻石矿的矿藏量，保守估计约100万～。**用法提示** ①数词可用基数词或表示数量的“两”“几”“好几”“若干”等：最大祖母绿“特奥多拉”重达57500～|这颗钻石比那颗重了好几～|世界上最大的一颗橄榄石来自埃及，重量为300多～。②数词前可加“这”“那”等代词：这6～是裸钻的重量|那76.63～是8颗红宝石的总重。③数词“一”一般不省略。④前面一般不加形容词修饰，后面一般不加“子”。⑤一般不重叠和儿化。

刻 kè **名量词** 用于计量时间，1刻合15分钟：还有一～钟|明天早上八点一～集合|我只等你一～钟。**用法提示** ①数词一般用“一”，不超过“四”：短短的两～钟|我等了三～钟|四～就是一个小时。②数词前可加“这”“那”“哪”等代词：那一～钟|这一～钟过得十分漫长|收市前那一～钟是最紧张忙碌的。③数词“一”一般不省略。④前面一般不加形容词修饰，后面一般不加“子”。⑤一般不重叠和儿化。

语义源流 本义是雕刻。《说文解字·刀部》：“刻，镂也。”《春秋·庄公二十四年》：“～桓宫桷。”杜预注：“刻，镂也。”《韩非子·说林下》：“～削之道，鼻莫如大，目莫如小。”后指雕刻出来的文字或痕迹。《史记·孝武本纪》：“已而按其～，果齐桓公器。”特指古代计时器漏壶上的刻度，一昼夜共一百刻。《汉书·宣帝纪》：“神光并见，或兴于谷，烛耀齐宫，十有余～。”颜师古注：“刻者，以漏言时也。”《旧唐书·职官志二》：“春分已后，减夜益昼，九日减一～。”由此演变为计时单位，清代开始以钟表计时，十五分钟为一刻，四刻为一小时。《清史稿·时宪志四》：“满六十分收为一时，十五分收为一～。”清·张春帆《九尾龟》第四十四回：“说着，便立起来在房内走了几步，不到一～钟，腹稿已经打好。”清·吴趼人《二十年目睹之怪现状》第五十一回：“真是‘有钱使得鬼推磨’，到了四点一～钟时候，只见买办进来回说：‘货起完了，马上开船了。’”

客 kè **名量词** 〈方〉用于计量论份出售的食品、饮料，多用于南方地区：一～牛肉盖饭|两～冰镇苹果汁|他吃了两～牛排套餐。

语义源流 本义指宾客。《广韵·陌韵》：“客，宾客。”《礼记·曲礼下》：“主人敬～，则先拜～；～敬主人，则先拜主人。”《战国策·齐策一》：“旦日，～从外来，与坐谈。”引申用于商业、服务业对顾主的称呼。《韩非子·外储说右上》：“宋人有酤酒者，升概甚平，遇～甚谨。”演变为量词，用于计量论份出售的食品、饮料，多用于南方地区。朱瘦菊《歇浦潮》第十回：“因唤跑堂的进来说，要退一～宵夜。”平江不肖生《留东外史》第九十二章：“此时天色已晚，柳梦菇叫添一～晚膳。”

课 kè **名量词** 用于计量教学时间或教科书根据课时而分的段落：一～书|今天学习第一～|这本教材共十五～。**用法提示** ①数词一般没有限制，既可用基数词或表示数量的“两”“几”“好

几”“若干”等，也可用序数词：学了三～书|最后一～|请大家预习第十～。②数词“一”在某些代词或动词后常可省略：上了～安全课|那～是寓言故事|给我们补了～历史。③数词前可加“这”“那”“哪”等代词：明天我们复习这周学习的这两～|那几～的内容有点难|你是哪一～掌握得不好？④数词为“一”时可重叠，重叠形式主要有“(一)～～”“一～一～”：这套教材～～精彩|一～～教案都写得清清楚楚、详详细细|一～一～地认真学习，不到一年他已经基本掌握英语会话了。⑤前面一般不加形容词修饰，后面一般不加“子”。⑥一般不儿化。

📖 **语义源流** 本义指按一定的标准试验或考核。《说文解字·言部》：“课，试也。”《管子·七法》：“成器不～不用，不试不藏。”尹知章注：“兵器虽成，未经课试，则不用不藏。”《韩非子·定法》：“操杀生之柄，～群臣之能者也。”引申为督促完成规定的工作。《后汉书·任文公传》：“王莽篡后，文公推数，知当大乱，乃～家人负物百斤，环舍趋走。”引申为按规定的内容分段教学或学习。唐·白居易《与元九书》：“二十已来，昼～赋，夜～书，间又～诗，不遑寝息矣。”清·吴敬梓《儒林外史》第十三回：“每晚同鲁小姐～子到三四更鼓。”又引申为学习或教学的内容。《北史·薛慎传》：“又以慎为学师，以知儒生～业。”明·冯梦龙《警世通言·玉堂春落难逢夫》：“公子取出文字，王爷看他所作文～，一篇强如一篇，心中甚喜。”演变为量词，用于计量教学时间或教科书根据课时而分的段落。

孔 kǒng **名量词** 用于计量洞穴、窑洞或桥梁的洞窟等：一～窑洞|五～笛子|平时主要靠两～水闸泄洪。**用法提示** ①数词一般没有限制，既可用基数词或表示数量的“两”“几”“好几”“若干”等，也可用序数词：两～修葺一新的窑洞|笛子的第一～宫音低了|我们住的是厢房，只有一～不大的前窗。②数词“一”在某些代词或动词后常可省略：这～不冻的清泉|他家新修了～窑洞。③数词前可加“这”“那”“哪”等代词：就是那一～洞穴|村子里的这几～小煤窑已经废弃|你可以通过这一～小洞，看到里面的情景。④数词为“一”时可重叠，重叠形式主要有“(一)～～”“一～一～”：在～～相连的石穴边|冬至日，阳光透过一～一～的桥洞，漂亮极了|村里一～～窑洞都装饰一新。⑤前面一般不加形容词修饰，后面一般不加“子”。⑥一般不儿化。

📖 **语义源流** 本义指洞穴、窟窿。《尔雅·释诂下》：“孔，间也。”邢昺疏：“孔者，穴也。”《墨子·备城门》：“客至，诸门户皆令凿而幂～。”孙诒让间诂：“孔，窍也。”汉·班固《白虎通·情性》：“山亦有金石累积，亦有～穴，出云布雨以润天下。”演变为量词，用于计量洞穴、窑洞或桥梁的洞窟等。《徐霞客游记·游武彝山日记》：“大藏壁立千仞，崖端穴数～，乱插木板如机杼。”

口 kǒu ❶ **名量词** 用于计量人口：三～人的小家庭|他们家当时有十几～人|这几袋小麦就是我们两～人一年

的口粮了。**用法提示** ①数词一般可用基数词或表示数量的“两”“几”“好几”“若干”等：五～人|这些粮食能养活几～人|两～人根本吃不了这一大锅饭。②数词“一”在某些代词或动词后常可省略：家里多出了这～人|怎么少了～人|刚出生的孩子也算～人。③数词前可加“这”“那”“哪”等代词：这两～一直吃住在他家|他家这三～人分别在三个国家工作|我家那几～都喜欢吃肉。④后面一般可加“子”：几～子人|多费了一～子人的粮食|他家又添了一～子人。⑤一般可儿化：小两～儿|有几～儿人|我家比你家多一～儿人。⑥前面一般不加形容词修饰。⑦一般不重叠。❷ **名量词** 用于计量口腔里的东西：一～水|一～白牙|一～气跑了那么远。**用法提示** ①数词一般没有限制，既可用基数词或表示数量的“两”“几”“好几”“若干”等，也可用序数词：菜看起来很多，其实没几～|地上见不到一张纸、一～痰|第一～是苦的，第二～才是甜的。②数词“一”在某些代词或动词后常可省略：露出那～参差不齐的牙|嘴里含着～水|锅里还剩了～饭，把它吃了吧。③数词前可加“这”“那”“哪”等代词：你知不知道这一～痰有多少细菌呀|这一～牙都是假牙|那几～酒在她的胃里翻腾。④前面可加“大”“小”等形容词修饰：一大～馒头|一小～酒|孩子嘴里那一大～饭还没有咽下去。⑤一般可儿化：一～儿菜|这一～儿饭|他一笑，露出一～儿白牙。⑥后面一般不加“子”。⑦一般不重叠。❸ **名量词** 用于计量牲畜（主要是猪）：家里养了两～猪|年三十那天，我们几家合伙宰了一～猪。**用法提示** ①数词一般没有限制，既可用基数词或表示数量的“两”“几”“好几”“若干”等，也可用序数词：农场养了六百～猪|第一～猪是要送人的|海底升起的硫磺气体导致了一千多～牲畜的死亡。②数词“一”在某些代词或动词后常可省略：后院绑着～猪|这～猪准备过年再宰|母亲卖了～还没出栏的猪。③数词前可加“这”“那”“哪”等代词：这两～小猪使他看到了生活的希望|全家人省吃俭用地用高粱来养那一～肥猪。④数词为“一”时可重叠，重叠形式主要有“(一)～～”“一～一～”：这圈猪～～都很肥|猪场里的猪一～～都出栏了|兽医正检查着圈里的一～一～的猪。⑤前面一般不加形容词修饰，后面一般不加“子”。⑥一般不儿化。❹ **名量词** 用于计量语言：一～流利的当地方言|他现在已经会说一～上海话。**用法提示** ①数词限用“一”：一～标准的普通话|一～流利的英语|他说的是一～广东话。②数词“一”在某些代词或动词后常可省略：这～北京话|一个操着～东北腔的群众演员|他能说～流利的上海话。③数词前可加“这”“那”等代词：这一～东北腔|他那一～京腔|这一～流利的汉语是跟谁学的？④前面可加形容词“满”修饰：他满～谎话|小孩子居然学了满～脏话。⑤一般可儿化：那个骗子一～儿京腔|他带了一～儿标准的伦敦腔。⑥后面一般不加“子”。⑦一般不重叠。❺ **名量词** 用

于计量有口的东西：一～锅｜两～井｜大殿前放着两～大水缸，据说是为了防火。**用法提示** ①数词一般没有限制，既可用基数词或表示数量的“两”“几”“好几”“若干”等，也可用序数词：两～钻井｜村里打了几～井｜这是他给村民打的第二十～灶。②数词“一”在某些代词或动词后常可省略：这～大锅｜他家门前放了～棺材｜殿前放了～大箱子。③数词前可加“这”“那”“哪”等代词：那几～粮窖｜这一～锅已经反反复复修了好几次｜哪几～大缸是用来灭火的？④数词为“一”时可重叠，重叠形式主要有“（一）～～”“一～一～”：～～大铁锅紧紧相连｜峡谷内一～～炭窑都冒着熊熊烈火｜古城中到处可以看到一～一～的古井。⑤前面一般不加形容词修饰，后面一般不加“子”。⑥一般不儿化。❻ 名量词 用于计量刀剑等：一～大刀｜两～锋利的宝剑｜他手里拿着一～剑。**用法提示** ①数词一般没有限制，既可用基数词或表示数量的“两”“几”“好几”“若干”等，也可用序数词：两～苗刀｜库里存着好几十～剑｜这是他打的第一～刀。②数词“一”在某些代词或动词后常可省略：这～古剑｜我去年旅行的时候买了～龙泉剑｜他从包里缓缓取出～刀来。③数词前可加“这”“那”“哪”等代词：那一～钢刀｜诸葛先生认识这一～剑｜哪两～宝剑是春秋战国时期的？④数词为“一”时可重叠，重叠形式主要有“（一）～～”“一～一～”：一～～刀剑闪着寒光｜他擦拭着刚出土的一～一～的古剑。⑤前面一般不加形容词修饰，后面一般不加“子”。⑥一般不儿化。❼ 动量词 用于计量与嘴有关的动作：吃一～｜咬了他一～｜今天的菜太咸了，孩子只吃了几～就不吃了。**用法提示** ①数量结构一般位于动词后，也可位于动词前：咽下一～菜｜喝两～汤｜我几～全喝下去了。②数词一般没有限制，既可用基数词或表示数量的“两”“几”“好几”“若干”等，也可用序数词：他倒吸了一～凉气｜刚吃了第一～饭｜孩子在妈妈的脸上亲了好几～。③数词“一”在某些动词后常可省略：吃了～饭｜他尝～菜，又加了点盐｜他喝了～水，又滔滔不绝地讲起来。④数词前可加“这”“那”“哪”等代词：这一～我们吃着不香｜他那一～吞下去了一大块肉｜你少吃那几～又能怎么样？⑤前面可加“大”“小”等形容词修饰：灌了一大～水｜喝了一小～。⑥数词为“一”时可重叠，重叠形式主要有“一～～”“一～一～”：肥胖都是一～～吃出来的｜饭要一～～吃，事要一件件做｜小家伙一～一～把碗里的饭菜都吃干净了。⑦一般可儿化：喝一～儿小酒｜他吃了一～儿饭，又喝一～儿汤。⑧后面一般不加“子”。

语义源流 本义是指人发声、饮食的器官。《说文解字·口部》：“口，人所以言、食也。”《黄帝内经·五脏别论》：“五味入～，藏于胃，以养五藏气。”《书·秦誓》：“人之彦圣，其心好之，不啻若自其～出，是能容之。”引申为人、人口。《孟子·梁惠王上》：“百亩之田，勿夺其时，数～之家可以无饥矣。”《汉书·地理志》：

“魏郡户二十一万二千八百四十九，～九十万九千六百五十五。”演变为量词，用于计量人口。南朝梁·陶弘景《真诰·甄命》：“郗回父无辜戮人数百～，取其财宝，殃考深重。”《红楼梦》第六回：“且说荣府中合算起来，从上至下也有三百余～人。”口是饮食的器官，借用为名量词，用于计量口腔里的东西。明·罗懋登《三宝太监西洋记》第三十七回：“连忙的把个舌尖儿咬破，一～血水望西一喷。”清·金松岑、曾朴《孽海花》第十四回：“太太立刻把嘴里含的一～汤包肚吐了出来。”又借用为动量词，用于计量与口有关的动作。《世说新语·捷悟》：“次至杨修，修便啖，曰：‘公教人啖一～也，复何疑？’”“口”由表示人的嘴转为泛指牲口的嘴。《战国策·韩策一》：“宁为鸡～，无为牛后。”借用为量词，用于计量牲畜。《西游记》第八十九回：“古怪刁钻，你两个来了？买了几～猪羊？”“口”又是发声的器官，引申表示言语。《诗·小雅·十月之交》：“无罪无辜，谗～嚣嚣。”借用为量词，用于计量语言。清·吴趼人《二十年目睹之怪现状》第五十五回：“他倒说了一～广东话，把他自己的辽东话倒反忘记个干净了。”由口的形状引申指物体内外相通的部位。汉·王充《论衡·道虚》：“致生息之物密器之中，覆盖其～。”借用为量词，用于计量有口的东西。北魏·杨衒之《洛阳伽蓝记·开善寺》：“金瓶银瓮百余～。”也引申指如口状的破裂处、口子。北魏·贾思勰《齐民要术·种椒》：“候实～开，便速收之。”由此借用为量词，用于计量造成口子的刀、剑等。南朝梁·陶弘景《古今刀剑录·序》：“晋武帝司马炎以咸宁元年造八千～刀。”

近义辨析 口—个 见“个”下。

口—匹—条—头—只 均可用于计量动物，但由于这些词的本义不同，在演变为量词后，可计量的动物种类或范围也略有差异。“匹”由匹配义演变为量词，强调的是匹配、匹敌，可计量的动物比较少，限于马、骡、驴等。“头”的本义是脑袋，而古代牛、羊、猪三牲用于祭祀时，需割下脑袋献祭，因此演变为量词后多用于牛、羊、猪。“口”本义指人发声、饮食的器官，后也指动物之口，演变为量词计量的动物大多与人类饲养有关，古代可用于计量牛、羊、猪等，但后来称量范围逐渐缩小，现代汉语中通常只用于计量“猪”。“条”本义为树木细长的枝条，演变为量词后也仍然强调细长的特点，计量的动物常有较瘦长的特点，多用于长条形状鱼、蛇，以及狗、牛等。“只”本义为一只鸟，演变为量词后，最早也是多用于禽鸟类，如鸡、鸭、老鹰等，范围扩大后才用于其他动物，比如狗、羊等。由于词义侧重点不同，在计量动物时，这些量词在使用上也存在交叉情况。有时一种动物可以用不同的量词计量，比如“头”“口”都可用于猪，“条”“头”都可用于牛，“只”“头”都可用于羊；不同的动物也可以用同一个量词计量，如“一头猪”“一头羊”“一头牛”。一般说来，大多数体型比较大的牲畜都可以用“头”计量；体型较长的动物可用“条”计量；“口”一般只用于猪；“匹”主要用于“马”“骆驼”等能作运载工具的牲畜；“只”虽然主要用于禽类，但也可用于昆虫、兽类和宠物等。此外，这些量词还可用于计量其他的事物，如“口”还可用于家庭成员、住户、有口的东西、语言等；“头”还可用于头发及与头有关的东西，如“一头白发”“一头雾水”，圆头状的植物，如“一头蒜”“几头水仙”；“条”还可用于长条状的物体、人和抽象的可分项的事物，如“一条绳子”“一条汉子”“一条新闻”；“只”还可用于个体的器物或成对的东西中的一个及船只等，如“一只杯子”“一只眼睛”“一只小船”。

扣 kòu ❶ 名量词 用于计量螺纹：三～螺扣｜这螺丝只有两～，很容易脱落。**用法提示** ①数词一般没有限制，既可用基数词或表示数量的“两”“几”“好几”“若干”等，也可用序数词：桌子的螺丝是几～的？｜你给我一个三～螺丝｜第二～螺纹坏了。②数词前可加“这”“那”“哪”等代词：这两～螺扣已经磨光了｜那五～的螺丝拧在这里。③一般可儿化：这是两～儿螺丝｜你需要几～儿的螺丝？④数词“一”一般不省略。⑤前面一般不加形容词修饰，后面一般不加“子”。⑥一般不重叠。❷ 动量词 用于计量拧螺丝的动作：松了一～就好了｜这个螺丝脱了两～｜你再拧一～就行了。**用法提示** ①数量结构多位于动词后，也可位于动词前：松两～｜紧一～｜这两～再紧一下。②数词一般不大，可用基数词、序数词或表示数量的“两”“几”“好几”“若干”等：拧第四～｜松两～就好了｜紧绷的心弦松了一～。③数词前可加“这”“那”“哪”等代词：这两～你拧得太紧了｜那一～紧紧就固定了。④一般可儿化：把这个螺丝松两～儿｜你再拧一～儿就行了。⑤数词“一”一般不省略。⑥前面一般不加形容词修饰，后面一般不加“子”。⑦一般不重叠。

语义源流 本义为牵住马。《说文解字·手部》：“扣，牵马也。”《吕氏春秋·爱士》：“晋梁由靡已～缪公之左骖矣。”引申为用圈儿、环儿套住或搭住，连接物体。唐·陆龟蒙《奉和袭美太湖诗二十首·孤园寺》：“幡条玉龙～，殿角金虬舞。”明·冯梦龙《警世通言·王娇鸾百年长恨》：“取原日香罗帕，向咽喉～住。”引申指连接事物的绳结或纽襻。元·王实甫《西厢记》第五本第一折：“纽结丁香，掩过芙蓉～。”明·汤显祖《牡丹亭·惊梦》：“领～松，衣带宽。”古时也可用于计量捆扎在一起的文件、书信等。清·吴趼人《二十年目睹之怪现状》第八十六回：“讣帖当中，还夹了一～哀启。”清·李百川《绿野仙踪》第二十八回：“不但诗词歌赋他弄不来，连明白通妥一封书启、一～禀帖，也做不到中节目处。”现代引申指螺纹的圈（如套扣、螺丝扣）。演变为量词，用于计量螺纹，也可用于计量拧螺丝的动作。

库 kù 度量衡量词 电量单位“库仑”的简称。详见“库仑。”

库仑 kùlún 度量衡量词 电量单位，符号为C。简称“库”。这个单位名称是为纪念法国物理学家库仑（Charles de Coulomb）而定的。若导线中有1安培的电流，则在1秒内通过该导线横截面的电流为1库仑：涂有树脂的桥

K

面板的通过电量为 9.015 ～。**用法提示** ①数词一般没有限制，既可用基数词或表示数量的“两”“几”“好几”“若干”等，也可用序数词：第一～的电量｜实验误差只有几～｜桥面上用的是浇灌一半的桥面板，其平均电荷通过量减少了 2.268 ～。②数词前可加“这”“那”等代词：那 0.01 ～的电量几乎可以忽略不计了。③数词“一”一般不省略。④前面一般不加形容词修饰，后面一般不加“子”。⑤一般不重叠和儿化。

夸脱 kuātuō 度量衡量词 英美制容量单位，符号为 Ukqt。1 夸脱等于 2 品脱。英制中 1 夸脱约合 1.137 升，美制中 1 夸脱约合 0.946 升：几瓶 2 ～装的啤酒｜花了 35 美分买了 1 ～的葡萄酒｜该奶茶粉是小袋装，溶于水中一次可制成 1 ～的奶茶。**用法提示** ①数词一般没有限制，既可用基数词或表示数量的“两”“几”“好几”“若干”等，也可用序数词：第一～的牛奶已经售完｜喝了若干～的柠檬水｜液氮是现成的，容易处理，并且 1 ～的价格只有 30 美分。②数词前可加“这”“那”等代词：这 6 ～的是大瓶装｜那半～是威士忌｜她说她需要用掉那几～的玫瑰香水和甘油。③数词“一”一般不省略。④前面一般不加形容词修饰，后面一般不加“子”。⑤一般不重叠和儿化。

块 kuài ❶ 名量词 用于计量土地：两～草地｜这～地上要建一家医院。**用法提示** ①数词一般没有限制，既可用基数词或表示数量的“两”“几”“好几”“若干”等，也可用序数词：第二～农田｜新开了几～菜地｜两条大江把这个城市分成三～。②数词“一”在某些代词或动词后常可省略：这～风水宝地｜新开了～墓地｜他在家乡买了～山地。③数词前可加“这”“那”“哪”等代词：这两～耕地合起来也就一亩多｜有人看中了那一～地｜哪几～地适合种水稻？④前面可加“大”“小”“整”等形容词修饰：几大～葱绿的菜地｜开垦出了一整～荒地｜老汉在院子花坛边的一小～地里种了蔬菜。⑤数词为“一”时可重叠，重叠形式主要有“(一)～～”“一～一～”：林间可见～～草甸｜铁丝网穿过丛林，围起一～～土地｜一～一～的菜地里种了各种蔬菜。⑥一般可儿化：在这～儿地方发现了油气｜帘子后隔出一小～儿地方来。⑦后面一般不加“子”。❷ 名量词 用于计量块状物体，也可虚指：两～石头｜他一气买了十几～香皂｜一～心病。**用法提示** ①数词一般没有限制，既可用基数词或表示数量的“两”“几”“好几”“若干”等，也可用序数词：第六～蛋糕｜饿了就先吃几～饼干｜他往杯子里加了好几～冰。②数词“一”在某些代词或动词后常可省略：去商店买了～橡皮｜他在纸条上压了～石头｜几句话就治好了他的这～心病。③数词前可加“这”“那”“哪”等代词：这一～手表是母亲送他的毕业礼物｜把剩下的那几～糖塞到小女孩的手里｜你要买哪一～肉？④前面可加“大”“小”“整”等形容词修饰：一整～面包｜天上出现了一大～乌云｜他把饼掰成一小～一小～的泡到肉汤里。⑤数词为“一”时可重叠，重叠形式主

要有"(一)～～""一～一～"：木炭～～码放整齐|一～～石头雨点般砸向他|她细细品味着一～一～刚炸好的鸡块。⑥一般可儿化：那块玉石缺了一～儿|昨天和好的面还剩了一～儿|这是她的一～儿心病。⑦后面一般不加"子"。❸ 名量词 用于计量片状物：一～手绢|两～黑板|三四～头巾|工人不小心弄坏了好几～玻璃。**用法提示** ①数词一般没有限制，既可用基数词或表示数量的"两""几""好几""若干"等，也可用序数词：几～果皮|贴上第一～瓷砖|房间里只剩下几～床板。②数词"一"在某些代词或动词后常可省略：那～地毯|架上～木板当桥|他的门上挂着～"光荣之家"的牌子。③数词前可加"这""那""哪"等代词：这几～花布我都要了|他手上的那一～伤疤已经好了|你打算铺哪一～桌布？④前面可加"大""小"等形容词修饰：衣服湿了一大～|花园里缺失的一大～院墙已经修补完整|这是她从报纸上剪下来的一小～剪报。⑤数词为"一"时可重叠，重叠形式主要有"(一)～～""一～一～"：石板～～铺在地上|脸上飞起一～～红晕|河两岸是一～一～的广告牌。⑥一般可儿化：一～儿毛巾|几～儿瓦片|他从外面捡了两～儿纸板。⑦后面一般不加"子"。❹ 名量词 用于计量钱，等于"元"：五～钱纸币|这鞋子至少要300～才卖。**用法提示** ①数词可用基数词或表示数量的"两""几""好几""若干"等：还剩一～钱|光买菜就花了好几百～钱|这东西还值几～钱。②数词"一"在某些代词或动词后常可省略：在地上捡了～钱|你拿着这～钱吧|那～钱是谁给你的？③数词前可加"这""那""哪"等代词：那十～钱给你坐车|谁还在乎这几～钱|你把那二百～钱还给我。④数词为"一"时可重叠，重叠形式主要有"(一)～～""一～一～"：～～血汗钱|一～～钱花出去了，可是没有任何收益|一～一～的钱很快就花完了。⑤前面一般不加形容词修饰，后面一般不加"子"。⑥一般不儿化。

语义源流 本义是土块。《说文解字·土部》："凷(块)，墣也。"《国语·晋语四》："(重耳)过五鹿，乞食于野人，野人举～以与之。"韦昭注："块，墣也。"《礼记·三年问》："斩衰苴杖，居倚庐，食粥，寝苫枕～，所以为至痛饰也。"演变为量词，用于计量土地。汉·刘向《说苑·复恩》："今为一人言施一人，犹为一～土下雨也，土亦不生之矣。"《三国志·吴书·鲁肃传》："戮力破魏，岂得徒劳无一～壤？"后泛指或比喻成疙瘩、成团的东西。北魏·贾思勰《齐民要术·作酢法》："又以手就瓮里，搦破小～。"《世说新语·任诞》："阮籍胸中垒～，故须酒浇之。"演变为量词，用于计量块状物，也可虚指。唐·戴孚《广异记·李氏》："上元末，复有李氏家不信太岁，掘之，得一～肉。"清·贪梦道人《彭公案》第十四回："明日把炕箱内那个东西扔了，就去我心中一～大病。"又由于土地具有平面延展的特点，"块"也可用于计量片状物。明·凌濛初《初刻拍案惊奇》卷十二:“拾起来看，却是一～瓦片。”明·冯梦龙《喻世明言·明悟禅师赶五戒》:“当时清一见山门外松树根雪地上，一～破席，放一个小孩儿在那里。”明·兰陵笑笑生《金瓶梅》第二十回:“于是把个李瓶儿羞的脸上一～红、一～白，站又站不得，坐又坐不住，半日回房去了。”还可以用于计量银币或纸币。元·高茂卿《翠红乡儿女两团圆》:“社长云:‘老汉知道有多少钞?’福童云:‘钞有十～。’社长云:‘韩二你拿一～，与这孩儿九～。’”清·李宝嘉《官场现形记》第四十六回:“这位门生齐巧身边有两～洋钱，一～鹰洋，一～龙元，便取出来。”

近义辨析 块—疙瘩 见“疙瘩”下。

块—元 都是货币单位，可以说“一块钱”，也可以说“一元钱”。“块”本义为土块，引申作量词，计量块状物，后也可计量银币，作为货币单位的用法当源于此，多用于口语。“元”本义指人的头部，假借用于计量银币，作为货币单位时通“圆”。一般来说，“元”既可用于书面语，也可用于口语。

筷 kuài ❶ 名量词 用于计量筷子夹的东西：一～菜|两～面|他给每人分了一～红烧肉。**用法提示** ①数词一般没有限制，既可用基数词或表示数量的“两”“几”“好几”“若干”等，也可用序数词：两～青菜|第一～菜|碗里还剩几～肉，大家分着吃完吧。②数词“一”在某些代词或动词后常可省略：夹～肉给奶奶|这～菜|快把那～鸡蛋放嘴里。③数词前可加“这”“那”“哪”等代词：这一～菜|那一～肉|那一～面条烫到我的嘴了。④前面可加“大”“小”等形容词修饰：一大～菜|往嘴里塞了一大～肉|他夹了一小～菜尝尝咸淡。⑤后面一般可加“子”：第一～子菜给老人|每一～子菜都是人间美味|盘子里还剩两～子的芹菜。⑥一般不重叠和儿化。❷ 动量词 用于计量用筷子夹的动作：吃了一～|动了几～|他夹了一大～肉送进嘴里。**用法提示** ①数量结构一般位于动词后，也可位于动词前：夹一～|吃了几～|剩下的面条，几～就捞完了。②数词一般没有限制，既可用基数词或表示数量的“两”“几”“好几”“若干”等，也可用序数词：他夹了第一～|他连着夹了好几～|一盘菜三五～就吃完了。③数词前可加“这”“那”“哪”等代词：吃了这一～再说|这一～夹下去|那几～吃得太猛，把他噎住了。④前面可加“大”“小”等形容词修饰：尝一小～|动了一小～|妈妈给他夹了一大～菜。⑤后面一般可加“子”：先吃几～子再干活|这盘菜才动了两～子|看到桌子上的鱼，他给旁边的孩子夹了一大～子。⑥数词为“一”时可重叠，重叠形式为“一～一～”：他把桌上的菜一～一～夹到孩子的碗里|他们一～一～很快吃完了大半罐罐头。⑦数词“一”一般不省略。⑧一般不儿化。

语义源流 本称为“箸”，指持在手指中夹取食物或其他东西的细长形条棍，多用作餐具。《说文解字·竹部》:“箸，饭攲也。”明·宋应星《天工开物·抱养》:“二眠以前，腾筐方法皆用尖圆小竹～提过。二眠以后则不用箸，而手指可拈矣。”清·西周生《醒世姻缘传》第六十六回：“旁边火盆上顿着翻滚的水，使～子夹着棉花，把滚水往上撩，他觉也没觉。”清·吴趼人《二十年目睹之怪现状》第八十七回：“一会儿先端出杯、～、调羹、小碟之类，少奶奶也过来了。”清·吴敬梓《儒林外史》第二十二回：“走堂的拿了一双～子，两个小菜碟，又是一碟腊猪头肉。”借用为量词，后面一般加“子”，用于计量筷子夹的东西，也可用于计量用筷子夹的动作。清·李宝嘉《官场现形记》第五十九回：“只见他一～子一片，只管夹着往嘴里送，一头吃，还要一头赞。”清·佚名《施公案》第三百三十九回：“蔡天化将酒斟了一杯，端在手中喝了一口，又拣了一～子菜吃了下去。”清·坑余生《续济公传》第一百二十回：“刚刚捡了一～菜进口，一阵臭味又到。”

款 kuǎn ❶ 名量词 用于计量法令、规章等分列的项目：根据该条约第四条第二～的要求｜遵照合同的第二～规定执行｜我们学校的校规共有二十～三十项。**用法提示** ①数词一般没有限制，既可用基数词或表示数量的“两”“几”“好几”“若干”等，也可用序数词：执行规定的第三～｜这个法律共有十五～｜我不同意第五～的规定。②数词“一”在某些代词后常可省略：了解下这～法律｜这～规定怎么解释？｜合同里哪～不合适我们就改。③数词前可加“这”“那”“哪”等代词：这几～规定是新修订的｜那一～条例不适用于你这种情况。④数词为“一”时可重叠，重叠形式主要有“(一)～～”“一～一～”：～～法律条文｜一～～合同条款都看完了再签字｜一～一～劳动法条文律师都解释得清清楚楚。⑤前面一般不加形容词修饰，后面一般不加“子”。⑥一般不儿化。❷ 名量词 用于计量服装、食品等的品种和样式：一～新产品｜两～功能相似的手机｜他在商场挑了几～夏装。**用法提示** ①数词一般没有限制，既可用基数词或表示数量的“两”“几”“好几”“若干”，也可用序数词或表示序数的“首”等：三～同类产品｜这是我国生产的首～5G手机｜公司又推出若干～新样式。②数词“一”在某些代词或动词后常可省略：看中了～新手机｜开发出这～新程序｜他向顾客展示了那～便宜好用的不粘锅。③数词前可加“这”“那”“哪”等代词：哪一～样式｜这几～样式太前卫了｜我有那一～衣服的图样。④数词为“一”时可重叠，重叠形式主要有“(一)～～”“一～一～”：～～样式都很新潮｜商场里一～～漂亮的衣裙让她挑花了眼｜销售人员给老人介绍着一～一～手机的特点。⑤前面一般不加形容词修饰，后面一般不加“子”。⑥一般不儿化。

📖 **语义源流** 本义为真诚、诚恳。《广雅·释诂一》：“款，诚也。”《荀子·修身》：“愚～端悫，则合之以礼乐。”杨倞注：“款，诚款也。”汉·司马相如《封禅文》：“故圣王不替，而修礼地祇，谒～天神。”假借为“槃”，表示“刻识”之义。清·朱骏声《说文通训定声》：“款，意有所欲也……假借为‘空’……又为‘槃’。”引申指

K

钟鼎彝器上铸刻的文字。《史记·孝武本纪》:“鼎大异于众鼎，文镂无～识。”裴骃集解引韦昭曰:“款，刻也。”《汉书·郊祀志下》:“今此鼎细小，又有～识。”颜师古注:“款，刻也；识，记也。”后泛指文件等的款识和题名。《朱子语类·尚书一》:“今观古记～识中多云‘俊在位’，则当于‘寿’字绝句矣。”清·李宝嘉《官场现形记》第二回:“两边一副对联，是阎丹初阎老先生的～。”引申为款式、样子。《西游记》第四十五回:“但只是得一个号令，方敢依令而行；不然雷雨乱了，显得大圣无～也。”清·吴敬梓《儒林外史》第五十三回:“这成个什么～！那有这个道理！”演变为量词，现代汉语中用于计量服装、食品等的样子、款式。由文件等的款识和题名义引申指项目、条款。明·戚继光《纪效新书》卷十七:“遇有警迹，务要依后条～举放传报，敢有一件不完……”清·佚名《西巡回銮始末》:“先将后开之条～作为各国会同与中国定立专约之底稿。”演变为量词，用于计量法令、规章等分列的项目。田腾蛟《元史演义》第八十一回:“朕欲少屈，姑允其和，使军民得以休息，至割地一～，卿等更宜筹划，不可少失锐气。”

近义辨析 款—条—项 均可用于计量法令、规章等分列的项目，如“执行这个法律的第十款”“根据规定的第五条”“这是条款的第五项”，但三者又有所区别。一般说来，在计量法令、规章时，三者的大小顺序不同，如“这个规定一共有三条十款十五项”“具体执行方案请参见第一条第三款第五项”，顺序不可互换。除计量法令、规章等分列的项目外，“条”“项”还可计量其他分列的事物，但是搭配对象有所差别。“条”本义为树木细长的枝条，用作量词后，既强调分条记录，也强调细长、长条的形状，因此可计量分条的事物，如新闻、消息、道理、理由、办法等；还可计量某些长条状的事物，如“一条路”“一条龙”“一条绳子”等；由计量具体事物又引申计量某些抽象事物，如“一条出路”“两条途径”“一条心”“几条人命”等。“项”本义指后颈部，借用为量词后，强调分条书写记录，可计量工作、计划、任务等，如“这是一项艰巨的任务”“这是一项伟大的发明”；还可计量运动、竞赛、经济交易等，如“铁人三项比赛”“一项成功的交易”。“款”由文件等的款识和题名义演变为量词，可计量法令、规章等，如“一款合同条文”“第五款规定”；由款式、样子义演变为量词，可计量服装等的品种、样式，如“一款女装”。

筐 kuāng **名量词** 用于计量用筐盛装的东西：一～红薯｜两～活鱼｜他在早市买了几～活鱼。**用法提示** ①数词一般没有限制，既可用基数词或表示数量的“两”“几”“好几”“若干”等，也可用序数词：第二～土｜好几～苹果｜食堂门口放着好几～新鲜蔬菜。②数词“一”在某些代词或动词后常可省略：这～脏衣服｜买了～枣｜他们在果园里摘了～桃子。③数词前可加“这”“那”“哪”等代词：这几～海鲜｜这一～梨是邻居送来的｜你把那一～脏衣服洗了。④前面可加“大”“小”“满”等形容词修饰：一满～鸡蛋｜一小～荔

K

枝｜他背了一大～梅子去镇上卖。⑤后面有时可加“子”：一～子水果｜手里提了一～子东西｜胳膊上挽着满满一～子馒头。⑥数词为“一”时可重叠，重叠形式主要有“（一）～～”“一～一～”：～～都装得满满的｜他们把一～～芝麻叶倒进锅里焯水｜他们用一～一～的灰沙建起了飞机场。⑦一般可儿化：一～儿菜｜一小～儿杨梅｜他送来了一～儿果子作为谢礼。

语义源流 本字为“匡”，指盛东西的方形竹器。《说文解字·匚部》：“匡，饮器，筥也。”《诗·召南·采蘋》：“于以盛之？维～及筥。”毛传：“方曰筐，圆曰筥。”后泛指用竹子、柳条等编的盛物器具。《汉书·贾谊传》：“俗吏之所务，在于刀笔～箧。”清·宗元鼎《题郊居》：“渔夫晚唱烟生浦，桑妇迟归月满～。”借用为量词，用于计量用筐盛的东西。唐·杜佑《通典·凶礼五》：“设熬谷首足各一～，旁各三～，六品以下一～。”明·安遇时《包公案》第四十八回：“小巷有四个牌军抬一～黄菜叶，在那里趋避。”

眶 kuàng **名量词** 用于计量含在眼眶中的泪水：一～眼泪｜眼里涌出满满两～泪水。**用法提示** ①数词限用“一”“两”：热泪盈了一～｜大眼睛里含着两～泪水。②后面可加“子”：刚有些平静的心情又激动了，跟着又来了两～子眼泪｜满满一～子眼泪愣是没掉下来。③数词“一”一般不省略。④数词前一般不加代词。⑤前面一般不加形容词修饰。⑥一般不重叠和儿化。

语义源流 本义指眼眶。《玉篇·目部》：“眶，眼眶也。”《列子·仲尼》：“矢注眸子，而～不睫。”汉·张衡《西京赋》：“隅目高～。”唐·柳宗元《吊屈原文》：“涣余涕之盈～。”借用为量词，用于计量含在眼眶中的泪水。明·凌濛初《初刻拍案惊奇》卷四十：“（妻子）一发不知怎地好，竟自没了主意，含着一～眼泪道……”明·兰陵笑笑生《金瓶梅》第五十七回：“婆婆收着两～眼泪，闷闷坐的。”

捆 kǔn **名量词** 用于计量成捆的东西：一～干柴｜几～稻草｜墙角堆着一大～废报纸。**用法提示** ①数词一般没有限制，既可用基数词或表示数量的“两”“几”“好几”“若干”等，也可用序数词：这是今年收的第一～葱｜一～钱｜阳台上堆着好几～旧书。②数词“一”在某些代词或动词后常可省略：冬天来了，她买了～冬储大葱｜这～干草｜他扛着那～柴火下山了。③数词前可加“这”“那”“哪”等代词：这一～书都是他写的｜那一～是我打算送人的旧衣服｜我应该买哪一～菜？④前面可加“大”“小”“整”等形容词修饰：一整～芦苇｜他扔过来一大～绳子｜他就买了一小～青菜。⑤后面可加“子”：一～子雷管｜他很快就把一～子干草铡完了｜他从口袋里掏出十～子人民币。⑥数词为“一”时可重叠，重叠形式主要有“（一）～～”“一～一～”：～～新鲜蔬菜｜仓库里是一～～的电线｜人们把一～一～割下的稻子运到路边。⑦一般可儿化：几～儿野菜｜一～儿麻绳｜寺庙里堆放着好多～儿香。

语义源流 字形本从“禾”，写作“稛”。

K

本义是把收上来的庄稼捆束结实。《说文解字·禾部》:“稛，絭束也。”清·朱骏声《说文通训定声》:“稛……字亦作捆。”《国语·齐语》:“诸侯之使，垂橐而入，稛载而归。”明·徐光启《农政全书》:“田家刈毕，稛而束之。”后泛指用绳子绑束缠紧，写作“捆”。《吕氏春秋·士节》:“齐有北郭骚者，结罘罔，～蒲苇，织萉屦，以养其母。”《红楼梦》第七回:“众小厮见说出来的话有天没日的，唬得魂飞魄丧，把他～起来，用土和马粪满满的填了他一嘴。”演变为量词，用于计量成捆的东西。元·佚名《老乞大新释》:“这六个马，每一个五升料、一～草。”《红楼梦》第三十九回:“依我说，还不如弄一～柴火，雪下抽柴，还更有趣儿呢。”

近义辨析 捆—把 见“把”下。

捆—束 均可用于计量捆扎在一起的东西，如可以说“一捆麦苗”“一捆绳子”，也可以说“一束麦苗”“一束绳子”。但“捆”本义是把收上来的庄稼捆束结实，后泛指用绳子绑束缠紧，演变为量词后，多用于成捆的片状物或条状物，量偏大;“束”本义为绑缚使不散，演变为量词后，多用于细丝状或细条状的东西，量偏小。比如，“一大捆木柴”一般不能说“一大束木柴”，“一束头发”也不能说“一捆头发”。此外，“束”还可以计量线条、光线等，如“一束光”，“捆”则没有这种用法。在语体上，“捆”比较通俗，多用于口语;“束”比较文雅，多用于书面语。

L

拉 lǎ **名量词**〈方〉用于计量物体或事情的一半，一般与“半”连用，主要用于北方地区：半～馒头|小半～西瓜|做事不能只做半～子。

语义源流 本义是摧折、折断，读lā。《说文解字·手部》：“拉，摧也。”《汉书·邹阳传》：“范雎～胁折齿于魏，卒为应侯。”颜师古注：“拉，摧也。”唐·卢仝《月蚀诗》：“轮如壮士斧斫坏，桂似雪山风～摧。”引申为割开、切开，读lá。清·文康《儿女英雄传》第八回：“这个东西可不是顽儿的，一个不留神，把手指头～个挺大的大口子生疼，要流血的。”清·张春帆《九尾龟》第四十三回：“没命的撞过来，把我簇新的衣裳～了一道口子，你想可恼不可恼？”演变为量词，一般与“半”连用，用于计量物体或事情的一半，读lǎ。清·文康《儿女英雄传》第四回：“一个曲儿你听了大半～咧，不听咧？”常杰淼《雍正剑侠图》第二十四回：“老人家把这半～身子叭唧往这儿一拽。”

栏 lán ❶ **名量词** 用于计量家畜或植物：卖了一～猪|养了十～羊|花园里有一～芍药。**用法提示** ①数词一般没有限制，既可用基数词或表示数量的“两”“几”“好几”“若干”等，也可用序数词：第一～牛羊|他在屋后养了一～猪|这几～羊已经有不少冻伤了。②数词“一”在某些代词或动词后常可省略：养了～羊|卖了～猪|院子里那～月季开得正旺。③数词前可加“这”“那”“哪”等代词：那一～羊|卖了这两～猪就可以盖房子了|那几～兰花是刚培育出来的新品种。④前面可加“大”“小”“整”等形容词修饰：一整～牛都病了|花园的角落里种了一小～菊花|喂这一大～猪占用了他很多时间。⑤数词为“一”时可重叠，重叠形式主要有“(一)～～”“一～一～”：～～盛开的牡丹|沿途可见一～～牛羊|需要对一～一～病猪进行消毒。⑥后面一般不加“子”。⑦一般不儿化。❷ **名量词** 用于计量书籍、报刊版页上隔开的部分：两～广告|三～文章|书评占了一～版面。**用法提示** ①数词一般没有限制，既可用基数词或表示数量的“两”“几”“好几”“若干”等，也可用序数词：第一～版面|按一～五百块的价格付酬|用满满一～的篇幅来报道这一事件的始末。②数词“一”在某些代词或动词后常可省略：写了～花絮|买了～广告|报纸专门设了这～专栏刊登他写的随访。③数词前可加“这”“那”“哪”等代词：这一～随笔|这个声明登在广告那一～|报纸上多有杂谈随感这一～。④前面可加“大”“小”“整”等形容词修饰：一大～新闻|一整～广告|这个新闻在报纸上只占一小～版面。⑤数词为“一”时可重叠，重叠形式主要

有“(一)～～”“一～一～”：～～版面都吸引人|一～～的内容|他把报纸上一～一～内容都看完了。⑥后面一般不加“子”。⑦一般不儿化。❸ 名量词 用于计量表格中区分项目的大格：这两～数字都要重新核查|菜单最上一～|屏幕上显示一～一～的数字。**用法提示** ①数词一般没有限制，既可用基数词或表示数量的“两”“几”“好几”“若干”等，也可用序数词：表格的第一～往往是姓名|最下面两～是本人和配偶的签字处|这份申请表还有好几～是空白的。②数词“一”在某些代词或动词后常可省略：你还有～年龄没有写|这～内容还空着|这～填什么？③数词前可加“这”“那”“哪”等代词：这几～不用填|表格中没有设置这一～|他在亲属那一～填了个“无”。④前面可加“大”“小”“整”等形容词修饰：这个表分为两小～|漏了一整～没填|这里不要填不想去的学校，以免影响后面第二大～的志愿。⑤数词为“一”时可重叠，重叠形式主要有“一～～”“一～一～”：他仔细地填写着申报表上一～～的内容|她把一～一～数字加起来。⑥一般可儿化：这一～儿填姓名|还有两～儿没填|这一～儿写你的电话。⑦后面一般不加“子”。

语义源流 本义指栏杆。《玉篇·木部》：“栏，木栏也。”北周·庾信《为梁上黄侯世子与妇书》：“想镜中看影，当不含啼；～外将花，居然俱笑。”唐·杜牧《阿房宫赋》：“直～横槛。”宋·辛弃疾《摸鱼儿·更能消几番风雨》：“休去倚危～，斜阳正在，烟柳断肠处。”引申为用栏杆或其他标志隔开的地方或区域，可特指饲养家畜的圈。《墨子·非攻上》：“至入人～厩，取人马牛者，其不仁义又甚攘人犬豕鸡豚。”汉·王充《论衡·吉验》：“复徙置马～中，欲使马藉杀之，马复以口气嘘之，不死。”《世说新语·忿狷》：“夜往鹅～间，取诸兄弟鹅悉杀之。”借用为量词，用于计量家畜，相当于“圈(juàn)”。三国魏·嵇康《宅无吉凶摄生论》：“夫一栖之鸡，一～之羊，宾至而有死者，岂居异哉！”宋·龚明之《中吴纪闻》卷一：“陆鲁望有斗鸭一～，颇极驯养。”由用栏杆或其他标志隔开的地方或区域义，引申为纸或织物上的分格或区分项目的格子。唐·李肇《唐国史补》卷下：“宋亳间有织成界道绢素，谓之乌丝～、朱丝～，又有茧纸。”宋·陈櫰《负暄野录》卷下：“《兰亭序》用鼠须笔书乌丝～茧纸。所谓茧纸，盖实绢帛也。乌丝～，即是以黑间白织其界行耳。”明·刘元卿《贤弈编》：“其特使则有敕，敕用小龙墨～黄纸。”引申为报刊、书籍在每版或每页上用线条或空白隔开的部分，有时也指性质相同的部分。清·瞿镛《铁琴铜剑楼藏书目录》：“此本为钱遵王家故物。每叶左～线外有‘虞山钱遵王也是园藏书’十字。”陆士谔《士谔医话·医药问答十三》：“每读《钻报》至‘医药～’，钦佩无任。”演变为量词，用于计量报刊、书籍版页上隔开的部分。明·佚名《北京五大部直音会韵》：“见宝塔品第十一～。”现代汉语中也可用于计量表格中区分项目的大格。

篮 lán 名量词 用于计量用篮子盛装

的物品：一～水果｜几～梨｜厨娘捧着一～刚出炉的面包走进餐厅。**用法提示** ①数词一般没有限制，既可用基数词或表示数量的"两""几""好几""若干"等，也可用序数词：一～新鲜草莓｜送给她的第一～鲜花｜摘下来的苹果装了十几～。②数词"一"在某些代词或动词后常可省略：这～鸡蛋｜提着～蘑菇｜她手里拎了～小菜，边走边说。③数词前可加"这""那""哪"等代词：你把这一～年糕拿回去｜那两～旧玩具打算送人｜哪几～菜是新买的？④前面可加"大""小""满"等形容词修饰：一满～橘子｜他去妹妹家摘了一小～玫瑰｜昨晚洗了一大～脏衣服。⑤后面一般可加"子"：两～子蔬菜｜装了一～子大红枣｜她提了一～子地瓜来串门。⑥数词为"一"时可重叠，重叠形式主要有"(一)～～""一～一～"：～～鲜花都插得很漂亮｜莲农提着一～～荷花到公司门口叫卖｜一～一～的海鲜被送到市场上出售。⑦一般可儿化：几～儿水果｜一～儿野菜｜他递过来一～儿樱桃。

语义源流 本义指大熏笼。《说文解字·竹部》："篮，大篝也。"段玉裁注："今俗谓熏篝曰烘篮是也。"后泛指用竹、藤、柳条等编织的有提手的容器。唐·白居易《放鱼》："晓日提竹～，家童买春蔬。"宋·佚名《一剪梅·漠漠春阴酒半酣》："人家蚕事欲眠三。桑满筐～，柘满筐～。"借用为量词，用于计量用篮子盛装的物品。《太平广记·梦·樱桃青衣》："见一青衣，携一～樱桃在下坐。"《水浒传》第二十四回："其日，正寻得一～儿雪梨，提着来绕街寻问西门庆。"

勒 lè 度量衡量词 光照度单位"勒克斯"的简称，详见"勒克斯"。

勒克斯 lèkèsī 度量衡量词 光照度单位，符号为lx。简称"勒"。被光均匀照射的物体，在1平方米面积上所得的光通量是1流明时，它的光照度为1勒克斯，即1勒等于1流／米^2：只有几～｜适宜阅读和缝纫等的照度约为500～。**用法提示** ①数词可用基数词或表示数量的"两""几""好几""若干"等：广场的平均照度为73.5～｜光照强度增加了若干～。②数词前可加"这""那"等代词：这0.5～是最低照度｜在那5～的光照下，蓝光比白光更有效｜田径场上那3300～的照明，由8880块太阳能电池板供能。③数词"一"一般不省略。④前面一般不加形容词修饰，后面一般不加"子"。⑤一般不重叠和儿化。

垒 lěi 名量词 用于计量垒叠起来的事物：一～木头｜三～衣服｜他朝一～白色的方形垫子跑去。**用法提示** ①数词一般没有限制，既可用基数词或表示数量的"两""几""好几""若干"等，也可用序数词：两～瓦｜左边第一～是冬天的衣服｜下面多垫几～垫子就不怕摔了。②数词"一"在某些代词或动词后常可省略：这～大白菜｜洗了～脏衣服｜他随手拉了～砖头过来当凳子坐。③数词前可加"这""那""哪"等代词：哪一～是旧衣服？｜这几～衣服打八折｜那一～红砖是盖房子剩下的。④前面可加"大""小"等形容词修饰：一小～木料｜门口被一大～建材堵住了｜忙了一上午，一大～衣服

终于卖完了。⑤数词为“一”时可重叠，重叠形式主要有“(一)～～”“一～一～”：～～旧书|一～～的砖、瓦都准备齐全，就等着开工了|一～一～过冬的白菜整齐地码在北墙边。⑥后面一般不加“子”。⑦一般不儿化。

语义源流 本义是摞土块为墙，有堆砌的意思。《说文解字·厽部》：“垒，絫墼也。”《墨子·备穴》：“斩艾与柴，长尺，乃置窑灶中，先～窑壁，迎穴为连版。”宋·辛弃疾《添字浣溪沙》：“日日闲看燕子飞。旧巢新～画帘低。”演变为量词，用于计量垒叠起来的事物。宋·葛立方《满庭芳·扉映琉璃》：“栏外青山几～，瑶烟敛、影落千鬟。”宋·刘子才《玲珑四犯·几垒云山》：“几垒云山，隔不断阑干，天外凝眺。”

类 lèi 名量词 用于计量事物或人的种类、等级：他们是一～人|两～工作|垃圾可以分为几～？**用法提示** ①数词一般没有限制，既可用基数词或表示数量的“两”“几”“好几”“若干”等，也可用序数词：三～血压计|不能把学生简单分为好学生、坏学生两～|第二～水果最好吃。②数词“一”在某些代词后常可省略：这～书|母亲不允许女儿买那～暴露的衣服|哪～食品适合糖尿病患者食用？③数词前可加“这”“那”“哪”等代词：这几～产品|哪一～演员最受欢迎？|小天从小就是学习优秀的那一～学生。④前面可加“大”“小”等形容词修饰：这是一小～奖项|公文是应用文体中的一大～|这只是一小～网络语言。⑤数词为“一”时可重叠，重叠形式主要有“(一)～～”“一～一～”：行行出状元，～～产品有高低|我要一～～筛选，直到找到最合适的书|她和朋友在一～一～货架中挑选着。⑥后面一般不加“子”。⑦一般不儿化。

语义源流 本义为种类。《说文解字·犬部》：“类，种类相似，唯犬为甚。”《易·系辞上传》：“方以～聚，物以群分。”《孟子·梁惠王上》：“王之不王，是折枝之～也。”引申为同类。《易·乾卦》：“本乎天者亲上，本乎地者亲下，则各从其～也。”唐·韩愈《感二鸟赋》：“幸年岁之未暮，庶无羡于斯～。”演变为量词，用于计量事物或人的种类、等级。《朱子语类·本朝五》：“秦桧在相时，执政皆用昏庸无能者，如汪渤章夏董德元皆一～人。”宋·释普济《五灯会元·杭州真身宝塔寺绍岩禅师》：“更有一～人，离身中妄想外，别认遍十方世界。”

近义辨析 类—样—种 均可用于计量事物的种类，如“三样点心”“三种点心”“三类点心”。“类”的本义是种类，作为量词强调内部的相似性，所谓物以类聚，暗含与其他事物的区别。“类”计量的对象范围要大一些，下面可以分“种”或“样”，如“这一类商品共有十几种”“这一类商品共有十几样”。作为量词，“种”和“样”都强调事物间的区别，但“种”本义为植物的种子，强调事物的内部特征和本质属性；“样”的量词用法源于样式义，强调事物的外部特征或外显形式。比如，“他做了好几样菜”，可能是一种食材做成的不同式样的菜；“他做了好几种菜”，一般是不同食材做成的不同的菜。此外，“类”

和“种”可以计量人，“样”较少计量人。比如，我们可以说“他们是两类人”“他们是两种人”，但一般不说“他们是两样人”。

类—码 均可用于计量事情的种类，如可以说“遇到这类倒霉事”“你说的是两类事”，也可以说“遇到这码倒霉事”“你说的是两码事”，但二者的语体风格不尽一致。“码”多用于口语中，而“类”口语、书面语中均可使用。此外，“类”的本义是种类，作为量词也侧重内部一致性，是对计量对象共性的归纳，“一类”可能包含多个事物；“码”本义为矿石，假借为计数的符号和用具，包括号码、筹码等，作为量词强调个体性，用来指一件事或一种事，如“他俩说的是一码事儿”“这是两码事儿，不相干。”

厘 lí ❶ 名量词 用于计量利率，年利率1厘即每年利息是本金的百分之一，月利率1厘即每月利息是本金的千分之一：年息四～|贷款的利息是几～？|顾客分期付款，半年期仅付五～月息。**用法提示** ①数词一般用基数词或表示数量的“两”“几”“好几”“若干”等：月息九～|资金市场的贷款利息最少是十～|银行的借出利率调升至6.25～。②数词前可加“这”“那”“哪”等代词：这两～存款利息太少了|那两～是拆入和借出利率的差。③数词“一”一般不省略。④前面一般不加形容词修饰，后面一般不加“子”。⑤一般不重叠和儿化。❷ 名量词 用于计量钱数。10厘等于1分：每斤两～的税|她把收来的东西以每斤高出三～的价格卖出去。**用法提示** ①数词一般用基数词或表示数量的“两”“几”“好几”“若干”等：一～钱|货运附加费按每计费吨公里五～计征|全国每千瓦时用电量征收三～钱作为三峡工程建设基金。②数词前可加“这”“那”“哪”等代词：高出的这三～便是他的盈利|他看不上那几～的利润。③数词“一”一般不省略。④前面一般不加形容词修饰，后面一般不加“子”。⑤一般不重叠和儿化。❸ 度量衡量词 用于计量长度。10毫等于1厘，10厘等于1分：差之毫～，谬以千里|长了三分五～|这个管子粗了8～。**用法提示** ①数词可用基数词或表示数量的“两”“几”“好几”“若干”等：两～长|长了几～|还差一～。②数词前可加“这”“那”“哪”等代词：那几～的差距|这两～的长度|这一～的测量错误也会带来不可估量的损失。③数词“一”一般不省略。④前面一般不加形容词修饰，后面一般不加“子”。⑤一般不重叠和儿化。❹ 度量衡量词 用于计量质量或重量。10毫等于1厘，10厘等于1分：三～药粉|每次吃药时加入二～。**用法提示** ①数词一般没有限制，既可用基数词或表示数量的“两”“几”“好几”“若干”等，也可用序数词：每次用水冲服五～|这第一～非常重要|这药每服只用七～，因此称为“七厘散”。②数词前可加“这”“那”“哪”等代词：那几～药是药引|这三～药是调入汤剂中的|这几～药是用酒调和后外敷的。③数词“一”一般不省略。④前面一般不加形容词修饰，后面一般不加“子”。⑤一

L

般不重叠和儿化。❺ 度量衡量词 用于计量土地的面积。10毫等于1厘，10厘等于1分，10分等于1亩：三～地｜城市居民人均菜地达2.5～｜这个村人均田地只有五分五～。**用法提示** ①数词一般没有限制，既可用基数词或表示数量的“两”“几”“好几”“若干”等，也可用序数词：几～地｜他种了三分五～水稻｜第一～地种水稻。②数词前可加“这”“那”“哪”等代词：这五分三～的宅基地｜这两～地种土豆｜他家吃的菜就靠那一分五～地。③数词“一”一般不省略。④前面一般不加形容词修饰，后面一般不加“子”。⑤一般不重叠和儿化。

语义源流 本义是治邑。字本作“釐”，简化为“厘”。《广韵·之韵》：“釐，理也。”清·朱骏声《说文通训定声》：“釐，本义当为治邑，理邑为釐。”引申指治理。《书·尧典》：“允～百工，庶绩咸熙。”《北史·明元密皇后杜氏传》：“太后训～内外，甚有声称。”“厘”作为计量单位，是“牦（氂）”的假借字。段玉裁《说文解字注》：“有假釐为氂者。经解云差若毫氂，或作釐是也。”汉·贾谊《新书·六术》：“十牦为分，十分为寸。”《晋书·律历志上》：“部郎刘秀、邓昊等以律作笛……二尺八寸四分四氂应黄钟之律。”作为计量单位，“厘”是“分”的十分之一。《孙子算经》卷上：“蚕所吐丝为忽，十忽为秒，十秒为毫，十毫为～，十～为分。”可计量长度。《全汉文·斛铭》：“律嘉量斛，方尺而圆，其外庣旁九～五毫，幂百六十二寸，深尺，积一千六百二十寸，容十斗。”《朱子语类·乐》：“故须一寸作九分，一分分九～，一～分九丝，方如破竹，都通得去。”《明史·刑法一》：“讯杖，大头径四分五～，小头减如笞杖之数，以荆条为之，臀腿受。”可计量质量或重量。《红楼梦》第二十四回：“一直走到个钱铺里，将那银子称一称，十五两三钱四分二～。”清·乾隆《荷露煮茗》：“水以轻为贵，尝制银斗较之。玉泉水重一两，唯塞上伊逊水尚可相埒，济南珍珠、扬子中泠皆较重二三～，李山、虎跑、平山则更重，轻于玉泉者唯雪水及荷露云。”可计量钱数。《金史·漕渠》：“凡挽漕脚直，水运盐每石百里四十八文，米五十文一分二～七毫，粟四十文一分三毫，钱则每贯一文七分二～八毫。”《元史·俸秩》：“俸五十三贯三钱三分三～，米五石。”清·吴敬梓《儒林外史》第二十八回：“和尚一口价定要三两一月，讲了半天，一～也不肯让。”可计量利率。《金史·漕渠》：“诸民户射赁官船漕运者，其脚直以十分为率，初年克二分，二年克一分八～，三年克一分七～，四年克一分五～，五年以上克一分。”清·吴趼人《二十年目睹之怪现状》第八十一回：“那收条上注明，俟公司开办日，凭条例换股票，每年官息八～，以收到股银日起息云云。”可计量土地面积。清·坑余生《续济公传》第二百二十回：“岳庙尼布施田契一张，计绍界田一百十二亩五～，韩相府布施田契一张，计芦岸二十亩八分。”

厘米 límǐ 度量衡量词 法定长度单位，符号为cm。也称为“公分”。1厘米等于10毫米，等于0.1分米，等于0.01米：平均高度年增长约6～｜在

L

几十公里范围内的误差只有2～左右|一般认为厚12至18～的弹簧床垫最耐用。**用法提示** ①数词一般没有限制，既可用基数词或表示数量的“两”“几”“好几”“若干”等，也可用序数词：十几～宽|第一～的导线为特殊材料合成|那些冰上面覆盖着数十～厚的土层。②数词前有时可加“这”“那”等代词：就短了那两～|这几～是他一年增长的高度。③数词为“一”时可重叠，重叠形式为“一～一～”：一～一～地缓慢移动|大堤一～一～地建设着。④数词“一”一般不省略。⑤前面一般不加形容词修饰，后面不加“子”。⑥一般不儿化。

里 lǐ 度量衡量词 市制长度单位。500米为1里：走了三～|十～桃花|周围数百～已无人烟。**用法提示** ①数词一般没有限制，既可用基数词或表示数量的“两”“几”“好几”“若干”等，也可用序数词：第一～路就走了半个小时|离山脚还有十五～路|他一口气走了好几十～路。②数词前可加“这”“那”“哪”等代词：那几～山路|我好不容易挪了这几～路|这两～路只能靠走了。③数词为“一”时可重叠，重叠形式主要有“一～～”“一～一～”：隧道在一～～向前推进|一～一～的柏油马路修起来了。④数词“一”一般不省略。⑤前面一般不加形容词修饰，后面一般不加“子”。⑥一般不儿化。

语义源流 本义是居住的地方。《说文解字·里部》：“里，居也。”《尔雅·释言》：“里，邑也。”李巡注：“居之邑也。”《诗·郑风·将仲子》：“将仲子兮，无踰我～。”毛传：“里，居也。”高亨注：“里，庐也，即宅院。”汉·张衡《思玄赋》：“匪仁～其焉宅兮。”引申为古代地方行政组织。自周始，其制不一。《书·大传》：“八家而为邻，三邻而为朋，三朋而为～。”《礼记·郊特牲》：“唯为社事，单出～。”郑玄注：“二十五家为里。”《公羊传·宣公十五年》：“什一行而颂声作矣。”何休注：“在田曰庐，在邑曰里，一里八十户。”《旧唐书·食货志上》：“百户为～，五～为乡。”《明史·食货志二》：“迨造黄册成，以一百十户为一～，～分十甲曰里甲。”演变为长度单位，古以三百步为一里，亦有以三百六十步为一里者，后以一百五十丈为一里。《诗·小雅·六月》：“我服既成，于三十～。”《周礼·地官·大司徒》：“诸侯之地，封疆方四百～，其食者三之一。”《穀梁传·宣公十五年》：“古者三百步为～。”《孙子兵法·虚实篇》：“行千～而不劳者，行于无人之地也。”今以五百米为一里。

哩 lǐ 度量衡量词 英制长度单位“英里”的旧称。详见“英里”。

立方 lìfāng 度量衡量词 法定体积单位“立方米”的简称。详见“立方米”。

立方米 lìfāngmǐ 度量衡量词 法定体积单位，符号为m^3。简称“立方”。指边长为1米的立方体的体积：一～木材|这个集装箱的体积有50～|这个水库有多少～的蓄水量？**用法提示** ①数词一般用基数词或表示数量的“两”“几”“好几”“若干”等：挖出好几～的土|那些冰山的下面有几百～|天然气的价格是每～1.27元。②数词前有时可加“这”“那”等代词：那

2～木材｜这30～煤是今冬取暖用的｜这十几～的电梯里挤了近20个人。③数词“一”一般不省略。④前面不加形容词修饰，后面不加“子”。⑤一般不重叠和儿化。

立方米秒 lìfāngmǐmiǎo 复合量词 用于计量江河水流量的单位，1秒钟内河床里的水流过1立方米的量就是1立方米秒。旧时也称“秒公方”“秒立方米”：输水流量为32～｜该水电站当时设计的排水流量达218～。**用法提示** ①数词一般用基数词或表示数量的“两”“几”“好几”“若干”等：300～｜工程引水流量增加了数百～｜清江出现了超过3000～的洪峰。②数词前可加“这”“那”等代词：这2300～的出库流量是最大的一次｜那18300～已经是超历史的最大流量。③数词“一”一般不省略。④前面一般不加形容词修饰，后面一般不加“子”。⑤一般不重叠和儿化。

粒 lì 名量词 用于计量小颗粒状的东西：一～种子｜几～黄豆｜鞋子里进了两～沙子。**用法提示** ①数词一般没有限制，既可用基数词或表示数量的“两”“几”“好几”“若干”等，也可用序数词：第一～米｜吃了几～感冒药｜豆荚里有五六～圆滚滚的豆子。②数词“一”在某些代词或动词后常可省略：这～巧克力｜吃了～止痛药｜戒指上缀了～小小的钻石。③数词前可加“这”“那”“哪”等代词：那几～小黑豆｜唇角这一～东西已经长了三天了｜人生就像巧克力，你永远不知道你拿到的将会是哪一～。④前面可加“大”“小”等形容词修饰：一大～蚕豆｜一大～一大～珍珠滚落下来｜一小～火星都可能引发一场火灾。⑤数词为“一”时可重叠，重叠形式主要有“(一)～～”“一～一～”：黄澄澄的玉米似～～黄金｜汤里那一～～红色的东西是枸杞｜他摩挲着一～一～圆润的佛珠。⑥一般可儿化：几～儿种子｜一～儿珍珠｜鸟笼里的米都吃完了，没剩一～儿。⑦后面一般不加“子”。

语义源流 本义是米粒、谷粒。《说文解字·米部》：“粒，糂也。”段玉裁注：“此当作米粒也。”汉·桓宽《盐铁论·未通》：“乐岁～米狼戾而寡取之，凶年饥馑而必求足。”赵注：“粒米，粟米之粒也。”《吕氏春秋·任数》：“孔子穷乎陈蔡之间，藜羹不斟，七日不尝～。”演变为量词，用于计量米粒、谷粒。晋·王嘉《拾遗记·秦始皇》：“状如粟，一～辉映一室。”南朝梁·释慧皎《高僧传·义解》：“翼于饭中得一～谷，先取食之。”唐·李绅《悯农二首》其一：“春种一～粟，秋收万颗子。”由米粒、谷粒义引申为颗粒状的东西。北魏·贾思勰《齐民要术·作酱等法》：“用春种乌豆，春豆～小而均，晚豆～大而杂。”唐·黄滔《福州雪峰山故真觉大师碑铭》：“戊辰年春三月，示疾。吾王走医，医至，～药以授。”演变为量词，用于计量小颗粒状的东西。唐·戴孚《广异记·成弼》：“吾无以遗子，遗子丹十～，一～丹化十斤赤铜，则黄金矣，足以办葬事。”宋·苏轼《赵先生舍利记》：“故得此舍利四十八～。”

近义辨析 粒—颗 见“颗”下。

连 lián 名量词 军队的编制单位，在

营之下，排之上：三～战士|一～人马|那几～敌兵都睡大觉了|水灾中有两～战士参与该县抢险。**用法提示** ①数词一般没有限制，既可用基数词或表示数量的“两”“几”“好几”“若干”等，也可用序数词：一～士兵担任警卫|步兵第二～为主攻|此次战役中，好几～敌军投降。②数词“一”在某些动词后常可省略：有～士兵埋伏在前方路口|司令部已派了～精锐人马去接应了。③数词前可加“这”“那”“哪”等代词：身边这几～士兵都是从枪林弹雨中冲杀出来的|他带着那两三～人马到处抓汉奸|他们这一～人一共只有六匹马。④前面可加形容词“整”修饰：一整～士兵|他们消灭了敌人一整～|他们一整～人都牺牲在这块阵地上了。⑤数词为“一”时可重叠，重叠形式主要有“(一)～～”“一～一～”：～～士兵都精神抖擞地投入训练|将军检阅了一～～士兵|一～一～的女兵飒爽英姿地走过观礼台。⑥后面一般不加“子”。⑦一般不儿化。

语义源流 本义是人拉车。《说文解字·辵部》：“连，员连也。”引申为连接、衔接之义。《孟子·离娄上》：“故善战者服上刑，～诸侯者次之。”《三国志·蜀书·诸葛亮传》：“自董卓以来，豪杰并起，跨州～郡者不可胜数。”演变为量词，古代用来计量连接在一起的事物。《辽史·太宗上》：“丁未，阻卜贡海东青鹘三十～。”明·刘若愚《酌中志·内府衙门职掌》：“坐东朝西，房一～，原名协恭堂。”清·西周生《醒世姻缘传》第五十四回：“一百六十文钱买了两个篦子，四十文钱买了副铁勾担伏，三十六文钱钉了一～盘秤。”借用作古代区划名。《国语·齐语》：“管子于是制国：五家为轨，轨为之长；十轨为里，里有司；四里为～，～为之长；十～为乡，乡有良人焉。”《管子·乘马》：“五家而伍，十家而～，五～而暴，五暴而长，命之曰某乡。”《礼记·王制》：“千里之外设方伯，五国以为属，属有长；十国以为～，～有帅。”后成为军队的编制单位。蔡东藩、许廑父《民国演义》第十四回：“芜湖屯驻的卢军，滁州第一团七八两～兵士，陆续哗变。”

联 lián ❶ 名量词 用于计量对偶句或诗句内部结构中对偶的两句：律诗中间两～对仗必须工整|这两～的韵没有押对|他送我一～自己写的春联。**用法提示** ①数词一般没有限制，既可用基数词或表示数量的“两”“几”“好几”“若干”，也可用序数词或表示序数的“首”等：集七言古诗句二十～|五律首～诗句用对仗的较多|第二～诗是想象雨后景象的可喜。②数词“一”在某些代词或动词后常可省略：写了～对联|墙上挂了～“海内存知己，天涯若比邻”的对子|这～诗出自这首五言律诗。③数词前可加“这”“那”“哪”等代词：这几～诗都是名联|这一～是流水对，意思很好|那一～春联是他刚写完的。④数词为“一”时可重叠，重叠形式主要有“(一)～～”“一～一～”：《红楼梦》的很多回目名就是一～～脍炙人口的诗句|～～对联都展示出守岛官兵的壮志豪情|我们不妨分析一下这一～一～的诗句。⑤前

面一般不加形容词修饰，后面一般不加“子”。⑥一般不儿化。❷ 名量词 用于计量一式多份的发票、收据等，其中的一份即为一联：小票一共有三～|此收据共四～，绿色的一～交顾客收存|你知道这一～四枚邮票现在的市价是多少吗？**用法提示** ①数词一般用“九”以内的基数词、序数词或表示数量的“两”“几”“好几”“若干”等：最后一～黄色的是存根|请保存好第一～发票|这个收据一共有三～。②数词前可加“这”“那”“哪”等代词：这三～票据都需要盖章|退货的时候凭这一～粉色的小票|哪一～单据是取货的凭证？③数词为“一”时可重叠，重叠形式主要有“(一)～～”“一～一～”：人们在彩票店购买了一～～的彩票|这～～邮票都是他珍藏多年的宝贝|他买了很多一～一～的邮票。④数词“一”一般不省略。⑤前面一般不加形容词修饰，后面一般不加“子”。⑥一般不儿化。

语义源流 本义是连接。《说文解字·耳部》：“联，连也。”汉·张衡《西京赋》：“朝堂承东，温调延北，西有玉台，～以昆德。”宋·刘仙伦《题岳阳楼》：“八月书空雁字～，岳阳楼上俯晴川。”引申为互相结合，彼此交接发生关系。《周礼·地官·大司徒》：“三曰～兄弟，四曰～师儒，五曰～朋友。”郑玄注：“联，犹合也。”唐·杜牧《郡斋独酌》：“我曰天子圣，晋公提纪纲。～兵数十万，附海正诛沧。”诗、文每两句为一联，多为对偶的词句，故“联”可特指对联。宋·俞成《萤雪丛说》卷二：“王勃作《滕王阁序》，中间有‘落霞与孤鹜齐飞，秋水共长天一色’之句，世率以为警～。”明·沈德符《万历野获编·宰相对联》：“江陵盛时，有送对～谄之者，云上相太师，一德辅三朝。”清·沈日霖《晋人麈·诗话·关侯庙联》：“为关侯祠作～，鲜不以淋漓悲壮为尚。”演变为量词，用于计量对偶句或诗句内部结构中对偶的两句。唐·郑谷《中年》：“衰迟自喜添诗学，更把前题改数～。”宋·沈括《梦溪笔谈·故事一》：“杨大年久为学士，家贫，请外，表辞千余言，其间两～曰：‘虚忝甘泉之从臣，终作莫敖之馁鬼。从者之病莫兴，方朔之饥欲死。’”后又引申用于计量发票、收据等。

脸 liǎn ❶ 名量词 用于计量长在或附着在脸上的东西：一～汗水|一～皱纹|他留下了一～疤痕。**用法提示** ①数词限用“一”：一～褶子|一～灰尘|她长了一～疙瘩，难受极了。②数词“一”在某些代词后常可省略：那～红疙瘩|我看见这～大胡子吓了一跳。③数词前可加“这”“那”“哪”等代词：那一～络腮胡子|这一～泪水|你怎么长了这一～包？④前面可加形容词“满”修饰：长了满～红点|喷了我满～水|她抬起头来，满～泪水。⑤数词为“一”时可重叠，重叠形式为“一～一～”：一～一～汗水|他每次说话都张牙舞爪，唾沫喷我一～一～的。⑥后面一般不加“子”。⑦一般不儿化。❷ 名量词 用于计量脸上的表情：一～怒火|一～委屈|看他一～笑容，肯定有喜事。**用法提示** ①数词限用“一”：一～不解|一～迷

L

茫|他带着一～自信的笑容走出教室。②数词前可加“这”“那”“哪”等代词：这一～坏笑|那一～得意的样子|他这一～可怜相骗到了很多人。③前面可加形容词“满”修饰：满～笑容|满～春风|你为何愁容满～？④数词为“一”时可重叠，重叠形式为“一～～”：一～～的激动|望着学生们那一～～的笑容，我感受到了初为人师的幸福。⑤数词“一”一般不省略。⑥后面一般不加“子”。⑦一般不儿化。

语义源流 本义是人两颊的上部颧骨部分。《集韵·琰韵》：“脸，颊也。”《正字通·肉部》：“脸，面脸，目下颊上也。”南朝陈·陈叔宝《紫骝马》：“红～桃花色，客别重羞看。”宋·晏殊《破阵子·春景》：“疑怪昨宵春梦好，元是今朝斗草赢，笑从双～生。”后词义扩大，指整个面部。宋·文天祥《珊瑚吟》：“毛羽黑如漆，两～凝璠脂。”《水浒传》第六十二回：“仰着～四下里看时，不见动静。”借用为量词，用于计量长在或附着在脸上的东西以及脸上的表情。明·冯梦龙《喻世名言·蒋兴哥重会珍珠衫》：“只见婆子一～春色，脚略斜的走入巷来。”《水浒传》第五十三回：“把那桌子只一拍，溅那老人一～热汁。”

两 liǎng **度量衡量词** 市制重量单位。旧制1两等于10钱，16两等于1斤。今制1两等于50克，10两等于1斤：一～茶叶|三～牛肉|淋雨后他赶忙回家喝了几～酒暖暖身子|给他二～银子，打发他走。**用法提示** ①数词一般没有限制，既可用基数词或表示数量的“几”“好几”“若干”等，也可用序数词：一～米饭|第二～乌龙茶|老同学见面，只要几～花生米一瓶白酒就能畅谈一个晚上。②数词前可加“这”“那”“哪”等代词：这几～碎银子|那二～玉米饼全给小花狗吃了|你当真是为了他手上那几～金子？③数词“一”一般不省略。④前面一般不加形容词修饰，后面一般不加“子”。⑤一般不重叠和儿化。

语义源流 “两”的字形本是“兩”，常用于指成对的人或事物，以及同时出现的双方。今以“两”作正字。古制二十四铢为一两，十六两为一斤。《说文解字·网部》：“兩，二十四铢为一兩。”《汉书·律历志上》：“本起于黄钟之重，一龠容千二百黍，重十二铢……二十四铢为～，十六～为斤……～者，两黄钟律之重也。”《商君书·去强》：“金一～生于竟内，粟十二石死于竟外。”《难经》：“肾有两枚，重一斤一～，主藏志。”《北史·张定和传》：“进位柱国，封武安县侯，赏物二千段，良马二匹，金百～。”沿用至今，为市制重量单位之一。今制：1两=0.1斤=0.05千克。

辆 liàng ❶ **名量词** 用于计量各种车（火车除外）：一～汽车|两～卡车|十来～大巴车|他伸手叫了一～出租车。**用法提示** ①数词一般没有限制，既可用基数词或表示数量的“两”“几”“好几”“若干”等，也可用序数词：第一～老式三轮车|好几～推土机|楼下总是停放若干～各式汽车。②数词“一”在某些代词或动词后常可省略：这～自行车是二手的|前方有～面

L

包车坏了｜又来了～公交车。③数词前可加“这”“那”“哪”等代词：墙角那一～童车是朋友送的｜这几～大卡车都是我们单位的｜哪一～吊车有问题？④数词为“一”时可重叠，重叠形式主要有“(一)～～”“一～一～”：一～～警车呼啸而过｜婚车七辆，～～都是豪车｜一～一～公交车开进站又满载乘客缓慢地开出去。⑤前面一般不加形容词修饰，后面一般不加“子”。⑥一般不儿化。❷ 名量词 用于计量纺车：两～纺车｜房间的角落里有一～纺车｜他家有一～旧纺车。**用法提示** ①数词一般没有限制，既可用基数词或表示数量的“两”“几”“好几”“若干”等，也可用序数词：第二～旧纺车｜他家的土炕上至今还放着一～纺车｜当时队里有好几～纺车。②数词“一”在某些代词或动词后常可省略：买了～纺车｜小屋里有～纺车｜这～纺车总让人回想起过去的岁月。③数词前可加“这”“那”“哪”等代词：那几～纺车｜这一～纺车是祖母的爱物｜哪一～纺车都不能闲着。④数词为“一”时可重叠，重叠形式主要有“(一)～～”“一～一～”：一～一～纺车都在忙碌着｜刚卸下的纺车，～～都是崭新的。⑤前面一般不加形容词修饰，后面一般不加“子”。⑥一般不儿化。

语义源流 “辆”是后起字，本写作“两”。“两”在《说文解字》中写作“兩”，同“网”，表示数目“二”。《说文解字·网部》：“网，再也。”“两”作数词用，指并列或成对的两个。《易·系辞传上》：“六十四卦之初，刚柔两画而已。”《书·大禹谟》：“帝乃诞敷文德，舞干羽于两阶，七旬有苗格。”《礼记·投壶》：“已拜，受矢，进即两楹间，退反位，揖宾就筵。”演变为量词，古代用于计量鞋、袜等成对的衣物。《诗·齐风·南山》：“葛屦五两，冠緌双止。”孔颖达疏：“屦必两只相配，故以一两为一物。”唐·戴叔伦《忆原上人》：“一两棕鞋八尺藤，广陵行遍又金陵。”宋·辛弃疾《满江红·江行》：“佳处径需携杖去，能消几两平生屐。”古代也可用于计量两股相交的物品或四丈的绢帛。汉·扬雄《法言·孝至》：“由其德，舜禹受天下不为泰；不由其德，五两之纶、半通之铜亦泰矣。”《左传·昭公二十六年》：“申丰从女贾，以币锦二两，缚一如瑱，适齐师。”因车有两轮，也可计量车。《正字通·车部》：“车一乘曰一两。言辕、轮两两而耦也。”《诗·召南·鹊巢》：“之子于归，百两御之。”《书·牧誓》：“武王戎车三百两，虎贲三百人，与受战于牧野。”《孟子·尽心下》：“武王之伐殷也，革车三百两，虎贲三千人。”后写作“辆”，“两”“辆”为古今字。《水浒传》第十六回：“只见松林里一字儿摆着七～江州车儿。”

近义辨析 辆—部 见“部”下。
辆—挂 见“挂”下。
辆—驾 见“驾”下。

料 liào ❶ 名量词 用于计量中药：服了一～丸药｜吃了几～药｜病后吃一～大补药，自然全好了。**用法提示** ①数词一般没有限制，既可用基数词或表示数量的“两”“几”“好几”“若干”等，也可用序数词或表示序

L

数的“头”“末”等：好几～中药|第一～丸药|头～药意在温补，末～药方可去病。②数词“一”在某些代词或动词后常可省略：买了～治疗脾胃的中药|包里有～丸药|那～药还真见效了。③数词前可加“这”“那”“哪”等代词：好不容易才配好这两～止咳平喘的药|那几～丸药根本没有效果|这几～药都有好几味，很不容易配齐。④数词为“一”时可重叠，重叠形式主要有“(一)～～”“一～一～”：桌子上是一～～配好的丸药|一～一～补气生血的中药|这位大夫给我开的药～～有效。⑤前面一般不加形容词修饰，后面一般不加“子”。⑥一般不儿化。❷ 名量词 用于计量木料，两端截面一平方尺，长足七尺的木材为一料：一～楠木|车上是三～红木|院子里堆着十几～上好的木料。**用法提示** ①数词一般没有限制，既可用基数词或表示数量的“两”“几”“好几”“若干”等，也可用序数词：两三～松木|第一～是紫檀木|这套家具用掉了最后几～红木。②数词“一”在某些代词或动词后常可省略：买了～洋槐木|门口堆着～松木|他下了大本钱买了这～红木。③数词前可加“这”“那”“哪”等代词：那十来～红木足够做你的嫁妆了|我花了很多钱才买回这两～红木|眼前这些木材中，哪一～都不止一万块。④数词为“一”时可重叠，重叠形式主要有“(一)～～”“一～一～”：～～木材堆放整齐|手推车推来了一～一～的松木。⑤前面一般不加形容词修饰，后面一般不加“子”。⑥一般不儿化。

语义源流 本义为称量、度量。《说文解字·斗部》：“料，量也。”段玉裁注：“量者，称轻重也。称其轻重曰量，称其多少曰料……米在斗中，非盈斗也，视其浅深而可料其多少。”《列子·力命》：“其使多智之人，量利害，～虚实，度人情，得亦中，亡亦中。”《战国策·韩策一》：“～大王之卒，悉之不过三十万。”《史记·孔子世家》：“(孔子)尝为季氏吏，～量平。”宋·辛弃疾《贺新郎·甚矣吾衰矣》：“我见青山多妩媚，～青山见我应如是。”引申指称量的对象、材料等。唐·陆贽《优恤畿内百姓并除十县令诏》：“年食支酒～宜减五百硕。”清·陆心源《唐文拾遗·元宗皇帝》：“宗庙祭享笾豆，宜加獐、鹿、鹑、兔、野鸡等～。”演变为量词，指物的分剂，以一定数量的物品为一计算单位，称为一料。宋·王应麟《玉海·兵制》：“乾道元年，命军器所造雁翎刀，以三千柄为一～。”清·盛康《皇朝经世文续编·盐课四》：“各计获盐之多寡，每千引为一～，于高阜处筑料台存积。”用于计量中医配制的丸药，处方规定剂量的全份为一料，也用于计量香料等。宋·苏轼《与李方叔四首》其四：“遇人传两药方，服一～已能走耳。”清·西周生《醒世姻缘传》第八十四回：“叫香匠做他两～安息香，两～黄香饼子。”《红楼梦》第二十八回：“我替妹妹配一～丸药，包管一～不完就好了。”后来也用作计量木料的单位。木材两端截面一平方尺、长足七尺为一料。古汉语中也作容量单位，一料等于一石。宋·吴自牧《梦粱录·江海船舰》：“且如海商之舰，大小不等，大者五千～，可载五六百人。”《明史·食货志五》：“自南京至通州，经淮安、济宁、徐州、临清，每船百～，纳钞百贯。”清·徐松《宋会要辑稿·食货志五十》：“欲先行下戎司打造三十只，内一千五百～、一千～、三百～马船各五只，七十～脚船十五只。”

🔍近义辨析 料—服—剂—味 见“服”下。

列 liè ❶ 名量词 用于计量火车：一～火车｜四五～火车陆续发车｜站台上停着几～崭新的高铁列车。**用法提示** ①数词一般没有限制，既可用基数词或表示数量的“两”“几”“好几”“若干”，也可用序数词或表示序数的“首”等：春节期间会加开一百多～临时列车｜这是今天开过去的第五～火车｜该站一个小时内已发出几十～高铁列车。②数词“一”在某些代词或动词后常可省略：有～火车冲出了轨道｜他已经在这～火车上服务了二十年｜那～火车已经满员。③数词前可加“这”“那”“哪”等代词：这两～货车｜那一～学生专列条件更好些｜也不知他在哪一～火车上。④数词为“一”时可重叠，重叠形式主要有“(一)～～”“一～一～”：货车～～满载｜一～一～满载乘客的火车缓缓驶出车站｜一～～火车依次到站，我等的人还没来。⑤前面一般不加形容词修饰，后面一般不加“子”。⑥一般不儿化。❷ 名量词 用于计量成行、成排的人、物等：一～士兵｜学生们很快排成两～纵队｜东西两～大山脉之间是广阔的高原。**用法提示** ①数词一般没有限制，既可用基数词或表示数量的“两”“几”“好几”“好多”“若干”等，也可用序数词：同学们很快站成两～｜校门口整齐地排了好几～纵队｜所有人注意，第一～往左，第二～往右。②数词“一”在某些代词或动词后常可省略：宅门口有～卫兵｜阅兵典礼中，这～队伍动作最规范｜哪～队伍是我们学校的？③数词前可加“这”“那”“哪”等代词：那几～鳞鳞的屋瓦，在竹林中半隐半现｜这一～学生的训练成绩稍好些｜你说的是哪几～队伍？④前面一般可加“大”“小”“长”等形容词修饰：一小～士兵｜一大～排比句｜靠墙有一长～书柜。⑤数词为“一”时可重叠，重叠形式主要有“(一)～～”“一～一～”：一～～军人从家门前走过｜你瞧瞧对面的队伍，～～都肃穆整齐｜一～一～军训学员正整齐地走过主席台。⑥后面一般不加“子”。⑦一般不儿化。

📖语义源流 本义为分解、分割，此义后作“裂”。《说文解字·刀部》：“列，分解也。”《荀子·大略》：“古者～地建国，非以贵诸侯而已。”《管子·枢言》：“先王不货交，不～地。”引申为分列开来，排列起来。《乐府诗集·相逢行》：“鸳鸯七十二，罗～自成行。”唐·杜甫《后出塞五首》其二：“平沙～万幕，部伍各见招。”《徐霞客游记·游黄山记》：“四顾奇峰错～，众壑纵横，真黄山绝胜处。”又引申指分解、分割的结果，表行列、位次。《易·系辞传下》：“八卦成～，象在其中矣。因而重之，爻在其中矣。”《荀子·议兵》：“故仁人之兵，聚则成卒，散则成～。”演变为量

L

词，用于计量排列整齐的人或物。《礼记·丧大记》："火三～。"《新唐书·李晟传》："有诏赐第永崇里、泾阳上田、延平门之林园、女乐一～。"《宋史·仪卫志一》："次员僚四人押旗，分左右东西为一～。"火车由多节车厢依次整齐排列，故现代汉语中也用于计量火车。

近义辨析 列—行 见"行"下。

列—溜 均可用于计量成行的人或物，如可以说"一列小学生""两列水果摊"，也可以说"一溜（儿）小学生""两溜（儿）水果摊"，但二者的意义和用法不尽相同。"列"由行列、位次义演变为量词，用于成行的人或物时，强调其本身排列整齐，呈长条状，如"迎面走来一列队伍""左边两列学生都是三年级的""前面是一列整齐的白杨树"；"溜"本义为水名，借用表示成股的水或其他液体向下垂流，演变为量词用于成行的人或物时，强调其外部形态呈长条状、流注状，比如"沿街一溜（儿）店铺""墙根下排着一溜（儿）乞丐"。也是因为本义的影响，在计量人时，"溜"常有贬义，"列"没有贬义。此外，"溜"经常儿化，而"列"一般不儿化。

列—趟 均可用于计量火车，如可以说"一列火车"，也可以说"一趟火车"，但二者的意义和使用范围不尽相同。"列"由排列义演变为量词，计量火车时，强调其多节车厢依次整齐排列的特点；"趟"由行走义演变为量词，计量按一定次序或时间运行的车辆，强调的是行走、行进的特点。因此，"最后一趟火车"中的"趟"不能换为"列"，"一列火车有多少节"中的"列"也不能换为"趟"。"趟"除了计量火车，还可计量轮船及一些只有一节车厢的车辆，如"一趟游轮""一趟大客车"，"列"没有此类用法。

令 lǐng **名量词** 用于计量纸张，以规定尺寸的原张纸500张为1令。英语ream的音译：买了一～白纸｜仓库里还存着十来～这种毛边纸｜有一台打字机，几～白纸，即可开业。**用法提示** ①数词一般用基数词或表示数量的"两""几""好几""若干"等：彩纸若干～｜一口气把好几～白纸扛到车上｜仓库里的纸足有几百～。②数词"一"在某些代词或动词后常可省略：请帮忙买～白纸｜桌子底下就有～广告纸｜这～纸放得太久，不好用了。③数词前可加"这""那""哪"等代词：把那两～纸送到印刷车间｜哪一～纸是张先生预定的？｜他好不容易才争取到这300余～纸的业务。④数词为"一"时可重叠，重叠形式主要有"（一）～～""一～一～"：～～白纸整齐地码放着｜工人跑前跑后，把一～一～纸卸下车。⑤前面一般不加形容词修饰，后面一般不加"子"。⑥一般不儿化。

领 lǐng ❶ **名量词** 用于计量长袍或上衣：一～风衣｜几～长袍｜他穿着一～青色长衫。**用法提示** ①数词一般没有限制，既可用基数词或表示数量的"两""几""好几""若干"等，也可用序数词：第一～披风｜几～长衫｜那人身穿一～雪白战袍。②数词"一"在某些代词或动词后常可省略：买了～夹衫｜那～风衣已经很旧了｜他来的时候只穿了～长袍。③数词前可

加“这”“那”“哪”等代词：别小瞧了，这一～袈裟可是件宝物|那几～风衣早该收起来了|哪一～绸衫才是李先生的呢？④数词为“一”时可重叠，重叠形式主要有“(一)～～”“一～一～”：一～～夹袄|衣柜里挂着好多风衣，～～都是全新的|他们把一～一～要用的长衫熨好、挂好。⑤前面一般不加形容词修饰，后面一般不加“子”。⑥一般不儿化。❷ 名量词 用于计量席子等：一～凉席|几～竹席|两～草席|他在庭院内铺了一～席子。**用法提示** ①数词一般没有限制，既可用基数词或表示数量的“两”“几”“好几”“若干”等，也可用序数词：两～凉席|几～草席|这是她今天编出的第一～竹席。②数词“一”在某些代词或动词后常可省略：这～凉席|买了～远近闻名的白洋淀席子|那～草席本来就不值几个钱。③数词前可加“这”“那”“哪”等代词：那一～凉席是你的|这二十～席子早都被预订了|哪几～竹席是借来的？④数词为“一”时可重叠，重叠形式主要有“(一)～～”“一～一～”：把芦苇编成一～～的席子|～～竹席铺在场地上|他把一～一～席子都卖出去了。⑤前面一般不加形容词修饰，后面一般不加“子”。⑥一般不儿化。

语义源流 本义为脖子。《说文解字·页部》：“领，项也。”《诗·卫风·硕人》：“手如柔荑，肤如凝脂，～如蝤蛴。”《左传·成公十三年》：“我君景公引～西望。”引申指衣领，上衣。《荀子·劝学》：“若挈裘～，诎五指而顿之，顺者不可胜数也。”《宋史·舆服志五》：“其制，曲～大袖。”借用为量词，用于计量上衣或铠甲。《荀子·正论》：“棺厚三寸，衣衾三～。”《战国策·秦策一》：“武王将素甲三千～，战一日，破纣之国。”《北史·宇文护传》：“今又寄汝小时所着锦袍表一～，至宜捡看，知吾含悲抱戚，多历年祀。”由衣领义引申指被子的被头。《礼记·丧大记》：“约五幅，无紞。”郑玄注：“紞，以组类为之，缀之领侧，若今被识矣。生时禅被有识，死者去之，异于生也。”孔颖达疏：“领为被头，侧谓被旁，识谓记识，言缀此组类于领及侧，如今被之记识。”演变为量词，古代用于计量被子。《汉书·霍光传》：“赐金钱，缯絮绣被百～，衣五十箧。”晋·常璩《华阳国志》：“大马一匹来入亭中，又有绣被一～飞堕其前。”后泛用于计量席子、毛毡等铺陈用具。《北史·李孝伯传》：“帝又遣赐义恭、骏等毡各一～，盐各九种，并胡豉。”《世说新语·德行》：“见其坐六尺簟，因语恭：‘卿东来，故应有此物，可以一～及我。’”《清史稿·属国一》：“世祖即位，颁诏其国，并赍敕往谕，减岁贡内红绿线绸各五十匹……龙席二～，花席二十～。”

近义辨析 领—件 见“件”下。

流[1] liú ❶ 名量词 用于计量人的等级、品类：一～魔术大师|二～歌星|一个三～作家竟然说要冲击诺贝尔文学奖。**用法提示** ①数词一般用“十”以内的基数词，偶用表示序数的“末”等：一～专家|三～歌手|这个小说家只能算是末～。②数词前有时可加“这”“那”“哪”等代词：这一～中坚人物|那一～货色|他是哪一～作家？③数词“一”

一般不省略。④前面一般不加形容词修饰，后面一般不加“子”。⑤一般不重叠和儿化。❷ 名量词 用于计量事物的等级、品类：一～大学｜三～小说｜末～产品｜历经百年，该校终于发展成国内一～的高等学府。**用法提示** ①数词一般用“十”以内的基数词，偶用表示序数的“末”等：三～产品｜他好不容易才考上了一个三～大学｜现在市面上流行的大多是二、三～的言情小说｜末～作品。②数词“一”一般不省略。③数词前一般不加代词。④前面一般不加形容词修饰，后面一般不加“子”。⑤一般不重叠和儿化。

语义源流 本义为水的流动。《说文解字·沝部》：“流，水行也。”《诗·大雅·常武》：“如山之苞，如川之～。”《书·禹贡》：“嶓冢导漾，东～为汉，又东，为沧浪之水。”《孟子·滕文公上》：“当尧之时，天下犹未平，洪水横～，泛滥于天下。”水流有不同的支流、走向，学术流派、事物品类的不同及分化都与河川之分流相似，故引申指流派、品类。《庄子·外物》：“夫尊古而卑今，学者之～也。”《汉书·艺文志》：“农家者～，盖出于农稷之官。”《后汉书·王充传》：“遂博通众～百家之言。”品类流派不同则高下优劣各异，演变为量词，用于计量人或物的品类、等级。《汉书·叙传下》：“秦人是灭，汉修其缺，刘向司籍，九～以别。”晋·葛洪《抱朴子·知止》：“一～之才，而或穷或达，其故何也？”元·辛文房《唐才子传·窦叔向》：“一～才子，多仰飙尘。”

近义辨析 流—级 见“级”下。

流² liú 度量衡量词 光通量单位“流明”的简称。详见“流明”。

流明 liúmíng 度量衡量词 光通量单位，符号为lm。简称“流”。发光强度为1坎德拉的点光源在单位立体角（1球面度）内发出的光通量为1流明：灯的光能量约为13～｜这种新型液晶屏幕的亮度为300～。**用法提示** ①数词可用基数词或表示数量的“几”“若干”等：二者差了几～｜这种灯泡的光通量要比那种高若干～｜有的强光手电筒的亮度可达数千～。②数词“一”一般不省略。③数词前一般不加代词。④前面不加形容词修饰，后面不加“子”。⑤一般不重叠和儿化。

绺 liǔ ❶ 名量词 用于计量毛发、线、麻等细丝状物品的集合：一～头发｜两～银白的胡须｜衣服上沾了几～毛线｜青青的瓦舍长满了一～～茅草。**用法提示** ①数词一般没有限制，既可用基数词或表示数量的“两”“几”“好几”“若干”等，也可用序数词：第一～头发｜几～刘海儿｜老人的五～白须飘拂在胸前。②数词“一”在某些代词或动词后常可省略：剪下那～头发｜下巴上有～花白的山羊胡子｜信封里装的是～黑发。③数词前可加“这”“那”“哪”等代词：这两～白纱线｜额前的那一～黑发｜你看看，这些丝线中哪一～的颜色最合适？④前面可加“大”“小”等形容词修饰：两大～毛发｜手里拿着一小～麻线｜孩子的脑门儿上还有一大～湿湿的胎毛。⑤数词为“一”时可重叠，重叠形式主要有“（一）～～”“一～一～”：～～丝线｜马脖子上的一～～鬃毛随风飘起｜

她一～一～的头发贴在黑瘦的脸上。⑥一般可儿化：一～儿花白的胡须|几～儿细线|他最近总是扯着下巴上的几～儿短须出神。⑦后面一般不加“子”。❷ 名量词 用于计量瀑布、汗水等：一～汗|几～瀑布|他脑袋低垂着，一～鲜血从鼻子里淌了出来。**用法提示** ①数词一般没有限制，既可用基数词或表示数量的“两”“几”“好几”“若干”等，也可用序数词：第一～飞瀑|两～汗|那瀑布从上面冲下，仿佛已被扯成大小的几～。②数词“一”在某些代词或动词后常可省略：崖上挂着～飞瀑|脸上还有～汗没擦干净|左边的那～飞瀑。③数词前可加“这”“那”“哪”等代词：这两～汗|那几～飞瀑|你觉得哪一～瀑布更雄伟一些？④数词为“一”时可重叠，重叠形式主要有“(一)～～”“一～一～”：～～汗水|脸上脖子上都是一～～热汗|瀑布被岩石撕扯得一～一～的。⑤一般可儿化：几～儿汗|远山遥挂着两三～儿瀑布。⑥前面一般不加形容词修饰，后面一般不加“子”。

语义源流 本义为毛发、线、麻等细丝状物品的集合体。《说文解字·糸部》：“绺，纬十缕为绺。”唐·沈佺期《七夕曝衣篇》：“上有仙人长命～，中看玉女迎欢绣。”明·凌濛初《二刻拍案惊奇》卷三十七：“美人卸了簪珥，徐徐解开髻发～辫，总绾起一窝丝来。”借用为量词，用于计量毛发、线、麻等细丝状物品的集合。唐·王涣《惆怅诗十二首》其八：“青丝一～堕云鬟，金剪刀鸣不忍看。”明·单本《蕉帕记·窃珠》：“原来是一个青梅，一～纸条，有诗四句。”清·西周生《醒世姻缘传》第九十回：“他饿得丝丝凉气，冻得嗤嗤哈哈的，休想与他半升米一～丝的周济。”现代汉语中也用于计量瀑布、汗水等。

近义辨析 绺—缕 均可用于计量线或线状物，如可以说“一绺青丝”“几绺红丝线”，也可以说“一缕青丝”“几缕红丝线”，但由于本义不同，二者所表达的核心语义特征也不同。“绺”的本义是毛发、线、麻等细丝状物品的集合体，作为量词强调计量对象的集合性、整体性，多指细丝状物体合成一股；“缕”本义指丝线、麻线，作为量词强调计量对象的细丝状特点，是松散的集合。因此，同样计量头发，在特定情境下，二者是不能互换的。比如，“他大汗淋漓，头发都湿成一绺一绺的”，强调的是头发因汗而粘连在一起，这种情况下就不能说“头发湿成一缕一缕的”；而“微风轻拂她额前的几缕秀发”，强调的是秀发因微风而飘动，这里就不能说成“微风轻拂她额前的几绺秀发”。此外，二者的使用范围也略有差异，“绺”除用于细丝状物品的集合外，还可用于汗水、瀑布等；“缕”则还可用于阳光、炊烟、清香，甚至一些抽象事物，如忧愁、希望等。这也与它们自身的含义有关：“绺”可指系物的绦带，形象很具体；而“缕”可泛指细而长的、连续不断的线状物，比较抽象，故可以用来计量抽象事物。

溜 liū ❶ 名量词 用于计量成股的水流或其他液体：几～溪水|一～未干的血迹|两边是悬崖绝壁，中间

L

一～泉水。**用法提示** ①数词一般没有限制，既可用基数词或表示数量的“两”“几”“好几”“若干”等，也可用序数词：河床底有细细的几～水|一～血正由车内往外流|院子东边引入了第一～活泼泼的山泉水。②数词“一”在某些代词或动词后常可省略：这～河水|那～雨水|河底还有～浅浅的水在卵石滩中怯怯地流动。③数词前可加“这”“那”“哪”等代词：这两～积水|那一～屋檐水|谁也没有注意到那一～血水。④前面可加“长”“大”“小”等形容词修饰：一小～河水|一长～口水|他看着这一小～浑浊的河水，思绪飞得很远很远。⑤数词为“一”时可重叠，重叠形式主要有“(一)～～”“一～一～”：～～溪水汇成小河|一～一～血水从头上流下来|江水被搅起一～～白浪。⑥一般可儿化：一～儿清水|两～儿鼻涕|脖子上流下几～儿热汗。⑦后面一般不加“子”。❷ 名量词 用于计量呈长条形延展的物体：一～空地|大门两边各延伸出一～不高的石墙|二楼有一～阳台，视野开阔。**用法提示** ①数词一般没有限制，既可用基数词或表示数量的“两”“几”“好几”“若干”等，也可用序数词：第一～空地|好几～水田|老人们坐在一～长椅上等待体检。②数词“一”在某些代词或动词后常可省略：路中间是～绿化区|顺着墙根有～排水沟|那～菜地是奶奶最看重的东西。③数词前可加“这”“那”“哪”等代词：这几～荒地|那一～绿化带|那一～水渍谁也没有注意到。④前面可加“大”“小”“长”等形容词修饰：两长～韭菜地|一大～高楼的阴影|一家的口粮都指望这一小～地。⑤数词为“一”时可重叠，重叠形式主要有“(一)～～”“一～一～”：～～梯田种满水稻|一～～高楼|案发现场的墙壁上还留有一～一～的血迹。⑥一般可儿化：划出一～儿行李区|展开一～儿画布|他精心伺候着这两小～儿自留地。⑦后面一般不加“子”。❸ 名量词 用于计量成排的人：一～小商贩|一～乞丐|沿着墙根蹲着两～罪犯。**用法提示** ①数词多用“一”“两”：一～杂货摊主|墙下坐着两～老太太。②数词“一”在某些代词或动词后常可省略：地上蹲着～灰头土脸的案犯|街边是～卖羊肉串的小贩|警察把那～罪犯带走了。③数词前可加“这”“那”“哪”等代词：这一～排队的人|看看那一～小胖子|案犯就在这一～人中间。④前面有时可加“大”“长”等形容词修饰：一长～等待面试的年轻人|后面跟着一大～人马，浩浩荡荡|从屋里走出来一大～人。⑤数词为“一”时可重叠，重叠形式主要有“(一)～～”“一～一～”：～～倚墙晒太阳的老人|靠墙蹲着的一～～罪犯大都低着头|一～一～的水果摊主们都在起劲儿地吆喝。⑥一般可儿化：一～儿工人|大炕上躺着几～儿伤兵|一块大红缎子横在一～儿人前面。⑦后面一般不加“子”。❹ 名量词 用于计量成排的物体：几～酒坛子|两～水果摊儿|校门口往东是一～小吃店|我常常梦见家乡那几～低矮的黄泥巴小房。**用法提示** ①数词一般

L

没有限制，既可用基数词或表示数量的“两”“几”“好几”“若干”等，也可用序数词：第一～条桌｜两～躺椅｜草坪上停着一～崭新的小轿车。②数词“一”在某些代词或动词后常可省略：货架上这～照相机都是日本产的｜桌上摆着～空碗｜马路边上停了～自行车。③数词前可加“这”“那”“哪”等代词：那一～座位｜这两～耳房｜老汉重归故里后盖起了这一～砖房。④前面可加“大”“长”等形容词修饰：一长～窑洞｜一长～脚印｜许多家摊位上都摆着一大～计算机。⑤数词为“一”时可重叠，重叠形式主要有“(一)～～”“一～一～”：一～一～小船｜一～～柔和的街灯｜她安静地坐在河边注视着那～～波光。⑥一般可儿化：一～儿大酒缸｜一～儿蓬松的刘海｜那一～儿糖果盒子。⑦后面一般不加“子”。❺ 名量词 用于计量烟尘等：一～烟｜一～尘土｜车子后面拖着一～黑烟｜孩子早一～烟跑得没了影。**用法提示** ①数词一般限用“一”：前面腾起一～烟尘｜飞机轮子下冒出一～黑烟｜他们突然将人抢上车，一～烟开跑了。②前面有时可加形容词“长”修饰：一长～灰尘｜路边扬起一长～尘烟。③一般可儿化：马车贴着地面扬起了一～儿尘土｜一～儿烟下了楼｜小弟蹬上摩托一～儿烟走了。④数词“一”不省略。⑤数词前一般不加代词。⑥后面一般不加“子”。⑦一般不重叠。

语义源流 本义为水名。《说文解字·水部》：“溜，水。出郁林郡。”段玉裁注：“郁林郡在今广西……柳江即古溜水，后世讹其字耳。”后主要借用指成股的水或其他液体向下流淌。唐·释玄应《一切经音义》卷十八引《苍颉解诂》：“溜，谓水垂下也。”南朝宋·孔欣《置酒高堂上》：“生犹悬水～，死若波澜停。”唐·无可《禅林寺》：“远泉和雪～，幽磬带松闻。”引申指细小的水流或水滴。晋·潘岳《射雉赋》：“天泱泱以垂云，泉涓涓而吐～。”《旧唐书·拂菻传》：“观者惟闻屋上泉鸣，俄见四檐飞～，悬波如瀑，激气成凉风，其巧妙如此。”元·袁桷《栾河》：“维时雨新过，急～槽床注。”又引申指房檐流水的地方。《左传·定公九年》：“先登，求自门出，死于～下。”唐·卢纶《送吉中孚校书归楚州旧山》：“沿～入阊门，千灯夜市喧。”宋·王安石《示元度》：“五楸东都来，斸以绕檐～。”演变为量词，用于计量成股的水流或其他液体。清·石玉昆《三侠五义》第八十五回：“只见蒋爷复又蹿入水内，将头一扎，水面上瞧，只一～风波水纹，分左右直奔西北去了。”清·陈少海《红楼复梦》第八十一回：“平儿站住定睛细看，不觉一阵心跳，两～眼泪直掉了下来。”泛用于计量呈条状的物体。《红楼梦》第十七回：“里面数楹茅屋，外面却是桑、榆、槿、柘各色树稚新条，随其曲折，编就两～青篱。”清·贪梦道人《彭公案》第三百零三回：“这院子还真宽大，在北边有一～台阶，借着山坡修盖的十间地牢，有门没窗户。”清·李修行《梦中缘》第一回：“西望苏堤，长虹一～青蛇走；北望龙井，寒光数道碧云飞。”也可用于计量成排的人或物。明·汤显祖《牡

L

丹亭·冥判》："一～～女婴孩，梦儿里能宁耐！"《红楼梦》第二十五回："只见宝玉左边脸上起了一～燎泡，幸而没伤眼睛。"进一步演变，古代可用于计量一连串的跟头等。清·醉月山人《狐狸缘全传》第十三回："你站牢稳了些，要提起我师傅，还唬你一～跟头哪。"清·坑余生《续济公传》第四十回："陈亮一失神，被刘香妙一腿踢了一～跟头，武定芳刀也被削。"也可计量风、烟、雾等。明·罗懋登《三宝太监西洋记》第六十五回："一枝箭正中着右护卫铁楞的甲，只见甲上一～烟，把个扎袖儿都烧着。"清·吴敬梓《儒林外史》第五回："卷卷行李，一～烟急走到省城去了。"清·安阳酒民《情梦柝》第十二回："众人乘着兴头，篷大水阔，一～风，顷刻行二十多里。"

近义辨析 溜—行 见"行"下。溜—列 见"列"下。

笼 lóng ❶ 名量词 用于计量常用笼子喂养或盛装的动物：一～小白兔｜两～小鸟｜他的自行车后座带着两～小公鸡。**用法提示** ①数词一般没有限制，既可用基数词或表示数量的"两""几""好几""若干"等，也可用序数词：第一～是鸽子｜两～小鸡｜老李提着一～黄鸟走了。②数词"一"在某些代词或动词后常可省略：带了～小白鼠｜买了～蝈蝈｜面前那～小兔刚满月。③数词前可加"这""那""哪"等代词：这一～八哥儿花了他不少钱｜大家都紧张地盯着那两～毒蛇｜小鹅苗都在这里了，你想要哪一～？④前面可加"大""小"等形容词修饰：转眼间就拉来了三大～活鸡、活鸭｜一小～鸽子也要上百块钱｜多半天工夫才抓到一小～泥鳅。⑤后面一般可加"子"：怎么没给爹买一～子鸟呢？｜卖鸟的带来了一～子虎皮鹦鹉｜人们如一～子刺猬似的挤来挤去。⑥数词为"一"时可重叠，重叠形式主要有"(一)～～""一～一～"：一～一～小白兔｜～～活鱼活虾｜写意的几笔，便勾画出一～～画眉的疏影。⑦一般不儿化。❷ 名量词 用于计量用蒸笼蒸或盛的食物：一～包子｜两～馒头｜他惊喜地发现灶上还蒸着一～嫩玉米。**用法提示** ①数词一般没有限制，既可用基数词或表示数量的"两""几""好几""若干"等，也可用序数词：第三～蒸红薯｜一～包子不过十个而已｜一上午卖掉了十几～馒头。②数词"一"在某些代词或动词后常可省略：锅中蒸了～糯米｜他吃了～包子就出门了｜快把这～小笼包给奶奶送去吧。③数词前可加"这""那""哪"等代词：这两～蒸饺已经有人预定了｜那三～馒头都可以出锅了｜包子只剩两笼，一荤一素，你要哪一～？④前面可加"大""小"等形容词修饰：一口气吃了两大～包子｜早上我吃了一小～蒸饺。⑤后面有时可加"子"：一～子小笼包｜好几～子葱油卷｜他一口气吃了三～子蒸饺。⑥数词为"一"时可重叠，重叠形式主要有"(一)～～""一～一～"：～～刚出锅的花卷｜他吃着一～一～的包子，一连吃了三笼才停下来｜母亲特地订了一～～玫瑰花饼、萝卜丝饼等风味小吃。⑦一般不儿化。

语义源流 本义为盛土用的竹器。《说

L

文解字·竹部》:“笼，举土器也。”《汉书·王莽传上》:“父子兄弟负~荷锸。”《淮南子·说山》:“貂裘而负~，甚可怪也。”汉·桓宽《盐铁论·击之》:“昔夏后底洪水之灾，百姓孔勤，罢于~臿，及至其后，咸享其功。”泛指盛装物品或饲养动物的各种笼子。《楚辞·哀时命》:“为凤皇作鹑~兮，虽翕翅其不容。”《淮南子·说山》:“神蛇能断而复续，而不能使人勿断也；神龟能见梦元王，而不能自出渔者之~。”《史记·田单列传》:“辖折车败，为燕所虏，唯田单宗人以铁~故得脱，东保即墨。”借用为量词，用于计量常用笼子盛装或饲养之物。《世说新语·任诞》:“俄见一人，持半小~生鱼，径来造船。”《南史·范述曾传》:“后有吴兴丘师施亦廉洁称，罢临安县还，唯有二十~簿书。”清·蒲松龄《聊斋志异·王成》:“越日死愈多，仅余数头，并一~饲之。经宿往窥，则一鹑仅存。”由笼子义进一步引申指蒸笼等。《水浒传》第六十五回:“身似~蒸，一卧不起。”《西游记》第四十一回:“却说那怪自把三藏拿到洞中，先剥了衣服，四马攒蹄，捆在后院里，着小妖打干净水刷洗，要上~蒸吃哩。”借用为量词，计量用蒸笼蒸或盛的食物。明·兰陵笑笑生《金瓶梅》第八回:“又做了一~裹馅肉角儿，等西门庆来吃。”明·冯梦龙《警世通言·吕大郎还金完骨肉》:“转到卖点心的王三郎店里，王三郎正蒸着一~熟粉，摆一碗糖馅，要做饼子。”《水浒传》第二十七回:“一连筛了四五巡酒，去灶上取一~馒头来，放在桌子上。”

垄 lǒng ❶ 名量词 用于计量农田或成行种植的农作物：一~春麦｜两~玉米｜几~棉花｜房无一间，地无一~。**用法提示** ①数词一般没有限制，既可用基数词或表示数量的“两”“几”“好几”“若干”，也可用序数词或表示序数的“头”等：一~地｜几~红薯｜这是海岛上的头~青菜。②数词“一”在某些代词或动词后常可省略：风吹着那~春麦｜种了~红薯｜这~玉米是他亲自种的。③数词前可加“这”“那”“哪”等代词：那几~葡萄架｜这两~茶是试验品种｜种这一~庄稼得三个人。④数词为“一”时可重叠，重叠形式主要有“(一)~~”“一~一~”：~~绿油油的庄稼｜一~~小树苗汇成片片绿洲｜一~一~的褐色田埂上种满了蔬菜。⑤前面一般不加形容词修饰，后面一般不加“子”。⑥一般不儿化。❷ 名量词 用于计量排列整齐的屋瓦：三四~彩钢瓦｜他耐心地铺着一~~瓦片。**用法提示** ①数词一般没有限制，既可用基数词或表示数量的“两”“几”“好几”“若干”等，也可用序数词：一~琉璃瓦｜两~彩钢瓦｜第二~瓦已经坏了好久了。②数词“一”在某些代词或动词后常可省略：有~屋瓦被砸坏了｜工程快结束了才发现少买了~彩钢瓦｜右边的那~瓦是新换的。③数词前可加“这”“那”“哪”等代词：光这两~瓦他就摆了大半天｜这几~琉璃瓦很有文物价值｜快查查到底是哪一~屋瓦坏了。④数词为“一”时可重叠，重叠形式主要有“一~~”“一~一~”：一~一~小瓦片｜屋顶是一~~琉璃瓦，金碧辉煌。

L

⑤前面一般不加形容词修饰，后面一般不加“子”。⑥一般不儿化。

语义源流 本义指坟墓外围的矮墙。《说文解字·土部》：“垅，丘垅也。”《周礼·春官·冢人》：“冢人。”郑玄注：“冢，封土为丘垄。”《管子·立政》：“生则有轩冕、服位、谷禄、田宅之分，死则有棺椁、绞衾、圹～之度。”《晏子春秋·景公欲厚葬梁丘据晏子谏》：“据忠且爱我，我欲丰厚其葬，高大其～。”《后汉书·和帝纪》：“朕望长陵东门，见二臣之～，循其远节，每有感焉。”因形状相似，故引申指田里一行行的土埂或由土埂分割的田地。《史记·陈涉世家》：“辍耕之～上，怅恨久之。”晋·葛洪《抱朴子·极言》：“厥田虽沃，水泽虽美，而为之失天时，耕锄又不至，登稼被～，不获不刈，顷亩虽多，犹无获也。”演变为量词，用于计量田垄上排列整齐的农作物。唐·白居易《秋居书怀》：“不种一株桑，不锄一～谷。”唐·齐己《溪居寓言》：“秋蔬数～傍潺湲，颇觉生涯异俗缘。”也可用于计量田地。元·刘埙《隐居通议》：“争一～之田者必讼夺草地，莫敢谁何。”清·佚名《金钟传》第五十六回：“花的那钱只值这两～地么？”清·西周生《醒世姻缘传》第七十九回：“你要叫他耕一～的地，布一升的种……他就半步也不肯挪动。”也用于计量状似土埂、一行行排列整齐的屋瓦。明·唐顺之《胡贸棺记》：“佣书数十年，居身无一～之瓦，一醉之外皆不复知也。”

楼 lóu ❶ 名量词 用于计量楼层：他住这个公寓的三～|我们都不知道他的办公室到底在几～。**用法提示** ①数词可用基数词或表示数量的“两”“几”“好几”“若干”等：从二～摔下去|我歇了三气儿才爬到四～。②数词“一”一般不省略。③数词前一般不加代词。④前面一般不加形容词修饰，后面一般不加“子”。⑤一般不重叠和儿化。❷ 名量词 用于计量楼里的人或物：那几～住户|你看那一～的烟雾，肯定是失火了。**用法提示** ①数词一般没有限制，既可用基数词或表示数量的“两”“几”“好几”“若干”等，也可用序数词：一～杂物|公司搬家了，留下半～家具和垃圾|这次漏水事故主要影响了第一～的住户。②数词“一”在某些代词后有时可省略：这～上上下下多少家|那～住户都是一个单位的。③数词前可加“这”“那”“哪”等代词：她负责打扫那两～的垃圾|这几～住户都新装了空调。④数词为“一”时可重叠，重叠形式主要有“一～～”“一～一～”：一～一～的住户|一～～家具|他每天的工作就是为一～一～的房客送开水。⑤前面一般不加形容词修饰，后面一般不加“子”。⑥一般不儿化。❸ 名量词 用于计量充满楼内空间的风、月、烟、雨、美景等。渲染一种氛围：一～烟雨|一～春色|一～明月|我来这里就是为了这一～茶香。**用法提示** ①数词一般限用“一”：山色湖光共一～|一～苍翠|远远看去，一～烟雾缭绕。②数词前可加“这”“那”等代词：那一～烟雨|这一～景致真迷人。③数词“一”一般不省略。④前面一般不加形容词修饰，后面一般不加“子”。⑤一般不重叠和儿化。

L

语义源流 本义指两层及以上的房屋。《说文解字·木部》:“楼，重屋也。”《列子·说符》:“登高～，临大路，设乐陈酒。”《荀子·赋》:“志爱公利，重～疏堂。”《古诗十九首·西北有高楼》:“西北有高～，上与浮云齐。”借用为量词，用于计量楼宇、楼层。《新五代史·四夷附录·契丹》:“往来射猎四～之间。”《朱子语类·朱子三》:“若行，则令四县特作四～以贮簿籍，州特作一～，以贮四县之图帐，不与他文书混。”借用于计量楼里的人或物。日·丹波元胤《中国医籍考》:“闻人有异书，置之一～，俄失火。”也用于计量充满楼内空间的风、月、烟、雨、美景等。唐·刘兼《中春登楼》:“两岸烟花春富贵，一～风月夜凄凉。”南唐·李煜《感怀》:“又见桐花发旧枝，一～烟雨暮凄凄。”宋·周紫芝《潇湘夜雨·和潘都曹九日词》:“倚尽一～残照，何妨更、月到帘旌。”宋·秦观《风入松·西山》:“霁景一～苍翠。薰风满壑笙簧。不妨终日此徜徉。”

近义辨析 楼—层 见“层”下。

搂 lǒu 名量词 用于计量所抱持之物，表两臂合围的量：一～干柴｜两～玉米秆｜一～粗的梧桐树｜那妇人抱了一～枯草放到墙角。**用法提示** ①数词一般没有限制，既可用基数词或表示数量的“两”“几”“好几”“若干”等，也可用序数词：一～柴火｜第二～麦秸｜好几～粗的杨树。②数词“一”在某些代词或动词后常可省略：那～柴火早就烧完了｜灶门口堆着～干树枝｜有～稻草就能铺个舒舒服服的小窝了。③数词前可加“这”“那”“哪”等代词：那一～干柴都是这孩子一个人捡的｜这几～豆草还得快点装车。④前面可加形容词“大”修饰：两大～杂草｜几大～秸秆｜他怀里抱着一大～鲜花。⑤数词为“一”时可重叠，重叠形式主要有“(一)～～”“一～一～”：～～秸秆都整整齐齐的｜一～～干草｜一～一～的木柴被抱走了。⑥后面一般不加“子”。⑦一般不儿化。

语义源流 本义指抱持。《正字通·手部》:“抱持谓之搂。”《孟子·告子下》:“逾东家墙而～其处子，则得妻；不～，则不得妻，则将～之乎？”唐·陈陶《海昌望月》:“疑抛云上锅，欲～天边球。”《红楼梦》第三回:“(黛玉)正欲下拜，早被外祖母抱住，～入怀中。”借用作量词，指两臂合围的量。清·佚名《刘公案》第二十一回:“杨柳细腰够两～，瞧光景，只怕早晚要占房。”现代也可用于计量所抱持之物。

篓 lǒu 名量词 用于计量用篓子盛装的东西：两～鸡蛋｜一小～红枣｜朋友送我一大～螃蟹。**用法提示** ①数词一般没有限制，既可用基数词或表示数量的“两”“几”“好几”“若干”等，也可用序数词：今年的第一～春茶｜送几～鸡蛋给亲戚｜楼上有人把一～废纸倒了下来。②数词“一”在某些代词或动词后常可省略：捡了～牛粪｜老人提着～萝卜去看亲戚｜这～大米是小王刚送来的。③数词前可加“这”“那”“哪”等代词：那两～桃子｜这几～冬枣都是朋友送的｜哪一～草药是新采的？④前面可加“大”“小”等形容词修饰：几大～废纸｜他买了一大～大闸蟹｜拣了半天才得了一小～花生。⑤后面一般可加“子”：一～子醉蟹｜好几～子水果｜他背起了一～子杂草。⑥数词为“一”时可重叠，重叠形式主要有“(一)～～”“一～一～”：～～茶叶都飘着清香｜一～一～的鲜虾活鱼｜工人们从卡车上卸下一～～诱人的苹果。⑦一般不儿化。

语义源流 本义指用竹子、藤条等编成的盛东西的器具。《说文解字·竹部》：“篓，竹笼也。”唐·皮日休《茶中杂咏·茶人》：“日晚相笑归，腰间佩轻～。”宋·梅尧臣《和韩五持国乞分道损山药之什》：“欲分栏下苗，驰奴仍置～。”借用作量词，计量用篓子盛装的东西。明·凌濛初《初刻拍案惊奇》卷一：“我那一～红橘，自从到船中，不曾开看，莫不人气蒸烂了？”明·凌濛初《二刻拍案惊奇》卷三十六：“急急去买了一二十～山炭，归家炽煽起来，把来销熔了。”清·西周生《醒世姻缘传》第五回：“即日晚上，胡旦叫人挑了带来的一～素火腿，一～花笋干，一～虎丘茶，一～白鲞，走到外公宅上。”

炉 lú ❶ 名量词 用于计量装在炉子中焚烧的东西，如香、炭火等：一～檀香｜一～炭火｜他恭恭敬敬地焚了一～香。**用法提示** ①数词一般没有限制，既可用基数词或表示数量的“两”“几”“好几”“若干”，也可用序数词或表示序数的“头”“首”等：头～香｜几～炭火｜人活一口气，佛受一～香。②数词“一”在某些代词或动词后常可省略：燃上～旺火，促膝谈心｜在小小的书斋里焚起～香｜带兵人就应该像这～炭火。③数词前可加“这”“那”“哪”等代词：那两～炭火要送到老太太房里去｜这两～香总算可略表心意｜不当竞争必将浇灭假日商业这一～旺火。④前面可加“大”“小”“满”等形容词修饰：一小～香｜满～香火｜房间里燃着一大～炭火。⑤后面一般可加“子”：一～子火｜好几～子焦炭｜地上是一～子香灰。⑥数词为“一”时可重叠，重叠形式主要有“(一)～～”“一～一～”：一～～香火｜他看着一～一～炭火熄灭｜化肥厂坚持生产，厂厂不停工，～～不停火。⑦一般不儿化。❷ 名量词 用于计量用炉子烹饪或烧烤、炼制的东西：一～钢水｜两～烤白薯｜他每天都要烤一～面包。**用法提示** ①数词一般没有限制，既可用基数词或表示数量的“两”“几”“好几”“若干”，也可用序数词或表示序数的“头”“首”等：一～水｜几～好钢｜第一～烧饼刚做好。②数词“一”在某些代词或动词后常可省略：买了～烤红薯｜烤～面包｜心里一直记挂着那～烤鸭呢。③数词前可加“这”“那”“哪”等代词：那一～饼｜这几～面包都烤焦了｜哪一～钢质量好？④前面可加“大”“小”等形容词修饰：一小～烤玉米｜不到十分钟，一大～面包就卖完了。⑤后面一般可加“子”：一～子火烧｜他一天能卖出两～子烤地瓜｜工人们一不小心毁了两～子钢。⑥数词为“一”时可重叠，重叠形式主要有“(一)～～”“一～一～”：一～～钢｜一～一～烤红薯｜工人们这一班共炼出十一炉

L

钢，~~合格。⑦一般不儿化。

语义源流 本义指盛火的装置或器具，用于取暖、烹饪、冶炼等。《玉篇·火部》：“炉，火炉也。”《韩非子·初见秦》：“闻战，顿足徒裼，犯白刃，蹈~炭，断死于前者皆是也。”《庄子·大宗师》：“今一以天地为大~，以造化为大冶，恶乎往而不可哉？”汉·王充《论衡·寒温》：“火之在~，水之在沟。”后也指香炉、熏炉。南朝梁·刘孝威《怨诗》：“烛避窗中影，香回~上烟。”明·归有光《钱一斋七十寿序》：“道士园有竹千竿，截其尤巨者为~，旦夕焚香祷祝。”借用作量词，用于计量装在炉子里的东西，包括香、炭火等。唐·郑谷《重访黄神谷策禅者》：“我趣转卑师趣静，数峰秋雪一~香。”唐·齐己《山中寄凝密大师兄弟》：“一~薪尽室空然，万象何妨在眼前。”也可用于计量用炉子烧制的东西。唐·张令问《与杜光庭》：“一壶美酒一~药，饱听松风白昼眠。”明·冯梦龙《警世通言·福禄寿三星度世》：“贫道在山修行一十三年，炼得一~好丹，将来救人。”

路 lù ❶ 名量词 用于计量按特定路线行驶的公交车等：两~公交｜好几~车｜五~汽车经过我们大学。**用法提示** ①数词可用基数词或表示数量的“两”“几”“好几”“若干”等：最后一~车｜从学校到那儿有好几~公共汽车｜有两~车经过他的单位。②数词“一”在某些代词或动词后常可省略：等了好长时间才等来了那~车｜有~公交车方便多了｜门口新增了~到单位的公交车。③数词前可加“这”“那”“哪”等代词：这三~车都到颐和园｜街对面的那两~公交车你都可以坐｜哪几~车能到目的地？④数词为“一”时可重叠，重叠形式主要有“(一)~~”“一~一~”：一~~公交车停了又走｜这一会儿来了好几路公交车，~~挤满了人｜只见一~一~车开过去。⑤前面一般不加形容词修饰，后面一般不加“子”。⑥一般不儿化。❷ 名量词 用于计量队伍、人马：一~兵马｜东西两~军队｜两~人马都已覆灭。**用法提示** ①数词一般没有限制，既可用基数词或表示数量的“两”“几”“好几”“若干”等，也可用序数词：第三~大军到了｜前后一共来了十几~大军｜这两~人马还不知是敌是友。②数词“一”在某些代词或动词后常可省略：派~援军过来｜有~队伍正向我处行进｜这~队伍和总部失去了联系。③数词前可加“这”“那”“哪”等代词：这几~人马都归你调遣｜那三~队伍急需调回｜到底哪一~队伍可以最早到达？④前面一般可加形容词“大”修饰：一大~援军｜一大~保镖｜他派了一大~人马前来接应。⑤数词为“一”时可重叠，重叠形式主要有“(一)~~”“一~一~”：一~~士兵到此集结｜司令一气儿派出五路人马，~~直扑敌军阵地｜他把一~一~队伍都派出去了。⑥后面一般不加“子”。⑦一般不儿化。❸ 名量词 用于计量人或事物的种类：咱们是两~人｜他俩虽然亲如姐弟，却不是一~人｜不是一~人，没有什么可说的。**用法提示** ①数词一般限用“一”“两”：一~货色｜当经理的跟咱是

L

两～人|他们根本不是一～人。②数词“一”在某些代词或动词后常可省略：有～人你不得不防|他不是那～人|这～人大都有点儿心理问题。③数词前可加“这”“那”“哪”等代词：不知他是哪一～人|万万不可与那一～货色有任何关系|他这一～人是一点亏都吃不得的。④前面一般不加形容词修饰，后面一般不加“子”。⑤一般不重叠和儿化。❹ 名量词 用于计量武术类别：一～猴拳|打了两～拳|他非要我走几～拳脚不可。**用法提示** ①数词一般没有限制，既可用基数词或表示数量的“两”“几”“好几”“若干”等，也可用序数词：打几～太极|十几～武术套路|几～螳螂拳演下来，彻底征服了观众|第二～杂耍赚了不少掌声。②数词“一”在某些代词或动词后常可省略：学了～螳螂拳|您刚打的那～醉拳谁都没见过|这～拳法是他自创的。③数词前可加“这”“那”“哪”等代词：这一～太极是偷学来的|那两～猴拳耍得真是精彩绝伦|你这几～拳法很是奇怪。④数词为“一”时可重叠，重叠形式主要有“(一)～～”“一～一～”：各路武艺，～～精通|一～一～的拳法|他那一～～醉拳怎么就那么逼真。⑤前面一般不加形容词修饰，后面一般不加“子”。⑥一般不儿化。

语义源流 本义指道路。《说文解字·足部》：“路，道也。”《周礼·地官·遂人》：“万夫有川，川上有～，以达于畿。”《书·胤征》：“每岁孟春，遒人以木铎徇于～，官师相规，工执艺事以谏。”《国语·晋语六》：“考百事于朝，问谤誉于～，有邪而正之，尽戒之术也。”道路通往不同方向和地区，引申指不同区域，后又用作行政区划名。宋·苏辙《论兰州等地状》：“况陕西、河东两～，比遭用兵之厄，民力困匮，疮痍未复。”《三国演义》第十五回：“自是东～皆平，令叔孙静守之。”演变为量词，古代用于计量类似道路的呈长条形延展或排列的事物。唐·齐己《送相里秀才赴举》：“明年自此登龙后，回首荆门一～尘。”唐·薛能《戏舸》：“远舸冲开一～萍，岸傍偷上小茅亭。”《西游记》第十回：“门钻几～赤金钉，槛设一横白玉段。”也用于计量由不同方向、道路而来的队伍、人马。明·许仲琳《封神演义》第二回：“倘朝廷盛怒之下，又点几～兵来。”《水浒传》第一百零八回：“俺每如今将士都在一处，多分调几～，前去厮杀，教他应接不暇。”《三国演义》第九十九回：“忽然喊声大震，两～军杀出，乃王平、张翼也。”由不同方向，进一步虚化指不同的方面、种类或途径。汉·于吉《太平经》：“夫不仁之人……古者圣贤不与其同～也。”《淮南子·本经》：“五帝三王，殊事而同指，异～而同归。”演变为量词，用于计量人或事物的种类，以及武术的类别和套数。《朱子语类·大学四》：“若这事思量未了，又走做那边去，心便成两～。”《西游记》第五十一回：“这一～拳，走得似锦上添花。”《水浒传》第四十九回：“姐夫见我好武艺，教我学了几～枪法在身。”明·冯梦龙《喻世明言·临安里钱婆留发迹》：“当下叙礼毕，闲讲了几～拳法。”现代也用于计量按特定线路行驶的公交

L

车等。

旅 lǚ 名量词 军队的编制单位，在师之下，团之上：一～士兵｜两～敌军｜他被编入野战军三～。**用法提示** ①数词一般没有限制，既可用基数词或表示数量的“两”“几”“好几”“若干”等，也可用序数词：两～盟军｜几～士兵｜执行此次任务的是空军第九～。②数词“一”在某些动词后常可省略：派～兵力去支援｜调～士兵去救灾｜将军给我们派了～工程兵来。③数词前可加“这”“那”“哪”等代词：那两～敌军｜这几～都是精兵强将｜山前的哪一～人马是来接应的？④前面可加形容词“整”修饰：一整～编制｜一整～敌军｜我方用了一整～士兵把敌人的阵地围住。⑤数词为“一”时可重叠，重叠形式主要有“(一)～～”“一～一～”：～～援兵｜师长把队伍一～～地安排好｜他吃掉了敌人一～一～的兵力。⑥后面一般不加“子”。⑦一般不儿化。

语义源流 古文字形为人在旗下，可指聚集在旗下的人群。《书·多方》：“惟我周王灵承于～，克堪用德，惟典神天。”常用义为古代军队编制单位，泛指军队。《说文解字·㫃部》：“旅，军之五百人为旅。”《周礼·地官·小司徒》：“五人为伍，五伍为两，四两为卒，五卒为～，五～为师。”《书·大禹谟》：“班师振～。”《论语·先进》：“千乘之国，摄乎大国之间，加之以师～，因之以饥馑。”《韩非子·存韩》：“夫进而击赵不能取，退而攻韩弗能拔，则陷锐之卒勤于野战，负任之～罢于内攻。”演变为量词，用于计量队伍、兵马。《梁书·元帝纪》：“以残楚之地，抗拒九戎；一～之师，翦灭三叛。”《北史·李苗传》：“今朝廷有不测之危，正是忠臣烈士效节之时，请以一～之众，为陛下径断河梁。”《旧五代史·郭言传》：“时宗权支党数十万，太祖兵不过数十～，每恨其寡，与之不敌。”现为军队编制单位。

缕 lǚ ❶ 名量词 用于计量细丝状事物：一～青丝｜几～炊烟｜香囊上系着几～红丝线。**用法提示** ①数词一般没有限制，既可用基数词或表示数量的“两”“几”“好几”“若干”等，也可用序数词：一～发丝｜两～白白的炊烟｜早晨的第一～阳光。②数词“一”在某些代词或动词后常可省略：天边有～晚霞｜她想去买～棉线｜妈妈头上这～白发刺痛了我的心。③数词前可加“这”“那”“哪”等代词：那几～炊烟｜这两～红丝线｜眼看着那一～青烟冉冉升起。④前面有时可加“大”“小”等形容词修饰：一小～断发从头上飘落｜一大～红胡子｜他用筷子夹起一大～面条。⑤数词为“一”时可重叠，重叠形式主要有“(一)～～”“一～一～”：一～～凉风｜微风送来～～清香｜黑发中明显地出现了一～一～白发。⑥后面一般不加“子”。⑦一般不儿化。❷ 名量词 用于计量较为抽象的事物，如愁绪、情感、心情等，表数量较少：一～闲愁｜一～柔情｜心里起起伏伏就是那几～忧思。**用法提示** ①数词一般限用“一”“几”：一～幽香｜几～思绪｜万物只知宁静，低吟一～思古幽情。②数词“一”在某些代词或动词后常可省略：有～忧愁挥之不

去|有～失落感在心底升起|最近他总沉迷于这～闲愁中。③数词前可加“这”“那”“哪”等代词：那一～思绪无根无由|这一～幽幽的古味很有意境|最近总被这几～愁思缠缚。④数词为“一”时可重叠，重叠形式主要有“(一)～～”“一～一～”：一～～烦恼|心中升起～～怨气|一～一～的欣喜之情被隐藏在心中。⑤前面一般不加形容词修饰，后面一般不加“子”。⑥一般不儿化。

语义源流 本义指丝线、麻线。《说文解字·糸部》：“缕，线也。”《孟子·滕文公上》：“麻～丝絮轻重同，则贾相若。”《淮南子·说山》：“先针而后～，可以成帷；先～而后针，不可以成衣。”宋·苏轼《前赤壁赋》：“余音袅袅，不绝如～。”引申泛指细而长的、线状的东西。唐·孟郊《宇文秀才斋中海柳咏》：“玉～青葳蕤，结为芳树姿。”宋·晏殊《蝶恋花·六曲阑干偎碧树》：“杨柳风轻，展尽黄金～。”演变为量词，用于计量纤细的、条状的事物，包括云、霞、烟雾等。唐·韦应物《长安遇冯著》：“昨别今已春，鬓丝生几～。”唐·牟融《题竹》：“数点渭川雨，一～湘江烟。”宋·李琳《六幺令·京中清明》：“斜阳今古，几～游丝趁飞蝶。”《红楼梦》第五回：“后面又画着几～飞云，一湾逝水。”进一步引申用于计量较为抽象的愁绪、情感、心情等。唐·司空图《灯花三首》其一：“几时金雁传归信，剪断香魂一～愁。”宋·赵令畤《蝶恋花·庭院黄昏春雨霁》：“一～深心，百种成牵系。”宋·周邦彦《拜星月慢·夜色催更》：“怎奈向、一～相思，隔溪山不断。”宋·萧汉杰《蝶恋花·春燕和韵》：“一～春情风里絮。海阔天高，那更云无数。”

近义辨析 缕—绺 见“绺”下。

轮 lún ❶ **名量词** 用于计量轮状物体：一～光环|宏伟的穹顶上镶着一～～拱形的吊灯|牧马人套杆上的绳圈在空中划出一～弧线。**用法提示** ①数词一般没有限制，既可用基数词或表示数量的“两”“几”“好几”“若干”等，也可用序数词：第一～光环|两～光圈|河中间有好几～漩涡。②数词“一”在某些代词或动词后常可省略：头顶上是～炫目的光环|就是这～漩涡带走了她唯一的儿子|枝头上有～金黄色的舌状花。③数词前可加“这”“那”“哪”等代词：正是这一～想象中的光环使他迷失了自己|那两～光圈终于慢慢消失|他盯着那几～漩涡一时出了神。④数词为“一”时可重叠，重叠形式主要有“(一)～～”“一～一～”：河面上漾起～～水波|和风吹过，麦田里翻起一～～的麦浪|一～一～波纹向外扩散。⑤前面一般不加形容词修饰，后面一般不加“子”。⑥一般不儿化。❷ **名量词** 用于计量太阳、月亮等圆形物：一～初升的朝阳|天上一～满月，世间万家团圆。**用法提示** ①数词一般限用“一”“半”：一～明月|一～寒月悬空而起|半～红日浮在海面。②数词“一”在某些代词或动词后常可省略：那～圆月|看着这～明月，他不由得想起故乡|他见到的是～变了色的月亮。③数词前可加“这”“那”“哪”等代词：那一～旭日|这一～红

日已经贴在了远处的地平线上。④前面一般不加形容词修饰，后面一般不加“子”。⑤一般不重叠和儿化。❸ 名量词 用于计量按轮次周期出现的事物：一～投资热｜公司半年来已获得了三～融资。**用法提示** ①数词一般没有限制，既可用基数词或表示数量的“两”“几”“好几”“若干”，也可用序数词或表示序数的“首”等：新一～菜篮子工程｜首～融资｜目前已经实施了两～教育振兴计划。②数词“一”在某些代词后可省略：这～风投｜那～谈判｜这～大范围的降雨将持续一周。③数词前可加“这”“那”“哪”等代词：这一～扫黑除恶行动已筹划了好久｜那两～投资经历如坐过山车般刺激｜机关枪扫射这几～之后，士兵们冲过了小溪。④前面有时可加“大”“小”等形容词修饰：一大～车轱辘话｜我已经勉强睡了一小～觉。⑤数词为“一”时可重叠，重叠形式主要有“一～～”“一～一～”：一～～好戏，你方唱罢我登场｜学校举办了一～～招聘会｜一～一～残酷的价格战之后，很多小公司倒闭了。⑥有时可儿化：一～儿盲目投资｜新一～儿招生｜新一～儿生育高峰。⑦后面一般不加“子”。❹ 动量词 用于计量事物按周期出现的次数：面试了两～｜敌人发动了新一～攻击｜两队计划下个星期再战一～。**用法提示** ①数量结构一般位于动词前，也可位于动词后：两～角逐｜选手们经历了一～～选拔｜孩子夜里总会哭几～。②数词一般没有限制，既可用基数词或表示数量的“两”“几”“好几”“若干”，也可用序数词或表示序数的“首”等：比了好几～｜开始首～循环｜降价之风吹了一～又一～。③数词为“一”时可重叠，重叠形式主要有“(一)～～”“一～一～”：一番番考察，一～～谈判｜他们参加了三轮比赛，～～败北｜随着市场的炒作，房价一～一～上涨。④有时可儿化：谈了几～儿还是没进展｜面试已经进行了三～儿。⑤数词“一”一般不省略。⑥数词前一般不加代词。⑦前面一般不加形容词修饰，后面一般不加“子”。❺ 动量词 用于计量年龄的差距，十二年为一轮：大一～｜比我小两～｜哥俩的年龄正好差一～。**用法提示** ①数量结构一般位于动词后：年龄差着好几～｜他比我大一～。②数词一般限用“一”或表示数量的“两”“几”“好几”等：小一～｜大两～｜他和儿子都属虎，只是正好差两～。③有时可儿化：差两～儿｜小一～儿｜他四十多岁了，比你大半～儿。④数词“一”一般不省略。⑤数词前一般不加代词。⑥前面一般不加形容词修饰，后面一般不加“子”。⑦一般不重叠。

语义源流 本义指车轮。《说文解字·车部》：“轮，有辐曰轮。”《诗·魏风·伐檀》：“坎坎伐～兮。”汉·冯衍《车铭》：“乘车必护～，治国必爱民。”引申指代车辆。《穀梁传·僖公三十三年》：“晋人与姜戎要而击之殽，匹马倚～无反者。”宋·孙光宪《临江仙·霜拍井梧干叶堕》：“杳杳征～何处去，离愁别恨千般。”演变为量词，古代用以计车数。《南史·侯景传》：“车至二十～，陈于阙前，百道攻城。”清·王士禛《池北偶谈·锦裙宋绣》：

“瓦官寺有陈叔宝羊车一～，天后锦裙一幅。”由本义引申泛指状如车轮之物，多为日、月。北周·庾信《镜赋》：“天河渐没，日～将起。”唐·张若虚《春江花月夜》：“江天一色无纤尘，皎皎空中孤月～。”又用于计量轮子或圆形物，包括日、月。唐·朱庆馀《叙吟》：“遥天一～月，几夜见西沉。”宋·黄庭坚《念奴娇·断虹霁雨》：“姮娥何处，驾此一～玉。”元·张养浩《折桂令·中秋》：“一～飞镜谁磨？照彻乾坤，印透山河。”《明史·乐志三》：“万里烟尘净洗，正红日一～高照。”又由车轮转动引申指依次更迭。晋·葛洪《神仙传·张道陵》：“使诸弟子随事～出米绢器物、纸笔樵薪什物等。”《宋史·职官志》：“诏宰相与参政～班知印。”《西游记》第二十八回：“今日～到我的身上，诚所谓‘当家才知柴米价，养子方晓父娘恩’。”由更迭义演变为量词，用于计量按一定周期出现的事物或动作。宋·徐照《促促词》：“小儿作军送文字，一旬一～怨辛苦。”清·钱彩《说岳全传》第九回：“众人齐道：‘好！我们也各敬一杯。’第三～到王贵自家，也吃了一杯。”常杰淼《雍正剑侠图》第六十三回：“喝了两～酒。张方又站起来。”还可用于计量年龄的差距，十二年为一轮。

罗 luó **名量词** 用于计量商品数量的单位，1 罗等于 12 打（144 件）。英语 gross 的音译：3～本子｜一～旧书，他只花了几元钱就买下了。**用法提示** ①数词一般用基数词或表示数量的“两”“几”“好几”“若干”等：好几～瓷碗｜仓库里放着三～棕垫｜那十几～折扇都是要运到南方的。②数词“一”在某些代词后可省略：这～笔是要发下去的｜不知那～毯子还能不能卖出去。③数词前可加“这”“那”“哪”等代词：这两～袜子｜那一～毛毯是从中东进口的｜哪一～布料是你的？④数词为“一”时可重叠，重叠形式为“一～一～”：一～一～的货物｜把要捐的一～一～画册码放整齐。⑤前面一般不加形容词修饰，后面不加“子”。⑥一般不儿化。

箩 luó **名量词** 用于计量用箩盛装的物品，多为粮食、蔬菜等：一～黄豆｜两～青菜｜大嫂笑眯眯地端出一～金灿灿的玉米，要我带回去尝鲜。**用法提示** ①数词一般没有限制，既可用基数词或表示数量的“两”“几”“好几”“若干”，也可用序数词或表示序数的“头”等：一～花生｜头～谷子是新收的｜院子里晒着好几～金黄色的玉米和稻谷。②数词“一”在某些代词或动词后常可省略：这～苞米是给奶奶留的｜买了～红枣｜我昨晚才摘下那～扁豆。③数词前可加“这”“那”“哪”等代词：这几～柿子｜那三～苹果｜只一会儿工夫就把那半～红薯吃了个精光。④前面可加“大”“小”等形容词修饰：几大～稻谷｜满满一大～垃圾｜只有一小～白面，连吃顿饺子都不够。⑤数词为“一”时可重叠，重叠形式主要有“一～～”“一～一～”：满地摆放着一～～珠蚌｜车上满载着一～一～的年货｜夫妻俩把一～一～的稻谷搬下船。⑥后面一般不加“子”。⑦一般不儿化。

语义源流 本义指竹子或柳条编制成的

器具。《集韵·戈韵》:“箩，江南谓筐底方上圆曰箩。”清·蒋溥等《授时通考·劝课·耕织图上》:“颗颗珠倾筐，莹莹雪满～。”借用作量词，用于计量用箩筐盛装的物品。唐·贯休《深山逢老僧二首》其二:“担头何物带山香，一～白蕈一～栗。”明·许仲琳《封神演义》第十五回:“马来的急……把两～面拖了五六丈远，面都泼在地下。”

摞 luò 名量词 用于计量重叠放置的物品：一～照片|两～文件|工作人员搬出了厚厚几～书。**用法提示** ①数词一般没有限制，既可用基数词或表示数量的“两”“几”“好几”“若干”等，也可用序数词：第一～处方单|几～大大小小的花盆|各人面前放着好几～资料。②数词“一”在某些代词或动词后常可省略：你看看这～片子，各种检查真的都做了|桌角有～记录本|他拿了～白纸就走了。③数词前可加“这”“那”“哪”等代词：这两～作业|那一～琴谱|那几～书的来历可不简单。④前面可加“大”“小”“厚”等形容词修饰：一大～报纸|一小～衬衣|他面前有一厚～稿子。⑤数词为“一”时可重叠，重叠形式主要有“(一)～～”“一～一～”：一～～砖头|桌上的～～碗碟摇摇欲坠|密码箱里是一～一～崭新的人民币。⑥后面一般不加“子”。⑦一般不儿化。

语义源流 本义为整理、系扎。《玉篇·手部》:“摞，理也。”《后汉书·舆服志下》:“古者有冠无帻……汉兴，续其颜，却～之……丧帻却～反本，礼也。”引申指把东西重叠往上放。清·文康《儿女英雄传》第十八回:“他却搬张桌子，又～张椅子，坐在上面。”常杰淼《雍正剑侠图》第七十二回:“他告诉伙计要住在南房。来到屋里头，把两个筐～在一块。”借用为量词，用于计量重叠放置的物品。清·丁秉仁《瑶华传》第十七回:“瑶华带了婢女走出前厅，只见长史手中拿着一大～手板、帖子。”曹绣君《古今情海·谭鑫培》:“不到一天的工夫，王公贵人为谭鑫培求情的信函就来了一大～。”常杰淼《雍正剑侠图》第六十五回:“两旁边摆着椅子和木凳，经架子上一～一～的经书，很讲究。”

近义辨析 摞—沓 见“沓”下。

M

马力 mǎlì 度量衡量词 功率单位，符号为HP。每秒钟将75千克的物体上举1米所做的功就是1马力。1马力等于735.498瓦特。现代汉语中已不常用：250～的赛车|该设备由一台一～的电动机驱动。

码[1] mǎ 名量词 用于计量事情：我说的和你说的不是一～事|这是两～事|爱情是一～事，婚姻则是另一～事。**用法提示** ①数词限用“一”“两”等：想和做是两～事|那是另一～事。②数词“一”在某些代词后常可省略：我们根本就不知道有这～事|你说的那～事我早忘了|碰上这～事真烦人。③数词前一般可加“这”“那”等代词：你根本不必理会他那两～事|我们压根儿就不知道这一～事|他现在还顾不上考虑这一～事。④后面有时可加“子”：我跟他可不是一～子事|这是两～子事|咱俩说的不是一～子事。⑤前面一般不加形容词修饰。⑥一般不重叠和儿化。

语义源流 本义为玛瑙，一种矿石。《玉篇·石部》：“码，码碯。”《集韵·马韵》：“码，码碯。或从玉。”后假借为计数的符号和用具，包括号码、筹码等（“筹码”也写作“筹马”）。《礼记·投壶》：“正爵既行，请为胜者立马（码）。”清·蒲松龄《聊斋志异·念秧》：“既散局，各计筹马（码）。”清·李宝嘉《官场现形记》第三回：“黄道台知道是要紧事情，连忙拆开一看，上头只有号～。”清·吴趼人《二十年目睹之怪现状》第十三回：“摇了几摇，摇出一根签来，看了号～，又到香火道人那里去买签。”借用为量词，用于计量事情，相当于“件”“类”。常杰淼《雍正剑侠图》第六十六回：“您要说是两～事，就是两～事。实际上这两～事也是一～事！”曹绣君《古今情海·寄鱼书》：“后来人们用纨绸等制成素鱼装信相寄，是另外一～事。”

近义辨析 码—件 见“件”下。码—类 见“类”下。

码[2] mǎ 度量衡量词 英美制长度单位，符号为yd。英语yard的音译。1码等于3英尺，合0.9144米：十几～长的绳子|学校离这儿还有100～|300～外有个黑影。**用法提示** ①数词一般用基数词或表示数量的“两”“几”“好几”“若干”等：二者距离超过50～|飞机向下盘旋着落在数十～开外的地上。②数词“一”在某些代词后可省略：这～料子是次品|就差了那～距离，球没能打进洞。③数词前可加“这”“那”等代词：这四五十～的距离|他是拖着伤腿跑完最后那几百～的。④数词为“一”时可重叠，重叠形式主要有“一～～”“一～一～”：一～～地挣扎着前进|距离正在一～一～地拉大|第七军一～一～地向前推进。⑤前面一般不加形容词修饰，后面一般不加“子”。⑥一般不儿化。

迈 mài 度量衡量词 用于计量机动车行车的时速，每小时行驶多少英里就叫

多少迈。英文mile的音译。现代汉语中已不常用：车速已达120～|这条路的限速是多少～？

毛 máo 名量词 我国货币辅助单位“角”的俗称。1毛等于0.1元：两～硬币|发送一条短信竟然要两～钱|吃完这顿饭，我兜里只剩几～钱了。**用法提示** ①数词一般用“九”以内的基数词或表示数量的“两”“几”“好几”“半”等：一～钱|好几～钱|他从来就没捐过半～钱。②数词前可加“这”“那”等代词：想挣这两～钱|没有必要浪费这一～钱|他从口袋里拿出那一～钱捏在手里。③数词“一”一般不省略。④前面一般不加形容词修饰，后面一般不加“子”。⑤一般不重叠和儿化。

语义源流 本义为毛发。《说文解字·毛部》：“毛，眉发之属及兽毛也。”《左传·僖公十四年》：“皮之不存，～将安傅？”《荀子·非相》：“然则人之所以为人者，非特以二足而无～也，以其有辨也。”《孟子·尽心上》：“杨子取为我，拔一～而利天下，不为也。”引申指细小如毛，表细微、微小。晋·葛洪《抱朴子·君道》：“操纲领以整～目。”《西游记》第二十七回：“西方～怪，闻我的手段，不敢伤我师父。”清·毕沅《续资治通鉴·宋纪一百三十八》：“户部契勘私铸～钱及磨错翦凿并博易私钱行使，各有立定条法。”进一步引申指细小之物。《列子·汤问》：“以残年余力，曾不能毁山之一～，其如土石何？”明·宋应星《天工开物·丹青》：“凡松香有一～未净尽，其烟造墨，终有滓结不解之病。”演变为量词，表示较小的量。明·罗懋登《三宝太监西洋记》第二十九回：“可以轻，轻则无一～之力。”现为我国货币辅币单位“角”的俗称，为一元的十分之一。

枚 méi ❶ 名量词 用于计量形体较小的物体：一～邮票|两～硬币|他花了上万块钱买了一～钻戒。**用法提示** ①数词一般没有限制，既可用基数词或表示数量的“两”“几”“好几”“若干”，也可用序数词或表示序数的“头”“首”等：两～精美的邮票|首～金牌|一直到第一～星星在天空闪烁，他才起身离开。②数词“一”在某些代词或动词后常可省略：那～小圆镜|那是～重要的筹码|他从怀里取出～戒指。③数词前可加“这”“那”“哪”等代词：那几～纽扣|这两～胸章|这三百余～铜钱都是最近出土的。④前面有时可加“大”“小”等形容词修饰：一大～巧克力蛋糕|那一小～尖刺|她左手中指上戴了一小～嵌紫水晶金戒指。⑤数词为“一”时可重叠，重叠形式主要有“(一)～～”“一～一～”：荒草中有一～～碎小的石子|～～印章都出自他手|他把一～一～钱币装进口袋。⑥后面一般不加“子”。⑦一般不儿化。❷ 名量词 用于计量弹药、武器等：一～炸弹|两～水雷|一～氢弹。**用法提示** ①数词一般没有限制，既可用基数词或表示数量的“两”“几”“好几”“若干”，也可用序数词或表示序数的“头”“首”等：两～手榴弹|好几～地雷|首～导弹发射成功。②数词“一”在某些代词或动词后常可省略：这～自制的土炸弹哑火了|挖出～迫击炮弹|有人在这里放了～定时

炸弹。③数词前可加“这”“那”“哪”等代词：那几～炮弹|这几～地雷|你说哪几～手榴弹有问题？④数词为“一”时可重叠，重叠形式主要有“(一)～～”“一～一～”：我方一气发射了五六枚火箭弹，～～命中目标|一～一～炮弹在他身边炸开|敌人在我方阵地投下了一～～重磅炮弹。⑤前面一般不加形容词修饰，后面一般不加“子”。⑥一般不儿化。

语义源流 本义为枝干。《说文解字·木部》：“枚，榦(干)也，可为杖。”《释名》：“竹曰个，木曰枚。”《诗·周南·汝坟》：“遵彼汝坟，伐其条～。”唐·杜甫《雨》：“鲛馆如鸣杼，樵舟岂伐～。”引申指小木条。《诗·豳风·东山》：“我东曰归，我心西悲。制彼裳衣，勿士行～。”《国语·吴语》：“越王乃令其中军衔～潜涉，不鼓不噪以袭攻之，吴师大北。”《史记·高祖本纪》：“夜衔～击项梁。”进一步引申指计数的工具。《书·大禹谟》：“～卜功臣，惟吉之从。”孔颖达疏：“《周礼》有衔枚氏，所衔之物，状如箸，今人数物云一枚、两枚，则枚是筹之名也。枚卜谓人人以次历申卜之，似若枚数然。”《晋书·葛洪传》：“沉研鸟册，洞晓龟～。”演变为量词，用于计量各类事物。《墨子·备城门》：“枪二十～。”《史记·龟策列传》：“庐江郡常岁时生龟长尺二寸者二十～输太卜官。”《汉书·五行志》：“燕王都蓟大风雨，拔宫中树七围以上十六～，坏城楼。”后来使用范围大大缩小，主要用于计量形体较小的事物。《汉书·孝成赵皇后》：“武发箧中有裹药二～。”唐·戴孚《广异记·径寸珠》：“胡载石出，对众剖得径寸珠一～。”《旧唐书·礼仪志三》：“为玉玺一～，方一寸二分。”现代也可用于计量弹药、武器等。

近义辨析 枚—个 见“个”下。

美吨 měidūn 度量衡量词 英美制质量或重量单位，也称“短吨”。1美吨等于2000磅，合907.1849千克。现代汉语中已不常用：几～的垃圾|有关部门建议对14324～产品课征50%关税|据说第二年的进口配额将增至15398～。

门 mén ❶ 名量词 用于计量学术、技术、功课的种类：一～手艺|两～课程|两年时间，学会了好几～手艺|他一气儿选了五～课。**用法提示** ①数词一般没有限制，既可用基数词或表示数量的“两”“几”“好几”“若干”等，也可用序数词：一～科学|一～课|这是他学会的第一～技术。②数词“一”在某些代词或动词后常可省略：学～手艺|教育是～艺术|这一～古老的科学要发扬光大了。③数词前可加“这”“那”“哪”等代词：这一～课的老师|那两～学科既有联系又有区别|你最喜欢哪一～课？④数词为“一”时可重叠，重叠形式主要有“(一)～～”“一～一～”：他～～功课名列前茅|一～～考试把大家累坏了|他顺利地通过了一～一～的考试。⑤一般可儿化：一～儿手艺|选了五～儿课|一～儿～儿考试都顺利通过了。⑥前面一般不加形容词修饰，后面一般不加“子”。❷ 名量词 用于计量婚事、亲戚、家族：一～亲事|她是我哪～子的二奶奶？|两年来张媒婆已经

说成了好几～婚事。**用法提示** ①数词一般没有限制，既可用基数词或表示数量的“两”“几”“好几”“若干”，也可用序数词或表示序数的“头”等：有几～亲戚帮衬还是踏实些|这是她说成的头～婚事。②数词“一”在某些代词或动词后常可省略：寻～好亲事|他们乐意做这～亲|我手头就有～好亲事。③数词前可加“这”“那”“哪”等代词：这一～亲事很理想|那几～亲没说成|这是哪一～子对哪一～子的事呢？④后面有时可加“子”：一～子好亲|他是你哪～子亲戚？|大家聊起来，总难免攀得上三五～子亲戚。⑤前面一般不加形容词修饰。⑥一般不重叠和儿化。❸ 名量词 用于计量火炮等：一～大炮|那几～火炮|这次战斗中，有一～炮被摧毁了。**用法提示** ①数词一般没有限制，既可用基数词或表示数量的“两”“几”“好几”“若干”，也可用序数词或表示序数的“头”等：一～炮|千～大炮一齐射击|他们研究出了第一～大炮。②数词“一”在某些代词或动词后常可省略：城楼上有～火炮|那时候，能有～迫击炮可是很有底气的事|这～炮还是两年前缴获的。③数词前可加“这”“那”“哪”等代词：这几～炮|只等那两～大炮一停就冲上去|这里的哪一～炮不是立下了无数战功的？④数词为“一”时可重叠，重叠形式主要有“（一）～～”“一～一～”：～～大炮都披红挂彩|一～～大炮同时轰鸣|我军端掉了敌军的一～一～大炮。⑤前面一般不加形容词修饰，后面一般不加“子”。⑥一般不儿化。

语义源流 本义为房门。《说文解字·门部》：“门，闻也。从二户，象形。”段玉裁注：“闻者，谓外可闻于内，内可闻于外也。”《韩非子·亡征》：“公婿公孙与民同～，暴慠其邻者，可亡也。”唐·李贺《高轩过》：“马蹄隐耳声隆隆，入～下马气如虹。”引申指家族、门户。《左传·昭公十三年》：“晋政多～。”《晋书·刘毅传》：“是以上品无寒～，下品无势族。”演变为量词，用于计量亲事、亲属等，“一门”即是一家。宋·王安石《胡笳十八拍十八首》其二：“一～骨肉散百草，安得无泪如黄河。”元·关汉卿《赵盼儿风月救风尘》第一折：“一来去望妈儿，二来就提这～亲事。”《红楼梦》第二回：“只可惜这林家支庶不盛，人丁有限，虽有几～，却与如海俱是堂族，没甚亲支嫡派的。”后泛用于计量事物的类别、派别，开始只用于计量佛经，后来扩展到技术、课程等。南朝梁·释慧皎《高僧传·译经篇》：“宜译众经，改梵为汉……大小十二～。”《唐太宗李卫公问对》：“张良所学，太公《六韬》《三略》是也；韩信所学，穰苴、孙武是也。然大体不出三～四种而已。”《清史稿·选举二》：“分通习、主课，均三年毕业。三曰加习科，于分类科毕业，择教育重要数～，加习一年，以资深造。”也可用于计量火炮等。清·文康《儿女英雄传》第十三回：“才要问话，听得头～炮响，钦差早已到门，连忙开暖阁迎了出来。”清·马建忠《东行初录》：“韦使来拜余与丁军门，并托向朝鲜代购两船饮物，行时，升十五～炮送之。”

M

🔍**近义辨析** 门—房 见“房”下。

米 mǐ 度量衡量词 长度单位，是国际单位制中七个基本单位之一，符号为m。旧称“公尺”。1米等于10分米：直径18～|那段城墙的平均宽度约为10～。**用法提示** ①数词一般没有限制，既可用基数词或表示数量的“两”“几”“好几”“若干”等，也可用序数词：第一～|1.8～的大个子|数十～开外的地方|浪高却急剧上升，最高时可达二三十～。②数词“一”在某些代词后可省略：这～电线是后接的|那～布已经染色，不能用了。③数词前可加“这”“那”“哪”等代词：这几百～的隧道|那二三百～的河面上都结了冰|这条河现在已经看不出哪几十～是人工开凿的了。④数词为“一”时可重叠，重叠形式主要有“一～～”“一～一～”：一～～公路|一～一～的路基就这样艰难地向前延伸。⑤前面一般不加形容词修饰，后面一般不加“子”。⑥一般不儿化。

面 miàn ❶ 名量词 用于计量平面、扁平或可展开之物：一～铜镜|两～锦旗|他背着～大筛子四处走。**用法提示** ①数词一般没有限制，既可用基数词或表示数量的“两”“几”“好几”“若干”等，也可用序数词：第一～旗子|十来～大鼓一字排开|大大的一～墙上只有一幅主人的照片。②数词“一”在某些代词或动词后常可省略：这～锦旗|屋顶有～旗帜迎风飘扬|他不小心打碎了～镜子。③数词前可加“这”“那”“哪”等代词：那一～盾牌|这几～大鼓可都有些年头了|要想宽敞，那一～墙必须拆除。④前面一般可加“大”“小”等形容词修饰：一大～玻璃|控制室里还有一大～壮观的电视墙|她迅速地将一小～镜子放在自己的背包里。⑤数词为“一”时可重叠，重叠形式主要有“(一)～～”“一～一～”：一～～镜子|～～彩旗迎风招展|一～一～大鼓依次排列。⑥后面一般不加“子”。⑦一般不儿化。❷ 名量词 用于计量纸张、书页等：两～纸都写满了|我已经做完了三～试卷。**用法提示** ①数词一般没有限制，既可用基数词或表示数量的“两”“几”“好几”“若干”等，也可用序数词：两～试卷都写满了|书的第四～|一口气写完十几～稿纸。②数词前可加“这”“那”“哪”等代词：那三～纸的合同|作业在这一～|他小心地从练习本上把这一～纸撕了下来。③数词为“一”时可重叠，重叠形式主要有“(一)～～”“一～一～”：一～～纸|他在认真做着一～一～的试卷|～～答卷都写满了字。④数词“一”一般不省略。⑤前面一般不加形容词修饰，后面一般不加“子”。⑥一般不儿化。❸ 名量词 用于计量事情的一个方面：现实的一～|感受生活最真实的一～|孩子都有可爱的一～|这正是体育运动迷人的一～。**用法提示** ①数词一般限用“一”“两”：任何事都有好与坏两～|从房间的装饰处处可见她童心未泯的一～|人的种种心理现象虽然有共同的一～，但也有各自的特点。②数词前可加“这”“那”“哪”等代词：我只注意他成熟的这一～|谁都想在人前呈现最完美的那一～|你不能只看这一～，不看那一～。③一般

可儿化：事情都有好的一～儿|积极意义的一～儿|世上的事并不都是一～儿的。④数词"一"一般不省略。⑤前面一般不加形容词修饰，后面一般不加"子"。⑥一般不重叠。❹ 动量词 用于计量会面的次数：见两～|我真心盼望能再见他一～|我们并不熟，只是偶尔碰过几～。**用法提示** ①数量结构一般位于动词后，也可位于动词前：见他一～|见过几～|他和网友一～都没见过。②数词一般没有限制，既可用基数词或表示数量的"两""几""好几""若干"等，也可用序数词：一周要见好几～|碰过一两～|我见他第一～就觉得很熟。③一般可儿化：见过几～儿|露一～儿|有时间我们再见一～儿。④数词"一"一般不省略。⑤数词前一般不加代词。⑥前面一般不加形容词修饰，后面一般不加"子"。⑦一般不重叠。

语义源流 本义为面孔。《说文解字·面部》："面，颜前也。"《易·革卦》："上六，君子豹变，小人革～。"《韩非子·观行》："古之人，目短于自见，故以镜观～。"引申指平面、方面。《古今韵会举要·霰韵》："面，方面，当四方之一面也。"《墨子·大取》："方之一～，非方也。"张纯一集解："方之一面，如方幂，无厚，非同六面之方体。"演变为量词，用于计量有平面的或能展开的物体。《宋书·何承天传》："承天又能弹筝，上又赐银装筝一～。"宋·潘阆《酒泉子·长忆观潮》："来疑沧海尽成空，万～鼓声中。"也可计量方位或事物的不同侧面。唐·贯休《题某公宅》："地占百湾多是水，楼无一～不当山。"《北史·段韶传》："此城一～阻河，三～地险，不可攻。"《三国志·魏书·文帝纪》："且成汤解三～之网，天下归仁。"进一步引申，用于计量事情的一个方面。《史记·留侯世家》："而汉王之将，独韩信可属大事，当一～。"清·唐芸洲《七剑十三侠》第五回："他乃世代簪缨，乐善好施，可称百万之富，文武两～的人物，杭州大小衙门，无不认识。"由本义又引申表示相见、会面。《左传·昭公六年》："固请见之，见，如见王，以其乘马八匹私～。"《列子·天瑞》："子贡请行，逆之垅端，～之而叹曰：'先生曾不悔乎，而行歌拾穗？'"《荀子·大略》："君子之于子，爱之而勿～，使之而勿视，道之以道而勿强。"由此演变为动量词，用于计量会面的次数。《隋书·李德林传》："汉南诸国，见一～以从殷；河西将军，率五郡以归汉。"《水浒传》第三十三回："今日天赐，幸得哥哥到此，相见一～，大称平生渴仰之思。"现代也可用于计量纸张或书页。

近义辨析 面—堵 见"堵"下。

秒 miǎo ❶ 名量词 时间的计量单位，是国际单位制中七个基本单位之一。也说"秒钟"。1分钟等于60秒：停顿了一～|语图仪每次可以分析若干～录音|前一～还是悲剧，后一～又成为喜剧。**用法提示** ①数词一般没有限制，既可用基数词或表示数量的"两""几""好几""若干"等，也可用序数词：第一～|喊预备和喊开始之间要间隔三四～|突然的刺痛只持续了十几～。②数词前可加"这""那""哪"等代词：从这一～开始|他那两三～的

惊异，并没有逃过我的眼睛|我觉得那几～好长好久。③数词为“一”时可重叠，重叠形式主要有“一～～”“一～一～”：时间一～～地过去|随着时间一～一～流逝，我的心跳越来越快。④数词“一”一般不省略。⑤前面一般不加形容词修饰，后面一般不加“子”。⑥一般不儿化。❷ 度量衡量词 弧度或角度的计量单位。60秒等于1分：倾斜的变幅不大，仅有千分之几～的角度。❸ 度量衡量词 经度或纬度的计量单位。60秒等于1分：北纬51度28分38～2，经度0度0分0～。

语义源流 本义为禾芒。《说文解字·禾部》：“秒，禾芒也。”段玉裁注：“禾芒曰秒，犹木末曰杪。”引申为细微。《新唐书·蒋钦绪传》：“钦绪精治道，驭吏整严，虽铢～罪不贷。”借用为量词，用于计量圆周角，六十秒为一分，六十分为一度。宋·沈括《梦溪笔谈·象数二》：“其法须测验每夜昏晓、夜半月及五星所在度～。”《清史稿·时宪志四》：“周天三百六十度……每度六十分，～、微、纤以下皆以六十递析。”古代也用作时间单位。《隋书·律历志下》：“凡日不全为余，积以成余者曰～。”清·康有为《大同书》：“每刻之中分十～，每～之中分十微。”古代也用作长度单位，表示一寸的万分之一。《孙子算经》卷上：“蚕所生吐丝为忽，十忽为～，十～为毫，十毫为厘，十厘为分。”也可用作容量单位。《孙子算经》卷上：“六粟为圭，十圭为～，十～为撮，十撮为勺，十勺为合。”今以一分钟的六十分之一为一秒。

名 míng ❶ 名量词 用于计量具有确定身份或职业的人：一～司机|两～警察|公司计划招聘客户经理若干～|事故导致一～10岁女童受伤。**用法提示** ①数词一般没有限制，既可用基数词或表示数量的“两”“几”“好几”“若干”等，也可用序数词：一～外科医生|好几～大一新生|他是到这里来的第一～记者。②数词“一”在某些代词或动词后常可省略：那～警察受伤了|来了～新教师|他是～小职员。③数词前可加“这”“那”等代词：这几千～村民|这二十～职工都来自黑龙江|那几～学生口语都不错。④数词为“一”时可重叠，重叠形式主要有“一～～”“一～一～”：一～～受伤的工人被救出|这个项目将一～～失学儿童送进了知识的殿堂|一～一～毕业生走上主席台领取他们的毕业证书。⑤前面一般不加形容词修饰，后面一般不加“子”。⑥一般不儿化。❷ 名量词 用于计量名次：最后一～|这次考试他是我们班的第一～|公司本年度的业界排行上升到第五～。**用法提示** ①数词通常用序数词或表示序数的“头”“末”等，有时也用“前”“后”等加基数词：头～状元|班级前五～学生|他每次考试都拿第一～。②数词“一”不省略。③数词前一般不加代词。④前面一般不加形容词修饰，后面一般不加“子”。⑤一般不重叠和儿化。

语义源流 本义指名字。《说文解字·口部》：“名，自命也。”《楚辞·离骚》：“皇览揆余初度兮，肇锡余以嘉～。”《管子·心术上》：“物故有形，形故有～。”人皆有名，故由本义引申出量

M

词用法，常用于计量人。《汉书·天文志》："凡天文在图籍昭昭可知者，经星常宿中外官凡百一十八～。"《魏书·礼志一》："先恒有水火之神四十余～及城北星神。"按一定顺序排列名字则为名次，演变为量词，用于计量名次、位次。《宋史·选举志二》："凡赐烛，正奏名降一甲，第五甲降充本甲末～。"元·高明《琵琶记》第八出："若是做得对好，猜得谜着，唱得曲好，就取他头～状元。"

近义辨析 名—个—位—员 见"个"下。

摩 mó 度量衡量词 物质的量的单位"摩尔"的简称。详见"摩尔"。

摩尔 mó'ěr 度量衡量词 物质的量的单位，是国际单位制中七个基本单位之一，符号为mol。1摩尔约为6.022×10^{23}个分子、原子或其他粒子的物质的量：可用0.25～的苛性钾和2～的氨相混合。**用法提示** ①数词一般用基数词或表示数量的"两""几""好几""若干"等：58.5～|水的摩尔质量是每～18克。②数词前可加"这""那"等代词：1升溶液中只含有这1～的溶质|那20～是环氧乙烷的加成。③数词"一"一般不省略。④前面一般不加形容词修饰，后面一般不加"子"。⑤一般不重叠和儿化。

抹 mǒ ❶ 名量词 用于计量阳光、云霞、色彩等：一～红霞|一～金色的阳光|最后的几～余晖|西天一～玫瑰色。**用法提示** ①数词一般限用"一""几"：天上有几～云彩|天快亮了，东方出现了一～鱼肚白|她脸上泛起一～红晕。②数词"一"在某些代词或动词后常可省略：有～霞光照进房间|天边最后那～晚霞躲进了云端|我们特意起个大早来迎接这～彩霞。③数词前可加"这""那""哪"等代词：那一～猩红|再远望过去就是那几～葱翠的远山|他看着院墙头上这一～紫红色的落霞，内心无比安宁。④数词为"一"时可重叠，重叠形式主要有"一～～""一～一～"：一～～曙光|太阳破雾而出，一～～阳光映在孩子的脸上|一～一～残霞正逐渐淡去。⑤前面一般不加形容词修饰，后面一般不加"子"。⑥一般不儿化。❷ 名量词 用于计量胡须、头发，以及泪痕等：两～小胡子|一～墨迹|脸上还留着两～泪痕。**用法提示** ①数词一般限用"一""两"：一～油彩|嘴唇上两～血迹|那姑娘系着一根发带，发带前蓬松着一～刘海。②数词"一"在某些代词或动词后常可省略：唇上长出～淡黄的茸毛|画上多了～墨迹|脸上的那～淡淡的蛾眉微蹙。③数词前可加"这""那""哪"等代词：那一～小胡子|他很注意保护这一～八字胡|那一～刘海使她显得很俏皮。④前面一般不加形容词修饰，后面一般不加"子"。⑤一般不重叠和儿化。❸ 名量词 用于计量表情或情绪：一～笑容|一～愁绪|那一～温馨的微笑|他眼中闪过一～不可置信的神情。**用法提示** ①数词一般限用"一"：一～不快的阴影|秋天的一～萧索|说这话时她眼中掠过一～遗憾。②数词"一"在某些代词或动词后常可省略：那～轻愁在眉间若隐若现|脸上有～淡淡的忧伤|他唇角扬起～毫不在意的笑容。③数词前可加"这""那""哪"

等代词：那一～若隐若现的轻愁|这一～深情将雪山都照亮了|脸上的那一～忧虑总让人心疼。④前面一般不加形容词修饰，后面一般不加“子”。⑤一般不重叠和儿化。

语义源流 本义为擦拭。唐·张祜《蔷薇花》：“晓风～尽燕支颗，夜雨催成蜀锦机。”《红楼梦》第三十八回：“宝玉不待湘云动手，便代将‘湘’字～了，改了一个‘霞’字。”引申指涂抹。唐·杜甫《北征》：“学母无不为，晓妆随手～。”宋·秦观《满庭芳·山抹微云》：“山～微云，天连衰草。”演变为量词，用于计量阳光、云霞、色彩，以及如涂抹一般的淡淡的痕迹。唐·罗虬《比红儿诗》：“一～浓红傍脸斜，妆成不语独攀花。”宋·陆游《北园杂咏》：“岁残已似早春天，隔水横林一～烟。”宋·秦观《泗州东城晚望》：“林梢一～青如画。”元·张可久《折桂令·九日》：“一～斜阳，数点寒鸦。”现代也可用于计量表情或情绪。

亩 mǔ **度量衡量词** 市制面积单位，用于计量土地及所种农作物。1亩等于10分，合666.7平方米：一～水田|几～荒地|一～小麦的产量还不到300斤。**用法提示** ①数词一般没有限制，既可用基数词或表示数量的“两”“几”“好几”“若干”等，也可用序数词：这是他在山上开出的第十～荒地|今年我们家种了三～白薯、五～玉米。②数词“一”在某些代词后常可省略：那～地由外甥种着|这～地种花生|你知道哪～地产量最高吗？③数词前可加“这”“那”“哪”等代词：这两～旱田|那几～油菜|这几～西瓜是全家的指望。④数词为“一”时可重叠，重叠形式主要有“(一)～～”“一～一～”：一～一～油菜花相继开放|一～～热带雨林正以极快的速度消失着|他们在乱石堆上肩挑手提造出～～梯田。⑤前面一般不加形容词修饰，后面一般不加“子”。⑥一般不儿化。

语义源流 “亩”是简化字，本作“畮”，后作“畝”，为田地的单位。《周礼·地官·大司徒》：“不易之地，家百畮。”孙诒让正义：“畮，《释文》作‘亩’，云：‘本亦作古畮字。’”《汉书·食货志上》：“建步立畮，正其经界。”颜师古注：“畮，古亩字也。”后指田中高处，即田垄。《诗·齐风·南山》：“艺麻如之何？衡从其～。”《左传·成公二年》：“使齐之封内尽东其～。”又引申指田地、农田。《诗·小雅·采芑》：“于彼新田，于此菑～。”《孟子·告子下》：“舜发于畎～之中。”进一步引申计量土地面积。各朝代“亩”所表示的面积各不相同：周制，六尺为步（或曰六尺四寸、八尺），百步为亩；秦时以五尺为步，二百四十步为亩；汉因秦制；唐以广一步、长二百四十步为亩；清以五方尺为步，二百四十步为亩。《说文解字·田部》：“畮（亩），六尺为步，步百为畮。”《诗·魏风·十亩之间》：“十～之间兮，桑者闲闲兮，行与子还兮。”《礼记·儒行》：“儒有一～之宫，环堵之室。”晋·陶渊明《归园田居五首》其一：“方宅十余～，草屋八九间。”

目 mù ❶ **名量词** 生物学上用于计量生物的类别，是“纲”的下级单

M

位：猴、人、猿都属于这一～|单孔目是哺乳动物最低等的一～|这一～的昆虫也叫甲虫。**用法提示** ①数词一般用基数词或表示数量的“两”“几”“好几”“若干”等：鹤形、鸡形、雁形是鸟纲三～|松柏纲中有银杏、松柏两～。②数词前一般可加“这”“那”“哪”等代词：枯叶蛾、螟蛾等就属于这一～飞虫|蜜蜂就是这一～昆虫|翼手目动物的前肢、后肢和尾之间有薄膜，蝙蝠即属于这一～。③数词“一”一般不省略。④前面一般不加形容词修饰，后面一般不加“子”。⑤一般不重叠和儿化。❷ 名量词 用于计量下围棋时所占的交叉点：亏了几～棋|白棋损了好几～|最终，他以三～半负于对手。**用法提示** ①数词可用基数词或表示数量的“两”“几”“好几”“若干”等：他顺利打了一个三～的劫|他这次发挥得淋漓尽致，最后以五～半的优势取胜|他有几步下得太快了，结果多输了好几～棋。②数词前一般可加“这”“那”“哪”等代词：你不该白白丢掉这十几～棋|他那四～半的优势恐怕很难保持住|胜负已定，那十几～的差距不是那么容易赶上的。③数词“一”一般不省略。④前面一般不加形容词修饰，后面一般不加“子”。⑤一般不重叠和儿化。

语义源流 本义指人的眼睛。《说文解字·目部》：“目，人眼。”《诗·卫风·硕人》：“巧笑倩兮，美～盼兮。”《吕氏春秋·任数》：“君臣不定，耳虽闻不可以听，～虽见不可以视。”《韩非子·十过》：“楚师败，而共王伤其～。”引申指孔眼。《吕氏春秋·用民》：“壹引其纪，万～皆起；壹引其纲，万～皆张。”《韩非子·外储说右下》：“善张网者，引其纲，若一一摄万～而后得。”汉·桓谭《新论·言体》：“举网以纲，千～皆张；振裘持领，万毛自整。”进而引申指具体的条目，即总体下所分的细目或大类下所分的小类。《论语·颜渊》：“请问其～。”唐·刘知几《史通·序》：“予既在史馆而成此书，故便以《史通》为～。”北齐·颜之推《颜氏家训·杂艺》：“围棋有手谈、坐隐之～，颇为雅戏。”又由孔眼引申指下围棋时所围的空格，一空格称一目，一目当一子。演变为量词，用于计量下围棋时所占的交叉点。现代也用于计量生物的类别，是“纲”的下级单位。

幕 mù ❶ 名量词 用于计量戏剧的段落，幕布开合一次为一幕：四～话剧|那个明星会在第二～出场|他们今天晚上将会协力上演一～压轴好戏。**用法提示** ①数词一般没有限制，既可用基数词或表示数量的“两”“几”“好几”“若干”等，也可用序数词：四～芭蕾舞剧|第一～结束，演员们拥进后台|这次大选不过是一～滑稽戏|刚演到第二～就停电了。②数词“一”在某些代词或动词后常可省略：这～戏很精彩|我不太喜欢那～喜剧|难过时就去看～话剧吧。③数词前可加“这”“那”“哪”等代词：这几～大戏|那三～话剧很有现实意义|没有生活的压力，莎士比亚就不可能写出那几～富有诗意、哀婉动人的戏剧。④数词为“一”时可重叠，重叠形式主要有“(一)～～”“一～一～”：～～悲剧令

M

人唏嘘｜人间每天都在上演一～～悲喜剧｜就是他导演了这一～一～的丑剧、闹剧、荒诞剧。⑤前面一般不加形容词修饰，后面一般不加“子”。⑥一般不儿化。❷ 名量词 用于计量生活场景：一～动人场景｜棒球场上难以置信的一～｜他对身边这一～～悲喜冷暖的情景无动于衷。**用法提示** ①数词一般限用“一”“两”“几”：过去的两～｜滑稽的一～｜几～令人魂飞魄散的景象呈现在她眼前。②数词“一”在某些代词或动词后常可省略：村里人都看到了这～惨象｜回想起那～景象，我终于明白他的用心｜月台上出现了～母女相见的场景。③数词前可加“这”“那”“哪”等代词：他对刚才这一～毫不在意｜这两～情景交替出现｜那可怕的一～简直叫人不敢相信。④数词为“一”时可重叠，重叠形式主要有“一～～”“一～一～”：一～～往事浮现在眼前｜结识以来的一～一～｜这～～画面至今仍历历在目。⑤前面一般不加形容词修饰，后面一般不加“子”。⑥一般不儿化。

语义源流 本义指帷幔。《说文解字·巾部》：“幕，帷在上曰幕。”《战国策·齐策一》：“举袂成～。”《穀梁传·定公十年》：“罢会，齐人使优施舞于鲁君之～下。”泛指挂着的帘布。《仪礼·聘礼》：“管人布～于寝门外。”南朝宋·鲍照《拟行路难》其三：“文窗绣户垂绮～。”《太平广记·神十五·窦参》：“其神欲相见，必具盛馔于空室之内，围以帘～。”戏剧演出中，在两个相对完整的段落之间会有幕布的开合，用来划分剧目的段落。“幕”由此演变为量词，用于计量戏剧演出段落，一个相对完整的段落即为一幕。清·无垢道人《八仙得道》第五十九回：“一～新奇的戏剧，立刻现入大众眼帘之中。”蔡东藩、许廑父《民国演义》第九十回：“此冯、段倾轧之第一～也。”引申用于计量生活中的某一个场景。清·无垢道人《八仙得道》第四回：“（飞龙）双手接过那镜，照了一回，却从七里泷船舟失事……取去口中小珠为止，一～一～完全映现出来。”清·钟毓龙《上古神话演义》第二卷第十一回：“主人拜送于大门之外，仍旧是一路谦让而出。第一～大礼，总算告成了。”

N

纳米 nàmǐ 度量衡量词 法定长度单位，符号为nm。常用于计量光波。10个氢原子并排的长度，即一米的十亿分之一为1纳米：300～|使用1510～、10G的以太网|比较大的一种病毒，大小平均为258～×354～。**用法提示** ①数词一般用基数词或表示数量的“两”“几”“好几”“若干”等：这种晶体管大小仅为几～|这种能量波范围主要在9884～到9108～之间|系统的测量精度可达1～。②数词前有时可加“这”“那”等代词：这30～的晶体管|那22～芯片产品是几年前发布的。③数词“一”一般不省略。④前面一般不加形容词修饰，后面一般不加“子”。⑤一般不重叠和儿化。

年 nián ❶ 名量词 用于计量年数，一年指地球围绕太阳运行一周所需的时间。公历平年三百六十五天，每四年有一个闰年，增加一天，有三百六十六天：实习半～|盼了一～又一～|我来此地工作，不觉已三十多～。**用法提示** ①数词一般没有限制，既可用基数词或表示数量的“两”“几”“好几”“若干”等，也可用序数词：毕业两～|打工好几～|婚后第一～|若干～前她来过这座城市。②数词前可加“这”“那”“哪”等代词：这几～|那一～|高中三年，哪一～都很关键。③前面可加形容词“整”修饰：一整～没有缺过一次课|这人一整～都在山中。④数词为“一”时可重叠，重叠形式主要有“(一)～～”“一～一～”：～～有余|日子一～～好起来了|一～一～坚持下来，他已经习惯了这份工作。⑤数词“一”一般不省略。⑥后面一般不加“子”。⑦一般不儿化。❷ 名量词 用于计量与时间有关的人或事物：多～合作伙伴|几十～恩爱夫妻|百～未有之大变局|单位给他补发了半～工钱。**用法提示** ①数词一般没有限制，既可用基数词或表示数量的“两”“几”“好几”“若干”等，也可用序数词：第二～经商|好几～光阴|有若干～实践经验的中专生。②数词“一”在某些代词后一般可省略：这～时间没白费|那～的经历给他留下了深刻印象|岛上每～夏天都会有很多游客。③数词前可加“这”“那”“哪”等代词：这半～时光|难忘那十～寒窗的日日夜夜。④前面可加形容词“整”修饰：几乎要花一整～时间准备|我们花费了一整～的时间才找到他。⑤后面一般不加“子”。⑥一般不重叠和儿化。❸ 动量词 用于计量动作、行为、状态持续的时间：学过一～|五～未出版|我们多～来一直保持着联系。**用法提示** 数量结构可位于动词前，也可位于动词后。位于动词前时：①数词可用基数词或表示数量的“两”“几”“好几”“若干”等：两～不见，姐姐老了许多|一百～惨淡经营，几代人含辛茹苦|二十～没回过家乡了|十～树木，百～树人。

②数词前可加“这”“那”“哪”等代词：那百～未遇的大洪水给山城带来了巨大损失|经过这几～勤学苦练，他终于掌握了这门高端技术。③前面可加形容词“整”修饰：一整～鞍马劳顿|他一整～没有走出过大门。④数词为“一”时可重叠，重叠形式主要有“(一)～～”“一～一～”：虽然难办，但夏令营还是～～举办|当我们一～～变老，对彼此的依赖也越来越深|这些合同都是一～一～签的。⑤数词“一”一般不省略。⑥后面一般不加“子”。⑦一般不儿化。位于动词后时：①数词一般没有限制，既可用基数词或表示数量的“两”“几”“好几”“若干”等，也可用序数词：住在这里的第一～|就是过五十～、一百～也会有人记得他|过了半～他一直没再提这事|我们一同在北京大学进修过两～。②前面可加形容词“整”修饰：辛辛苦苦干了一整～|离开家一整～|他已经躲了一整～，还要躲多久？③数词“一”一般不省略。④数词前一般不加代词。⑤后面一般不加“子”。⑥一般不重叠和儿化。

语义源流 本义指谷物成熟。《说文解字·禾部》：“年，谷熟也。”《穀梁传·桓公三年》：“五谷皆熟，为有～也。”《诗·周颂·丰年》：“丰～多黍多稌。”又指一年中庄稼的收成。《孟子·梁惠王上》：“凶～免于死亡。”《新唐书·吕元泰传》：“水旱为灾，不谓～登；仓廪未实，不谓国富。”由庄稼一年的收成引申为时间单位，指地球绕太阳运行一周的时间，即太阳年。《左传》孔颖达疏：“年训为稔。谓岁为年者，取其岁谷一熟之义。”《尔雅·释天》：“夏曰岁，商曰祀，周曰年，唐虞曰载。”郭璞注：“岁，取岁星行一次；祀，取四时一终；年，取禾一熟；载，取物终更始。”邢昺疏：“年者，禾熟之名，每岁一熟，故以为岁名。”《战国策·齐策一》：“期～之后，虽欲言，无可进者。”《公羊传·庄公三十二年》：“君薨称子某，既葬称子，逾～称公。”演变为量词，用于计量时间。《诗·豳风·东山》：“有敦瓜苦，烝在栗薪；自我不见，于今三～。”《国语·楚语上》：“举国留之，数～乃成。”也可用于计量与时间相关的人或事物。《墨子·杂守》：“令民家有三～畜蔬食，以备湛旱、岁不为。”唐·佚名《韩擒虎话本》：“陈王裁问，时有三十～名将镇国任蛮奴越班走出。”又可用于计量动作、行为、状态持续的时间。《管子·权修》：“十～树木，百～树人。”《礼记·问丧》：“孝子丧亲，哭泣无数，服勤三～。”

近义辨析 年—岁 现代汉语中，“年”常用于计量时间，而“岁”常用于计量人的年龄。用于计量时间时，“岁”与“年”的语体色彩也不同。“年”由谷物的成熟义引申为时间单位，用于计量时间，使用得非常普遍，口语色彩较浓；而“岁”本指木星，基于其运行的特点转而表示“年”义，作为量词计量时间时，文言色彩浓，一般出现在成语或熟语中，如“夜夜防贼，岁岁防饥”“一岁一枯荣”。

年—载 均能指地球绕太阳一周所用的时间，都可作量词用，但二者的语体色彩和使用范围不同。“年”由谷物的成

N

熟义引申为时间单位，即太阳年，演变为量词，用于计量时间，非常直接，所以使用得非常普遍，口语、书面语中都经常用，如“上了十年学”“十年磨一剑”。“载”由本义假借表初始义，扩大为表示四时的终始，又由此表示“一年”的时间，作为量词，属于古汉语的用法，因此书面语色彩浓，一般只用在成语或一些固定词组里，如“千载难逢”“三年五载”“植树十载，绿满长城”。

年代 niándài **名量词** 用于计量某一阶段或某一阶段的人、事、物。每一世纪中从“……十”到“……九”的十年为一个年代：二十世纪八十～的青年|四十～的作品|七十～出生的人已成为社会建设的主力。**用法提示** ①数词一般限用二十、三十、四十、五十、六十、七十、八十、九十：生于八十～|九十～初期|从六十～起，我就一直居住在老房子里。②数词前一般不加代词。③前面一般不加形容词修饰，后面一般不加“子”。④一般不重叠和儿化。

📖**语义源流** 这是个由“年”和“代”构成的复合词，表示一段时间，可指时代、朝代或年数。晋·谢灵运《会吟行》：“自来弥～，贤达不可纪。”唐·韩愈《论佛骨表》：“宋、齐、梁、陈、元魏以下，事佛渐谨，～尤促。”明·兰陵笑笑生《金瓶梅》第六十一回：“那个是常在我家走的郁大姐，这好些～了。”演变为量词，用于计量某一阶段或某一阶段的人、事、物。每一世纪中从“……十”到“……九”的十年为一个年代，如1990—1999年是二十世纪九十年代。

年级 niánjí **名量词** 计量教学年段的单位，指学校按学生修业年限所划分的级别。多用于序数量：三～的老师|你现在是几～学生？|他觉得六～的功课很容易。**用法提示** ①数词一般限用“十二”以内的基数词：大学一～新生|他们都是三～学生|他是高一～班主任。②数词“一”一般不省略。③数词前一般不加代词。④前面一般不加形容词修饰，后面一般不加“子”。⑤一般不重叠和儿化。

📖**语义源流** 这是个由“年”和“级”构成的复合词，表示按照年数划分的级别，特指学校中按学习年数划分的级别。如学习的第一年为一年级，第二年为二年级。平江不肖生《留东外史》第十章：“横竖不久就要放暑假了。不试验，不过降一～。”陆春祥《新世说》：“傅名斯年，山东聊城人，北京大学文科三～学生。”

捏 niē ❶ **名量词** 用于计量可用手指捏起的东西，重叠后也可计量部分抽象事物，均表较少的量：一～茶叶|两～草药末|九爷听了，挺起肚子舒舒服服地闻了两～鼻烟|一～～信任。**用法提示** ①数词一般用基数词或表示数量的“两”“几”等，计量抽象事物时数词限用“一”：一～白糖|两～面粉|他拈了几～鱼食投进鱼缸|一～～福气|他对现状只有一～～意见。②数词前有时可加“这”“那”等代词：这一～茶叶末子|那一～五香面|那一～白糖他都放到锅里了。③前面可加形容词“小”修饰：一小～茉莉花茶|一小～盐|她往杯中

N

放了一小～晒得很干的白菊。④数词为“一”时可重叠，重叠形式主要有“一～～”“一～一～”：一～～调味品｜骨头上带着的那一～～羊肉令他两眼发光｜他不时地把一～一～茶叶放进竹篓。⑤有时可儿化：一～儿沙土｜一～儿烟叶｜他捏了一～儿茶放进壶里。⑥数词“一”一般不省略。⑦后面一般不加“子”。❷ 名量词 用于计量人，表较少的量，含贬义：一小～毛贼｜一～坏蛋｜他坚信一小～反对者并不能改变大局。**用法提示** ①数词一般限用“一”：一小～人的利益｜一小～闹事者不可能扰乱整个市场。②数词前有时可加“这”“那”等代词：那一小～骗子｜这一小～混混。③前面常加形容词“小”修饰：一小～手机短信诈骗分子｜公安机关抓获了一小～专偷自行车的贼。④数词“一”一般不省略。⑤后面一般不加“子”。⑥一般不重叠和儿化。

语义源流 本指用手按。《广韵·屑韵》：“捏，捺。”宋·释普济《五灯会元·明州九峰鉴韶禅师》：“山僧说禅，如蚝蝠吐油，～着便出。若不～着，一点也无。”清·西周生《醒世姻缘传》第六十七回：“～着头皮儿，只怕老裴知道他治杀了人，合他算帐。”常用义指大拇指和别的手指一起夹住的动作。唐·释慧琳《一切经音义》卷十八：“若使别人握搦身体，或摩或～，即名按摩也。”《太平广记·异僧·通公》：“景后因宴召僧通，僧通取肉～盐，以进于景。”演变为量词，表示用手指捏起的量，重叠后也可计量抽象事物，表少量。明·许仲琳《封神演义》第三十一回：“真人随将葫芦盖去了，倒出神砂一～，望东南上一洒，法用先天一气，炉中炼就玄功。”又第四回：“甘心亡国为污下，赢得人间一～香。”现代汉语中也用于计量人，含贬义。

牛 niú 度量衡量词 力的单位“牛顿”的简称。详见“牛顿”。

牛顿 niúdùn 度量衡量词 力的单位，符号为N。简称“牛”。这个单位名称是为纪念英国科学家牛顿（Isaac Newton）而定的。在惯性参照系中，能够使质量为1千克的物体产生1米/秒^{2}的加速度的作用力，确定为力的1个标准计量单位，称为1牛顿：鞋胶的剥离强度达到了130～｜其磁悬浮力超过11～｜两个鸡蛋所受重力约为1～。**用法提示** ①数词一般用基数词：1～的力｜受力约为100～左右｜汽车垫革抗拉强度达到每立方厘米1400～。②数词“一”一般不省略。③数词前一般不加代词。④前面一般不加形容词修饰，后面一般不加“子”。⑤一般不重叠和儿化。

N

O

欧 ōu 度量衡量词 电阻单位“欧姆”的简称。详见“欧姆”。

欧姆 ōumǔ 度量衡量词 电阻单位，符号为 Ω。简称“欧”。这个单位名称是为纪念德国物理学家欧姆（Georg Simon Ohm）而定的。导体上电压是 1 伏特，电流是 1 安培时，电阻就是 1 欧姆，即 1 欧等于 1 伏 / 安：几十～的同轴线 | 皮肤电阻可降低至 5000 ～以下。**用法提示** ①数词一般用基数词或表示数量的“两”“几”“好几”“若干”等：这种接地线电阻不应大于 10 ～ | 那段 2500 米电话线的电阻高达 1500 ～ | 这段电缆各个接点的阻抗在 30 到 90 ～之间变化。②数词前可加“这”“那”等代词：两项电极电阻就相差了这 1 ～ | 就因为高出了那几～，这个新的电位器不能用了。③数词“一”一般不省略。④前面不加形容词修饰，后面一般不加“子”。⑤一般不重叠和儿化。

P

耙 pá 动量词 用于计量与耙有关的动作。动作也可虚指，用在"倒打"之后，数词限用"一"，且不可省略：打了他一～|耙了两～|你自己有错，不要倒打一～。**用法提示** 数量结构可位于动词前，也可位于动词后。位于动词前时：①数词多用"一""两""几"：几～筑下去，山门破了一个洞|一～楼出个宝贝来|一～刨了个大坑。②数词前一般可加"这""那""哪"等代词：他反应敏捷，这一～休想打得着他|那几～打得他混混沌沌。③数词为"一"时可重叠，重叠形式主要有"一～～""一～一～"：一～一～捞上来各种垃圾|我一～～整平了那块地|老人一～一～地耙得很费力。④数词"一"一般不省略。⑤前面一般不加形容词修饰，后面一般不加"子"。⑥一般不儿化。位于动词后时：①数词一般用基数词或表示数量的"两""几""好几""若干"等：筑了两～|楼了十来～就腰酸背痛了|原本是来找他算账的，没承想被他倒打一～|他不仅不承认错误，反而倒打一～。②数词"一"一般不省略。③数词前一般不加代词。④前面一般不加形容词修饰，后面一般不加"子"。⑤一般不重叠和儿化。

语义源流 本义为一种农具，长柄，一端安有铁齿或木齿，用于平整土地或收聚、摊平柴草谷物等，也写作"杷"。宋·释惠洪《禅林僧宝传》卷二十八："勤曰，杨岐牵犁，九峰拽～。"清·赵吉士《寄园寄所寄》卷七："九九八十一，犁～一齐出。"引申指用耙碎土平地等动作。北魏·贾思勰《齐民要术·耕田》："耕荒毕，以铁齿楱再遍～之。"清·杜文澜《古谣谚》："立夏不下，田家莫～。"借用为量词，用于计量使用这种工具所做的动作。明·高濂《遵生八笺·香雪酒》："一周时打头～，打后不用盖。半周时，打第二～。"清·汪寄《海国春秋》第三十七回："这三千镗耙兵排列先挡竹锋到来，俱系一～击下，压住竹端，藤牌飞进。"动作也可虚指，用在"倒打"之后，比喻不仅不接受对方的意见，反而指摘对方。清·文康《儿女英雄传》第十八回："虽然如此，我输了理，可不输气；输了气，也不输嘴，且翻打他一～，倒问他。"清·张杰鑫《三侠剑》第二回："这小子真会倒打一～，大清早晨我这是遇着丧门神啦。"

帕 pà 度量衡量词 压强单位"帕斯卡"的简称。详见"帕斯卡"。

帕斯卡 pàsīkǎ 度量衡量词 压强单位，符号为Pa。简称"帕"。这个单位名称是为纪念法国科学家帕斯卡（Blaise Pascal）而定的。1帕斯卡等于1牛顿/平方米（1N/㎡）：那里的大气压为0.4～|一定条件下水的蒸气压可达14589～。**用法提示** ①数词一般用基数词或表示数量的"两""几""好

几”“若干”等：300多～的压力｜这个容器中的液体压强要高出数百～。②数词前可加“这”“那”等代词：这几十～其实是很小的压强｜那100～，只相当于1厘米深的水对底部产生的压强。③数词“一”一般不省略。④数词前一般不加代词。⑤前面不加形容词修饰，后面一般不加“子”。⑥一般不重叠和儿化。

拍 pāi ❶ 名量词 用于计量音乐的节拍：这是三～的舞曲｜这两～不一样｜他一下子就听出那两～鼓音不对。**用法提示** ①数词一般没有限制，既可用基数词或表示数量的“两”“几”“好几”“若干”等，也可用序数词：第一～是强拍，第二～是弱拍｜这是个2/4～的进行曲｜昆曲一个字能延长到十几～。②数词前可加“这”“那”“哪”等代词：这两～的节奏｜那几～节奏慢了｜这一～和击鼓节奏不合。③后面有时可加“子”：三～子圆舞曲｜进行曲一般都是二～子或四～子的。④数词“一”一般不省略。⑤前面一般不加形容词修饰。⑥一般不重叠和儿化。❷ 动量词 用于计量用手拍打的动作或心跳及声音的节奏：在脸上拍了几～｜他的声音慢了一～｜医生只在孩子后背拍了两～就没事了。**用法提示** ①数量结构可位于动词前，也可位于动词后：一～打死｜挨了几～｜我可不想被他拍上两～。②数词多用“一”“两”“几”“半”：心跳漏跳了几～｜拍一～｜电视的声音比画面慢半～。③数词前可加“这”“那”“哪”等代词：他那一～拍得真重｜这一～差点儿拍伤了他的腰｜他耗尽所有力气拍了这两～。④数词“一”一般不省略。⑤后面一般不加“子”。⑥一般不重叠和儿化。❸ 动量词 用于计量用乒乓球拍、羽毛球拍等扣、打的动作：打好每一～｜最后关头，他一～扣杀赢得比赛｜连杀数十～以后，双方都筋疲力尽。**用法提示** ①数量结构可位于动词前，也可位于动词后：连杀两～｜他喜欢乒乓球，每天都要打几～｜球要一～一～打。②数词一般没有限制，既可用基数词或表示数量的“两”“几”“好几”“若干”等，也可用序数词：一～大力扣杀｜连续两～失误｜第二～就想打赢对手。③数词“一”在某些代词或动词后常可省略：这～回击非常果断｜打出～好球｜这～扣杀直接锁定胜局。④数词前可加“这”“那”“哪”等代词：发球后的那一～非常重要｜连续的这几～打得都很漂亮。⑤后面有时可加“子”：咱们三～子定胜负｜一～子挥出去｜刚打了两～子就放弃了。⑥数词为“一”时可重叠，重叠形式主要有“（一）～～”“一～一～”：冠军都是一～～打出来的｜他连杀十几拍，～～精彩｜他只知道一～一～打回去，已经顾不上球速和质量。⑦有时可儿化：咱们去打两～儿｜每一～儿打出去都要有目的｜这一局只有三～儿是主动出击。⑧前面一般不加形容词修饰。

语义源流 本义为用手拍打。《玉篇·手部》：“拍，拊也。”《韩非子·功名》：“一手独～，虽疾无声。”晋·郭璞《游仙诗》：“左挹浮丘袖，右～洪崖肩。”南朝陈·徐陵《玉台新咏·古诗为焦仲卿妻作》："知是故人来，举手～马鞍，嗟叹使心伤。"引申指拍击。《禽经》："孔雀～尾则立舞。"宋·苏轼《念奴娇·赤壁怀古》："惊涛～岸。"演变为量词，用于计量拍打的动作。清·不题撰人《续小五义》第九十七回："被人家拍了一～，他就跟着走至西口外头。"平江不肖生《留东外史》第一百零五章："当众在胸脯上拍了两～。"现代汉语中也用于计量乒乓球、羽毛球等用球拍扣杀、击打的动作。由拍打义引申指演奏乐曲时所伴有的挥手或敲击的动作，表示打拍子。宋·沈括《梦溪笔谈·乐律一》："今时杖鼓，常时只是打～，鲜有专门独奏之妙。"明·娄坚《寄孟阳》："清歌徐点当筵～。"进一步引申指音乐的节拍，古代也指乐曲的篇章单位。唐·王建《宫词》："再三博士留残～，索向宣徽作彻章。"宋·王灼《碧鸡漫志》："或云，此曲～无过六字者，故曰六幺。"元·辛文房《唐才子传·王维》："此《霓裳》第三叠最初～也。"演变为量词，用于计量音乐的节拍、节奏等。汉·蔡文姬《胡笳十八拍》之十三："魂消影绝兮恩爱遗，十有三～兮弦急调悲，肝肠搅刺兮人莫我知。"唐·戎昱《听杜山人弹胡笳》："座中为我奏此曲，满堂萧瑟如穷边。第一第二～，泪尽蛾眉没蕃客。"宋·苏轼《南歌子·感旧》："樽前一曲为谁哉，留取曲终一～待君来。"

排 pái ❶ 名量词 用于计量成行列的人或物：一～红砖瓦房｜第二～座位｜靠近城墙处有好几～手执兵戈的士兵。**用法提示** ①数词一般没有限制，既可用基数词或表示数量的"两""几""好几""若干"等，也可用序数词或表示序数的"头""末"等：两～杨树｜第一～学生都穿着校服｜他每次开会都积极抢占头～座位，而我总是希望坐末～位子。②数词"一"在某些代词或动词后常可省略：不远处有～房子｜靠北墙站着～服务员｜他把玩具都放在上面那～箱子里了。③数词前可加"这""那""哪"等代词：这一～梧桐树｜柜台上那几～盘子摆放得十分整齐｜你说的姑娘站在哪一～？④前面可加"大""小""长"等形容词修饰：前面一大～的人都坐下了｜村头是两小～矮房｜眼前是一长～杨树。⑤数词为"一"时可重叠，重叠形式主要有"(一)～～""一～一～"：一～～篱笆｜教室里有七八排座椅，～～都有人｜眼看着一～一～敌人倒了下去。⑥后面一般不加"子"。⑦一般不儿化。❷ 名量词 军队的编制单位，在连之下，班之上：一～士兵｜两～敌军｜这几～兵力是他仅有的家底。**用法提示** ①数词一般没有限制，既可用基数词或表示数量的"两""几""好几""若干"等，也可用序数词：驻地只有三～士兵｜至少有一～人还在坚守｜第二～负责打扫战场。②数词"一"在某些动词后常可省略：有～敌人侵入了我们的阵地｜消灭了～敌人｜他们决定放～步兵去诱敌。③数词前可加"这""那""哪"等代词：这三～都由连长带领｜他们那两～人正在争斗｜不用一个连，这两～人给我足够了。④前面可加形容词"整"修饰：一整～士兵｜一整～人都受到了处分｜为

P

了守住这个高地，他们一整～战士都牺牲了。⑤数词为“一”时可重叠，重叠形式主要有“一～～”“一～一～”：一～一～士兵都出发了｜连长目光扫过一～～士兵，不知道该派哪个排去执行此次凶险万分的任务。⑥后面一般不加“子”。⑦一般不儿化。

语义源流 本义为推、推挤。《说文解字·手部》：“排，挤也。”南朝齐·孔稚珪《北山移文》：“将欲～巢父，拉许由。”《水浒传》第六十二回：“（卢俊义）被浪里白条张顺～翻小船，倒撞下水去。”引申表示安排、准备。《庄子·大宗师》：“献笑不及～。”陈鼓应注引林希逸曰：“此笑出于自然，何待安排！”宋·岳珂《桯史·机心不自觉》：“一日将～马，忽顾谓左右，取斧伐树。”清·洪昇《长生殿·复召》：“后宫传催，～膳伺候。”引申指按一定规则排列摆放。《说文解字》“排”字下段玉裁注：“今义列也。”唐·白居易《春题湖上》：“松～山面千重翠。”演变为量词，用于计量排列整齐的人或物。宋·苏轼《甘蔗》：“笑人煮箦何时熟，生啖青青竹一～。”宋·张舜民《画墁集》卷八：“庙居洲上，南向，门内一～三殿。”《水浒传》第五十五回：“随即传下将令，教三千匹马军做一～摆着。”军队横列的一排排士兵多有固定数量，现又借用指军队的编制单位。

近义辨析 排—行 见“行”下。

排—趟 均可用于计量排列整齐的东西，如可以说“种了一排小树苗”，也可以说“种了一趟小树苗”，但二者的意义和使用范围有所不同。“排”本义为推开、排挤，用作量词时，多强调计量对象左右横列的特点，如“一排房子”“好几排听众”；“趟”是由行走义演变为量词的，多用于按一定次序或时间运行的车辆等，如“来了一趟列车”“一连走了三趟公交车”，即便计量排列整齐的静态事物，也暗含一定的“动态”特点。此外，“排”还是军队的编制单位，“趟”没有这种用法。

派 pài ❶ 名量词 用于计量政治、学术派别：当年那十几～势力，整天你争我斗｜在这个问题上，两～学者的观点针锋相对。**用法提示** ①数词一般没有限制，既可用基数词或表示数量的“两”“几”“好几”“若干”等，也可用序数词：两～大辩论｜第三～政治力量｜这个问题引发了三～分歧。②数词“一”在某些代词或动词后常可省略：有～写小说的从来不管什么构思逻辑｜这～占了上风｜其实哪～都没有这样的实力。③数词前可加“这”“那”“哪”等代词：这三～的思想一直是他研究的重点｜那两～的观点都很保守｜真正打起来，哪一～也占不了便宜。④前面可加“大”“小”等形容词修饰：几大～势力｜两大～人马形成了对峙｜总有一小～人不服气。⑤后面一般不加“子”。⑥一般不重叠和儿化。❷ 名量词 用于计量人的表情、风貌、言语等：一～得意之色｜一～胡言｜功臣们个个身板骨硬朗，一～将帅风度｜她向来不施脂粉，一～淡雅。**用法提示** ①数词一般限用“一”：一～长者风度｜老人一～慈眉善目｜他衣着得体，一～学者风度。②数词前有时可加“这”“那”“哪”等代词：他这一～胡言早就传遍了全村｜我们都被他那一～儒雅风度折服了｜我完全不信你那一～谎言。③数词“一”一般不省略。④前面一般不加形容词修饰，后面一般不加“子”。⑤一般不重叠和儿化。❸ 名量词 用于计量自然界的景色、气象、声音等：一～春光｜一～繁荣景象｜学校粉墙玄瓦，一～素静。**用法提示** ①数词一般限用“一”：一～勃勃生机｜一～和谐的交响乐｜眼前落叶纷纷，一～暮秋景色。②数词前可加“这”“那”“哪”等代词：雪后这一～银白色的大地｜会场上这一～严肃气氛｜街上那一～节日景象。③数词为“一”时可重叠，重叠形式为“一～～”：一～～欣欣向荣的景象｜这里到处是一～～蒸蒸日上的局面。④数词“一”一般不省略。⑤前面一般不加形容词修饰，后面一般不加“子”。⑥一般不儿化。

语义源流 本义指水的支流。《说文解字·水部》：“派，别水也。”晋·郭璞《江赋》：“源二分于崌崃，流九～乎浔阳。”唐·张乔《宿江叟岛居》：“数～分潮去，千樯聚月来。”唐·王维《汉江临泛》：“楚塞三湘接，荆门九～通。”演变为量词，古代用于计量河流分支。宋·戴复古《大江西上曲》：“地涌千峰摇翠浪，两～玉虹如泻。”《太平御览·地部》：“清淇西自魏郡朝歌县界入，分为二～，一在郡东，一在郡西，俱南流入河。”由水的支流引申泛指其他事物的分支，特别是因观点、风格不同而形成的门派、派别。《北史·显和传》：“显和与阿翁同源别～，皆是盘石之宗。”南朝梁·刘孝标《广绝交论》：“然则利交同源，～流则异。”《朱子语类·周子之书》：“程子承周子一～，都是太极中发明。”后泛化用于计量不同事物和群体。明·冯梦龙《东周列国志》第一百零八回：“春秋诸国难尽数，几～源流略可寻。”平江不肖生《江湖奇侠传》第七十一回：“两～人因彼此都不服这一口气，谁也不肯退让半点。”蔡东藩、许廑父《民国演义》第九十五回：“合两～人士，掌握政柄，百姓还有何幸？”又抽象用于计量学术流派。宋·苏轼《文与可画筼筜谷偃竹记》：“近语士大夫，吾墨竹一～，近在彭城，可往求之。”清·纪昀《阅微草堂笔记·纪汝佶六则》：“会余从军西域，乃自从诗社才士游，遂误从公安、竟陵两～入。”同一派事物有共同特点，故又引申用于计量自然界有统一特色或突出特点的景色、气象、声音等。唐·卢纶《陈翃郎中北亭送侯钊侍御赋得带冰流歌》：“溪中鸟鸣春景旦，一～寒冰忽开散。”宋·秦观《满江红·一派秋声》：“一～秋声，年年向、初寒时节。”元·王实甫《西厢记》第三本第三折：“今夜月明风清，好一～景致也呵！”也用于计量人的表情、风貌、言语等。明·许仲琳《封神演义》第九十七回：“众诸侯听妲己一～言语，大是有理，皆有怜惜之心。”明·冯梦龙《喻世明言·宋四公大闹禁魂张》：“明明是一～胡说！”明·凌濛初《二刻拍案惊奇》卷三十五：“原说吴下妇人刁，多是一～虚情。”清·文康《儿女英雄传》第十三回：“大约这个是一团和气幽娴，那个是一～英风流露。”

近义辨析 派—片 均可修饰景象、声音、言语等。在计量景象时，二者的语义侧重点不同。"派"由其本义水流演变为量词，强调计量对象具有一定气势，如"一派壮丽的河山""一派极地风光"；"片"由其本义木片演变为量词，强调计量对象视觉上的连缀成片，如"一片雾蒙蒙的""一片较大的空间"。在计量言语时，二者的语体色彩不同。"派"又由其本义引申泛指因观点、风格不同而形成的门派或派别，隐含贬义，故作为量词也显现出了一定的贬义色彩，如"一派胡言"；"片"不体现褒贬，强调声音连缀成片，如"一片赞赏"。在计量声音时，"派"多用于音乐声，不用于自然界的声音，如"一派笙歌"；"片"没有这种限制，如"一片风雨声"。"派"还可计量风貌、气度等，如"一派学者风度""一派儒雅""一派天真"，"片"无此用法；"片"还可以计量心思等，如"一片冰心在玉壶""一片苦心""一片好心"，"派"无此用法。

爿 pán ❶ **名量词**〈方〉用于计量田地：一～薄田 | 几～旱田 | 他花了整整一个冬天才整出这～自留地。❷ **名量词**〈方〉用于计量商店或工厂：开了一～服装店 | 街角有十几～小饭馆呢 | 他的理想就是开一～小店，专门经营他最爱的动漫书。

语义源流 本义为木片、竹片。《说文解字》"爿"下段玉裁注："反片为爿。"引申指自整体中分割出的部分或薄片。方言中泛指成片、成块的东西，如瓦爿等。清·坑余生《续济公传》第六十七回："你府上的怪物，起初本不是件活东西，是唐朝末年打碎下的一块缸～。"清·夏敬渠《野叟曝言》第二十七回："拿一条绳，把银子扎紧在床中间竹～上。"演变为量词，可计量田地。清·李宝嘉《官场现形记》第五十回："有一位大员的少爷在芜湖买了一大～地基，仿上海的样子造了许多弄堂。"后多用于计量商店或工厂等。明·凌濛初《初刻拍案惊奇》卷八："家道不富不贫，在门前开小小的一～杂货店铺，往来交易。"清·李宝嘉《官场现形记》第二十三回："他一～小铺如何捐得起。"清·蘧园《负曝闲谈》第十七回："她举目无亲，只得借住在一～小客栈里。"

盘 pán ❶ **名量词** 用于计量用盘子盛装的东西，多为食品：一～菜 | 一～炒饭 | 这一～饺子不过十来个，哪里够吃？

用法提示 ①数词一般没有限制，既可用基数词或表示数量的"两""几""好几""若干"等，也可用序数词：第一～豆腐 | 两～月饼 | 他一气吃了好几～饺子。②数词"一"在某些代词或动词后常可省略：这～炒豌豆是邻居送的 | 桌子上有～包子 | 正觉得无聊，她起身端来了～南瓜子。③数词前可加"这""那""哪"等代词：这一～菜营养丰富 | 桌上的那一～西红柿炒鸡蛋可是特意为你做的 | 哪几～菜可以给孩子吃？④前面可加"大""小"等形容词修饰：一大～米饭 | 一小～咸菜 | 桌上只有一小～花生米。⑤后面一般可加"子"：几～子煎鱼 | 一大～子烧茄子 | 炒几～子菜，咱们喝两盅。⑥数词为"一"时可重叠，重叠形式主要有"(一)～～""一～一～"：～～佳肴他都尝了尝 | 桌上摆了一～～水果 | 她把做好的一～一～饭菜摆上了桌。

⑦一般可儿化：一～儿羊肉|上～儿酱牛肉|他晚饭只吃了一～儿蔬菜沙拉。❷ 名量词 用于计量状似盘子、圆而扁的物品（包括卷成盘状的绳索）：一～麻绳|几～蚊香|谁能帮我转录一～录音带？**用法提示** ①数词一般没有限制，既可用基数词或表示数量的“两”“几”“好几”“若干”等，也可用序数词：一～石磨|几十～录像带|这是他出的第一～英语录音带。②数词“一”在某些代词或动词后常可省略：买了～录音带|树下有～石磨|那～录像带是部动画片。③数词前可加“这”“那”“哪”等代词：这两～磁带|那几～草绳|他一直惦记着那两～神秘的录音带。④前面可加“大”“小”等形容词修饰：几大～录音带|一整天才能打一小～绳子|母子俩只靠这一小～石磨，以磨面为生。⑤数词为“一”时可重叠，重叠形式主要有“（一）～～”“一～一～”：大车运来了一～～石磨|柜子里是～～审讯录像|把一～一～录像带看完，还是毫无头绪。⑥有时可儿化：一～儿磁带|两～儿麻绳|买了一小～儿蚊香。⑦后面一般不加“子”。❸ 名量词 用于计量棋类活动：刚才那几～棋是你赢了|单位是一～棋，每个人都有其价值|如同一～死棋的经济被再次搞活了。**用法提示** ①数词一般没有限制，既可用基数词或表示数量的“两”“几”“好几”“若干”等，也可用序数词：一～围棋|下到最后，还是一～和棋|到第三～棋，我才终于赢了一次。②数词“一”在某些代词或动词后常可省略：有～残局|这～棋不分输赢|他心里一直想着那～没下完的棋。③数词前可加“这”“那”“哪”等代词：那一～棋下了两天|这几～棋使他明白了很多道理|那一～棋神妙无比。④有时可儿化：那～儿棋|这是今天最后一～儿棋。⑤前面一般不加形容词修饰，后面一般不加“子”。⑥一般不重叠。❹ 动量词 用于计量下棋的次数：下一～|赢了两～|你还敢再和我下一～吗？**用法提示** ①数量结构一般位于动词后，也可位于动词前：他爱好象棋，没事儿就下一～|这～下得好|把棋王找来下一～吧。②数词一般没有限制，既可用基数词或表示数量的“两”“几”“好几”“若干”等，也可用序数词：来下一～吧|跟他下了半天棋，才赢一～|围棋是好东西，没事的时候可以下两～消磨时间。③数词“一”在某些代词后可省略：赢了这～|两人那～对弈十分精彩|你哪～下得好？④数词前可加“这”“那”“哪”等代词：赢了这一～，就是冠军了|他认真地回想着输了的那一～。⑤一般可儿化：赢了一～儿|拿棋来吧，我让你一～儿|有一阵子没玩棋了，来两～儿吧。⑥前面一般不加形容词修饰，后面一般不加“子”。⑦一般不重叠。

语义源流 本义指一种扁浅的圆形器皿。《墨子·天志中》：“镂之金石，琢之～盂。”唐·白居易《琵琶行》：“大珠小珠落玉～。”借用为量词，用于计量用盘子盛装的东西。《晋书·王祥传》：“棺前但可施床榻而已，糒脯各一～，玄酒一杯，为朝夕奠。”元·佚名《武王伐纣平话·吕望兴周》：“放

P

公次，到家中，买粳米饭一～。”也可用于计量状似盘子、圆而扁的物品。宋·周应合《景定建康志》：“有一～石，东西阔四尺七寸，南北阔三尺五寸。”明·吕坤《吕公实政录》卷二：“养济院中设大磨一～、小水磨二～。”因下棋所用棋盘也属盘状物，故也可引申计量棋类活动及下棋的次数。宋·华岳《晓望》：“向晓残星犹未落，一～棋子倩谁收。”元·耶律楚材《示忘忧》：“历代兴亡数张纸，千年胜负一～棋。”明·凌濛初《二刻拍案惊奇》卷二：“果然摆下二子，然后请小道人对下。张生又输了一～。”

泡 pāo ❶ **名量词** 用于计量状如水泡的血、泪水等：一～血水｜一～热泪｜姑姑说着突然难过起来，眼眶里涌出一～泪来。**用法提示** ①数词一般限用“一”“两”：一～泪水｜那孩子不敢哭，只是噙着两～眼泪，慢慢退了出去｜他含着两～泪望着他的祖父。②数词“一”在某些代词后常可省略：快帮他挤出那～血水｜她这～眼泪再也憋不住。③数词前有时可加“这”“那”等代词：这一～脓血｜那一～泪一直在眼眶中打转。④数词为“一”时个别情况可以重叠，重叠形式为“一～～”：一～～泪水｜从他的眼中渗出一～～眼泪。⑤前面一般不加形容词修饰，后面一般不加“子”。⑥一般不儿化。❷ **名量词** 用于计量屎尿等：一～狗屎｜两～猫尿｜他痛痛快快地撒了一～尿。**用法提示** ①数词一般没有限制，既可用基数词或表示数量的“两”“几”“好几”“若干”等，也可用序数词：几～鸟粪｜第一～马尿｜飞过的麻雀在他头上拉了一～屎。②数词“一”在某些代词或动词后常可省略：撒了～尿｜那～狗屎你快捡起来｜那孩子受了惊吓，拉了～稀屎。③数词前可加“这”“那”“哪”等代词：这一～尿很长｜那几～牛粪｜瞧车上的那两～鸟粪，看着就令人恶心。④前面可加形容词“大”修饰：一大～屎｜一大～尿｜一不小心，孩子水淋淋的一大～尿都撒在地板上了。⑤数词为“一”时可重叠，重叠形式主要有“一～～”“一～一～”：一～一～的牛粪马粪｜七八个小家伙，把一～～尿哗哗地撒到水里。⑥后面一般不加“子”。⑦一般不儿化。

📖 **语义源流** 本义为水上泡沫，读pào。《广韵·肴韵》：“泡，水上浮沤。”晋·谢灵运《维摩经十譬赞·聚沫泡合》：“水性本无～，激流遂聚沫。”引申指像水泡一样松软而鼓起的东西，读pāo。清·梁同书《直语补证》：“凡物虚大谓之～。”清·熊应雄《小儿推拿广意·杂症门》：“脓血不止。挤去一～，复起一～。”演变为量词，计量状如水泡的血、泪等。明·汤显祖《牡丹亭·闻喜》：“取喜时，也要那破头梢一～血。”清·张春帆《九尾龟》第一百六十七回：“两只眼睛里头水汪汪的，含着一～珠泪。”也用于计量屎尿。元·杜仁杰《耍孩儿·庄家不识构阑》：“则被一～尿爆得我没奈何。”《西游记》第三回：“在第一根柱子根下撒了一～猴尿。”清·吴敬梓《儒林外史》第三回：“像你这尖嘴猴腮，也该撒～尿自己照照。”

泡 pào **动量词** 用于计量冲泡茶叶的

P

次数：茶泡了两～|这壶铁观音刚冲了一～|这茶水冲到第三～才有味道呢。**用法提示** ①数量结构一般位于动词后：这茶能喝六七～|这才冲了第三～，味道就寡淡了|他喝茶，最多冲两～。②数词一般没有限制，既可用基数词或表示数量的“两”“几”“好几”“若干”等，也可用序数词：冲一～|泡两～|这茶已经泡了第几～？③数词前可加“这”“那”“哪”等代词：泡完这一～就倒掉吧|冲了那一～之后已经没什么味道了。④数词“一”一般不省略。⑤前面不加形容词修饰，后面一般不加“子”。⑥一般不重叠和儿化。

语义源流 本义为水上泡沫。泡沫形状虚软，引申指虚而松软之物，读pāo。《陈书·傅縡》：“夫水～生灭，火轮旋转，入牢阱，受羁绁，生忧畏，起烦恼，其失何哉？”清·梁同书《直语补证》：“凡物虚大谓之～。”进一步引申指用沸水等烫、浸使之变虚软，读pào。明·洪楩《清平山堂话本·快嘴李翠莲记》：“两碗稀粥把盐蘸，吃饭无茶将水～。”明·冯梦龙《喻世明言·宋四公大闹禁魂张》：“员外自入去里面，白汤～冷饭吃点心。”《红楼梦》第四十一回：“妙玉自向风炉上煽滚了水，另～了一壶茶。”清·吴敬梓《儒林外史》第二十八回：“他本是在家里～了一碗锅巴吃了。”演变为量词，用于计量冲泡茶叶的次数。

炮 pào ❶ 动量词 用于计量炮弹的发射：一～打响|两～轰翻了堡垒|每隔一会儿就打一～。**用法提示** ①数量结构可位于动词前，也可位于动词后：打了几～|一～打响|一～发出去，杀伤一大片敌人。②数词一般没有限制，既可用基数词或表示数量的“两”“几”“好几”“若干”等，也可用序数词：挨了一～|突围战打响了第一～|一～打翻了敌方堡垒。③数词前可加“这”“那”“哪”等代词：那几～都准确命中了目标|这两～正说明敌人心虚了|哪一～也没浪费。④数词为“一”时可重叠，重叠形式主要有“(一)～～”“一～一～”：～～命中目标|炸弹一～～飞到了前沿阵地|战情紧急，但炸弹还是只能一～一～轰出去。⑤数词“一”一般不省略。⑥前面一般不加形容词修饰，后面一般不加“子”。⑦一般不儿化。❷ 动量词 比喻用法，用于计量威力或影响较大的发言等：他又在会上放了一～|这次讨论会，你要开第一～。**用法提示** ①数量结构一般位于动词后，也可位于动词前：开一～|那几～说得毫无道理|他在会上轰了一～就跑了|你了解的情况多，开会时要多放几～。②数词一般限用“一”或序数词：他开了第一～|今天会上，我开了第二～|昨天的评议会上，她带头轰了几～。③数词前可加“这”“那”等代词：你今天会上的那两～可够领导们受的|他这一～怎么说也有点不合时宜。④数词“一”一般不省略。⑤前面一般不加形容词修饰，后面一般不加“子”。⑥一般不重叠和儿化。

语义源流 本义为将带毛的肉放在火上烤，读páo。《说文解字·火部》：“炮，毛炙肉也。”《诗·小雅·瓠叶》：“有兔斯首，～之燔之。”汉·应劭《风俗

P

通·皇霸》："燧人始钻木取火，～生为熟。"后用为"礮"之俗体，表攻击用的石头，读 pào。《玉篇·石部》："礮，礮石。"《集韵·效韵》："礮，机石也。"三国魏·曹叡《善哉行》："发～若雷，吐气如雨。"《新唐书·李密传》："以机发石，为攻城械，号将军～。"明·凌濛初《初刻拍案惊奇》卷三十一："到得东门城边，放三个～，开得城门。"古代的炮最早是用机械发射石头的，火药发明后，才有了火炮。明·宋应星《天工开物·冶铸》："凡铸～，西洋、红夷、佛郎机等用熟铜造，信～、短提铳等用生熟铜兼半造。"《清史稿·兵志三》："令江南机器局拨解新式快枪三千枝，快～七尊。"演变为量词，用于计量炮弹的发射。清·佚名《呼家将》第三十四回："大小三军听着：第一～，各各披挂；第二～，一齐上马；第三～，开关冲出。"后也用于计量威力或影响较大的发言等。

盆 pén 名量词 用于计量盆装之物：一～花｜两～海鲜粥｜桌子上是一～鸡蛋汤。**用法提示** ①数词一般没有限制，既可用基数词或表示数量的"两""几""好几""若干"等，也可用序数词：第一～水｜几～花草｜她热情得像一～火。②数词"一"在某些代词或动词后常可省略：这～花很漂亮｜泼了～冷水｜每桌都有～熬白菜。③数词前可加"这""那""哪"等代词：这一～粥｜把那一～衣服洗了｜哪几～花是新栽的？④前面可加"大""小"等形容词修饰：一大～脏水｜家里只有一小～白面了｜柜台上还有一小～咸菜。⑤后面有时可加"子"：一大～子红薯｜一～子鲜牛奶｜买了一～子豆腐。⑥数词为"一"时可重叠，重叠形式主要有"(一)～～""一～一～"：一～～冷水｜好几盆花，～～含苞待放｜食堂师傅端来一～一～的水饺。⑦一般可儿化：一～儿花｜一～儿红烧肉｜我给老师送了一～儿君子兰。

📖 **语义源流** 本义为一种盛装东西或洗涤用的器皿。《说文解字·皿部》："盆，盎也。"《晋书·张华传》："大～盛水，置剑其上。"唐·杜甫《遭田父泥饮美严中丞》："叫妇开大瓶，～中为吾取。"借用为量词，计量用盆盛装之物。《隋书·独孤陁传》："夜中置香粥一～。"唐·刘肃《大唐新语·匡赞》："水土各一～，有竟乎？"

棚 péng ❶ 名量词 用于计量棚架本身以及攀爬于棚架之上或生长于大棚中的植物：一～丝瓜｜两～葡萄｜几～藤萝架｜家里的收入都指望着那几～蔬菜呢。**用法提示** ①数词一般没有限制，既可用基数词或表示数量的"两""几""好几""若干"，也可用序数词或表示序数的"头"等：几～蔬菜｜一～仙人掌｜她种的头～蘑菇就收入上万元。②数词"一"在某些代词或动词后常可省略：卖了～青菜｜这～全是西红柿｜他每天坐在那～紫藤花下。③数词前可加"这""那""哪"等代词：那几～香瓜｜这两～豆荚｜那三～黄瓜长势喜人｜那四五～瓜架上都缀满了绿油油的丝瓜。④前面可加"大""小"等形容词修饰：一大～西红柿｜两大～茄子｜这一小～菜就够一家人吃了。⑤数词为"一"时可重叠，重叠形式主要有"(一)～～"

P

"一～一～"：～～瓜果都到了采摘时节|一～一～绿油油的丝瓜|一～～亚热带的奇花异卉正长得生机勃勃。⑥后面一般不加"子"。⑦一般不儿化。❷ 名量词 用于计量棚内所容家禽、家畜等：一～奶牛|几～黑山羊|这两年已陆续卖出了十几～鸡苗。**用法提示** ①数词一般没有限制，既可用基数词或表示数量的"两""几""好几""若干"，也可用序数词或表示序数的"头"等：一～鸭子有3000只|家里屋顶上养了两～鸽子|他最近刚卖出了第二～鸭子。②数词"一"在某些代词或动词后常可省略：那～鸡苗一上午就卖光了|养了～鹌鹑|他一直想养～鸽子。③数词前可加"这""那""哪"等代词：这一～鸡净赚了万把块|那几～牛羊|这种鸡好养好卖，哪一～都可以挣一万多元。④前面可加"大""小"等形容词修饰：一小～鸡鸭|一大～白鹅|这一大～牛得多少车才能装完啊？⑤数词为"一"时可重叠，重叠形式主要有"一～～""一～一～"：一～～的家禽|一～～奶牛|看到那一～一～鲜活的鸡鸭，他才放下心来。⑥后面一般不加"子"。⑦一般不儿化。❸ 名量词 用于计量需搭棚举行的演出活动或喜事、丧事：一～武术表演|一～梆子戏|一～喜事|好不容易才组织了这～演出。**用法提示** ①数词一般用基数词或表示数量的"两""几""好几""若干"等：一年办了好几～白事|一～演出才挣几百块|农历正月，村村都有三五～大戏。②数词"一"在某些代词或动词后常可省略：看～演出就像过年|那～丧事|他这～出色的表演绝对会赢得观众的支持。③数词前可加"这""那""哪"等代词：这几～白事|那两～说唱戏|你想看哪一～舞狮子？④数词为"一"时可重叠，重叠形式主要有"一～～""一～一～"：一～～喜事都办得很热闹|一～～的曲艺表演热闹非凡|几代人不停上演着一～一～的大戏。⑤前面一般不加形容词修饰，后面一般不加"子"。⑥一般不儿化。

语义源流 本义为竹木搭成的棚架或小屋。《说文解字·木部》："棚，栈也。"《隋书·柳彧传》："高～跨路，广幕陵云。"《北史·裴矩传》："又勒百官及百姓士女列坐～阁而纵观焉。"宋·王庭珪《虞美人·城东楼阁连云起》："～前箫鼓闹如雷。添个辰溪女子、舞三台。"后借用为量词，用于计量棚架或小屋本身。《红楼梦》第十四回："走不多时，路上彩棚高搭……第一～是东平郡王府的祭，第二～是南安郡王的祭，第三～是西宁郡王的祭，第四～便是北静郡王的祭。"也用于计量攀爬于棚架之上或生长于棚内的植物。清·曾衍东《小豆棚·述意》："门前几树鸟儿喳，一～儿豆花。"徐珂《清稗类钞·园林类》："楼前多乔木，有紫藤一～。"还可用于计量棚内所容之物，包括家禽、家畜。明·罗贯中、冯梦龙《平妖传》第二十四回："共二十余人，如一～木偶人儿相似。"元·鲜于枢《观寂照蒲萄》："却忆西湖酒醒处，一～凉影卧秋风。"清代特指军队的编制单位。清·吴趼人《二十年目睹之怪现状》第六十二回："钱塘县回了抚台，派了两～兵，带了洋枪出去剿狗。”《清朝野史大观·湘淮军志》：“每哨马勇五十名，散勇五名，每十人为一～，每～什长一名，散勇九名。”也可用于计量需搭棚举行的演出活动或红白喜事。宋·释慧远《偈颂一百零二首》：“从头收拾将来，恰此一～杂剧。”宋·释文珦《隐居》：“回视人间世，何如戏一～。”明·沈德符《万历野获编·鳌山致火灾》：“好一～大烟火也。”清·西周生《醒世姻缘传》第七十六回：“老侯荐了一～傀儡偶戏，老张荐了一个弄猢狲的丐者以为伺候奉客之用。”

蓬 péng ❶ 名量词 用于计量长势茂盛的花草、林木：一～杂草｜几～修竹｜一座小小的圆形水池里面栽了一～睡莲。**用法提示** ①数词一般没有限制，既可用基数词或表示数量的“两”“几”“好几”“若干”等，也可用序数词：第二～葡萄秧｜三两～竹子｜远远的山头上顶着好几～绿色的灌木。②数词“一”在某些代词或动词后常可省略：那～野花正开得热烈｜墙下有～丝瓜｜池塘边上是～葱郁的荔枝林。③数词前可加“这”“那”“哪”等代词：那几～荒草｜这两～睡莲｜河边那一～大榕树遮天蔽日。④前面可加“大”“小”等形容词修饰：一小～杂草｜墙边是一大～紫色的花｜一大～挂满果实的香蕉树生机盎然。⑤数词为“一”时可重叠，重叠形式主要有“(一)～～”“一～一～”：～～翠竹青翠惹眼｜一～～火把似的映山红｜山谷里长满了参差不齐的一～一～的灌木丛。⑥后面一般不加“子”。⑦一般不儿化。❷ 名量词 用于计量浓密的毛发等：一～乱发｜一～大胡子｜他留着一～披肩长发。**用法提示** ①数词一般限用“一”：一～花白的头发｜一～美髯｜她那一～短发别有风韵。②数词“一”在某些代词或动词后常可省略：他整天顶着～乱发忙里忙外｜你瞧他那～脏兮兮的头发｜他将自己深深内敛在那～大胡子底下。③数词前可加“这”“那”“哪”等代词：看那一～杂乱的毛发｜那一～胡须男人味十足｜他坚信这一～胡子不仅能带来好运，还能带来勇气。④前面可加“大”“小”等形容词修饰：头顶是一小～柔软的黄发｜你那一大～红发太招摇了｜爷爷坚持让那一大～白发全顶在头上，坚决不理发。⑤数词为“一”时可重叠，重叠形式主要有“一～～”“一～一～”：一～一～绒毛｜芦苇花仿佛一～～枯寂的乱发。⑥后面一般不加“子”。⑦一般不儿化。❸ 名量词 用于计量某些聚集物：射来的暗器好似一～银雨｜右手一抬，打出一～彩烟｜那是一～无法熄灭的大火。**用法提示** ①数词一般没有限制，既可用基数词或表示数量的“两”“几”“好几”“若干”等，也可用序数词：第一～寒光暴射而出｜几～雪花｜那只巨鹰的眼睛像是两～火。②数词“一”在某些代词或动词后常可省略：那～烟花分外引人注目｜就像从碗里升起～雾｜前方有～烈焰冲天而起。③数词前可加“这”“那”“哪”等代词：这一～钢针｜那两～浮云似的白烟直扑面门｜卡车开进那一～浓雾，渐渐远去了。④前面可加“大”“小”等形容词修饰：一小～石灰粉末｜一小～尘土｜水车喷出两大～水花。⑤数词为“一”时可重叠，重叠形式主要有“(一)～～”“一～一～”：那一～～凌空绽放的烟火｜一～一～青烟｜花开得真好，像是～～清雾。⑥后面一般不加“子”。⑦一般不儿化。

语义源流 本义为蓬草。《说文解字·艸部》：“蓬，蒿也。”《荀子·劝学》：“～生麻中，不扶而直。”唐·司马扎《锄草怨》：“种田望雨多，雨多长～蒿。”蓬草多长势旺盛而杂乱，故又引申指蓬松、散乱。《诗·小雅·采菽》：“维柞之枝，其叶～～。”《山海经·海内经》：“玄狐～尾。”明·冯梦龙《喻世明言·蒋兴哥重会珍珠衫》：“薛婆～着头，正在天井里拣珠子。”引申指某些植物果实的蓬状外苞。北魏·贾思勰《齐民要术·荏、蓼》：“荏子，秋未成，可收～于酱中藏之。”原注：“蓬，荏角也，实成则恶。”宋·辛弃疾《清平乐·村居》：“最喜小儿亡赖，溪头卧剥莲～。”演变为量词，用于计量蓬状的、杂乱聚集或长势旺盛之物，包括植物、毛发及其他聚集物。唐·李咸用《湘浦有怀》：“鬼树夜分千炬火，渔舟朝卷一～霜。”清·如莲居士《说唐后传》第二十一回：“他身高有九尺，平顶一双铜铃眼，两道黑浓眉，大鼻大耳，一～青发。”明·罗懋登《三宝太监西洋记》第六十五回：“这一齐火箭不至紧，风又顺，火又狠，粘着的就是一～烟。”

捧 pěng **名量词** 用于计量双手托持之物：一～花生米｜哥哥分给我一～茴香豆｜他弯下腰，喝了两～清澈的泉水。**用法提示** ①数词一般没有限制，既可用基数词或表示数量的“两”“几”“好几”“若干”等，也可用序数词：第一～鲜花｜几～泉水｜捧了一～米。②数词“一”在某些代词或动词后常可省略：那～花生是爷爷给我的｜喝了～山泉水｜花篮里有～淡紫色小花。③数词前可加“这”“那”“哪”等代词：那一～郁金香｜这一～松子仁｜那一～兰花豆是特意留给你的。④前面可加“大”“小”等形容词修饰：一大～糖果｜一大～鲜花｜亲人已化作一小～骨灰。⑤后面有时可加“子”：一～子旱烟｜几～子土｜一天下来，他们只喝了几～子山泉水。⑥数词为“一”时可重叠，重叠形式主要有“(一)～～”“一～一～”：～～大米｜一～～沙子｜他把一～一～散落的玉米粒收进口袋。⑦一般不儿化。

语义源流 本义指双手托持，本字写作“奉”。《说文解字·廾部》：“奉，承也。”《集韵·肿韵》：“捧，掬也。”《左传·成公二年》：“奉觞加璧以进。”《庄子·达生》：“则～其首而立。”《隋书·王劭传》：“梦欲上高山而不能得，崔彭～脚，李盛扶肘得上。”借用为量词，用于计量双手托持之物。唐·柳宗元《愈膏肓疾赋》：“巨川将溃，非～土之能塞。”清·李宝嘉《官场现形记》第四十六回：“顺手在盒子里取出一～东西。”

近义辨析 捧—掬 见“掬”下。

批 pī ❶ **名量词** 用于计量同时行动的人：一～学生｜我们是同一～新兵｜这几～游客都是北方人。**用法提示** ①数词一般没有限制，既可用基数词或表示

P

数量的“两”“几”“好几”“若干”，也可用序数词或表示序数的“头”“首”等：一～志同道合的朋友|好几～官吏|他们是首～到达的专家。②数词“一”在某些代词或动词后常可省略：那～联合国官员已经到了|这～士兵正准备出发|有～学生要来参观博物馆。③数词前可加“这”“那”“哪”等代词：那两～作曲家|这一～年轻人|这几～受害者损失惨重。④前面可加“大”“小”等形容词修饰：两大～知青|一小～优秀人才|这一时期出现了一大～著名的天文学家。⑤数词为“一”时可重叠，重叠形式主要有“(一)～～”“一～一～”：～～采访者|一～～电脑程序员|一～一～观众有序地撤出了礼堂。⑥后面一般不加“子”。⑦一般不儿化。❷ 名量词 用于计量同时出现或消失的事物：第一～进口牛肉已经送达|最近两～布料的质量都不错|这～文物价值连城。**用法提示** ①数词一般没有限制，既可用基数词或表示数量的“两”“几”“好几”“若干”，也可用序数词或表示序数的“头”“首”等：一～文献|头～货物|第一～钢材已经运达。②数词“一”在某些代词或动词后常可省略：掷下～炸弹|新出了～专著|那～畅销书让他大赚了一笔。③数词前可加“这”“那”“哪”等代词：那几～出土文物受到了妥当保护|这两～书稿都已经完成|到底是哪一～货物出了问题？④前面可加形容词“大”修饰：一大～古书|两大～爆炸物|这次考古发现了一大～金币。⑤数词为“一”时可重叠，重叠形式主要有“(一)～～”“一～一～”：～～订单|一～～多功能电子产品进入市场|一～一～货船运来了海外的新奇商品。⑥后面一般不加“子”。⑦一般不儿化。

语义源流 本义是用手打。《说文解字·手部》：“㧗(批)，反手击也。”《广雅·释诂三》：“批，击也。”《左传·庄公十二年》：“遇仇牧于门，～而杀之。”《淮南子·道应》：“异日，知伯与襄子饮，而～襄子之首。”《世说新语·德行》：“有参军见鼠白日行，以手板～杀之。”引申为击打、触犯。《史记·刺客列传》：“奈何以见陵之怨，欲～其逆鳞哉！”司马贞索隐：“批，谓触击之。”南朝梁·何逊《七召》：“手羁铁顶，足～铜头。”唐·段成式《酉阳杂俎续集·支诺皋下》：“严师忽得病若狂，或自～触，秽詈叫呼，数日不已。”进一步引申为排除、推开。《史记·魏其武安侯列传》：“及魏其侯失势，亦欲倚灌夫引绳～根生平慕之后弃之者。”司马贞索隐：“批者，排也。《汉书》作‘排’。”《史记·孙子吴起列传》：“～亢捣虚，形格势禁，则自为解耳。”司马贞索隐：“批者，相批排也。”元·无名氏《杀狗劝夫》第二折：“小的每将孙二拿到檐下大雪里跪着。(梅香做～末跪科)”由排除义引申指削去、剖开。北魏·贾思勰《齐民要术·种葱》：“两耧重耩，窍瓠下之，以～契系腰曳之。”石声汉注：“批是从中劈破。”唐·杜甫《房兵曹胡马》：“竹～双耳峻，风入四蹄轻。”仇兆鳌注：“批，削也。”元·耶律楚材《赠蒲察元帅七首》其七：“品尝春色～金橘，受用秋香割木瓜。”进而

P

引申指剖、削而成的棉麻或竹子的细缕。明·冯梦龙《警世通言·王娇鸾百年长恨》:“喝教合堂皂快齐举竹～乱打。”《水浒传》第七十四回:“一个年老的部署，拿着竹～，上得献台。”因剖、削的过程分次第，故引申指批次。《续文献通考·坑冶》:“据称，滇省办铜每年解到两～。”章太炎《新方言·释言》:“事有先后第次，则曰一～一～。”演变为量词，用于计量同一时间出现或消失的人、事、物。清·王文锦《通典考证核实》:“清高宗初期命以弘昼为首的一～官员校理通典，于乾隆十二年刻印。”清·张杰鑫《三侠剑》第一回:“我们弟兄哪一位去劫这一～赃银，劫来亦好周济旱潦不收之难民。”

近义辨析 批—拨 见“拨”下。

批—伙 见“伙”下。

批—起 均可用于计量人和事，但二者的语义重点不同。“批”由批次义演变为量词，用法上强调数量的非单一以及时间的次第;“起”由出现、发生义演变为量词，用法上强调事件的发生及次数。比如在计量事时，“批”是集合量词，“一批”可能有很多件，如“一批大案要案”“一大批安全事故”;“起”是个体量词，相当于“件”，发生一次为“一起”，如“一起事故”“三起案子”。在计量人时，“批”强调时间上的一致性，如“新来了一批学员”“这是今天到港的第二批货物”;“起”强调聚集性，如“打发了好几起客人”“抓获了两起小贼”。

批—群 均可用于计量人和物。“批”由批次义演变为量词，强调计量对象时间上的一致性，如“他们是第一批学员，来的时间都不长”，显然这些学员是同时来的;“群”本义为羊群，作为量词强调计量对象的聚集性，如“老师身边围了一群学生”。此外，“批”可以计量物件，如“一批药材”“一批货物”，“群”无此用法;“群”可计量较大物体的聚集，如“一群小岛”“一群山峦”，“批”无此用法。

匹 pǐ ❶ 名量词 用于计量马、驴、骡、骆驼以及狼等：牵来两～小马驹|马圈里总会有几～劣马|圈里还有三五～骡子没卖出去。**用法提示** ①数词一般没有限制，既可用基数词或表示数量的“两”“几”“好几”“若干”等，也可用序数词：一～骆驼|几～小马驹|这是他自己做主买下的第一～小毛驴。②数词“一”在某些代词或动词后常可省略：这～狼很漂亮|战士牵了～军马来|这是～名不见经传的黑马。③数词前可加“这”“那”“哪”等代词：那几～棕色的马|这两～马浑身雪白|那几～骡子是他们家的全部家产了。④数词为“一”时可重叠，重叠形式主要有“(一)～～”“一～一～”：一～一～野狼|～～骆驼都是他的伴儿|选手们争先恐后冲出起跑线，犹如一～～脱缰的野马。⑤前面一般不加形容词修饰，后面一般不加“子”。⑥一般不儿化。❷ 名量词 用于计量成卷的绸子、布等：去街上买了两～碎花布|朋友送了几～绸缎来|织布机旁堆放着几～白绢。**用法提示** ①数词一般没有限制，既可用基数词或表示数量的“两”“几”“好几”“若干”等，也可用序数词：第

P

一～布｜两～绸子｜她想买两～绸缎做衣裳。②数词"一"在某些代词或动词后常可省略：这～锦缎｜买～粗布｜拿～布给妹妹做件衣裳。③数词前可加"这""那""哪"等代词：这几～布｜这两～缎子都已经预订出去了｜那五六～绸子很贵的。④前面可加"大""小"等形容词修饰：一大～细腻的丝绸｜一小～锦缎｜车上还有两大～缎子。⑤数词为"一"时可重叠，重叠形式主要有"（一）～～""一～一～"：一～～棉布｜一～一～纱布｜～～绸缎都已做成了旗袍。⑥后面一般不加"子"。⑦一般不儿化。

语义源流 本义指长四丈的布帛。《说文解字·匸部》："匹，四丈也。"《汉书·食货志下》："布帛广二尺二寸为幅，长四丈为～。"南朝陈·徐陵《玉台新咏·古诗为焦仲卿妻作》："三日断五～，大人故嫌迟。"《后汉书·乐羊子妻传》："一丝而累，以至于寸，累寸不已，遂成丈～。"演变为量词，用于计量布帛。《史记·刘敬叔孙通列传》："乃赐叔孙通帛二十～，衣一袭，拜为博士。"唐·白居易《卖炭翁》："半～红纱一丈绫，系向牛头充炭直。"宋·苏轼《游灵隐高峰塔》："赠别留～布，今岁天早霜。"由于四丈的布帛成对折形，故引申指匹配。《说文解字》"匹"字下段玉裁注："……按二丈为一端，二端为两，每两为一匹，长四丈。……凡言匹敌、匹耦者，皆于二端成两取意；凡言匹夫匹妇者，于一两成匹取意。两而成匹，判合之理也。虽其半，亦得云匹也。马称匹者，亦以一牝一牡离之而云匹……"唐·李白《登峨眉山》："蜀国多仙山，峨眉邈难～。"清·梁章钜《归田琐记·谢古梅先生》："先生敦品励学，实为儒宗，一时罕有其～。"匹配后成为一个整体，演变为量词，用于计量马、驴、骡、骆驼及其他动物。《左传·襄公二年》："齐侯伐莱，莱人使正舆子赂夙沙卫以索马牛，皆百～。"《书·文侯之命》："用赉尔秬鬯一卣，彤弓一，彤矢百，卢弓一，卢矢百，马四～。"唐·杜甫《题壁上韦偃画马歌》："一～龁草一～嘶，坐看千里当霜蹄。"清·贪梦道人《彭公案》第三百一十三回："暗有掩心甲，足蹬牛皮靴子，骑一～骆驼大的黄骠马。"

近义辨析 匹—口—条—头—只 见"口"下。

屁股 pìgǔ

❶ 名量词 用于计量附着在屁股上的东西：一～水｜一～泥｜小孩子玩滑梯竟然弄了一～土。**用法提示** ①数词一般限用"一"：一～牛粪｜一～脏东西｜他坐了一～土。②数词前可加"这""那""哪"等代词：瞧你那一～土，赶快拍一拍｜你这一～灰在哪儿蹭的？｜你这是没打到狐狸反弄一～臊。③数词"一"一般不省略。④前面一般不加形容词修饰，后面一般不加"子"。⑤一般不重叠和儿化。❷ 名量词 用于计量债务：欠了一～债｜他现在很穷，还欠了一～外债｜几年生意做下来，不仅没挣到钱，还欠银行一～贷款。**用法提示** ①数词一般限用"一"：他为了买房子欠下了一～债｜有的企业欠了银行一～债务｜他因为赌博拉下了一～账。②数词前可加"这""那"等代词：他到死也没还清自己的那一～糊涂账｜你打算怎

P

么偿还这一～债呢？③数词“一”一般不省略。④前面一般不加形容词修饰，后面一般不加“子”。⑤一般不重叠和儿化。❸ 动量词 用于计量与屁股有关的动作：他一～坐到地毯中央|一～跌坐在地上|他没站稳，一～摔在原地。**用法提示** ①数量结构一般位于动词前：她一～坐在我对面|他两腿一软，一～瘫在地上|他累得一～坐在沙发上再也不想动了。②数词一般限用“一”：一～坐在草滩上|我一～落在椅子上，不小心被硌了一下|他一～倒在扶手椅里。③数词“一”一般不省略。④数词前一般不加代词。⑤前面一般不加形容词修饰，后面一般不加“子”。⑥一般不重叠和儿化。

📖 **语义源流** 本义指人或动物腿与腰相连的部位。明·凌濛初《二刻拍案惊奇》卷三十五：“程老儿见布下来了，即兜在～上坐好。”《西游记》第二十三回：“（八戒）坐在那椅子上，一似针戳～，左扭右扭的，忍耐不住。”借用为名量词，用于计量附着在屁股上的东西。明·兰陵笑笑生《金瓶梅》第六十九回：“白为他打了这一～疮来？”清·西周生《醒世姻缘传》第七十三回：“你看那周家长子的嘴巴骨头，自己先坐着一～臭屎，还敢说那继母的过失？”朱瘦菊《歇浦潮》第十一回：“伯和把一只茶杯放在椅上，坐下时忘却取起，将茶杯坐碎，而且沾了一～的水。”也可用于计量债务。清·吴敬梓《儒林外史》第五十四回：“银子又用的精光，还剩了一～两肋巴的债，不如卷卷行李往福建去罢。”清·游戏主人《笑林广记·定亲》：“亲事虽定了一头，这一～债，如何干净？”借用为动量词，用于计量与屁股有关的动作。清·西周生《醒世姻缘传》第六十七回：“只见一个穿青的人走来，一～坐在店前的凳上。”《红楼梦》第四十一回：“他此时又带了七八分酒，又走乏了，便一～坐在床上。”清·吴敬梓《儒林外史》第二回：“走进门来，和众人拱一拱手，一～就坐在上席。”

篇 piān ❶ 名量词 用于计量文章或成部著作中的一个组成部分：一～小说|几～学术论文|短短两年的时间他就完成了十几～深度报道。**用法提示** ①数词一般没有限制，既可用基数词或表示数量的“两”“几”“好几”“若干”，也可用序数词或表示序数的“头”“首”“末”等：一～论文|头～调查报告|这里共有305～作品。②数词“一”在某些代词或动词后常可省略：写了～散文|有～论文正要发表|桌上那～报道值得一看。③数词前可加“这”“那”“哪”等代词：这几～报告|那两～文章|这三千～诗作都是白居易写的。④前面可加“大”“小”“长”等形容词修饰：一长～赞美诗|两小～文章|为这事儿，某报登了一大～报道。⑤数词为“一”时可重叠，重叠形式主要有“（一）～～”“一～一～”：～～征文|读了一～一～的民间故事|他写出了一～～趣味盎然的游记。⑥后面一般不加“子”。⑦一般不儿化。❷ 名量词 用于计量相对完整的话语：一大～疯疯傻傻的胡话|每次见面他都会发一长～牢骚|一～大道理说得我哑口无言。**用法提示** ①数词一般限用“一”：一～情

P

话｜一长～说教｜这一～讽刺消灭了他的自信。②数词“一”在某些代词或动词后常可省略：这～言论｜那～誓言｜你就当他说了～胡话。③数词前可加“这”“那”“哪”等代词：这一长～讲话｜那一大～道理｜他莫名其妙说了这一大～废话。④前面可加“大”“长”等形容词修饰：他急得说出了一大～疯话｜一句话就能说清的，不要说那么一大～｜他这一长～话，听得我们目瞪口呆。⑤数词为“一”时可重叠，重叠形式主要有“一～～”“一～一～”：谁想听你那一～～废话｜谁都不喜欢一～一～的夸夸其谈｜这一～一～的讲话其实没什么实质性内容。⑥后面一般不加“子”。⑦一般不儿化。❸ 名量词 用于计量纸张、书页等：几～儿彩纸｜两～儿福字｜这十来～病历可得带给医生看。**用法提示** ①数词一般没有限制，既可用基数词或表示数量的“两”“几”“好几”“若干”，也可用序数词或表示序数的“头”“首”“末”等：这份试卷一共五～儿｜杂志的首～儿是目录｜他每晚临睡前都要看几～儿漫画书。②数词“一”在某些代词或动词后常可省略：最后那～儿纸破了｜找～白纸来｜有～儿书页被折了个角。③数词前可加“这”“那”“哪”等代词：这两～儿纸可千万不能丢｜这几～儿账单还要再核对一下｜他随手扯下那一～儿台历纸。④前面可加“大”“小”等形容词修饰：一小～儿纸也不能浪费｜他很快写满了两大～纸｜那一大～红纸只写了个“福”字。⑤数词为“一”时可重叠，重叠形式主要有“（一）～～”“一～一～”：一～儿～儿作业｜～儿～儿纸上都写满了字｜一～儿一～儿的剪报把本子都贴满了。⑥一般需儿化：作业本才十来～儿纸｜这文章一共才四五～儿，一会儿就能看完｜那几～儿写满字的纸正是死者的遗书。⑦后面一般不加“子”。

语义源流 本义指结构相对完整的作品，可指书册，也可指首尾完整的文章。《说文解字·竹部》：“篇，书也。”段玉裁注：“书，箸也。箸于简牍者也。”清·朱骏声《说文通训定声》：“谓书于简册可编者也。”《汉书·晁错传》：“上以荐先帝之宗庙，下以兴愚民之休利。著之于～，朕亲览焉。”晋·孙绰《游天台山赋》：“举世罕能登陟，王者莫由禋祀，故事绝于常～，名标于奇纪。”演变为量词，用于计量文章、诗篇，或成部著作中的一个组成部分。《史记·太史公自序》：“《诗》三百～，大底贤圣发愤之所为作也。”《说文解字·叙》：“此十四～，五百四十部也。”唐·杜甫《饮中八仙歌》：“李白斗酒诗百～，长安市上酒家眠。”也可用于计量完整的一段话。明·冯梦龙《醒世恒言·张孝基陈留认舅》：“老尚书这～话，至今流传人间。”有时也用于计量纸张、书页。《资治通鉴·世祖文皇帝上天嘉元音》：“昔周公朝读百～书，夕见七十士。”清·陆继辂《张主簿为邓孝廉作南村耦耕图》：“山妻日织一匹布，儿子夜读百～书。”现用“篇”计量单张纸时，常常儿化。

片 piàn ❶ 名量词 用于计量薄而平的东西：一～肥肉｜两～面包｜枝头上挑着几～红叶。**用法提示** ①数词一般没有限制，既可用基数词或表示数量的“两”“几”“好几”“若干”，也可用序数词或表示序数的“头”“首”等：一～火腿｜几～芭蕉叶｜那盆滴水莲长出了头～新叶。②数词“一”在某些代词或动词后常可省略：头发上挂着～树叶｜吃了～面包｜这～火腿你吃了吧。③数词前可加“这”“那”“哪”等代词：这两～药｜那几～饼干｜这五六～牛肉都是你的。④前面可加“大”“小”等形容词修饰：几大～树叶｜一小～玻璃｜湖心还漂浮着一小～玫瑰花瓣儿。⑤数词为“一”时可重叠，重叠形式主要有“(一)～～”“一～一～”：～～红叶在阳光下闪耀｜一～一～的花瓣掉到水里｜海水摔到岩石上，如同一～～破碎的翡翠。⑥一般可儿化：几小～儿碎布｜两～儿薄薄的嘴唇｜每次饭后吃三～儿药。⑦后面一般不加“子”。❷ 名量词 用于计量连接成片的、面积或范围较大的事物，包括山林、田野、建筑物等：一～草地｜一大～杜鹃花｜眼前是一小～波光粼粼的水面。**用法提示** ①数词一般限用“一”“两”“几”：几～菜地｜两～绿荫｜他独自走入了那一～废墟。②数词“一”在某些代词或动词后常可省略：那～绿草茵茵的高尔夫球场｜走进了～枣树林｜路边有～草地。③数词前可加“这”“那”“哪”等代词：那两～金黄的油菜花｜远处那一～火光渐渐微弱｜那几～草地成了最佳冬季牧场。④前面可加“大”“小”等形容词修饰：一大～破旧的楼房｜一小～绿荫｜他第一次走进这一大～原始森林。⑤数词为“一”时可重叠，重叠形式主要有“(一)～～”“一～一～”：汽车经过一～一～村落｜天边是～～翠绿的山岗｜山坡上是一～～绚丽多彩的花海。⑥后面一般不加“子”。⑦一般不儿化。❸ 名量词 用于计量景象、气象：一～寂静｜夕阳照耀下，一～橘红｜眼前一～漆黑，什么都看不到。**用法提示** ①数词一般限用“一”：四周一～昏黑｜梦境已是一～模糊｜当时我头脑里一～空白，什么也想不起来。②数词“一”在某些代词后常可省略：那～寂静｜这～繁荣昌盛｜这～朦胧也很美。③数词前可加“这”“那”“哪”等代词：这一～混乱｜那一～热闹景象｜落日的余晖给雪原洒下这一～橘红。④前面可加“大”“小”等形容词修饰：一大～极美的风景｜覆盖出一大～浓荫｜一小～绿洲。⑤数词为“一”时可重叠，重叠形式主要有“(一)～～”“一～一～”：一～～绿意盎然的自然景观｜车窗外掠过一～一～绿水青山。⑥后面一般不加“子”。⑦一般不儿化。❹ 名量词 用于计量汇集在一起的声音：台下掌声一～｜精彩的表演迎来一～叫好声｜现在我的耳朵里只有一～蜂鸣声，什么都听不清楚。**用法提示** ①数词一般限用“一”：一～轰隆声｜一～叹息｜他的发言赢来一～掌声和喝彩声。②数词“一”在某些代词后常可省略：那～狗叫声在夜里愈发清晰｜在这～议论声里，他的心情终于慢慢地欢畅起来｜那～嗡嗡声突然停止了。③数词前可加“这”“那”“哪”等代词：这一～窃窃私语声｜那一～嘹亮的歌声｜在这一～声响之中，忽然传

P

出救命的喊叫。④数词为“一”时可重叠，重叠形式主要有“(一)～～”“一～一～”：一～～欢声笑语|河面响起了一～一～的歌声|新人们纷纷上台表演节目，不时泛起～～欢笑的声浪。⑤前面一般不加形容词修饰，后面一般不加“子”。⑥一般不儿化。

❺ 名量词 用于计量心情、神情等抽象概念，表“全部都是”“完全是”的意思：一～爱心|一～感激之情|我对你是一～赤诚。**用法提示** ①数词一般限用“一”：一～好意|一～心意|什么时候你才能明白我的一～真心。②数词“一”在某些代词后可省略：这～心|凭着这～真与爱交织火热的情|他没有分内与分外，只有那～情和一颗为人民服务的心。③数词前有时可加“这”“那”“哪”等代词：你要体会父母的这一～苦心|你这样做，真是枉费了他的那一～诚心。④数词为“一”时可重叠，重叠形式主要有“(一)～～”“一～一～”：～～赤子之情|献上一～一～的爱心|这是一～～割舍不开的深情。⑤前面一般不加形容词修饰，后面一般不加“子”。⑥一般不儿化。

语义源流 本义指破析树木而成的木片。《说文解字·片部》：“片，判木也。”段玉裁注：“谓一分为二之木。”《广雅·释诂四》：“片，半也”。晋·陶渊明《搜神后记》卷一：“有二人乘船取樵，见岸下土穴中水逐流出，有新斫木～逐流下。”《清史稿·乐志八》：“穿孔贯纫，击以木～。”清·赵翼《廿二史劄记》：“密以手谕书木～，缚磬髀股间，使以示俊。”引申指薄而平的物品。《南史·齐武陵昭王晔传》：“(晔)少时又无棋局，乃破荻为～，纵横以为棋局。”唐·杜甫《寄杨五桂州谭》：“梅花万里外，雪～一冬深。”宋·范成大《喜雪示桂人》：“从今老杜诗犹信，梅～飞时雪也飞。”演变为量词，用于计量如木片一样面积较小、薄而平的东西。汉·刘歆《西京杂记》卷四：“广汉为之取酒、鹿脯数～。”《汉纪·武帝纪五》：“令军士人持三升糒、一～冰。”唐·李白《北风行》：“燕山雪花大如席，～～吹落轩辕台。”由本义的平面性特征引申，用于计量连接成片的、面积或范围较大的事物。北周·庾信《镜》：“光如一～水，影照两边人。”唐·刘禹锡《西塞山怀古》：“千寻铁锁沉江底，一～降幡出石头。”进一步引申，用于计量充斥视觉或听觉范围的场景或声音。宋·杨无咎《倾杯》：“罗绮簇、欢声一～。”清·西周生《醒世姻缘传》第二十四回：“推想这一～山河大地，通前彻后，成了一个粉妆玉琢的乾坤。”还可用于计量较抽象的概念，多表“全部都是”“完全是”之义。唐·王昌龄《芙蓉楼送辛渐》：“洛阳亲友如相问，一～冰心在玉壶。”唐·孟浩然《送告八从军》：“男儿一～气，何必五车书。”五代·和凝《天仙子》：“桃花洞，瑶台梦，一～春愁与谁共？”

近义辨析 片—带 见“带”下。
片—派 见“派”下。

瓢 piáo 名量词 用于计量瓢中盛装的东西。当计量之物为“凉水”“冷水”时，多为虚指，表打击之义：一～泉水|两～热汤|他向这个年轻人发热的头脑泼了一～冷水。**用法提示** ①数

P

词一般没有限制，既可用基数词或表示数量的“两”“几”“好几”“若干”等，也可用序数词：第一～水|两～面粉|一～凉水浇灭了他的热情。②数词“一”在某些代词或动词后常可省略：那～绿豆汤加了糖|你喝～豆浆再去上工吧|他的心头如同浇了～凉水，沮丧极了。③数词前可加“这”“那”“哪”等代词：这几～绿豆|那两～玉米面|现实给他泼的这一～冷水令他清醒了很多。④前面可加“大”“小”等形容词修饰：一大～清水|一小～米粥|他被一大～冷水泼醒了|这当头一棒，真如一大～冷水。⑤数词为“一”时可重叠，重叠形式主要有“(一)～～”“一～一～”：一～～白面|～～脏水都泼到他身上|他把一～一～水舀进桶里。⑥后面一般不加“子”。⑦一般不儿化。

语义源流 本义是瓠的一种，也称葫芦。《玉篇·瓜部》：“瓢，瓠瓜也。”《周礼·春官·鬯人》：“禜门用～赍。”郑玄注：“赍读为齐，取甘瓠割去柢，以齐为尊。”孙诒让正义：“经文之瓢，犹言瓠也。”引申指用剖开的葫芦制成的用于舀水或盛放东西的器皿。《庄子·逍遥游》：“剖之以为～，则瓠落无所容。”唐·韩愈《调张籍》：“刺手拔鲸牙，举～酌天浆。”后泛指用各种材料制成的与瓢形似的匙勺之类的器具。《说文解字·瓠部》：“瓢，蠡也。”明·杨慎《丹铅总录·订讹·以蠡测海》：“江淮之间或用螺之大者为～。”借用为量词，用于计量瓢中盛装之物。《论语·雍也》：“一箪食，一～饮。”《水浒传》第五十六回：“李荣把出一个瓢来，先倾一～，来劝徐宁。”

P

票 piào ❶ 名量词 用于计量货物、买卖等：一～生意|两～买卖|这是他开张后的第一～生意|我这儿有几～生意希望你们能接下来。**用法提示** ①数词一般没有限制，既可用基数词或表示数量的“两”“几”“好几”“若干”，也可用序数词或表示序数的“头”“首”等：一～很赚钱的生意|几～像样的买卖|他做成了生平的首～生意。②数词“一”在某些代词或动词后常可省略：那～货物即将运达|我决不能让他做成这～买卖|我手头现有～生意，不知你敢不敢接。③数词前可加“这”“那”“哪”等代词：这两～货|那几～生意没什么赚头|他那两～货都被海关扣押了。④前面有时可加形容词“大”修饰：一大～买卖|一大～生意|这两大～买卖都跟他有关。⑤数词为“一”时可重叠，重叠形式主要有“(一)～～”“一～一～”：～～生意都稳赚不赔|一～～进口物资|他做成了一～一～的生意。⑥后面一般不加“子”。⑦一般不儿化。❷ 名量词 用于计量选票：投他一～|这次选举，他得了45～|还差两～就当选了。**用法提示** ①数词一般用基数词或表示数量的“两”“几”“好几”“若干”等：关键的一～|得了三～|请大家投我一～。②数词前可加“这”“那”“哪”等代词：那一～举足轻重|校长投出了他那关键的一～|最后这一～的决定权就掌握在你们手中。③数词为“一”时可重叠，重叠形式主要有“一～～”“一～一～”：一～～选票|各级人民代表都是选民一～一～选出来的。④数

词“一”一般不省略。⑤前面一般不加形容词修饰，后面一般不加“子”。⑥一般不儿化。

语义源流 本义指火光腾起。《说文解字·火部》：“票，火飞也。”引申指摇动或轻举之状。《汉书·扬雄传下》：“高祖奉命，顺斗极，运天关，横巨海，～昆仑。”汉·扬雄《太玄·沉》：“见～如累，明利以正于王。”范望注：“票，飞光也。”郑万耕校释：“票，《说文》：‘火飞也。’”假借为用作凭证的文书。清·朱骏声《说文通训定声》：“（假借）为要约之约，今俗言信券曰票。”明·顾起元《客座赘语·辨讹》：“今官府有所分付句取于下，其札曰～。”明·凌濛初《初刻拍案惊奇》卷十七：“（府尹）随出～唤西山观黄妙修的本房道众来领尸棺。”《续文献通考·钱币五》：“商人贩铜者以五分或四分赴该司上纳，照时估领价，其余给～，听卖铜斤。无官～者，如私盐之律。”后引申指适用于一定范围的纸片状的凭证，如车票、门票、选票等。清·李宝嘉《官场现形记》第二十九回：“下余五万，黄胖姑给他一张汇～，叫他到南京去取。”清·佚名《续儿女英雄传》第二回：“五日以后每日贴给喂养饭钱，立下合同，写了车～，先付定银，其价沿途支领。”《清史稿·选举志八》：“以本区应出当选人额数除选举人总数，所得半数，为当选～额。”平江不肖生《留东外史》第七十七章：“门外设了个卖门～的小桌子，坐着一个十五六岁的小女子。”演变为量词，用于计量选票等。蔡东藩、许廑父《民国演义》第七回：“下午参议院开会，选举总统，共得十七省议员，各投一～，计十七～。”又用于计量买卖、货物等。清·吴敬梓《儒林外史》第七回：“荀家把这几十吊钱赎了几～当，买了几石米。”清·吴趼人《二十年目睹之怪现状》第七十九回：“他的本事也渐渐大了，背着干老子，挪用了店里的钱，做过几～私货，被他赚了几个。”也可用于计量其他事物或人。清·李宝嘉《官场现形记》第四十三回：“后来因为要甄别一～人，忽然想着了他。”清·吴趼人《二十年目睹之怪现状》第三十回：“有一回，这裁缝承办了一～号衣，未免写个承揽单，签上名字。”平江不肖生《留东外史续集》第一百零一章：“二位若不相信我没钱，前日还当了几～衣服首饰。”

撇 piě **名量词** 用于计量形状像“丿”的物体：两～八字胡｜阿朱在他上唇加了淡淡一～胡子｜有人说“自”字的形体像眼睛加上一～眉毛。**用法提示** ①数词一般限用“一”“两”：小老头留着两～八字胡｜这些人都有两～或黑或黄的胡须｜那人五十岁，留有一～小胡子。②数词“一”在某些代词或动词后常可省略：他左边那～八字胡被灯燎着了｜你还是把那～古怪的黄毛剃掉吧｜他刻意在唇上留了～小胡子。③数词前可加“这”“那”“哪”等代词：那一～短髭｜这两～扫帚眉｜那两～模式化的眉毛。④前面有时可加形容词“小”修饰：人像侧脸的那一小～短须非常逼真｜唇下留了两小～黑色八字胡。⑤后面一般不加“子”。⑥一般不重叠和儿化。

语义源流 本义为轻轻击打，读 piē，也写作“擎”。《说文解字·手部》：“擎，别也。一曰击也。”汉·王褒《四子讲德论》：“故膺腾～波而济水，不如乘舟之逸也。”唐·李贺《宫娃歌》：“愿君光明如太阳，放妾骑鱼～波去。”引申指掠过、拂拭。《集韵·屑韵》：“擎，拂也。”汉·王褒《洞箫赋》：“莫不怆然累欷，～涕抆泪。”汉·扬雄《甘泉赋》：“历倒景而绝飞梁兮，浮蠛蠓而～天。”李善注引张揖《三苍注》：“撇，拂也。”引申指贴着液体表面轻轻掠过舀取。宋·梅尧臣《次韵和刘原甫紫微过予饮酒》：“为～瓮面醅，为煎鹰爪茶。”明·方以智《物理小识·饮食·省柴法》：“其闷饭，洗米一碗，水二碗，则不必～汤，但遏火而自干矣。”常用义为轻捷地扔出，读piě。明·冯梦龙《古今小说·张道陵七试赵升》：“真人乃拈取片石，望空～去。”明·冯梦龙《古今小说·宋四公大闹禁魂张》：“主管见员外不在门前，把两文～在他笊篱里。”演变为动量词，古代用于计量拍打或击打的动作。明·兰陵笑笑生《金瓶梅》第八十七回：“提起刀来，便望那妇人脸上撇两～。”假借表示汉字笔画，此义本字为“丿”。《说文解字·丿部》：“丿，右戾也，象左引之形。”清·文康《儿女英雄传》第二十九回：“姐姐只想，也有个‘八字儿没见一～儿’。”演变为量词，引申计量如“丿”之形的胡子、眉毛等。清·吴趼人《二十年目睹之怪现状》第二回：“生得圆圆的一团白面，唇上还留着两～八字胡子。”清·文康《儿女英雄传》第三回：“他长的是个大身量，黄净子脸儿，两～小胡子儿，左手是个六枝子。”清·李宝嘉《官场现形记》第五回：“何藩台还没答腔，舅老爷已经张开两～黄胡子的嘴，哈哈大笑。”

品 pǐn ❶ 名量词 用于计量事物的等级或种类：菜肴五～|烤肉是阿根廷的一～国菜。**用法提示** ①数词可用基数词、序数词：一～字画|葵是蔬类的第一～|新出的一～毛尖儿|西湖龙井以狮、龙、云、虎、梅五～为最。②数词“一”一般不省略。③数词前一般不加代词。④前面一般不加形容词修饰，后面一般不加“子”。⑤一般不重叠和儿化。❷ 名量词 用于计量人的官职等级：宰相门前五～官|身列一～公卿|我这个一～军职禄俸也不多|官大一～压死人。**用法提示** ①数词一般用“九”以内的基数词或“几”：二～官|三～诰命夫人|当时的官服上绣有动物，自一～至九～，文官绣鸟类，武官绣兽类|徐老太师是四～御医大夫|翰林学士仅为五～官。②数词“一”一般不省略。③数词前一般不加代词。④前面一般不加形容词修饰，后面一般不加“子”。⑤一般不重叠和儿化。

语义源流 本义表事物众多。《说文解字·品部》：“品，众庶也。”《易·乾卦》：“云行雨施，～物流形。”汉·贾谊《鹏鸟赋》：“～庶每生。”也可表人或事物的等级。《书·舜典》：“百姓不亲，五～不逊。”孔颖达疏：“品，谓品秩也，一家之内尊卑之差。”《汉书·匈奴传上》：“故约，汉常遣翁主，给缯絮食物有～，以和亲，而匈奴亦不复扰边。”颜师古注：“品谓等差也。”物品数量众多，则等级品类有别。演变为

P

量词，用于计量事物的种类。《书·禹贡》："厥贡惟金三～。"《后汉书·袁京传》："朝廷以逢尝为三老，特优礼之，赐以珠画特诏秘器，饭含珠玉二十六～。"《红楼梦》第十九回："米有几样？果有几～？"还可计量官职的级别。《国语·周语中》："内官不过九御，外官不过九～。"

近义辨析 品—等 见"等"下。

品脱 pǐntuō 度量衡量词 英美制容量单位。英语 pint 的音译。1 品脱等于 1/2 夸脱。英制中 1 品脱约合 0.568 升，美制中 1 品脱约合 0.473 升：3～润滑油｜每天饮用不超过 2～啤酒｜请你帮我买 1～的冰淇凌。**用法提示** ①数词一般没有限制，既可用基数词或表示数量的"两""几""好几""若干"等，也可用序数词：喝完了第一～牛奶｜两～烈酒｜我几乎跑了 12 个街区，才在一个报摊上买到 1～威士忌。②数词前有时可加"这""那"等代词：这两～洋酒｜这两～的果汁是新买的｜那 6000～牛奶和 5000 份软饮料，是他们一天的销售量。③数词为"一"时可重叠，重叠形式为"一～一～"：向河中倾倒了一～一～的废料｜一～一～地把水注入容器中｜输了一～一～的鲜血后，他终于脱离了危险。④数词"一"一般不省略。⑤前面不加形容词修饰，后面不加"子"。⑥一般不儿化。

榀 pǐn 名量词 用于计量房屋或框架构成的桥梁、轨道等：一～屋架｜靠近黄河东岸最后一～桁架在 29 日上午完成吊装｜他们给每一～预应力薄腹梁都建立了一个技术档案。**用法提示** ①数词一般没有限制，既可用基数词或表示数量的"两""几""好几""若干"，也可用序数词或表示序数的"首"等：一～轨道梁｜两～混凝土钢管拱桥｜老式正房多为四～三间｜这是我国第一～24 米双线整孔简支箱梁。②数词"一"在某些代词或动词后常可省略：这～箱梁重达 2100 吨｜正在吊装那～横梁｜这桥洞还缺～横梁。③数词前可加"这""那""哪"等代词：这一～边桁架有 48 个焊接球节点｜这一～梁跨度达 40 米｜那一～箱梁碎了。④数词为"一"时可重叠，重叠形式主要有"(一)～～""一～一～"：～～支钢拱架｜一～～屋架｜他们把一～一～的箱梁连接起来。⑤前面一般不加形容词修饰，后面一般不加"子"。⑥一般不儿化。

语义源流 建筑学术语。本义为屋架。演变为量词，用于计量房屋，一个屋架为一榀。后也可计量框架构成的桥梁、轨道等。

平方 píngfāng 度量衡量词 面积单位"平方米"的简称。详见"平方米"。

平方公里 píngfānggōnglǐ 度量衡量词 面积单位，即"平方千米"。详见"平方千米"。

平方米 píngfāngmǐ 度量衡量词 面积单位，符号是 m^2。简称"平方"或"平米"。边长 1 米的正方形的面积就是 1 平方米：20～以上的房间一律被隔成两间｜这栋别墅占地 300～。**用法提示** ①数词一般用基数词或表示数量的"两""几""好几""若干"等：十～的小房间｜若干～面积。②数词前有时可加"这""那""哪"等代词：这两～空地｜哪几～是公共用

P

地？|那十多～摊位每个月要付 3 万块租金。③数词为“一”时可重叠，重叠形式为“一～一～”：一～一～地测量|一～一～菜地都租出去了。④数词“一”一般不省略。⑤前面不加形容词修饰，后面不加“子”。⑥一般不儿化。

平方千米 píngfāngqiānmǐ 度量衡量词 面积单位，符号是 km^2。1 平方千米等于 100 万平方米：厂房占地五～|我国陆地总面积约 960 万～。**用法提示** ①数词一般用基数词或表示数量的“两”“几”“好几”“若干”等：这个园区的总面积有 80 多～|这个湖的水体面积已萎缩至不足 200 ～|新增灌溉面积 52 万亩，治理水土流失 1000 多～。②前面可加“这”“那”等代词：这几十～|那 960 万～的土地|他的心思都在那两三～的园区上。③数词为“一”时可重叠，重叠形式为“一～一～”：一～一～的良田|经过几代人的努力，一～一～荒山变成了森林。④数词“一”一般不省略。⑤前面不加形容词修饰，后面不加“子”。⑥一般不儿化。

平米 píngmǐ 度量衡量词 面积单位“平方米”的简称。详见“平方米”。

坪 píng 度量衡量词〈方〉土地或房屋面积的单位，1 坪约合 3.3 平方米。多用于台湾地区：100 ～山地|小花园只有四五～。

瓶 píng ❶ 名量词 用于计量装在瓶子里的东西（包括气体、液体、粉末状或颗粒状物体）：几～氧气|十几～汽水|桌上搁着一～盐和几盘子小菜。**用法提示** ①数词一般没有限制，既可用基数词或表示数量的“两”“几”“好几”“若干”等，也可用序数词：一～水|几～果汁|刚喝完第一～酒，他就醉了。②数词“一”在某些代词或动词后常可省略：要了～胡椒粉|那～速溶咖啡已经过期了|他手里拿着～水。③数词前可加“这”“那”“哪”等代词：那几～酸奶|这两～药片|哪一～水是你的？④前面可加“大”“小”等形容词修饰：一大～白兰地|几小～汽水|他带回来一大～墨汁。⑤后面有时可加“子”：一～子白砂糖|两大～子醋|这一～子酱油是他刚买的。⑥数词为“一”时可重叠，重叠形式主要有“（一）～～”“一～一～”：～～饮料都被喝光了|我终于看到一～～啤酒是怎么生产出来的|桌子底下是一～一～的矿泉水。⑦有时可儿化：两～儿洗发水|一～儿牛奶|这～儿可可粉快过期了。❷ 名量词 用于计量插在瓶子中的物体，多为鲜花：一～鲜花|两～玫瑰|他精心插了一～野花送给她。**用法提示** ①数词一般没有限制，既可用基数词或表示数量的“两”“几”“好几”“若干”等，也可用序数词：三两～玫瑰花|好几～康乃馨|这是我自己插的第一～花。②数词“一”在某些代词或动词后常可省略：餐桌上摆了～鲜花|这～玫瑰是小王送的|他抱着～红梅站在山坡上。③数词前可加“这”“那”“哪”等代词：这一～鲜花放在门口|那两～百合送给小李吧|这几～花都是今天早上刚送来的。④前面可加“大”“小”等形容词修饰：一大～芍药花|一小～秋玫瑰|她的座位正对着讲台桌上的那一

大～鲜花。⑤后面有时可加“子”：桌上放着一～子鲜花|妈妈刚插了一～子腊梅，可漂亮了。⑥数词为“一”时可重叠，重叠形式主要有“(一)～～”“一～一～”：～～鲜花娇艳欲滴|他把一～一～花摆在架子上|他每天都会依次给那一～～鲜花浇水。⑦有时可儿化：桌子中间摆着一～儿粉菊花|两～儿腊梅|这一大束百合可以插两三～儿。

语义源流 本义指用于汲水的器皿，字形又作“缾”。《说文解字·缶部》：“缾，瓮也。”又：“瓮，汲缾也。”《左传·襄公十七年》：“卫孙蒯田于曹隧，饮马于重丘，毁其～。”《乐府诗集·前溪歌七首》其二：“为家不凿井，担～下前溪。”宋·朱熹《周易本义》：“汲～几至，未尽绠而败其瓶，则凶也。”引申泛指腹大颈长的容器。北魏·杨衒之《洛阳伽蓝记·永宁寺》：“刹上有金宝～，容二十五斛。”唐·白居易《琵琶行》：“银～乍破水浆迸，铁骑突出刀枪鸣。”宋·华岳《田家》：“鸡唱三声天欲明，安排饭碗与茶～。”借用为量词，用于计量瓶子所盛装之物。唐·白居易《湖上招客送酒泛舟》：“两～箬下新开得，一曲霓裳初教成。”清·吴敬梓《儒林外史》第一回：“只见远远的一个夯汉，挑了一担食盒来，手里提着一～酒。”也可用于计量插在瓶子里的物品。元·张寿卿《谢金莲诗酒红梨花》第一折：“妾明夜晚间，将一樽酒一～花，与秀才回礼。”清·曹雪芹《红楼梦》第五十回：“宝琴披着凫靥裘站在山坡上遥等，身后一个丫鬟抱着一～红梅。”

近义辨析 瓶—罐 见“罐”下。

坡 pō ❶ 名量词 用于计量山坡的土地：一～山地|他没日没夜地垦荒，开好一～荒就播上籽|一～～乱石山，变成了整齐的耕地。**用法提示** ①数词一般限用“一”：一～梯田|一～荒地|眼前是一～整齐的菜地。②数词“一”在某些代词或动词后常可省略：他心里只想着那～自留地|这～水田是今年新开的|他们所求不多，能有～菜地就满足了。③数词前可加“这”“那”“哪”等代词：这几～荒地|屋后那两～旱田|悬崖延伸为一～草地和一块开垦出的菜田。④数词为“一”时可重叠，重叠形式主要有“(一)～～”“一～一～”：一～～的茶山|～～平整的茶园|他们下决心把一～一～荒地整治好。⑤前面一般不加形容词修饰，后面一般不加“子”。⑥一般不儿化。❷ 名量词 用于计量坡上之物：一～～柑橘|这些牛羊同吃一～草，共饮一溪水|眼前是一～破旧民房。**用法提示** ①数词一般限用“一”：一～松树|夏季一～麦，秋季一～棉|眼前是一～白色的小花。②数词“一”在某些代词或动词后常可省略：屋后有～茅草|我迷上了这～红叶|那～建筑显得格外漂亮。③数词前可加“这”“那”“哪”等代词：这一～野花分外惹眼|那一～民房都被拆了|山里随处可见这一～～白雪似的野花。④数词为“一”时可重叠，重叠形式主要有“(一)～～”“一～一～”：～～芦苇|山里种了一～一～的苗木|沟里是一～～的林木。⑤前面一般不加形容词修饰，后

P

面一般不加“子”。⑥一般不儿化。

语义源流 本义指斜坡，山的倾斜面。《说文解字·土部》：“坡，阪也。”唐·杜甫《秦州杂诗》：“瘦地翻宜粟，阳～可种瓜。”唐·贯休《春晚书山家屋壁二首》其二：“山翁留我宿又宿，笑指西～瓜豆熟。”宋·孔平仲《禾熟》：“老牛粗了耕耘债，啮草～头卧夕阳。”借用为量词，用于计量坡上之物。唐·陆希声《阳羡杂咏十九首·茗坡》：“二月山家谷雨天，半～芳茗露华鲜。”宋·王之道《青玉案·有怀轩车山旧隐》：“两行高柳，一～修竹，是我尝游处。”清·西周生《醒世姻缘传》第三十一回：“却说绣江县明水一带地方，那辛亥七月初十日的时候，正是满～谷黍，到处秋田，忽然被那一场雨水淹没得寸草不遗。”现代汉语中也可用于计量山坡土地。

抔 póu **名量词** 用于计量用手捧的东西，多为水、土等：一～甘泉｜手捧一～黄土｜落尽一树风尘，方得一～净土。**用法提示** ①数词一般限用“一”“两”“几”：一～新土｜几～湖水｜捧一～黄河水，在黄河岸边留个影。②数词“一”在某些代词或动词后常可省略：那～土有家乡的味道｜案子上有～香灰｜亲情是～思念的泥土。③数词前可加“这”“那”“哪”等代词：这一～种子｜矮墙包着那两～黄土｜这一～来自大山的泥土将与他的梦想做伴。④前面可加“大”“小”等形容词修饰：两大～泥土｜一小～沙子｜这一小～黑土是他从故乡带出来的。⑤数词为“一”时可重叠，重叠形式主要有“(一)～～”“一～一～”：一～～尘土｜一～～深沉的春泥｜他给母亲的坟添了一～一～的土。⑥后面一般不加“子”。⑦一般不儿化。

语义源流 本义为以手捧物。《广韵·侯韵》：“抔，手掬物也。”《礼记·礼运》：“污尊而～饮。”清·蒲松龄《聊斋志异·河间生》：“翁自下楼，任意取案上酒果，～来供生。”借用为量词，用于计量手捧之物，多为水、土等。《史记·张释之冯唐列传》：“假令愚民取长陵一～土，陛下何以加其法乎？”《旧唐书·李勣传》：“一～之土未干，六尺之孤何托？”《新唐书·陈子昂传》：“偷鼠窃狗盗西入陕郊，东犯虎牢，取敖仓一～粟，陛下何与遏之？”《红楼梦》第二十七回：“未若锦囊收艳骨，一～净土掩风流。”

铺 pū ❶ **名量词**〈方〉用于计量炕，多用于北方地区：屋里陈设简单，靠窗户是一～土炕｜一～大炕占据了屋子一半空间｜一～炕上睡着三个小孩子。❷ **名量词** 用于计量摊位、店面等：一～馄饨店｜两～水果摊儿｜别看他年纪轻轻，已经拥有好几～店面了。**用法提示** ①数词一般用基数词或表示数量的“两”“几”“好几”“若干”等：一～小吃店｜两～摊位｜那几～店面都经营得不错。②数词“一”在某些代词或动词后常可省略：租了～小店｜这～小饭馆越来越红火了｜那～卖菜的摊子是他们的全部财产。③数词前可加“这”“那”“哪”等代词：这一～店面｜那两～酒馆｜学校附近那几～卖文具的小店倒闭了。④数词为“一”时可重叠，重叠形式主要有“(一)～～”“一～一～”：街头是一～～卖菜的｜

P

那一～～店面规模都不大|街道两旁一～一～的小店很快就开张了。⑤前面一般不加形容词修饰，后面一般不加“子”。⑥一般不儿化。

语义源流 本义为衔门环的底座，又称“铺首”。《说文解字·金部》：“铺，箸门铺首也。”宋·李诫《营造法式·门》：“门饰金谓之～。”汉·司马相如《长门赋》：“挤玉户以撼金～兮。”晋·左思《蜀都赋》：“金～交映。”北魏·杨衒之《洛阳伽蓝记·永宁寺》：“绣柱金～，骇人心目。”**铺首饰门，引申指设置、安排。**《广韵·模韵》：“铺，铺设也，陈也。”《礼记·乐记》：“～筵席，陈尊俎，列笾豆，以升降为礼者，礼之末节也，故有司掌之。”**引申指展开来摆、摊平。**唐·韩愈《山石》：“～床拂席置羹饭，疏粝亦足饱我饥。”唐·白居易《与元九书》：“岁暮鲜欢，夜长少睡。引笔～纸，悄然灯前，有念则书，言无铨次。”宋·辛弃疾《粉蝶儿·和赵晋臣敷文赋落花》：“向园林，～作地衣红绉。”**引申为名词，指铺展的床铺、铺盖，读pù。**《水浒传》第四十五回：“房里好床好～睡着，无得寻思，只是想着此一件事。”元·佚名《神奴儿》第二折：“我则怕走的你身子困，又嫌这～卧冷。”**也可指店铺。**唐·圆仁《入唐求法巡礼行记》：“从茶～行卅里，薄暮，到角诗普通院宿。”《祖堂集·仰山和尚》：“石头是真金～，江西是杂货～。”明·冯梦龙《警世通言·崔待诏生死冤家》：“如今也不怕有人撞见，依旧开个碾玉作～。”**演变为量词，用于计量炕。**清·吴趼人《二十年目睹之怪现状》第六十九回：“原来北边地方的小客店，每每只有一个房，一～炕。”清·佚名《施公案》第一百八十回：“靠着南窗一～大炕，炕上也有一条大毡。”**也可计量店铺、买卖等。**《祖堂集·仰山和尚》：“亦如人将百种货物，杂浑金宝，一～货卖。”清·陈恒庆《谏书稀庵笔记》：“回教不食猪肉，京师闾巷，羊猪两～，相间而设，即不比邻，亦隔咫尺。”**古代也用于计量塑像、佛像等。**唐·段成式《酉阳杂俎续集·寺塔记下》：“长安二年，内出等身金铜像一～并九部乐。”唐·戴孚《广异记·僧道宪》：“时刺史元某欲画观世音七～。”**此用法现代汉语中已基本不用。**

P

Q

期 qī ❶ 名量词 用于计量分期的工程项目、学习班及其参加的人员等：第二～培训班｜第三～工程正在进行｜这几～项目的效果都不错。**用法提示** ①数词一般没有限制，既可用基数词或表示数量的“两”“几”“好几”“若干”，也可用序数词或表示序数的“首”等：三～工程｜建设新校区的首～工程｜开几～补习班。②数词“一”在某些代词或动词后常可省略：办了～农业技术短训班｜他参加了那～业务培训班｜这～培训班报名已经结束了。③数词前可加“这”“那”“哪”等代词：这两～学员｜那几～学习班的同学星散各地｜你是哪一～的毕业生？④数词为“一”时可重叠，重叠形式主要有“(一)～～”“一～一～”：～～学生中都流传他的故事｜一～一～民工培训班｜一～～书法班吸引了很多学生。⑤前面一般不加形容词修饰，后面一般不加“子”。⑥一般不儿化。❷ 名量词 用于计量分期发行的报纸、杂志等：一～杂志｜你看看这两～报纸｜这本杂志我已经连续买了好几～。**用法提示** ①数词一般没有限制，既可用基数词或表示数量的“两”“几”“好几”“若干”，也可用序数词或表示序数的“首”等：首～班级墙报｜这本刊物今年已经出了三～｜你们的刊物，我只看过第一～。②数词“一”在某些代词或动词后常可省略：我看过那～杂志｜那～杂志刚刚出版｜我买了～杂志坐火车时看。③数词前可加“这”“那”“哪”等代词：那一～杂志找不到了｜我的小说就刊登在这一～月刊上｜我早就对这一～的封面有意见了。④数词为“一”时可重叠，重叠形式主要有“(一)～～”“一～一～”：～～都有他的文章｜有空时，他喜欢翻看一～一～家里的旧杂志。⑤前面一般不加形容词修饰，后面一般不加“子”。⑥一般不儿化。

语义源流 本义指确定的时间。《广雅·释言》：“期，时也。”《诗·卫风·氓》：“将子勿怒，秋以为～。”唐·李商隐《夜雨寄北》：“君问归～未有～，巴山夜雨涨秋池。”引申指限定的一段时间。《诗·小雅·南山有台》：“乐只君子，万寿无～。”唐·高适《封丘作》：“只言小邑无所为，公门百事皆有～。”演变为量词，用于计量按一定时间分期出现的事物。《管子·参患》：“故一～之师，十年之蓄积殚；一战之费，累代之功尽。”明·严从简《殊域周咨录》：“其贡二年一～，每船百人，不得越一百五十人。”现在多用于计量分期的工程项目、学习班及其参加的人员，或分期发行的报刊。

畦 qí ❶ 名量词 用于计量田地：一～菜地｜他特意开出两～地种地瓜｜两边是井字形的一～～整齐划一的晒盐池。**用法提示** ①数词一般没有限制，既可用基数词或表示数量的“两”“几”“好

几”“若干”等，也可用序数词：好几～菜地|一～整齐的稻田|官兵们在第一～菜地上搭起了防风墙。②数词“一”在某些代词或动词后常可省略：路边是～菜圃|他一个晚上就整了～菜地出来|那～花圃被他整得如锦似绣。③数词前可加“这”“那”“哪”等代词：那两～旱田|和风煦日下那一～一～的秋田令人充满希望|农民的希望就在这一～～整齐碧绿的麦田中。④前面可加“大”“小”等形容词修饰：一大～稻田|一小～菜地|一小～菜圃中零星开着几朵白色的萝卜花。⑤数词为“一”时可重叠，重叠形式主要有“(一)～～”“一～一～”：一～一～金黄的麦田|放眼平川，～～菜地星罗棋布|堤内是一～～吐穗的稻田，多好的地方啊！⑥后面一般不加“子”。⑦一般不儿化。❷ 名量词 用于计量田地所种之物：一～生菜|两～应季花木|温室里的一～一～草莓已经结出鲜红的果实|他在自己房屋前后种了七八～白菜。**用法提示** ①数词一般没有限制，既可用基数词或表示数量的“两”“几”“好几”“若干”等，也可用序数词：两～韭菜|种下了第一～非洲菊|树下还有几～油菜花。②数词“一”在某些代词或动词后常可省略：田里种着～韭菜|这～小白菜十天后就可上市了|母亲欣喜地拉我去看她种的那～芹菜。③数词前可加“这”“那”“哪”等代词：那两～萝卜|这一～兰草|大棚里那三四～番茄能卖好几千块钱。④前面可加“大”“小”等形容词修饰：一大～月季|外面有几百竿修竹，几小～菊花|一个人种一小～菜和几株瓜是完全办得到的。⑤后面有时可加“子”：两～子黄瓜|三～子红薯|几天没看，几～子包心菜全被虫子咬了。⑥数词为“一”时可重叠，重叠形式主要有“(一)～～”“一～一～”：一～一～绿色的蔬菜|～～茂盛的油菜开着金灿灿的花|一～～茶树，整整齐齐地组成一张巨大的绿色地毯。⑦一般不儿化。

语义源流 本义为土地面积单位。《说文解字·田部》：“畦，田五十亩曰畦。”《庄子·天地》：“(子贡)见一丈人方将为圃～。”陆德明释文：“李云：‘埒中曰畦。’《说文》云：‘五十亩曰畦。’”《史记·货殖列传》：“若千亩卮茜，千～姜韭，此其人皆与千户侯等。”司马贞索隐引刘熙曰：“今俗以二十五亩为小畦，五十亩为大畦。”引申指长方形的小块田地。《楚辞·招魂》：“倚沼～瀛兮，遥望博。”《列子·天瑞》：“拾遗穗于故～，并歌并进。”北魏·贾思勰《齐民要术·种葵》：“～长两步，广一步。”宋·王安石《书湖阴先生壁》：“茅檐长扫静无苔，花木成～手自栽。”演变为量词，用于计量田地。《庄子·天地》：“有械于此，一日浸百～，用力甚寡而见功多，夫子不欲乎？”清·张杰鑫《三侠剑》第二十七回：“张德寿由第一～跑到第二～上，被菜畦绊倒。”也用于计量田地所种之物。北魏·贾思勰《齐民要术·序》：“令口种一树榆，百本薤五十本葱，一～韭。”唐·白居易《村居卧病》：“种黍三十亩，雨来苗渐大。种薤二十～，秋来欲堪刈。”

起 qǐ ❶ 名量词 用于计量事件、案

Q

件、事故：几～案件|这～爆炸案|那～事故夺走了六个人的生命。**用法提示** ①数词一般没有限制，既可用基数词或表示数量的“两”“几”“好几”“若干”，也可用序数词或表示序数的“头”“首”等：两～事件|三～交通事故|这是今年的首～爆炸事故。②数词“一”在某些代词或动词后常可省略：那～抢劫案|前面出了～车祸|这～事故的主要原因是司机疲劳驾驶。③数词前可加“这”“那”“哪”等代词：这两～交通事故|那几～绑架案。④数词为“一”时可重叠，重叠形式主要有“(一)～～”“一～一～”：～～血案|一～一～的纠纷|他这几年破获了一～～疑难案件。⑤前面一般不加形容词修饰，后面一般不加“子”。⑥一般不儿化。❷ 名量词 用于计量成群或成批的人：一～陌生人|好几～亲戚都来我们家拜年了|他那～子哥儿们没一个好东西。**用法提示** ①数词一般限用“一”：一～骗子|一～小人|这一～人看来不是那么好对付的。②数词“一”在某些代词或动词后常可省略：有～小混混天天来店里捣乱|他那～子同窗个个不安分|参加斗殴的那～流氓就是他喊来的。③数词前可加“这”“那”“哪”等代词：南京那一～夫人太太们|外头那一～人，都不是好东西。④后面一般可加“子”：那～子御医|那～子记者可不管你有什么理由|这～子蠢货是公司有什么就给人送什么。⑤前面很少加形容词修饰。⑥一般不重叠和儿化。

语义源流 本义为坐起来或站起来。《说文解字·走部》：“起，能立也。”《庄子·齐物论》：“曩子坐，今子～。”《礼记·曲礼上》：“烛至，～；食至，～；上客，～。”唐·王维《偶然作》：“喧聒茅檐下，或坐或复～。”引申指出现、发生。《庄子·胠箧》：“唇竭则齿寒，鲁酒薄而邯郸围，圣人生而大盗～。”南朝宋·鲍照《春羁》：“春日～游心，劳情出徙倚。”《三国志·蜀书·诸葛亮传》：“自董卓以来，豪杰并～，跨州连郡者不可胜数。”演变为量词，用于计量事件、案件、事故。清·坑余生《续济公传》第二百三十一回：“他那本段上出了有几～盗案，都未破获。”清·岐山左臣《花案奇闻》第五回：“不料审到黄昏，才审得一两～事。”也可用于计量汇聚在一起或总是同时行动的人。明·佚名《大明奇侠传》第三十八回：“圣上有旨，着将这两～人犯放绑免刑。”《西游记》第五回：“说不了，一～小妖又跳来道：‘那九个凶神，恶言泼语，在门前骂战哩！’”《清实录·道光朝实录》：“京营两～官兵，亦已先后进关。”

近义辨析 起—件 见“件”下。起—批 见“批”下。

气 qì 动量词 用于计量短时间内不间断地连续动作的量：分两～儿喝了一大杯|一～喝得完吗？|他们在一起痛饮了一～。**用法提示** 数量结构可位于动词前，也可位于动词后。位于动词前时：①数词一般限用“一”“几”“两”：两～就喝光了一瓶牛奶|分几～喝完了|他一～吃了半筒薯片。②数词前可加“这”“那”“哪”等代词：这一～狂饮总算使他缓过劲儿来了|那一～狂吃把他撑着了|这一～说笑把

大家的距离一下子拉近了。③常儿化：一～儿胡吃海喝｜再喜欢的东西也应该分几～儿吃｜公司打算分两～儿推出这六款新品。④数词“一”一般不省略。⑤前面一般不加形容词修饰，后面一般不加“子”。⑥一般不重叠。位于动词后时：①数词可用基数词或表示数量的“两”“几”“好几”“若干”等：歇了两～才上楼｜孩子们乱打一～｜他中间歇了一～儿才爬上四楼｜他总是乱吃一～。②前面可加形容词“大”修饰：痛饮了一大～｜他钻进卫生间哇哇地吐了一大～｜他又半训半劝地说了一大～。③有时可儿化：大哭一～儿｜孩子乱读了几～儿｜他冲进来，抓起桌上的杯子痛饮了一～儿。④数词“一”一般不省略。⑤数词前一般不加代词。⑥后面一般不加“子”。⑦一般不重叠。

语义源流 本义为流动的气体。《说文解字·气部》：“气，云气也。”《庄子·逍遥游》：“绝云～，负青天。”《列子·天瑞》：“虹蜺也，云雾也，风雨也，四时也，此积～之成乎天者也。”唐·杜甫《秋兴》：“西望瑶池降王母，东来紫～满函关。”引申指呼吸的气息。《礼记·祭义》：“～也者，神之盛也；魄也者，鬼之盛也。”郑玄注：“气，谓嘘吸出入者也。”《论语·乡党》：“屏～似不息者。”晋·张华《博物志》：“～闭不通，良久乃苏。”引申为动量词，用于计量短时间内不间断地连续动作的量。宋·佚名《大唐三藏取经诗话》：“玄奘一～讲说，如瓶注水，大开玄妙。”清·张杰鑫《三侠剑》第十七回：“金头虎在一旁胡说一～，工夫不大，衣服被江风吹干。”清·贪梦道人《彭公案》第一百三十四回：“纪逢春混打一～，累得浑身是汗。”

近义辨析 气—阵 均可用于计量一定时间内的动作行为，如可以说“走了一气”“说了一气”，也可以说“走了一阵”“说了一阵”，但二者所强调的时间长短不同。“气”比“阵”稍短一些，也更强调动作行为的连续不断，如“他分两气喝下了一整瓶酒”和“他们喝了一阵酒之后开始天南海北地闲聊”两句，前者表示每“一气”喝酒的时间都比较短，而后者表示喝酒的时间较长。此外，二者的语体色彩也略有不同。“气”口语色彩更强，“阵”书面语色彩更强一些。在用法上，“气”构成数量结构后可以位于动词前，也可位于动词后，如“乱说一气”“一气乱说”；而“阵”构成数量结构后多位于动词后，如“歇了一阵”“等了一阵”“昏迷了一阵”等。

掐 qiā 名量词 用于计量拇指和另一指尖相对捏着的数量：一～野菜｜两～豆苗｜锅热了，他赶忙掐了几～豆芽放进去。**用法提示** ①数词一般没有限制，既可用基数词或表示数量的“两”“几”“好几”“若干”等，也可用序数词：好几～花生秧｜第一～韭菜｜给孩子几～小野花。②数词“一”在某些代词或动词后常可省略：厨房里有～豆角｜把那～小葱拿过来｜他又往馅里拌了～荠菜。③数词前可加“这”“那”“哪”等代词：这两～豆苗足够了｜那一～青菜都快要烂了｜那几～麦草根本不够铺个地铺。④前面可加“大”“小”等形容词修饰：一大～草｜一小～鸡毛菜｜面条太少了，一个碗里也就一小～。⑤后面一般可加“子”：一～子柳枝｜一～子油菜｜他塞给老奶奶一～子芹菜。⑥一般可儿化：一～儿小葱｜一～儿青草｜他拿来一～儿豆苗。⑦一般不重叠。

语义源流 本义为用指甲往里抠，使劲按。《说文解字·手部》(新附字)：“掐，爪刺也。”《世说新语·雅量》：“以爪～掌，血流沾褥。”《北齐书·孝昭帝纪》：“太后常心痛不自堪忍，帝立侍帷前，以爪～手心，血流出袖。”引申指用指甲弄断。北齐·颜之推《颜氏家训·风操》：“居家惟以～摘供厨。”《红楼梦》第一回：“雨村遂起身往外一看，原来是一个丫鬟在那里～花儿。”进一步引申，指用拇指和其他手指捏。《三国志·魏书·苏则传》：“则谓为见问，须髯悉张，欲正论以对，侍中傅巽～则曰：‘不谓卿也。’于是乃止。”《太平广记·报应·僧昙畅》：“道逢一人，著衲帽弊衣，～数珠，自云贤者五戒讲。”演变为量词，计量拇指和另一手指尖相对捏着的数量，形容数量少。宋·周密《朝中措·彩绳朱乘驾涛云》：“多定梅魂才返，香瘢半～秋痕。”元·白朴《梧桐雨》第三折：“国家又不曾亏你半～，因甚军心有争差？”

千赫 qiānhè 度量衡量词 无线电波频率单位。电波每秒振动1000次就是1千赫：该音乐台使用的是97.4～｜这个无线电讯号的频率是每秒800～。**用法提示** ①数词多用基数词或表示数量的“两”“几”“好几”“若干”等：103.9～的节目很值得一听｜中频的范围一般是10—550～。②数词前可加“这”“那”等代词：这20～的高频交流电源｜那1330～是区台的波长，不是市台的。③数词“一”一般不省略。④前面一般不加形容词修饰，后面一般不加“子”。⑤一般不重叠和儿化。

千卡 qiānkǎ 度量衡量词 热量单位，符号为kcal。也叫“大卡”。1千卡等于1000卡路里，约合4187焦：消耗了好几～热量｜一个晚上摄入了两～热量｜每100克面粉含热量350～。**用法提示** ①数词一般用基数词或表示数量的“两”“几”“好几”“若干”等：这次运动消耗了300～热量｜举重60分钟，消耗热量402～｜一个鸡蛋大约可以产生82～热量｜训练时每天需要比平时增加热量200～。②数词前有时可加“这”“那”等代词：这几～可以忽略不计｜想消耗掉这300～得运动一两个小时｜那5000～热量都是这种再生资源提供的。③数词为“一”时可重叠，重叠形式为“一～一～”：热量一～一～地散失｜设备启动后要一～一～地调低热量｜新发现的地热田，日夜不停地散发出一～一～的热能。④数词“一”一般不省略。⑤前面不加形容词修饰，后面不加“子”。⑥一般不儿化。

千克 qiānkè 度量衡量词 质量或重量单位，是国际单位制中七个基本单位之一，符号为kg。1千克合2市斤：800～垃圾｜3～氧气｜据说一棵树每年可蒸发掉17.5万～水分。**用法提示** ①数词一般用基数词或表示数量的“两”“几”“好几”“若干”等：一～牛奶｜几～蔬菜｜平均亩产达到300多～。②数词前有时可加“这”“那”等代词：这几～苹果｜那两～牛肉｜这一～涂料一般可以涂刷三四平方米墙面。③数词为“一”时可重叠，重叠形式为“一～一～”：一～一～地分装好｜实验开始后，要一～一～地依次增加砝码｜他们加了一～一～的石灰晶，但砂浆的强度仍没有明显改善。④数词“一”一般不省略。⑤前面不加形容词修饰，后面不加“子”。⑥一般不儿化。

千米 qiānmǐ 度量衡量词 长度单位，符号为km。1千米等于1公里，合2市里：飞机正在八～高空平稳飞行｜展翅翱翔于两三～高空的雄鹰。**用法提示** ①数词一般没有限制，既可用基数词或表示数量的“两”“几”“好几”“若干”等，也可用序数词：第一～的距离为观测段｜绿化带长度又新增了好几～。②数词前可加“这”“那”“哪”等代词：这几十～都是通信光缆｜那一两～的高度，飞行器是可以爬升到的｜现在还未确定哪一～林带要配套种植经济林。③数词为“一”时可重叠，重叠形式为“一～一～”：一～一～地向前延伸｜和前车的距离正在一～一～地拉近。④数词“一”一般不省略。⑤前面不加形容词修饰，后面不加“子”。⑥一般不儿化。

千米小时 qiānmǐxiǎoshí 复合量词 表示飞机、汽车、火车等运行时间量和里程量的总和，即每小时运行的千米数乘以总小时数的积。交通工具1小时走1千米就是1千米小时：这架飞机已经安全飞行了60万～｜小张每月要出车1.2万～。**用法提示** ①数词一般用基数词或表示数量的“两”“几”“好几”“若干”等：这架飞机五年运行达72万～｜这辆车一个月运行1.2万～。②数词前可加“这”“那”等代词：汽车运行这1000～用了多少油？｜那550万～是哪架飞机运行的？③数词“一”一般不省略。④前面一般不加形容词修饰，后面一般不加“子”。⑤一般不重叠和儿化。

千瓦 qiānwǎ 度量衡量词 功率单位，符号为kW。1千瓦等于1000瓦特：这是个100～的水电站｜该国水能资源可开发容量为3.78亿～｜我国水源相对充足，经测算可满足电力装机1.4亿～的需求。**用法提示** ①数词多用基数词或表示数量的“两”“几”“好几”“若干”等：最大功率达到了近300～｜介于165～至225～之间的强大动力输出，确保了这款运动旅行车的驾驶感觉。②数词前可加“这”“那”等代词：这100～的额定功率｜那300万～，是当地的水能蕴藏量。③数词“一”一般不省略。④前面一般不加形容词修饰，后面一般不加“子”。⑤一般不重叠和儿化。

千瓦小时 qiānwǎxiǎoshí 复合量词 用于计量电能的单位，符号为kW·h。也叫“千瓦时”。1千瓦功率的机器运行1小时所做的功就是1千瓦小时。俗称“度”：该厂本季度共用电8000～｜居民的日用电量平均为15～。**用法提示** ①数词多用基数词或表示数量的“两”“几”“好几”“若干”等：年发电量5亿～｜新设备的耗电量低了若干～｜仅最近两个月就比去年同期节电305.8万～。②数词前可加“这”“那”等代词：这2.3万亿～的核电总量｜那

70多亿～是火电厂建成后的年发电量。③数词“一”一般不省略。④前面一般不加形容词修饰，后面不加“子”。⑤一般不重叠和儿化。

钱 qián 度量衡量词 市制重量单位。1钱等于10分，10钱等于1两。可用于计量金银、中草药原材料等：几～党参|这副药中有三～三七|加了几～干草，药效就不一样了。**用法提示** ①数词一般用“十”以内的基数词或表示数量的“两”“几”“好几”“若干”等：两三～银子|一～人参|这药里有木瓜五～、柴胡三～。②数词前可加“这”“那”“哪”等代词：就是那两～烟膏子要了他的命|这几～银子不成敬意|那几～参片可是宝贝。③数词“一”一般不省略。④前面一般不加形容词修饰，后面一般不加“子”。⑤一般不重叠和儿化。

语义源流 本义为古时一种用于铲土的农具，读jiǎn。《说文解字·金部》：“钱，铫也，古田器。”《诗·周颂·臣工》：“命我众人，庤乃～镈。”孔颖达疏：“令之具汝所用钱镈之田器，勤力以事农亩，终久必多铚刈。”古时以农具为交易物，渐产生农具形钱币，后专指货币。《国语·周语下》：“景王二十一年，将铸大～。”《全汉文·上书乞骸骨》：“臣禹年老贫穷，家訾不满万～。”唐·韩愈《送石处士序》：“人与之～则辞。”铜钱重量相对固定，故借用为重量单位，十钱为一两。明·戚继光《练兵实纪·练伍法》：“铅子如重一两者用三十个，重三～以下者用一百个。”清·顾炎武《日知录》卷十一：“古算法二十四铢为两……近代算家不便，乃十分其两，而有～之名。此字本是借用钱币之钱，非数家之正名。”清·叶廷琯《吹网录·元氏封龙山颂》：“农实嘉谷，粟至三～。”

腔 qiāng ❶ 名量词 用于计量充斥内心的某种情绪或心情：一～怒火|任你有一～不平，也得强忍着|他那时仍怀着一～科学救国的心愿。**用法提示** ①数词一般限用“一”：一～怒气|一～哀怨|我对你是一～真情。②数词“一”在某些代词后有时可省略：这～热血|可她胸口里的那～怒火却难以熄灭。③数词前可加“这”“那”等代词：我这一～豪情|你那一～郁闷。④前面一般可加形容词“满”修饰：满～悲苦|满～怒火|半小时前他还满～热情。⑤后面有时可加“子”：一～子热血|一～子真情|他一～子的恼怒，无处发泄。⑥数词为“一”时可重叠，重叠形式为“一～～”：一～～豪情在胸中激荡|一～～怨气化为乌有|他们付出一～～智慧和心血，换来了一条惠及几代人的便捷公路。⑦一般不儿化。❷ 名量词 用于计量宰杀过的动物（早期白话常用，主要用于猪和羊）：案后一～冻猪肉|（道人）杀翻一口猪一～羊。**用法提示** ①数词一般没有限制，既可用基数词或表示数量的“两”“几”“好几”“若干”等，也可用序数词：给他们送去一～羊肉，一麻袋土豆|买的第八口猪、第七～羊|祭坛上放着好几～羊。②数词“一”在某些代词或动词后常可省略：买了～羊|炖了～猪|这～羊是哪里来的？③数词前可加“这”“那”“哪”等代词：这

Q

两～羊｜那几十～羊都是牧民送来的。④前面一般不加形容词修饰，后面一般不加“子”。⑤一般不重叠和儿化。

语义源流 本义指动物体内中空的部分。《说文解字·肉部》（新附字）：“腔，内空也。”北魏·贾思勰《齐民要术·养牛马驴骡》：“腹欲充，～欲小。”宋·韩维《答贺中道灯夕见诒》：“独待高篇恣哦咏，顿觉精锐还躯～。”借用为量词，用于计量宰杀过的动物，多为猪和羊。北周·庾信《谢滕王赉猪启》：“奉教垂赉肥豕一～。”唐·张鷟《朝野佥载》卷四：“案后一～冻猪肉。”《水浒传》第二十三回：“众多上户牵一～羊，挑一担酒，都在厅前伺候。”也可计量充盈于动物体内中空部位之气血等。进一步泛化，用于计量充斥于人内心的某种情绪或心情。明·许仲琳《封神演义》第六十一回：“马元忙将剑从肚脐内刺将进去。一～热血滚将出来。”明·抱瓮老人《今古奇观·刘元普双生贵子》：“（裴兰孙）噙着一把眼泪，抱着一～冤恨，忍着一身羞耻，沿街喊叫。”清·文康《儿女英雄传》第八回：“那穿红的女子本就一～子的忿气。”清·李宝嘉《官场现形记》第十四回：“那里晓得他一～心事，满腹牢骚。”

锹 qiāo ❶ 名量词 用于计量用锹铲挖的东西：一～泥｜两～沙子｜她熟练地把铁锹踩进泥土里，翻出一～土来。**用法提示** ①数词一般用基数词或表示数量的“两”“几”“好几”“若干”等：一～土｜加了几～煤｜他往坑里填了几～水泥。②数词“一”在某些代词或动词后常可省略：铲了～土｜挖～沙子来｜我把那～土倒进洞里了。③数词前可加“这”“那”等代词：这两～肥料｜那几～煤｜那几～淤泥可肥沃得很。④前面可加“大”“小”等形容词修饰：一小～稻谷｜铲了几大～黑土｜他把一大～煤灰甩进沟里。⑤数词为“一”时可重叠，重叠形式主要有“（一）～～”“一～一～”：～～肥料｜工人从河底清出了一～一～淤泥｜他铲起一～～土培到雪松根部。⑥后面一般不加“子”。⑦一般不儿化。

❷ 动量词 用于计量用锹的动作：一～挖出个金元宝｜两～拍死了那条毒蛇｜上午他们去铲土，刚铲了几～就出汗了。**用法提示** 数量结构可位于动词前，也可位于动词后。位于动词前时：①数词一般没有限制，既可用基数词或表示数量的“两”“几”“好几”“若干”等，也可用序数词：一～铲死了那条蛇｜第一～劈在头部｜几～下去挖出四尊小金佛。②数词前可加“这”“那”等代词：那一～竟然打断了他的腿｜这两～砸下去肯定没命了。③数词为“一”时可重叠，重叠形式主要有“一～～”“一～一～”：工人正用铁锹一～～地铲煤｜一～一～地往料斗里添加煤粉｜这段堤坝是老人们一～～堆砌起来的｜饭要一口一口吃，井要一～一～挖。④数词“一”一般不省略。⑤前面一般不加形容词修饰，后面一般不加“子”。⑥一般不儿化。位于动词后时：①数词一般没有限制，既可用基数词或表示数量的“两”“几”“好几”“若干”等，也可用序数词：砸了他第一～｜他赌气挖了两～｜这一带往下挖两～就有泉水。

②数词“一”一般不省略。③数词前一般不加代词。④前面一般不加形容词修饰，后面一般不加“子”。⑤一般不重叠和儿化。

语义源流 本义为用于挖土或铲东西的工具。北魏·贾思勰《齐民要术·种桃柰》：“栽法，以～合土掘移之。”明·冯梦龙《喻世明言·滕大尹鬼断家私》：“便教手下讨锄头铁～等器……往东壁下掘开墙基。”借用为名量词，计量用锹铲挖的东西。《北史·高昂传》：“吾四子皆五眼，我死后岂有人与我一～土邪？”元·武汉臣《散家财天赐老生儿》第三折：“他添不到那两～儿新土，烧不到那一陌儿银钱。”也可借用为动量词，计量用锹的动作。明·冯梦龙《醒世恒言·金海陵纵欲亡身》：“世上那里有一～掘个井的道理？”清·石玉昆《小五义》第四十回：“早受了一～，扑通一声，打下水去。”

顷 qǐng **度量衡量词** 土地面积单位。1顷等于100亩，约合66667平方米：一～地|两～水田|那里是百万～园林。**用法提示** ①数词一般用基数词或表示数量的“两”“几”“好几”“若干”等：两～大的鱼塘|万～良田|太湖面积三万六千～。②数词“一”在某些代词或动词后常可省略：家里有～薄田|这～地送给妹妹当嫁妆|村东的那～地是我家的救命田。③数词前可加“这”“那”“哪”等代词：那几～绿油油的菜地|那两～薄田|这一～地可是一家老小的全部指望。④前面可加形容词“大”修饰：一大～油菜花|一大～荷塘|我不知道要多少水才能浇透那一大～旱地。⑤数词为“一”时可重叠，重叠形式主要有“(一)～～”“一～一～”：堤坝外是一～～荷塘|～～良田宛若玉璧|村外是一～一～良田。⑥后面一般不加“子”。⑦一般不儿化。

语义源流 本义为头不正，读qīng。《说文解字·匕部》：“顷，头不正也。”常用义为倾斜，此义后写作“倾”。《诗·周南·卷耳》：“采采卷耳，不盈～筐。嗟我怀人，置彼周行。”《汉书·王褒传》：“是以圣王不遍窥望而视已明，不单～耳而听已聪。”假借为量词，用来计量土地面积，读qǐng。百亩为顷。《商君书·境内》：“能得爵首一者，赏爵一级，益田一～，益宅九亩。”《史记·魏其武安侯列传》：“蚡事魏其，无所不可，何爱数～田？”唐·杜甫《渼陂行》：“天地黤惨忽异色，波涛万～堆琉璃。”

丘 qiū ❶ **名量词** 用于计量高出平地的坟墓、土堆、小山等：几～矮矮的小山|一～隆起的坟墓。**用法提示** ①数词一般用基数词或表示数量的“两”“几”“好几”“若干”等：一～荒冢|两～黄土|眼前这几～小山绝不会是他去看大千世界的障碍。②数词“一”在某些代词或动词后常可省略：眼前是～年久失修的坟墓|最忘不了的是家乡的那～黄土|这～山林成了修路的最大障碍。③数词前可加“这”“那”“哪”等代词：这两～荒山|那几～坟|那一～荒冢是他永远的痛。④前面可加形容词“小”修饰：桂林山水甲天下，不如武夷一小～。⑤数词为“一”时可重叠，重叠形式主要有“(一)～～”“一～一～”：为让这

Q

一～～的荒山绿起来，村民们绞尽了脑汁|看着这～～黄土，他无限感慨|走过一～一～山坡，他心里无比踏实。⑥后面一般不加“子”。⑦一般不儿化。❷ 名量词 用于计量田地：一～梯田|茶农们在一～～茶园间忙碌着|这是一～丰产田。**用法提示** ①数词一般用基数词或表示数量的“两”“几”“好几”“若干”等：两～稻田|一～水田|一～良田。②数词“一”在某些代词或动词后常可省略：坡地最下端是～水田|我总惦记山前的那～梯田|这～田一下午就耕完了。③数词前可加“这”“那”“哪”等代词：这两～水田产了十担谷子|隔着那两～烂泥田是一座池塘|溪水经过这里后会流进那一～稻田。④前面可加“大”“小”等形容词修饰：一大～稻田|山坡上是两小～荒地|多养鸡鸭多养猪，当得良田一大～。⑤数词为“一”时可重叠，重叠形式主要有“(一)～～”“一～一～”：门前是一～～的水田|溪水经过一～一～田流到山脚|这～～田块都是他们开垦出来的。⑥后面一般不加“子”。⑦一般不儿化。❸ 名量词 用于计量田里或山坡上所长的农作物：几～旱稻|两～红薯|山坡上一～～绿油油的蔬菜长势喜人|那一～～金黄的稻谷刚刚割完。**用法提示** ①数词一般用基数词或表示数量的“两”“几”“好几”“若干”等：一～水稻|两～荞麦|眼前好几～苞米。②数词“一”在某些代词或动词后常可省略：那～红薯|这～高粱|有～麦子得尽快施肥。③数词前可加“这”“那”“哪”等代词：这两～谷子|那三～小麦|那几～苞谷都该浇水了。④前面可加“大”“小”等形容词修饰：一大～高粱|两小～青菜|他正给一大～水稻浇水。⑤数词为“一”时可重叠，重叠形式主要有“(一)～～”“一～一～”：～～禾苗都快干死了|远处是一～一～的黄瓜|一～～金黄的麦穗迎风摇摆。⑥后面一般不加“子”。⑦一般不儿化。

语义源流 本义指自然形成的土山。《说文解字·丘部》：“丘，土之高也，非人所为也。”《史记·司马相如列传》：“微夫斯之为符也，以登介～，不亦恧乎！”晋·陶渊明《归田园居》：“少无适俗韵，性本爱～山。”唐·韩愈《送杨少尹序》：“某水某～，吾童子时所钓游也。”引申为形状如土丘的坟墓。《方言》卷十三：“冢，自关而东谓之丘。小者谓之塿，大者谓之丘。”汉·司马迁《报任安书》：“亦何面目复上父母之～墓乎？”唐·韩愈《祭女挐女文》：“饮食芳甘，棺舆华好，归于其～，万古是保。”《红楼梦》第二十七回：“天尽头，何处有香～？未若锦囊收艳骨，一抔净土掩风流。”借用为量词，用于计量坟墓、土堆或小山等。唐·柳涧《唐故徐氏府君墓志铭并序》：“幽坟尽志兮同一～，永入泉台兮是长久。”宋·彭乘《续墨客挥犀》：“滔滔逝水流今古，汉楚兴亡两～土。”清·抱瓮老人《今古奇观·俞伯牙摔琴谢知音》：“适才先生来的小路之右，一～新土，即吾儿钟徽之冢。”由本义也可引申指高出平地的田垄、田畴。三国魏·李康《运命论》：“褰裳而涉汶阳之～，则天下之稼如云矣。”《新唐书·宇文融传》：

"融乃奏慕容琦……贾晋等二十九人为劝农判官，假御史，分按州县，括正～亩，招徕户口而分业之。"演变为量词，用于计量由田埂切分开来的土地。《周礼·地官·小司徒》："乃经土地而井牧其田野，九夫为井，四井为邑，四邑为丘，四～为甸，四甸为县。"宋·王质《别素质·请浙江僧嗣宗住庵》："门前数十～稆秠，塍外更百十株桑柘。"元·沈和《赏花时》："园塘外三～地，篷窗下几卷书。"进一步引申用于计量农作物等。《全汉文·四子讲德论》："故千金之裘，非一狐之腋；大厦之材，非一～之木。"宋·沈括《梦溪笔谈·药议》："一亩之稼，则粪溉者先牙；一～之禾，则后种者晚实，此人力之不同也。"明·安遇时《包公案》第八十三回："淫豪赵嘉宾，逞富践踏地方，两三～度荒秀麦，止供群马半餐。"

秋 qiū **名量词** 用于计量时间，表一年或一季：一～晚稻|删繁就简三～树，领异标新二月花|休负橙黄橘绿时，一～好景君需记。**用法提示** ①数词一般没有限制，既可用基数词或表示数量的"两""几""好几""若干"等，也可用序数词：千～基业|三～桂子，十里荷花|粮食产量在90年代第一～突破了150亿公斤大关。②数词前可加"这""那""哪"等代词：那一～我不知道自己都做了些什么|我收获了这一～最大的果实|他开解了我这一～的思绪。③数词为"一"时可重叠，重叠形式主要有"(一)～～""一～一～"：一～一～草木的盛衰|一～～的雨水流动着悠长的思念。④数词"一"一般不省略。⑤前面一般不加形容词修饰，后面一般不加"子"。⑥一般不儿化。

语义源流 本义指庄稼成熟。《说文解字·禾部》："秋，禾谷熟也。"《书·盘庚上》："若农服田力穑，乃亦有～。"汉·蔡邕《月令章句》："百谷各以其初生为春，熟为～。故麦以孟夏为～。"宋·杨万里《江山道中蚕麦大熟》："穗初黄后枝无绿，不但麦～桑亦～。"禾谷多于秋季成熟，故引申表"秋季"这一季节。《荀子·天论》："繁启蕃长于春夏，畜积收藏于～冬。"晋·陶渊明《祭从弟敬远文》："每忆有～，我将其刈，与汝偕行，舫舟同济。"进一步引申，以一个季节代表一年的时间。《诗·王风·采葛》："彼采萧兮。一日不见，如三～兮。"南朝梁·江淹《娼妇自悲赋》："度九冬而廓处，遥十～以分居。"又泛指某一时期或某一时刻。《史记·魏公子列传》："今公子有急，此乃臣效命之～也。"三国蜀·诸葛亮《出师表》："此诚危急存亡之～也。"《宋书·谢晦传》："今诚志士忘身之日，义夫著绩之～。"演变为量词，用于计量时间。明·凌濛初《初刻拍案惊奇》卷二十二："人生一世，草生一～。"宋·赵彦端《柳梢青·生日》："一岁花黄，一～酒绿，一番头白。"宋·仲并《忆秦娥·木樨》："斜斜叶。钗头常带，一～风月。"

曲 qǔ **名量词** 用于计量歌曲、乐曲：弹一～《高山流水》|我要吹一～《西塞山怀古》|这些年他们谱写了一～～不平凡的歌。**用法提示** ①数词一般没有限制，既可用基数词或表示数量

的“两”“几”“好几”“若干”，也可用序数词或表示序数的“首”等：唱一～民歌|哼几～小调|演唱会上的首～民歌|他有时会唱上两～为朋友和客人们助兴。②数词“一”在某些代词或动词后常可省略：耳边有～悲歌萦绕不去|回味一下这～古典音乐|那～动人优美的旋律在当地流行甚广。③数词前可加“这”“那”“哪”等代词：这两～咏叹调|那一～《二泉映月》|那一～动人而忧伤的旋律让很多人泪流满面。④前面可加形容词“小”修饰：黑暗中响起一小～《致爱丽丝》|他还哼了几小～流行歌曲|让我为你献上这一小～生日歌。⑤数词为“一”时可重叠，重叠形式主要有“(一)～～”“一～一～”：～～悲歌|人们悲痛地唱响一～一～挽歌|干警们谱写了一～～的英雄主义壮歌。⑥后面一般不加“子”。⑦一般不儿化。

📖 **语义源流** 本义为弯曲。《玉篇·曲部》：“曲，不直也。”《庄子·逍遥游》：“其大本臃肿而不中绳墨，其小枝卷～而不中规矩。”《墨子·贵义》：“吾夫子教公尚过曰：‘揣～直而已。’今夫子载书甚多，何有也？”《楚辞·九章·抽思》：“曾不知路之～直兮，南指月与列星。”歌曲、乐曲多曲折回环，故引申表歌曲、乐曲。战国楚·宋玉《对楚王问》：“是其～弥高，其和弥寡。”《庄子·大宗师》：“或编～，或鼓琴，相和而歌曰：‘嗟来桑户乎！’”进一步演变为量词，用于计量歌曲、乐曲等。唐·白居易《琵琶行》：“莫辞更坐弹一～，为君翻作琵琶行。”《全梁文·为书诫子崧》：“浊酒一杯，弹琴一～，求数刻之暂乐。”

圈 quān ❶ 名量词 用于计量围成环形的人：球场外围着一～观众|池塘处围了一～人|经理身边里三层外三层围了好几～员工。**用法提示** ①数词一般没有限制，既可用基数词或表示数量的“两”“几”“好几”“若干”等，也可用序数词：第一～孩子|一大～棋迷围着他们|一～旁观者纷纷伸手相助。②数词“一”在某些代词或动词后常可省略：围了～观众|这～顾客|老师身边围的那～学生个个抢着发言。③数词前可加“这”“那”“哪”等代词：最外面那一～观众|这两～学生|大棒挥向最核心的那一～闹事者。④前面可加“大”“小”等形容词修饰：一小～赌徒|几大～抗议者|你快把离他最近的那一小～保安换掉。⑤数词为“一”时可重叠，重叠形式主要有“一～～”“一～一～”：一～～求知若渴的学子|一～一～歌迷把他围了起来。⑥一般可儿化：一～儿亲人|几～儿护工|第一眼看到的是一～儿警察。⑦后面一般不加“子”。❷ 名量词 用于计量外形呈环状之物：一～围栏|四周一～儿篱笆墙|杯口有一～儿红色的小花。**用法提示** ①数词一般没有限制，既可用基数词或表示数量的“两”“几”“好几”“若干”等，也可用序数词：一～破烂的院墙|十几～绷带|第一～水晶边。②数词“一”在某些代词或动词后常可省略：那～硅胶发黑了|投下～光影|木棍上绕了～绳子。③数词前可加“这”“那”“哪”等代词：那一～涟漪|这两～波纹|那一～水波纹一点点扩散开去。④前面

可加“大”“小”等形容词修饰：一大～绳子｜一大～光晕在缓缓流动｜盘子里点缀着一小～番茄酱。⑤后面一般可加“子”：拆掉几～子绷带｜他在胳膊上缠了一～子红布条。⑥数词为“一”时可重叠，重叠形式主要有“(一)～～”“一～一～”：湖心泛起～～波纹｜大树是怎样形成一～～年轮的呢？｜他抽着一根雪茄烟，吐出一～一～的烟雾。⑦一般可儿化：一～儿水痕｜两～儿灰土｜宅子周围是一～儿果树。❸ **动量词** 用于计量绕圈的动作、行为：逛了一～儿｜围着一根柱子绕一～儿｜你到小卖部转一～儿。**用法提示** ①数量结构一般位于动词后，有时也可位于动词前：飞机在上空盘旋了两～｜80天可以环绕地球一～｜一～～地转悠。②数词一般没有限制，既可用基数词或表示数量的“两”“几”“好几”“若干”等，也可用序数词：出去转两～｜手里的丝巾缠绕第二～｜用皮筋把头发随便地扎几～。③前面可加“大”“小”等形容词修饰：跑了一大～｜走了两小～｜他每天都要绕小区走三小～。④数词为“一”时可重叠，重叠形式主要有“一～～”“一～一～”：一～～跑下来｜他绕着跑道一～一～地走。⑤一般可儿化：绑了两～儿｜用白绷带在头上缠了几～儿。⑥数词“一”一般不省略。⑦数词前一般不加代词。⑧后面一般不加“子”。❹ **动量词** 用于计量打牌或打麻将的轮数，打完一轮为一圈：搓了几～麻将｜今晚一起吃饭，饭后再打两～麻将｜叔伯们兴起就会摸几～牌。**用法提示** ①数量结构一般位于动词后，有时也可位于动词前：玩一～麻将｜打几～扑克｜这两～都是他赢。②数词一般没有限制，既可用基数词或表示数量的“两”“几”“好几”“若干”等，也可用序数词：有空就打两～｜玩完第三～就回家｜连玩好几～都是他输。③数词“一”在某些代词或动词后有时可省略：玩～麻将｜打完这～就走。④数词前有时可加“这”“那”“哪”等代词：这两～麻将打下来｜你就不该打那几～扑克。⑤数词为“一”时可重叠，重叠形式主要有“一～～”“一～一～”：一～～地玩得很高兴｜麻将要一～一～打。⑥一般可儿化：玩一～儿麻将｜打两～儿纸牌｜我打完这～儿就回家。⑦前面一般不加形容词修饰，后面一般不加“子”。

语义源流 本义指养牲畜、禽兽的栏圈，读 juàn。《说文解字·囗部》：“圈，养畜之闲也。”《淮南子·主术》：“养虎豹犀象者，为之～槛，供其嗜欲。”金·佚名《刘知远诸宫调》卷二：“恰才撞到牛栏～。”栏圈多为环形，故又引申指圆环、圆圈，读 quān。《朱子语类·礼七》：“中间一～便是宫殿，前～中左宗庙，右社稷。”《红楼梦》第四十八回：“你只看有红～的，都是我选的。”演变为名量词，用于计量环状物。《朱子语类·礼八》：“某在同安作簿时，朝廷亦有文字，令百官皆戴帽。其时坐轿有碍，后于轿顶上添了一～竹。”清·西周生《醒世姻缘传》第十四回：“可着屋周围又垒了一～墙，独自成了院落。”也可计量围成环形的人。清·贪梦道人《彭公案》第五十回："府衙门前马号围着一大～人，有二百多人。"清·张杰鑫《三侠剑》第二十四回："蛮子走到何处都是玩笑，每逢走到村庄镇店，必有一～人在后头跟着。"常杰淼《雍正剑侠图》第四十九回："斜街口有这么一大～人，里三层外三层。"由围栏义也可引申为围起来或画圈。《晋书·刘颂传》："魏氏承之，～闭亲戚，幽囚子弟。"清·吴敬梓《儒林外史》第十七回："匡超人初时不好问他，偷眼望那书上～的花花绿绿，是些甚么诗词之类。"《红楼梦》第五十六回："又共斟酌出几个人来，俱是他四人素昔冷眼取中的，用笔～出。"演变为动量词，计量绕圈的动作、行为。清·坑余生《续济公传》第一百七十三回："杨魁纵身上屋，周围兜了一～，但见各宫里面乌灯熄火。"清·张杰鑫《三侠剑》第十九回："我围绕着树林子走三～，并未见有人影儿。"也用于计量打牌或打麻将的圈数。清·李宝嘉《官场现形记》第五十回："说明白这天下午四点钟先会齐了打麻雀，打过八～庄吃饭。"清·张春帆《九尾龟》第三十回："通共碰了不到四～，就见得出什么输赢么？"

近义辨析 圈—环 见"环"下。

拳 quán **动量词** 用于计量用拳头击打的动作：打他两～|白白挨了这几～|他只一～就把人打伤了。**用法提示** 数量结构可位于动词前，也可位于动词后。位于动词前时：①数词一般没有限制，既可用基数词或表示数量的"两""几""好几""若干"等，也可用序数词：一～打出了威风|几～砸倒冰墙|第一～就打翻了敌人。②数词前可加"这""那""哪"等代词：这一～用尽了他全部的力气|那一～挥出后我就后悔了|哪一～打伤了你的眼睛？③数词为"一"时可重叠，重叠形式主要有"(一)～～""一～一～"：一～～打过去|一～一～慢慢击打|他～～都揍在小王身上。④数词"一"一般不省略。⑤前面一般不加形容词修饰，后面一般不加"子"。⑥一般不儿化。位于动词后时：①数词一般用基数词或表示数量的"两""几""好几""若干"等：捶了一～|打了十几～|他脖子上挨了两三～。②数词前可加"这""那""哪"等代词：挨了这一～|躲开对方那一～|他狠狠地打出了复仇的那一～。③数词"一"一般不省略。④前面一般不加形容词修饰，后面一般不加"子"。⑤一般不重叠和儿化。

语义源流 本义为握起的手，即拳头。《说文解字·手部》："拳，手也。"段玉裁注："合掌指而为手……卷之为拳。"清·朱骏声《说文通训定声》："张之为掌，卷之为拳。"《国语·齐语》："于子之乡，有～勇股肱之力秀出于众者，有则以告。"汉·王延寿《梦赋》："挥手振～，电发雷抒。"汉·王充《论衡·儒增》："以勇夫空～而暴虎者，卒然见寝石，以手椎之，能令石有迹乎？"借用为动量词，用于计量用拳头击打的动作。《太平广记·报应·高纸》："(高)纸乃殴鬼一～。鬼怒，即拽落马。"《朱子语类·论语二十六》："你不得打！才打他一～，我便解你去官里治你。"《西游记》第四十一回："(妖精)一只手捏着拳头，往自家鼻子上捶了两～。"古代也用于计量拳头大的块状物品。《礼记·中庸》:"今夫山，一～石之多，及其广大，草木生之，禽兽居之，宝藏兴焉。"清·孔尚任《桃花扇·传歌》:"一～宣石墨花碎，几点苍苔乱染砌。"还用于计量买卖财产等。元·张国宾《合汗衫》第二折:"我这一去，不得一～儿好买卖不回来。"明·冯梦龙《喻世明言·宋四公大闹禁魂张》:"你见白虎桥下大宅子，便是钱大王府，好一～财！"

阕 què 名量词 用于计量词、曲，可以是整首，也可以是其中的一段：远处有人在唱吟，若隐若现，似乎是一～《临江仙》|我唱完了，请你来唱下一～|这是一～千年的悲歌。**用法提示** ①数词一般用基数词或表示数量的"两""几""好几""若干"等：一～清歌|一连作了好几～词|我最爱李清照的词，每一～都烂熟于心。②数词"一"在某些代词或动词后常可省略：第一次听到这～曲子|我记得有～词正能反映当下的情景|他希望用这～歌表达心意。③数词前可加"这""那""哪"等代词：苏东坡那一～千古绝唱无人可比|看到这几～词，很佩服他们的才气|这一～曲子弹得恰到好处。④前面可加"大""小"等形容词修饰：这一小～歌词令人吃惊|这一小～词概括了一个伟大灵魂的命运|这一大～令人惊心动魄的《离骚》已历经千古。⑤数词为"一"时可重叠，重叠形式主要有"(一)～～""一～一～"：～～花间词柔情似水|他不停地背诵着一～一～婉约的宋词|他的心事化为一个个音符、一～～乐章。⑥后面一般不加"子"。⑦一般不儿化。

语义源流 本义指事情结束后关门。《说文解字·门部》:"阕，事已，闭门也。"引申泛指止息、终了或穷尽。《诗·小雅·节南山》:"君子如届，俾民心～。"毛传:"阕，息。"郑玄笺:"如行至诚之道，则民鞠讻之心息。"宋·周邦彦《浪淘沙慢》:"南陌脂车待发，东门帐饮乍～。"也表示乐曲的终了或完成。《礼记·仲尼燕居》:"两君相见，揖让而入门，入门而县兴，揖让而升堂，升堂而乐～。"汉·张衡《东京赋》:"《王夏》～,《驺虞》奏。"五代·刘兼《莲塘霁望》:"采莲女散吴歌～，拾翠人归楚雨晴。"引申指曲、词的一首或一段。汉·马融《长笛赋》:"律吕既和，哀声五降，曲终～尽，余弦更兴。"清·吴骞《扶风传信录》:"夜半呼生闲话，复唱'槐阴分别'之～，情词凄怆。"清·张德瀛《词徵》:"唐氏和陆词，前用侧韵，后用平韵，上下～同，实一调也。"演变为量词，用于计量词、曲。《礼记·郊特牲》:"乐三～，然后出迎牲。"《吕氏春秋·古乐》:"昔葛天氏之乐，三人操牛尾，投足以歌八～。"宋·晏殊《破阵子》:"美酒一杯新熟，高歌数～堪听。"清·吴趼人《二十年目睹之怪现状》第三十九回:"这一本稿，统共只有九～，都看完了。"

群 qún ❶ 名量词 用于计量聚集在一起的人：一～人|街上两～人在打架|他们就是一～亡命徒，别跟他们一般见识。**用法提示** ①数词多用"一""两""几""好几"等：几～学生|两～不同

Q

利益的人|迎面走来了一~花枝招展的姑娘。②数词“一”在某些代词或动词后常可省略：刚来了~警察|有~学生围在老师身边|这~小孩最近一直跟着我们。③数词前可加“这”“那”“哪”等代词：这一~读者|那几~孩子|我受不了他们那一~人的狂妄。④前面可加“大”“小”等形容词修饰：一大~游客|一大~学生在聊天|这种艺术只是一小~人能理解的东西。⑤数词为“一”时可重叠，重叠形式主要有“(一)~~”“一~一~”：一~~运动员|~~记者拥挤在接待室里|一~一~的工人结队回到工地。⑥后面一般不加“子”。⑦一般不儿化。❷ 名量词 用于计量聚集在一起的动物：一~羊|两~牛|一~蜜蜂铺天盖地地飞过来。**用法提示** ①数词多用“一”“两”“几”“好几”等：一~小猫|几~牛羊|空中飞过一~大雁。②数词“一”在某些代词或动词后常可省略：这~天鹅|那~乌鸦|远远的地平线上出现了~骆驼。③数词前可加“这”“那”“哪”等代词：那两~白色的鸟|这几~小猴子|孩子们清楚地知道草原上的哪一~牛羊是自己家的。④前面可加“大”“小”等形容词修饰：一大~蝴蝶|一小~蚂蚁|一大~企鹅正靠在一起睡觉。⑤数词为“一”时可重叠，重叠形式主要有“(一)~~”“一~一~”：一~~燕子飞来了|~~老鼠从地下钻了出来|一~一~的喜鹊落在光秃秃的树枝上。⑥后面一般不加“子”。⑦一般不儿化。❸ 名量词 用于计量成群的岛屿、山、楼房等：一~小岛|才一年工夫，一~高楼大厦拔地而起|我们即将离开这~神奇美妙的仙山。**用法提示** ①数词一般限用“一”：一~海岛|家乡那一~连绵数里的山峰仍时时入梦|梦中的四合院已经被一~高楼大厦取代。②数词“一”在某些代词或动词后常可省略：远方的那~山峰|那~大山之外的世界|视野的尽头是~若隐若现的岛屿。③数词前可加“这”“那”“哪”等代词：那一~气势磅礴的大山|军队就驻扎在那一~岛屿上|这两~大楼都是最近两年才盖起来的。④前面可加形容词“大”修饰：一大~楼宇|北面有一大~山|他常常迷失在这一大~建筑里。⑤数词为“一”时可重叠，重叠形式为“一~~”：一~~公寓楼|街对面那一~~灰色的大楼下聚集着很多等待活动开始的人。⑥后面一般不加“子”。⑦一般不儿化。

语义源流 本义指羊群。《说文解字·羊部》：“群，辈也。”段玉裁注：“羊为群，犬为独，引申为凡类聚之称。”《诗·小雅·无羊》：“谁谓尔无羊，三百维~。”孔颖达疏：“羊三百头为群。”引申指其他兽类的集合。王筠《说文句读》：“群，通词也，不主为羊。”《国语·周语上》：“兽三为~，人三为众。”《北史·于仲文传》：“乃令二家各驱牛~至，乃放所认者，牛遂向任氏~中。”唐·贾岛《寄贺兰朋吉》：“相思蝉几处，偶坐蝶成~。”演变为量词，用于计量成群的动物。《汉书·叙传》：“班壹避坠于楼烦，致马牛羊数千~。”南朝梁·释慧皎《高僧传·译经篇》：“中野逢山象一~。”《世说新语·轻诋》：“人问见诸王如何，答曰:'见一～白颈鸟，但闻唤哑哑声。'"唐·卢照邻《长安古意》:"百尺游丝争绕树，一～娇鸟共啼花。"进一步引申计量成群的人。《魏书·任城王传》:"朕失于举人，任许一～妇人辈，奇事。"唐·寒山《侬家暂下山》:"逢见一～女，端正容貌美。"唐·刘肃《大唐新语》卷十三:"道善何曾善，云兴遂不兴。如来烧亦尽，唯有一～僧。"再后来，又引申计量无生命物体的集合，如岛屿、山、楼房等。唐·熊孺登《青溪村居》:"家占溪南千个竹，地临湖上一～山。"宋·苏轼《江上看山》:"船上看山如走马，倏忽过去数百～。"

近义辨析 群—堆 见"堆"下。

群—伙 见"伙"下。

群—批 见"批"下。

Q

R

人 rén **名量词** 用于计量人数，多用于统计：一个五百～的队伍|我的前面已经排了二三十～|当时上课的班级大都有上百～。**用法提示** ①数词一般没有限制，既可用基数词或表示数量的“两”“几”“好几”“若干”等，也可用序数词：培训警察上千～|这个旅行团一共30～|中国进入太空第一～。②数词“一”一般不省略。③数词前一般不加代词。④前面一般不加形容词修饰，后面一般不加“子”。⑤一般不重叠和儿化。

语义源流 本义指自然形态的人。《说文解字·人部》：“人，天地之性最贵者也。”《易·说卦传》：“立～之道，曰仁与义。”唐·刘禹锡《天论》：“～之所能者，治万物也。”演变为量词，用于计量人数。《书·舜典》：“帝曰：咨！汝二十有二～，钦哉！惟时亮天功。”《诗·郑风·扬之水》：“终鲜兄弟，维予二～。无信人之言，人实不信。”《穀梁传·僖公元年》：“吾二～不相说，士卒何罪？”

人次 réncì **复合量词** 表示参加某项活动若干次人数的总和，为人数和次数的乘积：每天接待游客20万～|两次讲座的听众合计约3000～|这是一～的儿童游乐园门票。**用法提示** ①数词一般用基数词或表示数量的“两”“几”“好几”“若干”等：今年春运预计旅客将会突破120万～|目前共出动执法人员60多～|香港国际机场去年的旅客量达5390万～。②数词前可加“这”“那”等代词：这200～的参培人数不算少|那2万～的调查是多么艰巨的工作。③数词“一”一般不省略。④前面一般不加形容词修饰，后面一般不加“子”。⑤一般不重叠和儿化。

语义源流 这是个并列式复合量词，由“人”和“次”组合而成。“人”表示人数，“次”表示次数，“人次”表示人数和次数的乘积。

人份 rénfèn **复合量词** 以一个人需要的量为一份，用于表示按一定标准可满足的人数或可拆分的份数：这是三～套餐|配备天花疫苗100万～|医院今年已急购50万～以上的疫苗。**用法提示** ①数词一般用基数词或表示数量的“两”“几”“好几”“若干”等：这是两～的午餐|你们需要几～？|这种疫苗年产量为500万～|她饭盒中那一～的饭菜，足够她和她的孩子吃饱。②数词前可加“这”“那”等代词：这100万～是最高年产量|那300万～的年销量创了历史新高。③数词“一”一般不省略。④前面一般不加形容词修饰，后面一般不加“子”。⑤一般不重叠和儿化。

语义源流 这是个并列式复合量词，由“人”和“份”组合而成。“人”表示人数，“份”表示份数，“人份”表示以一个人需要的量为一份。

人公里 réngōnglǐ 复合量词 用于计量陆路运送乘客的量。一位乘客被运送1公里为1人公里：本次列车月平均载客量约为3亿～|春运期间，铁路运输的载客量高达59亿～。**用法提示** ①数词多用基数词或表示数量的"两""几""好几""若干"等：铁路旅客周转量约为167.68亿～|全国旅客周转量从1978年的1743亿～增加到1993年7748亿～。②数词前可加"这""那"等代词：这45800～是公路运载量|那3600亿～为去年同期的公路客运周转量。③数词"一"一般不省略。④前面一般不加形容词修饰，后面不加"子"。⑤一般不重叠和儿化。

语义源流 这是一个由量词"人"和"公里"组合而成的复合量词，多用于运输行业等的数据统计。

人海里 rénhǎilǐ 复合量词 用于计量航海运输中运送乘客的量。一位乘客乘船1海里为1人海里：这艘游轮平均每月的客运量都高达3万～|公司今年的客运量为一亿多～。**用法提示** ①数词多用基数词或表示数量的"两""几""好几""若干"等：最初的设计运力为40万—50万～|该公司环太平洋远航船的运载量为1.6万～。②数词前可加"这""那"等代词：这3万多～是前年运送乘客的量|那4万多～仅是上半年运输量的不完全统计结果。③数词"一"一般不省略。④前面一般不加形容词修饰，后面不加"子"。⑤一般不重叠和儿化。

语义源流 这是一个由量词"人"和"海里"组合而成的复合量词，多用于运输行业等的数据统计。

人年 rénnián 复合量词 用于计量人们一年参加活动的量，一人一年参加一次活动为一人年：学生会共组织活动3000～|配发一～四季航空服。**用法提示** ①数词多用基数词或表示数量的"两""几""好几""若干"等：平均减少30.66～|男、女患者平均减年数分别为1570～和1579～|当年，因吸烟导致早逝的潜在寿命损失为334万～。②数词前可加"这""那"等代词：这294927～是此前随访的总数|那16966～是三年中检测出的心脏杂音者的平均数。③数词"一"一般不省略。④前面一般不加形容词修饰，后面不加"子"。⑤一般不重叠和儿化。

语义源流 这是个并列式复合量词，由"人"和"年"组合而成。"人"表示人数，"年"表示时间，"人年"指人们一年参加活动的量。

仞 rèn 度量衡量词〈古〉长度单位。长七尺或八尺为一仞：临百～之渊|壁立千～，无欲则刚。

语义源流 本义为古代长度单位。《说文解字·人部》："仞，伸臂一寻，八尺。"一说七尺为一仞。《书·旅獒》："为山九～，功亏一篑。"《列子·汤问》："太行、王屋二山，方七百里，高万～。"《论语·子张》："夫子之墙数～，不得其门而入，不见宗庙之美，百官之富，得其门者或寡矣。"唐·李白《送温处士归黄山白鹅峰旧居》："黄山四千～，三十二莲峰。"

任 rèn 名量词 用于计量职务，表示担任官职的次数，任职一次为一任：

连续两～局长都高升了|这几～领导都爱民如子|他是第一～派驻中国的大使。**用法提示** ①数词一般没有限制，既可用基数词或表示数量的“两”“几”“好几”“若干”，也可用序数词或表示序数的“首”等：首～校长|新一～主席|父母是孩子的第一～老师。②数词“一”在某些代词或动词后常可省略：这～政府官员|之前有～经理辞职了。③数词前可加“这”“那”“哪”等代词：这一～领导|不知哪一～领导种下了这些郁金香|那两～大使都奉行这个原则。④数词为“一”时可重叠，重叠形式主要有“(一)～～”“一～一～”：一～～领导|～～班主任都喜欢他|当地换了一～一～的领导，经济却一直没有赶上来。⑤前面一般不加形容词修饰，后面一般不加“子”。⑥一般不儿化。

语义源流 本义为负担。《正字通·人部》：“任，负也，担也。”《诗·大雅·生民》：“是～是负，以归肇祀。”《诗·小雅·黍苗》：“我～我辇，我车我牛。”孔颖达疏：“谓有我负任者、我挽辇者。”高亨注：“任，担荷。”《国语·晋语一》：“改其制而不患其难，轻其～而不忧其危，君有异心，又焉得立？”引申指担子、行李。《孟子·滕文公上》：“昔者孔子没，三年之外，门人治～将归。”《礼记·祭义》：“班白者不以其～行乎道路。”郑玄注：“所担持也。”比喻为职责、职务。《论语·泰伯》：“仁以为己～。”《韩非子·难三》：“且中期之所官，琴瑟也。弦不调，弄不明，中期之～也。”《管子·小匡》：“斧钺之人也，幸以获生，以属其腰领，臣之禄也。若知国政，非臣之～也。”由此引申为担当、担任某种职责职务。《玉篇·人部》：“任，委任也。”《书·咸有一德》：“～官惟贤才，左右惟其人。”《墨子·非儒下》：“皆大以治人，小以～官。”《左传·襄公二十五年》：“若为己死，而为己亡，非其私昵，谁敢～之？”演变为量词，表示担当职务的次数。唐·段随《段氏墓志碑刻》：“君于家孝友，在公恪勤，历官三～。”《金史·选举二》：“二十一年，复命第三～注县令。”宋·王溥《唐会要·诸使下》：“其序迁合与宪官者，以曾历两～，奏授宾、詹者与监察，以次迁序，止于侍御史。”

近义辨析 任—届 见“届”下。

日 rì ❶ 名量词 用于计量时间，表24小时：一年365～|一～三班，每班工作八个小时。**用法提示** ①数词一般没有限制，既可用基数词或表示数量的“两”“几”“好几”“若干”，也可用序数词或表示序数的“首”等：他来京不过数～|运动会首～|为了陪女朋友去旅行，他积攒了十几～假期。②数词前可加“这”“那”等代词：这几～天气不错|那两～工作量都很大|这几～饭食都不错。③数词“一”一般不省略。④前面一般不加形容词修饰，后面一般不加“子”。⑤一般不重叠和儿化。❷ 名量词 用于计量时间，仅指白天：请半～假|他一～三餐都在单位食堂吃|他找老板预支了两～的工钱。**用法提示** ①数词一般没有限制，既可用基数词或表示数量的“两”“几”“好几”“若干”，也可用序数词或表示序数的“首”等：三～共有八

R

节课|新年第一～要早起去给长辈们拜年|每人要带三～干粮。②数词前可加“这”“那”“哪”等代词：这一～工夫|那三五～课程|这十几～日场上座率不高。③数词“一”一般不省略。④前面一般不加形容词修饰，后面一般不加“子”。⑤一般不重叠和儿化。

❸ 动量词 用于计量动作、行为、状态持续的时间：劳累了一～|寻找一～|他们整整奋战一～，到晚上才堵住大堤的缺口。**用法提示** ①数量结构可位于动词前，也可位于动词后：借住三两～|这十几～走了很多地方|突击复习了几～。②数词一般没有限制，既可用基数词或表示数量的“两”“几”“好几”“若干”等，也可用序数词：相处第一～|休息三两～|他奔波数～，终于使双方达成和解。③数词前可加“这”“那”“哪”等代词：这一～忙乱得很|那几～讨论得很激烈|这十几～集中培训。④数词为“一”时可重叠，重叠形式主要有“(一)～～”“一～一～”：一年三百六十五日，我是～～悬心|时间一～一～过得飞快|母亲一～一～积攒，终于攒下了这一笔数目不小的存款。⑤数词“一”一般不省略。⑥后面一般不加“子”。⑦一般不儿化。

语义源流 本义指太阳。《说文解字·日部》：“日，实也，太阳之精不亏。”《诗·卫风·伯兮》：“其雨其雨，杲杲出～。”引申指白天。《诗·唐风·葛生》：“夏之～，冬之夜，百岁之后，归于其居。”《诗·王风·采葛》：“一～不见，如三月兮。”又引申指地球自转一周的时间，一昼夜（24小时）。《庄子·逍遥游》：“旬有五～而后反。”《公羊传·文公九年》：“缘民臣之心，不可一～无君。”作为时间量词，用来计量时间，表24小时或仅指白天。汉·王充《论衡·说日》：“天一～一夜行三百六十五度，天左行，日月右行，与天相迎。”敦煌变文《搜神记》：“其天女在于阎浮提经五年已上，天上始经两～。”宋·苏轼《东坡志林》：“然造物者辄支盗跖两～禄料，足为回七十年粮矣，但恐回不要耳。”也可用为动量词，用于计量动作、行为持续的时间。《孟子·告子上》：“一～暴之，十～寒之，未有能生者也。”《旧唐书·苏瑰传》：“即日于洛城南门举哀，辍朝两～。”

近义辨析 日—天 均可用于计量时间，如可以说“三天假期”，也可以说“三日假期”。但“日”引申为量词的时间较早，且在一定程度上保留了某些古代汉语的用法，因此书面语色彩稍浓一些；“天”的口语色彩较浓，如“天上方七日，地上已千年”中的“日”一般不能换作“天”，而“这次只放五天假”中的“天”也不适合换成“日”。

R

S

色 sè ❶ **名量词** 用于计量颜色的种类：五～土|这铅笔有红蓝两～|用红、黄、蓝三～颜料就能调出各种美丽的颜色。**用法提示** ①数词一般用基数词或表示数量的“两”“几”“好几”“若干”等：冷暖两～|金银两～的手镯非常流行|天空中出现了七～彩虹。②数词前可加“这”“那”“哪”等代词：这蓝绿两～丝线|那红白两～相间的洋房|那黑白黄三～巧克力真漂亮。③数词为“一”时可重叠，重叠形式为“(一)～～”：～～烟花绚烂耀目|一～～的鲜花爬满了围墙|园子里一丛丛一～～的菊花形成了一道亮丽的风景。④数词“一”一般不省略。⑤前面一般不加形容词修饰，后面一般不加“子”。⑥一般不儿化。❷ **名量词** 用于计量物品的种类：两三～果品点心|食篮里是三两～精致的点心|客人到了，父亲赶紧张罗了几～下酒菜。**用法提示** ①数词一般用基数词或表示数量的“两”“几”“好几”“若干”等：四～贡品|五六～糕点|桌上摆着好几～清爽小菜。②数词前可加“这”“那”“哪”等代词：这两～小点心|那几～年礼都被退回来了|碗里的那三四～鲜果都是给你留的。③数词为“一”时可重叠，重叠形式主要有“(一)～～”“一～一～”：～～美味摆上桌|一～～贺礼都整理好了|我和妹妹一个一个水槽一～一～鱼认真地看过去。④有时可儿化：几～儿乐器|太太送来了四～儿精致小菜|父亲嘱咐我买两三～儿糖食带回去。⑤数词“一”一般不省略。⑥前面一般不加形容词修饰，后面一般不加“子”。

语义源流 本义为脸上的神情气色。《说文解字·色部》：“色，颜气也。”《论语·颜渊》：“察言而观～。”《战国策·赵策四》：“太后之～稍解。”转指颜色。《老子》第十二章：“五～令人目盲。”宋·张君房《云笈七签·七返灵砂论》：“上品者，生辰、锦石穴之中，而有数～。”演变为量词，用于计量颜色的种类。唐·骆宾王《艳情代郭氏答卢照邻》：“铜驼路上柳千条，金谷园中花几～。”《晋书·五行志》：“有苍白二～鹅出，苍者飞翔冲天，白者止焉。”进一步引申指不同的种类。唐·陆贽《奉天改元大赦制》：“诸～名目，悉宜停罢。”唐·韩愈《国子监论新注学官牒》：“伏请非专通经传，博涉坟史，及进士五经诸～登科人，不以比拟。”《水浒传》第五十六回：“衣架上挂着各～衣服。”演变为量词，用于计量物品的种类。《史记·货殖列传》张守节正义：“盐州有乌池，犹出三～盐，有井盐、畦盐、花盐。”宋·梅尧臣《吕晋叔著作遗新茶》：“其赠几何多？六～十五饼。”清·李雨堂《万花楼》第三回：“当下八王爷信以为确，倒厚赏了孙秀数～礼物，孙秀拜谢回府。”

扇 shàn ❶ 名量词 用于计量门窗或具有门窗作用的物体：一～门 | 两～窗 | 几～屏风 | 寺庙的大门虽然有六～，日常只开中间两～。**用法提示** ①数词一般没有限制，既可用基数词或表示数量的“两”“几”“好几”“若干”等，也可用序数词：第一～防盗门 | 两～山墙 | 伴着一阵大风，一～窗户从楼上掉了下来。②数词“一”在某些代词或动词后常可省略：那～亮着灯的窗给他希望 | 有～窗户向阳开着。③数词前可加“这”“那”“哪”等代词：这两～大门 | 每次走过那几～门，我都会禁不住扭头望一望 | 站在那一～窗户前看我们的教室，一目了然。④前面可加“大”“小”等形容词修饰：屋顶有一大～天窗 | 场地正中摆放着一大～做工精美的木雕门 | 透过一小～玻璃窗可以看到房间里面。⑤数词为“一”时可重叠，重叠形式主要有“（一）～～”“一～一～”：走廊的两边是一～一～的门 | 透过这一～～的大门，我找到了一种回家的感觉 | ～～窗户透出橘黄的灯光。⑥后面一般不加“子”。⑦一般不儿化。❷ 名量词 用于计量形状像门扇或可以分开的扁平状物体：几～精美的贝壳 | 半～猪肉 | 一～石磨 | 他左右为难，就像两～磨盘间压着的一颗小豆子。**用法提示** ①数词一般没有限制，既可用基数词或表示数量的“两”“几”“好几”“若干”，也可用序数词或表示序数的“头”等：一～被丢弃的石磨 | 维纳斯脚踏一～贝壳凌驾于碧波之上 | 父亲苦干了将近一个月才终于打磨出头～石磨。②数词“一”在某些代词或动词后常可省略：泉州湾就像是～张开的蚌壳 | 几家人因那～猪肉争吵不休 | 这～磨足足打磨了三个星期。③数词前可加“这”“那”“哪”等代词：这一～贝壳 | 那一～贝壳大约有三十毫米长宽 | 这两～磨已经有几十年的历史了。④前面可加“大”“小”等形容词修饰：一小～石磨 | 一大～猪肉 | 一小～蟹壳。⑤数词为“一”时可重叠，重叠形式主要有“（一）～～”“一～一～”：一～一～石磨被运走了 | 一～～油亮的贝壳 | 房间里那～～猪肉透露着主人生活的殷实。⑥后面一般不加“子”。⑦一般不儿化。

语义源流 本义指门扇。《说文解字·户部》：“扇，扉也。”《礼记·月令》：“耕者少舍，乃修阖～。”《吕氏春秋·知接》：“虫流出于户，上盖以杨门之～，三月不葬。”《淮南子·天文》：“甲子受制，则行柔惠，挺群禁，开阖～，通障塞，毋伐木。”演变为量词，用于计量门窗或具有门窗作用的物体。唐·牛僧孺《玄怪录·卢公焕》：“盗又斋戒三日，中门一～开，有黄衣人出。”宋·释普济《五灯会元·育王德光禅师》：“丈夫气宇冲牛斗，一踏鸿门两～开。”明·凌濛初《二刻拍案惊奇》卷七：“使君在对窗咳嗽一声，那边把两～小窗一齐开了。”也可用于计量其他形状像门扇或可分开的扁平状物体。明·凌濛初《二刻拍案惊奇》卷三：“妙通袖里怀了这两～完全的钿盒，欣然而去，回复孺人。”明·兰陵笑笑生《金瓶梅》第五回：“次日饭后，武大只做三两～炊饼，安在担儿上。”《红楼梦》第九十二回：“一件是围屏，有二十四～槅子。”

🔍**近义辨析** 扇—道 见"道"下。

垧 shǎng **度量衡量词** 土地面积单位。多用于北方地区，东北地区1垧约合15亩，西北地区约合3亩或5亩：一～水田|他种了几～大白菜|太阳出来时，他已经耕完了几～地。**用法提示** ①数词一般没有限制，既可用基数词或表示数量的"两""几""好几""若干"等，也可用序数词：两～旱田|当地有葡萄基地四百～|刚种下了第五～玉米。②数词"一"在某些代词或动词后常可省略：这～麦地|那～玉米地|他终于凑够钱买了～地。③数词前可加"这""那""哪"等代词：种这两～地要花很多功夫|一家人靠那几～耕地勉强度日|家里的那几～薄田根本不够吃的。④前面可加"大""小"等形容词修饰：每人认领三十大～土地|学校有片地，每个班都分得一大～|河对岸有一块面积约五百小～的平地。⑤数词为"一"时可重叠，重叠形式主要有"一～～""一～一～"：一～～土地纵横广阔|他们很快就将大片荒原变成了一～一～的耕地。⑥后面一般不加"子"。⑦一般不儿化。

📖**语义源流**"垧"为后起新造字，是从"晌"分化而来的。清·杨宾《柳边纪略》："宁古塔地，不计亩而计晌。晌者，尽一日所种之谓也。"作为土地面积单位，面积大小各地有所不同，东北地区约合15亩，西北地区约合3亩或5亩。

晌 shǎng ❶ **名量词** 用于计量时间，表一天内的某一段时间：一～工作|昨天我们开了半～会|这半～的工钱谁来付？**用法提示** ①数词多用"一""两""半""几""好几"等：一～时间|半～功夫|这几亩麦子用机器大半～时间就收割完了。②数词"一"在某些代词后常可省略：孩子这～没去上学|那～两人一直在吵架。③数词前可加"这""那""哪"等代词：这一～工作忙|这一～太累|那几～我好痛苦。④前面一般不加形容词修饰，后面一般不加"子"。⑤一般不重叠和儿化。❷ **动量词** 用于计量动作、行为、状态持续的时间：思考半～|走了大半～|等了好几～才见到他。**用法提示** ①数量结构一般位于动词后：歇了半～|坐一～|他在院里跪了一～|大家沉默了一～。②数词多用"一""两""半""几""好几"等：挖了两～地|干了好几～农活|跟着我干了几～，他们就全学会了。③一般可儿化：沉吟了一～儿|愣了半～儿|他想了一～儿就答应了下来。④数词"一"一般不省略。⑤数词前一般不加代词。⑥前面一般不加形容词修饰，后面一般不加"子"。⑦一般不重叠。

📖**语义源流** 本指一天中的一段不太长的时间。唐·戎昱《苦辛行》："险巇唯有世间路，一～令人堪白头。"又指中午或午时前后。《篇海》："晌，午也。"明·汤显祖《牡丹亭·闺塾》："吟余改抹前春句，饭后寻思午～茶。"《朴通事》卷上："到～午，写仿书。写差字的，手心上打三戒方。"演变为量词，用于计量一段时间，也用于计量动作、行为、状态持续的时间。《朱子语类·大学二》："倘临事不醒，只争一～时，便为他引去。"元·佚名《三国志平话》

卷上："仲相低头寻思半～，终不晓其意。"明·凌濛初《二刻拍案惊奇》卷二："妙观呆了一～，才回言道：'这话虽有个来因，却怎么成得这事？'"明·罗懋登《三宝太监西洋记》第三十二回："不及半～，只见一个白脸力士……一掷掷到中军帐上来。"

勺 sháo **名量词** 用于计量用勺舀的东西：一～水|几～粥|两大～蜂蜜|阿姨给我的面条另加了一～香油。**用法提示** ①数词一般没有限制，既可用基数词或表示数量的"两""几""好几""若干"，也可用序数词或表示序数的"头"等：一～牛奶|好几～盐|头～油|牛肉面要加两～辣椒末儿。②数词"一"在某些代词或动词后常可省略：那～凉粉|喝了～汤药|他把那～粥放到自己嘴边吹了吹才喂给孩子吃。③数词前可加"这""那""哪"等代词：这几～粥|那一～绿豆|这最后一～菜明显少了很多。④前面可加"大""小"等形容词修饰：两大～汤|一小～蜂蜜|他盛了一大～粥给我。⑤后面一般可加"子"：一～子花生油|三～子陈醋|他往菜里放了好几～子酱油。⑥数词为"一"时可重叠，重叠形式主要有"(一)～～""一～一～"：～～咖啡|一～～鸡汤|孩子不停地往嘴里放一～一～的冰淇淋。⑦一般可儿化：一～儿好汤|我多想好好喂你一～儿饭|他起身给我添了满满一～儿白糖。

语义源流 本义是名词，为舀东西的工具，多为圆头，有柄。《说文解字·勺部》："勺，挹取也。"段玉裁注："勺是器名。挹取者，其用也。"《仪礼·乡射礼》："两壶斯禁，左玄酒，皆加～。"《礼记·明堂位》："灌尊……其～，夏后氏以龙～，殷以疏～，周以蒲～。"宋·苏轼《次韵正辅同游白水山》："山人劝酒不用～，石上自有樽罍洼。"借用为量词，计量用勺子舀的东西。《礼记·中庸》："今夫水，一～之多，及其不测，鼋鼍、蛟龙、鱼鳖生焉，货财殖焉。"宋·苏轼《西山诗和者三十余人，再用前韵为谢》："愿求南宗一～水，往与屈贾湔余哀。"宋·文及翁《贺新郎·西湖》："一～西湖水。渡江来、百年歌舞，百年酣醉。"古代也用为容量单位。《孙子算经》卷上："量之所起，起于粟。六粟为一圭，十圭为一撮，十撮为一抄，十抄为一～，十～为一合。"

近义辨析 勺—匙 见"匙"下。

哨 shào **名量词**〈古〉用于计量军队(多见于明清白话小说)：一～兵马|两～步兵|我们在那里埋伏了不下两～人马。

语义源流 本义指使唤狗时口中所发的声音，一般写作"嗾"，古代方言中也作"哨"。《方言》卷七："秦晋之西鄙，自冀陇而西使犬曰哨。"《左传·宣公二年》："公嗾夫獒焉，明搏而杀之。"唐·李贺《公无出门》："嗾犬狺狺相索索，舐掌偏宜佩兰客。"引申表示用嘴或器物吹出高尖音。《水浒传》第三十八回："张顺略～一声，只见江上渔船都撑拢来到岸边。"元·王实甫《西厢记》第一本第四折："行者又嚎，沙弥又～。恁须不夺人之好。"又用作名词，指能够吹出声音的器物，即哨子。《宋史·夏国传》："乃悬～家鸽百余，自合中起，盘飞军上。"清·富察敦崇《燕京岁时记·花儿市》:“凡放鸽之时，必以竹～缀于尾上，谓之壶卢，又谓之～子。”进一步引申指侦察、巡逻。《三国演义》第九十五回:“男亲自～见，当道并无寨栅。”后也可指岗哨。《正字通·口部》:“凡屯戍防盗处名曰哨。”后借用为军队的计量单位。《宋史·宋琪传》:“左右～各十指挥。”明·凌濛初《初刻拍案惊奇》卷二十七:“一日正在家欢呼饮酒间，只见平江路捕盗官带着一～官兵，将宅居围住。”清代以百人为哨。

摄氏度 shèshìdù 度量衡量词 摄氏温标的单位，符号为℃。在1标准大气压下，纯净的冰水混合物的温度为0摄氏度，水的沸点为100摄氏度，其间分为100等份，每一份为1摄氏度：水温20～|今天的气温已达35～。**用法提示** ①数词可用基数词或表示数量的“几”“好几”“若干”等：加热到1000～|温泉泳池的温度比普通泳池要高若干～|室内和室外的温度要差好几～。②前面有时可加“这”“那”等代词：这几～的误差是大问题|那7000～只是星体表面的温度。③数词为“一”时可重叠，重叠形式为“一～一～”：一～一～地发生变化|那里海水的温度在一～一～地增高。④数词“一”一般不省略。⑤前面不加形容词修饰，后面不加“子”。⑥不儿化。

身 shēn ❶ 名量词 用于计量成套的衣服：一～西服|两～冬装|高小姐穿了～淡紫色的旗袍。**用法提示** ①数词一般没有限制，既可用基数词或表示数量的“两”“几”“好几”“若干”等，也可用序数词：几～运动服|这是他人生中的第一～西装|哥哥送了他两～半旧的牛仔服。②数词“一”在某些代词或动词后常可省略：穿了～绿军装|老先生那～红袍很是显眼|我们的这～装备引来了无数羡慕的目光。③数词前可加“这”“那”“哪”等代词：那几～迷彩服|那十几～名牌西装|他终于穿上了那一～博士服。④数词为“一”时可重叠，重叠形式主要有“(一)～～”“一～一～”：一～～亮丽的盔甲|～～军服熨烫整齐|把一～一～满是泥巴的衣服洗干净。⑤一般可儿化：一～儿行头|快把这一～儿臭衣服换了|他穿着一～儿校服。⑥前面一般不加形容词修饰，后面一般不加“子”。❷ 名量词 用于计量可以附着在身体上的事物：一～汗|一～灰土|战争给他留下的只有一～伤疤。**用法提示** ①数词一般限用“一”：一～土|一～水|晴天一～汗，雨天一～泥。②数词“一”在某些代词或动词后常可省略：这～肥肉|他被吓出了～冷汗|孩子是过敏体质，一不小心就会起～疙瘩。③数词前可加“这”“那”等代词：看看你这一～泥|他不知在哪蹭了那一～灰。④前面有时可加形容词“满”修饰：蹭了满～土|长了满～疙瘩|室外骄阳似火，一小会儿出了满～汗。⑤数词为“一”时可重叠，重叠形式主要有“(一)～～”“一～一～”：～～冷汗|每次回家都是一～一～的土|电影激起观众一～～的鸡皮疙瘩。⑥后面一般不加“子”。⑦一般不儿化。❸ 名量词 用于计量与人有关的病痛、麻烦、力量、气节、精神等：一～毛病|一～正气|他这个人官不大，一～官

气却很是惹人生厌。**用法提示** ①数词一般限用“一”：一~毛病|惹上一~麻烦|那姑娘一~娇气，我可受不了。②数词“一”在某些代词或动词后常可省略：青年人最重要的是要有~朝气|他对自己这~伤痛很是烦恼|凭他那~胆气，还怕那几个小毛贼吗？③数词前可加“这”“那”“哪”等代词：你这一~正气|他那一~豪爽令人敬服|他累出了这一~毛病。④前面有时可加形容词“全”“浑”“满”等修饰：浑~酸腐气|满~正气|受到这件事的刺激，他那全~的蛮劲儿都爆发了。⑤后面一般不加“子”。⑥一般不重叠和儿化。❹ 名量词 用于计量才艺、技艺、功夫等：一~好功夫|一~好武艺|他自小练武，一~飞檐走壁的本领远近闻名。**用法提示** ①数词一般限用“一”：一~硬功夫|他自幼手巧，练就了一~高超技艺|他有一~治国的本领。②数词“一”在某些代词或动词后常可省略：他有~好功夫|这~绝活儿就是他安身立命的本钱|那~武艺可不是一朝一夕之功。③数词前可加“这”“那”“哪”等代词：你这一~绝技是跟谁学的？|我这一~功夫都是师父教的|凭你那一~武功足以行走江湖了。④前面一般不加形容词修饰，后面一般不加“子”。⑤一般不重叠和儿化。

语义源流 本义指身孕。《诗·大雅·大明》：“大任有~，生此文王。”毛传：“身，重也。”郑玄笺：“重，谓怀孕也。”孔颖达疏：“以身中复有一身，故言重。”《战国策·楚策四》：“于是园乃进其女弟，即幸于春申君。知其有~，园乃与其女弟谋。”明·兰陵笑笑生《金瓶梅》第四十回：“(月娘)上他那楼梯，一脚蹍滑了，把个六七个月~扭吊了。”引申指身体、躯体。《说文解字·身部》：“身，躬也。象人之身。”段玉裁注：“躬谓身之伛，主于脊骨也。”清·王引之《经义述闻·通说上》：“身，人自顶以下踵以上，总谓之身。”《国语·晋语一》：“恶其心，必内险之；害其~，必外危之。”《楚辞·九歌·国殇》：“首~离兮心不惩。”《礼记·问丧》：“~有锢疾，不可以备礼也。”借用为量词，用于计量所穿之衣物。清·西周生《醒世姻缘传》第五十四回：“待了一会，童奶奶另换了一~衣裳出来与狄宾梁相见。”清·刘鹗《老残游记》第三回：“叫个成衣做一~棉袍子马褂。”清·郭小亭《济公全传》第五十一回：“太守办好文书，柴头、杜头到街上买了两~月白粗布裤褂。”进一步引申用于计量附着于身体之上的事物。晋·干宝《搜神记》卷六：“南宫侍中寺雌鸡欲化为雄，一~毛皆似雄，但头冠尚未变。”元·佚名《鹊桥仙·大雨》：“出门溅我一~泥，这污秽、如何可扫。”清·文康《儿女英雄传》第四十回：“这燕北闲人守着一盏残灯，拈了一枝秃笔，不知为这部书出了几~臭汗，好不冤枉！”也用于计量与人有关的病痛、麻烦、力量、气节、精神等。唐·牛僧孺《乐天梦得有岁夜诗聊以奉和》：“暗减一~力，潜添满鬓丝。莫愁花笑老，花自几多时。”《朱子语类·孟子十一》：“这只是说他一~气数止于此否？”明·兰陵笑笑生《金瓶梅》第十三回：“奴为他这等在外胡行，不听人说，奴也气了一～病痛在这里。”清·夏敬渠《野叟曝言》第十九回：“一～气血无不跳荡，周身毛孔无不开张。”还用于计量才艺、技艺、功夫等。明·抱瓮老人《今古奇观·女秀才移花接木》：“自小习得一～武艺，最善骑射，真能百步穿杨。”明·凌濛初《初刻拍案惊奇》卷三：“他进京会试，不带仆从，恃着一～本事，鞴着一匹好马。”古代也用于计量佛像、僧人。晋·法显《佛国记·狮子国记游》：“王便夹道两边，作菩萨五百～。”唐·段成式《酉阳杂俎续集·寺塔记上》：“佛殿西廊立高僧一十六～。”

近义辨析 身—件—套 见“件”下。

升 shēng ❶ 度量衡量词 法定容量单位，符号L（l）。用于计量液体。1升等于1000毫升：这桶水有3～。**用法提示** ①数词可用基数词或表示数量的“两”“几”“好几”“若干”等：1～豆油｜两～果汁｜他每天都要喝掉好几～水。②数词“一”在某些代词或动词后常可省略：这～啤酒归你了｜他提走的那～汽油是明天要用的｜父亲每天都会去街角的小店打～鲜啤回来。③数词前可加“这”“那”“哪”等代词：那1～柴油｜支援你的这几十～机油可不能浪费了｜把刚买的那几～鲜啤酒拿来喝。④数词为“一”时可重叠，重叠形式主要有“（一）～～”“一～一～”：～～矿泉水｜桌子上摆满了一～～的啤酒｜仅有的几升汽油，也被一～一～地用完了。⑤前面一般不加形容词修饰，后面一般不加“子”。⑥一般不儿化。❷ 度量衡量词 市制容量单位，用于计量粮食等，表示十分之一斗的量：三～麦子｜一～大豆｜几～玉米。**用法提示** ①数词可用基数词或表示数量的“两”“几”“好几”“若干”等：他家里就剩下几～麦子了｜每个袋子只装了一～大米｜这副药需扁豆叶一～。②数词前可加“这”“那”“哪”等代词：那一～小米｜这两～绿豆｜用刚买的那几～新米熬粥可香了。③数词“一”在某些代词或动词后有时可省略：倒了～白米进锅｜他提了～高粱米来｜这～玉米面是婶婶送我们的。④数词为“一”时可重叠，重叠形式主要有“（一）～～”“一～一～”：～～精米细面｜一～～白面｜没想到一～一～粮食就这样被偷走了。⑤前面一般不加形容词修饰，后面一般不加“子”。⑥一般不儿化。

语义源流 本指用于盛舀的工具。《汉书·律历志上》：“升者，登合之量也。”《晏子春秋·景公朝居严下不言晏子谏》：“且合～斗之微以满仓廪，合疏缕之绨以成帏幕，大山之高，非一石也，累卑然后高。”晋·陶渊明《搜神后记》卷十：“忽见石窠中有二卵大如～。”明·钟惺《夏商合传》第十九回：“生无食，死无葬，长无室，家无～斗，身无麻缕。”借用为容量单位，十合（gě）为一升，十升为一斗。《说文解字·斗部》：“升，十合也。”《周礼·冬官·栗氏》：“栗氏为量……其耳三寸，其实一～。”《周礼·冬官·梓人》：“梓人为饮器，勺一～，爵一～，觚三～。”《礼记·投壶》：“壶，颈修七寸，腹修五寸，口径二寸半，容斗五～。”可用于计量粮食。《墨子·鲁问》：“翟虑耕而食天下之人矣。盛然后当一农之耕，分诸天下，不能人得一～粟。”晋·葛洪《抱朴子·金丹》：“然其中稍少合者，其气力不足以相化成，如酿数～米酒，必无成也。”北魏·贾思勰《齐民要术·作酢法》：“初作日，软溲数～面，作烧饼。”《西游记》第五十回：“我家老小六七口，才淘了三～米下锅，还未曾煮熟。”古代也可用于计量液体。《墨子·号令》：“赐酒日二～，肉二斤。”《宋书·江湛传》：“初，湛家数见怪异，未败少日，所眠床忽有数～血。”唐·元稹《刘氏馆集隐客》：“偶然沽市酒，不越四五～。”《旧唐书·袁恕己传》：“寻为周利贞所逼，饮野葛汁数～。”古代也用于计量布，是一个定数集合量词，八十缕为一升。《仪礼·丧服》：“冠六～，外毕。”郑玄注：“布八十缕为升。”《晏子春秋·景公以晏子衣食弊薄使田无宇致封邑晏子辞》：“晏子相齐，衣十～之布，食脱粟之食，五卯、苔菜而已。”汉·孔安国《论语孔氏训解》：“古者绩麻三十～布以为之。”现代计量啤酒、汽油等液体时，用公制“升”，1升为1000毫升。

声 shēng ❶ 名量词 用于计量人或物发出的声音：一～叫喊｜几～怒吼｜清晨的街道还很安静，只偶尔能听到两～吆喝。**用法提示** ①数词一般没有限制，既可用基数词或表示数量的“两”“几”“好几”“若干”，也可用序数词或表示序数的“头”等：一～鸟叫｜头～叫喊｜第一～春雷｜路口传出好几～枪响。②数词“一”在某些代词后常可省略：这～“你好”让人多么温暖｜那～怒吼令人心惊胆战｜孩子被那～汽笛吸引住了。③数词前可加“这”“那”“哪”等代词：这几～啼哭｜那一～叫好｜这一～赞扬似乎充满了不可捉摸的魅力。④前面有时可加“大”“小”等形容词修饰：一小～口哨｜一大～霹雳｜孩子们低低地发出几小～抗议。⑤数词为“一”时可重叠，重叠形式主要有“(一)～～”“一～一～”：那～～童稚的告别声｜一～一～牧笛飘过草坡｜我要真诚地感谢那一～～情真意切的问候。⑥后面一般不加“子”。⑦一般不儿化。❷ 动量词 用于计量人或物发出声音的动作：叫了两～｜大笑三～｜几～呼喊之后，病人就没了气息。**用法提示** 数量结构可位于动词前，也可位于动词后。位于动词前时：①数词一般没有限制，既可用基数词或表示数量的“两”“几”“好几”“若干”等，也可用序数词：一～不响｜一～召唤｜我深知第一～喝彩对一个人意味着什么。②数词“一”在某些代词或动词后常可省略：听见～叹息｜远处传来～吼叫｜他很想念母亲那～召唤。③数词前可加“这”“那”“哪”等代词：那两～狂笑｜这几～抱怨｜那一～嚷嚷吓跑了小偷。④前面可加“大”“小”等形容词修饰：一小～叹息｜那一大～吼，叫我怎能不吓一跳｜一小～叫唤也会被注意到。⑤数词为“一”时可重叠，重叠形式主要有“(一)～～”“一～一～”：孩子一～～咳嗽让父母揪心｜就是这～～呵斥打击了孩子的自信｜我们站在山巅，一～一～呼唤他的名字。⑥有时可儿化：一～儿都不敢吭｜一～儿没出｜房间里传来一～儿啼哭。⑦后面一般不加“子”。位于动词后时：①数词一般

用基数词或表示数量的“两”“几”“好几”“若干”等：吆喝一～|咳嗽几～|你出门的时候招呼我一～|我只是问候你一～。②前面可加“大”“小”等形容词修饰：我扯着嗓子叫了他一大～|他惨叫了一大～|谎话被拆穿，他干笑了一小～就走了。③有时可儿化：长叹了一～儿|告诉我们一～儿|饭菜做好了，你招呼我一～儿。④数词“一”一般不省略。⑤数词前一般不加代词。⑥后面一般不加“子”。⑦一般不重叠。

语义源流 本义为声音、声响。《说文解字·耳部》：“声，音也。”“音，声也。生于心有节于外谓之音。宫商角徵羽，声；丝竹金石匏土革木，音也。”《诗·齐风·鸡鸣》：“匪鸡则鸣，苍蝇之～。”《荀子·劝学》：“生而同～，长而异俗。”《列子·汤问》：“唯黄帝与容成子居空峒之上……徐以气听，砰然闻之，若雷霆之～。”演变为名量词，用于计量各种声音。唐·白居易《闲吟二首》其一：“闲倾一盏酒，醉听两～歌。”唐·陆龟蒙《纪梦游甘露寺》：“阆阙一枝琼，边楼数～笛。”宋·曹勋《玉蹀躞·从军过庐州作》：“依旧春色撩人，柳花飞处，犹听几～莺语。”也可用为动量词，计量发出声音的动作。《北齐书·张耀传》：“帝下座临视，呼数～不应。”唐·释慧然《镇州临济慧照禅师语录》：“孤轮独照江山静，自笑一～天地惊。”明·凌濛初《初刻拍案惊奇》卷三十：“士真冷笑了两～，仍旧欢喜起来。”

乘 shèng ❶ 名量词〈古〉用于计量车辆。古代称四匹马拉的车为乘：千～万骑|帅车百～|百余～战车一字排开。❷ 名量词〈古〉用于计量兵力。古代每乘拥有四匹马拉的兵车一辆，车上甲士3人，车下步卒72人，后勤人员25人，共计100人：千～之国|万～之国，兵不可以无主|诸侯许诺，大侯车二百～，卒二千人。

语义源流 本义指登上、升，读chéng。《释名·释姿容》：“乘，升也，登亦如之也。”《诗·豳风·七月》：“昼尔于茅，宵尔索绹。亟其～屋，其始播百谷。”《列子·黄帝》：“遂与商丘开俱～高台。”《汉书·成帝纪》：“京师无故讹言大水至，吏民惊恐，奔走～城。”登车亦为“乘”，引申指乘坐或驾驭车辆。《诗·小雅·采芑》：“方叔率止，～其四骐。”高亨注：“乘，犹驾也。”《吕氏春秋·节丧》：“今无此之危，无此之丑，其为利甚厚，～车食肉，泽及子孙。”清·蒲松龄《聊斋志异·罗刹海市》：“女～白羊车，送诸海涘。”引申指车辆，春秋时多指兵车，包括一车四马，读shèng。《左传·隐公元年》：“太叔完聚，缮甲兵，具卒～，将袭郑。”《资治通鉴·宋文帝元嘉二十八年》：“命广陵太守刘怀之逆烧城府、船～，尽帅其民渡江。”胡三省注：“乘，谓车也。”明·刘基《郁离子·城莒》：“蕞尔国于晋不百一，以一企百，何异乎以羔服象～乎？”演变为量词，用于计量车辆，古代称四匹马拉的车为乘。《国语·齐语》：“既反侵地，正封疆……有革车八百～。”《汉书·刑法志》：“天子畿方千里……戎马四万匹，兵车万～。”《淮南子·齐俗》：“故惠子从车百～，以过孟诸，庄子见之，弃其余鱼。”也用于计量兵力，每乘拥有四匹马拉的兵车一辆，车上甲士3人，车下步卒72人，后勤人员25人，共计100人。《商君书·开塞》：“汤、武塞，故万～莫不战，千～莫不守。”《管子·大匡》：“诸侯许诺，大侯车二百～，卒二千人。”古代还用于计量马匹，四匹马为一乘。《论语·公冶长》：“陈文子有马十～。”刘宝楠正义：“一乘是四匹马。”《战国策·齐策四》：“君之厩马百～，无不被绣衣而食菽粟者。”也可用来计量船只、轿子等。《宋书·臧质传》：“舫千余～。”《陈书·高祖本纪上》：“舟舰二千～。”《红楼梦》第六十五回：“一～素轿，将二姐儿抬来。”

S

师 shī **名量词** 军队的编制单位，在军之下，旅之上：集结了一～兵力|我们的主力是第一～。**用法提示** ①数词一般没有限制，既可用基数词或表示数量的“两”“几”“好几”“若干”等，也可用序数词：两～友军|当时他手里有好几～的兵力|执行此次任务的是第三～。②数词“一”在某些动词后有时可省略：派出～人马埋伏在山谷|调了～兵力进行救援|上级调～部队接管了那个市。③数词前可加“这”“那”“哪”等代词：他们挫败了那两～敌军|支援你的这几～可都是精兵强将|山前的那几～人马其实是来接应的。④前面可加形容词“整”修饰：一整～士兵|一整～兵力|一整～军队开拔到抗震第一线。⑤数词为“一”时可重叠，重叠形式主要有“(一)～～”“一～一～”：～～援兵|司令官把队伍一～～地安排好，坐等捷报|一～一～敌军的兵力都被我军消灭了。⑥后面一般不加“子”。⑦一般不儿化。

语义源流 从字形分析，“师”表示民众、徒众。《诗·大雅·文王》：“殷之未丧～，克配上帝。”郑玄笺：“师，众也。”《左传·哀公五年》：“～乎，～乎，何党之乎！”《孔子家语·辨政》：“丧乱蔑资，曾不惠我～。”古代常用来指军队。《诗·秦风·无衣》：“王于兴～，修我戈矛，与子同仇。”《左传·僖公十五年》：“公孙敖帅～及诸侯之大夫救徐。”《国语·晋语二》：“伐虢之役，～出于虞。”宋·陆游《示儿》：“王～北定中原日，家祭无忘告乃翁。”演变为量词，表军队编制的一级，古代有固定的人数。《说文解字·帀部》：“师，二千五百人为师。”《周礼·地官·小司徒》：“五人为伍，五伍为两，四两为卒，五卒为旅，五旅为～，五～为军。”郑玄注：“师，二千五百人。”常用于计量兵力。《书·皋陶谟》：“州十有二～，外薄四海，咸建五长，各迪有功，苗顽弗即工，帝其念哉！”《左传·隐公十年》：“八月壬戌，郑伯围戴。癸亥，克之，取三～焉。”明·钟惺《夏商野史》第十四回：“又分内侍一人武能言往与施君夫妻一同护送。领一～之众，百乘之车先行。”

时 shí **名量词** 用于计量时间的单位，表钟点，含书面语色彩：清晨二～|明天下午四～开会|本次列车到达终点站的时间是次日上午九～。**用法提示** ①数词一般限用“二十四”以内的基数词或表示数量的“两”“几”等：战斗从黎明开始，持续到午夜二～|午后三～，忽然从天空中传来一阵飞机的轰

鸣声｜明日几～走，约好了我来叫你。②数词“一”一般不省略。③数词前一般不加代词。④前面一般不加形容词修饰，后面一般不加“子”。⑤一般不重叠和儿化。

语义源流 本义为季节。《说文解字·日部》：“时，四时也。”《书·尧典》：“乃命羲和，钦若昊天，历象日月星辰，敬授民～。”唐·韩愈《送孟东野序》：“维天之于～也亦然，择其善鸣者而假之鸣。”演变为量词，古代可用于计量季节。《国语·周语上》：“王事唯农是务，无有求利于其官，以干农功，三～务农而一～讲武。”北魏·贾思勰《齐民要术·造神曲并酒》：“春秋二～酿者，皆得过夏；然桑落时作者，乃胜于春。”由本义引申泛指时间或某一时间点、时间段。《吕氏春秋·首时》：“天不再与，～不久留。”《论语·季氏》：“少之～，血气未定，戒之在色。”《北史·孝昭帝本纪》：“殿去南宫五百余步，鸡鸣而去，辰～方还，来去徒行，不乘舆辇。”清·夏敬渠《野叟曝言》第一百二十二回：“我儿生于九月初五日子～，媳妇生于九月初六日丑～。”演变为量词，用为计时单位，指时辰或小时、钟点。晋·葛洪《抱朴子·释滞》：“一日一夜有十二～，其从半夜以至日中六～为生炁，从日中至夜半六～为死炁。”《新唐书·吕才传》：“按法，葬家多取乾、艮二～，乃近夜半，文与礼乖。”《太平广记·昆虫·南海毒虫》：“土人呼为十二～虫。一日一夜，随十二～变其色，乍赤乍黄。”清·钱大昕《十驾斋养新录·二十四时》：“一日分十二～，每～又分为二，曰初，曰正，是为二十四小时。”

近义辨析 时—点 见“点”下。

时—小时 均可表示一天时间的二十四分之一。“小时”主要用于时段，如“八小时工作”“得再等三小时”；“时”主要用于时点，如“我每天八时上班”。

世 shì ❶ 名量词 用于计量人的辈分：他是孔子第二十二～孙｜他们家现在是四～同堂｜这可是传家宝，已传二十～了。**用法提示** ①数词一般没有限制，既可用基数词或表示数量的“两”“几”“好几”“若干”等，也可用序数词：孟子第十～孙｜张家五～同堂｜他们家三～单传。②数词前可加“这”“那”“哪”等代词：王家这三～都位极人臣｜他高我一～｜他是家族这两～最突出的人才。③数词“一”一般不省略。④前面一般不加形容词修饰，后面一般不加“子”。⑤一般不重叠和儿化。❷ 名量词 用于计量人的一生：以我千行泪，还君一～情｜他做了一～清官｜母亲半～辛劳，也该享享清福了。**用法提示** ①数词限用“一”“半”：一～心血｜半～英名｜他一～劳作，到头来，还是这么清贫。②数词前可加“这”“那”“哪”“此”等代词：这一～情分｜此一～磨难｜此后不知哪一～才会再见。③数词为“一”时有时可重叠，重叠形式主要有“一～～”“一～一～”：一生生一～～｜一～一～后人来此缅怀｜一～一～轮回不止。④数词“一”一般不省略。⑤前面一般不加形容词修饰，后面一般不加“子”。⑥一般不儿化。

语义源流 本义指三十年。《说文解字·卅部》：“世，三十年为一世。”《论

S

语·子路》:"如有王者,必～而后仁。"何晏集解引孔安国曰:"三十年曰一世。"引申指父子相继。《字汇·一部》:"世,父子相继为一世。"《周礼·秋官·大行人》:"凡诸侯之邦交,岁相问也,殷相聘也,～相朝也。"郑玄注:"父死子立曰世。"《孟子·梁惠王下》:"昔者文王之治岐也,耕者九一,仕者～禄。"演变为量词,用于计量人的辈分、代际。《诗·大雅·文王》:"文王孙子,本支百～。"《礼记·丧服小记》:"有五～而迁之宗,其继高祖者也。"《国语·鲁语上》:"赐女土地,质之以牺牲,～～子孙,无相害也。"《吕氏春秋·慎势》:"神农十七～有天下,与天下同之也。"引申表人的一生、一辈子。《左传·成公十六年》:"不可以当吾～而失诸侯,必伐郑。"宋·苏辙《龙川别志》卷上:"终质之～,太后、少主皆无恙。"演变为量词,计量人的一生。汉·班婕妤《自悼赋》:"惟人生兮一～,忽一过兮若浮。"唐·杜荀鹤《感春》:"浮生七十今三十,已是人间半～人。"《太平广记·相二·卢齐卿》:"此人本合知三～事,缘灸掌损,遂遗灭却两～事,只知当世事。"

近义辨析 世—代 见"代"下。

世纪 shìjì 名量词 用于计量年代的单位,一百年为一世纪:公元前五～|二十～八十年代|二十一～的科学大发展给人们的生活带来了很大变化。**用法提示** ①数词可用基数词或表示数量的"几""好几""若干"等:二十一～的新科技|十九～中叶|他生于二十～六十年代。②数词"一"一般不省略。③数词前一般不加代词。④前面一般不加形容词修饰,后面一般不加"子"。⑤一般不重叠和儿化。

语义源流 "世"本义为三十年。《说文解字·卅部》:"世,三十年为一世。""纪"本指整理丝线。《说文解字·糸部》:"纪,丝别也。""世纪"原指记录帝王世系的书。《史记·五帝本纪》张守节正义:"而孔安国《尚书序》,皇甫谧《帝王～》,孙氏注《世本》,并以伏羲、神农、黄帝为三皇,少昊、颛顼、高辛、唐、虞为五帝。"清·赵翼《廿二史札记》卷二十七:"《金史》于《太祖本纪》之前,先立《～》以叙其先世。"引申指年代、世代。宋·张君房《云笈七签·先天纪叙》:"九国承于～,三代继于大宗。"后常用为计量年代的单位,一百年为一世纪。清·海天独啸子《女娲石》第九回:"我今告你,这马名叫电马,一非古代所有,二非西人发明,乃是二十～电力时代应运起的。"

式 shì 名量词 用于计量事物的样式、种类:三十二～太极拳|合同一～三份,我们各保留一份|中间一张方桌上,摆了几～佳肴和一壶美酒。**用法提示** ①数词一般没有限制,既可用基数词或表示数量的"两""几""好几""若干"等,也可用序数词:第二～小菜|此表一～三份|三招两～瘦不下来。②数词前可加"这""那""哪"等代词:他这一～剑招的确精妙|这一～刀法在他手中真是发挥到了极致|我悄悄地把那一～两份的表格都拿走了。③数词为"一"时可重叠,重叠形式主要有"(一)～～""一～一～":～～功夫|

把一～一～剑法仔细演练了一遍|你看那一招招，一～～，尽显功力。④数词“一”一般不省略。⑤前面一般不加形容词修饰，后面一般不加“子”。⑥一般不儿化。

语义源流 本义为法则、准则，也指可模仿学习的榜样。《说文解字·工部》：“式，法也。”《书·微子之命》：“世世享德，万邦作～。”《诗·大雅·下武》：“成王之孚，下土之～。”毛传：“式，法也。”郑玄笺：“王道尚信，则天下以为法，勤行之。”《老子》第二十二章：“是以圣人抱一为天下～。”《后汉书·邓彪传》：“彪在位清白，为百僚～。”引申泛指有一定要求的样式、格式、形式。《鬼谷子·反应第二》：“喜怒由此以见其～，皆以先定为之法则。”汉·桓宽《盐铁论·错币第四》：“吏匠侵利，或不中～，故有薄厚轻重。”《北史·周纪下》：“八月壬寅，议权衡度量，颁于天下。其不依新～者，悉追停之。”演变为量词，用于计量事物的样式、种类。清·毕沅《续资治通鉴·宋纪一百七十一》：“子聪于书无所不读，尤邃于《易》，旁通天文、律、算三～之属，论天下事如指诸掌。”《清史稿·丁取忠传》：“或一例而演数题，或一题而更数～。”清·无垢道人《八仙得道》第七十六回：“眼前却有一～打扮一样形容的费长房。”常杰淼《雍正剑侠图》第四十六回：“让老前辈看看，哪一招，哪一～，功夫不到家？”

手 shǒu ❶ 名量词 用于计量用手抓、拿或者附着在手上之物：一～油漆|抓了～好牌|你才写了几个字，就沾了一～墨汁。**用法提示** ①数词一般限用“一”“两”：一～油|两～污泥|他摸了摸桌子，沾了一～灰。②数词“一”在某些代词或动词后有时可省略：你看看这～油|你这～烂牌怎么也赢不了了|才工作几年，就长了～老茧。③数词前可加“这”“那”“哪”等代词：这一～水泡|那一～烂牌|你看孩子那一～血，还不赶快给包扎一下。④前面一般不加形容词修饰，后面一般不加“子”。⑤一般不重叠和儿化。❷ 名量词 用于计量本领、技能等：一～好字|烧得一～好菜|使得一～好拳棒。**用法提示** ①数词多用“一”“两”“几”等：一～好棋|两～本事|他弹得一～好琴。②数词“一”在某些代词或动词后常可省略：凭着～击鼓绝技养家糊口|那～家传医术让人目瞪口呆|她弹的那～好钢琴令人着迷。③数词前可加“这”“那”“哪”等代词：这几～绝活|他这一～球技，迷倒了现场的观众|专家很欣赏他那一～纵横挥洒的行草。④数词为“一”时可重叠，重叠形式为“一～～”：一～～绝活|他练就了一～～修车绝技。⑤前面一般不加形容词修饰，后面一般不加“子”。⑥一般不儿化。

语义源流 本义指人的手掌。《说文解字·手部》：“手，拳也。”段玉裁注：“今人舒之为手，卷之为拳，其实一也。”《诗·邶风·击鼓》：“死生契阔，与子成说。执子之～，与子偕老。”《韩非子·有度》：“为人臣者，譬之若～，上以修头，下以修足。”《老子》第七十四章：“夫代大匠斫者，希有不伤其～矣。”借用作量词，用于计量用手

S

抓、拿或附着在手上的东西。宋·赜藏主《古尊宿语录》:“一似净净洁洁一片地，却将一～土撒在上面相似。”元·关汉卿《绯衣梦》第二折:“不知甚么人把他梅香杀了，摸了我两～血。”《水浒传》第四十五回:“老子摸得起来，摸了两～血迹，叫声苦，不知高低。”引申计量与手有关的本领、技能等。明·冯梦龙《醒世恒言·刘小官雌雄兄弟》:“(那老妪)从小缚做小脚，学那妇道妆扮，习成低声哑气，做一～好针线。”明·兰陵笑笑生《金瓶梅》第十回:“(谢希大)亦是帮闲勤儿，会一～好琵琶。”清·佚名《续小五义》第八回:“皆因他二人身矮力小，他师傅才教给他们一～功夫。”

S

首 shǒu ❶ 名量词 用于计量歌曲：一～儿歌|几～童谣|他兴之所至，连唱了好几～动听的歌。**用法提示** ①数词一般没有限制，既可用基数词或表示数量的“两”“几”“好几”“若干”，也可用序数词或表示序数的“头”等：十几～情歌|头～校园歌曲|这是我学会的第一～粤语歌曲。②数词“一”在某些代词或动词后常可省略：写了～民歌|那～说唱歌曲很有趣|他唱了～大家都熟悉的老歌。③数词前可加“这”“那”“哪”等代词：这几～民谣|那三～随想曲|还记得那一～让你感动落泪的乐章吗？④前面可加“大”“小”等形容词修饰：一大～歌|他很喜欢哼唱一小～自己的原创歌曲|他竟然写出了整整一大～交响曲来。⑤数词为“一”时可重叠，重叠形式主要有“(一)～～”“一～一～”：～～歌曲让人热血沸腾|一～～动人的情歌|他把自己会的一～一～的儿歌唱给孩子们听。⑥后面一般不加“子”。⑦一般不儿化。❷ 名量词 用于计量诗词：唐诗三百～|两～宋词|这是一～五言绝句|他沉吟半晌，吟出一～新诗。**用法提示** ①数词一般没有限制，既可用基数词或表示数量的“两”“几”“好几”“若干”，也可用序数词或表示序数的“头”等：我写了好几～小诗|这是我为妹妹作的第一～七律|孩子学了几百～古诗了。②数词“一”在某些代词或动词后常可省略：这～小诗|写～诗就这么难吗？|那～诗其实并不是他原创的。③数词前可加“这”“那”“哪”等代词：这十几～诗都是李白的作品|那两～小诗寓意深远|这几～古诗都是妈妈多年前教的。④前面可加“大”“小”等形容词修饰：赋诗一大～|他决定送一小～诗给姐姐|小镇上的景象很美，像一小～娓娓道来的清丽小诗。⑤数词为“一”时可重叠，重叠形式主要有“(一)～～”“一～一～”：这部戏的台词就像是一～～流动的诗|教材上一～一～的诗词都要吟读、品味、背诵|我为他写的诗，～～都费尽心思。⑥后面一般不加“子”。⑦一般不儿化。

语义源流 本义指脑袋。《广韵·有韵》:“首，头也。”《诗·邶风·静女》:“爱而不见，搔～踟蹰。”《战国策·燕策三》:“愿得将军之～以献秦。”唐·韩愈《过鸿沟》:“谁劝君王回马～，真成一掷赌乾坤。”引申指起始、开端、首要。《老子》第三十八章:“夫礼者，忠信之薄而乱之～。”

《韩非子·心度》:"故治民者,刑胜,治之～也。"《资治通鉴·汉献帝建安十三年》:"操军方连船舰,～尾相接。"演变为量词,用于计量多种具体事物。《全汉文·奏上赵皇后书贺正位》:"通香虎皮檀象一座,龙香握鱼二～,独摇宝莲一铺。"北齐·郑述祖《天柱山铭》:"仰述皇祖魏故中书令、秘书监、兖州刺史文贞公迹状,镌碑一～。"《陈书·宣帝纪》:"陈桃根又表上织成罗文锦被各二百～。"《新唐书·韦坚传》:"坚豫取洛、汴、宋山东小斛舟三百～贮之潭。"也可计量抽象概念。《全后魏文·信都芳》:"芳以浑算精微,术几万～,故约本为之省要。"汉·于吉《太平经》:"本求守一养性之法凡三百～,乃见天师说而无极。"后来计量范围逐步缩小,专用于各种文章作品。《史记·田儋列传》:"蒯通者,善为长短说,论战国之权变,为八十一～。"《宋书·自序》:"所著诗、赋、颂、赞、三言、诔、哀辞、祭告、请雨文、乐府、挽歌、连珠……一百八十九～。"后计量范围进一步缩小至只用于诗词、歌曲。宋·苏轼《东坡志林·技术》:"子粲、可、皎、彻之徒,何不下转语作两～诗乎?"宋·释蕴闻《大慧普觉禅师书》:"隔十余日,忽然寄书来,并颂古十～。"宋·释惠泉《黄龙慧南禅师语录》:"为我求老师偈一～。"

近义辨析 首—支 均可用于计量歌曲,如可以说"唱了三首歌",也可以说"唱了三支歌",但二者语体风格和使用范围有些不同。"首"通用于书面语和口语,"支"相对用得较少。这是因为"首"引申为量词的时间较早,在之后流传的过程中,用"首"来计量歌曲等的用法一直没有中断。在使用范围上,"首"还可用于计量诗词等,"支"无此用法;"支"还可计量舞蹈、杆状物以及队伍等,如"跳支舞""几支笔""一支队伍","首"无此用法。

熟 shú **名量词** 用于计量农作物成熟的次数:这个地方庄稼一年两～|这是三～水稻|山区一般种植的是一年一～的小麦。**用法提示** ①数词一般限用"九"以内的基数词或表示数量的"两""几""好几""若干"等:一年两～的稻子|悟空一气吃光了六千年一～的蟠桃。②数词"一"一般不省略。③数词前一般不加代词。④前面一般不加形容词修饰,后面一般不加"子"。⑤一般不重叠和儿化。

语义源流 本义指食物加热至可吃的程度。《玉篇·火部》:"熟,烂也。"《论语·乡党》:"君赐食,必正席先尝之;君赐腥,必～而荐之。"《吕氏春秋·任数》:"颜回索米,得而爨之,几～,孔子望见颜回攫其甑中而食之。"汉·王充《论衡·幸偶》:"酒之成也,甘苦异味;饭之～也,刚柔殊和。"引申指庄稼成熟。《书·金縢》:"秋,大～,未获,天大雷电以风,禾尽偃,大木斯拔,邦人大恐。"《国语·越语下》:"不乱民功,不逆天时,五谷睦～,民乃蕃滋。"《穀梁传·桓公三年》:"五谷皆～为有年也。"演变为量词,用于计量庄稼一年之中成熟或收获的次数。《后汉书·郡国志》引《荆州记》:"城南六里县西北有温泉,其下流有数十亩田……一年三～。"明·罗懋登《三宝太监西洋记》第六十二回："周围有数千里之远。气候常热，黍稷两～。"清·屈大均《广东新语·谷》："田瘠而无水者种之，岁一～。"

束 shù ❶ 名量词 用于计量捆扎在一起的物品：一～鲜花｜两～秸秆｜小女孩扎着一～马尾辫儿，可爱极了。**用法提示** ①数词一般没有限制，既可用基数词或表示数量的"两""几""好几""若干"等，也可用序数词：两～头发｜好几～稻草｜他把第一～郁金香插在了花瓶里。②数词"一"在某些代词或动词后常可省略：买了～百合花｜这～头发在包袱底下压着｜他交给我～鲜花。③数词前可加"这""那""哪"等代词：这两～花｜那几～秸秆｜你想要哪一～玫瑰？④前面可加"大""小"等形容词修饰：一大～鲜花｜两小～满天星｜男朋友交给她一大～信札。⑤数词为"一"时可重叠，重叠形式主要有"(一)～～""一～一～"：～～百合花都很漂亮，真不知怎么选｜一～～鲜花｜她正在摆弄着一～一～的纸花。⑥后面一般不加"子"。⑦一般不儿化。❷ 名量词 用于计量聚集在一起的水柱或光线等：一～阳光｜一～水柱｜他打开车灯，两～白光把前面的道路照得雪亮。**用法提示** ①数词一般没有限制，既可用基数词或表示数量的"两""几""好几""若干"等，也可用序数词：第一～亮光｜几～手电光｜喷泉喷出五六～水柱。②数词"一"在某些代词或动词后常可省略：有～亮光透进来｜那～水柱喷到了我们身上｜黑暗中突然透出～蓝光。③数词前可加"这""那""哪"等代词：汽车亮起那两～灯光｜这一～亮光在黑暗中分外显眼｜我们都追着那一～光跑。④前面可加"大""小"等形容词修饰：一小～强光｜一大～水柱｜门缝里透出几小～柔和的月光。⑤数词为"一"时可重叠，重叠形式主要有"(一)～～""一～一～"：一～～水柱｜～～强光在空中闪耀｜一～一～手电光集中在他身上。⑥后面一般不加"子"。⑦一般不儿化。

语义源流 本义为捆扎、绑缚。《说文解字·束部》："束，缚也。"《诗·鄘风·墙有茨》："墙有茨，不可～也。"《国语·齐语》："索讼者三禁而不可上下，坐成以～矢。"《左传·襄公二十八年》："士皆释甲～马而饮酒。"引申指捆扎之物，如花束等。演变为量词，用于计量捆缚在一起的东西。《诗·小雅·白驹》："生刍一～，其人如玉。"《国语·楚语下》："成王闻子文之朝不及夕也，于是乎每朝设脯一～、糗一筐，以羞子文。"宋·苏轼《书唐林夫惠诸葛笔》："唐林夫以诸葛笔两～寄仆，每～十色。"还可用于计量聚集在一起的光线、水柱。曹绣君《古今情海·清涧疑案》："他手拿火炬，走了几十丈远，忽然看见一～亮光。"古代也用为定数量词，可表物十个，也可表布五匹。《仪礼·聘礼》："～奠于几下。"郑玄注："凡物十曰束。"《左传·襄公十九年》："贿荀偃～锦、加璧、乘马。"杜预注："五匹为束。"

近义辨析 束—把 见"把"下。
束—捆 见"捆"下。

树 shù ❶ 名量词 用于计量木本植

物的个体量：几～海棠|一～白杨迎风傲立|院子里有几～红梅，正热闹地开放着。**用法提示** ①数词一般用基数词或表示数量的“两”“几”“好几”等：几～灌木|一～青松|院子里种了一～香椿。②数词“一”在某些代词或动词后常可省略：这～白杨|那～垂柳|门口有～梧桐。③数词前可加“这”“那”“哪”等代词：这两～柿子年年结果|那两～青松不知是何人所植|那几～海棠竟然都枯死了。④数词为“一”时可重叠，重叠形式主要有“(一)～～”“一～一～”：路边一～～的玉兰已经开花了|小街两旁是一～一～历经百年以上的国槐|旷野上的那一～～白杨傲然挺立|路边是～～沉默干枯的杨柳。⑤前面一般不加形容词修饰，后面一般不加“子”。⑥一般不儿化。❷ 名量词 用于计量树上的叶、花、果实等：一～梨花|一～～银杏叶随风飘落，洒下一地金黄|看着那一～～又红又大的苹果，果农们心里乐开了花。**用法提示** ①数词一般用基数词或表示数量的“两”“几”“好几”“若干”等：一～梨花|几～苹果|前面有一大～海棠花。②数词“一”在某些代词或动词后常可省略：门口有～怒放的樱花|那～桂花真香|这～梅花春光无限。③数词前可加“这”“那”“哪”等代词：这一～繁花|那一～火红的石榴花|这两～梨花令满院生辉。④前面可加形容词“满”修饰：满～丁香|桃树上开了满～桃花|楼前的几棵树上结了满～核桃。⑤数词为“一”时可重叠，重叠形式主要有“(一)～～”“一～一～”：一～～金黄的橘子装点着小院|路边一～一～山楂果如云般红艳，引人注目|～～繁花开满校园|我喜欢这一～～金黄色的银杏叶。⑥后面一般不加“子”。⑦一般不儿化。

语义源流 本义指种植、栽培。《广雅·释地》：“树，种也。”《易·系辞传下》：“古之葬者，厚衣之以薪，葬之中野，不封不～，丧期无数。”孔颖达疏：“不种树以标其处，是不树也。”《韩非子·外储说下》：“～橘柚者，食之则甘，嗅之则香；～枳棘者，成而刺人。故君子慎所～。”引申为名词，指树木。《说文解字·木部》：“树，生植之总名。”《楚辞·九章·橘颂》：“后皇嘉～，橘徕服兮。”唐·柳宗元《小石潭记》：“四面竹～环合，寂寥无人。”演变为量词，用于计量树木。北魏·贾思勰《齐民要术·序》：“劝民务农桑，令口种一～榆，百本薤，五十本葱。”唐·白居易《寄题盩厔厅前双松》：“手栽两～松，聊以当嘉宾。”明·凌濛初《二刻拍案惊奇》卷十七：“霞明半岭西斜日，月上孤村一～松。”也可用于计量树上的花、叶和果实。唐·李白《望汉阳柳色寄王宰》：“～～花如雪，纷纷乱若丝。”唐·李端《送戴征士还山》：“独隐空山里，闲门几～花。”《朱子语类·论语九》：“如一株树，开一～花，生一～子，里面便自然有一个生意。”清·李百川《绿野仙踪》第四十六回：“刚走到虎沟林，见一～莎果正熟。”

近义辨析 树—株 均可用于计量木本植物，如可以说“一树梅花”，也可以说“一株梅花”，但二者的语体风格有所不同。“树”的本义指种植、栽培，作为

S

量词用于计量树木时，暗含从根到冠的形象色彩，多用于书面语，如“一树榆叶梅”“一树碧桐”“一树树杨柳”。“株”本义指树木靠近根部、露在地面上的部分，作为量词用于计量树木时，强调的是同一根系，在口语和书面语中都可使用，如“院里种了一株梅花”。此外，二者的使用范围也稍有区别。作为个体量词，“株”除了可用于木本植物外，也可用于花草或庄稼，如“一株仙草”“几株秧苗”，“树”无此用法。“树”除了用作个体量词外，还可以用作集合量词，用于计量树上的花、叶和果实等，如“一树梨花压海棠”，书面语的色彩很强，“株”无此用法。

竖 shù 名量词 用于计量从上到下的线条：背包上有两横两～|不同类别的词语之间的一～是为了区分。①数词一般用基数词或表示数量的“两”“几”“好几”“若干”等：捆背包是三横压两～|“两横两～”的电车线网|墙上的两～是他生气时画的。②数词前可加“这”“那”“哪”等代词：地图上的这一～连着好几个城市呢|你看到的那两～就是两条铁路线。③数词“一”一般不省略。④前面一般不加形容词修饰，后面一般不加“子”。⑤一般不重叠和儿化。

语义源流 本义指竖立、直立。《说文解字·臤部》：“竖，竖立也。”《史记正义》引颜师古云：“鲜卑之俗，自古相传，秋祭无林木者，尚～柳枝，众骑驰绕三周乃止，此其遗法也。”《后汉书·孝灵帝纪》：“冬十月壬午，御殿后槐树自拔倒～。”《北史·刘亮传》：“亮乃轻将二十骑，先～一纛于近城高岭，即驰入城中。”唐·韩愈《送穷文》：“毛发尽～，竦肩缩颈。”引申指垂直、纵贯。《晋书·陶侃传》：“君左手中指有～理，当为公。”南朝梁·简文帝《明月山铭》：“缬色斜临，霞文横～。”借指汉字的笔画“竖”。清·陈其元《庸闲斋笔记》卷十一：“以右手中指空中草书‘帝’字，中～直下至地。”常杰淼《雍正剑侠图》第五十一回：“先生要给号号仿，横平～直，看看两个孩子写的字有劲没劲。”借用为量词，现代汉语中用于计量其他从上到下的线条。

双 shuāng ❶ 名量词 用于计量某些常成对出现的物品（多为穿戴在肢体上的物品）：一～鞋子|几～袜子|三四～筷子|我亲手给你织了一～手套。**用法提示** ①数词一般没有限制，既可用基数词或表示数量的“两”“几”“好几”“若干”等，也可用序数词：两～鞋|第一～长筒丝袜|他戴了一～黑色的皮手套。②数词“一”在某些代词或动词后常可省略：这～运动鞋|那～手套|门口有～陌生的鞋子，肯定来客人了。③数词前可加“这”“那”“哪”等代词：那几～脏鞋子|这十来～羊毛袜|不知道哪一～靴子适合给妈妈。④数词为“一”时可重叠，重叠形式主要有“(一)～～”“一～一～”：～～布鞋都是纯手工制作|一～一～的拖鞋摆在地上，让大家随便挑|一～～饱含着深情的手套送到了老人们手里。⑤前面一般不加形容词修饰，后面一般不加“子”。⑥一般不儿化。❷ 名量词 用于计量人或动物某些成双的肢体、器官：一～脚|两～手|孩

子们那一～～清澈的眼睛净化了我的心灵。**用法提示** ①数词一般用基数词或表示数量的“两”“几”“好几”“若干”等：一～翅膀｜一～腿｜听了老师的话，同学们二十多～眼睛一齐盯住了我。②数词“一”在某些代词或动词后常可省略：那～腿｜这～肩膀｜有～明亮的眼睛是多么幸福的事。③数词前可加“这”“那”“哪”等代词：孩子们那几～祈求的眼睛让人心疼不已｜他不敢面对孩子那一～变形的腿｜母亲那一～手长满茧子。④数词为“一”时可重叠，重叠形式主要有“一～～”“一～一～”：一～～明亮的大眼睛｜我被那一～～渴望知识的眼睛震撼了｜一～一～援助之手点燃了寒门学子的希望之灯。⑤前面一般不加形容词修饰，后面一般不加“子”。⑥一般不儿化。

语义源流 本义为“两只鸟”，字本作“雙”，现简化为“双”。《说文解字·雔部》：“雙，隹二枚也。”《周礼·秋官·掌客》：“乘禽日九十～。”郑玄注：“乘禽，乘行群处之禽，谓雉雁之属，于礼以双为数。”引申为凡物两两成对之称。《广雅·释诂》：“双、耦、匹、乘，二也。”汉·刘向《列女传·鲁寡陶婴》：“悲黄鹄之早寡兮，七年不～。”演变为量词，用于计量双数事物。《左传·襄公二十八年》：“公膳日～鸡。”《史记·项羽本纪》：“我持白璧一～，欲献项王；玉斗一～，欲与亚父。”《吴越春秋·勾践阴谋外传》：“一夜天生神木一～。”晋·干宝《搜神记》卷五：“送鲤一～与僚。”后来渐侧重于计量人或动物成对的肢体或器官。唐·佚名《敦煌词·天仙子》：“犀玉满头花满面，负妾一～偷泪眼。”宋·曹豳《红窗迥·春闱期近也》：“懊恨这一～脚底，一口厮赶上五六十里。”宋·蕴闻《大慧普觉禅师语录》：“虽有一～穷相手，未曾低揖等闲人。”也可计量常成对出现的物品。宋·张舜民《画墁录·郭雀儿》：“寒食，冯之妇得麻鞋数～。”清·钱彩《说岳全传》第二十一回：“当时元帅就着人送徐知县往驿馆中去，又送酒饭并新纱帽圆领，反添了一～朝靴。”《飞燕外传》：“谨奏上……文犀辟毒箸二～。”古代还可计量成对的人或动物。宋·徐昌图《河传·秋光满目》：“鹭起暮天，几～交颈鸳鸯，入芦花，深处宿。”《西游记》第十一回：“李氏忍气不过，自缢而死。撇下一～儿女年幼，昼夜悲啼。”清·夏敬渠《野叟曝言》第一百四十六回：“俵赏下去，五十～男女齐来谢赏。”

近义辨析 双—对 见“对”下。
双—副 见“副”下。

水 shuǐ 动量词 用于计量用水洗东西或浇灌、浸湿的动作：新衣服要洗一～再穿｜这裤子才洗了三～就不能穿了｜这米至少要淘三～才能焖米饭。**用法提示** ①数量结构一般位于动词后，也可位于动词前：衣服至少要洗三～｜这件上衣洗一～就脱线了｜这种米洗一～就可以了。②数词一般限用“一”“两”“几”等：这件毛衣才洗两～｜那西服洗一～就变形了｜这块麦田还要浇几～。③数词前可加“这”“那”“哪”等代词：仅仅洗这一～就显旧了｜等洗完这一～你再说这毛衣好不好｜这牛仔裤我洗过这一～就不要了。④数词为“一”时可重叠，重叠形式主要有“一～～”

S

"一～一～"：他把那件衬衫一～一～地洗了好几遍|水田要一～～地浇灌|一～一～地洗旧了。⑤数词"一"一般不省略。⑥前面不加形容词修饰，后面一般不加"子"。⑦一般不儿化。

语义源流 本义指河流。《诗·卫风·竹竿》："泉源在左，淇～在右。"《书·禹贡》："弱～既西，泾属渭汭，漆沮既从，沣～攸同。"唐·李白《秋登宣城谢朓北楼》："江城如画里，山晚望晴空。两～夹明镜，双桥落彩虹。"引申指无色无味的液体。《易·困卦》："象曰：泽无～，困；君子以致命遂志。"《荀子·劝学》："冰，～为之而寒于～。"《礼记·丧大记》："既葬，主人疏食～饮，不食菜果。"演变为量词，现代用于计量用水洗东西或浇灌的动作。

S

丝 sī ❶ 名量词 用于计量极细小的事物：一～头发|几～亮光|罪犯非常狡猾，没有留下一～痕迹。**用法提示** ①数词一般用"一""半""两""几"，也可用序数词：一两～银发|天上没有一～云彩|他迎来了第一～隐约的曙光。②数词"一"在某些代词或动词后常可省略：窗外时不时会有～凉风吹来|那个饭店还透出～灯光|他很珍视窗口透进来的这～温暖的阳光。③数词前可加"这""那""哪"等代词：这几～秋雨带来了秋的寒意|那几～白发暴露了他的年纪|他多想留住这一～秀发中的柔情。④前面可加形容词"小"修饰：一小～可有可无的风|一小～热气|他的眼角有一小～鲜血渗了出来。⑤数词为"一"时可重叠，重叠形式主要有"(一)～～""一～一～"：一～～温暖的阳光|～～秋雨飘落|一～一～的长发随风飘起。⑥有时可儿化：没有半～儿风|水平如镜，没有一～儿波纹|走到窗前，有一小～儿凉风徐徐吹来。⑦后面一般不加"子"。❷ 名量词 用于计量细小的行为、表情和感受：一～温暖|一～寒意|他不肯放弃最后一～希望。**用法提示** ①数词一般限用"一""半"：一～惋惜|一～阴影|调动工作的事，他没有吐露半～口风。②数词前可加"这""那""哪"等代词：那一～温情|这一～的怀疑一闪而过|那一～熟悉的笑意终于让我想起他是谁。③数词"一"在某些代词后有时可省略：没感到那～关心|他心中唯一那～不快消散了|但这～不安随即就烟消云散。④数词为"一"时可重叠，重叠形式为"(一)～～"：～～凉意|一～～安慰|那一～～甜蜜的微笑，让妈妈备感幸福。⑤有时可儿化：一～儿疲倦|她浑身上下没有一～儿女人味|在这片土地上，几乎找不到一～儿现代化的气息。⑥前面一般不加形容词修饰，后面一般不加"子"。

语义源流 本义指蚕丝。《说文解字·丝部》："丝，蚕所吐也。"《诗·卫风·氓》："氓之蚩蚩，抱布贸～。"《吕氏春秋·慎小》："去肉食之兽，去食粟之鸟，去～罝之网。"《孟子·滕文公上》："布帛长短同，则贾相若；麻缕～絮轻重同，则贾相若。"引申指丝状物。《楚辞·惜誓》："伤诚是之不察兮，并纫茅～以为索。"汉·王充《论衡·别通》："观夫蜘蛛之经～以罔飞虫也，人之用作，安能过之？"唐·杜甫《久雨期王将军不至》："忆尔腰下铁～箭，射杀林中雪色鹿。”演变为量词，用于计量像丝一般细长、细小的事物，指极少量。《声律启蒙》：“珠缀花梢，千点蔷薇香露；练横树杪，几～杨柳残烟。”明·兰陵笑笑生《金瓶梅》第三十七回：“不费他一～儿东西，凡一应衣服首饰、妆奁箱柜等件，都是我这里替他办备。”清·贺双卿《浣溪沙·暖雨无晴漏几丝》：“暖雨无晴漏几～？牧童斜插嫩花枝。”清·张春帆《九尾龟》第五十二回：“差不多气咽声嘶，只有一～游气。”也可用于计量感受、心情等。宋·李莱老《倦寻芳·缭墙粘藓》：“柳初黄，罩池塘、万～愁霭。”元·薛昂夫《最高楼暮春》：“一丝杨柳千～恨，三分春色二分休。”

近义辨析 丝—毫 见“毫”下。

丝—线 均可用于计量极小量的事物，如可以说“一丝缝隙”“一丝希望”，也可以说“一线缝隙”“一线希望”，但二者的意义和使用范围有一定区别。“线”本义指用棉、毛、丝、麻、金属等材料制成的细缕，引申指细长如线的东西，作为量词用于具体事物时，表示极小量，数词限用“一”“几”；也可用于某些抽象事物，如“一线生机”“一线胜利的曙光”，大多暗含积极的倾向。“丝”的本义是蚕丝，作为量词用于具体事物时，所计量事物的量比“线”更少；还可用于某些细小的行为、表情和感受，语义色彩比较中性，如“一丝颤抖”“一丝怀疑”“一丝丝浪漫”，其中的“丝”不能换成“线”。

艘 sōu **名量词** 用于计量较大的船只：一～军舰｜两～货轮｜这次出海，货物装满了好几～大商船。**用法提示** ①数词一般没有限制，既可用基数词或表示数量的“两”“几”“好几”“若干”，也可用序数词或表示序数的“头”“首”等：一～军舰｜两～宇宙飞船｜我国自主生产的首～万吨油轮早就下海了。②数词“一”在某些代词或动词后常可省略：这～豪华邮轮｜有～潜艇近期会经过这片海域｜这～航母近日将正式退役。③数词前可加“这”“那”“哪”等代词：这一～快艇｜那一～战舰｜那两～太空船耗资巨大。④数词为“一”时可重叠，重叠形式主要有“(一)～～”“一～一～”：一～～游艇满载游客｜一～～太空飞船承载着人类“飞天”的梦想｜他们击沉了一～一～的敌舰。⑤前面一般不加形容词修饰，后面一般不加“子”。⑥一般不儿化。

语义源流 本义指船。《广韵·萧韵》：“艘，船总名。”晋·葛洪《抱朴子·勖学》：“欲凌洪波而遐济，必因～楫之器。”宋·王安石《收盐》：“尔来盗贼往往有，劫杀贾客沉其～。”清·孔尚任《桃花扇·选优》：“俺有那镇淮阴诸猛将，转江陵大粮～，有甚争差。”演变为量词，用于计量船只。汉·袁康《越绝书·外传记地传》：“戈船三百～。”三国魏·曹丕《浮淮赋》：“浮飞舟之万～兮，建干将之铦戈。”三国魏·王粲《从军诗》：“连舫逾万～，带甲千万人。”《魏书·尔朱荣传》：“有小船数～，求为乡导。”现只用于计量大船。

近义辨析 艘—条—只 均可用于计量船只，如“一艘船”“一条船”“一只船”，但三者在用法上有所区别。“艘”用来计量较大型的或机动型的船只，如军舰、航空母舰、邮轮等；而较小的船

S

只、木筏、竹排等，一般用“只”计量；“条”常用来计量一般的船只，像小船、游船、帆船、渔船等。相对而言，“只”的计量范围比较广，大小船只都可以用，且多用于口语。

岁 suì ❶ 名量词 用于计量人或动物的年龄：今天是他二十～生日|老人家已经一百～了|这是一只十五～的老猫。**用法提示** ①数词一般用基数词或表示数量的“两”“几”“好几”“若干”等：三～的娃娃|十七八～的姑娘|这个孩子几～了？②数词“一”一般不省略。③数词前一般不加代词。④前面一般不加形容词修饰，后面一般不加“子”。⑤一般不重叠和儿化。❷ 动量词 用于计量人或动物年龄的增长变化：他年长我两～|新年到来，孩子们又长了一～。**用法提示** ①数量结构一般位于动词后：上小学的年龄又推迟了一～|他比我大半～|小马驹长到三～时被卖掉了。②数词一般用基数词或表示数量的“两”“几”“好几”“若干”等：他小我两～|长了几十～也没见过这种事儿。③数词为“一”时可重叠，重叠形式主要有“（一）～～”“一～一～”：～～平安|一年年一～～地过去|孩子一～一～地长大了。④数词“一”一般不省略。⑤数词前一般不加代词。⑥前面一般不加形容词修饰，后面一般不加“子”。⑦一般不儿化。

语义源流 本义指岁星。《说文解字·步部》：“岁，木星也。越历二十八宿，宣遍阴阳，十二月一次。”《国语·周语下》：“昔武王伐殷，～在鹑火。”韦昭注：“岁，岁星也。鹑火，次名。”《左传·襄公二十八年》：“～在星纪。”南朝梁·陆倕《石阙铭》：“～次天纪，月旅太簇。”金·王若虚《滹南集·臣事实辨》：“李西平屯渭桥，荧惑守～，久之乃退，宾佐皆贺，以为皇家之福。”木星约十二年一周天，每年行一个星次，因此又用“岁”表示“年”。《尔雅·释天》：“载，岁也。夏曰岁，商曰祀，周曰年，唐虞曰载。”邢昺疏：“取岁星行一次。”《书·尧典》：“期，三百有六旬有六日，以闰月定四时，成～。”汉·王充《论衡·难岁》：“积分为日，累日为月，连月为时，纪时为～，～则日、月、时之类也。”演变为量词，用于表示一年的时间。《诗·魏风·硕鼠》：“三～贯女，莫我肯顾。”唐·韩愈《送区册序》：“愈待罪于斯，且半～矣。”人的年龄用年计算，故“岁”又指年龄。《楚辞·九歌·山鬼》：“～既晏兮孰华予？”王逸注：“年岁晚暮，将欲罢老，谁复当令我荣华也。”唐·韩愈《入关咏马》：“～老岂能充上驷？力微当自慎前程。”清·姚鼐《寄袁香亭》：“同～书生尽白头，异时江国共登楼。”演变为量词，用于计量人或动物的年龄，也可以计量人或动物年龄的增长变化。《诗·鲁颂·閟宫》：“万有千～，眉寿无有害。”《庄子·盗跖》：“人上寿百～，中寿八十，下寿六十。”《庄子·逍遥游》：“上古有大椿者，以八千～为春，八千～为秋。”唐·柳宗元《朗州员外司户薛君妻崔氏墓志》：“（崔氏）三～知让，五～知戒，七～能女事。”

近义辨析 岁—年 见“年”下。

穗 suì 名量词 用于计量禾本植物聚生

的、呈穗状的花或果实：一～玉米|几～稻谷|田里的小麦长势良好，一～～麦穗沉甸甸的。**用法提示** ①数词一般没有限制，既可用基数词或表示数量的“两”“几”“好几”“若干”等，也可用序数词：一～麦子|这是我今年吃到的第一～糯玉米|下班后给我买两～煮玉米回来。②数词“一”在某些代词或动词后常可省略：捡了～麦子|这～金黄的水稻|他拿着在道边捡来的那～玉米，小跑着回家了。③数词前可加“这”“那”“哪”等代词：这两～玉米|那几～小花|这几～蓖麻刚成熟。④前面可加“大”“小”等形容词修饰：一小～黄花|一大～玉米|那草间的确有一小～米粒大小的紫花。⑤数词为“一”时可重叠，重叠形式主要有“(一)～～”“一～一～”：～～金黄的玉米挂成了串儿|院落里开满了一～～浅绿的花|狗尾巴花结出一～一～沉甸甸的种子。⑥一般可儿化：一～儿红高粱|一～儿紫藤萝|他正精心描画一～儿成熟的稻谷。⑦后面一般不加“子”。

语义源流 本义指稻麦等禾本植物聚生在茎的顶端的花或果实。《诗·王风·黍离》：“彼黍离离，彼稷之～。行迈靡靡，中心如醉。”《列子·天瑞》：“林类年且百岁，底春被裘，拾遗～于故畦，并歌并进。”晋·葛洪《抱朴子·论仙》：“徒闻有先霜而枯瘁，当夏而凋青，含～而不秀，未实而萎零。”泛指其他穗状物。唐·张祜《经旧游》：“斜日照溪云影断，水荭花～倒空潭。”《红楼梦》第三回：“(宝玉)束着五彩丝攒花结长～宫绦，外罩石青起花八团倭缎排～褂。”清·刘光第《梦中》：“五色花旗犹照眼，一灯红～正垂头。”演变为量词，用于计量禾木植物聚生的、呈穗状的花或果实。《汉书·司马相如传》：“嘉谷六～，我穑曷蓄？”《后汉书·蔡茂传》：“茂初在广汉，梦坐大殿，极上有三～禾。”《全梁文·奉湘东王为相国总百揆笺》：“麰麦两～，出于南平之邦。”唐·段成式《酉阳杂俎续集·支诺皋》：“凉州西县百姓妻产一子，四手四足，一身分两面，项上发一～长至足。”

梭 suō

❶ 名量词 用于计量飞镖或半自动步枪、冲锋枪等装在弹夹里的子弹：半～子弹|一～子弹打死了好几个敌人|他一扬手发出一～寒光闪闪的飞镖。**用法提示** ①数词一般没有限制，既可用基数词或表示数量的“两”“几”“好几”“若干”等，也可用序数词：好几～冲锋枪子弹|突然，一～子弹从路边的草丛里打过来|他第二～子弹全打在了石头上，火星四溅。②数词“一”在某些代词或动词后常可省略：打了～子弹|那～子子弹打倒了一片敌人|他没想到，打出那～飞镖的竟然会是自己人。③数词前可加“这”“那”“哪”等代词：那两～子弹|射完那几～子弹|没提防坦克车内射出这一～子子弹。④前面可加“大”“小”等形容词修饰：有个顽抗的匪徒朝外面扫了一大～子子弹|他端着机枪扫了一小～子子弹就卧倒了。⑤后面常加“子”：打了一～子子弹|装满两～子子弹|那几～子炮弹都打在敌人的阵地上。⑥数词为“一”时可重叠，重叠形式主要

S

有“一～～”“一～一～”：一～～子弹打了出去|自动步枪发出一～一～的子弹。⑦一般不儿化。❷ 名量词 用于计量织布时绕在梭子上的线：一～棉线|十几～亚麻线|请你把那～红色的丝线拿过来。**用法提示** ①数词一般没有限制，既可用基数词或表示数量的“两”“几”“好几”“若干”等，也可用序数词：第一～线织完了，天还没亮|这张网用了我好几～子尼龙线|要织完这张网，至少还得两～子线。②数词“一”在某些代词或动词后常可省略：找来～线|这～白线快织完了|我一直担心那～线不够用。③数词前可加“这”“那”等代词：那几～渔网线|这两～丝线可要省着点儿用|那几～红线都可以给你。④后面常加“子”：几～子棉纱|一～子丝线|她很快就用完了那几～子彩色棉线。⑤数词为“一”时可重叠，重叠形式主要有“(一)～～”“一～一～”：～～棉线|他把一～一～金线织进丝绸里|渔网是用一～～尼龙线织成的。⑥前面一般不加形容词修饰。⑦一般不儿化。

语义源流 本义是一种树木，读 xùn。《说文解字·木部》：“梭，木也。”清·邓廷桢《双研斋笔记·论说文》：“嘉裕关外自哈密至伊犁道旁多胡桐树……土人呼为～。”借用指织布时牵引纬线的工具，读 suō。两头尖中间粗，状如枣核。《晋书·陶侃传》：“网得一织～，以挂于壁。”宋·孙光宪《风流子》：“听织，声促，轧轧鸣～穿屋。”借用为量词，古代用于计量织布时梭子往来的次数。唐·王建《织锦曲》：“一～声尽重一～，玉腕不停罗袖卷。”清·胤禛《雍邸集·织》：“一～复一～，频掷青灯侧。”清·戚饭牛《清代圣人陆稼书演义》第五十四回：“只听得东厢下轧轧机声，夫人在那里一～来一～去的织布。”又用来计量状似梭子的物品。南唐·李煜《长相思》：“云一涡，玉一～。”宋·欧阳修《浣溪沙·云曳香绵彩柱高》：“绛旗风飐出花梢，一～红带往来抛。”宋·汪元量《莺啼序》：“有黄莺、恰恰飞来，一～金羽。”也可计量绕在梭子上的物品。宋·张维《十咏图·贫女》：“数亩秋禾满家食，一机官帛几～丝。”元·张可久《朝天子·酸斋席上听胡琴》：“玉鞭，翠钿，记马上昭君面。一～银线解冰泉，碎拆骊珠串。”由织布的工具又引申指机枪等的弹夹，并作为量词，用于计量飞镖、装在弹夹里的子弹等。

所 suǒ ❶ 名量词 用于计量房屋：一～新住宅|眼前是几～乡间别墅|一～～学生公寓迅速建造起来了。**用法提示** ①数词一般没有限制，既可用基数词或表示数量的“两”“几”“好几”“若干”等，也可用序数词：一～摇摇欲坠的茅舍|峡谷下是几～小房子|今春，他们终于建起当地第一～复式小楼。②数词“一”在某些代词或动词后常可省略：这～公寓|那～房子是他朋友的|丛林中的哪～小木屋是他的家？③数词前可加“这”“那”“哪”等代词：这几～豪宅|那两～大厦才完工|这一～大宅子可花费了他不少钱。④数词为“一”时可重叠，重叠形式主要有“一～～”“一～一～”：建筑工人们在寒风中建

起一～～房屋|经过奥运村时，我们看见一～一～场馆都正在紧锣密鼓地建设中|一排一排茂竹，一～一～园林，一群一群采桑女，这就是江南。⑤有时可儿化：有一～儿房|他至少有八～儿住处|我看见过您眼下在北京住着的那～儿宅子。⑥前面一般不加形容词修饰，后面一般不加“子”。

❷ 名量词 用于计量学校、医院等单位：一～监狱|这几～博物馆|汽车驶进了一～漂亮的小学。**用法提示** ①数词一般没有限制，既可用基数词或表示数量的“两”“几”“好几”“若干”等，也可用序数词：第一～网上大学|毕业后，他去了一～律师事务所实习|在这几～医院之间，检查化验结果是通用的。②数词“一”在某些代词或动词后常可省略：上午去参观了～学校|这～监狱可容纳四百多个囚犯|那～医院竟然开出了天价医药费。③数词前可加“这”“那”“哪”等代词：那一～学校的平面图|这几～老人福利院宽敞温暖，装修极好|方圆几十里以内，除了这一～冷冰冰的监狱再无其他建筑。④数词为“一”时可重叠，重叠形式主要有“(一)～～”“一～一～”：～～中小学都在开展学生素质教育|近几年，一～一～研发机构相继在这里落户|他创办了一～～音乐培训中心。⑤前面一般不加形容词修饰，后面一般不加“子”。⑥一般不儿化。

语义源流 本义为砍伐树木的声音。《说文解字·斤部》：“所，伐木声也。《诗》曰：‘伐木所所。’”由本义假借指处所、地方。《诗·魏风·东山》：“自天子～，谓我来矣。”《吕氏春秋·侍君》：“厥之谏我也，必于无人之～。”进一步引申指住所或建筑物。《诗·魏风·硕鼠》：“乐土乐土，爰得我～。”唐·韩愈《送李六协律归荆南》：“早日羁游～，春风送客归。”演变为量词，可用来计量位置、处所等。《史记·扁鹊仓公列传》：“刺足阳明脉，左右各三～，病旋已。”《汉书·五行志下之上》：“文帝元年四月，齐楚地山二十九～同日俱大发水。”也可计量官署、寺庙、学校、医院等。汉·班固《西都赋》：“离宫别馆，三十六～。”《旧唐书·武宗本纪》：“其上都、下都每街留寺两～，寺留僧三十人。”现代汉语中使用范围缩小，只用于计量房屋或学校、医院等单位。

近义辨析 所—处 见“处”下。

所—栋 见“栋”下。

所—间—座 见“间”下。

所—幢 均可用于计量房屋，如可以说“一所房子”，也可以说“一幢房子”，但二者的意义和使用范围有所不同。“幢”一般只用于计量房屋，而“所”还可以计量使用房屋的学校、医院等单位，如“一所医院”“一所办事处”等。

S

T

胎 tāi 动量词 用于计量人或其他哺乳动物怀孕、生育的次数：又怀了一～|虎妈妈一～生了两只小老虎。**用法提示** ①数量结构可位于动词前，也可位于动词后：一～生了三个小猫崽|狗妈妈生了两～小狗。②数词一般没有限制，既可用基数词或表示数量的“两”“几”“好几”“若干”，也可用序数词或表示序数的“头”等：再生一～就好了|有头母猪一～产下了19只猪崽|头～生了个女儿。③数词“一”在某些代词后常可省略：这～生了一个女儿|去年那～猪崽只有两只活了下来|虎妈妈生下这～后一定要多加强营养。④数词前可加“这”“那”“哪”等代词：那一～难产|她那一～生得很困难|母猪产下这一～后就病了。⑤数词为“一”时可重叠，重叠形式主要有“一～～”“一～一～”：一～～地生|她一～一～地生了六个孩子。⑥前面一般不加形容词修饰，后面一般不加“子”。⑦一般不儿化。

语义源流 本义指人和哺乳动物孕于母体内尚未出生的幼体，一般指怀孕三个月。《说文解字·肉部》：“胎，妇孕三月也。”段玉裁注：“文子曰：一月而膏，二月血脉，三月而胚，四月而胎……淮南曰：一月而膏，二月而胅，三月而胎。说各乖异，其大致一也。”《尸子·明堂》：“刳～焚夭，则麒麟不往矣。”《吕氏春秋·明理》：“人民淫烁不固，禽兽～消不殖。”明·安遇时《包公案》第九十二回：“只为怀～三月，恐受刑伤～，故屈招认。”演变为量词，用于计量怀孕或生育的次数。清·吴敬梓《儒林外史》第十三回：“鲁小姐头～生的个小儿子，已有四岁了。”清·文康《儿女英雄传》第一回：“孺人以前生过几～，都不曾存下，直到三十以后，才得了一位公子。”

台 tái ❶ 名量词 用于计量有底座的或是含有类似底座的机器设备：几～洗衣机|老人家需要一～电视机|第一～电脑问世。**用法提示** ①数词一般没有限制，既可用基数词或表示数量的“两”“几”“好几”“若干”等，也可用序数词：第一～笔记本电脑|我有两～闲置的缝纫机|酒楼下，一～拖拉机正轰隆轰隆地开过街道。②数词“一”在某些代词或动词后常可省略：新买了～冰箱|这～电脑值多少钱？|那～计算机简直是盛着所有快乐的潘多拉魔盒。③数词前可加“这”“那”“哪”等代词：这几～精品钢琴|那三～车床都是进口的|机房的这几十～电脑，哪一～的配置都不低。④数词为“一”时可重叠，重叠形式主要有“（一）～～”“一～一～”：一～～发电机|～～照相机架在草丛里|一～一～的大型收割机在广袤的土地上联合作业。⑤前面一般不加形容词修饰，后面一般不加“子”。⑥一般不儿化。

❷ 名量词 用于计量舞台上的一次完整演出：一～演出｜两～歌舞晚会｜今天在这里上演了一～好戏。**用法提示** ①数词一般没有限制，既可用基数词或表示数量的“两”“几”“好几”“若干”等，也可用序数词：一～演唱会｜每年春节，电视台都会有几～晚会｜十六岁那年，他成功举办了第一～音乐会。②数词“一”在某些代词或动词后常可省略：他今晚有～演出｜这～晚会基本上没什么高质量的作品｜那～小品简直把我们乐翻了。③数词前可加“这”“那”“哪”等代词：这一～精彩的戏曲｜那一～交响乐演奏的都是世界名曲｜这几～演出极大地丰富了山区农民的节日生活。④前面有时可加“大”“小”等形容词修饰：一大～戏｜排练了几小～戏｜他一个人演了这一大～戏。⑤数词为“一”时可重叠，重叠形式主要有“(一)～～”“一～一～”：～～演出都很吸引人｜好戏一～～，喜迎新世纪｜她一直默默地为那一～一～的文艺演出而忙碌。⑥后面一般不加“子”。⑦一般不儿化。

语义源流 本写作“臺”，简化为“台”。本义指高而平的建筑物，常可表示高出周围环境的一种场所。《说文解字·至部》：“臺（台），观四方而高者。”《诗·大雅·灵台》：“经始灵～，经之营之。”汉·司马相如《子虚赋》：“于是楚王乃登云阳之～。”也可指有底座的物体。北周·庾信《高凤好书不知流麦赞》：“流连经笥，对玩书～。”《北史·齐幼主纪》：“一裙直万匹，镜～直千金。”敦煌变文《解座文二首》其二：“忆得这身待你来，交（教）人不省傍妆～。”引申作量词，可用于计量有底座的或是含有类似底座部件的设备。《法军侵台档案》：“闻彭玉麟拟誓守沙角炮台，固属勇往。惟重臣宜顾全局，不株守一～。”清·郑观应《盛世危言·炮台》：“炮台之要约有数端：一、山坳岭曲隐蔽击敌，不宜孤露一～……扼要处须有数～犄角。”也用于计量舞台上的一次完整演出。《红楼梦》第四十五回：“在我们破花园子里摆几席酒、一～戏，请老太太、太太们、奶奶姑娘们去散一日闷。”《台湾南部碑文集成·观音埤公记》：“费用银两就水份内公摊，不得推诿，违者罚戏一～。”

近义辨析 台—架 见“架”下。

摊 tān

❶ 名量词 用于计量蔓延开的液体或糊状物：两～积水｜几～泥｜地上有一～～鲜血。**用法提示** ①数词一般用基数词或表示数量的“两”“几”“好几”“若干”等：两～油渍｜房前的一～污水已发臭了｜水泥地上有几～血迹。②数词“一”在某些代词或动词后常可省略：地上有～鲜血｜墙壁上被人弄了～墨汁｜赶快把门口的那～烂泥清理干净。③数词前可加“这”“那”“哪”等代词：这一～黑泥｜那两～油污｜帐篷前的那几～牛粪就是挺好的燃料。④前面可加“大”“小”等形容词修饰：一小～血迹｜远处那块泥地里有一大～马粪｜地上有一大～油污，是摩托车摔倒的时候留下来的。⑤后面有时可加“子”：一～子黄油｜地下那一～子血啊，真吓人。⑥数词为“一”时可重叠，重叠形式主要有“(一)～～”“一～一～”：～～秽物被清扫干

T

净|下雨后，大楼门前全是一～～黏稠的黄泥水|脚上的冰雪开始慢慢地融化成一～一～的黑水。⑦有时可儿化：一～儿污水|前面有一大～儿油污。❷ 名量词 用于计量堆积在一起的多而乱的物体：一～垃圾|几～树叶|路上全是一～～的积雪。**用法提示** ①数词一般用基数词或表示数量的“两”“几”“好几”“若干”等：堆了几～水果|他百无聊赖地看着一～～的蔬菜|此次治理活动共清理了几十～废品。②数词“一”在某些代词或动词后常可省略：这里有～剩饭|这～书是谁放在这儿的？|门口有～废纸，快清理掉。③数词前可加“这”“那”“哪”等代词：这一～烂草叶|那几～枯枝败叶|哪一～脏衣服是今天必须洗干净的？④前面可加“大”“小”等形容词修饰：一大～乱七八糟的东西|一大～垃圾堆在路旁|小伙子把一小～东西铺在桌子上。⑤后面有时可加“子”：一～子烂菜|王先生把自己选购的面板、夹芯板等一～子材料运回了家。⑥数词为“一”时可重叠，重叠形式主要有“一～～”“一～一～”：一～～废料堆在路边|马路上还有一～～烧得弯曲变形的废铁，那是汽车的“遗骨”|这些东西在饱受风吹日晒之后就会成为一～一～大型的建筑垃圾。⑦有时可儿化：一～儿树叶|堆了两～儿垃圾|前面有一小～儿脏东西。❸ 名量词 用于计量售货摊位及其摆开要出售的货物：几～小商品|一～～小吃各具特色|有十几～卖水果的。**用法提示** ①数词一般没有限制，既可用基数词或表示数量的“两”“几”“好几”“若干”等，也可用序数词：东面第一～是卖臭豆腐的|路的一边是几～卖鱼的|那若干～夜宵所产生的香味让我们期待不已。②数词“一”在某些代词或动词后常可省略：这～的水果卖光了|留下了～卖报纸的|那～的大葱是从山东运来的。③数词前可加“这”“那”“哪”等代词：这一～的蔬菜|那几～的东西质量不好|哪一～的西瓜质量好一点儿？④前面有时可加“大”“小”等形容词修饰：那一大～准备出售的书籍|他在柜台上摆了一小～漂亮的手串招揽顾客。⑤数词为“一”时可重叠，重叠形式主要有“(一)～～”“一～一～”：庙会上的～～小吃|花市里一～一～的花铺比邻而列。⑥有时可儿化：一～儿旧书|那两～儿是卖小吃的|他在一～儿水果前站住了。⑦后面一般不加“子”。❹ 名量词 用于计量集中出现的多而杂的事情：一～杂事|有一大～事情要处理|领导们都是各管一～事，各司其职。**用法提示** ①数词一般用基数词或表示数量的“两”“几”“好几”“若干”等：一～私事|把这两～没人爱干的活派到了我头上|这几～事搅和在一起，真是让人无从抓起。②数词“一”在某些代词或动词后常可省略：碰上～烦事|这～事真麻烦|刚刚处理了那～子倒霉事。③数词前可加“这”“那”“哪”等代词：这几～工作|那两～事不好办|哪一～事是必须今天要办完的？④前面可加形容词“大”修饰：一大～事要办|球队的一大～问题还没解决|重新编写这样的书，会有一大～工作需要

T

马上做。⑤后面一般可加“子”：还有一～子事|我要去加拿大了，北京这一～子事就全交给你了|她留下一～子的乱账，自顾自走了。⑥数词为“一”时可重叠，重叠形式主要有“(一)～～”“一～一～”：～～烦事|每天都有一～一～的杂事要处理|一～～业务之间都是独立经营的。⑦一般可儿化：一～儿事儿|昨天那～儿活儿还没干完呢|这么多～儿手续什么时候能办理完呢？

语义源流 本义是摆开、伸展开。《说文解字·手部》(新附字)：“摊，开也。”北魏·贾思勰《齐民要术·种红蓝花、栀子》：“于席上～而曝干。”唐·封演《封氏闻见记》卷五：“取墨汁～写于绢上。”唐·杜甫《又示宗武》：“觅句新知律，～书解满床。”引申指设在路旁、广场等处的简易售货处。明·陈世彭《〈元故宫遗录〉跋》：“予于万历三十六年间，得于吴门书～上。”清·吴趼人《二十年目睹之怪现状》第七十二回：“店前摆了一个～，～上面摆了几个不知隔了几天的旧烧饼。”清·黄六鸿《福惠全书·杂课·门摊税》：“凡城市临街、铺面前隙地有支棚摆～、卖杂货生理者，晚则收归，早则铺设。”由摊开义引申指把柔软或糊状的食物铺成片状进行煎烤。明·刘若愚《酌中志·饮食好尚纪略》：“各家用黍面枣糕，以油煎之；或以面和稀，～为煎饼，名曰‘熏虫’。”清·西周生《醒世姻缘传》第三十四回：“一面说话，一面上了两碗～鸡蛋。”演变为量词，用于计量蔓延开的液体或糊状物。清·袁枚《续子不语·僵尸拒贼》：“其媳闻姑下楼，至梯无声，视之，有血水一～，变作僵尸。”常杰淼《雍正剑侠图》第十回：“道童口吐白沫，一～泥儿似的就躺下了。”也用于计量多而乱的堆积之物或摊开之物。清·旅生《痴人说梦记》第二十六回：“那渔户在前领路，到得房屋那里，果见一～卸下的屋架子，堆了满地。”现代用于计量多而乱的事情，也用于计量路旁的简易售货摊位及其摆开出售的货物。

坛 tán **名量词** 用于计量用坛子盛装的东西：一～老陈醋|几～子米酒|这一～是盐水鸭蛋，那几～是泡酸菜，上面几～是咸菜。**用法提示** ①数词一般没有限制，既可用基数词或表示数量的“两”“几”“好几”“若干”等，也可用序数词：第一～美酒|她语气酸溜溜的，仿佛喝了好几～醋|后院的那棵树下埋了好几～女儿红。②数词“一”在某些代词或动词后常可省略：这～泡菜|买了～冰凉的酸梅汤|你寸功未立，这～银子是我白送你的。③数词前可加“这”“那”“哪”等代词：这两～白醋|没想到那一～味道寡淡的薄酒，竟让自己有了醉意|哪一～腌茄子是为他准备的？④前面可加“大”“小”等形容词修饰：一小～腐乳|她特意为爷爷腌了满满的一大～萝卜干|老两口专门给我送来一小～自己腌的咸菜。⑤后面经常加“子”：一～子鸡蛋|老妈弄了一～子荤油，准备让它陪我们过除夕|奶奶请人精心做了一～子泡菜。⑥数词为“一”时可重叠，重叠形式主要有“(一)～～”“一～一～”：～～美酒享誉世界|房间

里，一～～药草挨墙排列着|远远地就可以瞥见货架上一～一～的豆瓣酱。⑦有时可儿化：要了一～儿花雕|爷爷过大寿那天，他派人送来了一～儿寿酒和两对儿寿烛|妈妈从厨房里拿出一～儿酱菜。

语义源流 字本作“罎”，“坛”是其简化字。本义指一种小口大腹的圆形陶制容器，常用来装酒或其他食品，俗称“坛子”。《正字通·土部》：“壜，盛酒器。”《集韵·覃韵》：“壜或作罎。”唐·许浑《夜归驿楼》：“窗下覆棋残局在，橘边沽酒半～空。”清·吴敬梓《儒林外史》第三十一回：“(韦四太爷)就叫烧许多红炭，堆在桂花树边，把酒～顿在炭上。”清·坑余生《续济公传》第一百三十一回：“悟真看毕，见下面画了一只酒～，一把铁锥。”借用作量词，用于计量用坛子盛装的东西。宋·庄季裕《鸡肋编》卷下：“李文定公族孝博之子使，字全夫，喜食糟蟹，自造一大～，凡数百枚。”明末清初·计六奇《明季南略》卷九：“所抢不过西瓜及酒二～而已。”清·吴敬梓《儒林外史》第四回：“恰好江南张王送了他一～小菜，当面打开看，都是些瓜子金。”

T

潭 tán 名量词 用于计量水池的水及水中之物：一～碧水|激流飞瀑随处可见，一～～碧水清澈见底。**用法提示** ①数词一般用基数词或表示数量的“两”“几”“若干”等：两三～莲藕|对我来说，婚姻就像没有生机的一～死水|太阳越沉越低，似乎就快要落入西湖那一～碧波里。②数词“一”在某些代词后常可省略：这～浑水|我仍时时忆起那～荷花|我分明感到这～静静的湖水之下暗流汹涌。③数词前可加“这”“那”“哪”等代词：这一～波澜不惊的湖水|一阵清风拂动了那一～清幽的睡莲|那一～浑水被搅和得连鱼虾都不生。④前面可加“大”“小”等形容词修饰：一小～溪水闪闪发亮|一大～湖水如明镜般嵌在林中。⑤后面有时可加“子”：夹缝中流淌着这么一～子水|那一～子浑水|平静的日子就像一～子死水，起不了什么波澜。⑥数词为“一”时可重叠，重叠形式主要有“(一)～～”“一～一～”：面对着一～～碧水|～～湖水静谧得没有一点儿声息|九寨沟的人称这里一～一～闪着耀眼的光的水为海子。⑦有时可儿化：在不远的地方，小溪积起一～儿清水|靠近河堤的一头还汪着一小～儿春水。

语义源流 本义为深水池。《楚辞·九章·抽思》：“长濑湍流，溯江～兮。”王逸注：“潭，渊也，楚人名渊曰潭。”唐·高适《渔父歌》：“曲岸深～一山叟，驻眼看钩不移手。”借用为量词，用于计量水池中的水及水中之物。唐·卢纶《题天华观》：“峰嶂徘徊霞景新，一～寒水绝纤鳞。”唐·贯休《怀白阁道侣》：“香然一字火，磬过数～冰。”宋·赜藏主《古尊宿语录·舒州法华山举和尚语要》：“一～绿水，两处洪波。”

堂 táng ❶ 名量词 用于计量成套的家具或餐具：一～进口家具|两～屏风|这～银餐具是爷爷奶奶留给我们的。**用法提示** ①数词一般没有限制，既可用基数词或表示数量的“两”

“几”“好几”“若干”等，也可用序数词：一～细瓷碗碟|好几～办公桌椅|这是妈妈买的第一～沙发。②数词“一”在某些代词或动词后常可省略：摆上～新餐具|这～浅色桌椅真好看|那～漆花屏风怎么放门口了？③数词前可加“这”“那”“哪”等代词：那几～木器|这一～青花瓷餐具真漂亮|哪一～家具是硬木的？④前面可加“大”“小”等形容词修饰：一大～景德镇餐具|一小～茶具|他从南方买了一小～楠木桌椅。⑤数词为“一”时可重叠，重叠形式主要有“(一)～～”“一～一～”：一～～课桌椅|～～洁白的餐具|大家把新买的一～一～的桌椅摆好。⑥后面一般不加“子”。⑦一般不儿化。❷ 名量词 用于计量分节的课程：一～英语课|每周二十～课|那～天文课内容真深奥。**用法提示** ①数词一般没有限制，既可用基数词或表示数量的“两”“几”“好几”“若干”等，也可用序数词：第一～阅读课|老师一天要上好几～课|卖花姑娘给他上了一～生动的营销课。②数词“一”在某些代词或动词后常可省略：上了～课|这～课真有意思|大家都很喜欢王老师昨天讲的那～课。③数词前可加“这”“那”“哪”等代词：难忘这一～普法课|那一～课，我至今记忆犹新|哪一～美术课给你的印象最深？④数词为“一”时可重叠，重叠形式主要有“(一)～～”“一～一～”：一～～生动的交通安全教育课|那一～一～生动有趣的课深深地吸引着我们|骨干教师在山区学校上的实验示范课～～富有新意。⑤前面一般不加形容词修饰，后面一般不加“子”。⑥一般不儿化。❸ 名量词 用于计量场景、壁画：几～外景|一～精美的壁画|一～～精美的石窟壁画。**用法提示** ①数词一般没有限制，既可用基数词或表示数量的“两”“几”“好几”“若干”等，也可用序数词：第一～内景|我终于看到了敦煌的几～壁画。②数词“一”在某些代词或动词后常可省略：这～景致|在旅游景点买了～壁挂，花了不少钱。③数词前可加“这”“那”“哪”等代词：这一～挂在墙上的水墨画|摄制组选中了那几～外景。④前面可加“大”“小”等形容词修饰：这几小～壁画|那一大～内景令人赞叹不已。⑤数词为“一”时可重叠，重叠形式主要有“一～～”“一～一～”：一～～壁画|摄像拍摄了一～一～色彩丰富的外景供大家选择。⑥后面一般不加“子”。⑦一般不儿化。❹ 动量词 用于计量审案的次数：过了一～|这案子审了两～还没有眉目。**用法提示** ①数量结构可位于动词前，也可位于动词后：审了一～|几～审问下来，他还是一头雾水。②数词一般用基数词或表示数量的“两”“几”“好几”“若干”等：过了一～就招供了|这案子审了好几～，还没有结论。③数词为“一”时可重叠，重叠形式主要有“一～～”“一～一～”：一～～过关|案子必须一～～地审|案件太多了，这么一～一～地审下去得花很长时间。④数词“一”一般不省略。⑤数词前一般不加代词。⑥前面一般不加形容词修饰，后面一般不加“子”。⑦一般不儿化。

📖 **语义源流** 本义指人工建筑的高出地面的方形土台，即地基。《书·大诰》："若考作室，既厎法，厥子乃弗肯～，矧肯构？"《礼记·檀弓上》："昔者，夫子言之曰：'吾见封之若～者矣。'"清·俞樾《群经平议·尚书》："古人封土而高之，其形四方，即谓之～。"后指建于高台基之上的厅房。《说文解字·土部》："堂，殿也。"《急就篇》："室、宅、庐、舍、楼、店、堂。"颜师古注："凡正室之有基者谓之堂。"《礼记·礼器》："天子之～九尺……士三尺。"《诗·唐风·蟋蟀》："蟋蟀在～，岁聿其莫。"又泛指房屋的正厅以及供人从事某种活动的高大房屋。汉·王充《论衡·物势》："一～之上，必有论者；一乡之中，必有讼者。"唐·杜甫《赠卫八处士》："焉知二十载，重上君子～。"借用为名量词，用于计量房屋内成套的家具等。清·天虚我生《泪珠缘》第二十回："平金百寿图的大红缎子闱屏一～，玉如意一架。"清·吴趼人《二十年目睹之怪现状》第四十一回："我画一～海满寿屏，共是八幅。"后也用于计量场景、壁画等。宋·黄休复《益州名画录》："简州开元观有张素卿画十二仙君一～。"清·坑余生《续济公传》第二百三十三回："那殿上装了一～彩笔《封神榜》的围屏灯，画得精巧无比。"现代汉语中也用于计量在房屋内讲授的分节的课程。"堂"亦借用为动量词，用于计量审理案件的次数。清·张春帆《九尾龟》第五十九回："工程局委员问了一～，把他枷在青莲阁门口示众。"清·石玉昆《三侠五义》第三十八回："不想小人的主人被县里拿去，刚过头一～，就满口应承。"

塘 táng 名量词 用于计量池塘中的水及水中之物：一～污水｜几～荷花｜这几年家里养了几～鱼，每年纯收入两万多块。**用法提示** ①数词一般用基数词或表示数量的"两""几""好几""若干"等：一～活水好养鱼｜他们家喂养的一～鱼都被临溪河水冲走了｜红白莲花共一～，两般颜色一般香。②数词"一"在某些代词或动词后常可省略：种了～莲藕｜这～虾不知道什么时候才能卖光｜波澜微惊后，那～碧水又澄明如镜了。③数词前可加"这""那""哪"等代词：只养这几～鱼｜这一～清水，早叫他搅浑了｜童年最闪亮的记忆便是门口那一～的荷叶。④前面可加"大""小"等形容词修饰：一小～水｜牛群全围着一小～泉水猛喝｜这些鹅越发地眷恋这一大～清水，久久不肯上岸。⑤后面有时可加"子"：死了一～子鱼｜也算是对得起这一～子荷花了｜他怔怔地望着一～子的芦苇。⑥数词为"一"时可重叠，重叠形式主要有"（一）～～""一～一～"：一～～的荷叶荷花｜～～池水宛如片片碧绿的玉盘｜这一～一～观赏鱼是村民们发家致富的希望。⑦一般不儿化。

📖 **语义源流** 本义指堤岸、堤防。《说文解字·土部》（新附字）："塘，堤也。"《庄子·达生》："被发行歌而游于～下。"成玄英疏："塘，岸也。既安于水，故散发而行歌，自得逍遥，遨游岸下。"《淮南子·兵略》："威之所加，若崩山决～，敌孰敢当！"因堤岸往往在水池边，故引申指水池。汉·刘桢《赠徐幹》："细柳夹道生，方～含清源。"前蜀·李珣《南乡子》："乘彩舫，过莲～，棹歌惊起睡鸳鸯。"借用为量词，用于计量池塘中的水及水中之物。《西游记》第七十二回："后面一个女子，走上前，唿哨的一声，把两扇门儿推开，那中间果有一～热水。"明·张岱《陶庵梦忆·愚公谷》："藕花一～，隔岸数石。"

樘 táng 名量词 用于计量门或窗，门框和门扇相配或窗框和窗扇相配成的一副为一樘：一～红木大门｜新做了两～铝合金玻璃窗｜这几～门的油漆工费就得二三百元。**用法提示** ①数词一般用基数词或表示数量的"两""几""好几""若干"等：一～窗户｜南墙上的两～大门选用了名贵的金丝楠木｜配电房安装了两～防火门。②数词"一"在某些代词或动词后常可省略：这～窗户的质量很好｜买了～防火门｜防空洞中间的那～大铁门有两扇。③数词前可加"这""那""哪"等代词：买的窗框就这两～｜他正对着那一～楼梯门｜我喜欢的是那几～实木门，造型贴面和实木封边全都很漂亮。④后面有时可加"子"：两～子自动平滑门｜装修可不是小事，几～子门都要好几千块。⑤数词为"一"时可重叠，重叠形式主要有"(一)～～""一～一～"：那～～绿色的窗子｜原来破旧的楼道门被一～～崭新的电子防盗门代替｜一～一～旧木门，折射着昆明的历史。⑥前面一般不加形容词修饰。⑦一般不儿化。

语义源流 本义为支柱，读 chēng。《说文解字·木部》："樘，衺（斜）柱也。"元·薛景石《梓人遗制·小布卧机子》："广厚机身同，下安横～两条。"《大藏经·菩提场庄严陀罗尼经》："写此陀罗尼并经，置于相轮～中。"此义也写作"撑"。"樘"（táng）用来专指门、窗的框子。演变为量词，用于计量门或窗。

趟 tàng ❶ 名量词 用于计量按一定次序或时间运行的车辆、船舶：一～城铁｜几～客车｜一连来了三～公共汽车。**用法提示** ①数词一般没有限制，既可用基数词或表示数量的"两""几""好几""若干"等，也可用序数词：第一～班车｜好几～学生专列｜乘这一～地铁的人还不算多。②数词"一"在某些代词或动词后常可省略：那～船｜有～车出了点事故｜为了赶时间，我只好上了这～车。③数词前可加"这""那""哪"等代词：那几～车都白跑了｜这两～列车是开往北京的｜哪一～班车晚点了？④数词为"一"时可重叠，重叠形式主要有"(一)～～""一～一～"：一～～货车｜～～列车都超载｜清晨，一～一～班车准时发车。⑤前面一般不加形容词修饰，后面一般不加"子"。⑥一般不儿化。❷ 名量词 用于计量成行或成条的东西（北方方言常用）：一～栏杆｜种了好几～月季花｜那两～柳树的枝叶在春风中摇曳不停。**用法提示** ①数词一般没有限制，既可用基数词或表示数量的"两""几""好几""若干"等，也可用序数词：两～栅栏｜好几～红薯苗｜第一～水稻栽斜了。②数词"一"在某些代词或动词后常可省略：种了～高粱｜那～小树苗｜这～棉花长得不错。③数词前可加"这""那""哪"

等代词：这几～脚印｜那几～核桃树上结满了核桃｜哪两～栗子树是你们家的？④数词为“一”时可重叠，重叠形式主要有“(一)～～”“一～一～”：～～月季都盛开了｜园子里种着一～～油菜｜一～一～的高粱长得真茂盛。⑤前面一般不加形容词修饰，后面一般不加“子”。⑥一般不儿化。❸ 动量词 用于计量人或车辆在两地间往返的次数：运了几～砖｜来中国好几～了｜这辆汽车每天要在京、津两地来回跑四～。**用法提示** 数量结构可位于动词前，也可位于动词后。位于动词前时：①数词一般没有限制，既可用基数词或表示数量的“两”“几”“好几”“若干”等，也可用序数词：一～也没有去过｜两～就运完了｜第一～就拉错地方了。②数词前可加“这”“那”“哪”等代词：这两～运完了｜那几～跑得我筋疲力尽。③数词为“一”时可重叠，重叠形式主要有“(一)～～”“一～一～”：～～坐卧铺回家｜一～～搬运｜他正一～一～地往资料室搬书。④数词“一”一般不省略。⑤前面一般不加形容词修饰，后面一般不加“子”。⑥一般不儿化。位于动词后时：①数词一般没有限制，既可用基数词或表示数量的“两”“几”“好几”“若干”等，也可用序数词：连续跑了好几～｜开来了第一～班车｜那批货他已经运了十几～还没运完。②数词“一”在某些代词或动词后有时可省略：刚跑了～上海｜走这～真不容易。③数词前可加“这”“那”“哪”等代词：白跑这一～｜运完了那两～就休息｜走了那几十～，辛苦极了。④前面有时可加形容词“大”修饰：走了一大～｜对不起，让你跑这么一大～。⑤后面一般不加“子”。⑥一般不重叠和儿化。❹ 动量词 用于计量成套或成组的武术动作：表演了一～武当剑｜耍几～少林拳｜老先生早上起来总要到公园打一～太极拳。**用法提示** 数量结构可位于动词前，也可位于动词后。位于动词前时：①数词一般没有限制，既可用基数词或表示数量的“两”“几”“好几”“若干”等，也可用序数词：一～也没打完｜几～打下来真累｜她第二～刚练完就下雨了。②数词前可加“这”“那”“哪”等代词：这一～打得挺费劲｜那几～打得不太标准｜哪一～打得最好？③数词为“一”时可重叠，重叠形式主要有“一～～”“一～一～”：一～～地表演着｜一～一～地练习着太极拳｜他正一～一～演示着杨家枪的要领。④数词“一”一般不省略。⑤前面一般不加形容词修饰，后面一般不加“子”。⑥一般不儿化。位于动词后时：①数词一般没有限制，既可用基数词或表示数量的“两”“几”“好几”“若干”等，也可用序数词：打完第二～太极｜耍了一～花剑｜表演了好几～杨家枪。②数词“一”在某些动词后有时可省略：打～太极拳｜舞了～太极剑。③数词前一般不加代词。④前面一般不加形容词修饰，后面一般不加“子”。⑤一般不重叠和儿化。

语义源流 本义是跳跃行进的样子，读zhēng。《广韵·庚韵》：“趟，趟趟，跃跳。”《六书故·人九》：“趟，雀跃状也。”唐·韩愈、孟郊《城南联句》：

T

"得隽蝇虎健，相残雀豹～。"引申指从浅水中走过去，读tāng。清·张杰鑫《三侠剑》第四回："那稻田地水深一尺来往，胜爷自己可就能～那水啦。"也泛指踩踏、行走，有时也可虚指。《广韵·映韵》："趟，趟趟，行貌。"清·佚名《续小五义》第八回："邢如虎换上李天祥家人的衣服，奔开封府～了一回道。"演变为量词，用于计量人或车辆行走、来往的次数，读tàng。《西游记》第二十二回："沿地云游数十遭，到处闲行百余～。"清·刘鹗《老残游记》第二回："便摇着串铃满街踅了一～，虚应一应故事。"成套的武术动作常包含从"起势"动作开始，打完整套动作后又回到"起势"动作的过程，故也可用"趟"计量。清·郭小亭《济公全传》第六十回："听说马大爷你老人家双锏出名，求你老人家练一～。"清·贪梦道人《彭公案》第五十回："我叫两个人来帮你练一～。"现代汉语中，"趟"作为名量词，可以计量按次序运行的车辆或成行的东西。

近义辨析 趟—次 见"次"下。

趟—回 见"回"下。

趟—列 见"列"下。

趟—排 见"排"下。

套 tào ❶ 名量词 用于计量搭配成组之物：一～礼服｜发行了好几～纪念邮票｜会议包下了十几～贵宾房。**用法提示** ①数词一般没有限制，既可用基数词或表示数量的"两""几""好几""若干"等，也可用序数词：两～餐具｜几～光盘｜第一～纯手工的服装。②数词"一"在某些代词或动词后常可省略：这～别墅｜买了～儿童英语教材｜他为该剧设计的那～服装真是太好看了。③数词前可加"这""那""哪"等代词：这一～漂亮的餐具｜那两～房子让我在上海站住了脚｜你包下了哪一～贵宾房？④前面可加"大""小""整"等形容词修饰：一大～漂亮的中式庭院｜一小～双语词典｜我买了一整～剪裁硬朗、修身的唐装送给妈妈。⑤数词为"一"时可重叠，重叠形式主要有"(一)～～""一～一～"：～～豪宅｜一～～充满童话色彩的创意写真集｜村干部指着一～一～的新房说，这些基本上都是用补助款建造的。⑥后面一般不加"子"。⑦一般不儿化。❷ 名量词 用于计量成套的抽象事物：一～完善的社会制度｜电视台的十几～节目｜学校出台了一～学生管理制度。**用法提示** ①数词一般没有限制，既可用基数词或表示数量的"两""几""好几""若干"等，也可用序数词：第二～说法｜经销商的一～歪理｜他不停嘴地说了好几～理论，实在令人头痛。②数词"一"在某些代词或动词后常可省略：讲了～理由｜这～骨科护理常规｜哪～规定最符合大家的心愿？③数词前可加"这""那""哪"等代词：这几～道理｜那一～考验我们的难题｜我对自己这一～打法很有自信。④前面可加"大""小"等形容词修饰：说了一大～规章制度｜编出一小～说辞｜他那一大～谎言已经骗不了人了。⑤数词为"一"时可重叠，重叠形式主要有"(一)～～""一～一～"：广告里一～一～的名词｜～～有关生活的理论｜他讲的

一～～故事吸引了众多的听众。⑥后面一般不加"子"。⑦一般不儿化。❸ **名量词** 用于计量某些集体的人员：省里四～班子|一～人马|市政府组织了一～理论宣传班子。**用法提示** ①数词一般没有限制，既可用基数词或表示数量的"两""几""好几""若干"等，也可用序数词：好几～人马|一～理论班子|学校最近换届，选出了第三～党委班子。②数词"一"在某些代词或动词后常可省略：这～写作班子|刚组成的那～人马|重新选了～行政班子。③数词前可加"这""那""哪"等代词：这几～人马|哪一～领导班子最称职？④前面可加"大""小"等形容词修饰：一大～人马|一小～领导班子。⑤数词为"一"时可重叠，重叠形式主要有"～～""一～一～"：一～～领导班子已经换了好几次了|一～一～人员派出去，还是没解决问题。⑥后面一般不加"子"。⑦一般不儿化。❹ **名量词** 用于计量某些本领或手段：练成了一～真功夫|老一～的骗人把戏|他这一～手段骗过了很多人。**用法提示** ①数词一般没有限制，既可用基数词或表示数量的"两""几""好几""若干"等，也可用序数词：几～糊弄人的把戏|摸索出第一～防人暗算的功夫|几年工夫，他练就了一～真本事。②数词"一"在某些代词或动词后常可省略：这～骗人的本事|学会了～权术|哪～防人的功夫最有用？③数词前可加"这""那""哪"等代词：这几～说服人的功夫|跟师傅学的那一～本领对我日后的工作很有帮助|哪一～说谎的本事能帮你达到目的？④前面可加"大""小""整"等形容词修饰：一大～功夫|他刚学了两整～拳脚，正在练习|只要掌握了一小～武林拳脚，就不会受欺负了。⑤数词为"一"时可重叠，重叠形式主要有"(一)～～""一～一～"：一～～的少林功夫|～～把戏都被识破了|他的本事真是一～一～的。⑥后面一般不加"子"。⑦一般不儿化。

语义源流 本义是又长又大。《集韵·晧韵》："套，长大也。"后引申为动词，指罩在物体外面。明·凌濛初《初刻拍案惊奇》卷十一："忽一日，正在厅前闲步，只见一班应捕拥将进来，带了麻绳铁索，不管三七二十一，望王生颈上便～。"《西游记》第六回："这件兵器……善能变化，水火不侵，又能～诸物。"也可为名词，指罩在物体外面的东西。明·许仲琳《封神演义》第四十六回："金光圣母下驹上台，将二十一根杆上吊着镜子，镜子上每面有一～，套住镜子。"清·文康《儿女英雄传》第四回："只见一个人……下边穿着条香色洋布夹裤，套着双青缎子～裤。"套子与被装进套子里的东西结合成为一个固定的整体，由此意义进一步虚化，引申指一种已成固定格式的办法或语言。明·张居正《请择有司蠲逋赋以安民生疏》："吏部不能悉心精核，而以旧～了事，则吏部为不称职矣。"《红楼梦》第十七回："(众客)早知贾政要试宝玉的才情，故此只将些俗～敷衍。"演变为量词，用于计量搭配成组的事物。最初只用于计量配置成套的衣服。宋·吕渭老《蓦山溪》："向晚小梳妆，换一～、新衣始了。"金·董解元《西厢记诸宫调》卷五："着一～衣服，偏宜恁潇洒。"后扩展至计量其他配置成套的物品。明·冯梦龙《醒世恒言·卖油郎独占花魁》："朱重……发心于各寺庙喜舍合殿香烛一～，供琉璃灯油三个月。"清·吕熊《女仙外史》第四回："因检出监本《十三经》三十～，大板《资治通鉴》一部。"进一步泛化，可以计量某些成套的事物或行为。《朱子语类·论语三》："故'学则不固'，与不重、不威，只一～事。"元·马致远《青衫泪》第四折："愿陛下海量宽纳，听臣妾说一～儿伤心话。"明·何良俊《曲论》："但《西厢》首尾五卷，曲二十一～，终始不出一'情'字。"清·张春帆《九尾龟》第二十六回："更兼候补的时候只晓得磕头请安、大人卑职这一～仪注，余外的事情，都是昏天黑地，一事不知。"现代汉语中也可以用于计量某些集体的成员。

近义辨析 套—件—身 见"件"下。

特 tè **度量衡量词** 磁感应强度单位"特斯拉"的简称。详见"特斯拉"。

特斯拉 tèsīlā **度量衡量词** 磁感应强度单位，符号为T。简称"特"。这个单位名称是以科学家尼古拉·特斯拉（Nikola Tesla）的名字命名的。将带有1安培恒定电流的直长导线垂直放在均匀磁场中，若导线每米长度上受到1牛顿的力，则该均匀磁场的磁感应强度定义为1特斯拉：我国的超导磁体技术已达到最大储能10兆焦耳，最高磁场14～的水平｜这种显微镜还能在11～的高磁感应强度下观察超导物质受磁场影响而发生的变化。**用法提示** ①数词一般用基数词：大部分核磁共振仪的磁场强度为3～｜医院中常用的核磁共振根据设备磁感应强度的不同分为1.5～、3～、4～等型号｜目前国家以4千伏米作为居民区工频电场的评价标准，以0.1毫～作为磁场强度的评价标准。②数词"一"一般不省略。③数词前一般不加代词。④前面一般不加形容词修饰，后面一般不加"子"。⑤一般不重叠和儿化。

提 tí **名量词** 用于计量可以用手提着的物体：一～牛奶｜买了几～啤酒｜他拿着一大～水果进来了。**用法提示** ①数词一般没有限制，既可用基数词或表示数量的"两""几""好几""若干"等，也可用序数词：第一～茶叶｜提着一～卷纸｜他干脆买了两～青翠欲滴的生香蕉。②数词"一"在某些代词或动词后常可省略：这～啤酒｜那～饮料｜送～老玉米给大家尝尝。③数词前可加"这""那""哪"等代词：这一～葡萄｜哪一～牛奶是新买的？｜那两～水果是谁送来的？④前面可加"大""小"等形容词修饰：一大～礼品｜他提着一大～水果｜昨天女儿送来了两小～点心。⑤在某些方言中计量液体时，后面可以加"子"：一～子牛奶｜两～子醋｜他买了几～子老黄酒，高高兴兴地回家了。⑥数词为"一"时可重叠，重叠形式主要有"（一）～～""一～一～"：一～～精装的水果｜这批葡萄～～都又大又甜｜木房内有一～一～金黄的玉米和一串一串红红的海椒。⑦一般不儿化。

语义源流 本义为拎起。《说文解

字·手部》:"提，挈也。"《庄子·列御寇》:"列子~屦，跣而走。"唐·杜甫《题李尊师松树障子歌》:"握发呼儿延入户，手~新画青松障。"《水浒传》第二十二回:"那个~灯笼的庄客，慌忙叫道:'不得无礼!'"后泛指引之向上、使事物的位置向上升。《诗·大雅·抑》:"匪面命之，言~其耳。"《汉书·季布栾布田叔传》:"方~(栾布)趋汤，顾曰:'愿一言而死。'"借用为量词，古代多用于计量可以提着的钱币，其重量无确数。元·李寿卿《伍员吹箫》第一折:"再赐你上马一~金，下马一~银。"清·蒲松龄《聊斋志异·章阿端》:"女请以钱纸十~，焚南堂香树下。"后泛化用于计量可以用手提着的物品。

题 tí 名量词 用于计量要求解答的问题：共二十~|第十~最难|这次考试~~都很难。**用法提示** ①数词一般没有限制，既可用基数词或表示数量的"两""几""好几""若干"等，也可用序数词：选择题共五~|这两~占十分|第三~很容易回答。②数词前可加"这""那""哪"等代词：这两~|哪一~不会?|老师留的那几~填空你做完了吗?③前面可加"大""小"等形容词修饰：问答题有两大~|几小~作业|这次考试包括四大~，十二小~。④数词为"一"时可重叠，重叠形式主要有"(一)~~""一~一~"：这次考试~~都很难|他做着一~~选择题|看着卷子上一~一~的试题，我直发晕。⑤数词"一"一般不省略。⑥后面一般不加"子"。⑦一般不儿化。

语义源流 本义指额头。《说文解字·页部》:"题，额也。"《楚辞·招魂》:"雕~黑齿，得人肉以祀，以其骨为醢些。"汉·司马相如《上林赋》:"赤首圜~，穷奇象犀。"后引申指事物的端头。《孟子·尽心下》:"堂高数仞，榱~数尺，我得志，弗为也。"唐·李康成《玉华仙子歌》:"璇阶霓绮阁，碧~霜罗幕。"进一步引申指加在诗文或文章内容前面的名目。《世说新语·文学》:"谢看~，便各使四坐通。"清·吴骞《扶风传信录·后会仙记》:"会既散，仇生惘然若有所失，怅念弥日，作文以记之，~曰《后会仙记》。"后泛指考试或做练习时需要解答的问题。唐·裴子野《南齐安乐寺律师智称法师碑》:"发~命篇，疑难锋出，法师应变如响。"明·丘浚《大学衍义补》卷六十九:"其出~，不许裁截破碎经文及出偏僻之书课，必文从理顺，不许奇怪尖新。"演变为量词，用于计量需要解答的问题。明·沈德符《万历野获编·触忌》:"又乙丑会试第一~为'绥之斯来'二句，下文则'其死也哀'。"明·冯梦龙《醒世恒言·苏小妹三难新郎》:"第二~四句诗，藏着四个古人，猜得一个也不差，方为中式。"

屉 tì ❶ 名量词 用于计量用笼屉蒸的食物：一~馒头|五六~包子|桌上有一~烧卖。**用法提示** ①数词一般没有限制，既可用基数词或表示数量的"两""几""好几""若干"等，也可用序数词：一~花卷|第一~热腾腾的豆包|这样的大馒头要蒸好几~。②数词"一"在某些代词或动词后常可省略：买~包子|这~蒸饺是三鲜馅的|孩子

坚持吃自己包的那～灌汤包。③数词前可加“这”“那”“哪”等代词：这两～发糕打包带走|哪几～包子是素馅的？|她那两只手正牢牢地端着那两～馒头。④前面可加“大”“小”“整”等形容词修饰：一大～热气腾腾的三鲜烧卖|买一杯甜浆、一小～蒸饺当早饭|两人在昏弱的灯光下吃了一整～小笼包。⑤数词为“一”时可重叠，重叠形式主要有“（一）～～”“一～一～”：～～包子喷香诱人|菜好了，一～～大米饭也熟了|蒸锅里一～一～的馒头很快都卖出去了。⑥后面一般不加“子”。⑦一般不儿化。❷ 名量词 用于计量用抽屉盛放的东西：一～衣服|半～杂物|办公室里满满十几～文件。**用法提示** ①数词一般没有限制，既可用基数词或表示数量的“两”“几”“好几”“若干”等，也可用序数词：第三～衣服|剩余的药积了满满一～|沿墙木架上整齐排列着一～～玩具。②数词“一”在某些代词或动词后常可省略：扔了～孩子的旧玩具|那～漫画书|这～日记本都是他大学时写的。③数词前可加“这”“那”“哪”等代词：这两～复习笔记|那几～衣服|哪几～化妆品过期了？④前面可加“大”“小”“满”等形容词修饰：一满～药|攒了一大～各种各样的鹅卵石|这一小～首饰是她出嫁时母亲给的。⑤数词为“一”时可重叠，重叠形式主要有“（一）～～”“一～一～”：～～衣服叠放整齐|衣柜里塞满了一～～的裤子|一～一～的卡片都是他研究中的心得。⑥后面一般不加“子”。⑦一般不儿化。

语义源流 本义是马鞍下的垫子。《字汇·尸部》：“屉，鞍屉也。”清·刘献廷《广阳杂记》卷一：“屉，马背之藉鞍者。”《宋史·舆服志》：“攀胸铃拂，青绣～，锦包尾。”明·戚继光《练兵实纪·练胆气》：“入夜将～用肚带缚在马脊上遮冷，庶堪战阵之用。”后引申指安装在家具中可以抽拉的扁平匣状物，可以用来存放东西，即抽屉。北周·庾信《镜赋》：“暂设妆奁，还抽镜～。”清·西周生《醒世姻缘传》第六十五回：“白姑子扳倒席摸那个先生抽～，锁已无存。”借用为量词，用于计量用抽屉盛放的东西。《红楼梦》第三十七回：“（迎春）说着又要了韵牌匣子过来，抽出‘十三元’一～。”清·刘鹗《老残游记》第四回：“那后边的两个人抬着一个三屉的长方抬盒，揭了盖子，头～是碟子小碗，第二～是燕窝鱼翅等类大碗，第三～是一个烧小猪、一只鸭子，还有两碟点心。”又引申指一层层可套叠的炊具，即笼屉。清·文康《儿女英雄传》第九回：“大沙锅里的饭因坐在膛罐口上，还是热腾腾的，笼～里又盖着一屉馒头。”借用为量词，用于计量用笼屉蒸的食物。清·文康《儿女英雄传》第九回：“笼屉里又盖着一～馒头。”清·郭小亭《济公全传》第四十四回：“伙计给端过来两～（汤面饺）。”常杰淼《雍正剑侠图》第二十八回：“这是蒸好的馒头，一～摞着一～。”

天 tiān ❶ 名量词 用于计量时间，1昼夜24小时为1天，有时也专指白天：几～假期|三～的路程|只得到了一～工钱|这个假期老师布置的三～的作业，他一下午就写完了。**用法提示**

①数词一般没有限制，既可用基数词或表示数量的“两”“几”“好几”“若干”等，也可用序数词：几～时间｜第一～班他就迟到了｜两～的路程，他一～就到了。②数词前可加“这”“那”“哪”等代词：这几～时光｜那两～高考｜她异常珍惜这十～假期。③前面可加形容词“整”修饰：一整～工夫｜一整～会议｜今天一整～时间都是在考虑这个问题。④一般可儿化：只上过几～儿学｜没享过一～儿福｜今天是春节过后第一～儿课。⑤数词“一”一般不省略。⑥后面一般不加“子”。⑦一般不重叠。❷ 名量词 用于计量与天空有关的事物：一～星星｜一～乌云散去｜太阳正在下山，半～红霞看起来美极了。**用法提示** ①数词一般限用“一”“半”：半～乌云｜一～彩霞｜我凝望着一～繁星。②数词前可加“这”“那”等代词：这一～星光｜那一～乌云散去｜那一～彩霞渐渐变了颜色。③前面可加形容词“满”修饰：满～星星｜一觉醒来，只见窗外满～浓雾。④数词“一”一般不省略。⑤后面一般不加“子”。⑥一般不重叠和儿化。❸ 动量词 用于计量动作、行为、状态持续的时间：安全生产一百～｜多休息几～｜大会因故推迟了两～。**用法提示** ①数量结构一般位于动词后，也可位于动词前：逛了两～｜我等了十～才收到通知书｜幸福的一～过完了。②数词一般没有限制，既可用基数词或表示数量的“两”“几”“好几”“若干”等，也可用序数词：在家待了十几～｜出去玩的第三～｜右眼跳了两～。③数词前可加“这”“那”“哪”等代词：过完这两～｜那几～烧得厉害｜我跟小王一起忙了那几～。④前面可加形容词“整”修饰：等了一整～｜一整～都在坚守｜会议开了一整～。⑤数词为“一”时可重叠，重叠形式主要有“(一)～～”“一～一～”：他～～去市场转一圈｜时间一～～过去｜他的技术一～一～地提高了。⑥一般可儿化：三五～儿就回来｜好好歇了两～儿｜听了一～儿唠叨。⑦数词“一”一般不省略。⑧后面一般不加“子”。

📖 **语义源流** 本义是人的头顶。《说文解字·一部》：“天，颠也。”《山海经·海外西经》：“刑～与帝至此争神，帝断其首，葬之常羊之山，乃以乳为目，以脐为口，操干戚以舞。”郭璞注：“是为无首之民。”袁珂注：“‘刑天’盖即断首之意。”《三国志·魏书·方技传》：“此二人～庭及口耳之间同有凶气，异变俱起，双魂无宅。”头顶是人体的最高处，天空是自然界的最高处，“天”由此引申指天空。《诗·唐风·绸缪》：“绸缪束薪，三星在～。”《孟子·梁惠王上》：“～油然作云，沛然下雨，则苗浡然兴之矣。”元·马谦斋《水仙子·雪夜》：“一～云暗玉楼台，万顷光摇银世界。”日月在天空运行形成有规律的昼夜，“天”演变为时间量词，指一昼夜或一个白天。明·冯梦龙《醒世恒言·勘皮靴单证二郎神》：“韩夫人喜不自胜，将一～愁闷已冰消瓦解了。”也用于计量动作、行为、状态持续的时间。明·冯梦龙《警世通言·乔彦杰一妾破家》：“忽一日晚，彤云密布，纷纷扬扬，下一～大雪。”清·石玉昆《三侠五义》第五十一回：“我今日寻找一～，并无下落，因此要寻自尽。”还用于计量与天空有关的事物。元·王实甫《西厢记》第四本第四折：“只见一～露气，满地霜华，晓星初上，残月犹明。”《西游记》第三十九回：“一～云雾迷三界，只为当朝立帝王。”明·罗懋登《三宝太监西洋记》第二回：“那一～星映着这盆儿里的水，这盆儿里的水浸着那一～的星，微波荡漾，星斗斡旋。”

近义辨析 天—日 见“日”下。

挑 tiāo **名量词** 用于计量扁担所挑的东西：一～柴｜两～水｜卖豆腐的老头儿，挑着一～豆腐。**用法提示** ①数词一般没有限制，既可用基数词或表示数量的“两”“几”“好几”“若干”等，也可用序数词：买了几～煤｜挑一～老井的水回家｜他把第一～柴火从肩上卸下来。②数词“一”在某些代词或动词后常可省略：这～菜｜在门口放了～井水｜他去山上砍了～柴。③数词前可加“这”“那”“哪”等代词：分得这几～土豆｜哪几～炭是刚烧得的？｜那两～柴火多少钱？④前面可加“大”“小”“满”等形容词修饰：那一满～干松枝｜每次去卖菜，往往是妻子一小～，丈夫一大～｜过去用水全靠人扛马驮，一小～要售三角钱。⑤后面一般可加“子”：一～子行李｜他买了一～子木炭｜他每天早上要挑几～子水。⑥数词为“一”时可重叠，重叠形式主要有“(一)～～”“一～一～”：～～碎泥｜这溜冰场可是他一～～水浇出来的｜他把收获的一～一～的粮食都挑回了家。⑦一般可儿化：一～儿稻草｜几～儿瓷器｜他去河边挑了三～儿水，装满了缸。

语义源流 常用义是用肩担。《字汇·手部》：“挑，杖荷。”《增韵》：“杖荷也。俗谓肩荷曰挑。”宋·陆游《自题传神》：“檐～双草履，壁倚一乌藤。”《西游记》第二十三回：“这一向爬山过岭，身～着重担，老大难挨也。”引申指扁担所挑之物，口语也说“挑子”。清·贪梦道人《康熙侠义传》第四十一回：“二爷把草～儿放下，跟着进里边去了。”清·吴趼人《二十年目睹之怪现状》第九十三回：“轮船刚靠了趸船，便有一班挑夫、车夫，与及客栈里接客的，一齐拥上船来。有个喊的是‘～子要罢’，有个喊的是‘车子要罢’。”借用为量词，用于计量扁担所挑的东西。明·蒋一葵《尧山堂外纪》卷八十六：“一～行李两船书，被人笑道痴愚。”清·贪梦道人《彭公案》第四十五回：“在大门内搁着有十几～子瓷器，树底下有人歇着。”

条 tiáo ❶ **名量词** 用于计量长条形或呈长条状的物体：一～长长的扁担｜几～小船｜屋顶上横着一～横幅。**用法提示** ①数词一般没有限制，既可用基数词或表示数量的“两”“几”“好几”“若干”等，也可用序数词：第一～直线｜几～充电线。②数词“一”在某些代词或动词后常可省略：穿了～牛仔裤｜这～项链｜他买了～羊毛围巾。③数词前可加“这”“那”“哪”等代词：那几～舢板｜这两～绷带都该拆了｜演出的时候穿哪一～裙子？④前面可加“大”“小”等形容词修饰：一大～麻绳｜一小～纸｜临街的墙根下，

T

扔着一大～绳子。⑤数词为“一”时可重叠，重叠形式主要有“(一)～～”“一～一～”：～～五彩丝线|一～～领带|他把信撕成了一～一～的。⑥一般可儿化：一～儿地毯|掏出一～儿手巾|他慢慢地剪下了一～儿纸。⑦后面一般不加“子”。❷ 名量词 用于计量由一定数量集合而成的长条状物：一～生产啤酒的流水线|几～肥皂|他每星期就要抽两～烟。**用法提示** ①数词一般没有限制，既可用基数词或表示数量的“两”“几”“好几”“若干”等，也可用序数词：一～肥皂|厂里买了好几～生产线|这是我平生买的第一～烟。②数词“一”在某些代词或动词后常可省略：买了～洗衣皂|送了～烟给他|你从哪里搞了这～烟来？③数词前可加“这”“那”“哪”等代词：那几～香皂|这两～烟|哪一～肥皂是洗衣服用的？④前面可加形容词“整”修饰：一整～烟|一整～肥皂|他们引进了一整～生产线。⑤后面有时可加“子”：一～子烟|他买了几～子肥皂。⑥数词为“一”时可重叠，重叠形式主要有“(一)～～”“一～一～”：～～香烟|箱子里是一～～烟|他把一～一～的肥皂装入箱。⑦一般可儿化：一～儿烟|几～儿香皂|他去商店买了三～儿好烟准备送人。❸ 名量词 用于计量长条状的动植物：一～蛇|几～藤蔓|家里养了几～鱼。**用法提示** ①数词一般没有限制，既可用基数词或表示数量的“两”“几”“好几”“若干”等，也可用序数词：第一～鱼|几～树枝|树上盘着一～巨蟒。②数词“一”在某些代词或动词后常可省略：买了～鱼|那～小狗病了|在河边摘～柳枝。③数词前可加“这”“那”“哪”等代词：这一～枝丫|哪几～驴是你家的？|那两～大狗是他的伙伴。④前面可加“大”“小”“整”等形容词修饰：一小～嫩枝|一整～鱼|三个人吃了一大～石斑鱼。⑤数词为“一”时可重叠，重叠形式主要有“(一)～～”“一～一～”：～～亮闪闪的鱼|一～～蛀虫|一～一～小蛇争先恐后地爬出来。⑥一般可儿化：几～儿枝丫|鱼缸里养着三～儿金鱼。⑦后面一般不加“子”。❹ 名量词 用于计量呈长条状的山脉、道路、河流等，也可虚指：两～山脉|一～大河|北京有好多～知名的胡同。**用法提示** ①数词一般没有限制，既可用基数词或表示数量的“两”“几”“好几”“若干”等，也可用序数词：第一～铁路|两～弄堂|这个城市有好几～步行街。②数词“一”在某些代词或动词后常可省略：道路的中间有～隔离带|那～峡谷的风景漂亮极了|走哪～路都会堵车。③数词前可加“这”“那”“哪”等代词：这几～河|那两～山脉|楼前那几～路天天车水马龙。④前面可加形容词“整”修饰：一整～街|吵醒了一整～弄堂里的人|他家的房子占了一整～胡同。⑤数词为“一”时可重叠，重叠形式主要有“(一)～～”“一～一～”：一～～胡同|～～道路通罗马|一～一～街道的两边都挂上了红灯笼。⑥一般可儿化：一～儿小河|几～儿弄堂|他家门前有一～儿小路通往山里。⑦后面一般不加“子”。❺ 名量词

T

用于计量人、性命或与身体有关的事物，如肢体、伤口等：一～汉子｜三～伤疤｜这可是一～人命。**用法提示** ①数词一般没有限制，既可用基数词或表示数量的“两”“几”“好几”“若干”等，也可用序数词：几～肋骨｜欠了一～人命｜第一～伤口已经结痂了。②数词“一”在某些代词或动词后常可省略：这～猪腿｜举起～粗壮的胳膊｜大家都说他是～汉子。③数词前可加“这”“那”“哪”等代词：这几～血管｜那两～腿｜哪几～好汉愿意前往？④前面有时可加形容词“整”修饰：一整～牛尾｜他们吃掉了一整～羊腿。⑤数词为“一”时可重叠，重叠形式主要有“（一）～～”“一～一～”：～～硬汉｜机枪扫射着，夺走了一～～人命｜望着他身上一～一～的伤痕，大家沉默了。⑥一般可儿化：一～儿牛尾｜为了救人，他被匪徒打断了三～儿肋骨。⑦后面一般不加“子”。❻ 名量词 用于计量可以分项的事物：一～激动人心的消息｜想出两～妙计｜学校连着发了几～通知。**用法提示** ①数词一般没有限制，既可用基数词或表示数量的“两”“几”“好几”“若干”，也可用序数词或表示序数的“头”等：好几～信息｜第一～短信｜这是今天的头～新闻。②数词“一”在某些代词或动词后常可省略：这～新规定｜写了～微博｜我有～关于他身世的消息。③数词前可加“这”“那”“哪”等代词：这一～例句｜这两～规则｜爷爷定的那几～家训大家都必须遵守。④数词为“一”时可重叠，重叠形式主要有“（一）～～”“一～一～”：～～法规｜一～～信息从眼前掠过｜他在电脑前读着一～一～的新闻。⑤一般可儿化：一～儿法规｜咱们得定几～儿纪律｜这两～儿新闻他是在报纸上看到的。⑥前面一般不加形容词修饰，后面一般不加“子”。

语义源流 本义指树木细长的枝条。《说文解字·木部》：“条，小枝也。”段玉裁注：“条为枝之小者。”《诗·周南·汝坟》：“遵彼汝坟，伐其～枚。”引申表示狭长的东西。北周·庾信《七夕赋》：“缕～紧而贯矩。”清·黄遵宪《山歌》：“自剪青丝打作～，亲手送郎将纸包。”演变为量词，用于计量长条形物体，包括无生命的，也包括有生命的。唐·裴铏《传奇·邓甲》：“时维扬有毕生，有常弄蛇千～。”金·佚名《大金吊伐录》卷二：“今因分地界官、金书枢密院事路允迪往军前，亲解玉带一～、真珠双圈直系勒帛一副。”因为古时刑法、律令等大多录于简牍之上，亦呈长条状，故进一步演变，用于计量较为抽象的刑法、律令等。《汉书·刑法志》：“律令凡三百五十九章，大辟四百九～。”《宋书·羊玄保传》：“今更刊革，立制五～。”再进一步引申，用于计量人或性命以及更加抽象的事物。元·关汉卿《单刀会》第四折：“孙仲谋独占江东地，请乔公言定三～计。”《水浒传》第二十三回：“宋江在灯下看那武松时，果然是一～好汉。”《西游记》第二十一回：“神仙还是我的晚辈，这～命急切难休，却只是吹得我眼珠酸痛！”

近义辨析 条—带 见“带”下。
条—道 见“道”下。

条—根 见“根”下。

条—股 见“股”下。

条—口—匹—头—只 见“口”下。

条—款—项 见“款”下。

条—艘—只 见“艘”下。

条—尾 均可用于计量鱼，如可以说“一条鱼”，也可以说“一尾鱼”。“条”本义为树木细长的枝条，作为量词计量鱼的时候，突出的是鱼整体呈长条形；而“尾”本义为尾巴，作为量词计量鱼的时候，突出的是鱼的尾部特征，带有生动形象的色彩。“条”还可用于计量其他长条状的物体、人或事物的分项等，使用范围比“尾”要广。

T

调羹 tiáogēng 名量词 用于计量用调羹盛装的物品：一～稀粥|两～蜂蜜|他往咖啡里加了三～糖。**用法提示** ①数词一般没有限制，既可用基数词或表示数量的“两”“几”“好几”“若干”等，也可用序数词：一～粗盐|第二～香油|他迅速地吞了好几～豆腐脑。②数词“一”在某些代词或动词后常可省略：这～料酒|把那～水喂到孩子的嘴里|他尝了～汤，又加了点盐。③数词前可加“这”“那”“哪”等代词：这几～汤|这两～大米就够孩子吃了|你加的那几～糖太多了。④前面可加“大”“小”“满”等形容词修饰：再加一满～酱油|舀一小～粥尝尝|每每母亲做了鸡蛋羹，我都要舀上几大～，捣在白饭里。⑤数词为“一”时可重叠，重叠形式为“一～一～”：杨老汉将一～一～温热的药汤喂到老伴儿的嘴里。⑥后面一般不加“子”。⑦一般不儿化。

语义源流 本是一个动宾式短语，意思是调和羹汤，使其味道鲜美。《旧唐书·王志愔传》：“是以济盐梅以～，乃适平心之味。”唐·李阳冰《〈唐李翰林草堂集〉序》：“天宝中，皇祖下诏，征就金马，降辇步迎，如见绮皓。以七宝床赐食，御手～以饭之。”演变为复合式名词，指喝羹汤用的勺子。清·吴振臣《宁古塔纪略》：“大小人家做黄齑汤，每饭用～，不用箸。～曰差非，又曰匙子。”清·吴趼人《二十年目睹之怪现状》第八十七回：“小鸦头来禀命开饭，苟太太点点头，一会儿先端出杯、筷、～、小碟之类。”借用为量词，用于计量用调羹盛装的物品。清·张聿清《张聿清医案·调经》：“加阿胶四两，龟板胶三两，鹿角胶一两，溶化收膏，每晨服一～。”

贴 tiē 名量词 用于计量膏药：一～膏药|几～跌打损伤膏|只用了三四～伤湿止痛膏就治好了腰疼。**用法提示** ①数词一般没有限制，既可用基数词或表示数量的“两”“几”“好几”“若干”，也可用序数词或表示序数的“头”等：一～膏药居然要90元|贴完头～膏药就不疼了|让老婆去买了两～止疼膏药贴上。②数词“一”在某些代词或动词后常可省略：那～活血膏|买了～狗皮膏药贴在伤处|先给你这～止痛膏试试，明天还疼就去医院。③数词前可加“这”“那”“哪”等代词：这两～膏药|这几～三伏贴对小儿咳嗽有效|那几～药贴完就要换药了。④前面可加“大”“小”等形容词修饰：额角上贴了一小～红而圆的膏药|膝盖上各贴了两大～风湿膏。⑤数词为“一”时可重叠，重叠形式主要有

“(一)～～”“一～一～”：～～膏药都是他根据古方制作的|一～～膏药都没能治好他的病|他贴了一～一～的止疼膏药，都没有效果。⑥后面一般不加“子”。⑦一般不儿化。

语义源流 本义是拿物品作抵押。《说文解字·贝部》：“贴，以物为质也。”《宋书·何承天传》：“时有尹嘉者，家贫，母熊自以身～钱，为嘉偿责，坐不孝，当死。”《徐霞客游记·楚游日记二》：“乃先以炬入，后蛇伏以进，背磨腰～，以身后耸，乃度此内洞之第一关。”清·陆心源《唐文拾遗·肃宗皇帝》：“应典～庄宅、店铺、田地、硙碾等，先为实钱典～者，令还以实钱价。”引申为补偿、贴补。段玉裁《说文解字注》“帖”字下：“帛署必黏黏。引申为帖服，为帖妥。俗制贴字为相附之义。”《西游记》第三十五回：“快快的送将出来还我，多多～些盘费，喜喜欢欢打发老孙起身，还饶了你这个老妖的狗命！”清·吴趼人《二十年目睹之怪现状》第二十三回：“那里本来是人家住着的，不知他怎么和人家商量，～了几个搬费，叫人家搬了去。”引申为黏附、张贴。《正字通·贝部》：“贴，黏置也。”唐·温庭筠《菩萨蛮》：“照花前后镜，花面交相映。新～绣罗襦，双双金鹧鸪。”宋·沈括《梦溪笔谈·技艺》：“每字有二十余印，以备一板内有重复者，不用则以纸～之。”明·袁宏道《墨畦》：“姜搅汁，投广胶，煎作膏子，～狗皮上，治脚痛，效甚速。”演变为量词，用于计量贴敷在皮肤上的膏药。《三国演义》第七十五回：“坚辞不受，留药一～，以敷疮口，辞别而去。”清·西周生《醒世姻缘传》第六十七回：“临去上了些细药面子，贴上一～膏药，疼的个孩子杀毛树恐的叫唤。”

近义辨析 贴—帖 二者形近音似，都用于计量药类，但是计量的对象稍有不同。“贴”由黏附、张贴义演变为量词，强调薄片状物体粘在他物之上，一般只用于计量膏药，如“一贴膏药”“几贴风湿止痛膏”。“帖”由药方义演变为量词，多用于计量一个方子之中、配合起来使用的若干味汤药，一剂俗称一帖，如“吃了三帖药病就好了”。因此，二者各有主要计量的对象，不可混用。

帖 tiě 名量词 用于计量配合起来的若干味汤药：一～汤剂|三～补药|请你给我开上几～中药。**用法提示** ①数词一般没有限制，既可用基数词或表示数量的“两”“几”“好几”“若干”，也可用序数词或表示序数的“头”等：这是他服的头～感冒药|医生一般一次开七～药|这儿有几～安神药。②数词“一”在某些代词或动词后常可省略：煎了～止疼汤药|请中医开了～清火的药|这～猛药对他还真有效。③数词前可加“这”“那”“哪”等代词：那三～苦药|这几～药都是强身健体的|那两～药每日服两次。④数词为“一”时可重叠，重叠形式主要有“(一)～～”“一～一～”：专家们针对社会问题开出～～处方|一～～药吃下去，可是不见一点儿起色|他仔细地抓着一～一～的药。⑤前面一般不加形容词修饰，后面一般不加“子”。⑥一般不儿化。

语义源流 本义指写在帛书上的标题书

T

签。《说文解字·巾部》："帖，帛书署也。"段玉裁注："木为之谓之检，帛为之则谓之帖，皆谓标题。今人所谓签也。"《北史·李业兴传》："手自补修，躬加题～，其家所有，垂将万卷。"引申指官府文书。《乐府诗集·木兰辞》："昨夜见军～，可汗大点兵。"唐·杜甫《新安吏》："府～昨夜下，次选中男行。"引申指有字的纸片，如庚帖、喜帖。《西游记》第二十一回："你看那树上是个甚么纸～儿？"明·凌濛初《初刻拍案惊奇》卷十："恰好那吉～、婚书、头发都在袖中，随即一并呈上。"药方也是有字的纸片，故也可指药方。《水浒传》第二十六回："见有药～在这里。"明·兰陵笑笑生《金瓶梅》第七十六回："琴童讨将药来，西门庆看了药～，就叫送进来与月娘、玉楼。"演变为量词，用于计量配合起来的若干味汤药。唐·佚名《蜀童谣》："我有一～药，其名曰阿魏，卖与十八子。"明·兰陵笑笑生《金瓶梅》第五回："这～心疼药，太医交你半夜里吃了，倒头一睡，盖一两床被，发些汗，明日便起得来。"

近义辨析 贴—帖 见"贴"下。

听 tīng **名量词** 用于计量听装物品：一～咖啡｜几～啤酒｜我买了两～水果罐头。**用法提示** ①数词一般没有限制，既可用基数词或表示数量的"两""几""好几""若干"等，也可用序数词：喝了第一～啤酒｜买了几～奶粉｜这是家里最后几～肉罐头了。②数词"一"在某些代词或动词后常可省略：买了～奶粉｜给我来～黑啤｜这～咖啡已经过期了。③数词前可加"这""那""哪"等代词：那几～饼干吃完了｜这两～八宝粥在火车上吃｜那几～糖果是老王送来的。④前面可加"大""小"等形容词修饰：一大～午餐肉｜孩子趁父母不注意喝了一大～可乐｜他晚饭就吃了一小～罐头。⑤数词为"一"时可重叠，重叠形式主要有"(一)～～""一～一～"：～～啤酒排列在货架上｜他从家里带来一～～罐装食品｜流水线上一～一～的罐头被他装进纸箱。⑥一般可儿化：一～儿饮料｜他一口气喝了一～儿冰镇汽水｜你要几～儿果汁？⑦后面一般不加"子"。

语义源流 英文 tin 的音译，指用镀锡或镀锌的薄铁皮做成的装食品、饮料等的筒子或罐子。借用为量词，用于计量听装物品。

近义辨析 听—筒 均可用于计量装于筒状盛器中的物品，有时可互换使用，如"一听奶粉""一听饼干"中的"听"可换成"筒"。不同的是："听"是外来量词，一般计量用镀锡或镀锌的薄铁皮做成的筒子或罐子所盛装的物品，不可以计量用竹筒等盛装的物品；而"筒"本就指竹筒，用作量词，可用来计量用竹筒盛装的物品，如"一筒菠萝饭"中的"筒"就不可以换成"听"。

停 tíng **名量词** 用于计量人或事物所占的份数。总数分成几等份，一份为一停，相当于"成"：只来了一～人｜三～人留了下来｜这事十～已完成八～了。**用法提示** ①数词一般限用"十"以内的基数词或表示数量的"两""几"等：园中九～人知道此事｜有两～把握｜整个军队能拿起武器反抗的已经不到一～。②数词"一"一般不省略。③数词前一般不加代词。④前面一般不加形容词修饰，后面一般不加“子”。⑤一般不重叠和儿化。

语义源流 本义是止住不动。《说文解字·人部》(新附字)：“停，止也。”《释名·释言语》：“停，定也，定于所在也。”《庄子·德充符》：“平者，水～之盛也。”唐·杜牧《山行》：“～车坐爱枫林晚，霜叶红于二月花。”引申为停滞、停留。《梁书·武帝纪上》：“可通检尚书众曹，东昏时诸诤讼失理及主者淹～不时施行者，精加讯辨，依事议奏。”明·卓尔堪《秦淮雪中集木公识渔亭送相初之扬州》：“北风十日雪，江皋～旅人。”由此引申表示放置、存放。北魏·贾思勰《齐民要术·造神曲并酒等》：“此曲得三年～，陈者弥好。”《太平御览》卷三四三引《世说》：“惟有一剑，～在穴中，欲进取之，剑作龙鸣虎吼，遂不敢近，俄而径飞上天。”进一步引申为妥当。《晋书·庾亮传》：“二十四日达夏口，辄简卒搜乘，～当上道。”《朱子语类·论语十四》：“夫子言‘文质彬彬’，自然～当恰好。”均等自然妥当，故又引申表示均等之义。敦煌变文《无常经讲经文》：“送回来，男女闹，为分财不～怀懊恼。”宋·沈括《梦溪笔谈·象数一》：“凡移五十余刻，立冬、立春之景方～。”演变为量词，表成数。总数分成几等份，其中一份叫一停。唐·王建《夜看美人宫棋》：“宫棋布局不依经，黑白相合子数～。”元·曾瑞《哨遍·思乡》：“见新人百倍增千倍，问故友十～无九～。”《红楼梦》第三十三回：“这一城内，十～人倒有八～人都说，他近日和衔玉的那位令郎相与甚厚。”

挺 tǐng **名量词** 用于计量机枪等武器：十几～机枪|一～冲锋枪|阵地上架起了一～机关炮。**用法提示** ①数词一般没有限制，既可用基数词或表示数量的“两”“几”“好几”“若干”等，也可用序数词：挖出两～重机枪和一箱子弹|我国自行设计的第一～轻机枪|大门口有好几～机枪进行火力封锁。②数词“一”在某些代词或动词后常可省略：用这～机枪作掩护|架起了那～轻机枪|警方缴获了～冲锋枪。③数词前可加“这”“那”“哪”等代词：车上的那几～破机枪|这两～机枪在战争中都有非常杰出的表现|战友们利用那几～机枪扫射敌人。④数词为“一”时可重叠，重叠形式主要有“(一)～～”“一～一～”：由一～～机枪构成的防线|～～机枪无情地监视着矿场上的每一个角落|一～一～自动步枪从车窗伸出来，黑黝黝的枪口对着外面。⑤前面一般不加形容词修饰，后面一般不加“子”。⑥一般不儿化。

语义源流 本义指拔出。《说文解字·手部》：“挺，拔也。”《国语·吴语》：“被甲带剑，～铍搢铎。”《战国策·魏策四》：“～剑而起。”常用义为笔直。《集韵·迥韵》：“挺，直也。”《周礼·冬官·弓人》：“于～臂中有柎焉。”《左传·襄公五年》：“周道～～。”《荀子·劝学》：“木直中绳，輮以为轮，其曲中规。虽有槁暴，不复～者，輮使之然也。”此义当为假借义，其本字为“梃”，指植物的主干。清·朱骏声《说文通训定声》：“挺，拔也……假借为‘梃’。”《说文解字·木部》：“梃，一枚也。”段

T

玉裁注："凡条直者曰梃。梃之言挺也。'一枚'疑当作'木枚'。竹部曰：'个，竹枚。'则梃当云木枚也。"王筠《说文句读》："谓一枚曰一梃也。下文'材，木梃也'、竹部'竿，竹梃也'，但指其干，不兼枝叶而言。"清·祁骏佳《遯翁随笔》："上古无墨，惟竹梃点漆而书。"由此转指棍棒等。《孟子·梁惠王上》："杀人以梃与刃，有以异乎？"宋·洪迈《夷坚乙志·袁州狱》："越二日，黄衣人持梃押二县吏来追院中二吏。""挺"作为"梃"的通假字，演变为量词，用于计量笔直的东西。《南史·沈攸之传》："赐攸之烛十～。"宋·孙光宪《北梦琐言》逸文卷三："某曾失墨两～，蒙王黜责，今果寻获也。"明·方孝孺《借竹轩记》："草户之外，有竹数～。"后语义缩小，只用于计量机枪等。

通 tōng **名量词** 用于计量文件、告示、电报、书信等，表示"份"：发了一～命令｜两～声明｜一路上颁布好几～宣言。**用法提示** ①数词一般没有限制，既可用基数词或表示数量的"两""几""好几""若干"等，也可用序数词：几～文书｜他的一～命令让大家更加忙碌了｜这是他收到的第一～家书。②数词"一"在某些代词或动词后常可省略：上级发布了～指示｜他的这～电报来得很及时｜这～书信的内容谁也不知道。③数词前可加"这""那""哪"等代词：那一～急电震惊了无数人｜这两～告示的内容是一样的｜那几～宣言直指人心。④数词为"一"时可重叠，重叠形式主要有"(一)～～""一～一～"：～～报告的内容都一样｜一～～命令有条不紊地传达下去｜他正阅读着一～一～邮件。⑤前面一般不加形容词修饰，后面一般不加"子"。⑥一般不儿化。

语义源流 本义指通达无阻隔。《说文解字·辵部》："通，达也。"《国语·晋语二》："道远难～，望大难走。"《墨子·节用上》："车以行陵陆，舟以行川谷，以～四方之利。"宋·周敦颐《爱莲说》："中～外直，不蔓不枝。"通达则贯穿头尾，没有阻塞，通彻，故引申指全部。《孟子·告子上》："弈秋，～国之善弈者也。"《晋书·佛图澄传》："～夜不寐。"《古今韵会举要·东韵》："通，书首末全曰通。"演变为量词，用于计量文书。《后汉书·崔寔传》："凡为人主，宜写一～，置之坐侧。"三国魏·曹植《与杨德祖书》："今往仆少小所著辞赋一～相与。"后用于计量文件、告示、电报、书信等。《水浒传》第一百一十九回："宋江再拜，进上表文一～。"明·冯梦龙《醒世恒言·李道人独步云门》："裴舍人就教拆开书来，却是一～谢表。"

桶 tǒng ❶ **名量词** 用于计量装在桶里的东西：一～脏水｜两～牛奶｜车里装了好几大～玉米。**用法提示** ①数词一般没有限制，既可用基数词或表示数量的"两""几""好几""若干"等，也可用序数词：一～纯净水｜小本经营赚到第一～金｜众人用了好几～水才把火扑灭。②数词"一"在某些代词或动词后常可省略：那～油漆用来刷墙｜拎了～河水｜大家送了他～鱼。③数词前可加"这""那""哪"等代词：这一大～水也就够喝两天的｜这两～葡萄酒

将会被拍卖|那几～花生油是慰问孤寡老人的。④前面可加"大""小""满"等形容词修饰：两大～绿豆汤|满满一筐花生就榨出了一小～花生油|厨房后门还堆着一满～垃圾。⑤数词为"一"时可重叠，重叠形式主要有"(一)～～""一～一～"：～～鱼苗被倒入江中|酒窖内装满了一～～的葡萄酒|她汲了一～一～的水，又吃力地把一～一～水拎回家。⑥后面一般不加"子"。⑦一般不儿化。❷ **度量衡量词** 石油容量单位，1桶等于42加仑：原油十～|该油井日产石油三百～|一～石油的价格已经跌了10美元。**用法提示** ①数词可用基数词或表示数量的"两""几""好几""若干"等：油价100美元1～|今天油价降到了70美元1～|日产50万～原油。②数词"一"在某些代词或动词后常可省略：这～油真便宜|买～油要多少钱？③数词前可加"这""那""哪"等代词：那几～原油|这几～油是刚开采出来的|这两～石油若是燃烧起来，后果不堪设想。④数词为"一"时可重叠，重叠形式主要有"(一)～～""一～一～"：～～柴油都装上了车|一～～石油整齐地摆放在仓库里|一～一～的原油被生产出来。⑤前面一般不加形容词修饰，后面一般不加"子"。⑥一般不儿化。

语义源流 本义是方形的量器。《说文解字·木部》："桶，木方，受六升。"《吕氏春秋·仲春纪》："日夜分，则同度量，钧衡石，角斗～，正权概。"《史记·商君列传》："为田开阡陌封疆，而赋税平。平斗～权衡丈尺。"后泛指盛东西的器具，多为类圆柱体，有提梁。汉·史游《急就篇》："槫杅盘案杯问碗。"颜师古注："槫，小桶也，所以盛盐豉。"《南史·臧质传》："质夜以木～盛人，县出城外，截其钩获之。"《水浒传》第十六回："那汉子收了钱，挑了空～，依然唱着山歌，自下岗子去了。"借用作量词，用于计量用桶盛装的东西。明·凌濛初《初刻拍案惊奇》卷三："把一片要与他分个皂白的雄心，好像一～雪水当头一淋，气也不敢抖了。"《红楼梦》第四十一回："等我们出去了，我叫几个小幺儿来河里打几～水来洗地如何？"现代也用于计量石油，1桶等于42加仑。

筒 tǒng **名量词** 用于计量用筒盛装的东西：一～饼干|两大～咖啡|儿子用自己的零花钱买了一～薯片。**用法提示** ①数词一般没有限制，既可用基数词或表示数量的"两""几""好几""若干"等，也可用序数词：第一～油漆|十几～颜料|爸爸给我们带了好几～羽毛球回来。②数词"一"在某些代词或动词后常可省略：那～薯片更好吃|休息一下，吃～冰激凌再干吧|朋友给他带来～咖啡。③数词前可加"这""那""哪"等代词：找到了那两～炸药|他不会扔下这几～啤酒|姐姐把那几～茶叶分别打开给我们看。④前面可加"大""小""满"等形容词修饰：一满～巧克力|我给他带去了一大～六安瓜片茶|他花了很长时间排队才买到限量的一小～咖啡豆。⑤后面有时可加"子"：几～子饮料|一～子线香|孩子们交上了一～子写秃了的铅笔。⑥数词为"一"时可重叠，重叠形式主要有"(一)～～"

"一～一～"：～～饼干|妇女们的竹篮里装着一～～红米水酒|许多茶行都将一～一～茶叶摆出来招徕顾客。⑦有时可儿化：清洗剂一～儿 10 元|桌上有两～儿贴着英文商标的奶粉|桌上摆着几～儿中国南方出产的名茶。

语义源流 本字作"筩"，指竹管。《说文解字·竹部》："筩，断竹也。"清·朱珔《说文假借义证·竹部》："筒为筩之通借。"汉·王充《论衡·量知》："截竹为～，破以为牒，加笔墨之迹，乃成文字。"南朝宋·刘义庆《世说新语·雅量》："王戎为侍中，南郡太守刘肇遗～中笺布五端。"引申表管状物或管状容器。《吕氏春秋·古乐》："昔黄帝令伶伦作为律……次制十二～，……以别十二律。"晋·葛洪《抱朴子·黄白》："作大铁～成，中一尺二寸，高一尺二寸。"唐·吕温《道州酬送何山人之容州》："匣有青萍～有书，何门不可曳长裾。"借用作量词，用于计量用筒盛装的东西。唐·陆龟蒙《京口与友生话别》："玉封千挺藕，霜闭一～柑。"清·刘鹗《老残游记》第十三回："黄人瑞刚才把一～烟吃完，放下烟枪。"

近义辨析 筒—听 见"听"下。

通 tòng ❶ 动量词 用于计量言语：胡说了一～|大笑了一～|我们天南海北，一～神聊。**用法提示** ①数量结构可位于动词前，也可位于动词后：一～臭骂|吹了一～牛|挨了老师一～批评。②数词一般没有限制，既可用基数词或表示数量的"两""几""好几""若干"等，也可用序数词：一～挖苦|这是她到我这儿来发的第二～牢骚|他上台讲了一～感想。③数词"一"在某些代词或动词后常可省略：讲了～注意事项|挨了这～臭骂|他冲孩子发了那～火之后，也后悔了。④数词前可加"这""那"等代词：冲着电话这一～嚷嚷|虽然发了这几～牢骚，但工作还得继续|他那一～发言让大家深受启发。⑤前面可加"大""小"等形容词修饰：讲了一大～|说了一大～|小天免不了把方雯稍稍地训了一小～。⑥数词为"一"时可重叠，重叠形式为"一～～"：一～～嘘寒问暖|一～～真诚道谢让他心里暖暖的|他一～～地发泄着心中的不平。⑦后面一般不加"子"。⑧一般不儿化。❷ 动量词 用于计量动作：乱写乱画了一～|哭了一～|临考试前又翻了一～书。**用法提示** ①数量结构多位于动词后，也可位于动词前：看了一～|家里一～忙乱|三～搜查以后，屋子里一片狼藉。②数词一般没有限制，既可用基数词或表示数量的"两""几""好几""若干"等，也可用序数词：打了几～鼓|他拿着数码相机乱拍一～|他跑到第三～时终于受不了了。③数词"一"在某些代词或动词后常可省略：在屋子里这～乱找|吓唬了～孩子|他捣鼓了～，电脑居然修好了。④数词前可加"这""那""哪"等代词：这一～绕|你那一～忙活没用|这几～折腾让我分不清东南西北了。⑤前面可加"大""小"等形容词修饰：哭了一大～|一进去就直奔餐厅，海吃一大～|他气急了，就在纸上乱写了一小～。⑥数词为"一"时可重叠，重叠形式主要有"一～～"

"一～一～"：一～～哭闹也无济于事｜一～～折腾｜一～一～地鼓捣也没修好。⑦后面一般不加"子"。⑧一般不儿化。

语义源流 本义指通达无阻隔（见"通"tōng）。通达则贯穿头尾，引申计量打鼓的动作，鼓一曲为一通。汉·佚名《杂事密辛》："黄门鼓吹三～，鸣鼓毕，群臣以次出，后即位，大赦天下。"宋·苏轼《西江月·坐客见和复次韵》："小院朱阑几曲，重城画鼓三～。"演变为量词，用于计量动作。汉·刘向《说苑·正谏》："宾客谏之百～，则不听也。"《乐府诗集·孔雀东南飞》："着我绣夹裙，事事四五～。"后多用于计量言语等。清·西周生《醒世姻缘传》第九回："又再三劝解了一～，去了。"清·毕沅《续资治通鉴·宋纪》："秦桧盛时，尝遣人谕意，欲得焘一～问，即召用之。"

近义辨析 通—番 见"番"下。

头 tóu ❶ 名量词 用于计量动物，多为家畜：一～猪｜三四～大象｜这几～奶牛每月给他带来上千块的收益。**用法提示** ①数词一般没有限制，既可用基数词或表示数量的"两""几""好几""若干"等，也可用序数词：第一～克隆牛｜几～豹子在争食猎物｜两～巨犬此进彼退，互相壮胆地朝他们移来。②数词"一"在某些代词或动词后常可省略：有～鲸搁浅了｜买了～小猪养在猪圈里｜这～老狐狸，果然被这突如其来的恭敬给吓了一跳。③数词前可加"这""那""哪"等代词：这两～小毛驴｜家里只养了这几～猪，都是逢年过节时才杀的｜那几～小野牦牛明显比一般家牛长得快长得大。④数词为"一"时可重叠，重叠形式主要有"（一）～～""一～一～"：奶牛场的牛～～膘肥体壮｜他们家突遭变故，饿死了一～～无人照管的山羊｜工人们用铁笼子把一～一～走散的生猪转移到卡车上。⑤前面一般不加形容词修饰，后面一般不加"子"。⑥一般不儿化。❷ 名量词 用于计量大蒜、水仙等植物：买了几～水仙｜一～洋葱两元钱｜一～蒜的价值未必不如一棵人参。**用法提示** ①数词一般用基数词或表示数量的"两""几""好几"等：这是一～水仙｜饺子马上要煮好了，你去剥几～蒜来。②数词"一"在某些代词或动词后常可省略：帮我拿～洋葱来｜餐桌上有～蒜｜这～水仙已经发芽了。③数词前可加"这""那""哪"等代词：他竟然把那几～蒜当成了水仙｜这几～水仙都快要发芽了｜我根本吃不出来哪一～糖蒜加了味精。④前面可加形容词"大"修饰：揪了一大～蒜｜赶快给我拿一大～蒜来！⑤数词为"一"时可重叠，重叠形式主要有"（一）～～""一～一～"：～～水仙都舒展着绿芽｜这盆像水仙的植物竟然是由一根竹签穿起来的一～～独头蒜｜把一～一～大蒜摆放在一个平的盘子里，添上水，放到比较温暖的地方，一周后就能长出蒜苗。⑥后面一般不加"子"。⑦一般不儿化。❸ 名量词 用于计量头发或附着在头上的物体：一～银发｜一～青丝｜那孩子顶着一～乱糟糟的头发。**用法提示** ①数词一般限用"一"：一～大汗｜一～披

T

肩长发|女同学大都有一～飘逸的长发。②数词“一”在某些代词或动词后常可省略：那～青丝|就是这～白发，使他显老了|为了洗头省事，他干脆剪了～板寸。③数词前有时可加“这”“那”等代词：瞧你这一～汗，别乱跑了|我那一～柔软顺贴的头发竟被烫成一撮撮桀骜不驯的卷发|他浑然不觉地顶着那一～蜘蛛网去相亲了。④前面常可加“大”“满”等形容词修饰：满～黑发|跑了一大～汗|野外归来，孩子插了满～野花。⑤后面一般不加“子”。⑥一般不重叠和儿化。

T

❹ 动量词 用于计量与头有关的动作行为：一～栽进去|一～撞过去|他一到岗就一～扎进车间。**用法提示** ①数量结构一般位于动词前：一～磕到地上|一～钻进图书馆|说话间，他一～闯了进来。②数词常用“一”：一～跌下马来|一～栽倒在地|孩子一～扑进母亲的怀里。③数词“一”一般不省略。④数词前一般不加代词。⑤前面一般不加形容词修饰，后面一般不加“子”。⑥一般不重叠和儿化。

语义源流 本义为脑袋。《说文解字·页部》：“头，首也。”《史记·项羽本纪》：“吾闻汉购我～千金。”唐·李白《静夜思》：“举～望明月，低～思故乡。”上古祭祀所用牛、羊、豕三牲，皆割头装盘供祭，借用为量词，用于计量动物，多为家畜。《汉书·龚胜传》：“长吏以时存问，常以岁八月赐羊一～，酒二斛。”《汉书·刑法志》：“有戎马四匹，兵车一乘，牛十二～。”《史记·货殖列传》：“唯桥姚已致马千匹，牛倍之，羊万～。”泛化后也可用于计量人。汉·王延寿《鲁灵光殿赋》：“上纪开辟，遂古之初，五龙比翼，人皇九～。”李善注引宋均曰：“九头，九人也。”也可计量禽类、昆虫。晋·葛洪《抱朴子·仙药》：“杂以他鸡十一～，共笼之。”《三国志·魏书·管辂传》：“连梦见青蝇数十～，来在鼻上。”还可以计量蒜等呈圆形的植物籽实。宋·苏轼《次韵送张山人归彭成》：“何日五湖从范蠡，种鱼万尾橘千～。”清·郭小亭《济公全传》第十二回：“掌柜的，一文钱一～蒜，你还给我一～烂的，你给换换罢。”清·文康《儿女英雄传》第六回：“我就把你这蒜锤子砸你这～蒜！”又引申指头发及其样式。《庄子·说剑》：“吾王所见剑士，皆蓬～突鬓垂冠，曼胡之缨，短后之衣，瞋目而语难。”唐·白居易《春题华阳观》：“落花何处堪惆怅，～白宫人扫影堂。”借用为量词，用于计量头发或附着在头上的物体。唐·贯休《山居诗二十四首》其二十二：“满屋黄金机不息，一～白发气犹高。”《水浒传》第二十七回：“头上黄烘烘的插着一～钗环，鬓边插着些野花。”清·西周生《醒世姻缘传》第六十回：“还亏你戴着一～花，穿着上下色衣！”由脑袋义引申指事物或事情的起点或终点。《晋书·阮籍传》：“以百钱挂杖～。”宋·岳飞《满江红》：“待从～，收拾旧山河，朝天阙。”引申计量事情以及事情所涉及的方面。明·凌濛初《二刻拍案惊奇》卷十五：“我意欲就此看个中意的人家子弟，替他寻下一～亲事，成就他终身结果，也是好事。”《水浒传》第十二回：“连为几～官司，开封府也治他不下，以此满城人见那厮来都躲了。”又借用为动量词，用于计量与头有关的动作行为。明·凌濛初《二刻拍案惊奇》卷三十一：“言毕，望县堂阶上一～撞去，眼见得世名被众人激得焦燥，用得力猛，早把颅骨撞碎，脑浆迸出而死。”《西游记》第三十回：“小龙一～钻下水去。”清·西周生《醒世姻缘传》第六十九回：“他也不说请公公相见，一～钻在房里。”

近义辨析 头—口—匹—条—只 见“口”下。

团 tuán ❶ 名量词 用于计量团状物：两～毛线｜一～乱麻｜他在这一～伸手不见五指的浓雾里面走了很久。**用法提示** ①数词一般没有限制，既可用基数词或表示数量的“两”“几”“好几”“若干”等，也可用序数词：第一～卫生纸｜好几～毛线｜他那过分苍白的脸上此刻飞涌起两～红晕。②数词“一”在某些代词或动词后常可省略：买～毛线｜我睁大了眼睛，注视着这～黑色的烟雾。③数词前可加“这”“那”“哪”等代词：这两～浸了酒精的棉花｜一晚上的风把那几～纸吹得无影无踪｜草铺上那几～破旧的棉絮让他一阵惊喜。④前面可加“大”“小”等形容词修饰：云彩像一大～质地上好的棉花｜她只有一小～天蓝色的绒线。⑤后面有时可加“子”：两～子开司米线｜孩子还裹在一～子棉花套里｜一～子面糊溅到了我的脸上。⑥数词为“一”时可重叠，重叠形式主要有“(一)～～”“一～一～”：橘红色的服装犹如～～火焰｜隐约可以看到一～～黑影在慢慢晃动｜晚霞又重新出现了，像一～一～红色的珊瑚礁。⑦一般可儿化：地上有几～儿纸屑｜画了两～儿特别红的腮红｜我踩掉了鞋底的两～儿泥巴。❷ 名量词 用于计量抽象事物，泛指该事物全部的量：一～和气｜一～欲火｜老师刚走一会儿，班里就一～混乱，太不像话。**用法提示** ①数词一般限用“一”：田野里一～漆黑｜他们单位一～和气｜这些不确定因素把他的记忆搅成了一～糟。②数词“一”在某些代词后有时可省略：在这～阴影里｜那～黑暗开始移动了｜在这～和煦的气氛中两人重归于好。③数词前可加“这”“那”等代词：这一～温馨的记忆｜我一走出灯光所及的范围，便落入那一～昏黑里。④前面一般不加形容词修饰，后面一般不加“子”。⑤一般不重叠和儿化。❸ 名量词 军队的编制单位，小于旅，大于营：消灭了来犯的一整～的敌兵｜两～士兵迅速集合｜军情紧急，你要带领一～兵马火速出发。**用法提示** ①数词一般没有限制，既可用基数词或表示数量的“两”“几”“好几”“若干”等，也可用序数词：两～兵力｜有五～士兵｜中国空军第一～装备着多架新型战机。②数词“一”在某些动词后常可省略：调～士兵｜派了～精锐埋伏在前方路口｜司令部派～人马去支援了。③数词前可加“这”“那”“哪”等代词：挫败了那两～敌军｜支援你的这几～可都是精兵强将｜哪一～人马是来接应的？④前面有时可加“大”“整”等形容词修饰：一整～兵力｜全歼一整～敌军｜所有兵力被分为十七大～，每一大～下辖一万人。⑤数词为“一”

时可重叠，重叠形式主要有“(一)～～”“一～一～”：一～～增援的部队相继来到|师长运筹帷幄，把～～士兵安排好|开战之初他手里兵力还很强，但连续几次恶仗打下来，一～一～战士倒下了。⑥后面一般不加“子”。⑦一般不儿化。❹ 名量词 用于计量个别组织或团体：他们带去了三～出境游旅客|川剧协会组织了两～人参加义演|话剧团一～人马全部在此。**用法提示** ①数词一般没有限制，既可用基数词或表示数量的“两”“几”“好几”“若干”等，也可用序数词：出境游第一～已经出发|一个春节，他们接待了好几十～游客。②数词“一”在某些代词或动词后常可省略：接了～散客|他带了～游客游览了故宫|这～游客都来自香港。③数词前可加“这”“那”“哪”等代词：作为导游，带哪一～都需尽心尽责|近来欧洲游成了时尚，这三～都很快就报满了|我从事旅游行业多年，从来没有见过像那一～那样古怪的游客。④前面可加“大”“小”等形容词修饰：一大～参观团|病房里一大～人围在床边|你这一小～人有什么用？⑤数词为“一”时可重叠，重叠形式主要有“(一)～～”“一～一～”：～～游客集中在景区门口|作为导游，一～～旅行团带下来，自己也涨了不少知识|黄金周开始了，一～一～游客很快发往世界各地。⑥后面一般不加“子”。⑦一般不儿化。

📖 **语义源流** 本义为圆形。《说文解字·口部》：“团，圜也。”《墨子·经下》：“鉴～景一。”南朝梁·吴均《八公山赋》：“桂皎月而长～，云望空而自布。”《北史·魏收传》：“颜岩腥瘦，是谁所生，羊颐狗颊，头～鼻平，饭房笭笼，著孔嘲玎。”演变为量词，用于计量圆形或成团之物。唐·皇甫氏《原化记·嘉兴绳技》：“遂捧一～绳，计百余尺。”五代·佚名《望江南·天上月》：“天上月，遥望似一～银。”由圆形义引申指整体如一、无缺漏、分不开，进而指一种聚合体。宋·梅尧臣《较艺再和王禹玉内翰》：“廉纤小雨破花寒，野雀争巢斗作～。”宋·石孝友《南歌子》：“西园歌舞骤然稀，只有多情蝴蝶作～飞。”由此演变为量词，用于计量抽象事物。清·魏秀仁《花月痕》第六回：“我一～好意，倒惹得他抢白起我来。”《程氏外书》卷十二引《上蔡语录》：“明道先生坐如泥塑，接人则浑是一～和气。”借用为军队的编制单位。《隋书·礼仪志三》：“次及辎重戎车散兵等，亦有四～。”《旧唐书·职官志三》：“凡卫士，三百人为一～，以校尉领之，以便习骑射者为越骑，余为步兵。”后进一步用于计量其他团体或组织。

腿 tuǐ ❶ 名量词 用于计量附着在腿上的东西：两～污泥|一～毛|汽车飞驰而过，溅了我一～的泥点子。**用法提示** ①数词一般限用“一”“两”：溅一～泥水|出水才看两～泥|去了趟工地，新换上的裤子就沾了一～泥灰。②数词“一”在某些代词或动词后常可省略：弄的这～泥|你在哪里蹭了～灰？|瞧你那～污泥，真够脏的。③数词前可加“这”“那”等代词：这一～烂泥|他用刮胡刀把那两～黑毛刮

得干干净净｜你瞧你那一～泥，快去洗洗！④前面可加形容词“满”修饰：满～泥水｜你从哪里弄得满～灰？｜这孩子长了满～脓疮。⑤后面一般不加“子”。⑥一般不重叠和儿化。❷ 动量词 用于计量腿的动作：飞起一～｜挨了一～｜他一～扫掉桌上的菜。**用法提示** ①数量结构多位于动词后，也可位于动词前：踢了一～｜插一～｜他一～跨过门槛，突然停住了。②数词一般没有限制，既可用基数词或表示数量的“两”“几”“好几”“若干”等，也可用序数词：蹬了两～｜他第一～踹在门上，第二～踹在柜子上｜赵正义跟着飞起一～，将他踢得滚出两丈外。③数词前可加“这”“那”“哪”等代词：这一～踢得他半天喘不过气来｜这几～没能踢实｜他那一～正踹中我胸口。④数词为“一”时可重叠，重叠形式主要有“(一)～～”“一～一～”：～～踢向要害｜一～～都用了十分的力气｜他一～一～用力地踹着。⑤数词“一”一般不省略。⑥前面一般不加形容词修饰，后面一般不加“子”。⑦一般不儿化。

语义源流 本义指人或动物用于支撑身体和行走的部分。《玉篇·肉部》：“腿，胫也。”《旧唐书·刑法志》：“决杖者，背、～、臀分受。”敦煌变文《燕子赋》：“胥是捉我支配，捋出脊背，拔却左～，揭却恼（脑）盖。”清·郑志鸿《常语寻源》引《类说》：“唐僖宗在藩邸时，每日为蹴球之戏，谓左右曰：‘吾虽好此，亦以练～耳。’”借用为量词，用于计量腿的动作。清·唐芸洲《七剑十三侠》第三十二回：“鸣皋将身一侧，趁势将刀夺住，飞起一～。”现代汉语中又用于计量附着在腿上的东西。

坨 tuó 名量词 用于计量呈块状或团状的东西：一～泥｜揉了两～面｜小布袋里面有一小～金子。**用法提示** ①数词一般没有限制，既可用基数词或表示数量的“两”“几”“好几”“若干”等，也可用序数词：他在水桶底发现了第二～口香糖｜这机器简直就是一～废铁｜走着走着，突然一～鸟屎不偏不倚地就掉在他头上了。②数词“一”在某些代词或动词后常可省略：孩子手里还攥着～黄泥｜留了～瘦肉慢慢品尝｜这～毛线要耐心梳理才可以解开。③数词前可加“这”“那”“哪”等代词：这几～砖茶是他的｜看见地上那一～雪白的米饭，他马上就明白了｜我们无意间注意到她手中的那一～黄土。④前面可加“大”“小”等形容词修饰：那一大～东西是什么？｜偏巧我们赶上下雨，一走就带起一大～泥｜孩子们趁大人不注意从粑团上扯下那么一小～就往嘴里塞。⑤后面一般可加“子”：踩了一～子牛屎｜一～子淀粉蘸蒜汁能有什么好吃的｜你看那人身上一～子的肉。⑥数词为“一”时可重叠，重叠形式主要有“(一)～～”“一～一～”：～～垃圾｜耳边呼呼风响，一～～泥块被孩子们扔了过来｜他把一～一～凉饭往嘴里塞。⑦一般可儿化：她总在胳肢窝底下夹一～儿毛线｜深圳的天气挺不错，云彩一～儿一～儿的｜厨房里还剩了一～儿面。

语义源流 本义指成堆成块的东西。

《西游记》第七十四回："把棍子望小妖头上砑了一砑，可怜，就砑得像个肉～。"《清史稿·王鼎传》："近年商力疲乏，不能预买生盐，存～新盐多卤耗。"演变为量词，用于计量呈块状或团状的东西。元·佚名《玩江亭》第二折："你也无柴担，我把渔船系，呆汉㗛，寻一～儿稳便处闲坐的。"

庹 tuǒ **度量衡量词** 长度单位。成年人把两手伸直，从一只手的中指尖开始量，到另一只手的中指尖的长度为1庹，约合5尺：一～长的绳子|买了三～布|玻璃柜台只有一～长|弯道至多有一～宽，里面还有不少碎石烂木头。**用法提示** ①数词一般用基数词或表示数量的"两""几""好几""若干"等：塔身全是一～多长的大石头|大家把准备好的木柴搬到麦场上，堆成两～长、一～宽、一～高的柴堆|井水很浅，用两～来长的绳索系上小桶就能轻易地打到水。②数词前可加"这""那"等代词：那一～多长的铁丝|沟旁那几～长的大盘石已被冲刷得光滑无比|这一～高的桃树枝上，桃花满目琳琅。③数词"一"一般不省略。④前面一般不加形容词修饰，后面一般不加"子"。⑤一般不重叠和儿化。

语义源流《字汇补·广部》："两腕引长谓之庹。"成人两臂左右伸直，从一只手的中指尖到另一只手的中指尖的长度为1庹，约合5尺。

W

瓦 wǎ 度量衡量词 功率单位“瓦特”的简称。详见“瓦特”。

瓦特 wǎtè 度量衡量词 功率单位，符号为W。简称“瓦”。每秒钟做1焦耳的功，功率是1瓦特。这个单位名称是为纪念英国发明家瓦特（James Watt）而定的。日常生活中常用千瓦作为单位，1千瓦等于1000瓦特：买了个100～的灯泡|她家用的是900～的电饭锅|几百～的音箱|发射系统的功率仅有几～。**用法提示** ①数词多用基数词或表示数量的“两”“几”“好几”“若干”等：不足100～的稳压器|LED冷光灯的功耗仅有四五～|喇叭的功率一般仅有几～，高的也只有十几～。②数词前可加“这”“那”等代词：这15～灯泡亮度有些不够|那100～以上发射功率的高频电磁波对身体是有伤害的。③数词“一”一般不省略。④前面一般不加形容词修饰，后面不加“子”。⑤一般不重叠和儿化。

弯 wān ❶ 名量词 用于计量弯曲状的自然景物，包括月亮、山水、田园以及彩虹等：一～明月|门前一～小溪|焉能受阻于一～窄窄的海峡|有时它像一～美丽的彩虹，给人以遐想。**用法提示** ①数词一般用“一”，但在形容像月亮的事物时，有时可用“两”：一～蛾眉般的下弦月|一～弓形的金水河|婴儿的眼睛眯成两～月牙儿。②数词“一”在某些代词后可省略：这～同样冷清的新月|望见那～夏日彩虹，我笑了。③数词前有时可加“这”“那”等代词：这一～如带的河流|那一～平湖居高临远。④数词为“一”时有时可重叠，重叠形式为“一～～”：穿过一个个绿色山坡和一～～金色田园|一～～小溪。⑤前面一般不加形容词修饰，后面一般不加“子”。⑥一般不儿化。❷ 名量词 用于计量弯曲状的具体事物，包括一些曲线、颜色或是痕迹：一～镰刀|那道绿光像一～绿色的曲线|一～紫红色唇膏的痕迹|一～金色给她蒙上一层薄薄的面纱。**用法提示** ①数词一般用“一”，个别时候也可用“几”：一～长长的钓鱼竿|一～金色的弧线|花瓣上点缀着几～金色的月牙亮点。②数词“一”在某些代词后常可省略：那～泥墙围住了他院中的花卉。③数词前有时可加“这”“那”等代词：这一～剪下来的指甲|那一～楼梯太窄了。④数词为“一”时有时可重叠，重叠形式为“一～～”：闪着一～～刺眼的黑色亮光。⑤前面一般不加形容词修饰，后面一般不加“子”。⑥一般不儿化。❸ 名量词 用于计量人的眼睛、眉毛以及臂弯等：一～柳眉|两～修长的眉骨|两～雪白的膀子露在被子外。**用法提示** ①数词一般用“一”，有时也可用“两”：一～细细的新月眉|两～似蹙非蹙的眉毛。②数词前有时可加“这”“那”等代

词：她变化不大，只是这一～发帘不见了｜母亲啊，我是你瞻望大海的那一～睫毛。③数词“一”一般不省略。④前面一般不加形容词修饰，后面一般不加“子”。⑤一般不重叠和儿化。❹ 名量词 用于计量人的某些神态与情绪：他唇上露出一～微笑｜任一～晶莹的思绪在杯底悄悄沉淀。**用法提示** ①数词一般限用“一”：一～思绪。②数词为“一”时有时可重叠，重叠形式为“一～～”：那一～～如月的愁绪，已经化作了满地幽静。③数词“一”一般不省略。④数词前一般不加代词。⑤前面一般不加形容词修饰，后面一般不加“子”。⑥一般不儿化。

语义源流 本义是拉开弓弦。《说文解字·弓部》：“弯，持弓关矢也。”汉·贾谊《过秦论》：“士不敢～弓而抱怨。”唐·骆宾王《途中有怀》：“涸鳞惊照辙，坠羽怯虚～。”由于开弓时弓弦呈弯曲状，故引申表示弯曲。宋·张耒《西山寒溪》：“午登西山去，路作九曲～。”唐·丁泽《上元日梦王母献白玉环》：“似见霜姿白，如看月彩～。”借用为量词，用于计量呈弯曲状的、或具体或抽象的事物，包括人的眼睛、臂肘等。《红楼梦》第二十一回：“一幅桃红被，只齐胸盖着，衬着那一～雪白的膀子，撂在被外。”在现代汉语中，“弯”可用于计量呈弯曲状的水、月、山川等。“弯”作为量词，更多地体现了一种修辞审美的作用，尤其是计量与人有关的体态或情绪时，更具有明显的修饰功能，有强调所计量对象的具象、神韵的作用。

近义辨析 弯—钩 见“钩”下。

丸 wán 名量词 用于计量小而圆的颗粒状物体，多为丸药：一～药｜捡了两～小石子｜几～晶莹剔透的珠子。**用法提示** ①数词一般没有限制，既可用基数词或表示数量的“两”“几”“好几”“若干”等，也可用序数词：我刚吃了两～舒肝丸｜我吃下了一～鱼肉｜稍停一会儿，他扔出了第二～爆雷。②数词“一”在某些代词或动词后常可省略：我给你吃的是～普普通通的安神药｜感冒只要吃这～药就可以了。③数词前可加“这”“那”“哪”等代词：他马上吃下了那两～仙丹｜这几～毒药就能毒死一头牛｜他乘人不备将盒中那一小～淡绿丹药放进口中。④前面可加“大”“小”等形容词修饰：他的口袋中总是装着一小～樟脑｜这一小～丹药，颜色很正｜第三道茶叫生态茶，茶叶紧缩成一大～。⑤后面一般可加“子”：只用吃上一～子药，出上一身汗，就好了｜听了这话，我算是吃了一～子定心丸了｜对方拉满弹弓，从柱后打了他一～子。⑥数词为“一”时可重叠，重叠形式主要有“(一)～～”“一～一～”：吞下～～玻璃弹珠大小的面团｜砾石在潮汐的洗刷下变成了一～～石卵｜他将一～一～药化成糊状，吞到肚子里去。⑦一般可儿化：最爱吃的是三分钱一～儿的山楂丸｜他吃了好几～儿药也不见好｜奶奶用开水化了一～儿消食丸给他灌了下去。

语义源流 本义指小而圆的东西。《说文解字·丸部》：“丸，圜也，倾侧而转者。”《管子·轻重丁》：“新冠五尺请挟弹怀～游水上。”《左传·宣公二年》：

"晋灵公不君。厚敛以雕墙；从台上弹人，而观其辟～也。"演变为量词，用于计量小而圆的颗粒状物体，多为丸药。三国魏·曹植《善哉行》："仙人王乔，奉药一～。"《后汉书·隗嚣传》："元请以一～泥为大王东封函谷关。"古代还可用于计量墨。晋·干宝《搜神记》卷四："诸祈祷者，持一百钱，一双笔，一～墨，置石室中。"宋·邵桂子《满江红·税官之扬州任》："只留得、一管钝毛锥，一～墨。"

碗 wǎn 名量词 用于计量盛装在碗里的东西：半～米饭｜两大～酸辣汤｜他将一～～热气腾腾的饺子捧到年轻人的面前。**用法提示** ①数词一般没有限制，既可用基数词或表示数量的"两""几""好几""若干"等，也可用序数词：吃一～燕麦粥｜第一～饺子给爷爷送去｜母亲做了几～肉臊子面。②数词"一"在某些代词或动词后常可省略：来～放辣子的凉皮｜喝～米汤，身子就热乎起来了｜那～晶莹透亮的大米粥真诱人。③数词前可加"这""那""哪"等代词：那一～热汤面｜这几～绿豆汤多加些冰糖｜这两～汤水下肚后，我竟然更饿了。④前面可加"大""小""满"等形容词修饰：一大～鸡汤｜他端起桌上的一满～酒若无其事地喝了下去｜妻子只吃了一小～面条。⑤数词为"一"时可重叠，重叠形式主要有"(一)～～""一～一～"：～～甘甜的凉茶｜一～～羊肉汤喝了下去｜想到家乡，总会想起那一～一～的香喷喷热腾腾的臊子米线。⑥一般可儿化：一～儿馄饨｜几～儿鸭血粉丝汤｜回家吸溜一～儿热汤面赶紧上炕睡觉。⑦后面一般不加"子"。

语义源流 本义指一种圆形敞口的食器。《说文解字·皿部》："盌（碗），小盂也。"《三国志·吴书·甘宁传》："宁先以银～酌酒。"借用为量词，用于计量以碗盛装的东西。唐·卢仝《走笔谢孟谏议寄新茶》："一～喉吻润，两～破孤闷。"明·朱有燉《豹子和尚》第三折："滑出出，水泠泠，两～来素匾食。"

汪 wāng 名量词 用于计量液体：一～清泉｜眼含两～清泪｜洞穴尽头，有一～两米见方的水池。**用法提示** ①数词一般限用"一""两"：一～死水｜两～眼泪｜孩子的眼睛就像是两～平静的湖水。②数词"一"在某些代词或动词后可省略：瀑布下是～水潭｜谁也不想趟进这～浑水｜那～血水就快凝固了。③数词前可加"这""那"等代词：那两～泪水｜这一～池水｜从那一～清清的水池里，游出了一对鸳鸯。④前面可加"大""小"等形容词修饰：一大～清水｜一小～眼泪｜这一小～清泉救了他们的命。⑤数词为"一"时可重叠，重叠形式主要有"(一)～～""一～一～"：一～～清泉｜大雨过后，路上到处是一～一～的积水｜涓涓细流汇集成～～清澈的泉水｜小道两旁是一～一～小水塘。⑥后面有时可加"子"：一～子泥水｜几个孩子正在一～子水里玩耍｜说是名胜，其实就是几堆石头一～子水而已。⑦一般不儿化。

语义源流 本义指深广。《说文解字·水部》："汪，深广也。"《国语·晋语二》："～是土也，苟违其违，谁能惧之！"韦昭注："汪，大貌。"《淮南子·俶真》："～然平静，寂然清澄，莫见其形。"晋·左思《吴都赋》："振荡～流，雷抃重渊。"刘逵注："汪流，水深貌。"深广之水自有所在之处，引申表示水或其他液体的停积之处，如池塘等。《左传·桓公十五年》："祭仲杀雍纠，尸诸周氏之～。"杜预注："汪，池也。"服虔注："停水曰汪。"《明史·列女传》："甫合卺，而夫暴殁。妇哭之哀，投门外～中死。"深广之水是不断聚积而成，引申指水或其他液体的聚积。明·兰陵笑笑生《金瓶梅》第七十五回："从早晨吃了口清茶，还～在心里。"《红楼梦》第三十一回："地下的水，淹着床腿子，连席子上都～着水。"演变为量词，用于计量积聚在一处的水或其他液体。宋·陈逢辰《乌夜啼》："月痕未到朱扉。送郎时，暗里一～儿泪，没人知。"《水浒传》第七十六回："龙文剑掣一～秋水，虎头牌画几缕春云。"清·石玉昆《三侠五义》第一百零五回："只见卢方无精打采，短叹长吁，连酒也不沾唇，却一～眼泪泡着眼珠儿，何曾是个干！"

网 wǎng ❶ 名量词 用于计量用网捕捞的鱼虾等：一～小黄鱼｜两～大龙虾｜一～水草｜每天出海，他都能打上来几～深海鱼虾。**用法提示** ①数词一般没有限制，既可用基数词或表示数量的"两""几""好几""若干"等，也可用序数词：第一～小鱼｜两～银鱼｜他今天捞到了十几～小青虾。②数词"一"在某些代词或动词后常可省略：捞了～贝壳｜这～鲤鱼得有七八十斤｜那～小杂鱼你都拿走吧。③数词前可加"这""那""哪"等代词：这几～小鱼卖不了多少钱｜那两～草鱼足够咱们吃一星期的｜哪一～鱼的种类更多？④前面可加"大""小"等形容词修饰：一大～鲤鱼｜一小～虾｜爷爷费了多半天工夫才捞到一小～鲫鱼。⑤数词为"一"时可重叠，重叠形式主要有"(一)～～""一～一～"：一～～沙丁鱼｜～～打捞上来的鱼都马上送进冷库｜随着一阵一阵的号子，一～一～欢蹦乱跳的鱼儿便被打上来。⑥后面有时可加"子"：打上来一～子海草｜一～子海鱼｜那一～子罗非鱼大概能卖好几百块钱。⑦一般不儿化。❷ 动量词 用于计量用网捕捞的次数：每个地方只撒一～｜打三四～就休息一会儿｜我们刚撒了一～就起风了。**用法提示** ①数量结构可位于动词前，也可位于动词后：一～撒下去，捞了几十斤大马哈鱼｜靠海吃海，他每天都去打几～｜他捞了十几～，啥也没捞着。②数词一般没有限制，既可用基数词或表示数量的"两""几""好几""若干"等，也可用序数词：位置选得不对，你就是撒一百～也捞不到鱼｜捞到第十～就收工吧｜晚上有客人呢，多打几～，让他们吃个痛快。③数词前有时可加"这""那""哪"等代词：只撒这一～｜他撒了那几～就回家了｜我刚打了这一～，你就来了。④数词为"一"时可重叠，重叠形式主要有"一～～""一～一～"：一～～撒下去｜一～～拉起来，都没见着像样的大鱼｜他一～一～打捞着，不相信会一

无所获。⑤后面有时可加“子”：打了一～子|撒了几～子|你等我再捞两～子，一定有惊喜。⑥数词“一”一般不省略。⑦前面一般不加形容词修饰。⑧一般不儿化。

语义源流 本义为用绳线等结成的捕鱼或捉鸟兽的用具。《说文解字·网部》：“网，庖牺所结绳以渔。”《诗·邶风·新台》：“鱼～之设，鸿则离之。”汉·陈琳《为曹洪与魏文帝书》：“若骇鲸之决细～，奔兕之触鲁缟。”元·萨都刺《题淮安壁间》：“鱼虾泼泼初出～，梅杏青青已着枝。”引申指用网捕捉。唐·李肇《唐国史补·韦丹驴易鼋》：“见数百人喧集水滨，乃渔者～得大鼋。”清·蒲松龄《聊斋志异·犬奸》：“所止处，观者常数百人，役以此～利焉。”借用为名量词，用于计量用网捕捞的鱼虾等。宋·王十朋《晚过沙滩》：“渔人生计占沙洲，一～鳊鱼二百头。鱼未到家人买尽，明朝一～更盈舟。”许啸天《明代宫闱史》第六十八回：“这些民夫所贪的是钱，巴不得有这命令，就一哄地将艇四散，奋勇去打～鱼儿。”借用为动量词，用于计量以网捕捞的次数。清·徐昌治《高僧摘要·牧云禅师》：“待等鱼来，一～撒去，大鱼小鱼，满载而归。”清·许葭村《秋水轩尺牍》：“亲友挟货来者，又已先打一～，故难为力。”许啸天《明代宫闱史》第六十八回：“他们一～～的，倒也打着了好些大鱼。”

微安 wēi'ān 度量衡量词 电流单位。常用于非常小的电流，符号为μA。1微安等于10^{-6}安培：传输的电流只有30～|设计并生产出了静态电流仅有几～的专用厚膜电路。**用法提示** ①数词多用基数词或表示数量的“两”“几”“好几”“若干”等：泄漏电流值不大于50～|质量差的二极管电流可达数百～|该类设备可适应电流密度从每平方厘米几～到几十毫安的各种电池。②数词前可加“这”“那”等代词修饰：高出的那100～|这1～的直流电子束，在实验中产生的脉冲电子束包含10个电子|那几十～生物电流可在磁场作用于穴位后产生电磁波，并传到中枢发生生物效应。③数词“一”一般不省略。④前面一般不加形容词修饰，后面一般不加“子”。⑤一般不重叠和儿化。

微米 wēimǐ 度量衡量词 长度单位，符号为μm。1微米等于10^{-6}米：其直径约为90～|最细的光导纤维直径只有几～。**用法提示** ①数词多用基数词或表示数量的“两”“几”“好几”“若干”等：毛细血管非常细，平均只有8～粗|细菌的大小一般只有几～，有的甚至只有0.1～。②数词前可加“这”“那”等代词：那0.03～的电子层|那100～是构成肌体的细胞直径。③数词“一”一般不省略。④前面一般不加形容词修饰，后面一般不加“子”。⑤一般不重叠和儿化。

韦 wéi 度量衡量词 磁通量单位“韦伯”的简称。详见“韦伯”。

韦伯 wéibó 度量衡量词 磁通量单位，符号为Wb。简称“韦”。这个单位名称是以德国物理学家韦伯（Wilhelm Eduard Weber）的名字命名的。指的是穿过某一平面的磁感线的条数：该款磁通计的测量量程为20毫～、

200毫～、2000毫～|磁电式磁通计灵敏度较低，仅为0.1毫～/分度。**用法提示** ①数词一般用基数词：当磁场与面积为0.5平方米的闭合金属圆线圈垂直时，穿过环面的磁通量是0.2～|20世纪80年代的电子式磁通计的灵敏度大约可达10^{-3}毫～/分度。②数词“一”一般不省略。③数词前一般不加代词。④前面一般不加形容词修饰，后面一般不加“子”。⑤一般不重叠和儿化。

W

围 wéi ❶ 名量词 用于计量物体的周长，表示人伸开两条胳膊合抱的量或两手拇指和食指合拢后的周长：这是棵十～大树|那根两～石柱|腰细不到两～|迎面是一块数十～的船形巨石。**用法提示** ①数词一般用基数词或表示数量的“两”“几”“好几”“若干”等：几～粗的大树|圆柱粗约两～|官殿门口是好几～粗的柱子。②数词“一”一般不省略。③数词前一般不加代词。④前面一般不加形容词修饰，后面一般不加“子”。⑤一般不重叠和儿化。❷ 名量词 用于计量围成圆圈的事物：一～天然屏障|环抱花坛的是一～常青树|他最近睡眠不好，眼眶四周浮着一～淡淡的黑印。**用法提示** ①数词多用“一”：一～矮墙|环绕湖边种了一～垂柳|将军的腰间系着一～玉带。②数词前可加“这”“那”等代词：这一～冬青|那一～座椅|这一～几人高的院墙难住了消防员。③数词“一”一般不省略。④前面一般不加形容词修饰，后面一般不加“子”。⑤一般不重叠和儿化。

语义源流 本字为“囗”，指环绕。《说文解字·囗部》：“囗，回也。”段玉裁注：“围绕、周围字当用此。”《周礼·冬官·庐人》：“以其一为之被，而～之。”《庄子·则阳》：“精至于无伦，大至于不可～。”宋·王安石《阴漫漫行》：“少留灯火就空床，更听波涛～野屋。”引申指围裹。《易·系辞传上》：“范～天地之化而不过。”《朱子语类·易十》：“范是铸金作范，～是围裹。”进一步引申指周围。唐·牟融《登环翠楼》：“云树四～当户暝，烟岚一带隔帘浮。”元·王实甫《西厢记》第四本第三折：“四～山色中，一鞭残照里。”进一步引申指圆周的周长或人的腰围。宋·陆游《舟中作》：“梨大～三寸，鲈肥叠四腮。”清·蒲松龄《聊斋志异·晚霞》：“鸣大钲，～四尺许。”《魏书·崔辩传》：“身长八尺，～亦如之。”演变为量词，用于表示周长。《庄子·人间世》：“见栎社树，其大蔽数千牛，絜之百～。”《汉书·五行志中》：“树大四～，巢去地五丈五尺。”唐·耿湋《入塞曲》：“将军带十～，重锦制戎衣。”现多指两只手的拇指和食指合拢或两臂合拱的长度。还可用于计量围成圆圈的事物。清·西周生《醒世姻缘传》第八十六回：“高耸耸一～粉壁，窄小小两扇朱门。”元·张可久《雪芳亭》：“一～云锦树，四面雪芳亭，月斜时人未醒。”

尾 wěi 名量词 用于计量鱼（个别情况也用于计量蛇等）：一～草鱼|几～小金鱼|池里养着上千～鱼苗|这三～红鲤鱼将近20斤呢。**用法提示** ①数词一般没有限制，既可用基数词或表示数量的“两”“几”“好几”“若

干”等，也可用序数词：两～小鲫鱼｜湖里放养了几千～草鱼｜这是他找到的第一～赤练蛇｜一～白鱼倏然由溪水中跃了出来。②数词“一”在某些代词或动词后常可省略：那～小泥鳅｜他很开心，买了～20多公斤的“鲤鱼王”｜这是～1.5公斤重的野生河鳗。③数词前可加“这”“那”“哪”等代词：这几～白鲢｜那两～秋刀鱼｜哪一～鲈鱼最好？④数词为“一”时可重叠，重叠形式主要有“(一)～～”“一～一～”：一～～锦鲤相继跃起｜母黑鱼张开大口，把一～一～小黑鱼吞进嘴中｜～～小鱼被从渔网上取下来。⑤前面一般不加形容词修饰，后面一般不加“子”。⑥一般不儿化。

语义源流 本义指尾巴，是动物躯干末端突出的部分。《玉篇·尾部》：“尾，脊尽处也，鸟兽鱼虫皆有之。”《易·履卦》：“履虎～，不咥人，亨。”《书·君牙》：“心之忧危，若蹈虎～，涉于春冰。”《吕氏春秋·行论》：“比兽之角，能以为城；举其～，能以为旌。”汉·王褒《四子讲德论》：“附骥～则涉千里，攀鸿翮则翔四海。”借用为量词，常用于计量尾部特征明显的物体，主要是鱼。唐·柳宗元《游黄溪记》：“有鱼数百～，方来会石下。”《水浒传》第三十八回：“既然哥哥要好鲜鱼吃，兄弟去取几～来。”清·吴敬梓《儒林外史》第二十七回：“当下鲍家买了一～鱼。”古代也可用于计量牛、马、羊以及船等与尾巴的形体具有某种相似性的物品。宋·苏轼《过新息留示乡人任师中》：“却下关山入蔡州，为买乌犍三百～。”宋·苏轼《书晁说之〈考牧图〉后》：“前有百～羊，听我鞭声如鼓鼙。”宋·梅尧臣《阻风秦淮令狐度支寄酒》：“江船百～泊深湾，铁缆千环系长轴。”现代汉语中，“尾”的使用范围很小，主要用于计量鱼，以凸显其鲜活性。

近义辨析 尾—条 见“条”下。

位 wèi ❶ 名量词 用于计量具有一定身份、地位或需表达尊敬的人：几～著名学者｜一～英雄｜本次会议邀请了好几～海内外专家。**用法提示** ①数词一般没有限制，既可用基数词或表示数量的“两”“几”“好几”“若干”，也可用序数词或表示序数的“首”等：一～老者｜首～客人｜二十多～人民代表出席了本次听证会。②数词“一”在某些代词或动词后常可省略：有～佳人，在水一方｜这～警官负责你的案子｜靠窗坐的那～老师已经从教三十年。③数词前可加“这”“那”“哪”等代词：这几～专家｜那三～医生｜哪一～旅客需要补票？④数词为“一”时可重叠，重叠形式主要有“一～～”“一～一～”：一～～代表｜他与一～～专家亲切握手｜对这一～一～痛苦的求助者我深表同情。⑤前面不加形容词修饰，后面一般不加“子”。⑥一般不儿化。❷ 名量词 用于计量算术中的位数，一个数有几个数码就是几位数：六～数存款｜两～数加减法｜北京市的电话号码早就已经升至八～数了。**用法提示** ①数词一般没有限制，既可用基数词或表示数量的“两”“几”“好几”“若干”等，也可用序数词：第一～数|10是最小的两～数｜密码是手机号码的最后四～数。②数词前可加

W

“这”“那”“哪”等代词：这两～数字｜那十几～数字很难记住｜最后那三～数字写错了。③数词“一”一般不省略。④前面不加形容词修饰，后面一般不加“子”。⑤一般不重叠和儿化。

语义源流 本义指位置、方位，表人或物所处之处。《说文解字·人部》：“列中庭之左右谓之位。”段玉裁注：“《左传》云‘有位于朝’是也。引申之凡人所处皆曰位。”《周礼·天官·叙官》：“惟王建国，辨方正～。”唐·韩愈《贺庆云表》：“西北方者，京师所在。土为国家之德，祥见京师之～，既征于古，又验于今。”引申指职位、地位、王位。《诗·小雅·小明》：“靖共尔～，正直是与。”《吕氏春秋·劝学》：“故为师之务，在于胜理，在于行义，理胜义立，则～尊矣。”《公羊传·文公九年》：“即～矣，而未称王也。”泛指各种位次或座位。《论语·乡党》：“入公门……过～，色勃如也。”邢昺疏：“过位，过君之空位也。谓门屏之间，人君伫立之处。”唐·韩愈《送郑尚书序》：“适～执爵，皆兴拜，不许，乃止。”《水浒传》第十六回：“晁盖只得坐了第一～。”借用为量词，用于计量地位、职位各不相同的人。明·凌濛初《二刻拍案惊奇》卷十七：“闻知有～景小姐，是老丈令甥。”明·罗懋登《三宝太监西洋记》第十二回：“令牌响处，天雷霹雳，遣将几～天将下来，教他东，他不敢往西，教他南，他不敢往北。”古代也可计量放置位置不同的物品。清·魏源《圣武记》卷十四：“但令每舶回帆入口，必购夷炮数～，或十余～。”现代汉语中多用于计量具有一定身份、地位或需表达尊敬的人，有尊重义；还可用于计量位数等。

近义辨析 位—个—名—员 见“个”下。

味 wèi ❶ **名量词** 用于计量中药，药物的一种叫一味：一～很苦的药｜有两～药很难找｜他找齐了这副药中的一～一～药。**用法提示** ①数词一般没有限制，既可用基数词或表示数量的“两”“几”“好几”“若干”，也可用序数词或表示序数的“头”等：一～中草药｜这头～药是清热去火的｜他就靠这几～药行了一辈子医。②数词“一”在某些代词或动词后常可省略：医生给他开了～安神的药｜有～药草我不认得｜那～药是止血用的｜我的处方里面没有这～药。③数词前可加“这”“那”“哪”等代词：这三～药都有一定的抗癌活性｜从中医的角度讲，这两～药都是补气的｜他想弄清楚这些化学成分来自哪几～中药。④数词为“一”时可重叠，重叠形式主要有“（一）～～”“一～一～”：～～药材｜她对照药方查看了待煎的一～～中药｜他用了两年时间凑齐了一～一～的药材。⑤前面一般不加形容词修饰，后面一般不加“子”。⑥一般不儿化。❷ **名量词** 用于计量味道、气味各不相同的菜肴：一～小菜｜你休息一下，我去做几～你喜欢吃的菜｜管家端着几～北方小点心走进客厅。**用法提示** ①数词一般没有限制，既可用基数词或表示数量的“两”“几”“好几”“若干”，也可用序数词或表示序数的“头”等：头～凉菜是拌腐竹｜几～拿手菜｜桌上是十几～荤素菜肴。②数词“一”在某些

代词或动词后常可省略：这～小点心可是店家的招牌|有瓶好酒，有～下酒菜，我就满足了|这～萝卜烧羊肉是特意为你做的。③数词前可加“这”“那”“哪”等代词：这几～家常风味炒菜特别受欢迎|那两～主菜必须由厨师长亲自做|你最喜欢哪几～家乡小菜？④数词为“一”时可重叠，重叠形式主要有“(一)～～”“一～一～”：一～～佳肴|几十味点心，～～可口|请你慢慢品尝本餐馆新增的一～一～新菜。⑤前面一般不加形容词修饰，后面一般不加“子”。⑥一般不儿化。

语义源流 本指滋味，是物质特别是食物中所具有的能够使舌头得到某种味觉感受的特性。《说文解字·口部》：“味，滋味也。”《论语·述而》：“子在齐闻《韶》，三月不知肉～。”三国魏·嵇康《养生论》：“知名位之伤德……识厚～之害性。”宋·梅尧臣《吴正仲遗蛤蜊》：“樽前已夺蟹螯～，当日莼羹枉对人。”引申指气味，是物质中所具有的能够使鼻子得到某种嗅觉感受的特性。唐·白居易《寒食江畔》：“还似往年春气～，不宜今日病心情。”清·文康《儿女英雄传》第三十一回：“(何小姐)一时便觉那香气的～有些钻鼻刺脑。”演变为量词，用于计量味道、气味各不相同的菜肴。明·凌濛初《二刻拍案惊奇》卷十八：“贫道也要老丈到我山居中，寻几～野蔬。”明·抱瓮老人《今古奇观·卢太学诗酒傲王侯》：“列着金桃雪藕，沉李浮瓜，又有几～案酒。”也可以计量中药，药物的一种叫一味。唐·陈子昂《谢药表》：“伏奉中使宣敕旨，赐贫道药总若干～。”清·无垢道人《八仙得道》第二十三回：“你要去救你娘，正少一～药儿作个引子。”

近义辨析 味—服—剂—料 见“服”下。

文 wén **名量词**〈古〉货币单位，常用于计量铜钱。一枚铜钱就是一文：一～钱也没有|借了东家三十～钱|给了他四十～酒钱|腰包里装着二十五两雪白的银子，却一～都舍不得花。

语义源流 本义指花纹。《说文解字·文部》：“文，错画也，象交文。”《易·系辞传下》：“物相杂，故曰～。”《礼记·乐记》：“五色成～而不乱。”《左传·隐公元年》：“仲子生而有～在其手。”《史记·平准书》：“故白金三品，其一曰重八两，圜之，其～龙。”后用来指钱币的正面。《汉书·西域传上》：“以金银为钱，～为骑马，幕为人面。”颜师古注引张晏曰：“钱文面作骑马形，漫面作人面目也。”借用为量词，专用于计量钱币，一枚铜钱为一文。《宋书·徐羡之传》：“可以钱二十八～埋宅四角，可以免灾。”北魏·贾思勰《齐民要术·种槐、柳、楸、梓、梧、柞》：“柴合收钱六万四千八百～。”明·冯梦龙《醒世恒言·十五贯戏言成巧祸》：“众人那里肯听他分说，搜索他搭膊中，恰好是十五贯钱，一～也不多，一～也不少。”

瓮 wèng **名量词** 用于计量用瓮盛装之物：一～老陈醋|收集了两大～雪水|妈妈腌了几～咸菜。**用法提示** ①数词一般没有限制，既可用基数词或表示数量的“两”“几”“好几”“若干”等，也可用序数词：第一～美酒|两～女儿红|他们挖了多半天，终于挖出了地下

W

埋着的十几～金银珠宝。②数词“一”在某些代词或动词后常可省略：开了～陈年老酒｜门边地上是～清泉水｜几人喝了一夜，那～酒居然给喝了个干净。③数词前可加“这”“那”“哪”等代词：这两～米醋｜那三～玉米｜窖藏的这二十几～酒都到了开瓮的时间。④前面可加“大”“小”等形容词修饰：几小～海鲜｜一大～美酒｜他在床底下埋着九大～银子。⑤数词为“一”时可重叠，重叠形式主要有“(一)～～”“一～一～”：～～夜明珠｜他们搬出了一～一～财宝｜一瓶瓶一～～老醋成了当地人的居家之宝。⑥后面一般不加“子”。⑦一般不儿化。

语义源流 本指一种小口大腹的陶器。《说文解字·瓦部》：“瓮，罂也。”晋·葛洪《抱朴子·喻蔽》：“四渎之浊，不方～水之清。”宋·陆游《瓮池》：“埋～东阶下，滟滟一石水。”借用为量词，用于计量用瓮盛装之物。唐·白居易《冬初酒熟二首》其一：“一～新醅酒，萍浮春水波。”清·西周生《醒世姻缘传》第一百回：“掀了石板，只见瓮中满满两～清水，那有甚么银子的踪影。”《红楼梦》第五回：“仅有自采仙茗一盏，亲酿美酒几～。”

窝 wō ❶ 名量词 用于计量聚居于同一巢穴或同一批次出生、孵化的动物：一～鸟蛋｜养了十几～兔子｜邻居家的两～小鸡长大了。**用法提示** ①数词一般没有限制，既可用基数词或表示数量的“两”“几”“好几”“若干”，也可用序数词或表示序数的“头”等：这是它生的头～小猪仔｜几～老鼠｜那两～燕子一起飞回来了。②数词“一”在某些代词或动词后常可省略：捅了～马蜂｜孵了～小鸟｜这～鸽子是春天才孵出来的。③数词前可加“这”“那”“哪”等代词：这几～刺猬｜那两～小狼｜他把母狗和那一～狗崽全卖了。④前面可加“大”“小”等形容词修饰：一大～老鼠｜一大～螃蟹｜马路边一小～蚂蚁正在搬家。⑤后面一般可加“子”：一～子山老鼠｜几～子野兔｜人们如一～子刺猬似的挤来挤去。⑥数词为“一”时可重叠，重叠形式主要有“(一)～～”“一～一～”：～～蛀虫｜一～一～蚂蚁｜院子里有一～～小鸵鸟和珍珠鸟。⑦有时可儿化：一～儿小棕熊｜几～儿麻雀｜那只黑母鸡新孵了一～儿小鸡雏，凶得很。❷ 名量词 用于计量聚集生长的、成团成簇的植物：一～蘑菇｜一～野草｜草地上盛开着一～一～小野菊。**用法提示** ①数词一般没有限制，既可用基数词或表示数量的“两”“几”“好几”“若干”，也可用序数词或表示序数的“头”等：一～蓬蒿｜他的头发几天没梳了，好似一～干草｜第一～勿忘我草是他找到的。②数词“一”在某些代词或动词后常可省略：墙角铺了～稻草｜那儿有～小蘑菇｜那～小草在沙漠里分外显眼。③数词前可加“这”“那”“哪”等代词：这几～蘑菇是雨后新长出来的｜那一～干草是小燕子的家。④前面可加“大”“小”等形容词修饰：一大～苔藓｜几小～木屑｜仓鼠把一大～棉花铺在了角落里。⑤后面一般可加“子”：一～子芦苇毛｜一～子干草｜老人仔细归拢了那几～子草木灰。⑥数词为“一”时可重叠，重叠形式主要

有“(一)～～”“一～一～”：他们从一～～乱草里把稻苗解放出来|雨后不久就能看到树底下冒出一～～蘑菇。⑦有时可儿化：一～儿晶莹剔透的小红豆|他不修边幅，顶着一～儿乱发。❸ 名量词 用于计量聚集在一起的人，多含贬义：一～子小贼|好几～强盗|那山里住着两～子土匪。**用法提示** ①数词一般没有限制，既可用基数词或表示数量的“两”“几”“好几”“若干”等，也可用序数词：第一～乞丐去了北方，第二～乞丐去了南方|三个儿子一个个老实巴交，都拉着一～儿女|这一～吃货呀，一逮到吃的就刹不住。②数词“一”在某些代词或动词后常可省略：这～叛匪|他们家是～老古板，严厉得可怕。③数词前可加“这”“那”“哪”等代词：那两～盗贼|他三十来岁就死了，留下这一～子孤儿寡母。④前面可加形容词“大”修饰：什么英雄好汉，他们就是一大～子强盗土匪|将军一鼓作气，肃清了几大～流寇。⑤后面常常加“子”：真是一～子混球|那些人就是一～子假正经|她很担心自己一～子傻乎乎的女儿都嫁不出去。⑥有时可儿化：那是一～儿笨蛋，没法讲道理|一～儿不讲公义的卑鄙小人|警察抓获了诈骗犯的一～儿同党。⑦一般不重叠。

📖 **语义源流** 本义为巢穴，是鸟兽昆虫栖息之处。字本作“窠”。《集韵·戈韵》：“窠，穴居也。”唐·张仁溥《题龙窝洞》：“折花携酒看龙～，镂玉长旌俊彦过。”元·王举之《水仙子·春日即事》：“鱼鳞玉尺戏晴波，燕嘴芹泥补旧～。”借用为量词，用于计量聚居于同一巢穴或同一批次出生、孵化的动物。清·文康《儿女英雄传》第五回：“那老树，上半截剩了一个杈儿活着，下半截都空了，里头住了一～老枭。”《西游记》第二十一回：“二人撞入里面，把那一～狡兔、妖狐、香獐、角鹿，一顿钉钯铁棒，尽情打死。”也指人的安居之处。《宋史·邵雍传》：“雍岁时耕稼，仅给衣食，名其居曰‘安乐～’。”明·冯惟敏《集贤宾·闺思》：“四时光景堪行乐，百岁芳春有几何！及早回还锦绣～。”借用为量词，用于计量聚居在一起的人，多含贬义。明·冯梦龙《警世通言·玉堂春落难逢夫》：“自家一～子男女，那有闲饭养他人。”清·褚人获《隋唐演义》第五十六回：“就是家中这一～儿老小，抛下怎么样过活？”又引申指聚集一处，成团成簇的样子。宋·范成大《晒茧》：“隔篱处处雪成～，牢闭柴荆断客过。”借用为量词，用于计量成团成簇的东西。宋·刘过《好事近·谁斫碧琅玕》：“滚到浪花深处，起一～香雪。”明·洪楩《清平山堂话本·简帖和尚》：“眉分两道雪，髻挽一～丝。”

屋 wū 名量词 用于计量屋子里的人或物：一～客人|满～笑声|他们清出了好几～杂物。**用法提示** ①数词一般用基数词或表示数量的“两”“几”“好几”“若干”等：一～新家具|一～子专家|客人走了，留下一～子火锅味。②数词“一”在某些代词后可省略：这～人|那～银子都搬空了|今天哪～客人退房？③数词前可加“这”“那”“哪”等代词：这一～高级家电|那两～存粮|这一～旧衣服都捐了吧。

④前面可加形容词“大”修饰：一大～亲戚|这些年他存下了一大～子古董|你瞧瞧你弄的这一大～烟味。⑤后面常可加“子”：一～子人|一～子小学生。⑥一般不重叠和儿化。

语义源流 本义指房舍、房屋。《说文解字·尸部》：“屋，居也。”《易·丰卦》：“丰其～，天际翔也。”《诗·秦风·小戎》：“在其板～，乱我心曲。”《淮南子·齐俗》：“广厦阔～，连闼通房，人之所安也。”唐·元稹《大觜乌》：“翱翔富人～，栖息屋前枝。”借用为量词，用于计量房屋里的人或物。《朱子语类·论语九》：“却如人有一～钱散放在地上，当下将一条索子都穿贯了。”清·吴趼人《二十年目睹之怪现状》第三十五回：“到得花多福房里时，却已经黑压压的挤满一～子人。”

X

西 xī 度量衡量词 “西门子”的简称。详见“西门子”。

西门子 xīménzǐ 度量衡量词 物理电路学及国际单位制中，电导、电纳和导纳三种导抗的单位，符号为 S。简称“西”。这个单位名称是以德国物理学家西门子（Ernst Werner von Siemens）的名字命名的。当 1 安培电流通过物体的横截面并存在 1 伏特电压时，物体的电导就是 1 西门子：典型的稳定大陆区地壳的导电性在 100 ～到 1000 ～之间 | 铜是电流的良导体，其电导率为 58.14×10^6 ～每米。**用法提示** ①数词一般用基数词：西藏地壳总体导电性在 3000 ～到 10000 ～之间 | 陶瓷电容器的容量不超过万分之一～。②数词“一”一般不省略。③数词前一般不加代词。④前面一般不加形容词修饰，后面一般不加“子”。⑤一般不重叠和儿化。

希 xī 度量衡量词 辐射剂量单位“希沃特”的简称。详见“希沃特”。

希沃特 xīwòtè 度量衡量词 辐射剂量单位，符号为 Sv。简称“希”。每千克人体组织吸收 1 焦耳的辐射量，为 1 希沃特。希沃特是个非常大的单位，通常使用毫希沃特（mSv）、微希沃特（μSv），1Sv=1000mSv，1mSv=1000μSv：每年辐射物质摄取量超过 6 毫～，应被列为放射性物质工作人员 | 该核电站产生的辐射剂量控制在每年 0.25 毫～以下 | 人们每年受到的天然放射性剂量则高达 3 毫～。**用法提示** ①数词一般用基数词：0.1 ～的辐射 | 与放射相关的工人，一年最高辐射量为 50 毫～ | 人们每年摄入的空气、食物、水中的辐射照射剂量约为 0.25 毫～。②数词前有时可加“这”“那”等代词：千万不能小看这几～的辐射 | 每年由环境带来的那两毫～的辐射量不会对人体产生什么影响 | 那六七～的辐射量足以致命了。③数词“一”一般不省略。④前面一般不加形容词修饰，后面一般不加“子”。⑤一般不重叠和儿化。

席 xí ❶ 名量词 用于计量会议、集会等场合的座位数或代表数：民主党派占五十～ | 主席台共设十五～座位 | 本次会议共邀请一百～正式代表、二十～列席代表来参加。**用法提示** ①数词一般没有限制，既可用基数词或表示数量的“两”“几”“好几”“若干”等，也可用序数词：最前排的三～座位是预留给特邀专家的 | 二楼两百多～位置坐满了记者 | 第一～代表来自 500 强企业。②数词前可加“这”“那”“哪”等代词：这两～观察员 | 那几～正式代表 | 这一百多～观众都有投票权。③数词“一”一般不省略。④前面一般不加形容词修饰，后面一般不加“子”。⑤一般不重叠和儿化。❷ 名量词 用于计量成桌的饭菜：一～婚宴 | 几～盛宴 | 富家一～酒，

穷汉半年粮。**用法提示** ①数词一般没有限制，既可用基数词或表示数量的“两”“几”“好几”“若干”等，也可用序数词：一～新酒佳肴|花园子里摆几～酒|想到这也许是父亲的最后一～寿宴，他心中格外悲伤。②数词“一”在某些代词或动词后常可省略：摆了～丰盛大餐|这～喜宴|那～满月酒是爷爷力主办的。③数词前可加“这”“那”“哪”等代词：这两～豆腐宴|那几～大餐|哪一～欢迎宴都有领导参加。④数词为“一”时可重叠，重叠形式为“一～～”：一～～晚餐都已备好|他已经离不开那一～～盛筵|那陈列着的一～～菜肴别致得令人赞叹不已。⑤前面一般不加形容词修饰，后面一般不加“子”。⑥一般不儿化。

❸ 名量词 用于计量话语：一～语重心长的劝勉|一～长谈|一～肺腑之言|听君一～话，胜读十年书。**用法提示** ①数词一般限用“一”：一～酒话|他这一～表白感人至深|师兄那一～入情入理的话已说得他心服口服。②数词“一”在某些代词后常可省略：这～善意的谎言|听了那～伤心之言，我们都对他非常同情。③数词前可加“这”“那”“哪”等代词：那一～好奇的话透着童真|这一～恍似交代遗言的话语让父亲很不安。④前面可加形容词“大”修饰：一大～肺腑之言|一大～感慨|他的一大～说教听得众人昏昏欲睡。⑤数词为“一”时可重叠，重叠形式主要有“一～～”“一～一～”：一～一～如雷贯耳之言实令在下汗颜|他发表了一～～貌似客气的得意之言|一～～关切入情的话语，令人感动。⑥后面一般不加“子”。⑦一般不儿化。

语义源流 本义指席子，是一种由竹篾、苇篾或草编织成的坐卧铺垫用具。《说文解字·巾部》：“席，籍也。”《诗·邶风·柏舟》：“我心匪～，不可卷也。”《史记·孙子吴起列传》：“卧不设～，行不骑乘，亲裹赢粮，与士卒分劳苦。”唐·韩愈《送僧澄观》：“清淮无波平如～，栏柱倾扶半天赤。”借用为量词，古代用于计量像席子一样呈片状铺开之物。唐·杜甫《种莴苣》：“既雨已秋，堂下理小畦，隔种一两～许莴苣。”坐卧之处常常铺有席子，引申指座位、席位。《论语·乡党》：“君赐食，必正～，先尝之。”《史记·魏其武安侯列传》：“饮酒酣，武安起为寿，坐皆避～伏。”宋·陆游《老学庵笔记》：“于便坐接客，初惟一揖，即端坐自若……及退，复起一揖，未尝离～。”由座位义进一步引申，也可指位置相对固定、席位尊卑有别的酒席、筵席。《吴越春秋·阖闾内传》：“于是要离～阑至舍，诫其妻。”《水浒传》第七回：“每日吃他们酒食多矣，洒家今日也安排些还～。”明·凌濛初《二刻拍案惊奇》卷十二：“但是良辰佳节，或宾客～上，必定召他来侑酒。”借用为量词，用于计量成桌的饭菜等。明·罗懋登《三宝太监西洋记》第十八回：“中一～素食筵宴，吃一看十，款待国师。”清·刘鹗《老残游记》：“高公喜欢得无可如何，送了八两银子谢仪，还在北柱楼办了一～酒。”明·凌濛初《二刻拍案惊奇》卷七：“董孺人整备着一～酒，以谢孝为名，单请着吕使君。”席子铺开展开才可使用，故也借用于计量铺陈论述的话语。《朱子语类·训门人四》："今人知为学者，听人说一～好话，亦解开悟。"明·冯梦龙《警世通言·杜十娘怒沉百宝箱》："李甲原是没主意的人，本心惧怕老子，被孙富一～话，说透胸中之疑。"明·罗懋登《三宝太监西洋记》第六十三回："国王听见驸马将军这一～劝解，心上才有些欢喜。"现代汉语中也用于计量会议、集会等场合的座位数或代表数。

近义辨析 席—桌 均可用于计量饭菜、酒席等，如可以说"两席喜酒""一席寿筵"，也可以说"两桌喜酒""一桌寿筵"，但二者的语义重点不同。"席"由位置相对固定、席位尊卑有别的酒席、筵席义，借用为计量饭菜、酒席的量词，强调饭菜成桌成套，隐含正式、丰盛的意味。如"这一席酒，虽是便餐，但水陆俱陈，珍馐罗列，宾主尽欢，不在话下"，其中的"席"就强调了饭菜的丰盛，虽也可以换成"桌"，但语义上有一定差异，也少了些许正式隆重的意味。"桌"由几案、桌子义借用为计量饭菜、酒席的量词，强调饭菜的桌数，"桌"的数量可体现酒席的规模，桌子越多规模越大，如"他的婚礼摆了六十桌喜酒"，此处的"桌"不可换成"席"。二者的语体风格也因此有所不同，"席"多用于书面语，"桌"多用于口语。比如可以说"一桌剩菜""一桌小吃"，不可以说"一席剩菜""一席小吃"。此外，二者的使用范围也不同，"席"还可以计量席位和铺陈论述的话语等，如"我方代表只占三席""听君一席话，胜读十年书"，"桌"则无此用法。

袭 xí 名量词 用于计量整套的衣服：一～长裙｜一～礼服｜他一气儿订制了好几～长袍。**用法提示** ①数词一般限用"一"：一～拖地长裙｜一～尊贵的晚礼服｜他穿着一～黑色礼服出场了。②数词"一"在某些代词或动词后常可省略：这～白色连衣裙｜做了～素净的衣裳｜这～绣花袍还算是让人满意。③数词前可加"这""那""哪"等代词：这一～晚礼服｜那一～红纱裙｜对于你，我只记得那一～青衣和那一头飘扬的长发。④数词为"一"时可重叠，重叠形式为"一～～"：一～～或华美或素雅的旗袍｜一～～宝光璀璨的斜裁晚礼服｜那一～～色彩美丽的长裙都出自妈妈的手。⑤前面一般不加形容词修饰，后面一般不加"子"。⑥一般不儿化。

语义源流 本义指左掩襟的外衣。《说文解字·衣部》："袭，左衽袍。"《礼记·丧大记》："凡敛者袒，迁尸者～。"演变为量词，用于计量整套的衣服。《汉书·昭帝纪》："有不幸者赐衣被一～。"颜师古注："一袭，一称也，犹今言一副也。"《南齐书·褚渊传》："朝服一具，衣一～。"唐·苏鹗《杜阳杂编》卷上："衣龙绡之衣，一～无一二两，抟之不盈一握。"清·程麟《此中人语·翠翠》："生急起捉之，忽不见，足下恍惚有物，俯视之，狐裘一～也。"

系列 xìliè 名量词 用于计量相互关联的一组或一套事物：一～辞书｜一～措施｜战争是由一～战役战斗组成的｜几经努力，研究取得了一～成果。**用法提示** ①数词一般限用"一"：一～新产

X

品｜一～科研成果｜一～事实证实了他的预言。②数词前可加“这”“那”“哪”等代词：这一～错误｜那一～话语｜这一～高科技装备令人赞叹。③数词“一”一般不省略。④前面一般不加形容词修饰，后面一般不加“子”。⑤一般不重叠和儿化。

语义源流“系列”是一个合成词，由“系”“列”两个语素组成。“系”本表示连属、接续之义，“列”表行列、排列之义。组成双音节词，本是名词，指的是相互关联的成组成套的事物或现象，演变为量词，用于计量相互关联的一组或一套事物。

匣 xiá **名量词** 用于计量匣子所盛装之物：两～子点心｜一小～首饰｜他送了我好几～线装书。**用法提示**①数词一般没有限制，既可用基数词或表示数量的“两”“几”“好几”“若干”等，也可用序数词：几～丝线｜第一～子弹｜小贼偷走了一～珠宝。②数词“一”在某些代词或动词后常可省略：买了～茶叶｜这～首饰送你做生日礼物吧｜这～信笺是小王送来的。③数词前可加“这”“那”“哪”等代词：孩子很喜欢那两～糖果｜那两～东西都是给你的｜你想要哪一～香粉？④前面可加“大”“小”等形容词修饰：两大～标本｜一小～香烟｜他精心保管着一小～烟丝。⑤后面一般可加“子”：一～子头花｜两～子糕点｜他给我们看了他那满满一～子勋章。⑥数词为“一”时可重叠，重叠形式主要有“（一）～～”“一～一～”：一～～吃食｜～～弹药｜书架上排着一～一～线装书。⑦一般不儿化。

语义源流 本为盛物的器具，一般呈方形，有盖。大的叫箱，小的叫匣。《说文解字·匚部》：“匣，匮也。”三国魏·曹丕《与钟大理书》：“邺骑既到，宝玦初至，捧～跪发，五内震骇。”唐·高适《送浑将军出塞》：“城头画角三四声，～里宝刀昼夜鸣。”明·王鏊《姑苏志》：“元阳作石，竹龙成杖。书藏玉～，药蕴银筒。”借用为量词，用于计量匣子所盛装之物。清·文康《儿女英雄传》第二十七回：“那头抬是一～如意，一～通书；二抬便是你们那两件定礼。”《红楼梦》第八十一回：“把他家中一抄，抄出好些泥塑的煞神，几～子闷香。”清·贪梦道人《彭公案》第一百二十六回：“次日带了两～明珠，奔彭大人住宅，求大人把珠子献给万岁爷。”

近义辨析 匣—函 见“函”下。

下 xià ❶ **名量词** 用于计量本领、技能：有两～子｜会几～子｜他也就那么几～子。**用法提示**①数词常用“两”“几”等：你也就会那么两～子｜他那几～你还不清楚。②数词前可加“这”“那”等代词：那两～子｜这两～子谁不会呀｜别小看这几～子，关键时刻能救人的命。③后面常常要加“子”：真有两～子｜他也就有这两～子能耐｜别小看人家那几～子，你还不会呢！④数词“一”一般不省略。⑤前面一般不加形容词修饰。⑥一般不重叠和儿化。❷ **名量词**〈方〉用于计量器物的容量：桶里有满满一～染料｜瓶子里装着半～墨水。❸ **动量词** 用于计量动作行为的次数：打他一～｜拍了几～｜时钟敲了五～。**用法提示**①数量结构

可位于动词前，也可位于动词后：拍他一～|踢了两～|他三～两～做完了。②数词一般没有限制，既可用基数词或表示数量的“两”“几”“好几”“若干”等，也可用序数词：每天要练习击球好几百～|捏了几～|推第一～，门没开。③数词“一”在某些动词后有时可省略：摸了～他的后脑勺|老师敲了～黑板|他们碰了～杯子后一饮而尽。④数词前一般可加“这”“那”“哪”等代词：你推这两～根本没用|经过这几～拍打，大家连说句话的力气都没有了。⑤前面有时可加“大”“小”等形容词修饰：她的心猛地跳了一大～|偶尔失落那么一小～|想到这里，我不禁激动了一小～。⑥后面有时可加“子”：敲两～子|他说一句话就摸一～子鼻子|你先练习挥几～子拍子。⑦数词为“一”时可重叠，重叠形式主要有“一～～”“一～一～”：刀子一～～地割着|那玉兔蹲在桂树下，一～一～不停地捣药|这峭壁上的路就是用凿子一～一～凿出来的。⑧有时可儿化：随便划拉了几～儿|踢了两～儿球|请给我捶几～儿背。❹ **动量词** 用于计量短促或轻微的动作，表示做一次或试着做：研究一～|问一～|请大家想象一～没有网络的生活。**用法提示** ①数量结构一般位于动词后：检查一～|品尝一～|你应该先了解一～大家的意见再做决定。②数词一般限用“一”：推一～门试试|比较一～两者的不同|你要是累了就休息一～。③数词“一”在某些动词后有时可省略：你摸～试试温度|他简单地介绍了～自己的近况|你可以参考～其他人的研究方法。④有时可儿化：请你扶一～儿桌子|让医生检查一～儿吧|我们要核实一～儿这件事。⑤数词前一般不加代词。⑥前面一般不加形容词修饰，后面一般不加“子”。⑦一般不重叠。

语义源流 本义与“上”相对，指底部或低处的位置。《说文解字·一部》：“下，底也。”《诗·召南·殷其雷》：“在南山之～。”《诗·小雅·北山》：“溥天之～，莫非王土。”唐·韩愈《秋怀诗》：“上无枝上蜩，～无盘中蝇。”《徐霞客游记·楚游日记二》：“循小溪至崖之西胁乱石间，水穷于～，窍启于上，即麻叶洞也。”引申为动词，表示从上到下。《左传·庄公十年》：“～视其辙。”《战国策·齐策六》：“明日，乃厉气循城，立于矢石之所，乃援枹鼓之，狄人乃～。”演变为量词，用于计量自上而下的动作。《汉书·王莽传下》：“莽立载行视，亲举筑三～。”汉·应劭《风俗通义·穷通》：“从者击亭卒数～。”唐·释慧然《镇州临济慧照禅师语录》：“师在堂中睡。黄檗下来见，以拄杖打板头一～。”“下”作为动词暗含“动作快、时间短”的特点，进一步泛化，用于计量各种动作的次数。南朝梁·陶弘景《真诰·协昌期》：“北帝煞鬼之法，先叩齿三十六～。”宋·妙源《虚堂和尚语录》：“寞以坐具拂一～便行。”《朱子语类·大学四》：“不若今人只说一～便了，此圣人所以为圣人。”古代以敲钟的次数表示不同的时间，“下”在古汉语中还可用于表示时间，犹言点。清·吴趼人《二十年目睹之怪现状》第五十回：“三～一刻了。是你请客我便去，你代邀的我便少陪了。”清·刘鹗《老残游记》第十六回：“四～钟，再等一刻天亮了，我叫县里差个人去。”现代汉语中也用“一下”来计量短促或轻微的动作，表示做一次或试着做；还可用于计量本领、技能。

X

近义辨析 下—次 见“次”下。
下—回 见“回”下。

锨 xiān ❶ 名量词 用于计量用锨铲的东西：一～水泥｜两～煤｜他铲了几～沙石填上了路上的水坑。**用法提示** ①数词一般没有限制，既可用基数词或表示数量的“两”“几”“好几”“若干”等，也可用序数词：第一～牛粪｜两～沙土｜小推车只能装十来～石子。②数词“一”在某些代词或动词后常可省略：挖了～煤灰｜铲了～泥巴｜那～土都扬到他头上了。③数词前可加“这”“那”“哪”等代词：这两～渣土｜那几～积雪够堆个小雪人。④前面可加“大”“小”等形容词修饰：一大～煤炭｜一小～渣土｜他往坑里填了一大～沙子。⑤数词为“一”时可重叠，重叠形式主要有“(一)～～”“一～一～”：～～土被铲进箩筐｜～～黄土把基石沉重地埋下去｜一～一～焦炭被投进炉子里。⑥后面一般不加“子”。⑦一般不儿化。❷ 动量词 用于计量用锨铲挖的动作：挖几～就行了｜掘了十来～｜他们往地下挖了几十～，终于看见有泉水渗出来。**用法提示** ①数量结构一般位于动词后，重叠后可位于动词前：用力挖了几～｜铲了几十～也没铲完｜一～～挖下去，总会挖到底的。②数词一般没有限制，既可用基数词或表示数量的“两”“几”“好几”“若干”等，也可用序数词：他挖得很慢，半天也挖不了几～｜挖到第二十～就挖不动了｜一口井不知要挖多少～。③数词为“一”时可重叠，重叠形式主要有“一～～”“一～一～”：他们正一～～挖着｜他一～一～往下铲｜就这么一～一～地掘下去，一定会成功的。④数词“一”一般不省略。⑤数词前一般不加代词。⑥前面一般不加形容词修饰，后面一般不加“子”。⑦一般不儿化。

语义源流 本写作“杴”，指一种用于掘土或铲东西的工具，有板状的头，用金属或木头制成，后面有把儿。《玉篇·木部》：“杴，耕土具，锹属。”明·魏大中《浚濠工竣疏》：“～镢以归监督。”明·戚继光《纪效新书·下炊灶说》：“布城、蒺藜、拒马者，立垒之资也；～、镢等者，治营之器也。”借用为名量词，用于计量用锨铲挖的东西。清·张杰鑫《三侠剑》第五回：“长工月工抄起铁锨，方铲下一铁～土去，就听树林子里面一声喊叫。”现代汉语中还可借用为动量词，用于计量用锨铲挖的动作。

线 xiàn ❶ 名量词 用于计量细小的、线状的物体：一～裂痕｜一～灯光｜树叶间透出几～清冷的月光。**用法提示** ①数词一般限用“一”“几”：门缝里透出一～细微的阳光｜乌云中射出几～光芒｜东方的天际刚刚露出一～鱼肚白。②数词“一”在某些代词或动词后常可省略：浓云密布的天空中有～微光出现了｜风息了，那～阳光也

隐匿下去|太阳还没露头，但东边那～红慢慢扩大了。③数词前可加“这”“那”等代词：这一～光亮给了我希望|纤维组织排出的这一～水流把生命带进了每一个细胞|那几～光芒差点闪瞎了他的眼。④数词为“一”时可重叠，重叠形式主要有“(一)～～”“一～一～”：～～红光|她用一缕缕丝线纺出了一抹抹阳光、一～～流泉|一～一～血丝漫上他的眼睛。⑤前面一般不加形容词修饰，后面一般不加“子”。⑥一般不儿化。❷ 名量词 用于计量抽象事物，表少量：一～光明|一～生机|他终于看到了一～希望。**用法提示** ①数词一般限用“一”：一～曙光|生死之间只有一～距离|没人愿意放弃这一～和平的希望。②数词“一”在某些代词或动词后常可省略：你要抓住这～希望|眼里有～希望的火焰|他这样做是要为人质保留那～生机|战士们带来的那～希望之光也破灭了。③数词前可加“这”“那”等代词：我们要靠这一～希望打进季后赛|只要有这一～生活的希望，他也不想依赖别人|这一～光明使我想起了中国五千年的历史。④数词为“一”时可重叠，重叠形式主要有“一～～”“一～一～”：一～～机会都被他放弃了|他知道一点一滴的进步是会累积的，一～一～光明也是会慢慢扩大的。⑤前面一般不加形容词修饰，后面一般不加“子”。⑥一般不儿化。❸ 名量词 用于计量某些事物布局或人事安排的次第：生产第一～|农业一～|他是一个二～护林员。**用法提示** ①数词可用基数词、序数词：一～工人|三～城市|抗洪抢险第一～|他已经退居二～。②数词“一”一般不省略。③数词前一般不加代词。④前面一般不加形容词修饰，后面一般不加“子”。⑤一般不重叠和儿化。

语义源流 本指用棉、毛、丝、麻、金属等材料制成的细缕。《说文解字·糸部》：“线，缕也。”《周礼·天官·缝人》：“缝人掌王宫之缝～之事。”《公羊传·僖公四年》：“中国不绝若～。”何休注：“线，缝帛缕，以喻微也。”唐·白居易《红线毯》：“彩丝茸茸香拂拂，～软花虚不胜物。”清·李宝嘉《官场现形记》第十九回：“偏偏顶襻又断了，亏得裁缝现成，立刻拿红丝～连了两针。”引申指细长如线的东西。南朝梁·范云《送别诗》：“东风柳～长，送郎上河梁。”宋·孙光宪《八拍蛮》：“孔雀尾拖金～长，怕人飞起入丁香。”元·王实甫《西厢记》第一本第一折：“东风摇曳垂杨～，游丝牵惹桃花片，珠帘掩映芙蓉面。”演变为量词，用于计量细小的、线状的物体。宋·佚名《夏日宴黉堂》：“任醉归明月，虾须帘筛，几～余霜。”明·冯梦龙《醒世恒言·独孤生归途闹梦》：“古木阴森一～天，巫峰十二锁寒烟。”明·冯梦龙《警世通言·俞伯牙摔琴谢知音》：“其夜晴明，船舱内一～月光，射进朱帘。”也可计量抽象事物，表少量。唐·杜甫《至日遣兴奉寄北省旧阁老两院故人》：“何人却忆穷愁日，日日愁随一～长。”金·元好问《自题写真》：“东涂西抹窃时名，一～微官误半生。”现代汉语中也可用于计量某些事物布局或人事安排的次第。

X

近义辨析 线—道 见“道”下。
线—丝 见“丝”下。

箱 xiāng 名量词 用于计量箱子所盛装之物：一～旧杂志|十来～衣物|两～饮料|这场火烧毁了他好几十～研究资料。**用法提示** ①数词一般没有限制，既可用基数词或表示数量的“两”“几”“好几”“若干”等，也可用序数词：第一～书|两～行李|车上拉着十几～水果。②数词“一”在某些代词或动词后常可省略：带了～葡萄|买了～牛奶|那～珠宝分外贵重。③数词前可加“这”“那”“哪”等代词：这两～苹果送给孩子们|那几～酒留着过年喝|哪一～资料要带去现场？④前面可加“大”“小”等形容词修饰：一大～柿子|一小～点心|这一小～蜜橘是我们家乡的特产。⑤后面一般可加“子”：一～子金银财宝|好几～子嫁妆|快把那一～子菜搬下车。⑥数词为“一”时可重叠，重叠形式主要有“(一)～～”“一～一～”：店里摆着～～挂面|他们给孩子们送来了一～～玩具|狂欢即将开始，服务员扛来了一～一～啤酒。⑦一般不儿化。

语义源流 本为车厢，又名牝服。《说文解字·竹部》：“箱，大车牝服也。”《诗·小雅·大东》：“睆彼牵牛，不以服～。”《墨子·杂守》：“为板～，长与辕等。”《韩诗外传》卷五：“成王之时，有三苗贯桑而生，同为一秀，大几满车，长几充～。”南朝梁·刘勰《文心雕龙·诸子》：“迄至魏晋，作者间出，谰言兼存，璅语必录，类聚而求，亦充～照轸矣。”引申指有底有盖可用于盛装物品的方形器具。晋·葛洪《抱朴子·极言》：“千仓万～，非一耕所得。”明·凌濛初《初刻拍案惊奇》卷三十二：“唐卿思量要大大撩拨他一撩拨，开了～子取出一条白罗帕子来。”清·吴敬梓《儒林外史》第十八回：“轿夫把～子捧到，他开～取出一个药封来。”借用为量词，用于计量箱子所盛装之物。汉·曹操《兖州牧上书》：“甘梨二～，椑枣二～。”《晋书·郄超传》：“(超)将亡，出一～书付门生。”清·吴敬梓《儒林外史》第三十一回：“我这一～衣服也可当得二十多两银子。”

响 xiǎng ❶ 名量词 用于计量各种声音：乐曲中的那几～高强音扣人心弦|睡梦中忽然听到几～尖锐的哨声|随着第一～重重的锤声，今天的首拍成交了。**用法提示** ①数词一般没有限制，既可用基数词或表示数量的“两”“几”“好几”“若干”等，也可用序数词：空山隐隐，传来几～回声|两三～爆炸声|新世纪的第一～钟声|他冲出房间，身后留下“哐”的一～关门声。②数词前可加“这”“那”“哪”等代词：这二十一～钟声代表新世纪的到来|永乐大钟那一百零八～钟声响彻北京夜空，新的一年开始了|每一个人都听见了那一～回声|东边山上那三两～清脆的步枪声让大家又紧张起来。③数词“一”一般不省略。④前面一般不加形容词修饰，后面一般不加“子”。⑤一般不重叠和儿化。❷ 动量词 用于计量声音发出的次数：大钟敲了十二～|礼炮响了十八～|大钟每刻钟鸣一～。**用法提示** ①数量结构一般位于动词或拟声词后：礼炮轰鸣二十一～|祭典鸣铳九～，寓

意禹定九州｜我们到达的时候，海关大楼的钟声刚敲过六～｜二人抬起手掌，啪啪啪几～，各自打了自己好几下耳光。②数词一般没有限制，既可用基数词或表示数量的“两”“几”“好几”“若干”等，也可用序数词：货主鸣笛五～，暗影中有人回了三下掌声｜他扛着鸟铳，想去寨外放几～｜欢迎礼炮到第一百零一～结束｜只听瑟瑟几～，花树分开，钻出了一个少女来。③数词“一”一般不省略。④数词前一般不加代词。⑤前面一般不加形容词修饰，后面一般不加“子”。⑥一般不重叠和儿化。

语义源流 本指回声。《说文解字·音部》：“响，声也。”《玉篇·音部》：“响，应声也。”《易·系辞传上》：“其受命也如～。”孔颖达疏：“如响之应声也。”《书·大禹谟》：“惠迪吉，从逆凶，惟影～。”孔传：“吉凶之报，若影之随形，响之应声。”北魏·郦道元《水经注·江水》：“空谷传～，哀转久绝。”元·张翥《范宽山水》：“仆夫相呼岩壑间，空～应人作人语。”又泛指各种声音。汉·扬雄《剧秦美新》：“震声日景，炎光飞～。”李善注：“飞响，震声也。”唐·杜甫《营屋》：“寂无斤斧～，庶遂憩息欢。”明·凌濛初《二刻拍案惊奇》卷十三：“一时间睡不去，还在翻覆之际，忽听得扣门～。”引申为动词，表示发出声音。晋·陆机《又赴洛道中》：“顿辔倚嵩岩，侧听悲风～。”唐·王维《谒璿上人》：“高柳早莺啼，长廊春雨～。”宋·叶梦得《水调歌头·九月望日与客习射西园余偶病不能射》：“挥手弦声～处，双雁落遥空。”演变为量词，用于计量声音发出的次数。宋·陈亮《甲辰答朱元晦书》：“只是口唠噪，见人说得不切事情，便喊一～。”明·罗懋登《三宝太监西洋记》第三十一回：“那雷公又在海水面上，扑咚，扑咚的又响了几～。”清·马建忠《东行初录》：“朝鲜正副二使登舟升炮几～？”现代汉语中也用于计量各种声音。

项 xiàng ❶ 名量词 用于计量分条书写的制度、法令、协议、计划等：一～严正声明｜提出了几～条件｜达成好几～协议。**用法提示** ①数词一般没有限制，既可用基数词或表示数量的“两”“几”“好几”“若干”等，也可用序数词：第一～惠民政策将于明年正式实施｜两～指示｜一～英才培育计划｜校长向学生们宣读了几十～校规。②数词“一”在某些代词或动词后常可省略：有～规定不太合理｜这～协议双方已取得共识｜你自己怎么不坚持那～原则呢？③数词前可加“这”“那”“哪”等代词：这两～制度｜那几～协议｜还有哪几～条例没有讨论？④数词为“一”时可重叠，重叠形式主要有“(一)～～”“一～一～”：一～～体例｜～～规则｜一～一～工作计划都已制订好。⑤前面一般不加形容词修饰，后面一般不加“子”。⑥一般不儿化。❷ 名量词 用于计量值得记录的重大活动、成果、成绩以及发明、实验等：两～科研成果｜好几～运动成绩｜获得专利的三～发明｜他们设计了好几～实验。**用法提示** ①数词一般没有限制，既可用基数词或表示数量的“两”“几”“好几”“若干”等，也

可用序数词：一～健身运动|这是他打破的第二～世界纪录|这几～成果都达到世界先进水平。②数词“一”在某些代词或动词后常可省略：有～适合你的运动|破～纪录可不是容易的事|这～比赛我一定要参加。③数词前可加“这”“那”“哪”等代词：这两～成绩都无效|那几～活动都很受学生们欢迎|课题很多，你想参加哪一～研究？④数词为“一”时可重叠，重叠形式主要有“(一)～～”“一～一～”：～～成绩都是优秀|大厅里展示了学校近年来获得的一～～成果|这一～一～专利都凝聚了他的心血。⑤前面一般不加形容词修饰，后面一般不加“子”。⑥一般不儿化。

❸ 名量词 用于计量事业、事情、工作等：一～伟大的事业|几～改革工作|今天的会议上讨论了好几～事关国计民生的大事。**用法提示** ①数词一般没有限制，既可用基数词或表示数量的“两”“几”“好几”“若干”等，也可用序数词：两～涉外工作|下面我们讨论第二～大事|地质勘探已经成为国家的一～重要事业。②数词“一”在某些代词或动词后常可省略：有～任务没有完成|这～救护措施效果并不理想|公司自去年开始实施了那～改革。③数词前可加“这”“那”“哪”等代词：这几～任务|那两～职能|接下来的那三～工作你要负责安排好。④前面可加“大”“小”等形容词修饰：一小～教学内容|几大～工作|一大～社会问题|他们终于解决了这一大～难题。⑤数词为“一”时可重叠，重叠形式主要有“(一)～～”“一～一～”：一～～事业|攻克～～技术难关|一～一～开源节流措施推行下去。⑥后面一般不加“子”。⑦一般不儿化。

❹ 名量词 用于计量钱款、交易等：一～贷款|三～支出|这是一～稳赚不赔的生意。**用法提示** ①数词一般没有限制，既可用基数词或表示数量的“两”“几”“好几”“若干”等，也可用序数词：第一～开支|两～交易|这个月他有十几～收入。②数词“一”在某些代词或动词后常可省略：有～贷款需要核实|这～交易不合法|那～支出超额了。③数词前可加“这”“那”“哪”等代词：这几～账目要再查一查|你那两～生意我都很感兴趣|哪两～资金还没到位？④前面可加“大”“小”等形容词修饰：一小～投资项目|房租是他日常生活中的一大～支出。⑤数词为“一”时可重叠，重叠形式主要有“(一)～～”“一～一～”：一～～收入都要核实并申报|～～支出都需要他亲自审批|一～一～账目都要记清楚。⑥后面一般不加“子”。⑦一般不儿化。

语义源流 本义指脖颈后部。《说文解字·页部》：“项，头后也。”《左传·成公十六年》：“王召养由基，与之两矢，使射吕锜，中～，伏弢。”宋·王谠《唐语林·补遗二》：“元和中，有老卒推倒平淮西碑，官司针其～。”元·尚仲贤《单鞭夺槊》第二折：“据理来饶你不得，看俺哥哥面上，你且寄头在～。”颈项具有长条形特征，借用为量词，用于计量分条书写的制度、法令或计划。《朱子语类·尚书一》：“‘扑作教刑’，此一～学官之刑，犹今之学舍夏楚。”明·戚继光《练兵实纪·练胆气》：“其告示文字之类，亦要挨次抄传，互相字字说明，以上二～，传谕口令，抄誊文字，仍要一字一言，不许增减。”也用于计量事业、事情等。《朱子语类·中庸一》：“又一般人宗族称其孝，乡党称其弟，故十～事其八九可称。”宋·张端义《贵耳集》卷下：“声名自是一～，事业自是一～。”还可用于计量常需逐条记录的钱款、交易等。《朱子语类·鬼神》：“今逐年人户赛祭，杀数万来头羊，庙前积骨如山，州府亦得此一～税钱。”明·冯梦龙《警世通言·崔待诏生死冤家》：“今日崔宁的东人郡王，听得说刘两府恁地孤寒，也差人送一～钱与他。”明·冯梦龙《醒世恒言·蔡瑞虹忍辱报仇》：“原来绍兴地方，惯做一～生意。”现代汉语中还可计量值得记录的重大活动、成果、成绩以及发明、实验等。

近义辨析 项—款—条 见“款”下。

小时 xiǎoshí ❶ 名量词 用于计量时间，一小时等于六十分钟：一～国画课｜一周有两～体育课｜每天半～故事会有利于提升学生的阅读兴趣。**用法提示** ①数词一般没有限制，既可用基数词或表示数量的“两”“几”“好几”“若干”等，也可用序数词：八～工作｜餐后第一～血糖｜一～工钱｜我一气儿上了三～课。②数词前可加“这”“那”“哪”等代词：这两～路程｜那半～电视节目｜这几～航程很愉快。③数词“一”一般不省略。④前面一般不加形容词修饰，后面一般不加“子”。⑤一般不重叠和儿化。❷ 动量词 用于计量动作、行为、状态持续的时间：运动两～｜午睡半～就足够了｜十几～跋涉｜经过三～飞行，我们来到了目的地。**用法提示** ①数量结构可位于动词前，也可位于动词后：玩一～｜你要保证每天两～阅读｜大家激烈讨论了几～也没能做出决定。②数词一般没有限制，既可用基数词或表示数量的“两”“几”“好几”“若干”等，也可用序数词：等了一～｜经过三～暗中跟踪，警察终于判定了他们的意图｜他把有氧运动安排在每天锻炼的第二～。③数词前可加“这”“那”“哪”等代词：这一～训练卓有成效｜球场外那几～等待算不了什么｜他特别需要每天中午的那一～午休。④数词为“一”时可重叠，重叠形式为“一～一～”：时光一～一～飞逝而去｜他常一～一～听着他们的琐细事情。⑤数词“一”一般不省略。⑥前面一般不加形容词修饰，后面一般不加“子”。⑦一般不儿化。

语义源流 “时”为时辰，一天十二个时辰；“小时”是比“时辰”更小的时间单位，一个时辰等于两个小时，一天二十四个小时。《清史稿·兵志》：“厂中自制第一号大轮船……每～行八十里。”清·裕德菱《清宫禁二年记》卷上：“尚须一～，始可达禁城。”蔡东藩、许廑父《民国演义》第一百四十四回：“官兵只停了几～，不曾攻击。”

近义辨析 小时—时 见“时”下。

些 xiē ❶ 名量词 用于计量人、事、物，表示少量、不定量或不止一种：一～学生｜一～客人｜一～点心｜有一～事情不能太较真。**用法提示** ①数词一般限用“一”：一～人｜一～事｜战争很激烈，有一～士兵受伤了。②数词“一”在某些代词或动词后常可省略：处理～事情｜买～水果｜有～城市公布了积分落户政策｜这～孩子都是失去父母的孤儿。③数词前可加“这”“那”“哪”等代词：这一～花儿都是母亲养的｜那一～书我都还没看过呢｜你知道哪一～地区还在贫困线以下吗？④数词为“一”时有时可重叠，重叠形式为“一～～”：一～～零食｜发生了一～～改变｜希望这微不足道的一～～举动能给你带来一丝丝快乐。⑤前面一般不加形容词修饰，后面一般不加“子”。⑥一般不儿化。❷ **动量词** 用于计量动作行为，表示略微：别紧张，放松一～｜哥哥比弟弟大方一～｜孩子有～着急｜妈妈有～生气了，转身离开了商店。**用法提示** ①数量结构一般位于动词或形容词后：你要多吃一～｜稍微抬高一～｜你要稳重一～，不要毛毛躁躁的。②数词一般限用“一”：我跑得比他慢一～｜休息了好几天，他的烧终于退了一～｜院墙又加高了一～。③在与“有”组合时，数词“一”可以省略，表示一定程度：有～反感｜他有～不自觉｜看到天渐渐黑了，她有～害怕了。④数词前一般不加代词。⑤前面一般不加形容词修饰，后面一般不加“子”。⑥一般不重叠和儿化。

语义源流 本为句末语气词。《说文解字·此部》（新附字）：“些，语辞也，见《楚辞》。”《楚辞·招魂》：“魂兮归来，南方不可止～。”宋·沈括《梦溪笔谈·辨证一》：“今夔峡、湖湘及南北江獠人凡禁咒句尾皆称‘～’。此乃楚人旧俗。”假借为名量词，用于计量人、事、物，表示少量、不定量或不止一种。《广韵·麻韵》：“些，少也。”唐·白居易《衰病》：“更恐五年三岁后，～～谈笑亦应无。”《太平广记·报应·岐州寺主》：“诸僧送别驾，见寺主左臂上袈裟忽有～鲜血。”宋·吴潜《秋霁》：“凉浸桃笙，暑消葵扇，借伊一～秋意。”明·凌濛初《初刻拍案惊奇》卷五：“是一个中形白面，一～髭髯也没有的。”《水浒传》第三回：“三个酒至数杯，正说～闲话。”也可用为动量词，用于计量动作行为，表示略微。唐·卢纶《伦开府席上赋得咏美人名解愁》：“舞态兼～醉，歌声似带羞。”明·凌濛初《二刻拍案惊奇》卷十五：“天字号一场官司，今没一～干涉，竟自平净了。”明·李贽《三大士像议》：“像之面目有～不平整，和尚每见辄叹以为好。”

近义辨析 些—点 见“点”下。

星 xīng

名量词 用于计量极细小的事物：几～火花｜菜里一～油水都没有｜黑暗中的一～灯火足以温暖人心｜再大的冲动也激发不出一～泪光。**用法提示** ①数词一般限用“一”“几”“半”“两”“三”：几～灯光｜两～渔火相互陪伴｜就是他烟头上的那一～火导致了这场火灾。②数词前可加“这”“那”“哪”等代词：远处那两～微弱的火光｜借这一～光亮你还可以继续完成白天未完成的工作｜这几～灯光告诉我一段艰难的行程快到终点了。③数词为“一”时可重叠，重叠形式主要有“（一）～～”“一～一～”：～～火光｜一～～红光｜萤火虫漫天飞舞，那一～一～绿光构

成了一幅唯美的图画。④有时可儿化：一～儿尘土都没有|过年了，家里也没有一～儿喜气。⑤数词“一”一般不省略。⑥前面一般不加形容词修饰，后面一般不加“子”。

语义源流 本义为星星。《说文解字·晶部》：“星，万物之精，上为列星。”《诗·大雅·云汉》：“瞻卬昊天，有嘒其～。”北齐·颜之推《颜氏家训·归心》：“日为阳精，月为阴精，～为万物之精。”唐·韩愈《琴操·拘幽操》：“朝不见日出兮，夜不见月与～。”星星看起来非常小，引申指细小之物。明·罗懋登《三宝太监西洋记》第四十一回：“今番的枪，连火～儿也没有了。”《红楼梦》第五十八回：“口劲轻着，别吹上唾沫～儿。”常杰淼《雍正剑侠图》第二十五回：“往西是四扇屏风门，绿油漆洒金～儿。”演变为量词，用于计量极细小的事物。唐·罗邺《春夜赤水驿旅怀》：“一～残烛照离堂，失计游心归渺茫。”元·白朴《梧桐雨》第四折：“这待诏，手段高，画的来没半～儿差错。”由本义演变，也用于表示戥、秤等衡器上记斤、两、钱的标志点。唐·贾岛《赠牛山人》：“凿石养蜂休买蜜，坐山秤药不争～。”宋·释普济《五灯会元·秀州本觉若珠禅师》：“无～秤子，如何辨得斤两？”《红楼梦》第五十一回：“麝月便拿了一块银子，提起戥子来问宝玉：‘哪是一两的～儿？’”演变为量词，用于表示戥、秤上标记点所代表的单位，古时常用于计量金银。宋·苏轼《与子由弟书》：“程德孺兄弟出银二百～相借，兄度手下尚未须如此，已辞之矣。”金·董解元《西厢记诸宫调》卷一：“有白金五十～，聊充讲下一茶之费。”清·吴敬梓《儒林外史》第十八回：“每位各出杖头资二～。”张慧剑校注：“银子一钱称一星，一两称一金。”

近义辨析 星—点 见“点”下。

星期 xīngqī ❶ 名量词 用于计量时间，七天为一星期：一～的干粮|两～的经费|我们只有三～实践课程。**用法提示** ①数词一般没有限制，既可用基数词或表示数量的“两”“几”“好几”“若干”等，也可用序数词：三～时间|一～实习活动|这次培训，第一～是思想政治课。②数词前可加“这”“那”“哪”等代词：这一～的口粮|那三～零花钱|那两～的积怨一瞬间爆发了。③数词“一”一般不省略。④前面一般不加形容词修饰，后面一般不加“子”。⑤一般不重叠和儿化。❷ 动量词 用于计量动作、行为、状态持续的时间：那只小鸟受伤后只存活了两～|坚持锻炼了几～还是没什么效果|这种天气一般会持续几天到几～。**用法提示** ①数量结构可位于动词前，也可位于动词后：玩了一～|来北京学习了两～|一～锻炼下来，他腰酸背痛|这趟欧洲之行，三～花了他十几万。②数词一般没有限制，既可用基数词或表示数量的“两”“几”“好几”“若干”等，也可用序数词：等了两～|观察到第三～时他终于发现了端倪|他一气儿在这里住了好几～。③数词前可加“这”“那”“哪”等代词：这一～集训|那几～分离|他这两～锻炼很有成效。④数词为“一”时可重叠，重叠形式为“一～一～”：就这样一～

一～地等下去|课程一～一～进行着|他在医院里一～一～耗着，期待奇迹。⑤数词“一”一般不省略。⑥前面一般不加形容词修饰，后面一般不加“子”。⑦一般不儿化。

📖 **语义源流** “星”指星辰，“期”指周期。星期字面义为星辰运行的周期。古代常用于特指七夕牛郎、织女二星会合之期。唐·王勃《七夕赋》：“伫灵匹于～，眷神姿于月夕。”清·端木埰《齐天乐五十首》其三十八：“附会～，描抚月夕，比作人间欢爱。”清·朱昂《菩萨蛮》：“银河光隐隐，料是～近。”借用为表示作息日期的计算单位，七天为一星期。清·金松岑、曾朴《孽海花》第二十八回：“整整闹了一～，一点踪迹也无。”清·佚名《张文襄公事略》：“南皮相国病势增剧，数～以前，获闻噩耗者，已不胜其耿耿。”也可与“日、一、二、三、四、五、六、几”等连用，表示一星期中的某一天。

行 xíng **名量词** 用于计量同一时间有共同活动的人的集合：代表团一～十人|欢迎总统一～|领导设宴款待李博士及夫人一～。**用法提示** ①数词一般限用“一”：调研组一～八人|热烈欢迎总统及其随员一～|欢迎王局长一～十七人来本公司考察调研。②数词前可加“这”“那”等代词：这一～人穿过咖啡厅|这一～人个个身手矫捷|警察远远地跟在那一～人后面。③数词“一”一般不省略。④前面一般不加形容词修饰，后面一般不加“子”。⑤一般不重叠和儿化。

📖 **语义源流** 本义指道路，读 háng。《尔雅·释宫》：“行，道也。”《诗·豳风·七月》：“女执懿筐，遵彼微～。”孔颖达疏：“行，训为道也。步道谓之径，微行为墙下径。”《吕氏春秋·下贤》：“桃李之垂于～者，莫之援也；锥刀之遗于道者，莫之举也。”唐·韩愈《感二鸟赋（并序）》：“贞元十一年，五月戊辰，愈东归……见～有笼白乌白鸜鹆而西者。”引申为行走义，读 xíng。《说文解字·行部》：“行，人之步趋也。”《诗·唐风·杕杜》：“独～踽踽。岂无他人？不如我同父。”清·毛先舒《八月十六夜纪游》：“夜已渐深，～三四里，寂无一人。”演变为量词，用于计量于同一时间有共同活动的人的集合。《水浒传》第五十回：“只见军师吴学究引着一～人马，都到庄上来与宋江把盏贺喜。”明·冯梦龙《警世通言·万秀娘仇报山亭儿》：“当时叫这合哥引着一～人，取苗忠庄上去。”明·冯梦龙《醒世恒言·卢太学诗酒傲公侯》：“一～人离了园中，一路闹炒炒直至县里。”

宿 xiǔ ❶ **名量词** 用于计量时间，表一夜：一～冬雨|两～北风，气温明显降下来了|他细心地给牛羊备好了几～草料。**用法提示** ①数词一般没有限制，既可用基数词或表示数量的“两”“几”“好几”“若干”等，也可用序数词：好几～时间|这是第二～的店钱|一～夜班工资只够买这点东西。②数词前可加“这”“那”“哪”等代词：这一～宵夜|那三～加班费都被老板扣了|那两～关照让我温暖至今。③数词“一”一般不省略。④前面一般不加形容词修饰，后面一般不加“子”。⑤一般不重叠和儿化。❷ **动量词** 用

于计量动作、行为、状态持续的时间：第二～他决定住在外面｜整整咳了一～｜为了照顾病重的父亲，他好几～没睡了｜冷风吹了一～。**用法提示**①数量结构可位于动词前，也可位于动词后：借住几～｜睡了半～｜他一～没睡。②数词一般没有限制，既可用基数词或表示数量的“两”“几”“好几”“若干”等，也可用序数词：一～无梦｜两～未眠｜他在冰天雪地中冻了好几～。③数词前可加“这”“那”“哪”等代词：这一～我都在担心｜那一～我没回宿舍｜这两～过得真快。④数词为“一”时可重叠，重叠形式主要有“一～～”“一～一～”：现在的孩子都喜欢一～～地打游戏｜他妈妈一～～地守着他的照片哭｜他一～一～地睡不着。⑤数词“一”一般不省略。⑥前面一般不加形容词修饰，后面一般不加“子”。⑦一般不儿化。

语义源流 本义指住、过夜，读为sù。《说文解字·宀部》：“宿，止也。”《诗·邶风·泉水》：“出～于泲，饮饯于祢。”《荀子·儒效》：“暮～于百泉。”唐·柳宗元《渔翁》：“渔翁夜傍西岩～，晓汲清湘燃楚竹。”清·纪昀《阅微草堂笔记·滦阳消夏录一》：“平定王孝廉执信，尝随父宦榆林，夜～野寺经阁下。”引申表住宿的地方。《周礼·地官·遗人》：“凡国野之道，十里有庐，庐有饮食。三十里有～，～有路室，路室有委。”郑玄注：“宿，可止宿，若今亭有室矣。”林尹注译：“路室，客舍也，可以止宿。”由住宿转指夜晚。《左传·襄公十二年》：“季孙～帅师救台，遂入郓。”《战国策·赵策三》：“不出～夕，人必危之矣。”演变为量词，用于计量时间，表一夜，也可计量动作、行为、状态持续的时间，读xiǔ。《百喻经·人谓故屋中有恶鬼喻》：“我欲入此室中寄卧一～。”北魏·贾思勰《齐民要术·水稻》：“净淘种子，渍经三～。”宋·方凤《物异考·木异》：“有大树，风吹折，经一～，忽变为人形。”

近义辨析 宿—夜 均可用于计量夜晚的时间，如可以说“一宿时间”，也可以说“一夜时间”。但“宿”为北方方言，多用于口语，“夜”口语、书面语中均可用。

穴 xué ❶ 名量词 用于计量穴居的动物：好几～蚂蚁｜一～小老鼠｜他们意外发现了两～刚出生的小狼崽。**用法提示**①数词一般没有限制，既可用基数词或表示数量的“两”“几”“好几”“若干”等，也可用序数词：第一～蚯蚓｜两～冬眠的眼镜蛇｜他们在山上挖到了好几～田鼠。②数词“一”在某些代词或动词后常可省略：掘了～螃蟹｜发现了～狐狸崽｜那～蚂蚁正在搬家。③数词前可加“这”“那”“哪”等代词：这两～鼹鼠｜那几～毒蛇｜衣柜里那一～小老鼠差点儿吓死他。④前面一般不加形容词修饰，后面一般不加“子”。⑤一般不重叠和儿化。❷ 名量词 用于计量挖小坑点种的植物：十几～蚕豆｜种了二十多～红薯｜父亲在田埂上种了几～花生。**用法提示**①数词一般没有限制，既可用基数词或表示数量的“两”“几”“好几”“若干”等，也可用序数词：第一～豆子｜两～土豆｜房前屋后种了十几～南瓜，

X

足够吃一个冬天。②数词"一"在某些代词或动词后常可省略：点了～豇豆|这～豌豆|那～丝瓜都出芽了。③数词前可加"这""那""哪"等代词：这几～花生都被扒了|那几～红薯长势良好|那十来～辣椒长出了绿苗。④前面一般不加形容词修饰，后面一般不加"子"。⑤一般不重叠和儿化。❸ 名量词 用于计量洞穴或孔洞：一～水晶矿|几～石窟|雌蛙多在稻田边埂挖一～洞产卵。**用法提示** ①数词一般没有限制，既可用基数词或表示数量的"两""几""好几""若干"等，也可用序数词：第一～盗洞|好几穴墓地|他们在山上挖到了好几～田鼠洞。②数词"一"在某些代词或动词后常可省略：这个池塘是～风水宝地|这～狐狸洞|那～墓地。③数词前可加"这""那""哪"等代词：这两～鼹鼠洞|那几～毒蛇窝|哪～洞里有野兔？④前面一般不加形容词修饰，后面一般不加"子"。⑤一般不重叠和儿化。

语义源流 本义为凿地而成的房屋。《说文解字·穴部》："穴，土室也。"《诗·大雅·绵》："古公亶父，陶复陶～，未有家室。"郑玄笺："凿地曰穴。"《墨子·辞过》："古之民未知为宫室时，就陵阜而居，～而处。"引申泛指土坑、洞窟或墓穴。《易·需卦》："需于血，出自～。"高亨注："出自穴，由穴窦中逃出。"《诗·王风·大车》："谷则异室，死则同～。"郑玄笺："穴，谓冢圹中也。"战国·宋玉《高唐赋》："陬互横忤，背～偃跖。"李善注："穴，孔也。"清·蒲松龄《聊斋志异·促织》："遽扑之，入石～中……以筒水灌之，始出。"借用为量词，用于计量洞穴或孔洞的数量。清·佚名《木兰奇女传》第十七回："营外僻处，浚造土坑、地道十二～，每穴可藏二十余人。"清·屈大均《广东新语·官井》："乐昌治东南百步，石上有涌泉数～，味甘洌，名曰'官井'。"清·刘体仁《异辞录·辽东孤客之毅勇》："惟得吉壤一～，有三百年帝王气运，敢以赠君。"由洞穴引申指动物的窝。《荀子·劝学》："蟹六跪而二螯，非蛇鳝之～无可寄托者，用心躁也。"汉·王粲《七哀诗》："狐狸驰赴～，飞鸟翔故林。"唐·韩愈《苦寒》："虎豹僵～中，蛟螭死幽潜。"借用为量词，可计量穴居的动物。《太平广记·昆虫·赤腰蚁》："庭有一～蚁，形状窈赤蚁之大者，而色正黑。"明·罗懋登《三宝太监西洋记》第九十回："哈里虎前生把滚汤浇死了一～蝼蚁，故此今生有溺水之报。"现代汉语中也用于计量挖小坑点种的植物。

学期 xuéqī

❶ 名量词 用于计量学习或教学的时间：一～二十周课|旁听了两～英语|我想念大学第一～的生活。**用法提示** ①数词一般没有限制，既可用基数词或表示数量的"两""几""好几""若干"等，也可用序数词：一～课程|两～教学任务|第一～学费|王老师给我们上过好几～课。②数词"一"在某些代词后常可省略：这～功课已经完成|那～班主任工作累坏了他。③数词前可加"这""那""哪"等代词：这两～课使我受益匪浅|我在那一～的考试中得到了最好的分数|你们哪一～课最多？④前面一般不

加形容词修饰，后面一般不加“子”。⑤一般不重叠和儿化。❷ 动量词 用于计量学习或教学行为等持续的时间：学了一～|苦读三～|教师在该校连续任教两～以上才能参与评选|折腾了一～终于完成了这个项目。**用法提示** ①数量结构可位于动词前，也可位于动词后：一～苦读|两～悉心教导|老师观察了一～，终于决定让他当班长。②数词一般没有限制，既可用基数词或表示数量的“两”“几”“好几”“若干”等，也可用序数词：他读了第一～就不读了|李老师教了我们好几～了|再读两～就毕业了。③数词前有时可加“这”“那”“哪”等代词：这一～学完就回去吧|忙完这一～我就轻松了|你那一～学了什么？④数词为“一”时可重叠，重叠形式为“一～一～”：学分要一～一～修，不能着急|一～一～读下去|一～一～地过去，他也这就样地长大了。⑤数词“一”一般不省略。⑥前面一般不加形容词修饰，后面一般不加“子”。⑦一般不儿化。

语义源流 “学期”是由“学”“期”构成的复合词。“学”的意思是学习或教学，“期”的意思是期间或时期。“学期”表示学习或教学的时间。中国大部分地区一年分为两个学期，从秋季开学到寒假、从春季开学到暑假各为一个学期。《清史稿·选举志》：“每年以正月二十日开学，至小暑节散学，为第一～。”平江不肖生《留东外史》第四十四章：“每～要开一次生徒家属恳亲会，学生的父母、姊妹，都得到学校里去。”

旬 xún ❶ 名量词 用于计量年岁，十岁为一旬：七～老翁|那是一位头发花白的八～老人|明日是他的九～寿诞。**用法提示** ①数词一般限用“九”以内的基数词：家有八～老母|六～老汉坚持冬泳|老爷子的七～寿筵你可一定要来。②数词“一”一般不省略。③数词前一般不加代词。④前面一般不加形容词修饰，后面一般不加“子”。⑤一般不重叠和儿化。❷ 动量词 用于计量动作持续或花费的时间，十日为一旬，一个月分为上、中、下三旬：时间已过了一～|再等两～，我就能拿到资格证了。**用法提示** ①数量结构一般位于动词后：一朵花从初开到枯萎可持续一～|这项措施实行一～以来，收到了显著的效果。②数词一般限用“一”“两”“三”“半”：加班一～|要全部完工还需两～|再过半～应可返家。③数词“一”一般不省略。④数词前一般不加代词。⑤前面一般不加形容词修饰，后面一般不加“子”。⑥一般不重叠和儿化。

语义源流 本义指十天。《说文解字·勹部》：“旬，遍也，十日为旬。”《书·尧典》：“期，三百有六～有六日，以闰月定四时，成岁。”陆德明释文：“十日为旬。”唐·杜甫《彭衙行》：“一～半雷雨，泥泞相牵攀。”进一步演变，也可表十年或十岁。《三国志·魏书·刘廙传》：“广农桑，事从节约，脩之～年，则国富民安矣。”唐·白居易《偶吟自慰兼呈梦得》：“且喜同年满七～，莫嫌衰病莫嫌贫。”自注：“予与梦得甲子同，今俱七十。”明·沈德符《万历野获编·周宁宇少卿》：“虽年仅七～，然去旧游之地，已将四十年。”明·罗贯中《残唐五代史演义》第十八回：“你休要顺黄巢，径回曹州去，一来侍奉你八～老母，二来把你本事学全了来见我。”现代汉语中一般用于表十天或十岁。

寻 xún **度量衡量词**〈古〉长度单位。一寻等于八尺：山高万～|一跃三～。

语义源流 古代长度单位，本写作“㝷”。《说文解字·寸部》：“度人之两臂为寻，八尺也。”《史记·张仪列传》：“秦马之良，戎兵之众，探前趹后，蹄间三～腾者，不可胜数。”

巡 xún **动量词** 用于计量斟饮茶酒的遍数：端着酒杯敬了两～|喝过三～茶|宾客入座后，主人举杯挨个敬酒一～|堂兄用他私人的藏酒为大家敬了一～。**用法提示** ①数量结构一般位于动词后，重叠后也可位于动词前：敬茶一～|酒过三～稍事休息，大家闲聊起来|夜渐渐深了，酒斟了一～又一～|他一～一～地敬酒，很快就喝醉了。②数词一般没有限制，既可用基数词或表示数量的“两”“几”“好几”“若干”等，也可用序数词：第一～酒敬亲人|酒过三～之后，亲人们乘着酒兴又提起了多年来不间断的话题|茶三盏，酒四～，送蝎千里化为尘。③数词为“一”时可重叠，重叠形式主要有“一～～”“一～一～”：一～一～地敬酒|一～～地倒茶|酒喝了一～又一～。④数词“一”一般不省略。⑤数词前一般不加代词。⑥前面一般不加形容词修饰，后面一般不加“子”。⑦一般不儿化。

语义源流 本义为巡视，来往查看。《说文解字·辵部》：“巡，延行貌。”《书·泰誓》：“时厥明，王乃大～六师，明誓众士。”《国语·晋语四》：“臣从君还轸，～于天下，怨其多矣。”韦昭注：“巡，行也。”汉·扬雄《太玄·玄测序》：“～乘六甲，与斗相逢。”司马光集注：“巡，行也。”唐·陈子昂《谏曹仁师出军书》：“乃征精卒十万，北～朔方，略地而还。”引申指逐个、依次。《周礼·地官·司谏》：“司谏，掌纠万民之德而劝之朋友，正其行而强之道艺，～问而观察之，以时书其德行道艺，辨其能而可任于国事者。”《吕氏春秋·仲秋纪》：“是月也，乃命祝宰～行牺牲。”唐·王建《夜看美人宫棋》：“～拾玉沙天汉晓，犹残织女两三星。”演变为量词，古代用于计量周遍性动作。《左传·桓公十二年》：“伐绞之役，楚师分涉于彭。罗人欲伐之，使伯嘉谍之，三～，数之。”杜预注：“巡，遍也。”宋·王安石《窥园》：“杖策窥园日数～，攀花弄草兴常新。”也引申指依次斟饮茶酒等。唐·张鷟《游仙窟》：“酒～到十娘……十娘咏盏曰：‘发初先向口，欲竟渐伸头。’”元·曾瑞《梧叶儿·赠喜温柔》：“歌金缕，捧玉瓯，杯～后越风流。”明·兰陵笑笑生《金瓶梅》第十四回：“月娘见李瓶儿钟钟酒都不辞，于是亲自～了一遍酒。”由此演变为动量词，用于计量斟饮茶酒的遍数。从头到尾依次斟饮完毕则为一巡。宋·释普济《五灯会元·万安清运禅师》：“师曰：‘饭后三～茶。’”《水浒传》第三十回：“张都监又道：‘玉兰，你可把一～酒。’”

Y

牙 yá ❶ 名量词 用于计量切成瓣状的瓜果、食品：几～西瓜|一～月饼|两～柚子|孩子们均分了六～烙饼。**用法提示** ①数词一般没有限制，既可用基数词或表示数量的“两”“几”“好几”“若干”等，也可用序数词：第一～橘子给妈妈|两～苹果|我只吃了几～葱花饼。②数词“一”在某些代词或动词后常可省略：吃了～橙子|这～柚子是留给你的|那～蛋糕你搁嘴里吧。③数词前可加“这”“那”“哪”等代词：这两～西瓜你赶快吃了吧|那几～大饼先别放冰箱。④前面可加形容词“小”修饰：一小～月饼|两小～香瓜|他只吃了一小～烙饼。⑤数词为“一”时可重叠，重叠形式主要有“(一)～～”“一～一～”：～～肉饼冒着热气|桌上摆着一～～切好的水果|孩子看着妈妈摆好的一～一～西瓜直流口水。⑥常常儿化：一～儿比萨|两～儿哈密瓜|他一气儿吃了好几～儿西瓜。⑦后面一般不加“子”。❷ 名量词 用于计量未满的、只显示一部分的月亮：一～新月|一～残月|一～弯月挂在夜空。**用法提示** ①数词一般限用“一”：一～晓月|山上已升起一～弯弯的月亮。②数词前可加“这”“那”“哪”等代词：这一～新月|那一～明月斜挂在天空。③前面可加形容词“小”修饰：只剩下一小～月亮|月亮被食得还剩一小～了。④后面一般不加“子”。⑤数词“一”一般不省略。⑥一般不重叠和儿化。

📖 **语义源流** 本义指大牙、臼齿。古时，门牙称齿，后面的大牙称牙。《说文解字·牙部》：“牙，牡齿也。象上下相错之形。”《诗·召南·行露》：“谁谓鼠无～？何以穿我墉？”朱熹集传：“牙，牡齿也。”《左传·隐公五年》：“皮革、齿～、骨角、毛羽，不登于器。”孔颖达疏：“颔上大齿谓之为牙。”唐·韩愈《与崔群书》：“左车第二～，无故动摇脱去。”泛指所有牙齿。《楚辞·大招》：“靥辅奇～，宜笑嗎只。”蒋骥注：“奇牙，美齿也。”汉·扬雄《执金吾箴》：“如虎有～，如鹰有爪。国以自固，兽以自保。”引申指用牙齿咬。《战国策·秦策三》：“王见大王之狗，卧者卧，起者起，行者行，止者止，毋相与斗者；投之一骨，轻起相～者，何则？有争意也。”鲍彪注：“牙，言以牙相噬。”汉·扬雄《太玄·争》：“两虎相～，知掣者全。”唐·薛渔思《河东记·蕴都师》：“但闻狺、～、啮、诟、嚼骨之声，如胡人语音而大骂曰：‘贼秃奴！’”咬掉的是整体的一部分，故演变为量词后，可用于计量物体从整体中分出的一部分，如切成瓣状的瓜果、食品；也可用于计量未满的、只显示一部分的月亮。清·刘鹗《老残游记》第十回：“那初三四里的月亮只有一～。”古汉语中还可计量毛发等，相当于

“绺”。《水浒传》第五十七回：“众人看徐宁时，果是一表好人物：六尺五六长身体，团团的一个白脸，三～细黑髭髯，十分腰细膀阔。”。

言 yán ❶ **名量词** 用于计量话语，一句话即为一言：一～为定 | 三～两语 | 他只静静地坐着，一～不发。**用法提示** ①数词一般限用“三”以内的基数词：一～难尽 | 我每次去请教，他都只用三～两～打发我 | 大家你一～我一语地争论开了。②数词前可加“这”“那”“哪”等代词：多日来的相思苦楚尽在这一～之中 | 那一～半语虽很平常，但却给她以相当的慰藉 | 这一～提醒了梦中人。③数词“一”一般不省略。④前面一般不加形容词修饰，后面一般不加“子”。⑤一般不重叠和儿化。❷ **名量词** 用于计量汉字：他擅长作五～绝句 | 这是一首七～律诗 | 他最近新写了本三十余万～的小说。**用法提示** ①数词一般用基数词或表示数量的“几”：万～书 | 五～绝句简洁上口 | 《诗经》以四～诗为主。②数词“一”一般不省略。③数词前一般不加代词。④前面一般不加形容词修饰，后面一般不加“子”。⑤一般不重叠和儿化。

📖 **语义源流** 本义为说话、发言。《说文解字·言部》：“言，直言曰言，论难曰语。”《墨子·公输》：“吾知所以距子矣，吾不～。”《国语·周语上》：“国人莫敢～，道路以目。”《书·无逸》：“(殷高宗)三年不～。”《商君书·更法》：“拘礼之人不足与～事。”引申指所说的话、观点。《书·盘庚上》：“迟任有～曰：人惟求旧，器非求旧，惟新。”《史记·乐毅列传》：“乐臣公善修黄帝、老子之～，显闻于齐，称贤师。”《魏书·释老志》：“浮屠正号曰佛陀，佛陀与浮图声相近，皆西方～，其来转为二音。”演变为量词，所说的一句话即为一言。《论语·为政》：“《诗》三百，一～以蔽之，曰：‘思无邪。’”《史记·魏公子列传》：“今吾且死而侯生曾无一～半辞送我，我岂有所失哉？”话要一个字一个字说出来，后也用“言”计量汉字的字数，一个字为一言。《论语·卫灵公》：“子贡问曰：‘有一～而可以终身行之者乎？’子曰：‘其恕乎！’”《后汉书·王充传》：“著《论衡》八十五篇，二十余万～。”南朝梁·萧统《〈文选〉序》：“四～五～，区以别矣。又少则三字，多则九～，各体互兴。”

眼 yǎn ❶ **名量词** 用于计量类似孔洞之物，如水井、水泉、地窖、窑洞等：一～枯井 | 两～新开的煤矿 | 一溜七八～土窑 | 房前不远处并排两～池塘。**用法提示** ①数词一般没有限制，既可用基数词或表示数量的“两”“几”“好几”“若干”等，也可用序数词：第一～菜窖 | 我们在老家住的是几～窑洞 | 村民先后在庄子周围打了四～水井。②数词“一”在某些代词或动词后常可省略：打了～深水井 | 孩子是失足才落到这～土井里的 | 这～泉水灌溉了该镇的八百多亩良田。③数词前可加“这”“那”“哪”等代词：水源地那五十六～饮用水井特别重要 | 火就是从这一～直径约十厘米的洞孔里喷出的 | 他帮咱们打的那几～机井一直用到现在。④数词为“一”时可重叠，重叠形式主要有“(一)～～”“一～

一～”：～～水窖在干旱的土地上建起来|沿路可见一～～山泉涌溢|他们在这里掏凿了一～一～的石窟，并在石窟中雕塑了一尊尊佛像。⑤前面一般不加形容词修饰，后面一般不加“子”。⑥一般不儿化。❷ 名量词 用于计量带有孔洞的石磨等：一～旧磨|每个村子都有几～石磨。**用法提示** ①数词一般没有限制，既可用基数词或表示数量的“两”“几”“好几”“若干”等，也可用序数词：村里的第一～磨|两～石磨|院子里有一～石磨。②数词“一”在某些代词或动词后常可省略：有～石磨|请师傅做了～石磨|面前这～石磨让我想到过去。③数词前可加“这”“那”“哪”等代词：这几～石磨|那两～石磨|时至今日，哪一～石磨都不得不闲置了。④数词为“一”时可重叠，重叠形式主要有“(一)～～”“一～一～”：一～～石磨|他把一～一～石磨排放整齐。⑤前面一般不加形容词修饰，后面一般不加“子”。⑥一般不儿化。❸ 动量词 用于计量以眼看视的次数：瞪他两～|打量了好几～|警察只往房间里扫了一～就知道哪个是小偷。**用法提示** ①数量结构一般位于动词后：看他一～|偷偷瞅了两～|她只看一～就记得清清楚楚。②数词一般限用“一”或表示数量的“两”“几”“好几”等：爷爷只是想看一～刚出生的孙子|俊男美女总让人忍不住地想多看两～|她向四周打量几～，就顺着山谷逃走了。③数词前可加“这”“那”等代词：为了看这一～|你瞪我那一～|瞧了那一～之后，他做了一个表示决心的动作。④数词“一”一般不省略。⑤前面一般不加形容词修饰，后面一般不加“子”。⑥一般不重叠和儿化。

语义源流 本义为眼睛，指人和动物的视觉器官。《说文解字·目部》：“眼，目也。”《易·说卦传》：“其于人也，为寡发，为广颡，为多白～。”《庄子·盗跖》：“比干剖心，子胥抉～，忠之祸也。”《世说新语·容止》：“面如凝脂，～如点漆，此神仙中人。”唐·王维《观猎》：“草枯鹰～疾，雪尽马蹄轻。”眼睛呈孔洞状，故泛化可指其他各种孔洞。唐·杜甫《石笋行》：“古来相传是海～，苔藓蚀尽波涛痕。”宋·杨万里《和王司法雨中惠诗》：“一尊往慰风雨晚，莫管带围宽一～。”《西游记》第二十四回：“(金击子)上边有～，系着一根绿绒绳儿。”清·文康《儿女英雄传》第三十一回：“里面是五寸来长的一个铁筒儿……那头儿却是五个～儿。”演变为名量词，用于计量类似孔洞之物，如水井、池塘、地窖、窑洞等。唐·谷神子《博异志·阴隐客》：“每岩中有清泉一～，色如镜；白泉一～，白如乳。”《西游记》第三十八回：“这是一～井。”《水浒传》第七十四回：“只有两～房，空着一～，一～是个山东货郎，扶着一个病汉赁了。”现代汉语中也可用于计量带有孔洞的石磨等。“眼”还借用为动量词，用于计量以眼看视的次数。明·佚名《英烈传》第四十七回：“尹义落得小船逃走，回看一～，伤心顿足。”清·张春帆《九尾龟》第一百一十五回：“秋谷见了，未免回过头来多看几～。”清·石玉昆《小五义》第一百九十回：

"你也瞧一～，虽不如你们小姐，也不至于像你那样子。"

样 yàng 名量词 用于计量事物的种类：桌上只有两～菜｜同样的意思可以有好几～说法｜他的包里装着乱七八糟十几～东西｜三个人三～性格。**用法提示** ①数词一般没有限制，既可用基数词或表示数量的"两""几""好几""若干"等，也可用序数词：第一～点心是核桃酥｜两～小菜｜好几～工具｜用花生可以做出好几～食品｜他的家里没有豪华的装饰，也没有几～值钱的东西。②数词"一"在某些动词后有时可省略：买了～礼物｜吃了～没吃过的点心｜我给你带了～好东西。③数词前可加"这""那""哪"等代词：这两～玩具是孩子最喜欢的｜我一点儿也不喜欢那几～礼物｜这几～菜都是用豆腐做的。④数词为"一"时可重叠，重叠形式主要有"（一）～～""一～一～"：这些颜色～～鲜艳｜母亲摆出了一～～小菜｜一～一～玩具都散落在地板上｜橱窗里陈列着一～～商品。⑤前面一般不加形容词修饰，后面一般不加"子"。⑥一般不儿化。

语义源流 本义为橡子。《说文解字·木部》："樣（样），栩实。"假借表式样、形状。式样义的本字为"㨾"。段玉裁《说文解字注》："樣橡正俗字。……今人用樣为式樣字，像之假借也。唐人式樣字从手作㨾。"《广韵·漾韵》："㨾，式㨾。"《唐书·柳公权传》："公权在元和间书法有名，刘禹锡称为'柳家新㨾'。"后"㨾"多写为"样"。唐·杜甫《杨监又出画鹰十二扇》："近时冯绍正，能画鸷鸟～。"唐·白居易《缭绫》："去年中使宣口敕，天上取～人间织。"清·金人瑞《境智二童子》："一双二妙并行来，取次衣裳照～裁。"演变为量词，用于计量事物的品类。《朱子语类·鬼神》："《周礼》所谓天神、地示、人鬼，虽有三～，其实只一般。"《水浒传》第二回："庄客托出一桶盘，四～菜蔬，一盘牛肉，铺放桌子上。"

近义辨析 样—件 见"件"下。
样—类—种 见"类"下。

窑 yáo ❶ 名量词 用于计量窑里烧制的砖瓦或陶瓷器物等：两～青砖｜一～～陶器｜这些年他们烧出了几百～瓷器。**用法提示** ①数词一般没有限制，既可用基数词或表示数量的"两""几""好几""若干"等，也可用序数词：一～砖｜几～瓦｜经过多日摸索，他果真成功地烧出了第一～砖｜据说烧一～特种瓷需要36个小时。②数词"一"在某些代词或动词后常可省略：烧了～青瓷碗｜这～花瓶计划外销｜那两～青花瓷价格不菲。③数词前可加"这""那""哪"等代词：小年之前，这两～砖一定能烧出来｜这几～白水泥亏损得厉害｜哪一～质量最好？④数词为"一"时可重叠，重叠形式主要有"（一）～～""一～一～"：～～精美瓷器｜一～～砖瓦｜他们新烧出来的一～一～瓷器都卖出去了。⑤前面一般不加形容词修饰，后面一般不加"子"。⑥一般不儿化。❷ 名量词 用于计量窑中的人或物：挤了一～人｜一～家具｜这一～老小都等着他照顾。**用法提示** ①数词一般限用"一"：一～小年轻｜他家存了一～玉米｜开会时黑压

压坐了一～人。②数词前可加“这”“那”“哪”等代词：这一～粮食能卖不少钱|那一～工人都回家过年了。③数词“一”一般不省略。④前面一般不加形容词修饰，后面一般不加“子”。⑤一般不重叠和儿化。

语义源流 本义为烧制砖瓦陶瓷等的建筑物。《说文解字·穴部》：“窯，烧瓦灶也。”《正字通·穴部》：“窑，俗窯字。”《墨子·备穴》：“穴内口为灶，令如～，令容七八员艾，左右窦皆如此。”汉·服虔《通俗文》卷下：“陶灶曰～。”唐·卢仝《月蚀》：“六合烘为～，尧心增百忧。”清·吴趼人《二十年目睹之怪现状》第六十三回：“只得到～里去商量，～里也不能设法一律匀净。十万砖，送了七次，还拣不到四万。”借用为量词，用于计量窑里烧制的砖瓦或陶瓷器物等。清·梁章钜《浪迹续谈·龙泉窑》：“其兄章生一～所出之器，浅绿断纹，号百圾碎，尤难得。”清·贪梦道人《彭公案》第一百零二回：“顺北墙一条花梨俏头案，上面摆定四～磁器，上好古玩。”“窑”也可指供人居住的窑洞，或采煤开挖的煤窑。清·俞正燮《癸巳存稿·窑亹》：“今西人依山居曰～。”《清史稿·周元理传》：“并请开附近潘家口汛煤～。”借用为量词，可计量窑中的人或物。元·佚名《盆儿鬼》第二折：“一～的家火都走的无了也，则剩下一个盆儿。”清·张杰鑫《三侠剑》第五回：“动了两天工，忽刨出一～白银。”

舀 yǎo **名量词** 用于计量用舀子盛装的东西，多为液体：一～水|两大～酒|小半～马奶|厨师将一～辣椒油倒进锅里，厨房里立刻充满了呛人的辣味。**用法提示** ①数词一般没有限制，既可用基数词或表示数量的“两”“几”“好几”“若干”等，也可用序数词：第一～开水|他往面碗里加了两～汤|他跑进来喝了一～凉水就走了。②数词“一”在某些代词或动词后常可省略：喝了～酒|这～清泉味道甘洌|那～清水足够了。③数词前可加“这”“那”“哪”等代词：这几～甘泉水|那两～老白干|这几～羊肉汤你们喝了吧。④前面可加“大”“小”等形容词修饰：一小～酱油|他一气喝了一大～井水|这瓶子能装一大～水呢。⑤后面常常加“子”：一～子冷水|两～子剩菜|那一大～子啤酒至少有三斤。⑥数词为“一”时可重叠，重叠形式主要有“(一)～～”“一～一～”：一～～大米粥|～～凉白开都有桂花|一～一～热水添进来，他还是嫌冷。⑦一般不儿化。

语义源流 本义为舀取，指用瓢、勺等取物。《说文解字·臼部》：“舀，抒臼也。”段玉裁注：“抒，挹也。既舂之，乃于臼中挹出之。今人凡酌彼注此皆曰舀，其引申之语也。”宋·释道原《景德传灯录·高沙弥》：“高就桶内～一杓饭，便出去。”明·兰陵笑笑生《金瓶梅》第五回：“那妇人先把砒霜倾在盏内，却～一碗白汤，把到楼上。”《红楼梦》第四十四回：“一面说，一面便吩咐了丫头子们～洗脸水，烧熨斗来。”引申指取物所用的瓢或勺，称为“舀子”。常杰淼《雍正剑侠图》第二十八回：“旁边有个竹把水～子。”借用为量词，用于计量用舀子盛装的东西，多为液体。常杰淼《雍正剑侠图》第二十八回："一连气喝了五六～子水。"

叶 yè **名量词** 用于计量状似树叶或轻薄如树叶之物：两～柳眉|水里放几～薄荷，气味芬芳又消暑|他生于香港一个水上人家，一家人靠一～舢板以驳运为生。**用法提示** ①数词一般没有限制，既可用基数词或表示数量的"两""几""好几""若干"等，也可用序数词：一～浮萍|第一～方舟|画上大海波涛汹涌，海中央只有一～孤舟。②数词"一"在某些代词或动词后常可省略：海的中央有～方舟|那～风帆正迎风破浪前行|这～轻舟即将载着美丽的新娘出发。③数词前可加"这""那""哪"等代词：这几～扁舟|墙角的那三～芭蕉，两枝修竹，十分的诗意|那几～碧荷刚刚出水，半卷半开。④数词为"一"时可重叠，重叠形式主要有"(一)～～""一～一～"：渔民把一～一～扁舟摇向湖面|～～帆板在海面上滑翔|那一～～藏书票很是秀丽可人。⑤前面一般不加形容词，后面一般不加"子"。⑥一般不儿化。

语义源流 字本写作"葉"，后简化为"叶"。本义指叶子、树叶，是植物营养器官之一。《说文解字·艸部》："叶（葉），草木之叶也。"《诗·小雅·苕之华》："苕之华，其～青青。"《鹖冠子·天则》："一～蔽目，不见太山。"引申指像叶子一样轻薄的东西。段玉裁《说文解字注》："凡物之薄者，皆得以叶名。"唐·李绰《尚书故实》："人来觅书，兼请题头者如市，所居户限为之穿穴，乃用铁～裹之，人谓之铁门限。"《朱子语类·理气下》："仍作图时，须用逐州正斜、长短、阔狭如其地形，糊纸～子以剪。"清·李宝嘉《官场现形记》第五十回："还有什么金～子、金条、洋钱、元宝，虽没有逐件细点，亦大约晓得一个数目。"演变为量词，常用于计量状似树叶或轻薄如树叶之物。北魏·贾思勰《齐民要术·羹臛法》："作鸭臛法：用小鸭六头，羊肉二斤……橘皮三～。"唐·韩愈《湘中酬张十一功曹》："休垂绝徼千行泪，共泛清湘一～舟。"清·刘鹗《老残游记》第一回："姑且将我们的帆落几～下来，不必追上那船。"后也用于表示书页、纸张等。唐·裴说《喜友人再面》："静坐将茶试，闲书把～翻。"明·沈德符《万历野获编·国学刻书》："至如辽金诸史，俱有缺文，动至数～。"演变为量词，用于计量书页、纸张。清·无垢道人《八仙得道》第五十二回："先去瞧了一遍，原来是一～只字毫无的白纸。"许慕羲《宋代宫闱史》第二回："吃过午饭，看了几～书，心中十分烦闷。"现代汉语中计量书页、纸张用"页"。

页 yè **名量词** 用于计量书籍、报刊等的纸张。旧时指单面印刷的书本中的一张纸，现在一般指两面印刷的书本中的一张纸的一面：二十～稿子|一～纸可以写上千字|一～光辉的历史|历史上最悲惨的一～。**用法提示** ①数词一般没有限制，既可用基数词或表示数量的"两""几""好几""若干"，也可用序数词或表示序数的"首"等：一～纸|这本书首～上有作者的签名|他一气儿读了三十～书。②数词"一"在某些代词

或动词后常可省略：写了～钢笔字｜看了～漫画｜最后那～稿子还得再改改。③数词前可加“这”“那”“哪”等代词：这两～诗歌很优美｜你还记得我给你看的那两～作文稿吗？｜你找找看哪一～有这首诗。④数词为“一”时可重叠，重叠形式主要有“(一)～～”“一～一～”：～～辉煌壮丽的篇章｜诗行铺满了一～～稿纸｜功劳簿上已经有了一～一～辉煌的纪录｜当读完这一～一～翰墨飘香的文字时，我完全沉醉了。⑤前面一般不加形容词修饰，后面一般不加“子”。⑥一般不儿化。

语义源流 本义为头部、脑袋。《说文解字·页部》：“页，头也。”书页的意思本作“篥”，也写作“葉”，简化为“叶”，后改用“页”。《说文解字·竹部》：“篥，籥也。”段玉裁注：“小儿所书写，每一笘谓之一篥，今书一纸谓之一页。或作叶（葉），其实当作此篥。”唐·裴说《喜友人再面》：“静坐将茶试，闲书把叶翻。”宋·李吕《前调·谢人送牡丹》：“雕玉佩，郁金裙。凭谁书叶寄朝云。”演变为量词，用于计量纸张、书页，可表示一张纸，也可表示纸张正反两面中的一面。明·沈德符《万历野获编·国学刻书》：“至如辽金诸史，俱有缺文，动至数叶。”清·吴趼人《二十年目睹之怪现状》第三十六回：“侣笙翻开图来看了两～，仍旧掩了。”陈莲痕《乾隆休妻·逞才华奏参宠姬》：“（皇上）在殿内随意抽看了几～古书。”

近义辨析 页—张 均可用于计量书页，如可以说“他看了一页报纸”，也可以说“他看了一张报纸”。但二者表示的意思不同，“页”指的是“一面”，而“张”指的是正反两面。二者也都可以计量纸张，如“三页信纸”“三张信纸”，意思相同，但语体色彩稍有差异，“页”书面色彩更强一些，“张”口语色彩更强一些。在使用范围上，“张”还可用于计量很多张开或伸展成平面状的物体，以及人或动物的脸，如“一张桌子”“两张床”“一张犁”“一张脸”，“页”则没有这些用法。

夜 yè

❶ 名量词 用于计量夜晚的时间：一～时间｜七月的最后一～｜两～功夫｜才几～光景，他就撑不住了。**用法提示** ①数词一般没有限制，既可用基数词或表示数量的“两”“几”“好几”“若干”等，也可用序数词：第一～｜两三～功夫｜他用了一～时间才完成这项工作。②数词前可加“这”“那”“哪”等代词：这一～时间｜那几～光景｜这十来～夜班多亏有你们。③前面有时可加“长”“整”等形容词修饰：经过一长～的旅行，大家疲累不堪｜我们有一整～时间聊天打牌。④数词“一”一般不省略。⑤后面一般不加“子”。⑥一般不重叠和儿化。❷ 动量词 用于计量动作、行为、状态持续的时间：讨论了大半～｜闹了一整～｜他们已经连续加班两天两～。**用法提示** ①数量结构可位于动词前，也可位于动词后：在旅馆过了两～｜电视机开了一～｜我感觉好像睡了两天两～｜孩子总是夜哭，一～～折腾，全家人都睡不好。②数词一般没有限制，既可用基数词或表示数量的“两”“几”“好几”“半”等，也可用序数词：奋斗到最后一～｜他已

天两～|孩子哭闹了半～|他们讨论到第二～，还是没有确定的意见。③数词前有时可加“这”“那”等代词：那几～忙碌|这一～长谈|这一～失眠真是太难受了。④前面一般可加形容词“整”修饰：一整～忙碌|一整～没合眼|他跳了一整～舞。⑤数词为“一”时可重叠，重叠形式主要有“(一)～～”“一～一～”：他们曾经一～～畅谈|我是茶饭无心，～～失眠|一～一～长叹短吁后，父母还是决定让他退学。⑥数词“一”一般不省略。⑦后面一般不加“子”。⑧一般不儿化。

语义源流 本义指从天黑到天亮的一段时间，与“昼”“日”相对。《说文解字·夕部》：“夜，舍也。天下休舍也。”《诗·唐风·葛生》：“夏之日，冬之～，百岁之后，归于其居。”南朝梁·萧纲《陇西行三首》其三：“沙飞朝似幕，云起～疑城。”宋·吴自牧《梦粱录》卷六：“是～，禁中爆竹嵩呼，闻于街巷。”演变为量词，用于计量夜晚的时间。宋·晏几道《小山词·临江仙》：“淡水三年欢意，危弦几～离情。”清·松云氏《英云梦三生姻缘》第五回：“在枕头上落几点清溜溜的眼泪。说不尽他一～光景。”也可用于计量动作、行为、状态持续的时间。唐·李白《梦游天姥吟留别》：“我欲因之梦吴越，一～飞渡镜湖月。”清·吴趼人《二十年目睹之怪现状》第二十六回：“我就陪你谈两三～都可以。”蔡东藩、许廑父《民国演义》第一百三十九回：“双方激战了几～，终究众寡势异，渐渐抵挡不住。”

近义辨析 夜—宿 见“宿”下。

镒 yì **度量衡量词**〈古〉重量单位。一镒合二十两，一说合二十四两：黄金百～|万～赃银。

语义源流 古代重量单位，一镒合二十两，一说合二十四两。《玉篇·金部》：“镒，二十两。”《墨子·号令》：“又赏之黄金，人二～。”孙诒让间诂：“镒，二十四两也。”《国语·晋语二》：“黄金四十～，白玉之珩六双。”韦昭注：“二十两为镒。”《太平广记·神仙·张老》：“人世遐远，不及作书，奉金二十～。”

英尺 yīngchǐ **度量衡量词** 英美制长度单位，符号为ft。旧时写作“呎”。1英尺等于12英寸，合0.3048米：大间房屋长约50～。**用法提示** ①数词一般没有限制，既可用基数词或表示数量的“两”“几”“好几”“若干”等，也可用序数词：布料的第一～是样品|驱动卡可将总线引至2至3～|该船厂次年又建成长450～、宽80～的新船坞。②数词前可加“这”“那”“哪”等代词：这110～是主机舱的外长|那9～是淹没地区的平均水深|这段线路上哪几～安装的是跳插线？③数词为“一”时可重叠，重叠形式为“一～一～”：一～一～地测量|平台一～一～地加高|建设者们连续奋战，一～一～地疏浚了整条航道。④数词“一”一般不省略。⑤前面一般不加形容词修饰，后面一般不加“子”。⑥一般不儿化。

英寸 yīngcùn **度量衡量词** 英美制长度单位，符号为in。旧时写作“吋”。1

英寸等于1/12英尺，合2.54厘米：他的新手机是4.5～的屏｜按后台服务器的要求，这款机器采用了3～的硬盘。**用法提示** ①数词一般没有限制，既可用基数词或表示数量的"两""几""好几""若干"等，也可用序数词：需要提供4～×6～的数码照片｜输出的尺寸比原计划大了好几～｜目前液晶显示器的规格一般有17～、19～、23～和27～等。②数词前可加"这""那""哪"等代词：这10～的网带是采用金属丝编织的｜那12～的黑白电视｜请标注一下哪几～的电阻用的是镀膜膜层。③数词为"一"时可重叠，重叠形式为"一～一～"：一～一～地抬升｜实验设备一～一～地向前移动｜他们已经挖到了藏有金矿的地带，现在正一～一～地向悬崖壁面靠近。④数词"一"一般不省略。⑤前面一般不加形容词修饰，后面一般不加"子"。⑥一般不儿化。

英里 yīnglǐ 度量衡量词 英美制长度单位，符号为mile。旧时写作"哩"。1英里等于5280英尺，合1.6093千米：分布在系统中心周围150～的区域内｜这种喷气机的巡航速度高达每小时570～，下滑速度能达到630～。**用法提示** ①数词一般没有限制，既可用基数词或表示数量的"两""几""好几""若干"等，也可用序数词：第一～跑得不快｜距离旧金山好几百～｜用同轴电缆在几～范围内将所有信息联系起来。②数词前可加"这""那""哪"等代词：这9～的隧洞用了好几年才打通｜天气太差，今天无论如何也赶不到那几十～以外的小镇了｜她已经记不清这一路上哪几～走的是水路了。③数词为"一"时可重叠，重叠形式为"一～一～"：一～一～地向前推进｜他就这样一个人一～一～地在荒野中跋涉着｜车在盘旋的山路上一～一～地向远方驶去。④数词"一"一般不省略。⑤前面一般不加形容词修饰，后面一般不加"子"。⑥一般不儿化。

英两 yīngliǎng 度量衡量词 英美制质量或重量单位"盎司"的旧称。详见"盎司"。

英亩 yīngmǔ 度量衡量词 英美制土地面积单位。1英亩等于6.072亩，约合4046.865平方米：买了1100～土地｜占地99～的大庄园｜那一年，东北部的1000多万～橡树的叶子被舞毒蛾吃得精光。**用法提示** ①数词一般没有限制，既可用基数词或表示数量的"两""几""好几""若干"等，也可用序数词：从那边的第一～到这里都是实验用地｜买下一个1800多～的农场｜由于采用这种人工草地绿化方法，当地政府已把45～土地变成了野花公园。②数词前可加"这""那""哪"等代词：这28万～是虾养殖场｜他也不知道哪一～是马铃薯田。③数词为"一"时可重叠，重叠形式为"一～一～"：山脚下有一～一～的良田｜他们已经平整了一～一～的土地。④数词"一"一般不省略。⑤前面一般不加形容词修饰，后面一般不加"子"。⑥一般不儿化。

英寻 yīngxún 度量衡量词 英美制长度单位，多用于计量水深。旧时写作"㖊"。1英寻等于6英尺，合1.828米：100～之下的海水深处｜有个鱼饵下沉

Y

到 40～的深水中。**用法提示** ①数词一般没有限制，既可用基数词或表示数量的“两”“几”“好几”“若干”等，也可用序数词：下沉到第 35～时|那儿的水深突然达到了 700～|每根钓索有两个 40～长的卷儿|在广阔的浅海里，从 30 到 60～深的地质层遭受了过分的侵蚀。②数词前可加“这”“那”等代词：这 9～是上周测量的结果|那 15～是船下的水深。③数词为“一”时可重叠，重叠形式为“一～一～”：一～一～地下潜|一～一～地向海底延伸|船锚正在一～一～地缓慢下降。④数词“一”一般不省略。⑤前面一般不加形容词修饰，后面一般不加“子”。⑥一般不儿化。

营 yíng 名量词 军队的编制单位，在团之下，连之上。用于计量部队的数量：两～伞兵|三～兵力|几～骑兵|头几～士兵已经进城了。**用法提示** ①数词一般没有限制，既可用基数词或表示数量的“两”“几”“好几”“若干”等，也可用序数词：两～士兵|好几～战士|第一～工兵已经回到营地。②数词“一”在某些代词或动词后常可省略：训练了～新兵|这～士兵。③数词前可加“这”“那”“哪”等代词：这两～官兵|那几～士兵|哪三～骑兵先派过去？④前面可加形容词“整”修饰：一整～新兵|一整～官兵被雪封锁。⑤数词为“一”时可重叠，重叠形式主要有“（一）～～”“一～一～”：～～士兵整齐地站立着|一～～士兵从广场走过|一～一～士兵被派往西线。⑥后面一般不加“子”。⑦一般不儿化。

语义源流 本义指四围垒土而居。《说文解字·宫部》：“营，帀居也。”段玉裁注：“帀居谓围绕而居。”《礼记·礼运》：“昔者先王未有宫室，冬则居～窟，夏则居橧巢。”《汉书·郊祀志上》：“汾阴巫锦为民祠魏脽后土～旁。”转指四面环卫的军垒、军营。《字汇·火部》：“军垒为营。”《史记·卫将军骠骑列传》：“于是大将军令武刚车自环为～，而纵五千骑往当匈奴。”《宋书·申恬传》：“城内乃出车北门外，环堑为～，欲挑战，贼不敢逼。”唐·岑参《凯歌六首》其五：“蕃军遥见汉家～，满谷连山遍哭声。”又用作军队编制单位名称。《晋书·阮籍传》：“阮籍闻步兵～厨人善酿，有贮酒三百斛，乃求为步兵校尉。”明·戚继光《练兵实纪·练伍法》：“凡骑兵～有虎蹲炮，各有驮骡。”清·陶成章《浙案纪略》卷中：“五哨为～，有～官，号曰千夫长。”演变为量词，用于计量部队的数量。《后汉书·顺帝纪》：“调五～弩师，郡举五人，令教习战射。”《明史·袁崇焕传》：“马军十～，步军五，岁饷银四十二万，米十三万六千。”

羽 yǔ 名量词 用于计量鸟类，多为鸽子：一～画眉|这～灰鸽最讨人喜欢|养鸽的鸽友送了他几～鸽子。**用法提示** ①数词一般没有限制，既可用基数词或表示数量的“两”“几”“好几”“若干”，也可用序数词或表示序数的“首”等：两～白鹤|几～飞鸽|这是他养的首～赛鸽。②数词“一”在某些代词或动词后可省略：这～灰鸽|买了～赛鸽|在那场比赛中，他丢了～种鸽|那～信鸽可能受伤了。③数词前

可加"这""那""哪"等代词：这两百～白鸽|那三千～赛鸽|哪几～赛鸽是你的？④数词为"一"时可重叠，重叠形式主要有"(一)～～""一～一～"：～～飞鸟|穿越城市的绿地，可以看到一～～飞鸽振翅掠过|蓝天下，一～一～白鸽放飞着希望。⑤前面一般不加形容词修饰，后面一般不加"子"。⑥一般不儿化。

语义源流 本义为鸟翅上的长毛。《说文解字·羽部》："羽，鸟长毛也。"《易·渐卦》："鸿渐于陆，其～可用为仪，吉。"《尚书·禹贡》："厥贡……齿、革、～、毛。"孔传："羽，鸟羽。"引申泛指鸟类或昆虫的翅膀。《诗·邶风·燕燕》："燕燕于飞，差池其～。"《礼记·月令》："(季春之月)鸣鸠拂其～。"郑玄注："鸣鸠飞且翼相击。"引申为鸟类的代称。《周礼·考工记·梓人》："天下之大兽五：脂者、膏者、臝者、～者、鳞者。"郑玄注："羽，鸟属。"宋·梅尧臣《河南张应之东斋》："池清少游鱼，林浅无栖～。"演变为量词，计量鸟类，现多用于鸽子。

语 yǔ 名量词 用于计量句子：一～道破|三言两～|你一言，我一～。**用法提示** ①数词一般用"一"或表示数量的"数""几"，或用于"三言两语""七言八语"等固定搭配：她呆在那里，久久不发一～|只要有三言两～他听不顺耳，就要骂人|我跟她说了七言八～，就告辞了|只寥寥几～，我们就从她那里感受到了只有这家百年老店才有的服务态度和知识水准。②数词前可加"这""那"等代词：道破天机的这一～，不正是他们成功的"谜底"吗？|那一～道出了实情。③数词"一"一般不省略。④前面一般不加形容词修饰，后面一般不加"子"。⑤一般不重叠和儿化。

语义源流 本义为议论、辩论。《说文解字·言部》："语，论也。"《诗·大雅·公刘》："于时言言，于时～～。"毛传："直言曰言，论难曰语。"孔颖达疏："直言曰言，谓一人自言。答难曰语，谓二人相对。"后泛化指谈话、交谈。《释名·释言语》："语，叙也，叙己所欲说也。"《广雅·释诂四》："语，言也。"《易·系辞传上》："君子之道，或出或处，或默或～。"《诗·陈风·东门之池》："彼美淑姬，可与晤～。"《论语·乡党》："食不～，寝不言。"又引申指诗文、谈话中的字句。《左传·文公十七年》："齐君之～偷。"《墨子·非攻》："古者有～曰：'君子不镜于水，而镜于人。'"《孟子·万章上》："此非君子之言，齐东野人之～也。"唐·杜甫《江上值水如海势聊短述》："为人性僻耽佳句，～不惊人死不休。"由此演变为量词，用于计量句子。《世说新语·轻诋》："都无此二～，裴自为此辞耳！"宋·文莹《湘山野录》卷上："(陈希夷)但屈指以三～授之曰：'子贵为帝友，而无科名，晚为权贵所陷。'"宋·李攸《宋朝事实》卷十："上登宣德门，亲劳问将士，命李纲、吴敏撰数十～。"

元 yuán 名量词 我国的本位货币单位(同"圆")，1元等于10角，等于100分：一～钱|500～现金|这件衣服的标价是320～|这5000～是妈妈给的，那1000～哪儿来的？**用法提示** ①数

词一般用基数词或表示数量的“两”“几”“好几”等：这种苹果两～一斤｜他口袋里只剩几～钱｜在农贸市场上买这种螃蟹，一公斤要便宜好几～钱。②数词前可加“这”“那”等代词：这十几～钱｜不在乎多花这两～钱｜光那几百～一张的门票，普通百姓就不敢问津。③数词为“一”时可重叠，重叠形式主要有“一～～”“一～一～”：一角角、一～～，汇聚在一起，一共2136元5角｜桌子上摆着一～一～零钱｜一～一～钞票带着人们的体温投进了“献爱心箱”。④数词“一”一般不省略。⑤前面不加形容词修饰，后面一般不加“子”。⑥一般不儿化。

语义源流 本义指人的头部。《尔雅·释诂下》：“元，首也。”《左传·僖公三十三年》：“(先轸)免胄入狄师，死焉。狄人归其～，面如生。”杜预注：“元，首。”《孟子·滕文公下》：“志士不忘在沟壑，勇士不忘丧其～。”引申指开始、第一。《说文解字·一部》：“元，始也。”《易·乾卦》：“乾，～亨利贞。”孔颖达疏：“子夏传云，元，始也。”《公羊传·隐公元年》：“～年者何？君之始年也。”又假借指圆形的货币，如元宝、银圆等。清·袁枚《答秋帆制府书》：“才还山中，见案上手书及国宝四～。”《清史稿·食货志》：“前所铸大小银～，暂照市价行使，将来由总厂银行收换改铸。”现用作我国的本位货币单位。

近义辨析 元—块 见“块”下。

元—圆 “元”作为货币单位，意思与“圆”相同，一般可换用。但货币上刻印的均为“圆”，不用“元”。因为“圆”的本义指圆周或环形，而中国古代的货币多为圆形，尤其是近代，以银圆为主，所以用“圆”作为货币单位显得比较传统正规。

园 yuán **名量词** 用于计量园内种植的蔬菜、花果等：一～白菜｜好几～橘子｜满满一～子瓜、豆都发芽啦。**用法提示** ①数词一般用基数词或表示数量的“两”“几”“好几”等：两～苹果｜几～蔬菜｜他每天都会汲水去浇灌那一～碧绿的秋蔬。②数词“一”在某些代词或动词后常可省略：他种了～月季花｜这～向日葵不错，我们去那儿拍张照片吧｜为了守住那～橘子，他家养了一条狗。③数词前可加“这”“那”“哪”等代词：这三～蔬菜｜我非常喜欢那一～清丽的秋海棠｜先摘哪一～苹果？④前面可加“大”“小”等形容词修饰：一小～松树｜一大～青菜｜那儿有整整一大～的玫瑰花。⑤数词为“一”时可重叠，重叠形式主要有“(一)～～”“一～一～”：～～翠竹｜一～一～的柿子树｜看着这一～～相继开放的繁花心情就好了许多。⑥后面一般可加“子”：一～子奇花异草｜我种了一～子向阳花｜悟空大闹天宫，吃了王母娘娘一～子的蟠桃。⑦一般不儿化。

语义源流 本义指种植花果、树木、蔬菜的地方。《说文解字·囗部》：“园，所以树果也。”《诗·郑风·将仲子》：“将仲子兮，无逾我～，无折我树檀。”《墨子·非攻》：“今有一人，入人～圃，窃其桃李。”晋·潘岳《闲居赋》：“灌～鬻蔬，以供朝夕之膳。”借用为量词，用于计量种植在园内的蔬菜、花果等。敦煌变文《下女夫词》：

"舍后一～韭，刘却还如旧。"唐·费冠卿《闲居即事》："几处红旗驱战士，一～青草伴衰翁。"宋·朱敦儒《好事近》："种成桃李一～花，真处怕人觉。"清·西周生《醒世姻缘传》第八十六回："几株松对种门旁，半～竹直穿墙外。"

员 yuán ❶ 名量词 用于计量武将：一～大将｜几～老将｜他真是一～猛将。**用法提示** ①数词一般没有限制，既可用基数词或表示数量的"两""几""好几""若干"等，也可用序数词：几～小将｜吕布一人单挑好几～大将｜一～大将挂着先锋旗号，直杀过来｜这是他队伍里的第一～女将。②数词"一"在某些代词或动词后常可省略：这～虎将｜球队进了～骁勇的战将｜如果在赛季初就拥有这～大将，恐怕如今季后赛的入场券早就到手了。③数词前可加"这""那""哪"等代词：这三～大将｜那一～老将｜你准备派哪几～大将增援我们？④数词为"一"时可重叠，重叠形式主要有"（一）～～""一～一～"：一～～武将｜～～老将都十分了得｜孙悟空定睛一看，只见一～一～披盔带甲的神将从天而降。⑤前面一般不加形容词修饰，后面一般不加"子"。⑥一般不儿化。❷ 名量词 用于指团体中的一个：社会大家庭中的一～｜人群中的普通一～｜她是我们团队中的一～。**用法提示** ①数词一般限用"一"：众多受害者中的一～｜集体中的一～｜他从此成为球队中最年轻的一～。②数词"一"不省略。③数词前一般不加代词。④前面一般不加形容词修饰，后面一般不加"子"。⑤一般不重叠和儿化。❸ 名量词 用于计量人数：定额120～｜超载10～｜公司有48～职工。**用法提示** ①数词一般用基数词或表示数量的"两""几""好几"等：旅客30～｜该市六千多辆客运车辆仅有30多～管理人员。②数词"一"一般不省略。③数词前不加代词。④前面不加形容词修饰，后面一般不加"子"。⑤一般不重叠和儿化。

语义源流 本义不甚明确。《说文解字·员部》认为指物的数量："员，物数也。"《商君书·禁使》："而主以一听，见所疑焉，不可蔽，～不足。"《汉书·尹翁归传》："责以～程，不得取代。"颜师古注："员，数也。"后由物的数量引申指人员的定额，尤指官员定额。《说文解字》"员"字下段玉裁注："（员）本为物数。引申为人数。"《字汇·口部》："员，官数。"《周礼·夏官·庾人》："正校人～选。"郑玄注："正员选者，选择可备员者平之。"《汉书·刑法志》："今遣廷史与郡鞠狱，任轻禄薄，其为置廷平，秩六百石，～四人，其务平之，以称朕意。"《汉书·高惠高后文功臣表》："坐事国人过～，免。"颜师古注："员，数也。"演变为量词，用于计量人数，古代多用于官员和武将。晋·佚名《莲社高贤传·雷次宗》："元嘉十五年，召至京师，立学馆鸡笼山，置生徒百～。"唐·韩愈《唐故江西观察使韦公墓志铭》："故事，使外国者，常赐州县官十～。"《新唐书·百官志》："初，太宗省内外官，定制为七百三十～。"《三国演义》第十五回："原来那寨后放火的，乃是两～健将。"

近义辨析 员—个—名—位 见“个”下。

圆 yuán 名量词 我国的本位货币单位（同“元”），1圆等于10角，等于100分：100～现金｜一～纸币｜他财大气粗地往桌上拍了一沓百～大钞。**用法提示** ①数词一般用基数词或表示数量的“两”“几”“好几”等：那时每头牦牛每日驮运50公斤物资需两～银圆的运费｜花几～钱就可以请客吃涮羊肉。②数词前可加“这”“那”等代词：这三～钱｜那一百～龙银是我亲手交给她的。③数词“一”一般不省略。④前面一般不加形容词修饰，后面一般不加“子”。⑤一般不重叠和儿化。

语义源流 本义指圆周或环形，与“方”相对，又作“圜”。《韵会》：“古方圆之圆皆作圜，今皆作圆。”《韩非子·饰邪》：“左手画～，右手画方，不能两全。”《墨子·法仪》：“百工为方以矩，为～以规。”唐·王维《使至塞上》：“大漠孤烟直，长河落日～。”引申指环形或球形的物品，包括货币。《汉书·食货志》：“太公为周立九府圜法。”李奇注：“圜即钱也。圜一寸，而重九两。”宋·周密《武林旧事·作坊》：“熟药～散，生药饮片。”清·吴敬梓《儒林外史》第二十五回：“炒肉片，煎肉～，闷青鱼。”清·李宝嘉《文明小史》第四十八回：“譬如用银子一两，只抵一两之用，改铸银～。”借用为量词，计量圆形或球形物品。明·兰陵笑笑生《金瓶梅》第七十五回：“昨日刘学官送了十～广东牛黄蜡丸药。”清·余金《熙朝新语》卷四：“大自鸣钟一座、大琉璃灯一～。”也可计量货币，不限于圆形。清·魏源《圣武记·嘉庆东南靖海记》“凡商船出洋者，勒税番银四百～。”《清史稿·食货五》：“至宣统二年，仍前定名曰‘圆’，银币一～为主币。”现为我国的本位货币单位，同“元”。

近义辨析 圆—元 见“元”下。

月 yuè 名量词 用于计量时间，指一年的十二分之一。多表示序数量：一～份｜五～一日｜九～是中国的学生们开学的时间。**用法提示** ①数词限用“十二”以内的基数词：今年三～｜八～十五｜我们九～十～最忙。②数词“一”不省略。③数词前一般不加代词。④前面一般不加形容词修饰，后面一般不加“子”。⑤一般不重叠和儿化。

语义源流 本义指月亮、月球。《说文解字·月部》：“月，阙也，大阴之精。”《诗·小雅·天保》：“如～之恒，如日之升。”唐·张九龄《望月怀古》：“海上生明～，天涯共此时。”月相不断有由圆到缺、由缺到圆的变化，每个周期称为一月，一年分为十二个月。《尚书·洪范》：“一曰岁，二曰～。”孔颖达疏：“二曰月，从朔至晦，大月三十日，小月二十九日，所以纪一月也。”《列子·汤问》：“春夏之～有蠓蚋者，因雨而生，见阳而死。”《礼记·月令》：“是～也，申严号令。”“月”与数词连用作量词，多表示序数量，数词限在“十二”以内。《诗·豳风·七月》：“七～流火，九～授衣。”《汉书·天文志》：“河平元年三～，流民入函谷关。”“月”与数词连用，也可用于计量时段。《诗·王风·采葛》：“彼采葛兮，一日不见，如三～兮！”《汉书·薛宣传》：“二人视事数～，而两县皆治。”

Z

匝 zā ❶ 名量词 用于计量缠绕成圈的东西：一～毛线｜几～钢丝｜每一～铜线的重量都不一样。**用法提示** ①数词一般用基数词或表示数量的“两”“几”“好几”“若干”等：两～棉线｜几～铁丝｜好几～丝线｜上个月厂里买了若干～电线。②数词“一”在某些代词或动词后常可省略：这～麻线｜她买了～毛线｜那～红线是给孩子织手套用的。③数词前可加“这”“那”“哪”等代词：这五～纱布｜把那几～铁丝搬上车｜哪一～丝线是你刚买的？④前面一般可加“大”“小”等形容词修饰：分拆一大～线缆｜家里放了一小～白色灯芯儿｜我拍的照片边上放着一小～五彩线。⑤数词为“一”时可重叠，重叠形式主要有“(一)～～”“一～一～”：～～丝线｜一～～毛线堆满了仓库｜一～一～绳索堆在仓库一角。⑥后面一般不加“子”。⑦一般不儿化。❷ 动量词 用于计量环绕的动作：环顾一～｜家用的乐器，弓毛可以缠三～｜他把链子铁球旋转一～，将车厢四边轰成碎片。**用法提示** ①数量结构可位于动词前，也可位于动词后：用钢丝一～一～拴住｜医生用绷带在她细细的胳膊上紧缠了几～｜骑手们绕场疾舞一～。②数词一般用基数词或表示数量的“两”“几”“好几”等：绑了两～｜将军带人到城墙上巡视了一～｜他用毛线将门把手绕了好几～。③数词为“一”时可重叠，重叠形式主要有“一～～”“一～一～”：纺车的轮子一～～转过去｜山路像一条绳索，一～一～把它捆住｜花蜘蛛用丝一～一～地拴住了苍蝇。④有时可儿化：举着锦旗在场内绕一～儿｜她的神情很倦怠，整个人黑瘦了一～儿｜坐11路公交车可以环绕这个城市一～儿。⑤数词“一”一般不省略。⑥数词前一般不加代词。⑦前面一般不加形容词修饰，后面一般不加“子”。

语义源流 本义指环绕。《后汉书·仲长统传》：“沟池环～，竹木周布。”唐·元结《招陶别驾家阳华作》：“清渠～庭堂，出门仍灌田。”引申指圈儿。《周礼·巾车》：“玉路锡，樊缨。”贾公彦疏引贾逵、马融说：“鞶缨，马饰，在膺前，十有二匝，以牦牛尾金涂十二重。”唐·李德裕《登崖州城作》：“青山似欲留人住，百～千遭绕郡城。”由此演变为名量词，计量缠绕成圈的东西。《宋史·舆服》：“欲乞铸造圆印三面，每面阔二寸五分，于外一～先篆年号及粮料院名。”《周书·皇甫遐传》：“禅窟重台两～，总成十有二室。”又可作为动量词，计量绕圈的动作。汉·曹操《短歌行》：“乌鹊南飞，绕树三～。”唐·玄奘《大唐西域记·秣罗矩吒国》：“山顶有池，其水澄镜，派出大河，周流绕山二十～，入南海。”《宋史·张玘传》：“贼环城数十～”。

Z

载 zǎi 名量词 用于计量时间。一载即一年。多用于书面语：一年半～|三年五～。**用法提示** ①数词一般没有限制，既可用基数词或表示数量的“两”“几”“好几”“半”“若干”等，也可用序数词：经过两～寒暑|几～光阴|我与她睽违了若干～|现在已是这个网站建成的第三～。②数词为“一”时可重叠，重叠形式为“一～～”：春风秋雨一～～|一～～火热的岁月。③数词“一”一般不省略。④数词前一般不加代词。⑤前面一般不加形容词修饰，后面一般不加“子”。⑥一般不儿化。

语义源流 本义指乘坐。《说文解字·车部》：“载，乘也。”《易·睽卦》：“睽孤见豕负涂，～鬼一车。”《诗·小雅·绵蛮》：“命彼后车，谓之～之。”《史记·河渠书》：“陆行～车，水行～舟。”后假借为表初始义的“才”。《说文解字》段玉裁注：“(载)又假借之为始，才之假借也。才者，草木之初也。”《诗·豳风·七月》：“春日～阳，有鸣仓庚。”《孟子·万章上》：“天诛造攻自牧宫，朕～自亳。”晋·陶渊明《停云》：“东园之树，枝条～荣。”由初始义扩大表示四时终始。《说文解字》段玉裁注：“夏曰载，亦谓四时终始也。”由此用来表示年。《尔雅·释天》：“～，岁也。夏曰岁，商曰祀，周曰年，唐虞曰～。”郭璞注：“载，始也。取物终更始之义。”由此借用为量词，用于计量时间，一年为一载。《书·尧典》：“帝曰：‘往，钦哉！’九～绩用弗成。”孔传：“载，年也。”《三国志·魏书·明帝纪》：“自衰乱以来，四五十～。”晋·干宝《搜神记》卷五：“三七者，经二百一十～，当有外戚之篡。”

近义辨析 载—年 见“年”下。

遭 zāo ❶ 动量词 用于计量动作、行为的次数，相当于“回”“次”：逛了两～|白来一～|举家回国探亲，这还是头一～儿。**用法提示** ①数量结构可位于动词前，也可位于动词后：拜访一～|求了我两三～儿|今日是头一～儿生气打人。②数词一般没有限制，既可用基数词或表示数量的“两”“几”“好几”“若干”，也可用序数词或表示序数的“头”等：他这相貌，我好似在哪里见过几～|吃了好几～闭门羹|他还是头～做这种事。③数词“一”在某些代词或动词后可省略：躲过了这～儿|看了～新建的机场|你跟我们合作，我们自然就会放过你这～。④数词前有时可加“这”“那”“哪”等代词：饶我这一～吧|记住了那几～儿|他有没有哪一～突然来了精神，比往常醒的时间长？⑤数词为“一”时可重叠，重叠形式为“(一)～～”：斗转星移多感慨，尽忆儿嬉一～～|我～～回家全雇他的车|面对唯利是图的同事的一～～纠缠，他不为所动。⑥一般可儿化：这种稀奇事儿，可还真是第一～儿碰到|过几天我去老人院里探望一～儿。⑦前面一般不加形容词修饰，后面一般不加“子”。❷ 动量词 用于计量绕圈的次数，相当于“周”“圈”：踱了两～|绕了一～儿|她围绕广场连转了三～。**用法提示** ①数量结构一般位于动词后：缠了五～|绕了三～|他每天早晨六点必到工地转一～儿。②数词一般

没有限制，既可用基数词或表示数量的“两”“几”“好几”“若干”等，也可用序数词：跑了两～|转了几～|大齿轮转一～儿，小齿轮得转好几～儿|缠到第三～，他使劲一勒。③数词“一”在某些代词后常可省略：这～缠得有点儿紧|昨天早晨那～转的时间可够长的。④数词前有时可加“这”“那”等代词：走这一～花了两个小时|绕操场跑那一～就把你累成这样？⑤前面可加“大”“小”等形容词修饰：他跑前跑后问了一大～，也没问出个究竟|在西湖，他只走马观花地转了一小～。⑥一般可儿化：转了一～儿|缠了几～儿|他把瓜蔓拧了两～儿再压入坑内。⑦后面一般不加“子”。⑧一般不重叠。

语义源流 本义指逢、遇到。《说文解字·辵部》：“遭，遇也。”《诗·齐风·还》：“子之还兮，～我乎猺之间兮。”《礼记·曲礼》：“～先生于道，趋而进，正立拱手。”引申指巡行、围绕。《说文解字·辵部》：“遭，一曰逦行。”段玉裁注：“俗云周遭是也。”王筠《说文解字句读》：“（遭）谓周帀也，迤逦而行，则旋转而周遭矣。”《增韵·豪韵》：“遭，巡也。”唐·刘禹锡《金陵石头城》：“山围故国周～在，潮打空城寂寞回。”清·顾炎武《五台山记》：“五峰周～如城，其巅风甚烈，不可居。”演变作量词，用于计量绕圈的次数，相当于“周”“圈”。唐·孟郊《寒地百姓吟》：“华膏隔仙罗，虚绕千万～。”《朱子语类·理气下》：“天一日周地一～。”元·佚名《三国志平话》卷上：“有左右劝元峤，看县尉破黄巾贼功劳，权免杖罪，令左右人绕厅拖三～。”进一步泛化用于计量动作、行为的次数，相当于“回”“次”。宋·陶岳《五代史补·王彦章八军》：“且共汝辈赤脚入棘针地走三五～，汝等能乎？”明·凌濛初《二刻拍案惊奇》卷二：“常言道事无三不成，这～却是两～了。”

近义辨析 遭—回 见“回”下。

则 zé ❶ 名量词 用于计量自成段落的文字：一～启事|几～笑话|这两～广告幽默风趣。**用法提示** ①数词一般没有限制，既可用基数词或表示数量的“两”“几”“好几”“若干”等，也可用序数词：两～小故事|他又补写了几～说明文字|这是关于事故原因的第二～报道。②数词“一”在某些代词或动词后常可省略：这～广告|那～短论|最近报上有～新闻挺有意思的。③数词前可加“这”“那”“哪”等代词：这几～寓言|那三～日记|你觉得哪一～评论写得好？④前面有时可加“大”“小”等形容词修饰：他给我们提供了一大～有滋有味的新闻报道|我在报纸上看到一小～关于她的消息。⑤数词为“一”时可重叠，重叠形式主要有“（一）～～”“一～一～”：～～轶事|一～～生动的故事|这本书像是一～一～的笔记串联起来的。⑥后面一般不加“子”。⑦一般不儿化。❷ 名量词 用于计量事物细分的条目：总纲第四～|凡例第一～|这么简单的四～运算我都没做对。**用法提示** ①数词一般没有限制，既可用基数词或表示数量的“两”“几”“好几”“若干”等，也可用序数词：“例

言”两～|会章第一～|凡例最后一～。②数词“一”在某些代词后常可省略：这～家训|你来证明一下那～定理。③数词前可加“这”“那”“哪”等代词：这几～规定|那三～民法|他违反了会章的哪一～？④数词为“一”时可重叠，重叠形式为“一～～”：一～～法律条文|他总是记不住那一～～定理。⑤前面一般不加形容词修饰，后面一般不加“子”。⑥一般不儿化。

语义源流 本义指按等级划分物体。《说文解字·刀部》：“则，等画物也。”《尚书·禹贡》：“咸～三壤，成赋中邦。”孔颖达疏：“土壤各有肥瘠，贡赋从地而出，故分其土壤为上中下，计其肥瘠，等级甚多，但举其大较定为三品。”引申为等级。《汉书·叙传下》：“《坤》作墬式，高下九～。”颜师古注引刘德曰：“九则，九州岛土田上中下九等也。”明·戚继光《纪效新书》卷六：“比较武艺，初试定为上等三～，中等三～，下等三～。”由此引申为规则、规章。《诗·大雅·烝民》：“天生烝民，有物有～。”《周礼·天官·大宰》：“以八～治都鄙。”郑玄注：“则亦法也。典、法、则，所用异，异其名也。”汉·荀悦《申鉴·政体》：“为政之方也，惟修六～以立道经。”因规则多为分项条目，故由此演变为量词，用于计量自成段落的文字或分项的条目。明·凌濛初《二刻拍案惊奇·叙》：“顾逸事新语可佐谈资者……聊复缀为四十～。”清·蒲松龄《聊斋志异·于去恶》：“闱中七～，作过半矣。”《清史稿·王元启传》：“句股弦相求法，参以和较，凡得七十八～。”

扎 zhā **名量词** 用于计量盛在广口杯或广口瓶中的啤酒等饮料。英文jar的音译：几～生啤|果汁、啤酒买一～送一～|他要了两～黑啤，咕咕嘟嘟喝了下去。**用法提示** ①数词一般没有限制，既可用基数词或表示数量的“两”“几”“好几”“若干”等，也可用序数词：一～啤酒|好几～果汁|第二～啤酒喝完，他已经摇摇晃晃了|餐桌上总是会摆上几～柠檬水或冰水。②数词“一”在某些代词或动词后可省略：喝了～啤酒|一气儿喝完这～可乐|他看到那～饮料马上眼睛发亮。③数词前可加“这”“那”“哪”等代词：这几～玉米汁|桌上那两～汽水|哪几～啤酒是你买的？④前面可加“大”“小”等形容词修饰：两大～啤酒|一小～苹果汁|夏天到了，我的最爱就是喝上几大～鲜啤，特爽。⑤数词为“一”时可重叠，重叠形式主要有“(一)～～”“一～一～”：～～啤酒|一～一～酸梅汤端上了桌|我完全忘记了酒桌上的事，只记得一～～酒和晃动的人影。⑥后面一般不加“子”。⑦一般不儿化。

札 zhá **名量词** 用于计量捆束在一起的信函、公文、票据等：一～信件|三～账单|案卷中那几～最要紧的信函竟然不翼而飞了。**用法提示** ①数词一般没有限制，既可用基数词或表示数量的“两”“几”“好几”“若干”等，也可用序数词：一～书信|几～美钞|第一～钞票|老王又从提包里拿出两～票子。②数词“一”在某些代词或动词后常可省略：那～文件|桌子上有～信|我确实不知道这～家信的作者是

谁。③数词前可加“这”“那”“哪”等代词：这几～废稿｜那两～忏悔书｜他破旧的书箱里只有那一～皱巴巴的诗稿。④前面可加“大”“小”等形容词修饰：一大～诗文｜两大～崭新的百元美钞｜包裹里面放的是几大～写得密密麻麻的文稿。⑤数词为“一”时可重叠，重叠形式主要有“一～～”“一～一～”：一～～相片｜桌上还堆着一～～票据信函｜他们将一～一～的会计凭证装订成册。⑥后面有时可加“子”：提包里面是厚厚的一～子股票交割单｜这几～子收据证实了有关天价医药费的传言。⑦一般不儿化。

语义源流 本义指古时书写用的小木片。《说文解字·木部》：“札，牒也。”《史记·司马相如列传》：“上许，令尚书给笔～。”《太平御览·文部》：“郡国诸户口黄籍，籍皆用一尺二寸～，已在官役者载名。”引申用于表示书信。《古诗十九首·孟冬寒气至》：“客从远方来，遗我一书～。”南朝宋·颜延之《赠王太常》：“属美谢繁翰，遥怀具短～。”演变为量词，用于计量捆束在一起的信函、公文、票据等。《太平广记·神仙·壶公》：“急复令还就人形，以一～符付之。”明·余邵鱼《春秋列国志传》第八十七回：“自此范蠡乃变姓名，自号‘鸱夷子’，遣仆遗书一～与文种。”清·佚名《海公大红袍传》第三十八回：“（海）瑞告坐毕，呈上搜得刘东雄私书一束，共三十六～。”

拃 zhǎ 名量词 用于计量长度的约略量，表示张开的拇指和中指（或小指）两端间的距离：两～宽｜几～长｜两棵树苗之间只有三～多长的距离。**用法提示** ①数词可用基数词或表示数量的“两”“几”“好几”等：一～厚｜两～长｜这座小木桥的桥面只有几～宽。②数词前有时可加“这”“那”等代词：这一～宽的纸条｜旧时那一～来长的裹成的小脚现在早已不见。③前面有时可加“大”“小”等形容词修饰：一小～长｜那棵秧子七八天时间就蹿高了一大～。④数词“一”一般不省略。⑤后面一般不加“子”。⑥一般不重叠和儿化。

语义源流 本指以手度量。《集韵·陌韵》：“搩（拃），手度物也。”宋·施护《佛说如幻三摩地无量印法门经》：“如明眼人于一～手地量之中，观余面轮而不劳力。”明·袁宏道《舟中夜话赠马元龙》：“等闲～手量青天，枉把虚空记寻尺。”演变作量词，表示张开的大拇指与中指（或小指）两端之间的距离。唐·地婆诃罗《方广大庄严经》：“七芥子成一麦，七麦成一指节，十二指节成一～手，两～手成一肘，四肘成一弓。”

盏 zhǎn ❶ 名量词 用于计量灯：两～瓷制的油灯｜一～指路明灯｜我打扫阁楼时发现了好几～古灯。**用法提示** ①数词一般没有限制，既可用基数词或表示数量的“两”“几”“好几”“若干”等，也可用序数词：一～极普通的小油灯｜几十～灯汇集在一起，宛如一片星星｜有关部门在此地安装了第一～红绿灯。②数词“一”在某些代词或动词后常可省略：这～台灯是刚买的｜自制～彩灯庆元宵｜我们一起去买～壁灯。③数词前可加“这”“那”“哪”等代词：这两～旧台灯｜祖父一直舍不得扔掉那几～油灯｜这个城市

Z

夜空下的一盏盏明灯，哪一～会因我而明，哪一～会因我而灭啊。④前面可加“大”“小”等形容词修饰：门前悬挂着几大～宫灯|房间里只开了一小～台灯|他拿着一小～油灯走进来，摆在床头上。⑤数词为“一”时可重叠，重叠形式主要有“(一)～～”“一～一～”：一～～红灯笼|～～灯光点亮了城市的夜空|暮色渐浓，一～一～灯光亮了起来|夜深了，小吃摊上一～一～灯熄灭了。⑥后面一般不加“子”。⑦一般不儿化。❷ 名量词 用于计量盛在小杯子中的茶、酒等：清茶两～|几～女儿红|他给我斟了一～散发着幽香的茶。**用法提示** ①数词一般没有限制，既可用基数词或表示数量的“两”“几”“好几”“若干”等，也可用序数词：两～新茶|几～香茗|这第一～酒敬我的教练。②数词“一”在某些代词或动词后常可省略：喝了～乌龙茶|这～酒约有二两|他将那～酒一饮而尽。③数词前可加“这”“那”“哪”等代词：这几～绿茶|满店食客皆举目注视着那两～酒|那几～酒下肚，我已是飘飘欲仙。④前面可加“大”“小”“整”等形容词修饰：一整～燕窝|他一入座就操起一大～酒痛饮起来|桌上有一小～热茶。⑤数词为“一”时可重叠，重叠形式主要有“(一)～～”“一～一～”：送来了一～～香茶|长桌上摆着～～美酒|他今天很高兴，一～一～红酒尽数灌下肚内。⑥后面一般不加“子”。⑦一般不儿化。

语义源流 本义指浅而小的杯子。《方言》第五：“盏，杯也。自关而东，赵魏之间曰槭，或曰盏。”郭璞注：“盏，最小杯也。”《旧唐书·鄌王元亨传》：“(鄌王元亨)及之藩，太宗以其幼小，甚思之，中路赐以金～，遣使为之设宴。”唐·杜甫《酬孟云卿》：“但恐天河落，宁辞酒～空?”借用作量词，用于计量盛在小杯子中的茶、酒等。唐·杜甫《拨闷》：“闻道云安曲米春，才倾一～即醺人。”《宋史·军礼志》：“宰执躬身应喏讫，直身立，就坐。进第一～酒。”《金史·新定夏使仪注》：“三～果茶罢，执笏近前齐起，栏子外南为上，对立。”《水浒传》第四十五回：“那妇人拿起一～茶来，把帕子去茶盅口边抹一抹，双手递与和尚。”旧时油灯似盏，故引申指油灯。《旧唐书·杨绾传》：“(杨绾)尝夜宴亲宾，各举坐中物以四声呼之，诸宾未言，绾应声指铁灯树曰：‘灯～柄曲。’”借用作量词，用于计量灯。唐·张鷟《朝野佥载》卷三：“燃五万～灯，簇之如花树。”《三国演义》第一百零三回：“若是夜间，则望七～灯处而走。”清·西周生《醒世姻缘传》第九十九回：“过夜，郭总兵传令，叫四更造饭，五更拔营，直逼土官城下。还是每人四～灯笼。”

站 zhàn 名量词 用于计量固定停车地点之间的距离。两个停车地点之间的距离为一站：两～远|三～路|他每天下车后还要走好几～地才能到家。**用法提示** ①数词可用基数词或表示数量的“两”“几”“好几”等：一～路|好几～地|从这儿到北京西客站只有两～路。②数词“一”在某些代词后可省略：这～地足有十五公里|那～路

好像特别长。③数词前可加“这”“那”等代词：这几～地|那两～的距离不太远|要是早一点儿问路，我们就可以少走这几～冤枉路了。④前面可加“大”“小”等形容词修饰：一大～地|两小～路|我们淋着雨走了一大～路。⑤数词为“一”时可重叠，重叠形式主要有“一～～”“一～一～”：一～一～路地走下去|那一～～你爱过或者恨过的旅程。⑥后面一般不加“子”。⑦一般不儿化。

语义源流 蒙古语的音译，本指驿站。《元史·站赤》：“元制站赤者，驿传之译名也……凡～，陆则以马以牛，或以驴，或以车，而水则以舟。”清·方式济《龙沙纪略》：“卜魁，～名（土人谓驿为～）。”演变为量词，用于计量两个驿站之间的距离。《朴通事》卷中：“使臣这站里不宿，疾快将好马来……一日九～十～家行，你怎么肯不将头马来？”明·王士性《广志绎·杂志下》：“晃州至平夷十八～，每～虽云五六十里，实百里而遥。”清·贪梦道人《彭公案》第二百一十回：“这才出了嘉峪关。此去金家坨共有四～地，得走四天。”进一步泛化可计量陆路两个落脚点之间，或水路两个船舶停靠点之间的距离。《水浒传》第十六回：“五七日后，人家渐少，行路又稀，一～～都是山路。”明·凌濛初《初刻拍案惊奇》卷八：“苏州到南京不上六七～路。”清·坑余生《续济公传》第五十五回：“走了四日，已到鸡鸣峰，离牛角山只有一～路程。”清·李斗《扬州画舫录·运河》：“自天宁寺行宫入天宁门……计十六里，此水程第二～也。”“驿站”又可引申表示车站，即陆路交通线上为人上下和货物装卸设置的固定停车点。清·金松岑、曾朴《孽海花》第十七回：“一切行李都已上了火车～。”蔡东藩、许廑父《民国演义》第八十四回：“寻常时候，火车到～，非常忙乱。”进一步演变为量词，用于计量两个停车点（即车站）之间的距离。平江不肖生《留东外史续集》第一百一十三章：“火车只有两～路。”陆士谔《清朝秘史》第一百零一回：“报说大队日军离此不过五六～路。”

张 zhāng ❶ 名量词 用于计量可以张开和闭拢的东西：一～弓|两～嘴|沙滩上晾晒着一～～渔网。**用法提示** ①数词一般没有限制，既可用基数词或表示数量的“两”“几”“好几”“若干”等，也可用序数词：两～硬弓|家蛛常在墙角下结几～大网|海面上相继出现了第二～帆，第三～帆……②数词“一”在某些代词或动词后常可省略：地上晾着～渔网|她那～乌鸦嘴|他买下了那～四扇朱漆屏风。③数词前可加“这”“那”“哪”等代词：这两～渔网|那三～喋喋不休的嘴巴|应该先收哪两～帆？④前面可加“大”“小”等形容词修饰：一小～渔网|天空仿佛被撒下了一大～铅灰色的网。⑤数词为“一”时可重叠，重叠形式主要有“(一)～～”“一～一～”：一～～巧嘴|大海如此平静，～～船帆已经收拢|他感到被不怀好意的眼睛盯着，被一～一～的网追捕着。⑥后面一般不加“子”。⑦一般不儿化。❷ 名量词 用于计量可以卷起或展开的东西：一～支票|几～合同|一～～大饼被风卷残

Z

云般吃完。**用法提示** ①数词一般没有限制，既可用基数词或表示数量的“两”“几”“好几”“若干”等，也可用序数词：两～钞票｜几～地图｜他画了好几～速写｜第一～门票被他买走了。②数词“一”在某些代词或动词后常可省略：那～写了字的纸｜我非常喜欢这～照片｜他会给你买～去上海的船票。③数词前可加“这”“那”“哪”等代词：这两～人民币｜那几～宣纸｜你喜欢哪一～相片？④前面可加“大”“小”“整”等形容词修饰：一整～油画｜她把一大～纸都写满了｜这一小片草地看上去真的就像一小～绿毯。⑤数词为“一”时可重叠，重叠形式主要有“(一)～～”“一～一～”：这些画儿～～色彩明亮｜他漫不经心地翻看着一～～纸牌｜最后从机器上出来的是一～一～美丽的贴图。⑥后面一般不加“子”。⑦一般不儿化。❸ 名量词 用于计量人或动物的面部：一～胖脸｜几～熟悉的面孔｜一匹精良的马一般都拥有一～漂亮的面孔。**用法提示** ①数词一般没有限制，既可用基数词或表示数量的“两”“几”“好几”“若干”等，也可用序数词：两～新面孔｜几～可爱的笑脸｜这是我在这儿看到的第一～熟脸。②数词“一”在某些代词或动词后常可省略：那～俊俏的面庞｜这～充满自信的脸｜这只猫有～严肃的面孔。③数词前可加“这”“那”“哪”等代词：那两～冷冰冰的脸｜这几～脸真令人讨厌｜他知道办公室里有哪几～面孔。④前面可加“大”“小”“整”等形容词修饰：只看见露在外面的一小～脸｜一大～脸只蒙了一小块布，不看也知道是你｜灯光照亮了她一整～红脸蛋。⑤数词为“一”时可重叠，重叠形式主要有“(一)～～”“一～一～”：～～笑脸｜一～～丑恶嘴脸｜会场中挤满了听众的一～一～脸。⑥后面一般不加“子”。⑦一般不儿化。❹ 名量词 用于计量某些具有平面的物体：一～唱片｜第三～桌子｜屋子里摆着一～～沙发。**用法提示** ①数词一般没有限制，既可用基数词或表示数量的“两”“几”“好几”“若干”等，也可用序数词：两～床｜屋子里有好几～写字台｜他把第一～唱片放在转盘上。②数词“一”在某些代词或动词后常可省略：他指了指那～沙发｜买了～新的桌子｜孩子们经常坐在这～书桌旁边看书。③数词前可加“这”“那”“哪”等代词：这两～茶几｜那几～老唱片｜你想睡哪一～床？④前面可加“大”“小”“整”等形容词修饰：一整～桌子｜两大～床｜公园入口处有一小～石桌。⑤数词为“一”时可重叠，重叠形式主要有“(一)～～”“一～一～”：～～床上都睡着病人｜一～～麻将桌仍像昨晚那样摆放着｜客人围坐在一～一～小桌旁喝茶。⑥后面一般不加“子”。⑦一般不儿化。❺ 名量词 用于计量某些乐器：一～竖琴｜几～瑶琴｜这～古琴可有年头了。**用法提示** ①数词一般没有限制，既可用基数词或表示数量的“两”“几”“好几”“若干”等，也可用序数词：两～蕉尾琴｜几～冬不拉琴｜我觉得还是第一～琴音色好。②数词“一”在某些代词或动词后常可省

略：买了～竖琴|他常常抚弄这～无弦之琴|徒弟转身取过那～明代老琴递给师父。③数词前可加“这”“那”“哪”等代词：这两～琴|那两～五弦古筝放在一起了|哪一～扬琴是你的？④数词为“一”时可重叠，重叠形式主要有“(一)～～”“一～一～”：～～古筝|一～～古琴|店员们把一～一～独弦琴从盒子里取出来。⑤前面一般不加形容词修饰，后面一般不加“子”。⑥一般不儿化。❻ 名量词 用于计量某些农具、织布机等：一～铁锨|一～织机|五个人拉一～耙。**用法提示** ①数词一般没有限制，既可用基数词或表示数量的“两”“几”“好几”“若干”等，也可用序数词：两～犁|第一～织布机|地上胡乱扔着好几～耙。②数词“一”在某些代词或动词后常可省略：他今天上集市买了～锨|这～织布机拾掇拾掇还能用|快去把那～铁锨拿过来！③数词前可加“这”“那”“哪”等代词：这两～耙|那五十几～锨|哪一～犁是你家的？④数词为“一”时可重叠，重叠形式主要有“(一)～～”“一～一～”：～～织布机|人们挥动起一～～铁锨|那人看着这一～一～破旧的犁。⑤前面一般不加形容词修饰，后面一般不加“子”。⑥一般不儿化。

📖 **语义源流** 本义指把弦绷在弓上或拉开弓弦，与“弛”相对。《说文解字·弓部》：“张，施弓弦也。”段玉裁注：“张、弛本谓弓施弦、解弦。”《诗·小雅·吉日》：“既～我弓，既挟我矢。”《礼记·杂记》：“一～一弛，文武之道也。”《汉书·王尊传》：“使骑吏五人～弓射杀之。”演变为量词，用于计量可以开张的弓弩。《居延汉简》：“赤弩一～，力四石。”《三国志·魏书·少帝经》：“肃慎国遣使重译入贡，献其国弓三十～。”《三国志·魏书·奚康生传》：“故特作大弓两～送与康生。”由开弓义引申指张开、伸展。《广雅·释言》：“张，开也。”《老子》第三十六章：“将欲歙之，必固～之。”《荀子·劝学》：“是故质的～，而弓矢至焉。”《史记·廉颇蔺相如列传》：“相如～目叱之，左右皆靡。”由此演变为量词，用于计量可张开或伸展的东西。《左传·昭公十二年》：“子产以幄幕九～行。”北魏·贾思勰《齐民要术·作菹、藏生菜法》：“菘根萝卜菹法：净洗通体，细切长缕，束为把，大如十～纸卷。”《册府元龟·外臣部·褒异》：“新罗国王金兴光遣侄志满献……海豹皮十～。”明·罗懋登《三宝太监西洋记》第九十九回：“佛画塔图一幅，菩提树叶十～。”由于凡展开的东西都会呈现出一个平面，故又引申用于计量某些具有平面的物体。《南史·鱼弘传》：“有眠床一～，皆是蹙柏。”清·荻岸山人《平山冷燕》第六回：“郑秀才遂命取两～书案，宋信与冷绛雪面前各设一～，上列文房四宝。”也用于计量某些乐器和农具、织布机等。唐·张鷟《朝野佥载》卷三：“(何名远)赀财巨万，家有绫机五百～。”《宋书·陶潜传》：“潜不解音声，而畜素琴一～，无弦。”明·罗贯中《五代秘史》第三十一回：“这一去，苦身三顷地，付手一～犁，改恶而从善矣。”还可用于计量人或动物的面部。明·佚名《英烈传》第五十四回：“一～脸无些血色，

Z

浑如已朽的骷髅。"清·吴趼人《二十年目睹之怪现状》第三十五回："亏你沉得下这～脸！"

🔍近义辨析 张—抽 见"抽"下。张—页 见"页"下。

章 zhāng ❶ 名量词 用于计量乐曲、诗文的段落，一个段落为一章：该曲一共四～|看两～小说|他的这篇诗作就像一～～生活交响曲。**用法提示** ①数词一般没有限制，既可用基数词或表示数量的"两""几""好几""若干"等，也可用序数词：学过几～《孟子》|终于写完第一～了|这本书还没完，后面还有好几～呢。②数词"一"在某些代词后有时可省略：这～散文诗|那～写得不好|我刚看完回忆他父母亲的那～文字。③数词前可加"这""那""哪"等代词：大结局这一～不精彩|乐队应声奏出他所要的那一～|这首诗你背会哪几～？④前面可加"大""小"等形容词修饰：这首诗每一小～有一个名称|他刚演奏了一大～协奏曲。⑤数词为"一"时可重叠，重叠形式主要有"(一)～～""一～一～"：一～～交响乐曲|～～诗作都很精彩|他仔细读着这一～一～的故事。⑥后面一般不加"子"。⑦一般不儿化。❷ 名量词 用于计量法规、章程的条目：总纲增加了一～|约法三～|该法案的第一～就有明确规定。**用法提示** ①数词一般没有限制，既可用基数词或表示数量的"两""几""好几""若干"等，也可用序数词：这两～规定涉及双方的权利和义务|还有若干～新的规定|刑法分则除第一～、第九～和第十～，均规定了罚金刑。②数词"一"在某些代词或动词后常可省略：这～协议的后半部分我还没看|新定了～条款|新的婚姻法草案最后那～内容有所改变。③数词前可加"这""那""哪"等代词：这一～是关于消费者权益保护的|条例的那几～都是新的|这部法律哪几～内容需要修订？④数词为"一"时可重叠，重叠形式主要有"(一)～～""一～一～"：这个条令～～都很有针对性|一～～法规|该法律草案一～一～都要逐一审核。⑤前面一般不加形容词修饰，后面一般不加"子"。⑥一般不儿化。

📖 **语义源流** 本义指音乐曲尽为一章。《说文解字·音部》："章，乐竟为一章。"《左传·襄公二十年》："归，复命，公享之，赋《鱼丽》之卒～。"宋·苏轼《前赤壁赋》："诵明月之诗，歌窈窕之～。"也指诗文的段或篇。《左传·襄公二十八年》："赋诗断～，余取所求焉，恶识宗？"《礼记·曲礼》："读乐～。"孔颖达疏："谓乐书之篇章。"《三国志·魏书·陈思王植传》："言出为论，下笔成～。"唐·刘知几《史通·叙事》："句积而～立，～积而篇成。"演变为量词，用于计量乐曲、诗文的段落。《史记·吕太后本纪》："王乃为歌诗四～，令乐人歌之。"唐·韩愈《上贾滑州书》："窃整顿旧所著文一十五～以为贽。"《朱子语类·论语八》："众朋友共说'士志于道'以下六～毕。"法规是文字写成的分章节的条文，故"章"又指法规、章程。《广雅·释器》："章，程也。"《诗·大雅·假乐》："不愆不忘，率由旧～。"《左传·襄公二十七年》："逐我者出，纳我者死。赏罚无～，何以沮劝?”《国语·周语》“余何敢以私劳变前之大～，以忝天下。”由此演变为量词，用于计量法规、章程的条目。《史记·高祖本纪》：“与父老约，法三～耳。”清·李渔《闲情偶寄·肉食》：“兹为约法数～，虽难比乎祥刑，亦稍差于酷吏。”

掌 zhǎng **动量词** 用于计量用手掌击打的动作，打一次或一下叫一掌：打两～|朝树干拍了几～|他的巴掌一～～地落下。**用法提示** ①数量结构一般位于动词后，也可位于动词前：那男子过去想补他一～|他被蒙面人一～打下了崖壁。②数词一般没有限制，既可用基数词或表示数量的“两”“几”“好几”“若干”等，也可用序数词：偶尔反击一两～|这桌子先被老人打了好几～，已塌了一半|他拍下第一～时，被人挡了一下。③数词前可加“这”“那”“哪”等代词：抽那一～|哪一～打空了?|那一～打得他眼冒金星。④数词为“一”时可重叠，重叠形式主要有“(一)～～”“一～一～”：～～打在脸上|他一～～发出，将围攻的人又逼退开去|他一～一～地打，边打边问：“肯不肯认错?肯不肯?”⑤数词“一”一般不省略。⑥前面一般不加形容词修饰，后面一般不加“子”。⑦一般不儿化。

语义源流 本义指手心、手掌。《说文解字·手部》：“掌，手中也。”《论语·八佾》：“指其～。”《礼记·中庸》：“治国其如示诸～乎!”汉·枚乘《谏吴王书》：“易于反～，安于泰山。”《世说新语·文学》：“一坐同时拊～而笑，称美良久。”引申指用手掌击打。汉·扬雄《羽猎赋》：“蹶松柏，～蒺藜。”李善注：“掌，以掌击之也。”唐·张读《宣室志》：“遂令巨胡跪于地，以手连～其颊。”明·冯梦龙《情史·非烟》：“大中见之，怒曰：‘鸦且打凤。’～其面，折项而毙。”由此演变为量词，用于计量用手掌击打的动作。宋·赜藏主《古尊宿语录》卷二十：“赵州被打两～。”明·凌濛初《初刻拍案惊奇》卷三十九：“沈晖在人丛中跃出，扭住庙巫，连打数～。”清·俞万春《荡寇志》第五十九回：“不多几日前头，吃我打了一～。”

丈 zhàng **度量衡量词** 长度单位。十尺为一丈，现代一丈合三又三分之一米：长三～、宽两～|好几～深|每隔若干～插一杆旗。**用法提示** ①数词可用基数词或表示数量的“两”“几”“好几”“若干”等：买一～布|太阳两～高了|几～深的水井|他已经跑出去好几～远了。②数词“一”一般不省略。③数词前一般不加代词。④前面一般不加形容词修饰，后面一般不加“子”。⑤一般不重叠和儿化。

语义源流 长度单位，十尺为一丈。《说文解字·十部》：“丈，十尺也。”《国语·周语》：“夫目之察度也，不过步武尺寸之间；其察色也，不过墨～寻常之间。”韦昭注：“五尺为墨，倍墨为丈。”《汉书·律历志》：“度者，分、寸、尺、～、引也，所以度长短也……十尺为～，十～为引。”现代一丈合三又三分之一米。

仗 zhàng **动量词** 用于计量战斗，一仗指一次战斗：打一～|打好这两～|

Z

再胜一～|他们跟敌人打了好几～，～～都胜了。**用法提示** ①数量结构可位于动词前，也可位于动词后：打胜了两～|第一～打赢了|这几～打得都很漂亮。②数词一般没有限制，既可用基数词或表示数量的“两”“几”“好几”“若干”等，也可用序数词：赢了第一～|干过若干～|输了几～|我一直在想如何打这至关重要的一～。③数词“一”在某些代词后有时可省略：打完这～|那～打得可真够激烈的。④数词前可加“这”“那”“哪”等代词：打完这一～大家就该退役了|那几～我们赢得一点儿都不轻松|哪一～不是老将军冲锋在前？⑤前面有时可加“大”“小”等形容词修饰：打了一小～|三年打一大～，两年一小～。⑥数词为“一”时可重叠，重叠形式主要有“(一)～～”“一～一～”：一～～打下去|头仗胜，～～胜|一～一～全失败了|要赢得最后的胜利，我们必须一～一～地去拼。⑦后面一般不加“子”。⑧一般不儿化。

📖 **语义源流** 古义为兵器总称。《说文解字系传·人部》：“两士相对，兵仗在后。”《玉篇·人部》：“仗，器仗。”《一切经音义》卷十七：“仗，兵器也。五刃总名。”《新唐书·郭子仪传》：“大战，王师不利，委～奔。”《宋书·孝武帝纪》：“其以～自防，悉勿禁。”又可指手执兵器。《晏子春秋·景公养勇士三人无君臣之义晏子谏》：“吾～兵而却三军者再。”《战国策·韩策二》：“遂谢车骑人徒，辞，独行～剑至韩。”《水浒传》第六回：“只见那生铁佛崔道成～着一条朴刀，从里面赶到槐树下来抢智深。”引申指战事、战争。《曾国藩家书·致沅弟季弟》：“下游之贼，渐渐蠢动，九月当有大～开。”清·吴趼人《二十年目睹之怪现状》第十六回：“至于马江那一～，更是传出许多笑话来。”演变为量词，用于计量战斗。《西游记》第三十二回：“且等我照顾八戒一照顾，先着他出头与那怪打一～看。”清·吴敬梓《儒林外史》第四十三回：“我们连赢了他几～。”清·张杰鑫《三侠剑》第三回：“您先打两～，我歇息歇息。”

着 zhāo ❶ 名量词 用于计量下棋的着数或做事的计策、手段等：一～妙棋|三十六～，走为上着。**用法提示** ①数词一般没有限制，既可用基数词或表示数量的“两”“几”“好几”“若干”等，也可用序数词：几～好棋|我向他请教了好几～|他们两个人脚底抹了油，用了这三十六～中的第一～。②数词“一”在某些代词或动词后有时可省略：这～棋太臭了|想了～妙计|你那～的目的是什么？③数词前可加“这”“那”“哪”等代词：你那两～棋真妙|看你人倒很老实的，原来还有这一～|这些着儿哪一～没人用过？④数词为“一”时可重叠，重叠形式主要有“(一)～～”“一～一～”：～～妙计|一～一～活棋|这一～一～的计策都是他安排的。⑤常儿化：支两～儿|你这两～儿跟谁学的？⑥前面一般不加形容词修饰，后面一般不加“子”。❷ 动量词 用于计量下棋的步数，下棋时走一步叫作一着：下了三～|他考虑了好几分钟，才走了一～。**用法提示** ①数量结构可位

于动词前，也可位于动词后：将了它一～|输了两～儿|这一～走得可不怎么样。②数词可用基数词或表示数量的“两”“几”“好几”“若干”等：连下了几～|这两～走得真妙|我只走错了一～，这盘棋就没救了。③数词“一”在某些代词或动词后有时可省略：这～下得实在高明|走了～险棋|刚才那～走的是一步险棋。④数词前可加“这”“那”“哪”等代词：那两～走得妙极了|这几～下得可够臭的|我哪一～走错了？⑤数词为“一”时可重叠，重叠形式主要有“(一)～～”“一～一～”：～～下在紧要处|别急，一～～慢慢下|他一～一～地运用着所有的智慧|两位对局者一～一～摆来。⑥一般多儿化：你只管下，我也学几～儿|错了一～儿|刚才走那两～儿险棋让他转败为胜。⑦前面一般不加形容词修饰，后面一般不加“子”。

语义源流 “着”为“著”之俗字，表附着义，读zhuó。《广韵·药韵》：“著，附也。”《汉书·贾谊传》：“黑子之～面。”《太平广记·异人·续生》：“冬月飞霜～体。”清·刘鹗《老残游记》第五回：“文殊菩萨以下诸大菩萨，花不～身，只有须菩提花～其身。”引申表示搁、放置。《世说新语·伤逝》：“以犀柄尘尾～柩中，因恸绝。”晋·陶渊明《晋故征西大将军长史孟府君传》：“文成示温，温以～坐处。”晋·干宝《搜神记》卷二：“乃杀鹅而埋于苑中，架小屋，施床几，以妇人屐履服物～其上。”下棋时走一步就要放置一枚棋子，故引申为下棋落子。宋·杨万里《九日落莫忆同施少才集长沙》：“良辰美景只自美，不如且～黑棋子。”宋·林逋《山中寄招叶秀才》：“棋子不妨临水～，诗题兼好共僧分。”清·毕沅《续资治通鉴·宋孝宗淳熙十二年》：“譬如弈棋，视之若无～，思之既久，～数自至。”演变为量词，用于计量下棋的步数，读zhāo（下棋时走一步叫作一着）。《太平广记·杂录·吕元膺》：“易一～棋子，亦未足介意，但心迹可畏。”元·蒋正子《山房随笔》：“某有仆能棋，欲试数～不敢？”又由下棋的计谋手段，引申指办法、计策等。《朱子语类·历代三》：“此～被袁绍先下了，后来崎岖万状，寻得个献帝来，为挟天下令诸侯之举。”明·凌濛初《二刻拍案惊奇》卷十六：“当得毛烈预先防备这～的，先将了些钱钞去寻县吏丘大，送与他了，求照管此事。”演变为量词，用于计量下棋的手段、招数。明·凌濛初《二刻拍案惊奇》卷二：“因来看棋，意欲赁个房儿住着，早晚偷学他两～。”《红楼梦》第八十七回：“阿嗄，还有一～‘反扑’在里头呢！我倒没防备。”也用于计量计策、手段等。《朱子语类·本朝一》：“今看着徽宗朝事，更无一～下得是。”明·戚继光《练兵实纪·登坛口授》：“所谓‘全军为上，不战而屈人之兵’，为第一～，为最上策也。”《水浒传》第二十五回：“我教你一～：你今日晚些归，都不要发作，也不可露一些嘴脸，只做每日一般。”

折 zhé ❶ 名量词 用于计量元明杂剧。每一本剧以四折为主，一折戏相当于现代的一场或一幕戏，后来也可指歌舞剧的一幕：一～杂剧|每一～戏都精彩纷呈|他们把原来的戏改写成了好

几～戏。**用法提示** ①数词一般没有限制，既可用基数词或表示数量的“两”“几”“好几”“若干”等，也可用序数词：《牡丹亭》中的三～戏|这次选的几～戏，都是川剧的经典剧目|杂剧的“楔子”通常在第一～之前，相当于现代剧的序幕。②数词“一”在某些代词或动词后一般可省略：这～戏|昨天看了～戏|那～《游殿》，和王实甫《西厢记》第一折不同。③数词前可加“这”“那”“哪”等代词：这三～小戏|那几～戏的故事情节很感人|这些戏中，你喜欢哪一～？④前面一般可加“大”“小”等形容词修饰：一小～戏|两大～《游园惊梦》|他唱了一大～《蝴蝶杯》。⑤后面有时可加“子”：听两～子戏|准备了好几～子小戏|这两～子好戏都在今晚上演。⑥数词为“一”时可重叠，重叠形式主要有“（一）～～”“一～一～”：一～～戏文|最近连续上演了好几折戏，～～精彩|戏要一～一～地唱下去，人生要一程一程地走下去。⑦有时可儿化：一～儿《盗仙草》|这～儿戏演得十分精彩|他学戏时间不长，只会几～儿简单的。❷ 动量词 用于折扣，表示按成数减少一定的量。“七折”即原价的七成，也即原价的70%，“九五折”就是原价的95%：打六～|打八～|今天特价，全场打五～！**用法提示** ①数量结构可位于动词前，也可位于动词后：打八五～|这双鞋五～卖给你|低保户买菜可享受八～优惠。②数词一般限用“九九”（义为9.9）以内的数：机票打五～|头两位客人打九九～|本店图书，全部按三至五～出售。③一般可儿化：打了几～儿|上回我亲戚来买，还打六～儿呢！|这套书只能打五～儿。④数词“一”一般不省略。⑤数词前一般不加代词。⑥前面一般不加形容词修饰，后面一般不加“子”。⑦一般不重叠。❸ 动量词 用于计量折叠的次数：将报纸折两～|把信折几～|他在那张纸上草草地写了几笔，折了三～给我。**用法提示** ①数量结构可位于动词前，也可位于动词后：折了两～|一～一～地叠好|他把那些洗好的衣服随便折了几～。②数词一般没有限制，既可用基数词或表示数量的“两”“几”“好几”“若干”等，也可用序数词：折了若干～|叠了十二～|孩子折到第三～时才发现折反了。③数词前有时可加“这”“那”“哪”等代词：这两～折得不对|那几～都是他折的|仔细看看，哪两～折错了？④数词为“一”时可重叠，重叠形式为“一～一～”：一条石砌的台阶路一～一～地伸下去|那川道像长长的绿绒毯，一～一～地铺了过去。⑤有时可儿化：左右各折三～儿|把被子叠了两～儿|妈妈把烙好的大饼折了几～儿放在盘子里。⑥数词“一”一般不省略。⑦前面一般不加形容词修饰，后面一般不加“子”。

语义源流 本义指折断。《易·系辞传下》：“鼎～足，覆公悚，其形渥。”《庄子·胠箧》：“掊斗～衡，而民不争。”引申指曲折、折叠。汉·司马相如《上林赋》：“横流逆～，转腾潎洌。”《后汉书·郭太传》：“尝于陈梁间行遇雨，巾一角垫，时人乃故～巾一角，以为‘林宗巾’。”演变为量词，用于计量曲折或折叠的次数。《淮南子·览冥训》："河九～注于海，而流不绝者，昆仑之输也。"宋·杨万里《夏日杂兴》："独龙冈顶青千～，十字河头碧一痕。"物体折断后即分为若干部分，故也可用于计量戏曲段落，相当于现代的一场或一幕。明·冯梦龙《醒世恒言·张廷秀逃生救父》："将廷秀推入戏房中，把纱帽圆领穿起，就顶王十朋《祭江》这一～。"《红楼梦》第二十二回："宝钗推让一遍，无法，只得点了一～《西游记》。"折断即有耗损，故可引申指折扣。明·张敬修等《太师张文忠公行实》："请令今岁赐民改～十分之三，上以实帑藏，下以宽恤民力。"《清史稿·食货二》："自正额减～价定，遂渐少浮收之弊。"演变为量词，表示按成数减少一定的量。清·李宝嘉《官场现形记》第十八回："过道台道：'二十万？'拉达把头一摇道：'止有一～。'"清·吴趼人《二十年目睹之怪现状》第六十回："所以他们那里捐虚衔、封典，格外便宜，总可以打个七～。"清·郭小亭《济公全传》第一百六十二回："你多等一两天，也不为过，这加一钱，已利过本好几～了。"

针 zhēn ❶ 名量词 用于计量注射的药品：两～庆大霉素｜一～红霉素｜医生给孩子打了几～退烧针。**用法提示** ①数词一般没有限制，既可用基数词或表示数量的"两""几""好几""若干"等，也可用序数词：这是今天打的第一～钙盐｜这个病人每天要注射两～胰岛素｜箱子里有各种针药，包括几～麻醉针剂。②数词"一"在某些代词或动词后常可省略：那～试剂很贵｜打了～麻醉剂｜中国足球太需要世界杯入场券这～强心剂了。③数词前可加"这""那""哪"等代词：那一～青霉素｜这两～疫苗是进口的｜打了这一～消炎药之后他就退烧了。④前面可加"大""小"等形容词修饰：一小～普通麻醉剂｜她有什么大病，还需要医生开一大～止痛剂？⑤数词为"一"时可重叠，重叠形式为"一～～"：一～～麻醉剂｜他们的理解和支持，犹如一粒粒定心丸和一～～强心剂。⑥后面一般不加"子"。⑦一般不儿化。❷ 动量词 用于计量缝制、编织衣物或刺绣的针数：缝十～｜织了两三～｜母亲正在灯下为女儿一～～地织毛衣。**用法提示** ①数量结构可位于动词前，也可位于动词后：到最后绣熊猫的眼睛只能绣一～｜她捡起小布包，一～一～地挑断线头。②数词一般没有限制，既可用基数词或表示数量的"两""几""好几""若干"等，也可用序数词：绣两～｜第一～缝错了地方｜我的毛衣后片起了180～。③数词"一"在某些代词后常可省略：这～织错了｜刚才那～缝得不好。④数词前可加"这""那""哪"等代词：我绣完这一～就吃饭｜那两～应当织上针｜鞋匠的活儿做得一丝不苟，哪一～缝得都不马虎｜哪几～钩得不好？⑤前面有时可加"大""小"等形容词修饰：缝了一大～｜她每天就盯着白花花的布一小～一小～地绣。⑥数词为"一"时可重叠，重叠形式主要有"（一）～～""一～一～"：～～缝得针脚匀直｜这些演出服都是演员们自己一～～缝制出来的｜母亲一～一～地

Z

纳着鞋底。⑦后面一般不加“子”。⑧一般不儿化。❸ 动量词 用于计量用针扎的次量：打两～|注射几～|那个医生正一～一～地为他针灸。**用法提示** ①数量结构一般位于动词后，也可位于动词前：又让护士扎了一～|他为什么能够一～就扎准颈动脉？②数词一般没有限制，既可用基数词或表示数量的“两”“几”“好几”“若干”等，也可用序数词：打了第二～后，感觉好多了|伤口缝了若干～|针麻医生在病人的光明穴上刺完了最后一～。③数词“一”在某些代词后可省略：打完这～还有三针|刚才那～没扎准。④数词前可加“这”“那”“哪”等代词：这两～扎在了同一个地方|那一～扎得有点儿痛。⑤前面有时可加“大”“小”等形容词修饰：肚皮上打了一小～|自己的顶门上给扎了一大～。⑥数词为“一”时可重叠，重叠形式主要有“(一)～～”“一～一～”：剂量一～～地加大|～～扎到穴位上|当抗生素一～一～地注入那个昏迷的患者体内后，奇迹终于发生了。⑦有时可儿化：给孩子打了一～儿|俺家的鸡都打了预防针，就连那只鸽子也打了一～儿。⑧后面一般不加“子”。

语义源流 本义指缝织引线用的工具，写作“鍼”。《说文解字·金部》：“鍼，所以缝也。”段玉裁注：“今俗作针。”《篇海类编》：“针，缝器。”《淮南子·说山训》：“先～而后缕，可以成帷；先缕而后～，不可以成衣。”唐·李白《子夜吴歌·冬歌》：“素手抽～冷，那堪把剪刀。”借用作动量词，用于计量缝织、编织衣物或刺绣的针数。清·李宝嘉《官场现形记》第十九回：“偏顶襻又断了，亏得裁缝现成，立刻拿红丝线连了两～。”《红楼梦》第五十二回：“(晴雯)无奈头晕眼黑，气喘神虚，补不上三五～，伏在枕上歇一会。”由缝制衣物引线用的工具引申指针灸用的针，也表示注射用的器械。《后汉书·华佗传》：“若疾发结于内，～药所不能及者，乃令先以酒服麻沸散。”《北史·琅邪王俨传》：“俨尝患喉，使医下～，张目不瞬。”借用作量词，用于计量用针扎的次量。《东坡志林》卷三：“予偶患左手肿，安常一～而愈，聊为记之。”元·李文蔚《同乐院燕青博鱼》第一折：“少阳穴下两～，咳嗽三里下两～。”清·蒲松龄《聊斋志异·巩仙》：“王使刺一～，针弗入。”现代也用于计量注射的药品。

帧 zhēn 名量词 用于计量字画、照片等，相当于“幅”：一～油画|几～人物画|墙上挂着一～～永不褪色的照片。**用法提示** ①数词一般没有限制，既可用基数词或表示数量的“两”“几”“好几”“若干”等，也可用序数词：另有图片两～|我最喜欢右边第三～摄影作品|这本书中配置了若干～印制精美的彩色图片。②数词“一”在某些代词或动词后常可省略：这～画像|买了～油画|他在那～照片前呆立了很久。③数词前可加“这”“那”“哪”等代词：这三～照片|他带着那二十多～老照片到我家|你喜欢哪几～画像呢？④前面可加形容词“小”修饰：他曾将一小～山水画赠给友人|于是，素白的壁上就有了一小～颜色鲜艳的小画。⑤数词为“一”时可重叠，重叠

形式主要有“(一)～～”“一～一～”：一～～剧照|当她看到《回首黄土地》里的～～照片时，不禁热泪盈眶|这个镜头是由一～一～的画面合成的。⑥后面一般不加“子”。⑦一般不儿化。

📖**语义源流** 本指画幅。《正字通·巾部》：“帧，绢画在竹格也。”唐·段成式《酉阳杂俎续集·寺塔记上》：“曼殊堂工塑极精妙，外壁有泥金～，不空自西域赍来者。”明·汤显祖《牡丹亭·玩真》：“细观他～首之上，小字数行。”演变为量词，用于计量字画、照片等。清·蒲松龄《聊斋志异·画马》：“及入室，见壁间挂子昂画马一～，内一匹毛色浑似。”清·陈康祺《郎潜纪闻三笔·南楼老人画册之遭际》：“文端既贵，尝以其画册十～进呈御览。”清·震钧《天咫偶闻》卷六：“仆与吴中张君、商邱陈君、两峰山人为置酒苏斋，醉后两峰绘像两～。”

阵 zhèn ❶ 名量词 用于计量持续一段时间的事物、现象：一～寒风吹过|一～雷鸣般的掌声|远处传来两三～炮声。**用法提示** ①数词一般没有限制，既可用基数词或表示数量的“两”“几”“好几”“若干”，也可用序数词或表示序数的“头”等：头～流星雨大约每小时五十至一百颗|传来第二～枪声|半夜里起了几～西北风|到破晓时狂风又刮来一～骤雨。②数词“一”在某些代词或动词后常可省略：下午下了～雷雨|这～像瀑布一样的噪音|屋子里的人都听到了那～仓促的脚步声。③数词前可加“这”“那”“哪”等代词：这一～大雪|走进巷口就能闻到那一～淡淡的花香|哪一～好风把您吹了来啦？④前面可加“大”“小”等形容词修饰：一大～灰尘|一大～狂风卷起沙石|一小～谈话声从屋子后边传来。⑤后面有时可加“子”：一～子雨|几～子风|礼堂里响起一～子热烈的掌声。⑥数词为“一”时可重叠，重叠形式主要有“(一)～～”“一～一～”：一～一～口号声|轻风吹来一～～大海特有的清香|隐约听到远处～～歌声。⑦一般可儿化：头顶的地板上有一～儿咚咚咚的脚步声|这个话题带来了一～儿讨论热潮|随着一～儿手鼓声，第一个舞蹈节目开演了。❷ 名量词 用于计量人的主观感受：一～愧疚之意顿然升起|一～撕裂般的疼痛|看到此情此景，一～～思乡之情油然而生。**用法提示** ①数词一般限用“一”：一～踌躇满志的激情涌上心头|感到一～负疚的心痛。②数词“一”在某些代词或动词后常可省略：心里不由得感到～～凉意|我在这～惊慌中及时冷静了下来|恋爱初期那～甜蜜的兴奋与冲动过去之后，他们才发觉两人在性格上很不合适。③数词前可加“这”“那”等词：这一～疼痛分散了他的注意力|她觉得刚刚进门时的那一～令人眩晕的幸福感早已无影无踪了。④后面有时可加“子”：目光中闪过一～子恐惧|她感到心头涌起一～子莫名其妙的悲哀。⑤数词为“一”时可重叠，重叠形式主要有“(一)～～”“一～一～”：心里感到～～酸楚|胃中那一～～忍不住的呕吐感越来越强烈|一～一～暖意涌上心头。⑥一般可儿化：感到一～儿

心慌｜一～儿沮丧灰心｜他被心头突然泛起的一～儿好奇心所驱使。⑦前面一般不加形容词修饰。❸ 动量词 用于计量延续一段时间的动作、活动：说笑了一～｜苦练了一～｜西北风狂吹了一～。**用法提示** ①数量结构可位于动词前，也可位于动词后：大风一～猛吹｜他还那些账的时候，不能不叨唠几～｜他一天只忙这么两～，其余的时间都是闲的。②数词可用基数词或表示数量的“两”“几”“好几”等：犹豫了一～｜脸上红了两～｜姑母发了好几～脾气了。③数词前可加“这”“那”等代词：按摩师给我按了这一～，感觉好多了｜雷声响过那两～就停了。④前面可加“大”“小”等形容词修饰：骂了房东一大～｜让我在睡前开心一小～吧｜无论多么糟糕的局面，他也只会难过一小～。⑤后面有时可加“子”：这让全家开心了一大～子｜她们又笑了好一～子。⑥数词为“一”时可重叠，重叠形式主要有“(一)～～”“一～一～”：～～颤抖｜她的心一～～下沉｜他的头上一～一～冒汗。⑦一般可儿化：这双鞋还能穿一～儿｜以后我们每年夏天都要来这里住一～儿。⑧数词“一”一般不省略。

语义源流 字本作“陳(陈)”。“阵”是“陈”的分化字。“陈”的本义是陈列。《广雅·释诂三》：“陈，布也。”《国语·鲁语上》：“故大者陈之原野，小者致之市朝，五刑三次，是无隐也。”《左传·隐公五年》：“陈鱼而观之。”由此引申出军队阵列义。《论语·卫灵公》：“卫灵公问陈于孔子。”后分化出“阵”字专表此义。《玉篇·阜部》：“阵，师旅也。”《正字通·阜部》：“阵，军之行列也。”《孙子兵法·军争》：“勿击堂堂之～。”《楚辞·九歌·国殇》：“凌余～兮躐余行，左骖殪兮右刃伤。”每次交战都需列出军阵，因此借用为量词，计量交战次数，交战一次即为一阵。唐·白居易《蛮子朝·刺将骄而相备位也》：“鲜于仲通六万卒，征蛮一～全军没。”敦煌变文《张议潮变文》：“决战一～，蕃军大败。”《朱子语类·程子之书二》：“先主、孔明正做得好时，被孙权来战两～，到这里便难向前了。”军队阵列、两军交战自然不可能是短时距的动作行为，因此量词“阵”在其产生之初，就已经暗含了“非短时距”“持续性”等语义特征。进一步引申，凡延续一段时间的动作行为就可用“阵”计量。宋·范成大《满江红》：“荷花盛开，柳外轻雷，催几～，雨丝飞急。”明·许仲琳《封神演义》第七十四：“东征大战三十～，汜水交兵第一场。”延续一段时间的事情、自然现象，也可用“阵”计量。晋·葛洪《神仙传·栾巴》：“须臾，有大雨三～，从东北来，火乃止。”唐·周朴《塞上诗》：“一～风来，一～沙，有人行处没人家。”《朱子语类·鬼神》：“未入山洞，见一～青烟出。少顷，一～火出。”后进一步抽象，也用于计量人的主观感受。宋·朱敦儒《卜算子》：“雨后纱窗几～寒，零落梨花晚。”元·关汉卿《窦娥冤》第四折：“不觉得一～昏沉上来。”元·张昱《春日》：“一阵春风一～愁，芭蕉长过栏杆。”清·张杰鑫《三侠剑》第一回：“抬头不见那僧道向何方而去，心中突然一～～惊慌。”

🔍**近义辨析** 阵—股 见“股”下。

阵—气 见“气”下。

支 zhī ❶ 名量词 用于计量某些杆状物：两～钢笔｜三～箭｜蛋糕上插着十八～蜡烛。**用法提示** ①数词一般没有限制，既可用基数词或表示数量的“两”“几”“好几”“若干”，也可用序数词或表示序数的“头”等：世界上第一～铅笔就这样诞生了｜头～箭没射中｜他身上始终带着好几～笔。②数词“一”在某些代词或动词后常可省略：买～铅笔｜这～枪还能用｜她硬说那～笔是她的｜明晚音乐会你用哪～箫演奏？③数词前可加“这”“那”“哪”等代词：这一～箭用的不是普通的铁｜那两～手枪都是新的｜哪几～圆珠笔是你的？④数词为“一”时可重叠，重叠形式主要有“(一)～～”“一～一～”：一～～生花妙笔｜他还在锲而不舍地铸造着～～“神箭”｜一～一～翠竹挺立在风雪中。⑤前面一般不加形容词修饰，后面一般不加“子”。⑥一般不儿化。❷ 名量词 用于计量队伍：一～轻骑兵｜两～先遣队｜十几～球队展开了角逐。**用法提示** ①数词一般没有限制，既可用基数词或表示数量的“两”“几”“好几”“若干”，也可用序数词或表示序数的“头”“首”等：三～足球队｜十几～军乐队争相鸣奏｜他们成为首～进入季后赛的队伍｜目前已有好几～国内外登山队准备前往攀登。②数词“一”在某些代词或动词后常可省略：组织了～球队｜这～仪仗队去过很多国家演出｜他就是那～队伍的领头人｜哪～球队组织得好，哪～球队就能胜出。③数词前可加“这”“那”“哪”等代词：今年的这两～球队里都是新人｜那三～队伍都没有出线｜新赛季您看好哪几～球队？④前面可加“小”“整”等形容词修饰：夜里他派出一小～人马去偷袭｜我军在河西岸有一小～部队｜新建了一整～远洋舰队。⑤数词为“一”时可重叠，重叠形式主要有“(一)～～”“一～一～”：一～～部队陆续到达｜～～队伍奔赴各地｜军区派出了一～一～小分队进入林区。⑥后面一般不加“子”。⑦一般不儿化。❸ 名量词 用于计量乐曲、歌曲、舞蹈：一～民歌｜一～～动人心弦的情歌｜在这部戏里他跳了两～舞。**用法提示** ①数词一般没有限制，既可用基数词或表示数量的“两”“几”“好几”“若干”，也可用序数词或表示序数的“头”等：头～小曲｜唱一两～歌｜每人都点了几～歌｜那晚大家又唱了好几～歌。②数词“一”在某些代词或动词后常可省略：跳了～民族舞｜这～曲子听着很耳熟｜他耳边又响起了那～古老的歌谣｜哪～舞蹈要找伴舞？③数词前可加“这”“那”“哪”等代词：他只会弹这一～舞曲｜音乐会上我听到的大都是那几～歌｜你知道他在婚礼上要唱哪两～歌吗？④数词为“一”时可重叠，重叠形式主要有“(一)～～”“一～一～”：～～欢快的晨曲｜一～～悠扬而奇妙的山歌｜她的深情化作一～一～动听的歌曲。⑤前面一般不加形容词修饰，后面一般不加“子”。⑥一般不儿化。❹ 度量衡量词 用于计量电灯的光度。功率1瓦的电能发出的光为1支光：100～光的街灯｜这个灯泡是25～光的。**用法提示** ①数词一般用基数词：一盏15～光的电灯｜一个100～光的大灯泡｜低矮的天花板中央吊着一只设有灯罩的5～光电灯。②数词“一”不省略。③数词前一般不加代词。④前面一般不加形容词修饰，后面一般不加“子”。⑤一般不重叠和儿化。❺ 度量衡量词 用于计量纱线的粗细程度，用单位质量（重量）的长度来表示。1克重的纱线长100米，就叫100支纱。纱线越细，支数越多：这种布是30～纱的｜100～纱的织布机。**用法提示** ①数词一般用基数词：全棉120～纱的高档衬衫｜纺60～纱比纺普通的21～纱利润至少高出50％。②数词“一”一般不省略。③数词前一般不加代词。④前面一般不加形容词修饰，后面一般不加“子”。⑤一般不重叠和儿化。

语义源流 本义为枝条。《说文解字·支部》：“支，去竹之枝也。”徐灏笺：“支、枝古今字……引申之，凡物歧曰支，析物亦曰支。”《诗·卫风·芄兰》：“芄兰之～，童子配觿。”《汉书·晁错传》：“草木蒙茏，～叶茂接。”宋·尤袤《入春半月未有梅花》：“应羞无雪教谁伴，未肯先春独探～。”由此演变为量词，用于计量长条状物体。《居延汉简》：“新作笔一～。”明·余邵鱼《周史演义》第五十六回：“由基又用一～枪，左回右抵。”由本义引申指一本旁出，或一源而分流、分支。《集韵·支韵》：“支，分也。”《诗·大雅·文王》：“文王孙子，本～百世。”毛传：“本，本宗也；支，支子也。”宋·陆游《过小孤山大孤山》：“分一～为南江。”军队也可由大部队分出不同的队伍，故也可用“支”计量。《水浒传》第六十四回：“次日，索超亲引一～军马，出城冲突。”《三国演义》第二十八回：“汝可往卧牛山招此一～人马。”明·佚名《英烈传》第七十八回：“先遣骁将分兵一～，以向乌撒，然后以大军从辰沅而入普定。”也可计量歌曲或乐曲。明·冯梦龙《喻世明言·宋四公大闹禁魂张》：“那个妇女入着酒店，与宋四公道个万福，拍手唱一～曲儿。”清·张春帆《九尾龟》第十七回：“林桂芬斟了一巡酒，唱了一～京调，一～昆腔。”清·李百川《绿野仙踪》第四十八回：“细听数～曲子，宫商合拍，即谱之梨园，扮演成戏，亦未为不可。”现代汉语中又用于计量纱线的粗细程度，纱线越细，支数越多；也用于计量电灯的光度，相当于“瓦”。

近义辨析 支—管 见“管”下。

支—首 见“首”下。

支—枝 均可用于计量杆状的东西，如可以说“一支笔”“十几支箭”，也可以说“一枝笔”“十几枝箭”。“枝”本义是从树主干或大枝上长出的枝条，因此多用于鲜花、树枝等，如“一枝蔷薇”“一枝柳条”。“支”本义为树木的枝条，引申出分流、分支等含义，因此作为量词使用范围就比较广，除了树枝、花枝等长条形的物品外，许多可以分出支脉的事物都可以用“支”来计量，如队伍、歌曲、乐曲等。“枝”则没有这样的用法。

只 zhī ❶ 名量词 用于计量飞禽和部分兽类、昆虫等：几～小鸟｜两～东北

虎|灯下掠过一~~飞蛾。**用法提示** ①数词一般没有限制，既可用基数词或表示数量的“两”“几”“好几”“若干”，也可用序数词或表示序数的“头”等：一~猫|两~老虎|头~蟋蟀败下阵来|几十上百~蜻蜓在荷花池上空飞舞。②数词“一”在某些代词或动词后常可省略：买~鸡|这~鸭子|他就是那~羊的主人|哪~鹿跑得最快？③数词前可加“这”“那”“哪”等代词：你看这两~兔子多可爱|那三~鹦鹉整天聒噪|哪几~大熊猫是今年出生的？④前面一般可加“大”“小”“整”等形容词修饰：他一个人吃下了一整~烤乳猪|每人两大~螃蟹|刚从冬眠中苏醒的几小~松鼠，可爱极了。⑤数词为“一”时可重叠，重叠形式主要有“(一)~~”“一~一~”：岸边行驶的汽车，看上去就像是一~~小甲虫|入秋后，螃蟹~~个大体肥|一~一~白鹭落在芦苇荡里。⑥后面一般不加“子”。⑦一般不儿化。❷ 名量词 用于计量成对器官或物品中的一个：一~耳朵|两~乌溜溜的大眼睛。**用法提示** ①数词一般没有限制，既可用基数词或表示数量的“两”“几”“好几”“若干”等，也可用序数词：两~手套|第一~耳环|他给自己画好的蛇又添了好几~脚。②数词“一”在某些代词或动词后常可省略：掉了~袜子|这~耳朵听不清楚|那~袜子破了|哪~胳膊受伤了？③数词前可加“这”“那”“哪”等代词：这两~枕头都是新的|那四~蹄子跑得飞快|哪几~手镯是从朋友那儿借来的？④数词为“一”时可重叠，重叠形式主要有“(一)~~”“一~一~”：一~~拳头砸下来|~~小手洗得干干净净|孩子们举起了一~一~小手。⑤前面一般不加形容词修饰，后面一般不加“子”。⑥一般不儿化。❸ 名量词 用于计量某些器物：一~大书箱|两~碗|那几~箱子不知道是谁落下的。**用法提示** ①数词一般没有限制，既可用基数词或表示数量的“两”“几”“好几”“若干”等，也可用序数词：第一~箱子|两~篮子|他总是丢三落四，已经丢了好几~表。②数词“一”在某些代词或动词后常可省略：买了~垃圾桶|他在那~小板凳上坐了一个下午|哪~盘子是新的？③数词前可加“这”“那”“哪”等代词：这两~碗|那一~纸箱子|哪几~箱子要搬出去？④数词为“一”时可重叠，重叠形式主要有“(一)~~”“一~一~”：一~~纸箱堆在房门口|~~篮子都是空的|她慢慢擦拭着一~一~碟子。⑤前面一般不加形容词修饰，后面一般不加“子”。⑥一般不儿化。❹ 名量词 用于计量船只：一~小渔船|两~冲锋舟|湖上有四五~皮划艇。**用法提示** ①数词一般没有限制，既可用基数词或表示数量的“两”“几”“好几”“若干”等，也可用序数词：第一~竹筏|两~赛艇|十几~游船|目前已有好几~渔船安全返航。②数词“一”在某些代词或动词后常可省略：买了~游艇|我们就坐这~白篷的航船|他就是那~舢板的主人|我们比一比哪~乌篷船先到。③数词前可加“这”“那”“哪”等代词：这两~帆船都是上个月刚下水的|那一~小

船着火了｜哪几～船还在港口？④前面有时可加“小”“整”等形容词修饰：一小～船｜没想到那巨人把一整～船举起来了！⑤数词为“一”时可重叠，重叠形式主要有“（一）～～”“一～一～”：一～～快艇划过水面｜～～小船散布在水中｜一～一～独木舟在巨浪中沉浮。⑥后面一般不加“子”。⑦一般不儿化。

语义源流 本义为一只鸟，本写作“隻”，“只”是其简化字。《说文解字·隹部》：“隻（只），鸟一枚也。”引申表单独一个义。《公羊传·僖公三十三年》：“然而晋人与姜戎要之而击之，匹马～轮无反者。”南朝宋·鲍照《野鹅赋》：“立菰蒲之寒渚，托～影而为双。”宋·赵与时《宾退录》：“今世男子初入学，多用五岁或七岁。盖俗有男忌双女忌～之说。”由此演变为量词，用于计量禽鸟。北魏·贾思勰《齐民要术·养鸡》：“便买黄雌鸡十～，雄一～。”《北史·魏本纪》：“白兔并见于勃海，白雉三～又集于平阳太祖之庙。”唐·黄滔《商山赠隐者》：“数～珍禽寒月在，千株古木热时稀。”后原本成双的东西，在单说其中之一时，可用“只”计量。晋·葛洪《神仙传·蓟子训》：“棺中无人，但遗一～履而已。”《南齐书·东昏侯纪》：“虎魄钏一～，直百七十万。”《三国志·吴书·赵达传》：“达因取盘中～箸，再三从横之。”后计量范围进一步扩大，可用于计量牛、狗等，以及多种无生命物体，而且也不限于所计量的事物原本成双。唐·白居易《秋池独泛》：“一～短舫艇，一张斑鹿皮。”宋·圆悟克勤《圆悟佛果禅师语录》卷八：“为问普化一头驴，何似紫胡一～狗。”明·费隐通容《五灯严统·南泉普愿禅师》：“次日师与沙弥，携茶一瓶，盏三～，到庵。”清·张杰鑫《三侠剑》第四回：“刘云取了三～亮银镖，带在兜囊之中。”

近义辨析 只—口—匹—条—头 见“口”下。

只—艘—条 见“艘”下。

枝 zhī ❶ 名量词 用于计量带枝的花或叶子：一～红杏｜十来～蜡梅｜他买了几十～粉红康乃馨。**用法提示** ①数词一般没有限制，既可用基数词或表示数量的“两”“几”“好几”“若干”，也可用序数词或表示序数的“头”等：新年的头～迎春花｜五～牡丹｜他摘来好几～冬青树枝。②数词“一”在某些代词或动词后常可省略：买～桃花回去插在花瓶里｜这～柳条断了｜你看看，那～红梅开得多好｜你要买哪～花？③数词前可加“这”“那”“哪”等代词：哪几～花｜这两～细竹被雪压断了｜那几～松枝搭在棚子上。④前面可加“大”“小”等形容词修饰：他买了一小～桃花｜画家先画了一大～梅花，再写上落款。⑤数词为“一”时可重叠，重叠形式主要有“（一）～～”“一～一～”：一～～怒放的梅花，争艳斗丽｜～～鲜花点缀着杭州明丽的早春｜一～一～端庄清丽的荷花，亭亭玉立于碧波之上。⑥后面一般不加“子”。⑦一般不儿化。❷ 名量词 用于计量杆状物：几十～步枪｜几～蜡烛｜桌上只有一～铅笔。**用法提示** ①数词一般没有限制，既可用基数词或表示数量的“两”“几”“好几”“若

干”，也可用序数词或表示序数的“头”等：第一～自动步枪|十八～红蜡烛|他带的几～鹿角过海关时被没收了|餐厅各个角落里有好几～火炬。②数词“一”在某些代词或动词后常可省略：买了～猎枪|那～笔已经写坏了|他觉得这～枪比他们民兵队里哪～枪都好使。③数词前可加“这”“那”“哪”等代词：你来试试这三～毛笔|那几～笔都是别人送给我的|哪两～拐杖是你的？④数词为“一”时可重叠，重叠形式主要有“（一）～～”“一～一～”：射出一～～箭|大殿上点着～～香烛|一～一～金钗银钗插在发间。⑤前面一般不加形容词修饰，后面一般不加“子”。⑥一般不儿化。

语义源流 本义指植物主干旁生的茎条。《说文解字·木部》：“枝，木别生条也。”《诗·小雅·小弁》：“譬彼坏木，疾用无～。”《国语·晋语八》：“本根犹树，～叶益长，本根益茂。”演变为量词，用于计量树枝、花枝。《吕氏春秋·求人》：“啁噍巢于林，不过一～。”南朝梁·释慧皎《高僧传·神异篇》：“因取净水一杯，杨柳一～。”北魏·贾思勰《齐民要术·作菹、藏生菜法》：“三月中，其端散为三～，枝有数叶。”唐·杜甫《绝句漫兴九首》其二：“恰似春风相欺得，夜来吹折数～花。”宋·苏轼《惠崇春江晚景》：“竹外桃花三两～，春江水暖鸭先知。”进一步演变，用于计量杆状物。晋·陆云《与兄平原书》：“琉璃笔一～，所希闻。”北魏·杨衒之《洛阳伽蓝记·城北》：“戟二～，槊五张。”清·西周生《醒世姻缘传》第七十三回：“穿着鲜淡裙衫，不多几～珠翠。”

近义辨析 枝—支 见“支”下。

指 zhǐ **名量词** 用于计量深浅、宽窄等的约量，一个手指的宽度叫一指：一～宽的纸条|台阶仅有几～宽|昨晚下的雪不过一～多厚。**用法提示** ①数词一般用基数词或表示数量的“两”“几”“好几”等：面条要一～宽的|地上出现了好几～深的裂缝。②数词“一”不省略。③数词前不加代词。④前面一般不加形容词修饰，后面一般不加“子”。⑤一般不重叠和儿化。

语义源流 本义指手指。《说文解字·手部》：“指，手指也。”《孟子·告子上》：“今有无名之～，屈而不信，非疾痛害事也。”《墨子·大取》：“遇盗人，而断～以免身，利也。”借用作量词，用于计量可用手指测量的深浅、宽窄等。清·坑余生《续济公传》第八十一回：“不料拆开一看，只有传旨嘉奖的圣谕一道，以外但有三～阔一小条纸。”清·张杰鑫《三侠剑》第十回：“老掌柜的遂用宝刀将刀母子一刮，就见刀母子的铁，刮下来约有一～之厚。”

咫 zhǐ **度量衡量词** 〈古〉长度单位。周制八寸为咫，合今制市尺六寸二分二厘。现在一般不单用。多用“咫尺”比喻距离很近。

语义源流 本义即为古代长度单位，后常用来比喻距离很近。《说文解字·尺部》：“咫，中妇人手长八寸，谓之咫，周尺也。”《左传·僖公九年》：“天威不违颜～尺。”杜预注：“八寸曰咫。”《国语·鲁语下》：“楛矢贯之，石砮，其长尺有～。”韦昭注：“八寸曰咫。”《逸周书·太子晋》：“视道如～。”孔晁注：

"咫喻近。"

Z

帙 zhì 名量词 用于计量装套的线装书，一函为一帙：一～书稿|仅存两～|书柜里放的是一～～经籍。**用法提示** ①数词一般没有限制，既可用基数词或表示数量的"两""几""好几""若干"等，也可用序数词：三～古书|藏书阁还有若干～经书|第四～书被烧毁了。②数词"一"在某些代词或动词后常可省略：买了～宋版书|这～经卷很珍贵|那～被盗的古书找到了。③数词前可加"这""那""哪"等代词：这两～佛经|那几～残卷|你上次卖掉的是哪一～书？④前面可加"大""小"等形容词修饰：书架上有一大～《红楼梦》|那是一小～残卷。⑤数词为"一"时可重叠，重叠形式主要有"(一)～～""一～一～"：～～经书|桌子上放着一～～线装书|工作人员正把一～一～的《大藏经》摆到书架上。⑥后面一般不加"子"。⑦一般不儿化。

语义源流 本义指书、画的封套。《说文解字·巾部》："帙，书衣也。"晋·潘岳《杨仲武诔》："披～散书，屡睹遗文。"《梁书·徐勉子悱传》："多所著述，盈～满笥。"古代也用来表示卷册、函册。南朝宋·颜延之《皇太子释奠会作诗》："尚席函杖，丞疑奉～，侍言称辞，惇史秉笔。"宋·叶适《京西运判方公神道碑》："公学极原本，有书以来，无不通习。聚～数万，多朱黄涂乙处。"借用作量词，主要用于计量成套的线装书或书的卷册。晋·刘涓子《刘涓子鬼遗方》："(三人)遗一～《痈疽方》，并一臼药。"唐·陆德明《经典释文·序》："辄撰集《五典》《孝经》《论语》及《老庄》《尔雅》等音，合为三～，三十卷。"

近义辨析 帙—卷(juàn) 见"卷juàn"下。

盅 zhōng 名量词 用于计量用盅盛的酒、茶等：清茶一～|第一～酒|一～好茶让满室飘香。**用法提示** ①数词一般没有限制，既可用基数词或表示数量的"两""几""好几""若干"等，也可用序数词：五～淡茶|一高兴喝了好几～白酒|第一～必须干了！②数词"一"在某些代词或动词后常可省略：他一口把这～酒喝了下去|倒了～酒|哪～茶是普洱？③数词前可加"这""那""哪"等代词：这两～酒|那几～茶|哪一～酒是给新郎准备的？④前面可加"大""小"等形容词修饰：满满一大～茶水|他为我们倒了一小～白酒。⑤数词为"一"时可重叠，重叠形式主要有"(一)～～""一～一～"：一～～清茶|～～米酒|他们把一～一～的酒都干了。⑥一般可儿化：年轻人喜欢喝两～儿小酒|他喝了半～儿酒，吃了一箸子菜。⑦后面一般不加"子"。

语义源流 本义表示器皿空虚。《说文解字·皿部》："盅，器虚也。"后作为"钟"的假借字，常用来指没有把儿的小杯子。《太平广记·奢侈·吴王夫差》："为长夜饮，造千石酒～。"明·冯梦龙《喻世明言·蒋兴哥重会珍珠衫》："原来三巧儿酒量尽去得，那婆子又是酒壶酒～。"清·西周生《醒世姻缘传》第五十回："狄希陈吃过茶，丫头接了茶～进去。"由此借用作量词，用于计量用盅盛的酒、茶等。明·冯梦龙《警世通言·玉堂春落难逢夫》："拿～茶来与你姐夫吃。"清·张杰鑫《三侠剑》第十回："叔父饮侄儿这一～酒吧，侄儿再不能孝敬叔父了。"

近义辨析 盅—杯 见"杯"下。

种 zhǒng ❶ 名量词 用于计量具体事物，强调事物内部的区别：两百多～语言｜上万～商品｜这个花园有几十～花。**用法提示** ①数词一般没有限制，既可用基数词或表示数量的"两""几""好几""若干"等，也可用序数词：第一～印刷机｜两～发动机｜十几～蝴蝶｜这个地区目前已发现好几～珍稀植物。②数词"一"在某些代词后常可省略：这～竹子分布广泛｜他卖过那～打字机｜你喜欢看哪～电影？③数词前可加"这""那""哪"等代词：这两～报纸都有很多读者｜那三～玫瑰都是新品种｜哪几～葡萄酒适合餐前喝？④数词为"一"时可重叠，重叠形式主要有"(一)～～""一～一～"：一～～从未听过的方言｜他购买了～～工具和机器｜他们一～一～动物仔细观察。⑤前面一般不加形容词修饰，后面一般不加"子"。⑥一般不儿化。❷ 名量词 用于计量抽象事物，强调事物的特殊性：一～独特的感受｜一～高尚的境界｜上了球场一定要有一～不服输的精神。**用法提示** ①数词一般没有限制，既可用基数词或表示数量的"两""几""好几""若干"等，也可用序数词：第一～想法｜两～态度｜他收集了十几～意见｜对这个方案目前已有好几～观点。②数词"一"在某些代词后常可省略：他就是那～个性｜你得根据情况决定用哪～方法。③数词前可加"这""那""哪"等代词：这两～最坏的情况都出现了｜那三～形式都可以考虑。④数词为"一"时可重叠，重叠形式为"(一)～～"：记忆在他脑海中断裂成一～～思绪｜由于～～原因他没有成功｜一路上他们遇到了～～巧合。⑤前面一般不加形容词修饰，后面一般不加"子"。⑥一般不儿化。

语义源流 本义为栽种，读 zhòng。《广韵·用韵》："种，种植也。"《诗·大雅·生民》："～之黄茂，实方实苞。"《国语·越语上》："非其身之所～则不食，非其夫人之所织则不衣。"《吕氏春秋·用民》："夫～麦而得麦，～稷而得稷，人不怪也。"引申为植物的种子，读 zhǒng。《诗·大雅·生民》："诞降嘉～，维秬维秠。"孔颖达疏："上天乃下善谷之种。"《逸周书·大匡》："无播蔬，无食～。"《汉书·沟洫志》："如此，数郡～不得下。"颜师古注："种，五谷之子也。"种子是生物传代的物质，由此引申为代代延续的宗族、种族。《吕氏春秋·用民》："用民亦有～，不审其～，而祈民之用，惑莫大焉。"《史记·陈涉世家》："且壮士不死则已，死即举大名耳，王侯将相宁有～乎？"《战国策·齐策六》："女无谋而嫁者，非吾～也。"进一步泛指事物的种类。《列子·汤问》："所居之人皆仙圣之～；一日一夕飞相往来者，不可数焉。"《韩非子·外储说左上》："郑县人有得车轭者，而不知其名，问人曰：'此何～也？'"《汉书·刘歆传》："歆乃集六艺群书，～别为《七略》。"由此演变为量词，用于计量有区别的同一类事物。《周礼·夏官·校人》:"天子十有二闲，马六～。"《汉书·郊祀志》:"用三牲鸟兽三千余～，后不能备。"进一步演变，用于计量抽象事物，强调其特殊性。南朝梁·刘邈《秋闺》:"秋还百～事，衣成未暇熏。"南朝梁·袁昂《古今书评》:"王右军书……爽爽有一～风气。"宋·苏轼《广州东莞县资福禅寺罗汉阁记》:"由于爱境有逆有顺，而生喜怒，造～～业。"现代汉语中，"种"作为典型的种类量词，能够与所有可量名词搭配。

近义辨析 种—类—样 见"类"下。

周 zhōu ❶ **名量词** 用于计量时间。七天为一周，也叫一星期：两～时间｜一～天气预报｜今后几～油价将会继续上涨。**用法提示** ①数词一般没有限制，既可用基数词或表示数量的"两""几""好几""若干"等，也可用序数词：为期一～的期末考试｜只需两～时间｜他们共同度过了几～快乐时光｜第一～只有六个参加者。②数词"一"在某些代词或动词后常可省略：请了～假｜那～假期｜这～的义务劳动我得参加。③数词前可加"这""那""哪"等代词：要好好利用这两～时间｜我把那几～休息时间全用上了｜人们很难记住哪一～多休，哪一～少休。④数词为"一"时可重叠，重叠形式主要有"（一）～～""一～一～"：～～有讲评，月月有改进｜一～～过得飞快｜我也说不清一～一～是如何度过的。⑤前面一般不加形容词修饰，后面不加"子"。⑥一般不儿化。❷ **动量词** 用于计量环绕的圈数：绕了三～｜跑两～｜向后翻腾两～半。**用法提示** ①数量结构一般位于动词后：环视会场一～｜雷达转了两～｜飞机盘旋了几～，便向西远去了。②数词一般没有限制，既可用基数词或表示数量的"两""几""好几""若干"等，也可用序数词：围巾绕颈两～｜演员先绕场几～｜老鹰盘旋了三～才飞走｜这是他围着操场跑的第三～。③数词"一"通常不省略。④数词前一般不加代词。⑤前面一般不加形容词修饰，后面一般不加"子"。⑥一般不重叠和儿化。❸ **动量词** 用于计量动作、行为、状态持续的时间：休息两～｜我们再过一～就该开学了。**用法提示** ①数量结构一般位于动词后，也可位于动词前：复习了一～｜两～干下来，人走了一半｜他拼了一～，成绩没上去，反而累倒了。②数词可用基数词或表示数量的"两""几""好几""若干"等：比赛暂停两～｜在家里自学了五～｜为这件事，她难过了好几～。③数词前可加"这""那""哪"等代词：忙完这两～就该过年了｜那几～也算没白跑。④数词为"一"时可重叠，重叠形式主要有"一～～""一～一～"：日子一～～地过去了｜我们杂志一～一～地准时出版，挺受欢迎。⑤数词"一"一般不省略。⑥前面一般不加形容词修饰，后面一般不加"子"。⑦一般不儿化。

语义源流 本义指紧密、遍及。《广雅·释诂二》:"周，遍也。"《易·系辞传上》:"知～乎万物，而道济天下。"唐·段文昌《享太庙乐章》:"泽～八荒，兵定四极。"引申表示环绕、循环。《小尔雅·广言》:"周，匝也。"

《左传·成公二年》:“齐师败绩，逐之，三～华不注。”《楚辞·九歌·湘君》:“鸟次兮屋上，水～兮堂下。”借用作量词，用于计量环绕的圈数。《太平广记·妖怪·僧十朋》:“每夜，必出于僧堂西北隅地中，绕堂数～，复没于此。”宋·张君房《云笈七签·三品颐神保命神丹方叙》:“风劳虚悸之辈，挛躄疽癞之徒，饵一剂而便瘳，匝三～而并愈。”清·坑余生《续济公传》第二百十六回:“因念圣僧神通变化无穷，绕屋几～。”我国古代历法把二十八宿按日、月、火、水、木、金、土的次序排列，称为“七曜”，把七天作为一个轮回，称为一周，也叫一星期。西方历法中也有“七日为一周”的说法，跟我国的“七曜”暗合。“周”作为量词，可计量以七天为一个周期的时间，现代也用于计量以七天为一个单位的动作、行为、状态持续的时间。

周年 zhōunián 名量词 用于计量时间。满一年为一周年：一百～校庆|五～庆典|明年是他们结婚十～。**用法提示** ①数词一般没有限制，既可用基数词或表示数量的“两”“几”“好几”“若干”等，也可用序数词：两～纪念日|下周单位有一个五～庆典|第三～按年内实际产量提成。②数词“一”在某些动词后常可省略：参加～庆祝会|庆祝～纪念日。③数词前一般不加代词。④前面一般不加形容词修饰，后面一般不加“子”。⑤一般不重叠和儿化。

语义源流 这是一个双音节复合词。“周”表示环绕义，旋转一圈称为一周；“年”是用于计量时间的单位，公历一年是地球绕太阳一周的时间。二者构成一个复合词后，仍用于计量时间，满一年称为一周年。《淮南子·道应训》:“墨者有田鸠者，欲见秦惠王，约车申辕留于秦，～不得见。”《陈书·徐陵传》:“岂徒豳王徙雍，期月为都；姚帝迁河，～成邑。”《太平广记·异僧·道林》:“今有旧经一函，且寄宅中。一～不回，即可开展。”

周岁 zhōusuì ❶ 名量词 用于计量年龄。从出生起满一年为一周岁：两～|三～生日|二十～以下的应届高中毕业生。**用法提示** ①数词一般用基数词：三～纪念日|50～华诞|在他100～的祝寿会上，我向他转达了家乡人民的问候。②数词“一”一般不省略。③数词前不加代词。④前面一般不加形容词修饰，后面一般不加“子”。⑤一般不重叠和儿化。❷ 名量词 〈古〉计量满一年的时间：自是人间一～，何妨天上只黄昏。

语义源流 这是一个双音节复合词。“周”表示环绕义，“岁”表示一年的时间，“周岁”表示满一年的时间。唐·刘肃《大唐新语·文章》:“诗成未～，为奸人所杀。”《册府元龟·总录部·致政》:“钱徽为华州刺史，～告老，遂以吏部尚书致仕。”用作量词，计量满一年的时间。《元史·铨法上》:“都吏目有三～、二～、一～为满者，俱以三十月为满。”“岁”也用于计量年龄，与“周”组合成双音节复合词后，成为计量年龄的单位，从出生起满一年为“一周岁”。明·兰陵笑笑生《金瓶梅》第二十九回:“但吃了这左眼大，早年克父；右眼小，～克娘。”明·冯

Z

梦龙《喻世明言·杨八老越国奇逢》："孩儿也两～了，取名世德。"

轴 zhóu 名量词 用于计量卷或缠在轴上的字画、线等：一～画｜几～线｜一～～发黄的字画｜老爷子正在欣赏一～打开的国画。**用法提示** ①数词一般没有限制，既可用基数词或表示数量的"两""几""好几""若干"等，也可用序数词：十五～彩色棉线｜若干～名家字画｜这是刚下机的第一～布。②数词"一"在某些代词或动词后常可省略：那～长长的丝线｜父亲很喜欢这～画｜过去买～线都得凭票。③数词前可加"这""那""哪"等代词：这几～铜线｜分不清哪～画是他画的，哪～画是老师画的｜那两～名画已经散失了。④前面有时可加"大""小""长"等形容词修饰：一长～手卷｜他把一大～电缆线绕到另一个木轴上｜雪白的墙上挂着一小～山水画。⑤后面有时可加"子"（不用于书画）：一～子红头绳｜几～子丝线｜他常趁老板不注意把满满的一～子线扔掉。⑥数词为"一"时可重叠，重叠形式主要有"（一）～～""一～一～"：～～山水画卷｜一～一～电线｜他打开樟木箱，取出一～～画作。⑦一般可儿化：好几～儿条幅｜十几～儿尼龙线｜这里生产的每一～儿漆包线都要经过严格的测试。

语义源流 本义指轮轴，即贯穿在车轮中间持轮旋转的柱形长杆。《说文解字·车部》："轴，持轮也。"《周礼·考工记·辀人》："辀有三度，～有三理。"《墨子·备蛾傅》："以车两走，～闲广大以围，犯之。"引申表示便于将字画、绢帛等悬挂或卷起的圆杆。南朝梁·任昉《齐竟陵文宣王行状》："所造箴铭，积成卷～。"唐·王建《田家行》："麦收上场绢在～，的知输得官家足。"借用作量词，用于计量卷在或缠绕在轴上的线状物或带轴的字画。《太平广记·征应·崔雍》："常宝太真上马图一～，以为画品之上者。"明·冯梦龙《警世通言·玉堂春落难逢夫》："天明早起，赶下一～面。"也用于计量装成卷轴形的书。南朝梁·释慧皎《高僧传·序》："故述六代贤异止为十三卷，并序录合十四～，号曰高僧传。"唐·韩愈《送诸葛觉往随州读书》："邺侯家多书，插架三万～。"

近义辨析 轴—卷（juàn）见"卷（juàn）"下。

昼夜 zhòuyè ❶ 名量词 用于计量时间，指白天和夜晚：两～｜一～光景｜这几～让他疲惫不堪。**用法提示** ①数词一般用基数词或表示数量的"两""几""好几""若干"等：几～时光｜一般新生儿一～睡眠时间为18至20小时｜从这里到北京只有两～车程。②数词前有时可加"这""那"等代词：这两～时间｜那几～工夫算是白花了｜这一～不知有多少列火车通过该站。③数词"一"一般不省略。④前面一般不加形容词修饰，后面一般不加"子"。⑤一般不重叠和儿化。❷ 动量词 用于计量动作、行为、状态持续的时间：看了一～｜持续工作两～｜昏迷了几～终于醒过来了。**用法提示** ①数量结构一般位于动词前，也可位于动词后：一～更换一次｜几～连续奋战｜他把这个问题翻来覆去想了

好几～。②数词一般用基数词或表示数量的“两”“几”“好几”“若干”等：整整睡了一～|昏迷了三～|她已经连续工作几～了。③数词前有时可加“这”“那”等代词：熬过这几～就好了|她苦思冥想了那几～才终于想通了。④数词“一”一般不省略。⑤前面一般不加形容词修饰，后面一般不加“子”。⑥一般不重叠和儿化。

语义源流 这是一个双音节复合词。“昼”本义表示白天。《说文解字·昼部》：“昼，日之出入，与夜为界。”“夜”本义表示从天黑到天亮的时间。“昼夜”表示白天和夜晚。借用作量词，用于计量时间及动作、行为、状态持续的时间，一昼夜就是一个白天加上一个夜晚的时间，即二十四个小时。清·西周生《醒世姻缘传》第三十回：“这人们也都磨了这几～，都也乏了。”《清史稿·苏元春传》：“遂率毅新军驻谷松，取陆岸，鏖战五～。”

株 zhū **名量词** 用于计量树木花草：一～牡丹|十来～白杨|院子里有两～枣树。**用法提示** ①数词一般没有限制，既可用基数词或表示数量的“两”“几”“好几”“若干”等，也可用序数词：两～向日葵|十几～大树|他家门前有好几～大海棠|在第一～树的后面，我看见有一个人站着。②数词“一”在某些代词或动词后常可省略：种了～树苗|这～昙花快开了|我昨天买了～兰花。③数词前可加“这”“那”“哪”等代词：这两～铁树|那几～文竹|这一～古国槐可称得上是“国宝”级文物。④前面可加“大”“小”等形容词修饰：两大～仙人掌|电脑旁放着一小～茉莉|我家院里曾有过一大～紫藤。⑤数词为“一”时可重叠，重叠形式主要有“(一)～～”“一～一～”：一～～小树|一～一～樱桃树|～～红梅傲立风雪中。⑥后面一般不加“子”。⑦一般不儿化。

语义源流 本义指树木靠近根部、露在地面上的部分。“株”与“根”相接，二者仅是地上地下的区别。《说文解字·木部》：“株，木根也。”南唐·徐锴《说文解字系传》：“入土曰根，在土上者曰株。”《韩非子·五蠹》：“田中有～，兔走触～，折颈而死。”汉·王充《论衡·变动》：“登树怪其枝，不能动其～。如伐～，万茎枯萎。”后引申泛指草木。汉·焦赣《易林·观之巽》：“泽枯无鱼，山童无～。”唐·孟郊《伤春》：“春色不拣墓旁～，红颜皓色逐春去。”由此借用作量词，用于计量树木花草。晋·王嘉《拾遗记·晋时事》：“后堂砌下，忽生草三～。”《世说新语·言语》：“斋前种一～松。”

近义辨析 株—棵 见“棵”下。
株—树 见“树”下。

铢 zhū **度量衡量词**〈古〉古代衡制中的重量单位。一铢为一两的二十四分之一：虽有千金，不能以用一～。

语义源流 古代用于计量重量的单位。铢的重量可能因时因地而不同，所以古代文献中说法不一。《说文解字·金部》：“铢，权十分黍之重。”汉·刘向《说苑·辨物》：“十六黍为一豆，六豆为一～。”《淮南子·天文》：“十二粟而当一分，十二分而当一～。”《孙子算经》卷上：“称之所起，起于黍，十黍为一絫，十絫为一～，二十四～为一

Z

两，十六两为一斤。”

注 zhù ❶ 名量词 用于计量赌博或购买彩票时所下的本钱。赌博时一次所下的本钱叫一注：压上两～|来一～体彩|这一期彩票连开两～一等奖。**用法提示** ①数词一般没有限制，既可用基数词或表示数量的“两”“几”“好几”“若干”，也可用序数词或表示序数的“首”等：买几～体彩|她买的第一～彩票就中了奖|全国足球彩票首～500万元大奖花落上海。②数词“一”在某些代词或动词后常可省略：买了～彩票|这～头奖归谁|贾先生这～彩票中了二等奖。③数词前可加“这”“那”“哪”等代词：她买这两～双色球没花多少钱|最后买的那一～彩票中了当晚的一等奖|我哪一～彩票中了？④前面可加“大”“小”等形容词修饰：下一小～|这次赢了一大～|这是开局以来的第一大～。⑤数词为“一”时可重叠，重叠形式主要有“(一)～～”“一～一～”：老王这次共买了三注彩票，～～都中了奖|一～～足彩大奖不断产生|一～一～的彩票。⑥后面一般不加“子”。⑦一般不儿化。❷ 名量词 用于计量款项、交易：十来～大买卖|两～欠款|这一～生意没有多少赚头。**用法提示** ①数词一般没有限制，既可用基数词或表示数量的“两”“几”“好几”“若干”，也可用序数词或表示序数的“首”等：多买一箱就多发一～财|第一～交易|几～生意|他忽然想起家里还有两～存款。②数词“一”在某些代词后常可省略：心里十分想做那～生意|也不知道这～买卖究竟做不做得成|我们可以从从容容地来做这～生意。③数词前可加“这”“那”“哪”等代词：你说的是哪一～买卖？|这三～交易的数额比较大|这一～款子可以用来缴纳学费。④前面有时可加“大”“小”等形容词修饰：一小～的资金|一大～款项|他派人送来了一大～钱款来应急。⑤数词为“一”时有时可重叠，重叠形式主要有“(一)～～”“一～一～”：一～～款子|他今年的～～投资都失败了|一～一～欠款都被他讨回来了。⑥后面一般不加“子”。⑦一般不儿化。❸ 名量词 用于计量光线：一～手电光|几～金光|两～白光扫来扫去。**用法提示** ①数词一般没有限制，既可用基数词或表示数量的“两”“几”“好几”“若干”等，也可用序数词：一～白光|几～金色的阳光|这是清晨的第一～霞光。②数词“一”在某些代词后有时可省略：这～灯光|那～探照灯的光柱|那～阳光正对着我射过来。③数词前可加“这”“那”等代词：这几～手电光|这两～白光照得我睁不开眼|车辆的那两～灯光直射前方。④数词为“一”时有时可重叠，重叠形式主要有“(一)～～”“一～一～”：～～光线|清晨，一～一～金光射向大地|那一～～从树叶间泻下来的阳光。⑤前面一般不加形容词修饰，后面一般不加“子”。⑥一般不儿化。

语义源流 本义为灌注、流入。《说文解字·水部》：“注，灌也。”《孟子·滕文公上》：“禹疏九河，瀹济漯，而～诸海。”《山海经·南山经》：“青丘之山……英水出焉，南流～于即翼之泽。”引申表示加入。《穀梁传·昭公十一年》：“此子也，其曰世子，何也？不与楚杀也。一事～乎志，所以恶楚子也。”宋·张君房《云笈七签·姑婆服气亲行要诀问答法》：“运气入头，溜入眼中，从胸前过，～入肝中，即得眼目精明，光色异众。”**引申指赌博时投入钱物的行为及所投之物。**《庄子·达生》：“以瓦～者巧，以钩～者惮，以黄金～者殙。”《宋史·寇准传》：“陛下闻博乎？博者输钱欲尽，乃罄所有出之，谓之孤～。”明·多炡《酬方于鲁以制墨见寄》：“不博一枰狮子～，且留十袭豹皮囊。”**由此借用作量词，用于计量赌博时所下的本钱。**《水浒传》第三十八回：“我不傍猜，只要博这一博，五两银子做一～。”《红楼梦》第五十六回：“他们辛苦收拾，是该剩些钱贴补的，我们怎么好‘稳吃三～’呢？”**又可用于计量款项、交易等。**明·罗贯中《三遂平妖传》第九回：“显他法师有灵，传授与冷公子，得他一～大财，无不用心。”明·冯梦龙《醒世恒言·张廷秀逃生救父》：“旧时原是个穷汉，近日得了一～不明不白的钱财。”清·吴趼人《二十年目睹之怪现状》第五十四回：“如果不是用点机变，发一～横财，哪里能够发达。”**现代也可用于计量彩票和光线。**

炷 zhù 名量词 用于计量点燃的香：每天三～香｜一～香工夫。**用法提示** ①**数词一般没有限制，既可用基数词或表示数量的“两”“几”“好几”“若干”，也可用序数词或表示序数的“头”等：**烧两～高香｜争烧头～香｜小炉里的三～细香青烟袅袅。②**数词“一”在某些代词或动词后常可省略：**烧～香｜他把手里的那～香插进了香火炉里。③**数词前可加“这”“那”“哪”等代词：**这两～香烧了一个时辰｜他要借这一～香表达虔诚的敬意｜不知为什么中间的那一～香燃得很慢。④**前面有时可加“大”“小”等形容词修饰：**一小～沉香｜案上点着两根蜡烛，三大～香。⑤**数词为“一”时可重叠，重叠形式主要有“（一）～～”“一～一～”：**一～一～燃着的长香｜庙堂里一～～香青烟袅袅｜游客将对平安的祈盼，寄托在～～高香之中。⑥**后面一般不加“子”。**⑦**一般不儿化。**

语义源流 字本写作“主”，**本义指灯芯。**《说文解字·丶部》：“主，镫中火主也。”段玉裁注：“主、炷，亦古今字。”汉·桓谭《新论》：“余后与刘伯师夜燃脂火坐语，灯中脂索，而～焦秃，将灭息。”南朝梁·萧纲《列灯赋》：“兰膏馥气，芬～擎心。”**引申指灯或烛。**宋·陆游《郊行夜归书触目》：“未畏还家踏泥潦，园丁持～小儿扶。”清·王闿运《郭新楷传》：“其母梦神官持～送一儿至。”**也可表示点燃义。**唐·王建《和元郎中从八月十二至十五夜玩月五首》其四：“夜深尽放家人睡，直到天明不～灯。”宋·周密《武林旧事·大朝会》：“先诣福宁殿龙墀及圣堂～香。”**引申表示可点燃的柱状物。**《北史·麦铁杖传》：“大丈夫性命自有所在，岂能艾～灸頞，瓜蒂喷鼻，疗黄不差，而卧死儿女手中乎！”唐·韩愈《谴疟鬼》：“灸师施艾～，酷若猎火围。”**由于香也是可点燃的柱状**

物，由此引申用作量词，用于计量点燃的香。唐·李中《碧云集·贻年法华经绶上人》："五更初起扫松堂，瞑目先焚一～香。"宋·陆游《秋怀十首末章稍自振起亦古义也》："龟堂一～香，世念去如洗。"宋·赜藏主《古尊宿语录》卷二十四："第三～香，此香不是戒定慧香。"

箸 zhù 名量词 用于计量用箸夹取的饭菜：一～菜｜一大～肥美的羔羊肉｜母亲一～～地替她夹菜。**用法提示** ①数词一般没有限制，既可用基数词或表示数量的"两""几""好几""若干"等，也可用序数词：吃了几～面条｜他刚吃两～菜电话就响了｜年饭的第一～，儿子夹了一大块蹄花给爸爸。②数词"一"在某些代词或动词后常可省略：吃了这～菜｜她夹了～鸡丝脆笋搁进他碗里｜他一口就吞下了那～菜。③数词前可加"这""那""哪"等代词：他张嘴吃下那一～嫩肉｜这一～热腾腾的面条｜儿子皱着眉盯着那一～苦瓜，就是不往嘴里送。④前面可加"大""小"等形容词修饰：一大～烤肉｜一小～面｜儿子夹了一大～青菜，津津有味地吃起来。⑤后面一般可加"子"：几～子菜｜两～子红烧肉｜姐姐夹了一大～子的肉片放在弟弟的碗里。⑥有时可儿化：一～儿面条｜叔叔怎么也不夹一～儿菜吃｜他只是喝了一碗儿粥，夹了几～儿小菜儿，别的什么也没吃。⑦一般不重叠。

📖 **语义源流** 本义表示筷子。《说文解字·竹部》："箸，饭攲也。"王筠句读："攲，持去也。《通俗文》：'以箸取物曰攲。'"《韩非子·喻老》："昔者纣为象～而箕子怖。"《汉书·周勃传》："上居禁中，召亚夫赐食。独独置大胾，无切肉，又不置～。"借用作量词，用于计量用筷子夹取的饭菜。宋·真山民《孤标上人留宿》："香茗半瓯雪，寒齑一～冰。"明·冯梦龙《警世通言·唐解元一笑姻缘》："请用一～粗饭。"

转 zhuàn 动量词 用于计量往来的次数或环绕的圈数。绕一圈叫绕一转：绕几～｜转了三～｜泪水在女儿的眼眶里转了好几～，没有涌出来。**用法提示** ①数量结构可位于动词前，也可位于动词后：旋转了十几～｜绕了三～｜小毛驴拉着石磨一～一～地走着。②数词一般没有限制，既可用基数词或表示数量的"两""几""好几""若干"等，也可用序数词：绕了三～｜那辆崭新的吉普在沙地里打了两～后彻底趴窝了｜钥匙在锁孔中转到了第二～，铁门就打开了。③数词前可加"这""那"等代词：旋这几～｜这几～转得有点慢了｜车夫拉着我在北京街上转了几～，那几～可着实把我给转蒙了。④数词为"一"时可重叠，重叠形式为"一～一～"：一～一～地推着石磨｜绕着操场一～一～地走｜那些黑心小贩拿着抹布包住水果一～一～地往上擦蜡。⑤一般可儿化：打了十几～儿｜旋两～儿｜汽车在空中翻滚了几～儿落在了谷底。⑥数词"一"一般不省略。⑦前面一般不加形容词修饰，后面一般不加"子"。

📖 **语义源流** 古代可以表示移转之义，读zhuǎn。《说文解字·车部》："转，运也。"段玉裁注："还也……还者，复也。复者，往来也。"《史记·秦本纪》：

"于是用百里奚、公孙支言，卒与之粟。以船漕车～，自雍相望至绛。"汉·王充《论衡·说日》："天持日月～，故日月实东行而反西也。"引申表示转动、移动，读 zhuàn。《诗·邶风·柏舟》："我心匪石，不可～也。"明·冯梦龙《警世通言·玉堂春落难逢夫》："却说鸨儿见了许多东西，就叫丫头～过一张空桌，王定将银子尺头放在桌上。"借用作量词，用于计量往来的次数或旋转的圈数。宋·赜藏主《古尊宿语录》卷十二："无事上山走一～，试问时人会也无。"清·省三子《跻春台·捉南风》："忽然一股旋风来到厂内，绕了几～向北而去。"道家借用计量炼丹的次数。晋·葛洪《抱朴子·内篇》："九～之丹。"宋·张君房《云笈七签·九还金丹》："然后依气候运武火，一～还丹。"古代也用来计量勋位，一级叫一转。《唐会要·伎术官》："若累限应至三品者，不须进阶，每一阶酬勋两～。"《册府元龟·台省部·举职》："勋格自武骑卫七品，至上柱国正二品，凡十二～。"

桩 zhuāng **名量词** 用于计量公务、案件、交易或一般事件等，相当于"件"：一～趣事｜几～公务｜昨天警察成功地破获了两～盗窃案。**用法提示** ①数词一般没有限制，既可用基数词或表示数量的"两""几""好几""若干"等，也可用序数词：第一～命案｜好几～疑案｜上下学接送孩子已成为家长的一～烦心事。②数词"一"在某些代词或动词后常可省略：了却了这～心事｜他用这笔钱做了～生意｜我昨天遇见了～有趣的事。③数词前可加"这""那""哪"等代词：这一～案子｜那几～盗窃事件｜那一～婚姻因没有合法手续，属无效婚姻。④前面可加"大""小"等形容词修饰：两小～买卖｜他现在正忙于谈一大～生意。⑤后面有时可加"子"：一～子事｜哪想到碰到这么一～子倒霉事。⑥数词为"一"时可重叠，重叠形式主要有"(一)～～""一～一～"：他给村里办了～～实事｜这一～～感人事迹赢得全场一阵阵热烈掌声｜这些天一～一～的喜事接踵而来。⑦一般不儿化。

语义源流 本义指打进地里的木橛。《说文解字·木部》："桩，橛杙也。"唐·李白《大猎赋》："下整高颓，深平险谷，摆～栝，开林丛。"《太平广记·异僧·释道安》："前行得人家，见门里有一马～，～之间悬一马兜，可容一斛。"明·宋应星《天工开物·攻稻》："信郡造法即以一舟为地，橛～维之。"借用作量词，多用于计量较为抽象的事情。宋·佚名《京本通俗小说·错斩崔宁》："也有一班妒忌魏生少年登高科的，将这～事只当做风闻言事的小小新闻，奏上一本。"元·王实甫《西厢记》第五本第二折："这～事，都在红娘身上。"明·罗懋登《三宝太监西洋记》第六十一回："分明一个好活菩萨，正好问他几～吉凶祸福，你偏然拿出甚么钱来。"清·洪昇《长生殿·疑谶》："要思量做一个顶天立地的男儿，干一～定国安邦的事业。"

近义辨析 桩—档—件 见"档"下。
桩—宗 均可用于计量交易、案件、一般事件等，如可以说"两桩买卖、一桩诈骗案、几桩心事"，也可以说"两宗

Z

买卖、一宗诈骗案、几宗心事”，但二者的使用范围不同。“桩”的本义指打进地里的木橛子，借用作量词，一般只用来计量交易、案件、一般事件等。“宗”由本义祭祀祖先的地方引申指同一祖先的家族，又引申表示从同一本源分出去的不同的派别、种类，演变为量词后，可用于计量具有这一特点的很多不同的事物，如档案、贷款、债券及成批的大量物品等。

壮 zhuàng **动量词**〈古〉中医艾灸，用艾炷一灼为一壮：脉不至者，灸少阴七～｜取艾灸其脐中方三四～。

语义源流 旧时中医艾灸，每点燃一个艾炷实施一次艾灸称为灸了一壮。“壮”本指壮年人，在艾灸中用“壮”来计算施灸的数量，通常以壮年人为标准。宋·沈括《梦溪笔谈·释壮》：“医用艾一灼谓之一壮者，以壮人为法。其言若干壮，壮人当依此数，老幼羸弱量力减之。”《黄帝内经·素问》：“犬所啮之处灸之三～，即以犬伤病法负之。”《三国志·魏书·华佗传》：“若当灸，不过一两处，每处七八～，病亦应除。”

幢 zhuàng **名量词** 用于计量房屋：一～塔楼｜一～又一～的新教学楼｜在这次海啸中一万多～房屋被夷为平地。**用法提示** ①数词一般没有限制，既可用基数词或表示数量的“两”“几”“好几”“若干”，也可用序数词或表示序数的“首”等：十五～标准厂房｜好几～住宅楼｜第三～大楼｜这是国内首～节能住宅楼。②数词“一”在某些代词或动词后常可省略：买了～别墅｜我家对面刚建了～商业楼｜这～高楼不应当建在这儿。③数词前可加“这”“那”“哪”等代词：那几～危房｜这两～高楼位于北京城的西北角｜你住在哪一～楼？④前面可加“大”“小”等形容词修饰：一大～别墅｜他把两大～祖屋捐献出来做了图书室｜结婚一年他们就买下了一小～有花园的平房。⑤数词为“一”时可重叠，重叠形式主要有“(一)～～”“一～一～”：～～新房｜当地居民的房子盖得像一～～别墅｜街道两边一～一～高楼拔地而起。⑥后面一般不加“子”。⑦一般不儿化。

语义源流 本指古代用作军事指挥和仪仗行列中的一种旗帜。《说文解字·巾部》：“幢，旌旗之属。”《韩非子·大体》：“车马不疲弊于远路，旌旗不乱于大泽，万民不失命于寇戎，雄骏不创寿于旗～。”唐·白居易《叙德书情四十韵，上宣翟中丞》：“出入麾～引，登临剑戟随。”引申泛指军队、军营等。《魏书·世祖纪上》：“或有故违军法私离～校者，以军法行戮。”《南史·梁武陵王纪传》：“便骑射，尤工舞矟，九日讲武，躬领～队。”《宋书·索虏传》：“城内有虏一～，马步可五百，登城望，知泰之无后继。”由军营义进一步引申泛指建筑物或其他矗立物，多用于佛教。南朝宋·释畺良耶舍译《观无量寿佛经》：“自然而然有四柱宝～。”唐·圆仁《入唐求法巡礼行记》：“诸道天下佛堂院等不知其数，天下尊胜石～、僧墓塔等，有敕皆令毁拆。”宋·吴自牧《梦粱录·溪潭涧浦》：“吴越王射潮箭所止处，立铁～。”由此借用为计量房屋的量词。清·夏敬渠《野叟曝言》第一百三十四回：“岛后民房，墙屋楼堂一百二十～。”清·张春帆

《九尾龟》第一百七十七回："在法界连福里租了两～房屋，摆开碰和台子。"清·金松岑、曾朴《孽海花》第二十三回："那馆房屋的建筑法，是一座中西合璧的五～两层楼。"

近义辨析 幢—栋 见"栋"下。幢—所 见"所"下。

锥子 zhuīzi **动量词** 用于计量使用锥子的相关动作：扎了一～|刺他两～|小鞋匠一～一～地修好了那双鞋。**用法提示** ①数量结构可位于动词前，也可位于动词后：戳了几～|两～也扎不出一包脓|那个抢劫犯的背上挨了几～。②数词一般用基数词或表示数量的"两""几""好几""若干"等：钻了两～|纳上几～|他又在歹徒头上补了一～。③数词前可加"这""那"等代词：那两～都刺在了心脏上|这一～扎得实在是太深了|那几～都刺中了他的要害。④数词为"一"时可重叠，重叠形式为"一～一～"：一～一～地扎|一～一～地戳|妈妈一～一～地纳着鞋底。⑤数词"一"一般不省略。⑥前面一般不加形容词修饰。⑦一般不儿化。

语义源流 "锥"本义表示钻孔的工具，后加"子"构成"锥子"，仍表此义。《说文解字·金部》："锥，锐也。"《战国策·秦策一》："（苏秦）读书欲睡，引锥自刺其股。"《太平广记·蛮夷·新罗》："小儿出一金～，击石，酒及樽悉具。"宋·释普济《五灯会元·大愚芝禅师》："荷叶团团团似镜，菱角尖尖尖似锥。"借用为量词，计量锥刺的动作。宋·释普济《五灯会元·黄檗希运禅师》："老汉行脚时，或遇草根下有一个汉，便从顶门上一锥。"清·西周生《醒世姻缘传》第九十一回："从头上拔下簪子，不管脊梁，不论肩膀，就是几锥。"清·曹去晶《姑妄言》第三回："那小厮疼得滚到地下，还戳了两～，他钻到床底下去才罢了。"现代汉语中一般借用"锥子"为动量词，用于计量使用锥子的相关动作。

桌 zhuō ❶ **名量词** 用于计量以桌数论的酒席、饭菜：一～丰盛的晚餐|八十～婚宴|他们摆了十～生日宴。**用法提示** ①数词一般没有限制，既可用基数词或表示数量的"两""几""好几""若干"等，也可用序数词：三～酒宴|他在我们这里做了第一～满汉全席|农村婚丧嫁娶，谁家也少不了摆上若干～酒席招待亲友乡邻。②数词"一"在某些代词或动词后常可省略：做了～拿手好菜|这～美食|托他为那位百岁老人办了～丰盛的菜肴。③数词前可加"这""那""哪"等代词：这几～年夜饭|那两～晚宴|这一～宴席"瓜果禽蛋"应有尽有。④前面常可加"大""小"等形容词修饰：妻子精心准备了一小～佳肴|十个人吃两大～菜也太浪费了。⑤后面可加"子"（表示量多时常加"子"）：几～子酒席|他的生日宴摆了好几十～子|朋友们兴致勃勃地品尝着几～子各式小吃和菜肴。⑥数词为"一"时可重叠，重叠形式主要有"（一）～～""一～一～"（表示量多）：～～酒席|一～～美味佳肴|我喜欢那种一～一～热腾腾的宴席，这样大家围坐在一起吃才有气氛。⑦有时可儿化（表示量多时一般不儿化）：一～儿菜|我在饭店订了

Z

两～儿饭。❷ 名量词 用于计量以桌数论的人或牌局：十几～麻将|坐了一～儿人|他一进小院就看见院内有一～人正围坐着吃饭。**用法提示** ①数词一般没有限制，既可用基数词或表示数量的"两""几""好几""若干"等，也可用序数词：好几～同学|我们是今晚的第一～客人|这个大厅能容纳二十多～客人。②数词"一"在某些代词或动词后常可省略：凑了～人打牌|那～人已经吃完了|旁边那～人吃完饭没结账就走了。③数词前可加"这""那""哪"等代词：酒店里只剩我们这一～人了|那两～客人都吃了三个小时了|那几～客人不知什么原因打了起来。④前面可加形容词"大"修饰：今天舅舅请了一大～人|几大～人一起吃饺子的场景真叫热闹。⑤后面一般可加"子"：一～子客人都在等着上菜|昨天和爸爸出去吃饭，一～子人没有一个是我认识的。⑥数词为"一"时可重叠，重叠形式主要有"(一)～～""一～一～"：一～～打牌的朋友|一～一～说说笑笑的客人|饭店里～～食客好像都在高谈阔论。⑦有时可儿化：一～儿人|几～儿客人|这个饭馆里没多少人，只在一层的散座零星坐着几～儿客人。❸ 名量词 用于计量摆放或附着在桌子上的东西：一～水|一～子玩具|他看着满满一～书，摇了摇头。**用法提示** ①数词一般限用"一"(表示量多)：一～土|一～碗盏|他洒了一～子墨水。②数词前可加"这""那""哪"等代词：她呆呆看着这一～火柴盒|那一～子香炉灰都打扫干净了。③前面可加形容词"大"修饰：一大～污水|一大～残汤剩水|他还在打扫那一大～花生壳。④后面一般可加"子"：一～子文件|他还趴在桌上打瞌睡，流了一～子口水|我把碗一扣过来，撒了一～子汤。⑤数词为"一"时可重叠，重叠形式主要有"一～～""一～一～"：一～～银圆|一～一～像小山一样的资料。⑥有时可儿化：一～儿脏盘子|一～儿碎布头。⑦数词"一"一般不省略。

语义源流 本义表示几案。《正字通·木部》："桌，俗呼几案曰桌。"元·王实甫《西厢记》第五本第三折："虽然是厮守得一时半刻，也合着俺夫妻每共～而食。"明·冯梦龙《喻世明言·简帖僧巧骗皇甫妻》："家里没甚么活计，却好一个房舍，也有粉青帐儿，有交椅～凳之类。"清·文康《儿女英雄传》第二十一回："褚一官连忙招呼了戴勤、华忠、随缘儿进来整理～椅。"借用作量词，用于计量以桌数论的酒席、饭菜等。明·抱瓮老人《今古奇观·崔俊臣巧会芙蓉屏》："完事毕，船家送一～牲酒到舱里来。"明·方汝浩《东度记》第二十九回："这汉子也把几～斋都掀倒，举手就打道副。"《红楼梦》第十九回："彼时他母兄已是忙另齐齐整整摆上一～子果品来。"也可用于计量以桌数论的人或牌局。清·李宝嘉《官场现形记》第五十四回："合凑起来不到两～人。"清·李百川《绿野仙踪》第四十六回："两傍有四～老少妇女。"清·李汝珍《镜花缘》第七十三回："莫若我们挨着问问，先派几～双陆、马吊；再派几～花湖、象棋。”又以桌子为承载物，计量摆放或附着在桌子上的东西。《水浒传》第三回：“但是下口肉食，只顾将来摆一～子。”《红楼梦》第四十七回：“贾母笑的手里的牌撒了一～子。”清·文康《儿女英雄传》第二十九回：“把杯酒也掼倒了，洒了一～子。”

近义辨析 桌—席 见“席”下。

子 zǐ ❶ 名量词 用于计量可以手握的量偏少的细条状物体：几～儿线｜两～儿挂面｜地上摆着一～儿一～儿的粉条。**用法提示** ①数词一般没有限制，既可用基数词或表示数量的“两”“几”“好几”“若干”等，也可用序数词：两～儿香菜｜好几～儿面条｜上次买的那几～儿红线已经用完了。②数词“一”在某些代词或动词后常可省略：买了～儿挂面｜这～儿线不能用｜昨天煮的那～儿鸡蛋面一点儿也不好吃。③数词前可加“这”“那”“哪”等代词：这两～儿丝线｜那几～儿绒线｜哪～儿黑色绣花线是你的？④前面可加“大”“小”等形容词修饰：一大～儿挂面｜两小～儿营养面｜这两大～儿粉丝肯定吃不完。⑤数词为“一”时可重叠，重叠形式主要有“(一)～儿～儿”“一～儿一～儿”：一～儿～儿红色丝线｜柜子里只有一～儿一～儿干面条｜一～儿一～儿挂面整齐地码放在货架上。⑥一般需要儿化：一～儿绣花线｜一～儿红线｜昨天煮了两～儿挂面。⑦后面一般不加“子”。❷ 动量词 用于计量下棋落子的次数：下了两～｜又走了几～｜最后一局他还是输了三～。**用法提示** ①数量结构一般位于动词后，也可位于动词前：这一～下得不太好｜连走两～｜没想到最后白棋反倒赢了好几～。②数词一般没有限制，既可用基数词或表示数量的“两”“几”“好几”“若干”等，也可用序数词：第六～走得有点勉强｜在棋盘上落下一～｜要想活棋还得再补上好几～。③数词前可加“这”“那”等代词：那两～都下得很妙｜这一～输得实在是可惜｜那几～都走得很及时。④数词为“一”时可重叠，重叠形式主要有“一～～”“一～一～”：她一～～稳扎稳打地下着｜没想到这局棋被他一～一～地扳回来了。⑤一般可儿化：再走一～儿｜刚走两～儿就陷入了沉思｜他飞快地下了七八～儿。⑥数词“一”一般不省略。⑦前面一般不加形容词修饰。

语义源流 本义指初生的婴儿。《仪礼·丧服》：“故～生三月，则父名之，死则哭之。”《荀子·劝学》：“干、越、夷、貉之～，生而同声，长而异俗，教使之然也。”引申泛指后代。《易·序卦》：“有男女然后有夫妇，有夫妇然后有父～。”《诗·小雅·小宛》：“螟蛉有～，蜾蠃负之。”郑玄笺：“蒲芦取桑虫之子负持而去，煦妪养之，以成其子。”《荀子·正论》：“圣王之～也，有天下之后也。”杨倞注：“子，子孙也。”由后代义引申指植物的种子、果实。《世说新语·雅量》：“树在道边而多～，此必苦李。”唐·李绅《悯农二首》其一：“春种一粒粟，秋收万颗～。”由此引申指小而坚硬的块状或颗粒状物。《南史·卞彬传》：“掷五木～，十掷辄鞬，岂复是掷～之拙。”宋·赵师秀《约客》:“有约不来过夜半，闲敲棋～落灯花。”演变为量词，古代用于计量小而硬的块状或颗粒状物体。北魏·贾思勰《齐民要术·种蒜》:“今并州无大蒜，朝歌取种，一岁之后，还成百～蒜矣。”清·严可均《全陈文》卷十五:“今奉寄楪香二片，薰陆香二斤，槟榔三百～。”也可用于计量下棋落子的次数。唐·王方庆《魏郑公谏录》:“(太宗)遂与公棋，才下数十～，太宗曰:‘君已胜矣!’”《太平广记·治生(贪附)·安重霸》:“重霸召对敌，只令立侍。每落一～，俾其退立于西北牖下。”清·王夫之《姜斋诗话》:“清后遇一高手，与对弈至十数～。”“子”用于计量量偏少的细条状物，应该是古汉语量词“总(緫)”的假借。《说文解字·糸部》:“总(緫)，聚束也。”《诗·召南·羔羊》:“羔羊之缝，素丝五总。”初为量词时，只是单音节词。清·屈大均《广东新语·文语》:“线缕一绺曰一～。”敦煌变文《汉将王陵变》:“若借大王宝剑，卸下一～头发，封在书中，儿见头发，星夜倍程入楚救母。”后随着汉语词汇的双音节化，增添了后缀“儿”成“子儿”，用于计量细长成束、能用手指掐住的细长的东西。《红楼梦》第八十八回:“(鸳鸯)又拿起一～儿藏香道:‘这是叫写经时点着写的。’”

字 zì **名量词** 用于计量文字：五十～|几百～的小文章|这篇论文有上万～。

用法提示 ①数词一般没有限制，既可用基数词或表示数量的“两”“几”“好几”“若干”，也可用序数词或表示序数的“首”等：每行首～放大|这首农谚每句开头两～就是节气的名称|他又认真地看了三遍，删去十几～。②数词前可加“这”“那”“哪”等代词：这两～题词是别人写的|那十几～的短信能相信吗?|哪几百～要重写?③数词为“一”时可重叠，重叠形式主要有“(一)～～”“一～一～”：那一～～他都记在心里|这篇文章～～饱含深情|一～一～像是刻在石板上那样整齐。④数词“一”一般不省略。⑤前面一般不加形容词修饰，后面一般不加“子”。⑥一般不儿化。

语义源流 本义指怀孕、生育。《说文解字·子部》:“字，乳也。”《易·屯卦》:“女子贞不～，十年乃～。”汉·王充《论衡·气寿》:“妇人疏～者子活，数乳者子死。”汉字的产生发展经历了由独体字到合体字，数量逐渐增多的过程，合体的“字”是由独体的“文”孳乳繁衍而来。《说文解字》“字”下段玉裁注:“人及鸟生子曰乳……亦引申之为文字。叙云：字者，言孳乳而浸多也。”汉·刘邦《手敕太子文》:“吾生不学书，但读书问～而遂知耳。”《汉书·楚元王传》:“是以群小窥见间隙，缘饰文～，巧言丑诋，流言飞文，哗于民间。”《宋书·礼志三》:“夫《礼记》残缺之书，本无备体，折简败～，多所阙略。”由此演变为量词，用于计量文字。《商君书·定分》:“有敢剟定法令，损益一～以上，罪死不赦。”南朝梁·刘勰《文心雕龙·物色》:“‘皎日’‘嘒星’，一言穷理；‘参差’‘沃若’，两～穷形。”唐·李亢《独异志》:“文帝乃令车绳引上韦诞，题三～而下。”

宗 zōng ❶ 名量词 用于计量交易、款项：一～大买卖｜好几～开支｜两大～资产｜这是我们今年做成的第一～生意。**用法提示** ①数词一般没有限制，既可用基数词或表示数量的“两”“几”“好几”“若干”，也可用序数词或表示序数的“首”等：好几～生意｜今年的第三～开支是日常杂费｜首～国有土地拍卖。②数词“一”在某些代词或动词后常可省略：这～买卖｜做了～亏钱的生意｜那真是～失败的交易。③数词前可加“这”“那”“哪”等代词：那几～债务｜在这两～交易中，最大的受害者无疑是我们｜这个月哪一～费用最高？④前面可加“大”“小”等形容词修饰：一小～买卖｜三大～款子｜今年做了几大～羊绒生意，赚了不少钱。⑤数词为“一”时可重叠，重叠形式主要有“(一)～～”“一～一～”：一～一～投资｜公司经理签回了一～～大订单｜这几宗巨额投资，～～揪着他的心。⑥后面一般不加“子”。⑦一般不儿化。❷ 名量词 用于计量成批的大量物品：购进两～货物｜送来四五～特产｜有一大～商品正策划运往广东。**用法提示** ①数词一般没有限制，既可用基数词或表示数量的“两”“几”“好几”“若干”，也可用序数词或表示序数的“首”等：三～商品｜好几～山货｜这是今年出口的第一～皮货产品。②数词“一”在某些代词或动词后常可省略：有～货被扣在海关了｜这～山货量不是很大｜那～货在国际市场上的价值估计在四千五百万美元左右。③数词前可加“这”“那”“哪”等代词：这两～山货｜那一～布料真是物有所值｜今冬市场上大概没有哪一～商品像保暖内衣那样让人觉得闹腾的了。④前面可加形容词“大”修饰：一大～商品｜几大～珠宝玉石｜白云机场查获一大～易燃物品。⑤数词为“一”时可重叠，重叠形式主要有“(一)～～”“一～一～”：一～～货物｜～～都是上等货｜一～一～等外品。⑥后面一般不加“子”。⑦一般不儿化。❸ 名量词 用于计量案件：一～疑案｜数十～冤案｜回想过去的一～～凶杀案，不禁有些后怕。**用法提示** ①数词一般没有限制，既可用基数词或表示数量的“两”“几”“好几”“若干”，也可用序数词或表示序数的“首”等：三～抢劫案｜若干～财产纠纷案｜第一～侵权案｜广州网警破获首～黑客案。②数词“一”在某些代词或动词后常可省略：那～受贿案｜这～走私案牵涉到很多人｜我们局刚破了～绑架案。③数词前可加“这”“那”“哪”等代词：这几～大案｜那一～走私案也是在该地区发生的。④前面可加“大”“小”等形容词修饰：一大～盗版走私案｜几小～偷窃案｜这两大～贩毒案件被当地警方成功破获。⑤数词为“一”时可重叠，重叠形式主要有“(一)～～”“一～一～”：一～一～疑案｜这里发生的一～～血案至今仍触目惊心｜这～～命案到底是谁干的？⑥后面一般不加“子”。⑦一般不儿化。❹ 名量词 用于计量事情：几～重大的外交事件｜一～伤天害理的事｜他已谈过两～婚事，都没成。**用法提示** ①数词一般没

Z

有限制，既可用基数词或表示数量的“两”“几”“好几”“若干”，也可用序数词或表示序数的“首”等：两～安全事故|他们认为造桥是一～耗资巨大而又几乎毫无赢利的事情|这是政府今年办的第一～大事。②数词“一”在某些代词或动词后常可省略：那～婚事|发生～丑闻|这～破产事件在国内外引起了广泛关注。③数词前可加“这”“那”“哪”等代词：这两～事件|那几～亲事都是父母包办的|这一～车祸使原被告双方都损失惨重。④数词为“一”时可重叠，重叠形式主要有“(一)～～”“一～一～”：一～～不可告人的阴谋|近日出现的这一～一～交通安全问题真是令人触目惊心|确保建筑工程～～有预案。⑤前面一般不加形容词修饰，后面一般不加“子”。⑥一般不儿化。

语义源流 本义指祖庙，祭祀祖先的地方。《说文解字·宀部》：“宗，尊祖庙也。”《书·大禹谟》：“正月朔旦，受命于神～。”孔安国传：“神宗，文祖之宗庙。”《左传·昭公二十二年》：“无宁以为～羞。”杜预注：“言华氏为宋宗庙之羞耻。”引申为祖先。《礼记·丧服小记》：“尊祖故敬～，敬～所以尊祖祢也。”《左传·成公三年》：“若不获命，而使嗣～职。”杜预注：“嗣其祖宗之位职。”汉·焦赣《易林·比之干》：“继祖复～，追明成康。光照万国，享世久长。”又引申为同一祖先的家族。《左传·昭公三年》：“肸之～十一族。”《世说新语·规箴》：“孙皓问丞相陆凯曰：‘卿一～在朝有几人？’”由同一祖先的家族引申表示同一本源分出的不同的派别。唐·许浑《冬日宣城开元寺赠元孚上人》：“一钵事南～，僧仪称病容。”宋·严羽《沧浪诗话》：“禅家者流，乘有大小，～有南北，道有邪正。”清·谭嗣同《仁学》：“周秦学者必曰孔、墨。孔、墨诚仁之一～也。”由此进一步演变作量词，用于计量成批物品、交易、案件、事情等。唐·元稹《生春》：“数～船载足，商妇两眉丛。”明·罗懋登《三宝太监西洋记》第十四回：“只见万岁爷和那文武百官，商议了几～国事。”《红楼梦》第五十六回：“不如问他们谁领这一分的，他就揽一～事去。”清·石玉昆《三侠五义》第三十七回：“现在咱们家有两～人命的大案尚未完结。”清·吴趼人《二十年目睹之怪现状》第一百回：“这两～大买卖，又调剂贾冲赚了不少。”

近义辨析 宗—件 见“件”下。
宗—桩 见“桩”下。

组 zǔ ❶ 名量词 用于计量按一定要求结成群的人：一～志愿者|这个小队共分为两～|一～～队员相继到达山顶。**用法提示** ①数词一般没有限制，既可用基数词或表示数量的“两”“几”“好几”“若干”等，也可用序数词：两～巡逻士兵|三～人马|第三～儿童最先完成任务。②数词“一”在某些代词或动词后常可省略：这～人马|不抽烟的那～人得病较晚|选～人马去支援探险队|你们支持哪～选手呢？③数词前可加“这”“那”“哪”等代词：这两～病人|那三～医护人员|你看看哪一～队员得分最高？④前面有时可加“大”“小”等形容词修饰：很晚了，还有一小～工

作人员忙着布置场地｜这是两大～居民消费情况对比。⑤数词为“一”时可重叠，重叠形式主要有“(一)～～”“一～一～”：一～～警察｜一～一～签约的人走进会议室｜学校教师～～有课题。⑥后面一般不加“子”。⑦一般不儿化。❷ 名量词 用于计量组合成套的器具：一～茶具｜两～展板｜桌上放着几～电池。**用法提示** ①数词一般没有限制，既可用基数词或表示数量的“两”“几”“好几”“若干”等，也可用序数词：客厅里装了两～暖气｜大厅中间放着三～小沙发｜整个广场有好几～大型花坛｜大会主席点燃了第一～焰火。②数词“一”在某些代词或动词后常可省略：这～系列雕塑｜那～音响设备｜她刚买了～橱柜。③数词前可加“这”“那”“哪”等代词：这几～新型医疗设备｜那两～衣柜｜你来帮我看看哪一～沙发漂亮。④前面有时可加“大”“小”等形容词修饰：几大～服务器｜这一小～齿轮需要更换。⑤数词为“一”时可重叠，重叠形式主要有“(一)～～”“一～一～”：两边排列着～～精美的雕塑｜一～～明代红木家具｜靠墙摆放着一～一～大大小小的柜子。⑥后面一般不加“子”。⑦一般不儿化。❸ 名量词 用于计量成组的事物：两～现代诗｜几～资料｜这四种运动每天都要做三～。**用法提示** ①数词一般没有限制，既可用基数词或表示数量的“两”“几”“好几”“若干”等，也可用序数词：做几～热身练习｜五～照片｜好几～同义词｜这是此次系列报道的第一～。②数词“一”在某些代词或动词后常可省略：这～号码｜她随手写了～数字｜我们希望那～系列报道能够引起大家的关注。③数词前可加“这”“那”“哪”等代词：那几～数据｜这一～实验｜你来帮我看看哪一～图片漂亮。④前面有时可加“大”“小”等形容词修饰：几大～数据｜这首歌运用了一小～互相撞击的单音。⑤数词为“一”时可重叠，重叠形式主要有“(一)～～”“一～一～”：喷泉变幻出～～精美的造型｜一～一～难忘的画面｜一～～真实的校园人物镜头使无数大学生为之感动。⑥后面一般不加“子”。⑦一般不儿化。

语义源流 本义指宽而薄的丝带。《说文解字·糸部》：“组，绶属。其小者，以为冕缨。”《诗·邶风·简兮》：“有力如虎，执辔如～。”《韩非子·外储说右上》：“卫左氏中人也，使其妻织～而幅狭于度。”《史记·李斯列传》：“子婴与妻子自系其颈以～。”由此引申指编织。《诗·鄘风·干旄》：“素丝～之，良马五之。”《礼记·内则》：“执麻枲，治丝茧，织纴～𬘓，学女事，以共衣服。”由于编织是按照一定纹路把丝线等钩织起来构成一个整体，所以“组”又引申表示把分散的人或事物结合成一个整体或系统。清·贺长龄《皇朝经世文编》：“其意兼以明道求治，而士皆习录纂～，中无实得。”蔡东藩《明史演义》第五十五回：“(江)彬自改～团营。”由此演变作量词，用于计量结合成一个整体的人或组合成套的事物。钟毓龙《上古秘史》第二十三回：“帝喾选了四十个壮士，分做两～。”常杰淼《雍正剑侠图》第三十五回：“我弟兄八

Z

个人为一～，在场众位为一～。”齐秦野人《武宗逸史》第十二章：“她一连为武宗表演了好几～舞。”

钻 zuàn **名量词** 用于计量手表或饰物所含的宝石量：21～的高级表｜这块怀表只有10～。**用法提示** ①数词一般用基数词：17～的手表｜这块表25～。②数词“一”不省略。③数词前不加代词。④前面一般不加形容词修饰，后面一般不加“子”。⑤一般不重叠和儿化。

语义源流 本义指钻石，即金刚钻。《正字通·金部》：“钻，金刚钻。”清·陈伦炯《海国闻见录·东南洋记》：“～有五色，金、黑、红者为贵……各番以为首宝，大如棋子，值价十万余两。”清·张杰鑫《三侠剑》第二回：“所卖的货，俱是翡翠、碧玉、猫儿眼、牛黄、狗宝、金沙子、～石、核桃大的珠子。”荫余轩放《民国野史》第十七回：“哪个不是锦围绣绕，珠～满头？”现借用为量词，计量机械手表或饰物所含宝石数量。

嘴 zuǐ ❶ **名量词** 用于计量与嘴有关的事物：一～烟臭味｜一～酒气｜她一张嘴，露出一～杏仁儿似的小白牙。**用法提示** ①数词多用“一”：一～泥｜一～饭｜那满满一～馒头差点儿把他噎着｜他笑得差点儿把一～的水喷出来。②数词“一”在某些代词或动词后有时可省略：吃了～米饭｜她啃了～苹果｜大夫说我这～牙算是无药可治了。③数词前可加“这”“那”等代词：那一～黄牙｜他那一～胡子特像一部电影中的男主角｜这一～的燎泡都是为孩子上学的事急的。④前面有时可加“大”“小”“满”等形容词修饰：满～米饭｜一小～馒头｜他用了一大～酒将嘴里的肉冲下肚子。⑤后面一般不加“子”。⑥一般不重叠和儿化。❷ **名量词** 用于计量语言：一～空话｜满～奉承话｜他这个人，总是满～脏话。**用法提示** ①数词多用“一”：一～地道的京腔｜一～湖南话｜这个小女孩一～脏话。②用于计量方言时，数词前有时可加“这”“那”等代词：你这一～天津话｜她那一～地道京片子。③前面可加形容词“满”修饰：满～谎言｜满～胡言乱语｜他喝多了酒就满～鬼话。④数词“一”一般不省略。⑤后面一般不加“子”。⑥一般不重叠和儿化。

语义源流 字本作“觜”，本义指鸱鸮类头上的毛角。《说文解字·角部》：“觜（嘴），鸱旧头上角觜也。”段玉裁注：“毛角锐，凡羽族之咮锐，故鸟咮曰觜。”汉·张衡《东京赋》：“秦政利觜长距，终得擅场。”李善注引薛综曰：“喻七雄为斗鸡，利喙长距。”唐·杜甫《病后遇过王倚饮赠歌》：“麟角凤觜世莫识，煎胶续弦奇自见。”后泛指人与动物的口，字亦作“嘴”。宋·戴侗《六书故·动物二》：“嘴，按人喙亦谓嘴。”《西游记》第四十一回：“有个毛脸雷公～的和尚，带一个长～大耳的和尚，在门前要甚么唐僧师父哩。”明·朱时恩《佛祖纲目·慧懃禅师住蒋山》：“未出世，头似马杓；出世后，口如驴～。”借用作量词，用于计量与嘴有关的事物或语言。《红楼梦》第一百十二回：“岂知赵姨娘满～白沫，眼睛直竖。”清·张南庄《何典》第六回："两只胡椒眼，一～仙人黄牙须。"清·王浚卿《冷眼观》第十回："竖着一双大拇指头，口中说了一～不完全的上海话。"

尊 zūn ❶ 名量词 用于计量神佛或其他塑像、碑、塔等：那～金属纪念碑｜几～巨塔｜十八～罗汉像｜他们面无表情地坐在那里，活像一～～雕塑。**用法提示** ①数词一般没有限制，既可用基数词或表示数量的"两""几""好几""若干"，也可用序数词或表示序数的"首"等：若干～铜像｜考古工作者在坑道中部发掘出一～大铜鼎｜世界首～金玉大佛｜其他地方难以再找到第二～同样精美的蜡像。②数词"一"在某些代词或动词后常可省略：那～石狮｜雕了～菩萨｜这～雕像已有两千五百年历史。③数词前可加"这""那""哪"等代词：这帮强盗早就打起了那几～纯金佛像的主意｜那一～玉佛是世界最大的翠绿玉佛｜这两～古石像是南宋时期的文物。④前面可加"大""小"等形容词修饰：两大～铜像｜桌子上放了一小～观音像。⑤数词为"一"时可重叠，重叠形式主要有"(一)～～""一～一～"：一～～乌木雕刻的佛像｜战士们头顶钢盔，纹丝不动，像～～塑像，巍然挺立｜我被一～一～雕像吸引。⑥后面一般不加"子"。⑦一般不儿化。❷ 名量词 用于计量炮：一～大炮｜老式铁炮十几～｜这五～大炮均购自德国。**用法提示** ①数词一般没有限制，既可用基数词或表示数量的"两""几""好几""若干"，也可用序数词或表示序数的"首"等：两～火炮|54～礼炮齐发｜这里陈列着若干～古炮｜这是第一～虎踞在这里的铜铁大炮。②数词"一"在某些代词或动词后常可省略：门前立了～老式火炮｜那～炮的整个炮身长约2.2米｜这～炮的铸造工艺很古老。③数词前可加"这""那""哪"等代词：这两～野炮｜那几～高射炮｜这几～大炮被誉为"起义功臣"。④数词为"一"时可重叠，重叠形式主要有"(一)～～""一～一～"：炮楼上放置了一～～重型大炮｜一～一～火炮｜博物馆内的那～～古炮象征着当地军民宁死不屈的反抗精神。⑤前面一般不加形容词修饰，后面一般不加"子"。⑥一般不儿化。

语义源流 本义指酒器。《说文解字·酉部》："尊，酒器也。"《礼记·明堂位》："泰，有虞氏之～也；山罍，夏后氏之～也；着，殷之～也；牺象，周～也。"唐·元稹《有酒》："有酒有酒香满～，君宁不饮开君颜。"借用作量词，用于计量以尊盛的酒。唐·杜甫《春日忆李白》："何时一～酒，重与细论文。"金·赵秉文《雪》："何以娱佳客，开轩对一～。"由于酒器有底座，碑、塔、塑像等也有底座，故连类而及，"尊"又用于计量碑、塔、佛像、雕塑等有底座的东西。宋·僧雪窦重显《明觉禅师语录》："裴相公捧一～佛像于黄檗前跪云：'请师安名。'"明·冯梦龙《喻世明言·闲云庵阮三偿冤债》："佛殿后新塑下观音、文殊、普贤三～法像。"清·文康《儿女英雄传》第二十四回："(姑娘)及至下了迎面龛门，才看见不是塑像，却是两～牌位。"火炮也有底座，故"尊"也可用于计量炮。清·贪梦道人《康熙侠义传》第三十八回："（侯起龙）派侯尚英与侯尚杰预备九节毒龙炮三～。"清·唐芸洲《七剑十三侠》第五十七回："（李自然）却命波罗僧保护着一～崩山倒海九节轰天红衣大炮。"

近义辨析 尊—座 均可用于计量某些有底座的物件，如可以说"一尊佛像、一尊雕塑、几尊大炮"，也可以说"一座佛像、一座雕塑、几座大炮"，但二者的语体色彩和使用范围不同。"尊"作为酒器可用于祭奠，故产生了敬重之义，演变为量词后也或多或少地带有敬重、庄严的感情色彩；"座"没有这样的感情色彩。"座"本指座位，引申指底座。因为座位是相对固定的，而建筑物和山林、岛屿等也是固定的，所以作为量词，"座"还可用于计量一些大型建筑物和自然界的山林、岛屿等，如"一座古城""两座高山""三座小岛"。

樽 zūn **名量词**〈古〉用于计量以樽盛的酒：南朝梁·沈约《别范安成》："勿言一～酒，明日难重持。"

语义源流 字本作"尊"，指酒器，古代用作祭祀的礼器。《说文解字·酉部》："尊，酒器也。"段玉裁注："凡酌酒者必以资于尊，故引申以为尊卑字……自专用为尊卑字，而别制罇、樽为酒尊字矣。"晋·陶渊明《归去来兮辞》："携幼入室，有酒盈～。"清·黄鹭来《十三夜碧山堂宴集作》："迢迢紫兰花，掩映绿～深。"借用作量词，用于计量以樽盛的酒。《旧唐书·礼仪志》："所以一～之酒，贰簋之奠，为明祀也。"宋·王安石《即席次韵微之泛舟》："悠悠兴废皆如此，赖付乾愁酒一～。"

撮 zuǒ **名量词** 用于计量成丛的毛发或野草等：一～头发｜一～细杂草｜他把留了几十年的一～胡须剃掉了。**用法提示** ①数词一般没有限制，既可用基数词或表示数量的"两""几""好几""若干"等，也可用序数词：两～小胡子｜第一～杂草｜外婆不知不觉又长了好几～白头发｜她将头顶的秀发分成了三～。②数词"一"在某些代词或动词后常可省略：拔了～毛下来｜胸前的那～白毛影响了那条狗的成色｜这～猴毛会立刻变成许多同样的小猴前来助战。③数词前可加"这""那""哪"等代词：那几～胎毛｜眼见着那石缝内这一～、那一～的野草变黄了｜我这一～胡子留了好长时间呢！④前面可加"大""小"等形容词修饰：近来头发掉得很厉害，一梳就是一大～｜这条狗只剩下头顶的一小～白毛。⑤后面有时可加"子"：两～子白绒毛｜头发被他拽掉老大一～子｜他的嘴上留了一～子胡须。⑥数词为"一"时可重叠，重叠形式主要有"（一）～～""一～一～"：～～杂草｜一～～白发｜一～一～湿发粘在她漂亮的脸上。⑦有时可儿化：一～儿毛｜两～儿红毛｜俩人打架，拽掉了好几～儿头发。

语义源流 与"撮（cuō）"同形，读作zuǒ。本义指用三个指头或爪子抓取。借用作量词，专用于计量成丛的毛发或与毛发形状类似的野草等。《水浒传》第三回："史进头戴白范阳毡大帽，上撒一～红缨。"清·佚名《小八义》第十九回："他本是地土星临凡，耳朵眼内一边一～红毛，一晃脑袋好像平地生风的一样。”清·坑余生《续济公传》第八十五回：“窄额头细长眼，几～黑须。”

近义辨析 撮（zuǒ）—撮（cuō）见“撮（cuō）”下。

座 zuò ❶ 名量词 用于计量建筑物：一～图书馆｜几十～皇家建筑｜这是通往对岸的唯一一～小木桥。**用法提示** ①数词一般没有限制，既可用基数词或表示数量的“两”“几”“好几”“若干”，也可用序数词或表示序数的“首”等：两～监狱｜五～公寓楼｜这是今年完工的首～立交桥。②数词“一”在某些代词或动词后常可省略：这～小别墅｜那～草屋的主人就是他｜对面是～新建成的大厦｜近郊有～古老的小城。③数词前可加“这”“那”“哪”等代词：这一～寺庙｜那两～水电站｜你们参观了哪几～电视塔？④前面可加“大”“小”等形容词修饰：几大～庙宇｜一小～茅屋｜这一大～空楼里回廊曲折。⑤数词为“一”时可重叠，重叠形式主要有“（一）～～”“一～一～”：～～新城拔地而起｜出租车经过了一～～高楼｜田野上时不时能看到一～一～村庄。⑥后面一般不加“子”。⑦一般不儿化。❷ 名量词 用于计量山林、岛屿等：两～山｜一～～小岛｜穿过一～树林，眼前是一片大草原。**用法提示** ①数词一般没有限制，既可用基数词或表示数量的“两”“几”“好几”“若干”等，也可用序数词：一～火山｜两～原始森林｜这个群岛是由若干～小岛组成的｜这是今年他登上的第二～雪山。②数词“一”在某些代词或动词后常可省略：那～树林｜绕过这～小山就到了｜对面是～小小的松树林｜前头有～刚开发的小岛。③数词前可加“这”“那”“哪”等代词：这一～岛｜那几～山｜哪两～火山是活火山？④前面可用“大”“小”等形容词修饰：一大～山｜一小～道观｜仰望着眼前这一大～雪山，他感到头晕目眩。⑤数词为“一”时可重叠，重叠形式主要有“（一）～～”“一～一～”：～～险峰高耸入云｜海面上散布着一～～岛屿｜我们要征服一～一～高山。⑥后面一般不加“子”。⑦一般不儿化。❸ 名量词 用于计量有底座之物：一～古钟｜两～火箭炮｜寺庙正殿旁立着一～～铜像。**用法提示** ①数词一般没有限制，既可用基数词或表示数量的“两”“几”“好几”“若干”，也可用序数词或表示序数的“首”等：好几～人物像｜三～佛塔｜该市第一～炼钢炉终于建成。②数词“一”在某些代词或动词后常可省略：这～雕像｜那～纪念碑是什么人建的？｜拉了～大炮来｜街对面有～大钟。③数词前可加“这”“那”“哪”等代词：这两～佛像｜那一～铜钟｜那几～石膏像漂亮极了。④前面可加“大”“小”等形容词修饰：几大～佛像｜一小～雕塑｜那一大～铜钟声音极为响亮。⑤数词为“一”时可重叠，重叠形式主要有“（一）～～”“一～一～”：～～塑像都栩栩如生｜一～～大钟｜一～一～小钢炮都摆放好了。⑥后面一般不加“子”。⑦一般不儿化。

语义源流 本写作“坐”，义为“坐下”，是古代的一种止息方式。《说文解字·土部》：“坐，止也。”《墨子·非

Z

儒下》："孔丘与其门弟子闲坐。"《礼记·曲礼》："先生书策琴瑟在前，坐而迁之，戒勿越。"由本义引申出座位义。《韩非子·外储说左上》："郑人有且置履者，先自度其足而置之其坐。"此义后写作"座"。汉·佚名《宅经》："焚香设～，延迟宾朋。"三国魏·吴质《答东阿王书》："埙箫激于华屋，灵鼓动于～右。"因坐具多在下，故进一步引申出底座义。《太平广记·再生·崔明达》："又见塔～在西廊下，王指令明达上座开题。"《元史·忙兀台传》："至沙洋堡，立炮～十又二。"由此演变为量词，用于计量带底座之物。唐·林谓《石壁寺铁弥勒像铭》："铸铁弥勒像一～。"《西游记》第六十一回："（牛王）眼若闪光，两只角似两～铁塔。"座位相对固定，建筑物、山林、岛屿等亦然。故又引申用于计量建筑物和山林、岛屿等位置相对固定之物。唐·刘崇远《新开宴石山记》："又别有东峰石山一～。"《水浒传》第十一回："（林冲）又过了两～关隘，方才到寨门口。"明·许仲琳《封神演义》第五十五回："（杨戬）行过数十步，只见一～桥梁。"清·李宝嘉《文明小史》第七回："湖南一省，也有好几十～城池。"

近义辨析 座—栋 见"栋"下。

座—间—所 见"间"下。

座—尊 见"尊"下。

附　录

中华人民共和国法定计量单位简表

我国的法定计量单位包括：

（1）国际单位制的基本单位（见表 1）；

（2）国际单位制中包括辅助单位在内的具有专门名称的导出单位（见表 2）；

（3）国家选定的非国际单位制单位（见表 3）；

（4）由以上单位构成的组合形式的单位；

（5）由词头和以上单位所构成的十进倍数和分数单位（词头见表 4）。

表 1　国际单位制的基本单位

量的名称	单位名称	单位符号
长度	米	m
质量	千克（公斤）	kg
时间	秒	s
电流	安［培］	A
热力学温度	开［尔文］	K
物质的量	摩［尔］	mol
发光强度	坎［德拉］	cd

注：1. 圆括号中的名称，是它前面的名称的同义词。下同。

2. 方括号内的字，是在不致混淆的情况下，可以省略的字。下同。

3. 人民生活和贸易中，质量习惯称为重量。

表 2 国际单位制中包括辅助单位在内的具有专门名称的导出单位

量的名称	单位名称	单位符号	其他表示式例
[平面]角	弧度	rad	1
立体角	球面度	sr	1
频率	赫[兹]	Hz	s^{-1}
力	牛[顿]	N	$kg \cdot m/s^2$
压力，压强，应力	帕[斯卡]	Pa	N/m^2
能[量]，功，热量	焦[耳]	J	$N \cdot m$
功率；辐[射能]通量	瓦[特]	W	J/s
电荷[量]	库[仑]	C	$A \cdot s$
电压，电动势，电位，(电势)	伏[特]	V	W/A
电容	法[拉]	F	C/V
电阻	欧[姆]	Ω	V/A
电导	西[门子]	S	Ω^{-1}
磁通[量]	韦[伯]	Wb	$V \cdot s$
磁通[量]密度，磁感应强度	特[斯拉]	T	Wb/m^2
电感	亨[利]	H	Wb/A
摄氏温度	摄氏度	℃	
光通量	流[明]	lm	$cd \cdot sr$
[光]照度	勒[克斯]	lx	lm/m^2
[放射性]活度	贝可[勒尔]	Bq	s^{-1}
吸收剂量	戈[瑞]	Gy	J/kg
剂量当量	希[沃特]	Sv	J/kg

注：弧度和球面度称为国际单位制的辅助单位，它们是具有专门名称和符号的量纲一的量的导出单位。

表 3 国家选定的非国际单位制单位

量的名称	单位名称	单位符号	换算关系和说明
时间	分 [小]时 天(日)	min h d	1 min=60 s 1 h=60 min=3 600 s 1 d=24 h=86 400 s
[平面]角	度 [角]分 [角]秒	° ′ ″	1° =60′ =(π/180) rad 1′ =60″ =(π/10 800) rad 1″ =(π/648 000) rad (π 为圆周率)
体积	升	L, (l)	1 L=1dm^3=10^{-3}m^3
质量	吨 原子质量单位	t u	1 t=10^{3}kg 1 u≈1.660 540 × 10^{-27}kg
旋转速度	转每分	r/min	1 r/min=(1/60) s^{-1}
长度	海里	n mile	1 n mile=1 852 m(只用于航程)
速度	节	kn	1 kn=1 n mile/h = (1 852/3 600)m/s(只用于航行)
能	电子伏	eV	1 eV≈1.602 177 × 10^{-19}J
级差	分贝	dB	用于对数量
线密度	特[克斯]	tex	1 tex=10^{-6} kg/m
面积	公顷	hm^2	1 hm^2=10^4 m^2

注：1. 平面角单位度、分、秒的符号，在组合单位中应采用(°)(′)(″)的形式。例如，不用°/s 而用(°)/s。

2. 升的符号中，小写字母 l 为备用符号。

3. 公顷的国际通用符号为 ha。

表4　用于构成十进倍数和分数单位的词头

所表示的因数	词头名称		词头符号	所表示的因数	词头名称		词头符号
	英文	中文			英文	中文	
10^{30}	quetta	昆［它］	Q	10^{-1}	deci	分	d
10^{27}	ronna	容［那］	R	10^{-2}	centi	厘	c
10^{24}	yotta	尧［它］	Y	10^{-3}	milli	毫	m
10^{21}	zetta	泽［它］	Z	10^{-6}	micro	微	μ
10^{18}	exa	艾［可萨］	E	10^{-9}	nano	纳［诺］	n
10^{15}	peta	拍［它］	P	10^{-12}	pico	皮［可］	p
10^{12}	tera	太［拉］	T	10^{-15}	femto	飞［母托］	f
10^{9}	giga	吉［咖］	G	10^{-18}	atto	阿［托］	a
10^{6}	mega	兆	M	10^{-21}	zepto	仄［普托］	z
10^{3}	kilo	千	k	10^{-24}	yocto	幺［科托］	y
10^{2}	hecto	百	h	10^{-27}	ronto	柔［托］	r
10^{1}	deca	十	da	10^{-30}	quecto	亏［科托］	q

注：词头用于构成倍数单位（十进倍数单位与分数单位），但不得单独使用或重叠使用。词头符号与所紧接的单位符号应作为一个整体对待，它们共同组成一个新单位，并具有相同的幂次，而且还可以和其他单位构成组合单位，如 $1\ cm^3=(10^{-2}\ m)^3=10^{-6}\ m^3$。

后 记

做完最后一遍全稿检查，《汉语量词详解与溯源词典》终于可以付梓了！

这部词典的编写开始于十年前，编写工作曾经一度停滞，初期参与编写工作的一些同学、同事也遗憾地退出了。对于我们这些一线对外汉语教师来说，编写一部切用的汉语量词词典，无疑是个极大的挑战，编写过程中也确实遇到了无数的困难。随着时间的推移，也许是由于有了更多的教学实践和思考，相较于初期，我们更深刻地认识到编写这部词典的价值和意义，也更加坚信，只要使出浑身解数、全身心地投入其中，一定能够较好地完成这项工作。于是，当其他工作告一段落时，我们义无反顾地重新开始了这部词典的编写工作。

我们反复讨论词典的内容和形式，认真拟定体例、撰写样条，严格筛选古今语料，努力寻求汉语量词典型搭配。为了使结论更准确，我们查阅众多研究专著和各类研究成果；为了使系联更科学，我们探究词源、辨析异同。我们一次次开会，逐字逐句打磨每一个词条的内容。在三年多的时间里，我们付出了艰辛和努力，也获得了成长和进步。现在，我们怀着喜悦和忐忑的心情，把这部词典奉献给读者。

这部词典的出版，与语文出版社的大力支持和帮助是分不开的。是王永强副总编辑积极推动，才使词典编写工作得以重启。王永强先生不仅对编写体例提出了重要的、专业性的意见，还在百忙之中通读词典全稿，并进行了认真的修改打磨。在审稿过程中，出版社的编辑们不仅在文字上严格把关，还提出了很多中肯的修改建议，他们的辛勤付出无疑有效地提高了词典的质量。在此，我们对语文出版社的王永强副总编辑、朱春玲主任，以及李朋、金春梅、康宁、盛艳玲、王琦、梁蕊、谭文雯等编辑表示衷心感谢！同时，我们还要感谢在初期参与过词典编写工作、为这部词典贡献过力量的朱瑞平教授和马新宇老师、田鑫老师等人。

汉语量词的研究及相关词典的编写是一项没有止境的工作，这部词典肯定还存在着不少问题。我们真诚地希望广大读者和学界同人不吝多提宝贵意见，以期今后进一步修改完善这部词典。

编 者

2023 年 12 月